本书系 2020 年江苏教育改革发展战略性与政策性研究课题
“江苏终身学习体系建设的现实问题与对策研究”（苏教法函〔2020〕2 号）研究成果

江苏终身学习体系建设的现实问题与对策研究

殷常鸿　张义兵　著

Jiangsu Lifelong Learning System:
Issues and Policy Recommendations

ZHEJIANG UNIVERSITY PRESS
浙江大学出版社
·杭州·

图书在版编目(CIP)数据

江苏终身学习体系建设的现实问题与对策研究 / 殷常鸿，张义兵著. — 杭州 ：浙江大学出版社，2023.11
ISBN 978-7-308-24271-4

Ⅰ.①江… Ⅱ.①殷… ②张… Ⅲ.①终生教育－教育体系－研究－江苏 Ⅳ.①G729.2

中国国家版本馆 CIP 数据核字(2023)第 190830 号

江苏终身学习体系建设的现实问题与对策研究
殷常鸿　张义兵　著

责任编辑　蔡圆圆
责任校对　许艺涛
封面设计　续设计
出版发行　浙江大学出版社
（杭州市天目山路 148 号　邮政编码 310007）
（网址：http://www.zjupress.com）
排　　版　杭州星云光电图文制作有限公司
印　　刷　浙江新华数码印务有限公司
开　　本　710mm×1000mm　1/16
印　　张　29.5
字　　数　512 千
版 印 次　2023 年 11 月第 1 版　2023 年 11 月第 1 次印刷
书　　号　ISBN 978-7-308-24271-4
定　　价　128.00 元

浙江大学出版社市场运营中心联系方式：0571－88925591；http://zjdxcbs.tmall.com

序

学习是人类认识自然与社会并不断完善和发展自身的必由之路。特别是进入20世纪以来，信息科技突飞猛进，世界范围内的产业结构调整和升级加速，社会分工日益细化，学科内容更趋庞杂，技术变革及经济社会发展使得通过传统学校教育一劳永逸地掌握未来工作及生活所需知识与技能的想法，变得不再那么理所当然。不同个体对于理论知识、实践技能、关键品质的习得与把握，并不能在特定层级的特定类别教育中一站式地完成，学习逐渐成为一项终生的事业。随着劳动力市场工作岗位两极化的趋势进一步加剧，中等层次技能岗位正在被自动化岗位快速替代。《经济合作与发展组织就业展望2019：未来的工作》报告显示，自动化将在接下来的几年取代经济合作与发展组织（OECD）国家14%的工作岗位并明显重塑另外的32%，新创造的工作岗位将与2019年及以前所需的技能要求大不相同。《经济合作与发展组织技能展望2023》更是预测未来五年将发生涉及23%岗位的“结构性劳动市场剧烈搅动”。近日，国际货币基金组织总裁格奥尔基耶娃在参加世界经济论坛2024年年会前夕也谈到，人工智能将影响发达经济体60%的就业岗位，全球则有近40%的职位受到冲击。构建以焦点技能培训、技能更新培训和技能提升培训为重点的终身学习体系架构，将是世界各国应对未来挑战的关键举措。

江苏作为中国的沿海开放省份，历来都非常重视终身学习体系的建设与发展，投入了大量的人力、物力，制定并出台了一系列政策以及发展规划，积极推进学习型社会、学习型大省建设。特别是党的十八大以来，江苏省以社区教育为发力点，推动校内与校外、学历与非学历、职前与职后、线上与线下教育及培训纵横交错、贯通衔接，其终身学习体系建设成效显著，其发展过程与发展模式也非常具有典型性和普遍性。当然，由于终身学习体系是一个由各种教育机构、学习平台和学习资源构成的复杂系统，它涵盖了正规教育、非正规教育和非正式教育等多种教学形式及学习途径，涉及领域与行业众多，从现实层面来看，在政策制定、发展模式及未来规划的系统性和前瞻性等方面，还面临诸多挑战。尤其是在全面系统的理论支撑方面仍然存在明显的不足，这在很大程度上制约了江苏从实践层面推动终身学习更好、更快地健康、可持续发展。

《江苏终身学习体系建设的现实问题与对策研究》不仅是对江苏省终身学习体系建设的实践总结、对策思考与发展展望的应急之作，也是系统谋划省域范围如何应对终身学习现实与未来挑战的开山之作，还是基于历史的、国际的、学理的多视角对建设全民终身学习的学习型社会、学习型大国进行理论研究的探索之作。本书以江苏省为研究对象，立足于江苏省的实际情况，基于大量的实证研究和理论分析，从不同角度对江苏省的终身学习体系建设现状、面临的问题和应对的挑战进行了充分的梳理，深入剖析了问题根源，并从理论层面展开了系统而全面的探究和阐释，既关注宏观层面的政策制定和实施效果，也关注微观层面的个体学习体验和需求，还提出了具有针对性的解决方案和政策建议，为相关政策制定者、教育管理者、研究者及其他相关从业人员提供了未来实践中可资借鉴的重要参考和进一步研究中可资参考的有益工具。我相信，本书的出版能够引发广大读者对终身学习体系建设的深度关注和全面思考，能进一步推动江苏省乃至全国范围内的终身学习体系建设研究，为高水平建设教育强省和实现中国式现代化发挥积极作用。

2023 年 12 月

前　言

社会分工的细化及经济结构的转型，使得现代化生活的复杂性日益增加，每个人都面临着快速适应社会的压力和挑战。终身学习作为缓解压力和应对挑战的有效和潜在的变革手段，正逐步成为世界各国教育理论研究者和政策制定者所关注的焦点。江苏省作为中国国内经济发达省份和教育理念先进地区，快速适应世界百年未有之大变局，构建出一套契合自身发展特色的终身学习理论与实践体系，并为国内其他地区做出典型案例，迫在眉睫。

本书共分六章，分别从理论梳理、现状分析、实践问题困境以及体系构建等多个角度出发，对江苏省终身学习体系建设的现实问题与应用对策进行了研究。第一章全面论述了国际视野下终身学习理论的发展历史和趋势，这为江苏省终身学习理论体系的完善提供了方向指引。第二章重点阐释了中国终身学习理论的研究进展和实践应用现状，并以此为基础构建了江苏省终身学习体系发展与完善的架构模型。第三章至第六章分别从组织管理体系、法制与政策体系、资源体系以及实践体系等维度入手对江苏终身学习体系架构模型进行了全面论述。具体来说，第三章是从国际终身学习组织管理经验、中国终身学习管理体系现状、江苏省终身学习组织结构以及组织管理发展模式等几个层次进行分析，并针对现实问题展开深入讨论；第四章是从国内外终身学习的法制建设和政策制定的实践层面出发，针对江苏省终身学习体系在法律制定与政策研制等两个层面存在的问题，提出具体规划建议，以期为江苏省政府、江苏省教育厅等教育主管部门进行政策研制提供理论参考；第五章是从物化资源建设、数字化资源建设、学分银行、资历框架、1＋X 证书以及技能提升机制等六个方面出发对江苏省终身学习资源体系的构建和发展模式进行阐释；第六章则是围绕江苏省老年学习、家庭学习以及社区学习等三种典型的非学校的终身学习开展形式展开论述，并针对每类学习形式的特点构建实践发展模式。此外，在附录部分汇集了江苏省各级行政部门以及相关组织单位对终身学习资源体系建设进行的各类评价标准，以供其他省市行政部门与相关理论研究者参考。

本书的顺利出版离不开江苏省教育厅、南京师范大学及湖州师范学院的各级领导与同事的热忱关怀和真心协助，也饱含了湖州师范学院教师教育学院与南京师范大学学习科学方向的研究生团队的辛勤付出和智慧结晶，并受到了浙江大学出版社和江苏省教育厅政策法规处的鼎力支持。另外，本书中引用了诸多专家、学者的研究成果和相关论述，在此一并表示诚挚的感谢和崇高的敬意！

目　录

第一章 国际视野下的终身学习

教育与学习作为一对孪生词，相生相伴，自人类社会诞生以来就一直存在，众多智者、哲人都曾对其著书立说。例如，古希腊时期雅典城邦著名政治家梭伦(Solon)说“活到老，学到老”；孔子也说“三人行，必有我师焉”；而《学记》(约前202—9，战国末期)作为中国教育史上最早、最完善的教育理论专著，分别从教育的目的、原则、方法、制度、管理以及师生等方面作出了较为详细的论述；夸美纽斯则在《大教学论》中更加系统、全面地论述了现代意义上的教学原则、教学方法，并提出了班级教学制，使得学校教育得以快速普及。可以说，教育与学习在不同的历史阶段、不同的社会环境以及不同的地域有着不同的表现，人们对它们的理解和诠释也各不相同，它们之间的相互关系也是动态发展和逐步演变的。

第一节 教育理念的转变

一、教育受众的拓展

教育的发展经历了不同的历史阶段，由精英阶层教育到为大众服务再到全民学习和终身学习经历了漫长的历史，不同的历史发展阶段体现了不同的教育理念。

(一)精英特权

在古希腊，柏拉图(Plato)就曾将教育作为筛选社会各个层面的手段，他在《理想国》中定义了四个需要填补的社会阶层——金、银、铁和铜。在这些阶层中[①]，只有金人在一生中持续接受教育，以决定其成为哲学王(城邦的统治者)，而根据定

①Matheson D, Matheson C. Lifelong learning and lifelong education: a critique[J]. Research in post-compulsory education, 1996, 1(2): 219-236.

义，他们必须继续受教育和自学。该理念在中世纪时期的欧洲体现得较为明显，这个时期欧洲的教育体系以教会学校为主，在地位上分为三个等级。最高等级的教会学校名为僧侣学校（也被称为修道院学校），其生源大部分都是贵族和僧侣子弟，按照目标分为两类：一类是准备培养成为专门神职人员的学生，一律住校；另一类则是不准备成为神职人员的“走读生”。次等级的是主教学校，主要是指在教堂所在地建立的学校（又可以称之为教堂学校），其教学性质和水平与修道院学校差不多，教师完全由在教堂里面工作的神职人员担任，主要是培养新的教士和僧侣，其学生数量和规模由教堂决定，同样属于少数阶层的特权。最后一个等级的为教区学校，是由教会举办的面向一般世俗群众的普通学校，其到了 12 世纪中期才逐步开展起来，成为中世纪欧洲最普遍的教育形式，但设备简陋，主要教授拉丁文、读书、识字和初步的宗教知识，目标是培养忠诚的宗教神职人员，不算现代意义上的学校教育。

在同时期的中国，享受教育的主体也以皇权贵族和地主阶层为主。在夏代，就有了以教为主的正式学校，称为“校”。《孟子·滕文公上》：“夏曰校，殷曰序，周曰庠。”到了商朝，称为“序”，到了周朝，则称为“庠”。“序”又分“东序”“西序”，前者为大学，在国都王宫之东，是贵族及其子弟入学之地；后者为小学，在国都西郊，是平民学习之所（但在平民中仍然是少数人才有机会）。汉代特别重视发展官学，出现了太学和国子监，是培养封建王朝人才的主要场所。到了唐朝，出现了众多的书院，宋朝书院的发展达到顶峰，据相关文献记载，当时两宋时期的书院多达 397 所。[①] 与官办学校相对应的是民间的私塾，中国古代私学教育诞生于春秋时期，其中以孔子的私学规模最大、影响最深远。私塾是一种开设于家庭、宗族或乡村内部的民间幼儿教育机构，它是旧时私人所办的学校，以儒家思想为中心展开教育。但无论是官办学校还是私塾学校，其本质上都是以为少数人提供教育服务为宗旨。

到了 11 世纪，随着欧洲经济的复苏与发展、城市的兴起与生活水平的提高，人们追求改变以往的生活方式和观念的欲望逐步加强。在 14 世纪中叶至 16 世纪，欧洲终于爆发了一场影响深远的思想文化运动——文艺复兴，以期在艺术中寻找现实主义和人类情感。这一时期的文化在艺术、建筑、哲学、文学、音乐、科学技术、政治、宗教以及智力探究等方面都产生了巨大进步，现代科学、哲学被广泛接受，并受到尊重，一些现代的教育观念逐步产生。例如哲学家勒内·笛卡儿（René Descartes）成了瑞典女王克里斯蒂娜的教师（任课四个月后去世），伏尔泰（Voltaire）成了普鲁士腓特烈二世的“启蒙运动的朋友”，而狄德罗（Denis Diderot）则是俄罗斯

---

① 曹松叶. 宋元明清书院概况[Z]//中山大学语言历史学研究所周刊：第十集，1929(111)—1930(115).

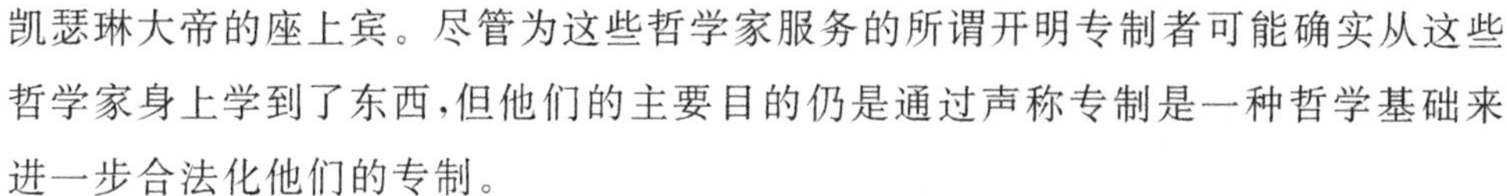

凯瑟琳大帝的座上宾。尽管为这些哲学家服务的所谓开明专制者可能确实从这些哲学家身上学到了东西，但他们的主要目的仍是通过声称专制是一种哲学基础来进一步合法化他们的专制。

（二）受众普及

欧洲文艺复兴后，一些哲学家和教育家逐步意识到只有通过提升普通民众的受教育程度，才能真正促进社会的进步和发展。在此期间，出现了很多影响深远的教育家和哲学家，其中以夸美纽斯（Jan Amos Komensky）的“大教学论”、爱尔维修（Helvetius）的“教育万能论”为主的教育大众化的教育理念颇具代表性。

1. 班级教学——夸美纽斯的“大教学论”

深受文艺复兴运动的影响，英国近代唯物主义哲学家培根（Francis Bacon）对经院哲学和旧的宗教神学做出了深刻的批判，提出了唯物主义经验论的基本原则和实验科学的归纳法。在培根的影响下，夸美纽斯的老师阿尔斯泰德（Johann Heinrich Alsted）开始研究所谓的“泛智论”，试图将自然、人类和宗教的一切知识集合在一起。在此基础之上，德国的教育家拉特克（W. Ratke）首先探索和实践培根的教育方法，并于 1612 年在提交给德国帝国会议的《改革学校和社会的建议书》中提出：“按照新的教学方法，能更快、更彻底地教会学生拉丁语、希腊语、希伯来语；用本国语教学，向学生传授系统的知识是完全可能的；通过本国语和新的方法教学，统一德意志国民的语言，在此基础上达到统一政治、统一宗教的目的。”[①]这一见解成为夸美纽斯教育思想的发端。经过多年的努力，夸美纽斯于 1632 年才将捷克文本的《大教学论》编写完毕，并在 1635—1638 年间将其翻译成拉丁文。

夸美纽斯所构建的新教育体系的目标是完善社会、实现理想，他认为社会的进步是在所有人的参与下，通过人类自身的进步来实现的。夸美纽斯坚持“教育适应自然”的理念，比较全面地论述了改革中世纪的旧教育，建立新教育的主张，构建了一个独特的、新的学校体系，即建立全国统一的学校制度，并认为人从出生到二十四五岁是适合教育的时间，学习应该从婴儿开始一直到成年，并划分为婴儿期、儿童期、少年期以及青年期，每期 6 年。该体系免费向所有人开放，学生的班级只由其先前的知识和将要学习的材料决定。夸美纽斯的教育体系被视为民主的、首先是基于男女平等的理念，然后是坚持必须在教育中尽一切努力提升每个人，并在此

---

① 夸美纽斯. 大教学论[M]. 2 版. 傅任敢，译. 北京：人民教育出版社，1984：2-3.

基础之上提出了班级授课制。这种教育理念深受大众的喜欢，为现代教育的快速普及和推广打下了坚实的基础。

2. 普及教育——爱尔维修的"教育万能论"

法国的启蒙哲学家爱尔维修就极力倡议普及教育，认为人的天赋是平等的，人是环境和教育的产物，应让所有年龄段的人都能接受，并坚持认为"教育能改变一切"，即教育是万能的，它能改变一切，所有人只有接受教育才能更好地改造社会。爱尔维修去世21年后，孔多塞（Condorcet，又译为康多塞）在向法国国民议会提交的一份报告（1792年4月20日至21日）中介绍了终身教育的理念："教育不应该在个人离开学校的那一刻抛弃他们：它应该包容所有年龄段的人。"同时期的英国，欧文（Robert Owen）在其著作《新社会观》（*A New View of Society*）中就指出："任何共性，从最坏的到最好的，从最无知的到最开明的，都可以通过适当的手段（Proper Means）赋予任何群体。"①正如欧文的著作和实践所表明的，"适当的方式"就是指教育。②

（三）成人教育

在一定程度上，现代意义上的终身教育起源于成人教育。"终身教育的基本原理是成人教育。"③进入20世纪后，随着世界经济与科技的迅速崛起，为进一步提升美国的科技竞争力，美国众多的教育理论研究者开始进行了更为激进和更为深入的教育改革和探索，其中杜威（John Dewey）就是最具有代表性的一位。可以说，杜威对成人教育理论启蒙的贡献是最突出的。他在《教育与民主》中明确阐述：必须重新认识教育的概念，使其与整个生命有关，而不仅仅是生命的早期阶段。一个人离开学校不应该停止教育——成人教育理念雏形初现。随后，杜威在《经验与教育》一书中表达了他对教学的一些更为成熟的思考，他将自己的方法与更传统的思想流派进行对比，认为自由和经验非常重要，经验的连续性以及年轻人和老年人之间的互动对学习都很重要。

《教育与民主》在美国出版后不久，由于深受杜威思想的影响，英国成人教育委员会主席史密斯（A. L. Smith）于1919年提交了一份著名的成人教育报告，即"1919报告"。在该报告中，史密斯写道：成人教育不应被视为当地少数特殊人士

---

①Owen R，Wordsworth. A new view of society[M]. Whitefish：Kessinger Publishing，1817：8.

②Silver H. The concept of popular education[M]. London：MacGibbon & Kee，1965：196.

③任宝祥. 终身教育[J]. 西南师范大学学报（人文社会科学版），1982(1)：113-117.

的奢侈品，也不应被视为仅与早期成年期短暂相关的事情，它应该是一种永久的国家必需品，是公民身份不可分割的一个方面，应该是普遍的和终身的。[①] 与报告中的许多其他声明一样，有关成人教育的声明受到了热烈的赞扬，但从未付诸实施，此时的终身教育理念仍然是一种理想。

1926 年美国成人教育协会成立（纽约卡内基公司为其研究和出版提供资金），开启了成人教育研究的热潮，其研究有两个流派：一种是科学流，另一种是艺术流。

科学流派，主张通过严格且经常是实验性的调查来研究成人学习，以 1928 年桑代克（Edward Lee Thorndike）出版的《成人学习》为标志。在该书中，桑代克对 15—45 岁学习者的学习能力的数量和质量变化的文献进行了系统的调研，并通过实验提供了大量新数据，几乎所有的实验数据都显示，成人学习的最大值出现在 20 到 24 岁之间，并从那时起逐渐下降。[②] 虽然该书并不是研究成人学习过程，而是研究学习能力的问题，但他的研究确实表明成年人可以学习，这一点很重要。该流派在接下来的 10 年中不断完善。诸如，1935 年桑代克出版了《成人兴趣》（*Adult Interests*），1938 年索伦森（Herbert Sorenson）出版了《成人能力》（*Adult Abilities*）等著作。自此，该流派从成人能够学习、拥有学习的兴趣，以及具有学习的能力等方面完成了对成人学习的科学论证。

艺术流派，主张寻求通过直觉和经验分析来发现新知识，关注成年人如何学习。以 1926 年林德曼（Edward C. Lindeman）的《成人教育的意义》（*The Means of Adult Education*）一书的出版为标志。在该书中出现了非常富有洞察力的陈述："成人教育的途径将是通过情境，而不是学科。"该学派认为每个成年人都是处于工作、娱乐、家庭生活、社区生活等需要调整的特定环境中，成人的学习应该从这一点开始。因此，成人教育应该是一种新的学习技术，一种对大学毕业生和无文字体力劳动者都至关重要的技术，它代表了成年人学习意识和评估经验的过程。

为了进一步突出成人教育的重要性，1949 年召开了第一届国际成人教育会议，在这次会议上，对成人教育的一些政策和理论进行了较为深入的探究。成人接受教育在本质上是为了进一步提升成人自身的素养和能力，因此成人教育者要认识到，成人通常对他们最常学习的学科非常了解。在此基础上，众多的教育理论研究者都开始意识到成人教师应该有更多的培训机会以适应这一现象，于是，当时的诸

---

①Jarvis P. Adult education and lifelong learning, theory and practice[M]. 3rd ed. London and New York: Routledge Falmer, 2004: 63.

②Thorndike E L. Adult learning[M]. New York: Macmillan, 1928: 100-105.

丁汉大学成立了世界上第一个成人教育系，皮尔斯(Robert Peers)作为世界上第一个成人教育教授[①]，他认为成人教育培训应该是所有大学校外部门的一项主要活动[②]。

成人教育是一个非常宽泛的术语，有很多定义和解释。正如大多数业内人士所知，"成人教育"一词本身在不同的国家和不同的语境中会有不同的含义。在一些国家，"成人教育"指的是非正规的、传统的成人自由教育，而其他的一些国家则使用"继续教育"和"职业教育"等术语来表述成人教育。但是，通过对文献和术语的文献追溯发现，尽管"成人教育"一词的使用和所表内涵存在差异，但在许多国家，"成人教育"一词仍然比其他任何一个词都更广泛地被用来指代成人的各种教育。霍尔(Houle)将成人教育定义为一个过程：通过这个过程，男性或女性单独或集体尝试通过改变他们的理解、技能或敏感性来提高自己[③]；1966 年，埃克塞特(英国的历史文化名城)第一届成人教育比较研究国际会议报告，给出了明确的成人教育定义：成人教育是一个过程，在这个过程中，不再定期和全日制上学的人(除非全日制课程是专门为成年人设计的)进行有意识的、有组织的活动，有意识地改变信息、知识、理解或技能、欣赏和态度；或用于识别和解决个人或社区问题。

按照这种定义，成人教育包括：识字和基础教育；职业或职业培训；关于健康、消费者和家庭问题的教育及关于身体和个人发展的教育；文学、艺术、戏剧和其他文化节目；社区发展、社会教育和社区组织；政治和公民教育；宗教或经济教育；以及主要为成年人设计的各种其他教育项目。为了更加清楚地对成人教育进行界定，该份报告还对成人教育的年限进行了明确界定，即不再以小学或全日制活动形式上学且年满 21 岁的人。

1968 年，利夫莱特(Liveright)和海古德(Haygood)进行了更为详细的界定，这也是得到学者们认同最多的一个定义，即成人教育是一个过程，不仅仅是指定期对全日制上学的人进行连续和有组织的活动，还包含那些有意识地带来信息、知识、理解和技能的变化，以识别和解决个人和社区问题为目的的欣赏和态度[④]；格里诺

---

①Jarvis P. From adult education to lifelong learning and beyond[J]. Comparative education，2014，50(1)：45-57.

②Jarvis P. Adult education and lifelong learning，theory and practice[M]. 3rd ed. London and New York：Routledge Falmer，2004：298.

③Houle C O. The inquiring mind：a study of the adults who continues to learn[M]. Madison：The University of Wisconsin Press，1964：23.

④Liveright A A，Haygood N. The exeter papers：report of the first international conference on the comparative study of adult education[R]. Brooklin：Center for the Study of Liberal Education Foradults at Boston University，1968：8.

(Greenough)则进一步加以完善，他将成人教育视为一个过程，即不再定期全日制上学的人可以进行有组织的学习或发展其知识和技能，从而能够或多或少地以创造性或批判性的方式在社会中发挥作用，从而更好地利用自己、他们的家人和社区[①]。

然而，在人类社会中，成年还受到心理、社会和文化因素的影响，这些因素与衰老的生理过程之间存在动态的相互作用，也是一个动态发展的过程。[②] 从这个角度来说，成人教育包含老年教育。

二、教育阶段的拓展

成人教育的概念基本上被理解为一项社会和人权[③]，与联合国教科文组织的议程接近。批判性的教育家托雷斯(Aníbal Torres)等人认为成人学习的概念是一种表达，他们反对那些对成人教育流行传统的人文主义根源的批判。[④] 通过对这些教育批判家所秉承理念的梳理，可以发现教育范式已经从终身教育转向了终身学习。在终身教育中，教育的概念被视为一个集体实体和一项国家义务，在终身学习中，学习的概念被视为一个个体实体和一项个人义务。

(一)终身教育的源起

由于深受“1919 报告”的影响，英国教育家耶克斯利(Basil Alfred Yeaxlee)于1929 年出版了世界上第一部《终身教育》专著，他在书中写道：“终身教育的理由最终取决于人类人格的性质和需求，因此任何个人都不能被正确地视为超出其范围，培养这种人格的社会原因与个人因素一样强大。”[⑤]

但这一理念一直没有得到足够的重视，直到第二次世界大战后，在朗格朗(Paul Lengrand)等人的影响和推动下，联合国教科文组织等国际组织开始采用了终身教育这个词，使得其在世界范围内流行起来。具体来说，就是时任联合国教科

①Greenough R. You can teach an old dog new tricks[R]. UNESCO Features，1972：618.

②Tennant M，Pogson P. Learning and change in the adult years：a developmental perspective[M]. San Francisco：Jossey-Bass，1995：134.

③Gadotti M. Adult education as a human right：the latin American context and the ecopedagogic perspective[J]. International review of education，2011，57(1)：9-25.

④Barros R. From lifelong education to lifelong learning discussion of some effects of today's neoliberal policies[J]. European journal for research on the education & learning of adults，2012，3(2)：119-134.

⑤转引自：Jarvis P. Adult education and lifelong learning，theory and practice[M]. 3rd ed. London and New York：Routledge Falmer，2004：63.

文组织成人计划处处长的法国教育家朗格朗于1965年12月，在巴黎由联合国教科文组织召开的"成人教育促进国际会议"上，提交了"关于终身教育"的提案。联合国教科文组织在这次会议上，把法文"终身教育"一词(l'éducaiion permanente)译成英文(lifelong education)，并于1970年出版了《终身教育导论》(*An Introduction to Lifelong Education*)。1972年，担任联合国教科文组织主席的法国教育部前部长富尔(Edgar Faure)在年会上发布的报告《学为生存：教育世界的今天和明天》(Learning to Be The World of Education Today and Tomorrow)中，更加明确地提出了"终身教育是发达国家和发展中国家未来教育政策的主要概念"。自此，"终身教育"的理念在全球范围内开始得到大面积的推广和普及。

(二)终身教育的定义

自20世纪60年代末以来，人们对终身教育的概念进行了大量讨论。联合国教育、科学及文化组织(United Nations Educational，Scientific and Cultural Organization，简称UNESCO)和欧洲委员会(Council of Europe)等国际组织都曾提出过终身教育的概念，他们认为，"终身教育涉及社会的根本变革，使整个社会成为每个人的学习资源"，组织良好的终身教育将使所有公民能够更充分参与一个更加公正和平等的社会。韦恩(Kenneth Wain)作为当代最多产的终身教育哲学作家之一，他认为：终身教育是指根据教育是一个终身过程的原则，完全重新认识教育概念的计划。[①] 为了彻底改变我们的学习思维方式，为了新的教育哲学，为了行动计划，作为所有教育规划、决策的"主概念"，实践他们的抱负，"教育"这个词最终将成为人们心目中终身教育的同义词。[②] 1972年联合国教科文组织年会的报告中指出："我们的最后一个假设是，只有全面的终身教育才能培养出一种完整的人，随着不断严格的约束将个体撕裂，对这种人的需求也在增加。我们不应该再一劳永逸地获取知识，而应该学会如何在一生中建立一个不断发展的知识体系——学会做人。"[③]

换言之，终身教育不是一个教育体系，而是一个体系的整体组织所依据的原则，并应相应地作为其每个组成部分发展的基础。

---

①Wain K. Lifelong education：a deweyan challenge[J]. Journal of philosophy of education，1984，18(2)：257-263.

②David N Aspin. Second international handbook of lifelong learning[M]. Dordrecht：Springer Press，2012：12.

③Finberg B D. Learning to be the world of education today and tomorrow[M]. Paris：UNESCO，1972：182.

终身教育作为一个复杂的学术用语，涉及层面众多，很多研究者都没有给出明确的定义。戴夫(Dave)第一次宽泛地定义了这个概念[①]：终身教育是在个人一生中实现个人、社会和职业发展的过程，目的是提高个人及其集体的生活质量。它是一种综合而统一的理念，包括正式、非正规和非正式的学习，以获得和增强启蒙，从而在生命的不同阶段和领域获得尽可能充分的发展。它既与个人成长有关，也与社会进步有关。这就是为什么"学会做人"和"学习型社会"或"教育型社会"等概念与这个概念联系在一起的原因。

同时，戴夫还给出了终身教育的20条原则：

原则1：终身教育的概念是以"生活""终身"与"教育"三个基本术语为基础的。这些术语的含义和对它们的解释基本上决定了终身教育的范围和含义。

原则2：教育不是在正规学校教育结束时便告终止，它是一个终身的过程。

原则3：终身教育不限于成人教育，包括并统一所有阶段的教育，且全面地看待教育。

原则4：终身教育既包括正规教育，也包括非正规教育。

原则5：家庭在终身教育过程的初期起着决定性的作用，家庭学习贯穿人的一生。

原则6：当代社会在终身教育体系中也起着重要作用，这种作用从儿童与它接触的时候就已经发生了。

原则7：中小学、大学和训练中心之类的教育机构固然是重要的，但这不过是终身教育机构的一种。它们不再享有教育的垄断权，也不再能够脱离其他社会教育机构而存在。

原则8：终身教育从纵向寻求教育的连续性和一贯性。

原则9：终身教育从横向寻求教育的统合。

原则10：终身教育与拔尖主义的教育相反，具有普遍性，它主张教育的民主化。

原则11：终身教育的特征是，在学习的内容、手段、技术和时间方面，既有机动性，又有多样性。

原则12：终身教育是对教育进行生动有力的探讨，它促使人们能够适应新的开发，自行变更学习内容和学习技术。

原则13：终身教育为受教育者提供各种可选择的教育方式和方法。

原则14：终身教育有两个领域，即普通教育与专业教育。这两者不是孤立的，

---

①Dave R H, Cropley A J. Foundations of lifelong education[M]. New York: Pergamon Press, 1976:34, 36, 53.

而是互相联系、互相作用的。

原则 15:通过终身教育来实现个人或社会的适应机能和革新机能。

原则 16:终身教育实行补正的机能,克服现行教育的缺点。

原则 17:终身教育的最终目标是维持和改善生活质量。

原则 18:实施终身教育有三个主要的前提条件:机会、动机、可教育性。

原则 19:终身教育是把所有的教育组织化的原则。

原则 20:在付诸实施方面,终身教育提供一切教育的全部体系。

虽然众多研究者都对终身教育进行了系统的研究,并取得了丰硕的成果,但至今仍未对终身教育进行一个统一、明确的定义。

(三)学校教育的转变

终身教育的发展,使得学校在终身教育方面的作用发生了彻底的变化,即在学校获得的基础教育只是教育开始的一个序幕,它的主要作用表现为:为成年人提供相互交流的最佳方式;提高独立获取信息的能力;让个人具有能够相互交流、工作和生活的能力,以创造一个更具凝聚力的社会。因此,终身教育作为一个杠杆,其支撑和平衡的作用,改变了人们对现代教育观念的整体理解。在这个层面上,可以说终身教育促进了学校系统和整个教育过程的重组,其目的是重新整合学校教育系统所锁定的东西。

在 20 世纪 60 年代这种重组理念出现时,教科文组织认为终身教育概念的主要理解包括三个维度:对正规教育学校模式的严厉批评;需要确保一种"终身"教育形式,使知识保持最新,并使成年人跟上社会的技术发展;促进平等的教育机会和获得永久有效的社会晋升的机会。为了更好地推动终身教育,联合国教科文组织教育研究所曾召集专家对终身教育的特征进行了描述,分别从终身教育包含什么,以及如何进行终身教育两个维度进行了详细的阐述。

1.终身教育的内涵

(1)终身教育基于"生活""终身"及"教育"三个维度展开,与终身教育有关的概念及对终身教育的理解和阐释在很大程度上决定了终身教育的范围和意义。

(2)教育不是在学校正规教育结束后就终止了,教育是一个终身的成长过程,其涵盖了一个人的生命跨度。

(3)终身教育并不仅仅局限于成人教育,它还包括和融合了几乎所有的教育阶段——学前阶段、初级阶段、中级阶段和高级阶段以及更高级的阶段,所以我们需要从整体的角度来审视教育。

(4)终身学习包括正规、非正规以及非正式的教育学习模式。

(5)在如何进行终身教育的问题上，家庭扮演了首要的、主要的角色，家庭的作用是非常重要的，但是这种影响却不易被察觉，通过家庭潜移默化的影响，终身教育的理念将会深深地印在每一位家庭成员的脑海中，伴随他们的一生。

(6)在儿童开始和社区中的事物进行互动的时候，社区就已经开始影响儿童的教育了，并且社区也扮演着重要的角色。在终身教育系统中，社区的教育功能将会同时体现在一个人未来的专业能力和通用能力之中。

(7)教育机构，例如学校，大学或者培训中心是非常重要的，但它们只是作为终身教育的一部分。它们不再进行教育垄断，也不再与社会的其他教育机构或者组织分隔开来，简而言之，就是不单单是学校提供教育。

(8)终身教育也会在其垂直或者纵向的维度寻求一致性和关联性，例如终身教育价值观是不变的，在一个人的成长过程中知识是有关联的，是一步步进阶的，但是知识在某种程度上又有一致性，也就是相似性。

(9)终身教育也会在人生命中的每一个阶段试图去寻求广度和深度的结合或融合，例如终身教育既要求在某个领域涉及的范围要广，又要求在感兴趣的领域或者自己有能力深挖的领域进行深度学习，从而确保深度和广度的融合。

(10)与最精英的教育形式相比，终身学习的教育形式具有十分通用的特点，它代表了教育的民主化和公平化。

(11)当代终身教育的特征主要有内容上的灵活性和多样性、学习工具的丰富性和先进性，以及学习时间的灵活性。

(12)终身教育是一种动态的教育方式，它能够在材料和媒体内容发生改变时动态地调整自己的状态，从而适应这个新的发展和变化，正是因为有了终身教育的理念，使得自己能够随时调整状态，保持对学习的渴望和知识的敏感，具有强大的适应能力，这也充分说明了终身教育灵活性的优越和适应性的强大。

(13)终身教育使人们可以选择不同的、可替代的受教育模式和形式，例如除了学校教育，还能够从其他方面获得教育等。

(14)终身教育有两个广域的组成部分，分别是通用性和专业性，这两者并不是完全不同的，它们在自然规律方面是具有内在相关性以及交互性的。

(15)个人和社会的适应性和创新性的发展和培养可以通过终身教育来完成，个人一旦拥有并且坚持了终身教育的理念，将会有源源不断的内生动力，从而促使一个人去适应社会的变化，去提升，去创新，去发展自我；而对于社会来说，通过社会成员的终身教育模式，社会将会稳步发展，科技将会不断进步，人也会不断发展，社会的适应能力和创新能力也将会变得更加强大。

(16)终身教育发挥了一个十分重要的功能，那就是去关注现有教育系统的不足和缺点。通过终身教育，人们能够不断地学习，了解个人和社会的不足之处，从而做出改进和思考，这对社会发展是大有裨益的。

(17)终身教育最终的目标是保持和提升生活的质量。

(18)终身教育有三个主要的先决条件，分别是机会、动机以及教育能力。

(19)终身教育是一种组织原则，其适用于所有教育系统和教育形式。

(20)在可操作性方面，终身教育提供了适用于所有教育的全面的教育系统，通过终身教育，不管是学校还是个人，都能够进行对照，找出现有教育系统的不足，从而提出建议或者改进，进一步完善各自的教育系统。

为了更好地理解和研究终身教育，研究者们又给出了终身教育研究的相关内容和领域清单，即如何去实施终身教育。

2. 实施终身教育

(1)终身教育涵盖整个人生阶段。

(2)教育应该从更加完整的角度看待，包含与结合所有教育阶段和形式。

(3)终身教育包括正规、非正规和非正式的教育模式(例如除了学校教育，还包括家庭教育以及更多的媒体教育)。

(4)终身教育应横向一体化，充分考虑对象的环境(如家庭、邻居、当地社区、国家和国际等大社会、工作环境、大众传媒以及娱乐的、文化的、宗教的以及其他此类机构)、不同个体之间以及在生命的特定阶段(如身体、道德和智力等不同方面)的发展。

(5)终身教育应纵向关联化，充分考虑在教育的不同阶段中的学习(如学前教育、学校教育以及后学校教育)、在不同阶段和主题教育中的学习、在个人不同生命阶段所扮演的不同角色的学习以及在不同发展层面的学习(如生理、道德和智力等方面)。

(6)终身教育具有通用性的特征，教育大众化。终身教育能够让普通人也获得教育，具有通用性的特征。因为在当今社会，教育不再局限于学校全日制教育，现在国家推出了开放大学，帮助成年人进行教育，很多是非全日制的教育，旨在帮助各个年龄阶段的人进行大学的学习。

(7)终身教育允许用替代的方式进行教育，获得教育的形式可以多种多样，具有一定程度上的可替代性，当某一形式的教育模式难以实施时，可以采用替代的方案，或者获得教育的形式不一定是学校教育，还可以是社会教育、生活教育等。

(8)教育的专业性和通用性都是具有内在联系性和交互性的，这两者是相辅相成的。

(9)终身教育强调个人导向性的学习。

(10)终身教育强调自我学习、内化学习，自我评估以及个人绩效的参与性评估、小组工作的合作性评估。

(11)终身教育强调学习和评估的个性化。

(12)终身教育强调注重传承学习，也就是父母一辈对子代潜移默化的影响，同时强调家庭的教育以及社区的学习。

(13)终身教育强调尽量多地去涉猎更加广泛的领域，确保获得知识的广度。

(14)终身教育强调跨学科，跨领域，但同时要积极联系不同领域的知识，做到知识的统一和关联。而且除了数量，还需要强调知识的质量。

(15)终身教育强调内容的灵活性及多样性，学习工具和技术、时间及学习的地点都十分灵活。

(16)终身教育强调动态地吸收和积极同化知识为自己的东西，也就是通过不同的方法和媒介、媒体积极了解、发现、吸收并且内化在某些自己感兴趣的领域的最新进展的知识。

(17)终身教育强调加强教育能力(学会学习，会与他人分享经验和经历，能够评估、提升自己的能力)。

(18)终身教育强调加强学习动机。

(19)终身教育强调创造学习的机会，利用这些机会，创造学习的环境(三个主要的先决条件就是机会、动机和教育能力)。

(20)终身教育强调具有适应性和创造性的功能，强调创造力和创新性。

(21)终身教育强调能够充分利用不同人生阶段角色的转换来获得不同阶段所需要获得的知识和经验，例如做父母，可以获得做父母的经验等。

(22)终身教育强调理解和及时更新每个人自身的价值观念，因为在不同阶段，价值观念可能会发生一定程度上的改变，但是核心价值观不能够改变。

上述清单中列出了与终身教育的不同特性相关的关键词和内容，这些内容并不是相互排斥的，而是互补的，需要从多个方面进行综合考虑。这些总结对于我们理解终身学习也有一定的帮助，特别是有关横向和纵向的一体化理论，并且传统的“重点前置理论”已经不再适用，终身教育不再局限于义务教育和正规教育。因此，在由世界银行赞助的一项研究中，基本确定了在整体上的教育定义中不再可能被限制在有限的时间或学校等特定的机构或地点，也不再局限于年龄。基于这些观点，终身教育又分为正规教育、非正规教育和非正式教育等多种形式。

正规教育：高度制度化、按时间评级和分层化的教育系统，横跨小学低年级至大学高年级，多指学校的学历教育。

非正规教育：任何在正规教育制度外的有组织的、有系统的教育活动，为特定的人群，成年人或儿童提供可供选择的课程学习。

非正式教育：每个人通过一生的过程获取并且积累的知识、技能、态度和洞察力，来自日常经验和对环境的体验，来自家庭、工作或者娱乐，以及家人和朋友、旅行、报纸或者电影中的信息，等等。

正规教育是由“智力”组成的系统，而非正规教育是由各种教育活动组成的，并且这些活动通常没有任何联系。但三种教育模式并没有清晰的界限，重叠和交叉都有可能发生，并且正规教育和非正规教育在某些方面也有相似之处。换言之，在促进某些比较有价值的学习类型方面，如阅读和写作，正规教育还是大有帮助的，因为这些技能是个人通过接触普通环境无法轻易获得的。

因此，上述正规、非正规和非正式的教育的定义被用作定义终身教育横向或者纵向的基础，终身教育追求在每个生命阶段的横向和纵向的深度融合。可以说，联合国教科文组织所界定的“终身教育”的内涵，完全按照教育是一个终身过程的原则重新定义教育的项目，其目的是彻底改变我们对学习的思考方式，是为推崇一种新的教育哲学而建立的一个行动纲领。

然而，也有学者抨击这种“终身教育”是“倒退的”和“不自由的”，并重申了终身教育的四种语义解释。①

第一条：学校教育是锤炼生活的基础。

第二条：终身教育即贯穿整个生命周期的教育。

第三条：终身教育是从整个人生经历中获得的教育。

第四条：终身教育，即一个人在一生中有意识地参与的所有事件都构成了教育（作为过程），并有助于教育，也是教育的一部分，教育是生活的过程和持续的教育产品。

（四）终身教育的发展

早在1976年10月，美国国会就通过了由议员蒙代尔递交的《终身学习法议案》（Mondale Bill），并将其作为《高等教育法》修正案第一节的B部分予以实施。自此，世界上第一部《终身教育法》（也称《蒙代尔法案》）随之诞生。1993年4月，

①Chapman A. Second international handbook of lifelong learning[M]. Dordrecht: Springer, 2012:13.

克林顿总统在其任内宣布的《2000年目标：美国教育法》中又进一步提出了推动美国教育改革的八项目标，其中的第三项目标就是“规定联邦、州和地方在教育改革和终身学习中有适当而明确的地位和责任”。同年，美国还成立了“终身学习者联盟委员会”，美国教育部则成立了“国家中学后教育、图书馆与终身教育研究院”等组织和机构。

日本是亚洲国家中最早接触这一理念并做出相应对策的国家。1965年，日本政府就派遣了原东京御茶水女子大学的校长波多野完治教授参加了由联合国教科文组织于当年12月在法国巴黎组织召开的“第三届促进成人教育国际委员会”。1988年，日本文部省在行政机构改革中，首次撤销原社会教育局，新设终身学习局，并把原社会教育课归属终身学习局管辖。1990年6月，日本还首次颁布《终身学习振兴法》，成为继美国后世界上第二个为推动终身教育发展立法的国家，其基本目的就是谋求完善振兴终身学习的推进体制及保障终身学习的机会；设立了专门的行政机构，包括从文部省到各级政府都必须设立指导终身教育发展的“终身学习审议会”等。该法案从整体上规定了终身教育发展的政策体系，强化了各级政府的行政职责，为终身教育的发展提供了有效的保障。2002年，日本又对《终身学习振兴法》作了修订(修订后的新法改称《终身学习完善法》)。从日本的推动来看，其第一步是借助政策以在政府层面推进，第二步则是通过议会立法来对公民的终身学习权予以保障。由此亦使日本较早地建立起了终身教育发展的政策框架与体系。

自二战结束以后，韩国开展了以扫盲为主的启蒙运动，同时各级各类社会教育计划及社区教育运动也开展得轰轰烈烈。到20世纪70年代，韩国加大工业化进程，直至1983年颁布的新修订宪法第31条第5款规定“国家提倡终身教育”，韩国的终身教育发展思路才正式予以确立。1992年12月颁布的《韩国教育法》，在其第9条、第10条、第11条等条款中体现终身教育理念。如，第9条第3款规定：“为使在职人员便于学习，采取夜间制、季节制、学时制等其他特殊教育方法。”第10条规定：“国家和地方自治团体，采取适当教育措施对未能接受义务教育的超龄者及一般国民进行民主国家公民所必要的教育。”第11条规定：“工厂、企业及其他教育所能利用的一切设施，在不妨碍其本来用途的条件下，都可以用来办学。”1999年8月31日韩国正式颁布并实施《终身教育法》，其宗旨是建立具有开放教育性质的社会和终身学习型社会，提高并完善终身教育课程学习者的待遇，把学历型社会转变为能力型社会，扩大学习者的教育机会和提升国家高等教育教学质量，大力促进人力资源开发产业和教育培训产业。该法主要内容为第一章总则，描述立法目的，组织终身教育的有关原则；第二章明确中央和地方政府的任务，对进行终身教育的机构、职能、财政支持、经费筹措等给予规定；第三章是教育师资的建设，推动终身教育工作的开展；第四章规定了终身教育的主要设施，包括各级学校、企业教育机构、远程教育、事业机构、舆论机关和社会团体；第五章规定终身教育管理细则和奖惩方法。

在国际组织方面，国际 21 世纪教育委员会向联合国教科文组织提交的报告《学习——内在的财富》中指出，“终身教育概念看来是进入 21 世纪的一把钥匙”，“把终身教育放在社会的中心位置上”。

在联合国教科文组织提倡终身教育理念的同时，循环教育（Recurrent Education）是经济合作与发展组织（OECD）提倡的作为促进终身教育的战略。根据 OECD 的观点，循环教育是一项针对义务教育后的阶段或者基础教育后的阶段的综合教育战略，其基本特征是以循环重复的方式在个人的生命周期中分配教育资源。换句话说，就是与其他活动交替进行，主要是工作、休闲和退休方面的活动。循环教育和终身教育的一个重要的关键区分点就是，终身教育提倡全方位的、所有阶段的教育，而循环教育则与促进正规成人教育的政策相互关联。循环教育的目的就是对教育系统进行修改，以便每个人一生中都有受到教育的机会，都能够获得优质的、有组织的教育。除此之外，循环教育战略主要寻求促进学校学习和其他生活情境中学习的互补性，这就意味着学位和证书不应该被视为教育事业“最终的结果”，而应该被视为终身教育持续过程中的步骤。

该战略还将促进跨部门的政策协调，特别是教育和劳动力市场，将有计划的成人教育提供给更广泛的受众，并促进成年人参与高等教育和大学教育。循环教育的范围更加有限，并且更加实用。上文也提到，其只是在终身教育发展中的持续过程，它强调了教育与工作之间的对应关系，以及教育政策与劳动力市场政策的相互依存的关系。此外，它主张成人教育应该与其他活动交替进行，更加具有功利性，因为旨在逐步引入和扩大成人教育机会，从而提高成人教育的正规性和统一性，而终身教育则更加强调整体性，具有人文主义理想。

还有一点需要强调的就是，循环教育并不是作为终身教育的替代品，而是先行者，它从一开始就被列入终身教育的规划策略之中。因此，OECD 并未将循环教育从根本上与终身教育区别开来，或者去反对终身教育，一个注重工作与生活，另一个注重教育的延伸，两者并不冲突。

综上所述，循环教育是一种工具，可以用于检查预期的高等教育入学人数，最重要的是，为劳动力市场提供维持经济增长所需的熟练劳动力，其代表了一种更加有限而且是以人力为导向的策略，而终身教育则追求学习型社会中人类的解放和启蒙。

第二节　教育范式的转变

所谓范式，是指一种被人们接受了的理论体系、理论框架，具有相对规范的研究方法，以及研究准则。教育范式的转变使得人们重新审视教育及进行教育研究，极大地推动了人们教育理念的转变。

一、知识社会

(一)知识

1. 真实的信念

关于什么是知识的讨论，历来都是相关研究者所关注的焦点。早在古希腊，柏拉图就在《泰阿泰德》一文中详细记录了苏格拉底与泰阿泰德对"知识是什么"的问题的会话。在会话中，苏格拉底对知识与"感觉""真实的信念"及"真实的信仰加上解释"之间的关系进行了逐一论证[①]，但未明确给出"知识是什么"的定义。西方近代哲学界普遍认同的观点是"知识就是证实了的真的信念"(Justified True Belief，即 JTB 理论)。但随着社会的发展，特别是后现代主义哲学思潮的出现，很多哲学家和社会学家开始对这种知识定义的界定进行质疑。维特根斯坦(Ludwig Josef Johann Wittgenstein)认为认识是一种必然的社会活动，并明确地指出"知识和确定性属于不同的范畴"[②]；波普尔(Karl Popper)则认为知识既不是任何信念，更不是一成不变的信仰，知识是客观的，是不可猜测的，是由"说出、写出、印出的各种陈述组成，它包括思想内容以及语言所表述的理论内容"[③]；盖蒂尔(Edmund Gettier)则通过具体案例的逻辑论证，对 JTB 理论给予颠覆性批判，并加以否定，即盖蒂尔通过提出了两个著名的反例，说明即使得到确凿的真信念，也未必是知识[④]；塞蒂纳(Karin Knorr-Cetina)认为"科学知识的生产是建构性的，而非描述性的，由决定(decision)和商谈(negotiation)构成"[⑤]；科尔(Stephen Cole)认为"科学是在实验室

---

①柏拉图. 柏拉图全集(第二卷)·泰阿泰德篇[M]. 王朝辉，译. 北京：人民出版社，2003：752.

②Llewelyn J E，Wittgenstein L，Anscombe G E M. On certainty[M]. Oxford：Blackwell，1969：308.

③卡尔·波普尔. 客观知识——一个进化论的研究[M]. 舒炜光，等译. 上海：上海译文出版社，1987：2-5.

④Gettier E L. Is justified true belief knowledge? [J]. Analysis，1963，23(6)：121-123.

⑤卡林·诺尔-塞蒂纳. 制造知识——建构主义与科学的与境性[M]. 王善博，等译. 北京：东方出版社，2001：2.

和实验室以外的群体中社会性地建构出来的”[①]；布鲁尔(Dvaid Bloor)更是认为“如果一种社会学不能用来自始至终地解释科学知识，那么这种社会学只是贫乏的社会学”[②]。

2.假说证伪

其实在哲学家、社会学家讨论“知识”内涵的背后所隐喻的是不同的认识论，就knowledge 一词来说，该词来自希腊语的 Episteme，其本身就有认识的内涵。西方近代哲学，自从笛卡儿提出主观世界和客观世界(主客二分)以来，人们一直在试图消除两个世界中的一个或另一个。但到了 20 世纪中叶，无论理性主义还是经验主义，所坚持的那种反对怀疑论、寻求知识确定性的基础主义都已彻底地宣告失败。在波普尔看来，知识就是假说，知识的进步在于对先前知识的修改。[③] 科学发现的本质就是理论不断做出的假说，假说是科学理论的预制品，并会遭到不断的批判——被证伪。研究知识增长最好的方法是研究科学知识的增长，科学知识的增长是知识增长最重要、最有趣的实例。[④] 鉴于此，波普尔提出并逐步完善了在哲学界引起轰动的科学知识增长序列的四段式模式，并对其内涵进行了具体阐述。波普尔的科学知识增长模式是在实践中不断发展与完善的，其演化过程及逻辑关系如图 1-1 所示。

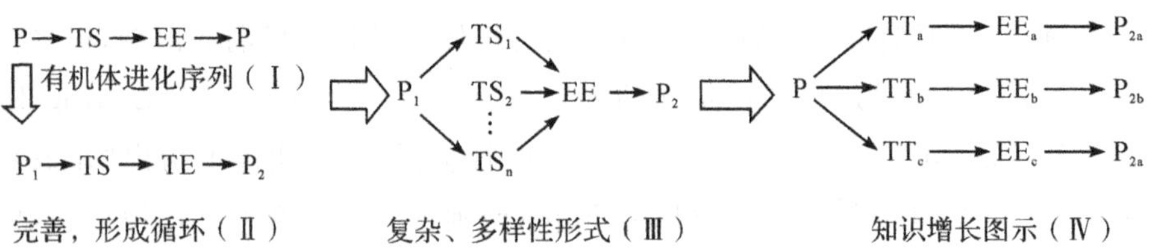

图 1-1 科学知识增长四段式图谱及发展过程

图 1-1 详细地展示了科学知识增长四段式模式发展与完善的历程。其中第Ⅰ阶段，没有形成递增的循环；第Ⅱ阶段，没有考虑到试探性理论的多样性和竞争性；第Ⅲ阶段，没有考虑到各种试探性理论可能形成新的不同问题；第Ⅳ阶段，是经过修正、完善的知识增长的最终模式。知识增长四段式模式的逻辑关系为：首先，科学研究发源于具体的问题(problem，P)，这些问题与对世界或宇宙的某些方面的解

①史蒂芬·科尔.科学的制造——在自然界与社会之间[M].林建成，等译.上海：上海人民出版社，2001：2.

②Bloor D. Knowledge and social imagery[M]. London: Routledge & Kegan Paul Ltd.，1976：5.

③卡尔·波普尔.猜想与反驳：科学知识的增长[M].傅季重，等译.上海：上海译文出版社，1986：3.

④卡尔·波普尔.科学发现的逻辑[M].查汝强，等译.北京：科学出版社，1986：x-xiii.

释相关联；其次，科学家针对相应问题提出各种猜测或假设，即试探性理论（tentative theory，TT）——并用以代替前三个阶段所使用的试探性解决（tentative solve，TS），对问题做出解答，同时各种理论之间展开激烈的相互批评和竞争；再次，这些试探性理论得接受经验（观察和实验）的检验，即通过证伪加以排除错误（elimination of error，EE），进而筛选出逼真度更高的新理论；最后，当这些新理论被进一步发展的科学技术所产生的新经验事实（观察与实验）所证伪，从而产生比旧问题更具有深度的新问题（P_2），而不只是回归到最初问题（P_1）的简单递归循环，科学知识就是通过这种螺旋递增的方式实现增长。

（二）知识型社会

受后现代思想以及认知心理学的影响，人们对知识的理解开始出现转变，知识社会建构论逐步出现并发展起来。著名的社会心理学家米德（George Herbert Mead）认为人的认知是在日常的人际交往和群体互动中"建构"的，这成为社会建构论的重要来源。该学派认为知识不是经验归纳的产物，而是社会建构的结果。社会建构论抛弃了传统哲学上的"主观—客观""映象—实体"的两分法概念，主张把知识的产生放到人际互动及文化历史的社会范畴和背景中，认为知识不是被"发现"，而是被"发明"。

知识社会建构论的提出，使得相关的社会组织及相关机构更加注重团体的社会互动性，更加强调知识的创新，即知识的创新成为社会建构理论的重要目标。传统意义上的社会组织及其活动边界正在"消融"，创新正逐渐步入大众化，每个组织成员和社会人都能成为创新的主体，精英阶层的创新逐步"消融"，普通民众的知识创新正在"大众化"。在这种社会情境和理念的影响下，"知识社会"的概念逐步诞生。知识社会理论专家尼科·斯特尔对知识社会进行了系统而全面的考古，他发现是美国社会学家莱恩（Robert Lane）在 1966 年发表的《知识社会中政治和意识形态的衰落》一文中最早提出"知识社会"这一术语。① 莱恩通过说明科学知识的日益增长的社会意义而证实对知识社会概念的使用是正确的，其英文表述为 the knowledgeable society。在 1968 年，管理学家德鲁克（Peter Druker）在《断裂的时代》一书中为论证和说明知识是现代社会的中心，是经济和社会行为的基础，使用了"知识社会"这一术语。同年，社会学家和未来学家贝尔（Daniel Bell）认为知识是

①Lane R. The decline of politics and ideology in a knowledgeable society[J]. American sociological review，1966，31(5)：649-662.

创新的源泉，知识领域在国民生产总值及就业中的作用和地位日益提升，他们在《知识和技术的测度》(The Measurement of Knowledge and Technology)一文中也使用了“知识社会”一词，并提出后工业社会就是一个知识社会。管理学家德鲁克和社会学家贝尔采用英文 the knowledge society 来表述“知识社会”。莱恩的“知识社会”所强调的是社会的知识化趋势及其意义，而德鲁克和贝尔则强调知识资源和知识活动的价值，将关注的焦点直接放在了知识本身，这种表述方式突出了自主创新的经济价值。知识社会的提出使得人们更加关注个体，由过分地强调教师的教育作用逐渐演变为充分发挥学习者的学习作用，即教育理念发生了转变。

二、学习型社会

(一)学习

通过查找权威的工具字典、著作等文献，分别从教育学、心理学、学习科学及哲学等多个角度对学习定义进行梳理、分析，可以看出不同的领域、不同的研究者给出的定义往往不同，但大部分定义都是指学习发生在学习者个体的内部，是一个不可观察的过程，它可以改变学习者的信念、态度、技能或者经验。本书列出了具有代表性的 22 条有关学习的定义，相关定义如表 1-1 所示。

表 1-1 学习的定义

序号	领域	出处	定义	年份
1	辞书	《教育大词典》，上海教育出版社，第五卷，第 235 页。	作为结果，指由经验或练习引起的个体在能力或倾向方面的变化。作为过程，指个体获得这种变化的过程。	1989
2		《简明不列颠百科全书》，台湾中华书局，第 11 卷，第 116 页。	学习是通过实践获得的对行为模式的改变。生物学习上学习一词含义甚广，不限于语言材料的学习或技艺的掌握，原有习惯的放弃也属于学习范畴。	1989
3		朱智贤：《心理学大词典》，北京师范大学出版社，第 812 页。	一般指经验的获得及行为变化的过程。	1989
4		《中国大百科全书》，教育卷，中国大百科全书出版社，第 441 页。	学习心理学家一般把学习定义为个体后天与环境接触，获得经验而产生行为变化的过程。	2002

续表

序号	领域	出处	定义	年份
5	辞书	《现代汉语词典》,上海辞书出版社,第 1831 页。	从阅读、观察、听讲、研究、实践中获得知识或技能的活动。	2009
6	辞书	《大辞海教育卷》,上海辞书出版社,第 77 页。	个体在一定情境下,通过练习或获取经验而导致行为发生较为持久变化的过程。广义学习泛指人和动物在与外界环境的相互作用中获得个体行为经验的过程。狭义的学习则主要指学生在学校中掌握系统科学文化知识和社会经验的活动,是学习的特殊形式。	2014
7	国外著作	桑代克(E. L. Thorndike):*Animal Intelligence*。	学习即联结,心即人的联结系统。	1898
8	国外著作	索普(L. P. Thorpe):*Learning and Instinct in Animals(2nd ed.)*。	学习就是"通过由经验产生的个体行为的适应性变化而表现出来的过程"。	1963
9	国外著作	金布尔(G. Kimble):*Conditioning and Learning*。	学习是"由强化练习引起的有关行为潜能的持久性变化"。	1961,1967
10	国外著作	加涅(R. M. Gagme):*The Conditions of Learning*。	学习是人的倾向性或能力的变化,这种变化能够保持而不能单纯归因于生长过程。	1965
11	国外著作	威特罗克(M. Wittrock):*Instructional Psychology*。	学习是描述与经验变化过程有关的一种术语,它是在理解、态度、知识、信息、能力以及经验技能方面得到相对恒定变化的一种过程。	1977
12	国外著作	温菲尔(A. Wingfield):*Human Learning and Memory: an Introduction*。	由练习或经验引起的行为或知识的较持久的变化。	1979
13	国外著作	鲍尔,希尔加德(G. H. Bower, E. R. Hilgard):*Theories of Learning*。	是指主体在某种规定情境中的重复经验引起的、对那个情境的行为或行为潜能的变化。这种行为的变化不能根据主体的先天反应倾向、成熟或暂时状态(如疲劳、酒醉、内驱力等)来解释。	1981
14	国内著作	施良方:《学习论》,人民教育出版社,第 5 页	学习是指学习者因经验而引起的行为、能力和心理倾向的比较持久的变化。这些变化不是因成熟、疾病或药物引起的,也不一定表现出外显行为。	2001
15	国内著作	李伯黍:《教育心理学》,华东师大出版社,第 177 页。	学习就是人在一定情境下掌握一定的知识和由知识所制约的系列活动的过程。	2010
16	国内著作	刘兆吉:《高等学校教育心理学》,北京师范大学出版社,第 162 页。	人的学习的实质是人与人相互进行社会交往,借助语言为传递工具,通过人类智能器官,掌握社会历史经验,形成人的智能的社会活动。	1995

续表

序号	领域	出处	定义	年份
17	国内著作	叶瑞祥:《简明学习科学全书》,团结出版社,第323页。	学习活动应包括学习的主体、客体和学习活动的结果三个基本要素,即学习就是个体与环境接触而获得经验的活动。	2017
18		钟祖荣:《学习指导的理论与实践》,教育科学出版社,第43页。	学习是获得新经验并引起内在素质与外在行为变化的过程,是人的经验与素质的基础、积累、更新、重构的过程。	2001
19		王文博主编:《大学学习学》,中国纺织出版社,第19页。	人类的学习是学习的主客体之间相互作用,使客体在主体中内化并使主体意识、行为发生效应的过程。	1996
20		王泽普主编:《学习学概论》,广东高等教育出版社,第3页。	学习就是人们在生活、实践、做人的活动中获得经验,并使身心得到全面发展的"知行统一"的活动。	1993
21		乔炳臣、白应东:《学习的科学与科学的学习》,黑龙江教育出版社,第1页。	学习研究中,从哲学等角度对学习的定义:学习就是在学习实践中获得知识,从而达到知行统一,指导后来的再学习。	1990
22		谢德民主编:《论学习》,人民出版社,第82页。	所谓学习,就是求知获能。所谓学习活动,就是人们进行的一种以求知获能为其主要目的、特征的认识活动和实践活动,是人们求知获能的基本手段。	1992

(二)学习型社会

学习型社会几乎是与知识型社会同时发展起来的一个学术概念和研究领域。由于人们对知识的理念产生了变化,即更加明确了知识的作用和地位,使得学习的作用更加突出。也就是说,学习型社会的组织将为每个成员提供(最大)学习机会,并重视广泛的学习。学习型社会的核心是这样一个命题:在20世纪末和21世纪,个人和社会形态所面临的经济、社会和文化挑战,使得依赖初级教育而为成人生活所做的全部准备变得不可持续。

1968年,美国学者哈钦斯(Robert M. Hutchins)首次提出了"学习型社会"这一术语。1971年,联合国教科文组织在《学会成为》一书中对"终身教育、终身学习和学习型社会"三个概念进行了描述,并将这一理论系统化。对于学习型社会,不同的研究者有不同的见解。

哈钦斯认为"学习型社会"将是这样一个社会：除了在成人生活的每个阶段为每个男女提供非全日制成人教育外，还成功地转变了其价值观，使学习、奋斗、提升自身素养成为其目标，且所有机构都以此为目标。①

美国华盛顿特区教育部助理部长办公室发布的报告认为，致力于"终身学习"的社会由三个要素组成：促进自身成长和发展的个人，合作提供学习资源的地方、机构和组织，以及追求旨在鼓励个人成长和丰富学习机会的政策战略的国家机构和地方政府。②

韦恩(Wain Kenneth)认为"学习型社会"是一个完全自我意识到教育的社会；它意识到自身与机构的教育相关性和潜力，以及作为自身生活方式的总体环境，并决心最大限度地利用这些方面的资源。③

1994年，科菲尔德(Frank Coffield)在提交英国经济和社会研究理事会(Economic and Social Research Council，简称 ESRC)的报告中，将学习型社会定义为"所有公民都能获得高质量的普通教育、适当的职业培训和一份与人类相称的工作(或一系列工作)，同时终身继续参与教育和培训"④。科菲尔德以这种方式定义学习型社会是为了明确英国面临的任务的规模，他认为一个学习型社会将卓越与公平相结合，并将为其所有公民提供知识、理解和技能，以确保国家经济繁荣以及其他更多社会发展和进步。同时还认为，"学习型社会"一词的吸引力在于它不仅隐含经济发展的承诺，而且隐含着对整个公共领域再生的承诺。学习型社会的公民将通过继续教育和培训，能够参与关键的对话和行动，以提高整个社区的生活质量，确保社会融合和经济成功。

自20世纪70年代中期的经济危机以来，许多工业化国家的政策制定者和决策者对开发终身学习机会的兴趣越来越大。学者爱德华兹(Richard Edwards)系统地研究了学习型社会的不同概念，以及创建学习型社会所需的成人教育理论和实践的变化，他认为学习型社会的核心是这样一个命题：在20世纪末和21世纪，个人和社会形态所面临的经济、社会和文化挑战，使得依赖初级教育为成人生活的

---

①Hutchins R M. The learning society[M]. Harmondsworth: Penguin，1968：133.

②Richardson P L. Lifelong learning and public policy[R]. Office of the Assistant Secretary for Education (DREW), Washington D C，1978：3.

③Wain K. Philosophy of lifelong education[M]. London: Routledge，1987：202-203.

④Coffield F. Research specification for the ESRC "learning society: knowledge and skills for employment" programme[R]. Swindon: ESRC，1994：2.

全部准备变得不可持续，这使得终身学习成为社会发展的主流。

爱德华兹认为学习型社会有三种含义：学习型社会是一个受教育的学习型社会；作为学习市场的学习型社会；作为学习网络的学习型社会。[①] 受教育的学习型社会：终身学习是通过旨在为成年人提供学习机会的战略来实现的，这些机会是他们想要什么、什么时候及如何学习，这些都是国家政策和计划的结果，以最大限度地提高整个人口的学习机会和潜力。作为学习市场的学习型社会：这种学习型社会的概念可以被视为现代化话语的一部分，并位于后现代表演性条件下，在这种条件下，知识的价值是基于其对社会形态功能的有用性，通过将学习机会的提供者重组为企业并变得更加开放和灵活，市场得到了支持。作为学习网络的学习型社会：强调的是信息通信技术和网络的潜力，这些技术和网络将人们连接到不同的网络和不同形式的社会中，人作为半人半技术的概念开始以隐喻的形式出现，并极大地提升了学习的广度与深度。

1995 年，联合国经济和社会研究理事会——社会科学学术研究的主要资助机构——首次资助了一个研究学习型社会各方面的项目。同年，欧盟也发布了一份白皮书，题为《走向学习型社会》，学习型社会的概念逐步流行起来。有学者专门提出了三种学习型社会的模式：第一种是“技能增长”模式，强调技能形成和经济增长之间的联系，即劳动力技能的提高被广泛视为经济国际竞争力的关键决定因素；第二种是“个人发展”模式，旨在通过提供资源来促进个人的自我实现，使个人能够就自己喜欢的学习和工作参与模式做出明智的选择，该模式强调了对公平的关注，以及通过学习体验实现个人自我实现的重要性；第三种是“社会学习”模式，关注学习过程在个人所处的社会和社区环境中的嵌入性，该模式强调了社会连通性和信任与合作机制在为市场经济繁荣提供基础方面的作用。[②]

通过对上述学习型社会的这些不同概念的分析可以看出，学者们对于学习在成人后续的职业发展中的重要性已经达成共识，这也使得相关的机构和政府的政策开始发生转向。

（三）教育转向

在学校、学院或大学为学习者提供终身发展所需的所有知识和技能都不具有

①Edwards R. Changing places? Flexibility, lifelong learning and a learning society[M]. London: Routledge, 1997: 175-177.

②Coffield F. Differing visions of a learning society (Research Findings Volume 1)[M]. Bristol: The Policy Press, 2000: 169.

可持续性，尤其是自20世纪60—70年代以来，人类逐渐开始由工业化社会走向信息化社会，信息化社会最显著的特征是电子化、全球化、科技化和智能化，经济发展也由农业经济时代、工业经济时代迈向知识经济时代。一方面，信息化社会每日产生的信息量巨大，知识更迭速度大大加快，社会变迁的结果也无法预料，个体如果不保持终身学习将很难适应社会的发展；另一方面，掌握丰富的信息、核心的知识、尖端的科技的国家将会顺应社会变迁，在时代潮流中发展成为富强大国。这样的时代更关注人的发展，从人性的根本利益出发，追求人生命价值的实现。为了使教育制度能够配合社会的转型，促进人的全面发展，各国政府开始大力倡导建设学习型社会，鼓励公民做终身学习的实践者。

为了适应社会的发展与快速变化，人们意识到终身教育的范围应该更加广阔。1972年，富尔(Edgar-Jean Faure)及其同事提出，“教育过程的中心必须发生转移，把重点放在教育与学习过程的自学原则上，而不是传统教育学的教学原则上”。1976年11月召开的联合国教科文组织第19次全体会议通过的《关于成人教育发展的报告》，与终身教育并列，提出了终身学习的概念，即“社会成员为了适应社会发展和个体发展需要，而贯穿于人的一生、持续的学习过程”①。这标志着“终身教育”向“终身学习”的转变，体现了个体的学习主体性和学习主动性。如今，终身学习已经成为世界各国普遍接受的教育指导思想之一，并且各个国家为了推进公民终身学习，开始逐渐改革、出台相应的教育政策，提出建立学习型社会的目标。基于此，各国纷纷颁布终身学习法，以法律的形式切实保障公民的学习权，推进各国学习型社会的建设。

用“学习”来替代“教育”，是因为“学习”的概念比“教育”的概念更受欢迎，它不仅在价值问题上是中立的，而且它还强调“过程—活动”的持续性，即学习是一个“任务”而不是具体的“成就”(教育成果成为教育者教育成就的体现)。从终身教育到终身学习，反映了在教育领域从以社会为本位到以人为本位的认识转换，也标志着教育观念在民主化的进程中迈进了一大步。终身教育是一种战略思想，而终身学习则是实现这种战略思想的一种行动。北京教育科学研究院研究员马叔平认为，终身教育与终身学习是相互关联的两个方面，交互作用，各有侧重。终身教育作为一项社会发展事业，强调的是政府教育行政部门在教育制度、教育政策、统筹规划、综合协调等方面的领导角色，以及学校及各类正规、非正规教育机构，进一步

①朱敏，高志敏．终身教育研究、终身学习与学习型社会的全球发展回溯与未来思考[J]．开放教育研究，2014，20(1)：50-66．

向社会开放,发挥多种功能的施教角色,提供给公民个人终身参与有目的、有组织、有计划学习活动的机会,为公民接受终身教育创造条件。终身学习则提倡培养公民个人终身继续学习的能力和习惯,提倡公民积极参加有意义的学习活动。终身教育促进终身学习的开展,成为学校活动的动力与指导原则。因此,终身教育以终身学习为目的。

三、终身学习

终身学习与终身教育一样,字面上很容易理解,但是要给出一个相对确切和权威的定义,则相对困难,至今仍未形成一个较为权威的定义。早在 20 世纪 70 年代,美国教育界对于终身学习的界定就五花八门,而且很多定义都相互重叠。例如,终身学习是成人参与正式的学习计划;终身学习是指工作场所、社区的非正式学习活动;终身学习是侧重补偿计划,旨在帮助那些几乎没有或根本没有受过中学教育的人,或者在没有学习必要的技能和知识的情况下完成高中学业的人;终身教育是开展职业培训以提高技能或使其跟上时代——一种基于工人、雇主和社区共同需求的方法;终身学习是为适应现代生活的压力,构建解决自我发展和应对技能的方案;终身学习是建议重塑正规和非正规学习机会,以满足生命周期每个阶段个人和家庭的需求。纵观上述定义,可以发现他们关注的是项目,即政府与相关机构所提出来或者进行规划的事项,而不是学习和学习者。因此,美国学者理查德森(Richardson)认为,终身学习是指个人在其一生中不断发展其知识、技能和态度的过程,并具有获得学习机会的权利,所谓的学习机会是指培养终身学习的活动或计划。①

尽管“终身学习”一词在各种语境中使用,并具有广泛的流行性,但其含义往往不明确。例如人们可以合理且清楚地了解“职业教育”“技术教育”和“护士教育”等术语的含义和适用性,但在“终身教育”等术语的具体的应用中,却找不到这样的明确性,特别是当一系列其他明显相似的术语“永久教育”“继续教育”等经常与之互换使用,使之概念更加模糊。甚至还有一些学者认为终身教育只是暗示在正规教育结束后提供的教育努力和机会的另一种方式,因此可以互换,并与更广泛流行的术语如“成人教育”“职业教育”或“再教育”等术语同义。也许正是由于这个原因,终身学习的实施没有得到广泛实践或实现。

终身学习思想在我国由来已久,孔子曾言:“吾十五而志于学,三十而立,四十

①Richardson P L. Lifelong learning and public policy[R]. Washington D C: Office of the Assistant Secretary for education (DREW),1978:3.

不惑，五十知天命，六十耳顺，七十从心所欲，不逾矩。”在国际上，1994 年“首届世界终身学习大会”将终身学习定义为：“21 世纪的生存概念”，“是通过一个不断的支持过程来发挥人类的潜能，激励并使人们有权利去获得他们终身所需要的全部知识、价值、技能与理解，并在任何任务、情况和环境中有信心、有创造性地、愉快地应用它们”。[①] 为了对终身学习的内涵进行更为深入的理解和研究，本书将对一些具有代表性的定义加以阐释，以增进相关理论研究者对终身学习本质与内涵的理解。

终身学习是建立在持续的基础上的，以提高知识、技能和能力为目标，有目的的学习活动，高等教育通过具体的方案和技能，努力使学生在校成为这种类型的学习者。

2011 年，联合国教科文组织修订通过的《国际教育标准分类法》(ISCED)将“教育活动”定义为“有意识的活动，涉及某种形式的交流，旨在引发学习”，且进一步把“学习”定义为：“个人通过经历、实践、学习和听讲而在信息、知识、理解力、态度、价值观、技艺、能力或者行为方面的获取或改变。”[②]这些定义是对“教育”和“学习”本质和内在关系的界定，以及将“学习”界定宽泛化，十分有助于明晰“终身学习”的根本含义。

2022 年，联合国教科文组织终身学习研究所(UNESCO Institute for Lifelong Learning，简称 UIL)发布手册《让终身学习成为现实》(*Making Lifelong Learning A Reality：A Handbook*)。手册阐述了联合国教科文组织对终身学习概念的理解，认为终身学习的五大基本要素是涉及所有的年龄段、教育水平、学习时间与空间、采用各种学习方式以及服务多种目的，并给出了终身学习的定义：终身学习植根于学习与生活的融合，涵盖所有年龄段的人在全生命范围内的学习活动，并通过各种方式共同满足各种学习需求。[③]

终身学习已成为国际和国家教育政策领域的一个重要概念。终身学习不仅意味着一个人的生命历程不能再分为准备期和行动期，而是学习贯穿整个生命周期的不同生命阶段；还意味着，学习不仅发生在正规学校和培训环境中，而且也发生在不同的学习空间中，学习可以通过各种方式和途径提供。这种观点会影响个体的学习方式，并对教育政策的制定和实施产生影响。

世界各国对终身学习的概念都有不同的界定。由于终身学习的概念具有国际代表性，内涵丰富，影响面广，其功能受到了极大的重视。但其界定却又是多元化

①鱼霞. 终身教育与终生学习的发展与展望[J]. 北京成人教育，1998(7)：14-16.

②联合国教科文组织统计研究所. 国际教育标准分类法 2011(中文版本)[R]. 2013：71.

③UNESCO. Lifelong learning[R]. UNESCO Institute for Lifelong Learning，2014：1.

的,分支众多。有关终身学习的讨论曾出现两次浪潮,一次是 20 世纪 70 年代,一次是 20 世纪 90 年代。两次浪潮与当时的社会和经济发展密切相关,第一次热潮更多关注教育的人文性,第二次热潮更多关注教育的资本性。《哈佛终身学习手册》(第二版)对于终身学习的概念的演变历程以及相关研究进行了全面论述。[①]

(一)发展历程

1. 基于人文的终身学习——20 世纪 70 年代

随着第二次世界大战的结束,尤其是在 20 世纪 60 年代末文化和知识浪潮的背景下,各国的经济和科技都需要快速复苏,迫切需要将停滞和摇摆的社会推上正规的发展道路,各行各业都需要大量的劳动力带动经济的发展。在这种情形下,劳动者需要具有一定的自学能力,以适应快速发展的工业技术。在此刻,教育界的相关研究者和实践者也开始转向了学校以外的教育和培训。也是在这个时刻,终身学习伴随着终身教育出现了。尽管终身学习这个术语已经在教育领域中较受欢迎,但其中很多概念和术语还是相对模糊,出现大量相关但不同的概念,如终身学习、重复教育和终身教育,这些领域的研究都在争夺世人关注,也就不可避免地造成了多样概念的重叠,甚至很多内容都相互冲突。

此阶段,联合国教科文组织和欧洲委员会都将终身教育的概念作为"主概念"加以倡导,以概括重要的教育经历应该是每个人一生中的一个决定性特征的概念。联合国教科文组织认为"终身教育涉及社会的根本变革,应使整个社会成为每个人的学习资源"。在此期间产生了众多的理论讨论,其中学者理查德(Bagnall Richard)的论述较具有代表性,他提出了"民主进步""个人进步"及"自适应进步"三种观点,以描述和阐述终身学习的本质和内涵。

第一代的终身学习的概念具有"人文、民主和解放"的特征。例如,在 1972 年联合国教科文组织出版的《学会生存》报告中,就阐述了一种人文的、民主的、解放的学习机会体系的哲学—政治概念,这种体系面向所有人,不受阶级、种族或经济状况的影响,也不受学习者年龄的影响。尽管许多政府在原则上热情支持这一概念,尤其是考虑到人力资本理论承诺从教育投资中获得巨大收益,但人们很快发现,全面采纳终身学习概念的障碍是巨大的。终身学习和循环教育概念不仅意味着整个教育系统的广泛变革,也意味着企业、劳动力市场、社会保险和收入转移政

---

①London M. The Oxford handbook of lifelong learning[M]. 2nd ed. New York: OUP,2021.

策的广泛变革。教育机构和系统根深蒂固，抗拒深远的变革。此外，在油价冲击和失业率上升的经济环境下，对全面改革的热情变得冷淡。

2. 基于资本的终身学习——20 世纪 90 年代

随着全球化趋势推动资本和产业的流动性增加，经济竞争力出现了危机，西方经济体逐渐失去了以往相对于新兴经济体的优势，人们广泛讨论将新的重点放在创造知识及其应用上，以此作为保持竞争优势的手段。终身学习似乎是传达了经济的健康说，并取决于工人持续发展和应用知识的能力这一理念。因此，自 20 世纪 90 年代以来，国际组织及许多国家政府对将终身学习作为一种政策工具又重新表现出了显著的热情，终身学习重新出现在各种政策议程中。其重要因素就是终身学习的理念与当时占主导地位的新自由主义经济哲学非常吻合，欧盟委员会就表达了这一关键观点①：为未来世界的生活做准备不能满足于一劳永逸地获得知识和诀窍。因此，所有措施都必须以发展、推广和系统化终身学习和持续培训的概念为基础。② 欧盟委员会在此期间发表了三份与终身学习有关的报告，分别为：《成长、竞争力与就业：迎向二十一世纪的挑战与途径》(Growth, Competitiveness and Employment: The Challenges and Ways Forward into the 21 Century)、《欧洲社会政策：欧盟的未来之路》(European Social Policy: A Way Forward for the Union)，以及《教与学：迈向学习型社会》(Teaching and Learning: Towards the Learning Society)。

正是在这种社会氛围和理念的影响下，掀起了终身学习研究的第二次浪潮。与第一次浪潮中的概念模糊不同，第二次浪潮的标志是几乎普遍采用终身学习作为首选关键词来阐述相关的学习和政策，并给出了明确的定义。

2001 年欧洲委员会将终身学习定义为："一生中开展的所有学习活动，旨在从个人、公民、社会和/或就业相关的角度提高知识、技能和能力，应包括正规、非正规和非正式学习的全部范围。"③

这一定义的广度也吸引了人们对正式、非正规和非正式学习活动全方位的关注，使得终身学习的范围得以有效地拓展，为了更加详细地对终身学习的本质与内

---

①Alexandra D. Making a European area of lifelong learning a reality? Some critical reflections on the European Union's lifelong learning policies[J]. Comparative education, 2006, 42(1): 49-62.

②Commission of the European Communities (CEC). Growth, competitiveness and employment: the challenges and ways forward into the 21st century[M]. Office des publications officielles des Communautés européennes, 1994: 16-136.

③Communities C O. Making a European area of lifelong learning a reality[R]. Brussels: European Commission, 2001: 3.

涵进行阐释，教育理论研究者贾维斯于2006年对其进行了更加详细的定义，他认为从某种意义上说，终身学习本身并不是生活的附带条件，也不是工具性的——它是生活过程的固有部分，于是将其定义为：在整个生命周期中，整个人的身体（遗传、生理和生物）和头脑（知识、技能、态度、价值观、情感、信仰和感官）体验社会情境的过程的组合，其感知内容，随后在认知上发生变化，情感上或实际上（或通过任何组合），并融入个人传记中，从而形成一个不断变化（或更有经验）的人。[①]

学者菲尔德（John Field）认为终身学习是一种新的教育秩序，指出政府正在积极鼓励公民学习并在其一生中应用他们的学习，还深入探讨了政策的作用，认为政府应采取积极的政策措施，以鼓励成年人终身参与学习，从而建立一个可行的学习型社会。[②]

终身学习的领域和范围非常的宽泛，尤其是随着计算机以及网络技术的发展，在人工智能领域中也对终身学习进行了相关的界定。[③]

终身学习是通过终身学习系统，在一生中持续学习一个或多个领域的任务。一个高效的终身学习系统包括以下三点：(1)保留所学知识；(2)有选择地转移知识以学习新任务；(3)确保(1)和(2)之间的有效互动。[④]

第二次浪潮中的终身学习概念具有人力资本的特点，注重经济需求。20世纪90年代，新的信息和通信技术（信息技术），特别是互联网的广泛传播和使用，使货物、服务和资本贸易摆脱了国界和控制，人们认识到知识已成为一个核心的经济因素，永久学习是现代组织和整个社会的标志和先决条件。1996年，联合国教科文组织在欧盟委员会主席、法国教育部前部长德洛尔（Jacques Delors）领导下，发布了《学习——内在财富》的报告。同年，经合组织发布了一份《全民终身学习》的报告，指出终身学习是塑造经合组织社会未来的一种手段，它可以应对日益全球化和知识化的经济和社会体系带来的挑战。世界银行和欧洲委员会主要强调终身学习的经济原理，并将其视为向知识型经济或社会迈进的一种手段。[⑤] 虽然第二代的出

---

①Jarvis P. Towards a comprehensive theory of human learning[M]. London: Routledge,2006:136.

②Field J. Lifelong learning and the new educational order[M]. 2nd ed. London: Trentham Books Ltd.,2006:123.

③Manuel L. The Oxford Handbook of Lifelong Learning[M]. 2nd ed. Oxford: Oxford University Press,2021:21.

④Silver D L, Yang Q, Li L H. Lifelong machine learning systems: beyond learning algorithms[C]// AAAI Spring symposium: lifelong machine learning. Palo Alto: AAAI Press,2013:49-55.

⑤Schuetze H G. International concepts and agendas of lifelong learning[J]. Compare,2006,36(3):289-306.

现引起了公众对回归终身学习的关注，但有人批评这种经济版的终身学习，因为它破坏了人类的发展，有沦为“为全球资本利益服务的培训”的危险。此外，被视为迎合全球市场的工具，使得终身学习以市场化为中心。对人类学习的投资变成了实现全球资本主义的工具。[①] 第二代的终身学习将大众的焦点引到对终身学习的关注上，却因为强调经济需求被视为迎合全球市场的工具。这样的终身学习表面以人文思想吸引大众焦点，实际是以市场化为中心。一旦赋予了终身学习经济学的观点，那终身学习就会与个人需求和兴趣相去甚远。如上所述，终身学习研究的重点应该转向“反思性地参与自我和身份的(重新)构建的需要”。

(二)未来趋势

“终身学习”是一个含义和概念复杂的术语。对于终身学习的普遍理解是关注人在生命过程(从出生到死亡)中不同阶段的学习。这就为成人教育的意义重构提供了思路，否定了成人教育是一种失学后弥补措施的观点。学习的不同阶段都为学习者提供了不同的学习需求与机会，在相互关联的基础之上呈现其独特性，也可理解为对于不同的人来说意味着不同事物的巨大潜力。研究初期，终身学习要求学生接受学术能力，并遵从经验主义范式，但随着不同国家、不同文化差异的更迭，关于终身学习内涵的追求开始多元化。

1.“最大化”立场

教育和社会科学的研究人员已经转向一种基于认识论和方法论进步的方法，这种进步源于后经验主义哲学和科学哲学。

用后经验主义的方法来理解教育家所说的终身学习的各种类型和含义，至少从表面上看与韦恩对终身学习可能采取的立场是一致的。韦恩采纳了联合国教科文组织计划中的“最大化理念”，肯定了杜威的看法：“教育被认为是一个不断重组和调整的过程，是对经验和终身学习的务实关注”，是联合国教科文组织计划和最高立场的思想先驱。他指出终身学习概念的大规模社会影响是从生活中学习自己，并使所有人都能在生活中学习。杜威与韦恩的立场为该理念下的“学习型社会”奠定了基础。学习型社会为所有成员的一生提供最大的学习机会，并重视广泛学习。它强调学习的计划性、目的性、系统性、有价值性，以及持续的专业发展等领域。韦恩又进一步阐述了“学习型社会”的“最大化”概念的含义：学习型社会可以

---

① Han S. Creating systems for lifelong learning in Asia[J]. Asia pacific education review，2001，2(2)：85-95.

采取不同的形式，并没有所谓的模范学习型社会一说，就像终身学习计划可以采取不同的形式一样。一个学习型社会与另一个学习型社会的区别，恰恰在于它在其特定的社会文化和政治背景下选择制度化的学习项目类型与内容。该学习型社会是一种共享的、多元的和参与性的生活模式，这意味着将重新评估学校和儿童学习的作用，并在同等水平上优先考虑成人学习。关于后者的一项基本战略是，使社会机构、家庭、教会、政党、工会、就业场所等意识到其成员的教育潜力。鼓励这些机构将自己视为其成员和更广泛社会的潜在教育机构。

但"最大化"立场确实存在问题，它一方面强调内部的一致性，将其作为社会先进性的标准；另一方面却在"试金石"理论中提出以某种方式使范式间的比较得以进行和理解，带有赫斯特的先验论色彩。因此，难以两全其美。比如，"最大化"立场认为一个特定的学习过程必须满足与历史、社会和技术环境相关的标准，持反对意见的学者则提出：为什么我们被要求以一种方式而不是其他同样相关的不同方式来应对这些特殊情况？

2. 教育的延伸

巴格纳尔严厉批评并拒绝了"最大化"立场。他反对采用韦恩关于不可合作和相互竞争的范式作为解释终身教育的不同版本时明显表现出来的相对主义。"最大化"立场是"不自由的"，因为无论如何，在韦恩的版本中，它包含了一种认识论和伦理相对主义。他声称这是对"不宽容和缺乏谦逊"的鼓励。在巴格纳尔看来，教育是生活的过程和持续学习的产物。赫斯特也强调真正的自由教育必须涉及理性思维的发展，由此否定学习在 16 岁或 18 岁时终止的论点，比如关于"我该如何生活"及"应该如何发展自己"等问题的提出者显然不是儿童而是成年人。在终身学习的背景下，学习被视为一个蕴含着深思熟虑的过程。我们通过连续的阶段，积极推进并充分发挥潜力，达到更高或更复杂的技能和理解水平。

在这种观点下，学习者没有必要为课程进行仔细的规划、研究或评估，因为学习与整个人生经历是一致的，没有必要为了达到额外的目的进行刻意的学习或教育计划。这使得"教育"的概念变得空洞：学习者可能不需要再提供任何东西，因为一切有教育意义的东西都已经存在了。当终身学习这个术语变得如此广泛时，它们不仅有失去意义的风险，而且会招致过多的解释，演变为一场永无休止的、不确定的定义辩论。

与其陷入这场辩论，倒不如提出一个不同的权宜之计。因为巴格纳尔和赫斯特坚持的教育哲学概念既是经验主义的，又是规范主义的，已经无法再支撑所有反对它的批判性论点的分量。同时，韦恩"最大化"理论中隐含的相对主义可能最终会被归结为一种不可救药的唯我论，又或者，他们对某种高深的可理解性和评判标准进行某种默契的诉求，将使他们陷入矛盾或背叛对先验论证的潜在偏好。

在后现代主义认识论中，我们看到了与当前终身学习概念处境相一致的理念——界限的模糊。后现代主义认识论认为，人类的知识被概念化了，并以实现现实的、永恒的、绝对的既定真理为目的。实则相反，知识在一定程度上是根据学习者的动态需求和兴趣来决定和构建的，它是局部的和动态的，而不是通用的和固定的。知识并不孤立，是存在于相对的情境中的。首先，后现代主义知识论提出即使是科学真理或科学范式也与一组特定的概念和假设有关。其次，这种认识论立场避免了相对主义的不连贯性。比如，对于某一特定假设，若其不成立，那我们的概念和理论就很糟糕；若其成立，则概念和理论有可行性。据此提出介于"最大化"立场和自由与适当教育理念之间的观点：学习者既找到了普遍的概念、价值观、真理标准等，也会发现一些更局部的概念、价值观、真理标准等，在某些情况下，局部的概念可能会影响到普遍的形式。学习者需要保持客观性，但这也包括对主观上可能达成的协议的妥协。要承认中介的存在。

终身学习的概念本身就树立了这样一种观点：没有固定的知识体系可以在人生的某个特定阶段获得或掌握。鉴于知识是动态的，实现它的探索必然是持续的。追求知识和理解的智力活动必须是终身的。同样，任何涉及人类知识和理解的职业（不同于更机械的技能习得）都必须涉及这种有价值的终身学习。

3."三本合一"

学者阿斯宾（Aspin）和查普曼（Chapman）指出，终身学习可以解决三个问题：经济、政治、个人。因此，这种务实的方法是终身学习的三元概念的基础。在此基础上，提出了三本合一的终身学习理念[①]：

(1)促进经济进步和社会发展。

(2)个人发展和自我实现。

(3)促进社会包容和民主理解与参与。

终身学习包括职业（经济）方面、个人自由发展方面及政治和社会民主包容性等多方面。从教育类别来看，终身学习包括职业教育、通识教育（人文教育）、政治

---

①Aspin D, Chapman J. Towards a philosophy of lifelong learning[A]//Aspin D, Chapman J, Hatton M, Sawano Y. International handbook of lifelong learning, Part 1. London: Kluwer Academic Pubishers, 2001:3-33.

教育。这种实用主义与上文提到的后现代主义认识观的核心是一致的，三要素相互作用、相互促进。终身学习的三元概念将更广泛的概念从无意义的乌托邦中拯救出来，并为政策制定者和计划制定者提供了有用的前进道路。

四、终身学习与终身教育

尽管终身学习理论与终身教育思想渊源极深，但随着社会的进步和发展，尤其是社会结构和经济生活方式都发生了巨大的变革，使得两者的区别愈加分明起来。简单地说，一方面，“学习”被认为是一个更广泛的概念，它是终身的，也是全方位的。另一方面，“教育”包括系统的和有目的的学习，通常是地方、国家和全球各级审议政策的结果。

首先，终身学习是一种生存方式。它超越了教育范畴，将学习视为未来社会中一种重要的生存责任。

其次，终身学习是一种主体转移。学习者不再是等待被填满的容器，不再是等待被雕琢的原石，学习者从教学的“对象”转变为“主体”，学习过程更强调“学”的重要性。

最后，终身学习重视学生在学习中的自主性。当学习者变为主体，教与学的重点就会定位在学习者自身的需求及特点方面，学习成为每个学习者自发进行的活动。

终身学习思想改变了当前人们一生“学习—工作—退休”的单向模式，将学习活动在时间上扩展到从童年到老年的各个阶段，在学习层次上囊括了从学前教育到成人教育的各个层次，学习与工作在人的一生中循环交织，成为一个多向模式。

虽然终身学习与终身教育的侧重点有所不同，但两者在本质上的目标又是一致的，即都是为了全人、全阶段的发展。终身教育是一套教育实践的组织和程序指南，其目标是终身学习，即在人的整个生命历程中所开展的学习。[①] 因此，一些学者在对终身教育与终身学习进行研究时并不加以区分，还在一定程度上进行混用；但也有一些学者对终身学习进行严厉的批判，认为终身学习的政策将教育责任从政府转移到了个体学习者身上；相反，另外一些学者，则对终身学习加以积极推广，认为终身学习彻底扭转了教育的主体性，使得相关政策能充分考虑学习者，一切政策都以学习者为出发点和核心。对于上述观点，至今仍未形成一个统一的认识，且每种观点的研究都具有典型性和代表性。其中，对于终身学习持有批判观点的学者

①Knapper C, Cropley A. Lifelong learning in higher education[M]. 3rd ed. London: Kogan Page, 2000: 11-12.

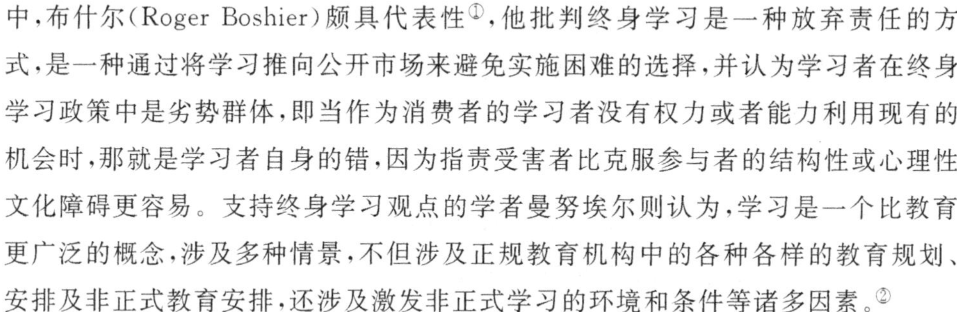

中，布什尔（Roger Boshier）颇具代表性[①]，他批判终身学习是一种放弃责任的方式，是一种通过将学习推向公开市场来避免实施困难的选择，并认为学习者在终身学习政策中是劣势群体，即当作为消费者的学习者没有权力或者能力利用现有的机会时，那就是学习者自身的错，因为指责受害者比克服参与者的结构性或心理性文化障碍更容易。支持终身学习观点的学者曼努埃尔则认为，学习是一个比教育更广泛的概念，涉及多种情景，不但涉及正规教育机构中的各种各样的教育规划、安排及非正式教育安排，还涉及激发非正式学习的环境和条件等诸多因素。[②]

（一）对比研究

1. 相同点

在理论界，一些学者对于终身教育与终身学习的研究并不加以区分，并在一定程度上进行混用，这是因为两者在对象、时间、内容、空间及目的上具有相似性，具体如下。

（1）对象维度：两者所面向的主体都是学习者，都涉及教与学两个层面，都是为学习者提供服务。

（2）时间维度：两者都强调教与学的延续性和终身性，即人生命的全阶段。

（3）内容维度：两者都非常注重教与学内容的广泛性和全面性，即都是为人的发展。

（4）空间维度：两者都非常注重教与学空间的开放性和社会性，即学校之外的教与学更重要。

（5）目标维度：两者的目的的双重性，既服务于人的终身全面发展，又服务于社会的持续发展。

2. 不同点

终身教育与终身学习的区别主要体现在两个层面，首先是实施主体不同，终身学习的实施主体是学习者自身，而终身教育的实施主体多为政府部门或者相应的组织机构；其次是功能的不同，主要体现在如下两个方面。

（1）改造教育体系。终身教育要求超越现行的教育制度，构建一种新的向所有

---

①Boshier R. Edgar faure after 25 years: down but not out[A]//Holford J, Griffin C, & Jarvis P. International perspectives on lifelong learning[C]. London: Kogan Page, 1998: 3-20.

②Manuel L. The Oxford handbook of lifelong learning[M]. Oxford: Oxford University Press, 2021: 14-15.

公民开放的终身教育体系。

(2)改造生活。终身学习重在引导每个公民把终身学习作为生存方式,提高其学习自觉性和学习能力,要求将学习渗透到生存和生活的整个过程及各个方面。

3.终身学习中的学习特性

终身学习首先要明确"学习"的内涵,这里所说的"学习"不是日常生活中自发的日常学习,作为终身教育目标的终身学习应该具有以下四个明确特征。

(1)学习是有意识的,学习者意识到他们正在学习。

(2)学习有具体的目标,而不是针对模糊的概括,如"发展心智"。

(3)这些目标是进行学习的原因(即学习的动机不仅仅是无聊等因素)。

(4)学习者打算在相当长的一段时间内保留和使用所学知识。

(二)哲学反思

除了上述两个主要区别以外,也有学者进行了更加深入的分析,例如巴格纳尔从三个方面对终身学习和终身教育的固有区别进行了阐释。①

1.民主进步层面

民主进步是指通过民主参与对社会正义、公平和社会发展的纲领性承诺。它寻求从一切形式的继承权力中解放出来,无论是专制、寡头、神权或任何形式,从压迫、奴役和贫困中解放出来,以创建一个真正的市民社会,教育就是服务和反映这些目标。巴格纳尔认为终身教育是通过教育进行文化改革,即教育的目的是为社会行动提供信息,以建立一个更加人文、宽容、公正和平等的社会,该社会由解放、赋权的个人组成,以公共利益为出发点,共同行动。教育包含告知社会行动、对该行动进行反思性和讨论性评估,简要地说,就是一个持续的行动和反思过程,通常被称为"实践"。

2.个体进步层面

个体进步是指其对个人成长和发展的纲领性承诺。它寻求从无知、依赖、约束或不足中解放出来,终身学习建立在此基础之上。巴格纳尔将个人成长和发展视为教育的关键目的,并列举了个人成长和发展的四种不同的目的:

①Bagnall R. Locating lifelong learning and education in contemporary currents of thought and culture [A]//Aspin D, Chapman J, Hatton M, & Sawano Y. International handbook of lifelong learning. Dordrecht: Springer, 2001:35-52.

(1)从无知中解放(通过个人认知启蒙)。

(2)摆脱依赖(通过个人赋权)。

(3)从约束中解放(通过个人视角的转变)。

(4)从不足中解放(通过个人发展)。

这四种不同的自由主义表现出来的多样性显而易见,因为每种表现都暗示着其独特的教育中心目的:

(1)智力开发,通常通过学科的学习和教学来实现。

(2)学习技能,主要是指实用的社会和政治组织技能。

(3)转换和超越个人框架和假设,特别是被动文化适应形成的框架和假设,从而实现自我调节。

(4)通过杜威式的经验学习(做中学)来实现个人成长和发展。

3. 适应性进步层面

适应性进步是指对文化变化的纲领性响应。它通过适应性学习寻求从贫困和依赖中解放出来,这种发展可能出现在社会组织的任何级别——个人、组织、国家、全球或其他级别,取决于学习需要。根据适应性观点,需要制定终身学习政策,以缓解文化变革加速对个人和群体(如组织甚至国家)的影响,使个人、组织及国家等能够跟上文化变化,并在不断变化的文化背景下发展自己。具体来说,个人要么维持自己作为社会贡献成员的身份,避免在其他方面陷入与时代不符的和对福利或其他人的依赖,要么发展自己成为为社会做贡献的成员;组织要在竞争日益激烈的全球市场中能够保持自身的活力和繁荣;国家则要能够提供一个财政、政治和社会环境,促进公民及其利益的发展,同时为那些被认为需要和应得福利的人提供福利支持。终身学习正是基于这种加速的文化变革对个人、组织和国家学习需求的影响发展起来的。这种影响无论对儿童还是对成年人,乃至老人都产生了深远的影响。通过终身学习,教育被视为一个终身适应不断变化的文化背景的过程。然而,这种背景要求教育要面向元认知技能的发展,即允许学习者作为终身学习者管理自己的行为,以快速适应这种变化。

第三节　国际终身学习政策的演变

终身学习作为教育范式的转变,是一个涉及跨地区、跨时空、跨文化的综合性的研究领域,涉及层面众多,其实施是需要一定的政策支持和引导的,但在具体实

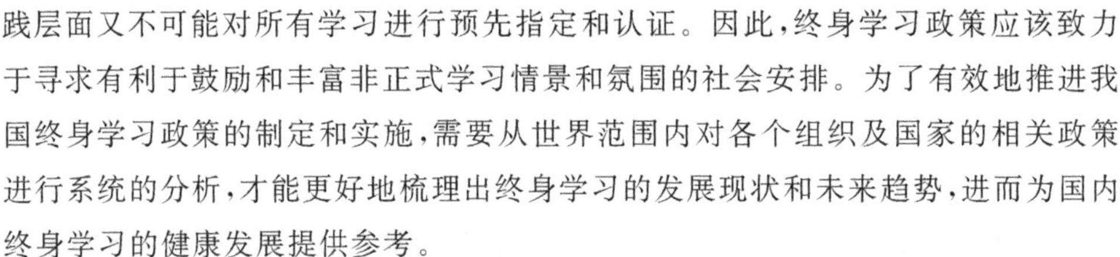

践层面又不可能对所有学习进行预先指定和认证。因此,终身学习政策应该致力于寻求有利于鼓励和丰富非正式学习情景和氛围的社会安排。为了有效地推进我国终身学习政策的制定和实施,需要从世界范围内对各个组织及国家的相关政策进行系统的分析,才能更好地梳理出终身学习的发展现状和未来趋势,进而为国内终身学习的健康发展提供参考。

一、国际组织的政策

终身学习作为全世界范围内的综合性、领域性话题,其相关政策千差万别,为了更好地梳理出世界范围内终身学习的发展趋势及演变过程,本书对具有代表性的联合国教科文组织、经济合作与发展组织及欧盟委员会三个世界性组织所制定的终身学习政策进行分析。

(一)联合国教科文组织

联合国教科文组织作为一个世界性组织,其主旨在于通过教育、科学及文化来促进各国间的合作,对和平与安全做出贡献,以增进对正义、法治及联合国宪章所确认之世界人民不分种族、性别、语言或宗教均享人权与基本自由之普遍尊重。因此,有必要对联合国教科文组织有关的政策进行梳理。其政策和倡议更具有代表性,具体政策如表 1-2 所示。

表 1-2　联合国教科文组织的政策

年份	终身学习政策
1970	终身教育概论(An Introduction to Lifelong Education)
1972	学会生存(Learning to Be:the World of Education Today and Tomorrow)
1976	成人教育发展建议(UNESCO Recommendations for Adult Education)
1987	乌兰巴托宣言(Ulaanbaatar Declaration of UNESCO)
1990	世界全民教育宣言(World Conference for Education for All)
1995	《学习权宣言》(Right to Learn)
1996	《教育——财富蕴藏其中》(Learning:The Treasure Within)
1997	《成人学习汉堡宣言》(UNESCO Hamburg Declaration on Adult Learning)
1999	《科隆宣言——终身学习的目标与展望》(UNESCO Cologne Declaration-Goals and Prospects of Lifelong Learning)
2000	《达喀尔行动框架》(Dakar Framework for Action)
2003	《开发宝藏:愿景与策略(2002—2007 年)》(Nurturing the Treasure:Vision and Strategy 2002－2007)

续表

年份	终身学习政策
2009	《贝伦行动框架》(Belem Framework for Action)
2015	《反思教育:向"全球共同利益"的理念转变?》(Rethinking Education: Towards a Global Common Good?)
2019	《麦德林宣言》(Medelin Manifesto:Learning Cities for Inclusion)
2021	《柏林可持续发展教育宣言》(Berliner Erklärung zur Bildung für nachhaltige Entwicklung);《巴黎宣言:向全球呼吁投资于未来的教育》(The Paris Declaration: A Global Call for Investing in the Futures of Education);《共同重新构想我们的未来:一种新的教育社会契约》(Reimagining Our Futures Together: A New Social Contract for Education);《开放科学建议书》(UNESCO Recommendation on Open Science)

联合国教科文组织的相关政策体现出了持续一生的终身学习观,而不仅是认同和发展一体化的综合教育观。首先,是将学习看作全民的基本权利,并包括全部的社会经济教育资源的利用和开发;其次,从所指向的政策目的来说,联合国教科文组织一直以来都被认为是终身学习政策"人本"取向的典型代表,多份文件都如一地表达了这一基本价值认同。如在《学会生存》中指出,只有全面的终身教育才能培养出"完善的人",《发展成人教育的报告书》也进一步提出,要建立以学习者为中心的教育制度,以人的基本需求为出发点,满足其多样性的需要,使人在不断的教育和学习过程中完善自身,适应社会的发展变化并有能力主动引导社会的变迁。1983 年,该组织在巴黎召开的国际专家总结报告中也提出:"终身教育是追求自我解放、自我实现和自我完善的教育。"由此可见,联合国教科文组织的终身学习政策坚持了教育本身所蕴含的取向——促进人的全面发展,这种发展不仅来自哲学的理性思考和心理学的科学认识,而且与人自身所处的环境息息相关。正因为如此,联合国教科文组织一直坚持充分保障每个人的"学习权",并在提出教育的"四大支柱"(即学会求知,学会做事,学会共处,学会生存)之后[①],又增加了"学会改变"的第五个支柱,鲜明地体现了把学习和接受教育作为基本人权的思想,以及对学习者主体性的根本尊重。

(二)经济合作与发展组织

经济合作与发展组织是由 38 个市场经济国家组成的国际组织,旨在共同应

①United Nations Educational, Scientific and Cultural Organization. Learning: The Treasure Within [M]. Paris: Presses Universitaires de France, Vendôme, 1966: 21.

对全球化带来的经济、社会和政府治理等方面的挑战，并把握全球化带来的机遇。作为一个经济合作组织，其对于终身学习的研究和推动更具有针对性。经合组织十分关注终身教育，制定了一系列的政策，召开了系列会议，如表1-3、表1-4所示。

表1-3　经合组织的终身学习政策

年份	终身学习政策
1973	回归教育：终身学习的策略 (Recurrent Education：A Strategy for Lifelong Learning)
1996	全民终身学习(Lifelong Learning for All)

表1-4　经合组织举办的教育部部长会议

序号	年份	主题	备注
1	1978	社会和经济变迁中的未来教育政策(Future Educational Policies in the Changing Social and Economic Context)	正式会议，于法国巴黎举办
2	1984	现代社会中的教育(Education in Modern Society)	正式会议，于法国巴黎举办
3	1990	为全民提供高质量的教育和培训(High-Quality Education and Training for All)	正式会议，于法国巴黎举办
4	1996	让全民终身学习成为现实(Making Lifelong Learning a Reality for All)	正式会议，于法国巴黎举办
5	2001	投资全民的能力(Investing in Competencies for All-meeting of OECD Education Ministers)	正式会议，于法国巴黎举办
6	2004	提高全民的学习质量(Raising the Quality of Learning for All)	正式会议，于爱尔兰都柏林举办
7	2006	高等教育：质量、公平与效率(Higher Education：Quality，Equity and Efficiency)	正式会议，于希腊雅典举办
8	2007	职业教育与培训(Vocational Education and Training)	非正式会议，于丹麦哥本哈根举办
9	2008	高等教育成果评估(The Assessment of Higher Education Learning Outcomes)	非正式会议，于日本东京举办
10	2009	教育公平(Informal Meeting of OECD Education Ministers on Equity in Education)	非正式会议，于挪威奥斯陆举办
11	2010	为21世纪投资技能，新的挑战(21st Century Skills：The Challenges Ahead)	正式会议，于法国巴黎举办
12	2013	通过教育培养技能和就业能力(Fostering Skills and Employability Through Education)	非正式会议，于土耳其伊斯坦布尔举办

1. 发展过程

经合组织对终身学习的推动已有40余年。早在1973年，经合组织发布《回归教育：终身学习的策略》时，便已提出“回归教育”理念，强调人需要再教育以实现教育机会均等和人的解放，强调人文价值。然而，在20世纪70年代中后期世界经济危机的大背景下，该理念的推广与实践遭遇瓶颈，经合组织转而强调“回归教育”的工具价值，强调人需要再教育以促进国家开发人力资源、实现经济复苏。到20世纪90年代，在全球化浪潮、知识经济等影响下，终身学习的全球浪潮开始复兴。作为复兴的引领者，经合组织于1996年发布《全民终身学习》报告，提出了“全民终身学习理念”，指出终身学习是全体公民的终身学习，囊括了各式各样的教育，强调全民终身学习是为了实现个人发展、经济增长及社会凝聚，强调工具价值与人文价值的结合。该报告是经合组织开展终身学习的转折点，也是经合组织对终身学习进行新发展的标志。此后，经合组织将“全民终身学习”作为其教育职能的核心议题之一，通过多种方式开展全民终身学习。2002年，经合组织设立教育司(Directorate for Education)，该司的六项战略目标为：促进终身学习，改善教育与社会和经济的联系；评价和提升教育结果；促进高质量教学；在全球经济中考虑高等教育的发展；通过教育建设融合社会；建设教育新未来。2006年，经合组织教育司将“协助成员国和合作伙伴实现全民高质量终身学习，并为个人的发展、可持续的经济增长和社会融合做出贡献”作为宗旨，将“促进终身学习，改善教育与经济和社会的关系”作为其部门战略发展的首要目标。2013年，经合组织教育司更名为教育与技能司，强调终身学习时代下终身学习能力和素养的重要性，并通过测评的方式，对不同国家全民终身学习能力与素养的表现进行评估。对经合组织开展终身学习历程进行考察可以发现，1996年至今，经合组织对终身学习的推展进入了一个新阶段，即全民终身学习阶段。①

自1996年开始，经合组织关于“全民终身学习”的推展方式呈现出两个阶段。

(1)整体式发展的阶段，即1996年至2001年。经合组织在这5年中依据1996年第四届教育部部长会议上制定的系统性、综合性的全民终身学习纲领，对该全民终身学习的目标、策略等进行较为统一和全面的发展，并在2001年对成员国终身学习发展情况进行了评估，将结果发布在2001年的《教育政策分析》上。

(2)分散式发展的阶段，即2001年至今。经合组织在前一个阶段的基础上开

①李薇. 经合组织与全民终身学习发展[M]. 上海：上海教育出版社，2015：7-8.

始对全民终身学习进行分散式推展，在不同时期发展不同内容，这在成员国教育部部长会议的主题上有所反映(见表1-4)。2001年至2004年，经合组织将推展的重点放在中小学教育上，目的在于培养学习者的能力(competency)，强调能力是学习者终身学习的基础，学校教学对培养能力十分重要以及需要开展能力评估等。在此时期，加强终身学习基础成为推展全民终身学习的优先策略，经合组织开展了与之相关的一系列研究活动，如进行"早期教育与保育"第二轮审议、教师政策主题审议、PISA调查、"面向未来的学校教育"研究项目等。2006—2008年，经合组织将推展重点转移到高等教育和职业教育与培训。在此时期，促进学习与工作的转换以及变革终身学习提供者的作用与责任成为推展全民终身学习的优先策略，经合组织开展了与之相关的一系列研究活动，如进行"第三级教育"主题审议、"认证非正规学习和非正式学习"主题审议、筹划AHELO调查、PIAAC调查等。2010年至今，经合组织将策略推展重点转移到职业教育与培训，强调技能(skills)的重要性，开展了与之相关的一系列研究活动，如开展对职业教育与培训的主题审议，制定创新战略(innovation strategy)、技能战略(skills strategy)，实施PIAAC调查等。

2.最新动向

自2010年教育部部长会议以来，经合组织推展全民终身学习的目标与内容产生了一些新的动向。本书结合经合组织教育司年度工作总结对这些动向进行了综述。

(1)就推展全民终身学习的目标而言，外部目标即促进个体发展、促进国家经济增长和促进社会凝聚力保持不变，但各个目标的侧重点有所变化。如在个体发展上，它强调个体技能的发展；在经济增长上，它强调经济的创新与可持续增长；在社会凝聚上，它强调社会流动和社会发展。内部目标得以整合，统一为"提高教育系统的质量(quality)、公平(equity)、效率(efficiency)和效果(effectiveness)"。

(2)就全民终身学习的策略及其内容而言，有一些新的变化与发展。一是关于"加强终身学习基础"的变化与发展。经合组织认为早期教育与保育的目的是为终身的社会、经济和教育发展奠定强大的基础。近年来，经合组织将早期教育与保育的发展重点从扩大规模转变为提高质量，在2011年发布《强势开端Ⅲ：早期教育与保育的高质量工具箱》报告，旨在为成员国提高早期教育与保育服务质量提供建议。2012年，为了更好地服务成员国早期教育与保育质量的提升，经合组织就该主题开展了深入研究，对10个成员国提高早期教育与保育质量的关注点、做法、挑战与困难等进行了分析,并给出了具有针对性的战略指导,出版了《早期教育与保育中质量很重要》10 个案例研究报告。从对这 10 个成员国的分析可见,各国政策发展的重点仍是存在区别的,但目前阶段集中关注早期教育和保育课程、标准的制定与执行。中小学教育的发展重点仍然为提高教学质量,且聚焦在提高教学质量与改善学习环境上,使学校从一个"通过/失败"(pass/fail)式的教育系统转变为一个客户式学习系统(customized learning systems),该系统"知识丰富"(knowledge-rich)、"基于证据"(evidence-based),能找出并发展所有学生的天资。在此背景下,经合组织一方面更加强调"国际学生评估项目"(PISA)和"国际教学调查"(TALIS)等调查的重要性,以及基于调查结果的教学改革、学校领导能力培养等的重要性;另一方面也强调建立创新性的学习环境和可持续的学校(sustainable schools),以及对学校有效资源的使用。

二是关于"促进学习与工作的转换"的变化与发展。促进学习与工作之间的转换得到高度重视,技能(skills)对转换的重要性被凸显,经合组织将培养现代劳动力的技能视为推展全民终身学习的重点,将"教育司"更名为"教育与技能司",制定了技能战略(skills strategy),实施了"教育培训创新战略"(Innovation Strategy for Education and Training)项目,开展了对职业教育与培训的主题审议,进行了跨国的"国际成人能力评估项目"(PIAAC)调查,等等。

三是关于"变革终身学习提供者的作用与责任"的变化与发展。教师、教育建筑、教育机构在终身学习的重要作用得到凸显,经合组织为此开展了一系列新的项目,如"创新学习环境计划""学习环境评估项目""高等教育机构管理项目"等。同时,经合组织对政府在终身学习实践中的作用与责任的策略也有所发展,开展了诸如"治理复杂教育系统"等项目。

四是在"创新终身学习的投资"方面,经合组织在 2010 年后并未有新的变化或发展。

总体上看,从经合组织教育与技能司 2010 年至 2014 年的年度工作总结中可以发现,经合组织近年来依旧采取分散式发展的方法推展全民终身学习。在此基础上,依照 2010 年教育部部长会议的规划,经合组织更加突出"技能"的重要性,尤其是对成人学习的关注。

目前,技能战略已经上升为经合组织的宏观战略,对其的推展涵盖了多个内部机构。从外部来看,经合组织从更为宏观的角度研究技能,出版了《经合组织技能研究系列》(OECD Skills Studies Series),邀请经济部等其他部门参与制定技能战略,合作召开国际会议,进行工作坊研讨等;从内部来看,经合组织教育与技能司对技能的研究与评估已成体系。首先,对技能的内容进行研究,如强调普遍的基础技能(universal basic skills)、为社会进步的技能(skills for social progress)、学校教育外的技能(skills beyond school)及工作所需的技能(learning for jobs)等。其次,基于研究结果,对个体就技能的掌握情况进行评估,包括面向中学生的技能测评(PISA)、面向第三级教育学生的技能测评(AHELO)及面向成人的技能测评(PIACC),从评估中发现存在的问题,并为成员国更好地促进技能发展提供政策建议。

这些都体现出经合组织近年来更加注重教育的经济效益,更加强调教育与劳动力市场的关系,更加注重实现经济发展目标的倾向,同时也更加注重基于证据的(Evidence-based)策略发展方式。由此可见,经合组织推展终身学习政策的基本目标是推动成员国的经济增长和提高全球竞争力,具有明显的经济发展和人力资本投资导向。

(三)欧盟委员会

欧盟委员会是欧洲联盟的常设执行机构,也是欧盟唯一有权起草法令的机构。作为经济和教育高度发达的地区组织结构,欧盟委员会制定了系列的终身学习政策,以推动欧盟国家的学习型社会建设,其相关政策如表 1-5 所示。

表 1-5 欧盟委员会部分终身学习政策

年份	终身学习政策
1993	《成长、竞争与就业:迈向二十一世纪的挑战与途径》(Growth, Competitiveness and Employment: The Challenges and Ways Forward into the 21st Century)
1995	《教与学:迈向学习型社会》(Teaching and Learning: Towards the Learning Society)
2000	《里斯本战略》(The Lisbon Strategy)
2000	《终身学习备忘录》(A Memorandum on Lifelong Learning)
2001	《实现终身学习的欧洲》(Making European Area of Lifelong Learning a Reality)
2005	《适应终身学习要求的欧洲资格框架》[The European Qualifications Framework (EQF) for Lifelong Learning]
2006	《2007—2013 年终身学习整体行动计划》(Lifelong Learning Programme 2007—2013); 《成人学习:学习永远不会晚》(Adult Learning: It is Never too Late to Learn)
2007	《关于成人学习的行动计划:成人学习正当其时》(Action Plan on Adultlearning: It is Always a Good Time to Learn)
2008	《欧洲终身学习资格框架》(European Qualification Framework for Lifelong Learning)

续表

年份	终身学习政策
2009	《欧盟教育和培训 2020 计划》[Education and Training 2020 (ET 2020)]
2010	《2013 年终身学习计划》(Lifelong Learning Plan 2013)
2013	《欧盟公民数字胜任力框架》(European Digital Competence Framework for Citizens)
2016	《欧盟公民数字胜任力框架 2.0》,2017 年更新为 2.1 版,2022 年 3 月已更新到 2.2 版

虽然在 18 世纪 90 年代,孔多塞首次将对成人终身学习的认可转化为政策措施,但直到 20 世纪 60 年代末 70 年代初,终身学习才成为欧洲政策议程上的一个重要项目,由欧洲委员会在那个时期以持久性教育的形式制定。20 世纪 70 年代初,经合组织提出了循环教育的概念①,这些想法导致一些欧洲国家引入管理带薪教育假的立法。这种思想是在经济增长和社会对终身教育的解放作用持乐观态度的时期发展起来的,当经济衰退和失业在 20 世纪 70 年代末和 80 年代初袭击欧洲经济时,这种思想很快从政策议程中消失了。

直到 1995 年 12 月,在教科文组织和经合组织的报告发表之前不久,欧洲委员会发表了一份题为《教与学:迈向学习型社会》的白皮书。虽然在相关政策领域的一系列官方公告和出版物中早就提到了终身学习,但正是在这份白皮书中,教育和培训第一次成为一个中心焦点并成为政策表述。因此,1996 年被指定为欧洲终身学习年。然而,尽管其标题建议从更广泛的角度理解"学习型社会"的含义,但鉴于全球经济、科学和技术进步,特别是信息和通信技术,该文件相对狭隘地侧重于劳动力市场的需求和工人的技能培训。在所述的五个目标中,只有一个目标,即"消除社会排斥",似乎解决了一个更大的社会问题,尽管它解决了辍学问题,但仍没有解决对少数民族青年和老年工人的社会排斥问题。其他目标——鼓励知识的获取和验证,使学校和企业更紧密地联系在一起,达到语言熟练程度,平等对待资本和培训投资——紧密地面向经济的技能需求。

2000 年 3 月,里斯本会议确立了"要把欧洲建成世界上最有竞争力和最具活力的知识经济体"的战略目标。同年 10 月,发表了《终身学习备忘录》;2001 年 11 月欧盟委员会发表《实现终身学习的欧洲》建议书;2002 年 6 月,欧盟理事会通过了《欧洲终身学习决议》,并在 2008 年由欧盟议会和欧盟理事会制定出了全欧洲统一的学习与培训资格框架——《欧洲终身学习资格框架》;2009 年 5 月,欧盟正式通过了《教育和培训 2020 计划》;2010 年 3 月,欧盟委员会又推出《欧洲 2020 战

① Hake B J. Lifelong learning policies in the European Union: developments and issues[J]. Compare: a journal of comparative and international education,1999,29(1):53-69.

略》;2012年欧盟委员会发布《2013年终身学习计划》。从欧洲20余年来有关终身学习政策的演进可以看出,欧盟委员会、欧盟议会及欧盟理事会都高度重视终身学习战略,并制定出一系列富有全球性、前瞻性、发展性和连续性的政策,为欧洲终身学习战略的实施提供了思想指导和理论基础。

欧盟对于终身学习的理解宽泛,涉及个人发展、积极公民身份、社会调整、提高就业能力四大方面。从1993年终身学习作为欧盟教育领域整合的战略性思维开始,终身学习在欧盟基本上坚持了上述多样的目标模式,推展终身学习政策不仅为加强教育和培训领域的整合与改进,而且重视与经济、社会统合方面的协调,不仅强调终身学习对实现个人目标的潜能,而且有目的地纳入民主政治建设的议程,重点发展公民教育,为民主国家的建设夯实基础。换句话说,在欧盟,终身学习与其说是一项教育与培训政策,不如说是实现大欧洲统一联盟的基本途径,通过在教育和培训领域的统合,在终身学习思想和学习型社会建设的愿景下,逐步走向欧洲的全面一体化。

欧盟国家通过欧盟委员会、欧盟议会及欧盟理事会等集体智慧所制定出的终身学习政策为其后续的实践开展提供了可靠的制度保障。首先,欧洲终身学习政策在理念上追求的是学习型社会、终身学习以及公平教育,目的在于促进个人自我实现、形成公民良好意识、提高社会凝聚力和公民就业率,使欧洲在全世界更具活力和竞争力。其次,欧洲终身学习政策在内容上更注重知识、技能和能力三者并重的学习与培训,以适应职业、生活、个体素质、个体发展、增强社会凝聚力和竞争力所提出的新要求、新挑战。再次,欧洲终身学习政策在方式上将提供更多入学的路径,建立更加开放的学习环境,还加强了各类教育与学习的相互衔接,使学习者可以在不同类型或层次的学习机构之间进行转移,并建立了非正规和非正式学习认证制度、职业教育和培训学分制等。最后,欧洲终身学习政策比较系统和连贯,既有政策框架,也有实施细则和执行措施,为终身学习战略的有效实施奠定了坚实的基础。

二、国家层面的政策

(一)整体概况

为了更加全面、系统地对终身教育进行研究,联合国教科文组织于1951年在德国汉堡成立了联合国教科文组织终身学习研究所,其目的是提供国际性政策研究、培训、信息服务、档案服务和出版服务。作为联合国六个教育研究组织之一,终身学习研究所聚焦终身学习(特别是成人学习和教育)的政策和实践,重视并承认各种形式的学习,特别是非正规学习、非正式学习、过往学习经验和实践学习,为边缘化和弱势群体提供扫盲、非正式教育和多样化的学习机会。该研究所收集了世界各国的终身学习政策与战略,用以指导各国的终身学习实践。目前该组织的官网公布了57份与终身学习相关的法律、政策、战略规划等(包含44个国家和2个组织——欧洲共同体与欧洲联盟)①,本书将相关国家以及组织列出来,具体如表1-6所示。

表1-6　有关终身学习的法律

序号	国家	年份	终身学习政策	对终身学习内涵的部分解释
1	巴哈马	2009	10年教育计划(10 year Education Plan)	所有人都致力于将学习作为一种终身追求,这可以增加自我认识,更深入了解他们的社区,并提高对世界的认识。参与终身学习为获取新知识和技能开辟了道路,这些知识和技能可以满足个人和不断变化的社会的需求。
2	澳大利亚	1996	终身学习——几个关键问题(Lifelong Learning—Key Issues)	就业与技能培养委员会、高等教育委员会、学校委员会及成人和社区工作组对评估、转换、学习的社会层面,以及学生获得终身学习机会等四个问题进行了全面讨论。
		2011	终身学习战略LLL:2020(Strategy for Lifelong Learning LLL:2020)	为了应对经济和社会的快速变化,终身学习旨在积极应对不断变化的环境,并利用工作、社会和文化环境中的新机会。
3	伯利兹	2005	《教育部行动计划:2010年》(Ministry of Education Action Plan:2010)	虽然该行动计划针对教育系统的所有学习阶段,并提及非正规教育,但并未使用"终身学习"一词。因此,该行动计划没有包括终身学习的定义或描述。
4	玻利维亚	2010	教育法"Avelino Siñani-Elizardo Pérez"(Education Law "Avelino Siñani-Elizardo Pérez")	此法律没有使用"终身学习"一词,而是用"替代教育"一词来指代教育体系的一部分。其包括针对希望在正规教育体系之外继续学习的年轻人和成年人的教育活动,根据他们的需求、兴趣、职业发展和社会环境,还包括发展终身持续教育过程,以满足组织、社区和家庭的需求。

①UNESCO. Collection of lifelong learning policies and strategies[EB/OL]. (2021-03-04)[2022-10-03]. https://uil.unesco.org/lifelong-learning/lifelong-learning-policies.

续表

序号	国家	年份	终身学习政策	对终身学习内涵的部分解释
5	保加利亚	2008	《国家终身学习战略:2013 年》(National Strategy for Lifelong Learning:2013)	"终身学习"包括一个不断有意识地获得知识和技能的过程。它为任何年龄段的学生提供了在各种环境下学习的机会,不仅是通过传统的教育和培训机构,而且是在工作场所、家里或闲暇时间。其是一种思维方式:我们每个人都应该接受新的想法、决定、技能、才能和态度,终身学习关注学习者及其个人和专业发展的需求。
		2014	《2014—2020 年国家终身学习战略》(National Strategy for Lifelong Learning for the Period 2014—2020)	终身学习包含了所有目的的学习,并导致学习者的创造性和职业成功,从而促进个人、社会和经济的增长。根据保加利亚的战略,终身学习应包括质量、平等和多样性、分散、合作、可衡量和灵活性的原则,认识到这些原则,该战略广泛地将终身学习定义为一个不断积累知识、技能和能力的过程。
6	柬埔寨	2019	《国家终身学习政策》(National Policy on Lifelong Learning)	终身学习被认为是一种有益的教育工具,有助于青年和成人的福祉,帮助他们实现自己的权利,并帮助他们应对日益增长的就业市场需求。终身学习被定义为一个学习过程,它涵盖了整个生命周期的正式、非正规和非正式模式。旨在培养学习者的知识、技能和态度,促进和平与和谐的文化。重要的是,终身学习的目标是不让任何人落后,促进所有人特别是弱势群体获得学习机会。
7	中国	2010	《国家中长期教育改革和发展规划:2020 年》	终身教育是指所有人都应该被教导他们想学的东西,擅长他们所学的东西,并将他们所学的东西应用于实践。
8	塞浦路斯	2014	《国家终身学习战略:2020 年》(National Lifelong Learning Strategy:2020)	对终身学习的概念理解是基于欧盟的概念。该战略将塞浦路斯的终身学习愿景描述为一种全面的方法,涵盖所有级别的各种正规、非正规和非正式学习,包括学前、小学、中学、职业、高等和成人教育。
9	捷克	2007	《捷克共和国终身学习战略》(The Strategy of Lifelong Learning in the Czech Republic)	终身学习是教育方法及其组织原则的基本概念转变。它把学习的所有潜力看作是一个相互联系的单元,促进了教育和就业之间的不同转变,它允许学习者在一生中的任何时候以各种方式获得资格和技能。正规教育体系是基础,但只是终身学习的一部分。终身学习假定正规、非正规和非正式学习相辅相成。由于"终身"一词只强调教育的时间维度,"终身"学习这个词最近被创造出来,强调学习发生在所有环境中。

续表

序号	国家	年份	终身学习政策	对终身学习内涵的部分解释
10	丹麦	2007	《终身学习战略：全民教育和终身技能提升》(Strategy for Lifelong Learning: Education and Lifelong Skills Upgrading for All)	终身学习包括教育系统的所有层次和所有部分,包括成人教育和继续培训,以及在工作场所、俱乐部和成人教育协会、休闲活动中的学习。终身学习被视为每个人的共同责任。它将在社会各方面以及人们的知识、技能和能力得到发展和应用的所有领域得到推广。
11	爱沙尼亚	2000	《欧洲共同体：终身学习备忘录》(European Communities: A Memorandum on Lifelong Learning)	为提高知识、技能和能力而持续进行的所有有目的的学习活动。终身学习必须成为提供和参与整个连续学习环境的指导原则。生活在欧洲的所有人,无一例外,都应有平等的机会来适应社会变革和经济变革的要求,并积极参与塑造欧洲的未来。“终身”学习这个词让我们注意到时间:终身学习,可以是持续性的,也可以是周期性的。
		2009	《关于欧洲教育和培训合作战略框架》(Council Conclusions of 12 May 2009 on a Strategic Framework for European Co-operation in Education and Training)	终身学习是一个持续的过程,可以贯穿人的一生,从优质的幼儿教育到工作后的时间。此外,学习也发生在正式的学习环境之外,特别是在工作场所。
		2014	《2020年终身学习战略》(Lifelong Learning Strategy 2020)	终身学习包括正规教育系统(幼儿园、中学、高中、职业学校、高等教育机构),以及该系统之外的学习——在职教育和再培训、各种形式的非正规和非正式学习。
12	芬兰	1997	《乐在学习：终身学习的国家战略》(The Joy of Learning: A National Strategy for Lifelong Learning)	明确在国家层面将广泛地促进民众继续学习,促进学习生涯与社区活动的结合,在此前提下,学习、生活与工作彼此将更紧密相关。
		2003	《教育部战略2015》(Ministry of Education Strategy: 2015)	目的是在所有人口群体中,在整个生命周期内保持一种积极的学习方法。基础教育为终身学习打下基础。我们面临的挑战是更新知识,确保知识的增长和价值。促进终身学习和工作满意度,有助于长者延长就业时间。教育、文化和体育服务促进人民的独立和身心健康。
13	冈比亚	2004	《教育政策2015》(Education Policy 2015)	政策肯定教育没有终点,终身学习被视为独立自主的个人发展的关键引擎。与正规教育系统平行的是,也有许多非正规的学习机会,包括那些侧重于获得生活技能的学习机会。

续表

序号	国家	年份	终身学习政策	对终身学习内涵的部分解释
14	德国	2004	《终身学习策略》(Strategle für Lebenslanges Lernen)	终身学习包括从幼儿阶段到退休阶段在各种学习场所进行的所有正式、非正规和非正式的学习。学习本身被理解为一种建设性的处理过程,将信息和经验转化为知识、洞察力和能力。
		2008	《联邦政府关于终身学习的概念》(Concept of the Federal Government on Learning in the Life Course)	终身学习的实现涉及生活的各个领域。在幼儿教育、学校教育、职业教育和高等教育中促进自主学习的动力,是参与继续教育的前提。在生命的各个阶段,继续教育应该对所有人都有吸引力,以便他们能够获得知识和能力并参与社会。
15	匈牙利	2005	《匈牙利共和国终身学习政府战略》(Strategy of the Government of the Republic of Hungary for Lifelong Learning)	终身学习包括个人的整个生命周期。每个人都应该有学习的兴趣和能力。终身学习制度为早期辍学者提供了其他选择的机会。
		2006	《终身学习策略》(Strategy for Lifelong Learning)	终身学习意味着个人可以在其生命的任何阶段进行学习,他们可以进行任何形式的学习,在知识型社会中有持续不断的学习动机。
16	日本	2006	《教育基本法》(Fundamental Law of Education)	所有公民能够在其一生中,在任何场合和任何地方继续学习,并应用终身学习的成果,以实现他们的潜力并过上完美生活。
		2008	《促进教育的基本计划》(Basic Plan for the Promotion of Education)	在一个面临快速变化的老龄化社会中,个人不仅通过学校教育,而且通过终身学习来发展和提高自己。终身学习激励个人参与社会,获取知识,发展生活和工作中的必要技能。
17	肯尼亚	2012	教育政策框架第二稿[A Policy Framework for Education (Second Draft)]	终身学习对于赋予个人权力,使其成为自主的、受过教育的公民是必要的。单纯的义务基础教育不能使人们为不断变化的全球劳动力市场做好准备,因为除了正式传授的知识外,他们还需要获得更复杂的技能,如自信地执行非例行任务、有能力解决问题、作出决定和适应国际化的环境。因此,继续教育和非正规教育是增强个人能力的工具,特别是那些在正规学校系统之外的人。
18	老挝	2020	《总理关于终身学习的法令》(Prime Minister's Decree on Lifelong Learning)	终身学习包含不同形式的学习,包括正规、非正规和非正式学习,目的是为所有人,包括男性和女性,提供终身学习的机会,并创建知识社会,以促进可持续发展。

续表

序号	国家	年份	终身学习政策	对终身学习内涵的部分解释
19	拉托维亚	2017	《终身学习政策：2013》(Lifelong Learning Policy:2013)	终身学习是基于一个人的内在需求或外部因素，使其有必要获得和提高自己的知识、技能和能力。终身学习既是减少地区间差异和创造平衡文化环境的关键因素，也是提高生活质量和促进社会融合的关键因素。
20	立陶宛	2011	《教育法修正案》(Law Amending the Law on Education)	法律中没有明确提到终身学习的概念。相反，法律将教育定义为一种活动，旨在为个人提供一个充实、独立的生活基础，并帮助他们不断培养自己的能力。每个公民都有固有的学习权利。教育是塑造个人、社会和国家的未来的一种手段。它的基础是承认个人无可争议的价值及其选择自由和道德责任的权利，以及民族关系和国家的文化传统。教育保护和创造民族特性，保证使人的生活有意义的价值观的连续性，促进社会的一致性和团结性，并促进国家的发展和安全。
		2003	《国家教育战略》(The National Education Strategy:2012)	该战略并没有给出终身学习的定义。它概述了立陶宛对教育更普遍的理解，即基于人性、民主和更新的原则。它还提到了每个人的价值和尊严、爱、人们的自然平等、人权和自由、宽容和民主。教育涉及培养公民在生活的各个领域遵循这些价值观的决心和能力。
21	卢森堡	2013	《白皮书：终身学习国家战略》(White Paper:National Strategy for Lifelong Learning)	这份文件像欧洲职业培训发展中心在2008年所做的那样，将终身学习定义为“在生命的任何时刻进行的任何学习活动，以便从个人、社会和/或职业的角度来提高知识、方法、能力、技能和/或资格”。此外，该文件指出，终身学习的目标是每个人，无论年龄或学习环境如何。因此，它包括初始教育(基础教育、中等教育、职业教育和高等教育)，以及成人的教育和培训，不分教育类型：正式、非正规或非正式。然而，除了涵盖全部终身学习的定向部分，白皮书还将其政策限制在成人教育和培训方面。
22	马来西亚	2011	《终身学习文化蓝图：2020》(Blueprint on Enculturation of Lifelong Learning for Malaysia:2020)	该战略认为，终身学习是继学校和高等教育系统之后人力资本发展的第三个支柱。终身学习的定义是：通过一个持续支持的过程来发展人的潜力，刺激和授权个人获得他们在一生中需要的所有知识、价值观、技能和理解，并在所有的角色、情况和环境中自信、创造性和愉快地应用这些知识。终身学习是关于获得和更新从学龄前到退休后的所有技能、兴趣、知识和资格，以及关于提供“第二次机会”。

续表

序号	国家	年份	终身学习政策	对终身学习内涵的部分解释
23	马耳他	2015	《国家终身学习战略:2020》(National Lifelong Learning Strategy:2020)	终身学习是一个持续的过程,从幼儿教育和义务教育开始,一直到职业教育和培训(VET)、高等教育、成人教育和晚年学习。它包括正式、非正规和非正式教育,旨在为所有人提供个人成长和提高生活质量的机会。
24	毛里求斯	2009	《教育和人力资源战略计划:2020》(Education and Human Resources Strategy Plan:2020)	终身学习被视为涵盖个人从幼儿期到退休的整个生命周期的连续体。提供终身学习需要确保以负担得起的方式获得各种正式和非正规的学习机会。应包括所有形式的学习和所有有利于学习的环境,以确保终身学习也是人力资源开发的一个组成部分。促进终身学习机会包括承认先前的学习和先前的体验式学习,加强高等教育机构的开放和远程学习能力,制定多技能和再培训方案,以及在发展终身学习方面进行行动研究。
25	墨西哥	2007	《教育部门计划:2012》(Education Sector Program:2012)	教育部门计划没有提供终身学习的概念或定义。在该文件中,“终身学习”一词仅在提及扩大继续教育计划时使用过一次,以提升劳动人口的技能并刺激终身学习。
26	北马其顿	2017	《2017—2020年终身学习战略》(Lifelong Learning Strategy 2017—2020)	该战略倡导终身、全方位和终身深入的学习理念。它跨越了儿童早期学习和学校教育的基础,以及在适应不断变化的世界、工作场所和社会环境的过程中获得的能力、知识、技能、态度和价值观。它贯彻了机会平等、公平正义和积极的民间社会与国家和商业部门合作的原则。该战略参考了一些欧洲战略文件,如《终身学习备忘录》(2000年)。它还采用了联合国教科文组织终身学习研究所对终身学习的定义,认为通过各种形式(正式、非正规和非正式)为所有年龄段的人开展学习活动,共同满足广泛的学习需求和要求,是可持续发展的基础。
27	挪威	1976	《成人教育法》(Norregian Adult Education Act)	规定成人教育的目标、任务,为成人提供提高自我价值、促进个人发展、增强独立生活能力的文化知识教育;提供劳动者所需的职业培训,使之掌握能与他人合作并取得成功的劳动技能。

续表

序号	国家	年份	终身学习政策	对终身学习内涵的部分解释
27	挪威	2007	《挪威终身学习战略：现状、挑战和优先领域》(Strategy for Lifelong Learning in Norway. Status, Challenges and Areas of Priority)	终身学习是指从童年、成年到老年，在各种环境中不断学习的过程。它对个人发展、民主和社会生活的发展至关重要，并确保在工作生活中创造价值。终身学习的概念考虑到了整个生命周期中所有形式的学习，不仅包括正规教育，还包括其他一切。随着非正规和非正式学习被纳入终身学习的概念，个人通过教育和培训、有偿和/或无偿工作，以及积极参与社会生活而获得的所有知识、技能和经验都得到了承认。
28	韩国	1999	《终身教育法》(Lifelong Education Act)	
		2008	《第二个国家终身学习促进计划：2008—2012》(Second National Lifelong Learning Promotion Plan, 2008—2012)	第二个国家终身学习促进计划的愿景要求将终身学习描述为一个释放个人固有创造力的过程，帮助他们解决问题，并在自我实现的过程中找到真正的乐趣。终身学习帮助人们塑造自己的未来，并为生活中的所有挑战做好准备。终身学习是应对低生育率、人口老龄化、社会两极分化、贫困和其他新风险的终极工具。它将学习、就业、福利和文化联系起来，帮助人们加深对他人的了解，从而促进多样性和共存性。
		2009	《2009年终身教育法》(Lifelong Education Act 2009)	在该法案中，“终身教育”一词被理解为除常规学校课程以外的所有类型的系统教育活动，包括补充教育、基础成人识字教育、专业培训、人文和通识教育、文化和艺术教育，以及公民教育。
		2013	《第三次全国终身学习促进计划：2017》(The 3rd National Lifelong Learning Promotion Plan:2017)	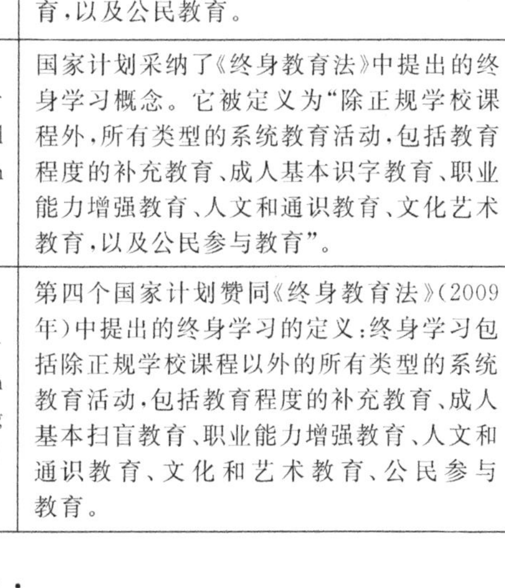 国家计划采纳了《终身教育法》中提出的终身学习概念。它被定义为“除正规学校课程外，所有类型的系统教育活动，包括教育程度的补充教育、成人基本识字教育、职业能力增强教育、人文和通识教育、文化艺术教育，以及公民参与教育”。
		2017	《第四个国家终身学习促进计划(2018—2022)》[The Fourth National Lifelong Learning Promotion Plan (2018—2022)]	第四个国家计划赞同《终身教育法》(2009年)中提出的终身学习的定义：终身学习包括除正规学校课程以外的所有类型的系统教育活动，包括教育程度的补充教育、成人基本扫盲教育、职业能力增强教育、人文和通识教育、文化和艺术教育、公民参与教育。

续表

序号	国家	年份	终身学习政策	对终身学习内涵的部分解释
29	塞舌尔	2000	《学习型社会的教育:政策声明》(Education for a Learning Society:Policy Statement)	终身学习被认为是创建一个能够将变革的挑战转化为学习和成长机会的社会的基础。因此,该政策旨在鼓励群众对终身学习采取积极主动的态度。该政策的标题“学习型社会的教育”强调了学习的持续性。它传达了一个警觉、反应迅速和积极主动的塞舌尔社会的愿景。这样一个学习型社会仍然牢牢控制着自己的命运,拥抱变化,同时又不失去与构成其身份的价值观的联系。
30	斯洛伐克	2007	《终身学习战略和终身指导》(Strategy of Lifelong Learning and Lifelong Guidance)	终身学习被定义为个人一生中教育活动的总和,其目的是提高知识、技能和能力。这一概念涵盖所有教育系统(正式、非正规和非正式)和各级教育(从学前教育到高等教育和继续教育,包括职业培训)。终身指导是咨询和指导服务的汇编。基于平等的价值观,终身指导是指个人,无论年龄大小,在有关教育、职业培训、就业选择和职业发展等问题的决策过程中,在其人生的任何阶段给予帮助。
		2011	《终身学习战略》(Lifelong Learning Strategy)	终身学习是对个人一生中发生的所有活动的总结,以提高知识、技能和能力。它基本上是一种从幼儿期到老年期积极生活的教育系统方法,包括个人在社会中的积极互动和融合,以及他对个人利益的内部实现。终身学习的重点是能够获得学校教育和继续教育的学习型个人。终身学习保持所有年龄段的质量和平等原则,无论以前的教育程度如何。
31	斯洛文尼亚	2007	《终身学习战略》(Lifelong Learning Strategy)	终身学习是一种活动和过程,包括所有形式的学习,无论是正式的、非正式的、偶然的还是偶尔的。它发生在各种学习环境中,从出生到幼儿期,再到成年生活和老年,目的是提高个人的知识和技能。终身学习有两个维度:长度维度,表示从摇篮到坟墓的整个生命周期的学习,以及宽度维度,表示学习可以在任何地方进行(即不仅仅是在学校),并且可以学习任何东西(即不仅仅是学校课程,还包括满足个人特定需求的技能和知识)。学习的目标不仅是获得工作所需的教育和资格,而且要获得更广泛的知识、技能和个人特质,这些都是作为个人和社区成功生活和工作所必需的。

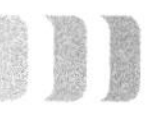

续表

序号	国家	年份	终身学习政策	对终身学习内涵的部分解释
32	西班牙	2013	《终身学习法》(Lifelong Learning Law)	以欧盟委员会的概念为基础，将终身学习定义为一生中进行的所有学习活动，目的是在个人、公民、社会和/或就业相关的角度提高知识、技能和能力。
33	圣卢西亚	2000	《2000—2005 年教育部门发展计划》(Education Sector Development Plan 2000—2005)	终身学习的概念隐含在教育部对教育的理解中。教育被视为以学习者为核心的终身过程。在国家一级，教育是全球竞争力、文化凝聚力和民主施政的关键。
34	斯威士兰	2011	《斯威士兰教育和培训部门政策》(The Swaziland Education and Training Sector Policy)	终身学习意味着一个无缝的学习系统，具有进入其他教育和培训选择的真正途径以及所有人的平等机会。终身学习一词与成人教育有关。它主要指非正规教育和继续教育，为那些错过部分或全部正规教育的斯威士兰公民提供选择。
35	瑞典	2007	《瑞典终身学习战略》(The Swedish Strategy for Lifelong Learning)	终身学习可以看作是对一些方法、系统特征和基本价值的一般描述。多年来，终身学习一直是教育和学习政策总体发展的指导原则之一。
36	坦桑尼亚	2012	《2012—2016 年中期战略》(Medium-Term Strategy 2012—2016)	战略中没有明确提及“终身学习”一词。相反，该战略采用了“自力更生教育”的概念。在这方面，它所依据的理念是，将教育和培训视为促进经济健康增长和社会、政治和文化进步的关键因素。
37	多哥	2010	《2010—2020 年教育部门计划：迎接经济、社会和文化发展的挑战》(Sectorial Plan for Education 2010—2020: Meeting the Challenge of Economic, Social and Cultural Development)	多哥的这一教育战略没有提到终身学习一词。然而，这项政策涉及每一个人，明确提到幼儿教育、初等教育、中等教育、高等教育、职业技术教育及成人教育。此外，还明确提到非正规教育和正规教育是终身学习的一个组成部分。
38	汤加	2004	《教育政策框架：2019》(Education Policy Framework: 2019)	政策框架没有提供终身学习概念的定义。教育部的使命是“为汤加及其人民的发展提供和维持与终身相关和高质量的教育”。教育被认为是一个人可以拥有的最有价值的资产。教育的本质是培养个人，使他们能够实现自己作为人的潜力，作为汤加社会和更广阔世界的宝贵成员过上充实的生活。教育应寻求加强和发展作为汤加社会基础的道德和文化价值观。教育是国家发展所有方面的基石，汤加社会的所有成员都必须能够接受教育。

续表

序号	国家	年份	终身学习政策	对终身学习内涵的部分解释
39	特立尼达和多巴哥	2010	《高等教育、技术、职业教育和培训以及终身学习政策》(Policy on Tertiary Education, Technical Vocational Education and Training and Lifelong Learning)	终身学习是指一生中进行的所有学习活动,目的是在个人、公民、社会和/或与就业相关的角度提高知识、技能和能力。该术语认识到学习不仅限于童年或课堂,而是发生在生活的各个方面和各种情况下。终身学习机会可以在各种正式和非正式环境中找到,并通过不同的交付方式进行。
40	土耳其	2006	《土耳其成功的驱动力:终身学习政策文件》(Driving Force for the Success of Turkey: Lifelong Learning Policy Paper)	终身学习被定义为一生中进行的所有学习活动,目的是在个人、公民、社会和/或就业环境中提高知识、技能和能力。它包括正式、非正规和非正式学习,在年龄、社会经济地位或教育水平方面没有限制。学习是终身的,因为它不仅发生在学校,而且发生在生活的其他领域,例如在工作及公民政治、文化和娱乐生活中。
		2009	《终身学习战略书》(Lifelong Learning Strategy Paper)	终身学习被定义为个人在其生活中的任何时候参与的任何学习活动,以发展他们的知识、技能、兴趣、资格和就业前景。终身学习的目的是使个人能够适应信息时代,积极参与经济和社会生活的各个方面。终身学习包括幼儿期在家中进行的学习、学前教育、正规教育和非正规教育的所有阶段、在工作生活中获得的学习,以及在人生任何时期获得的知识和技能。
41	乌拉圭	2008	《第 18437 号普通教育法》(General Education Law NO. 18437)	终身学习文化背景下的非正规教育包括正规教育以外针对任何年龄的人提供的所有学习机会。
42	委内瑞拉	2009	《教育法》(Education Law)	法律没有提供终身学习的定义,但这一概念也被引用为大学教育的基本原则之一。除了基础教育和大学教育外,法律还促进继续教育。教育系统整合了各种政策和服务,保证所有公民不论年龄大小,都能继续接受教育,并促进种族、语言和文化多样性。
43	越南	2005	《教育法》(Education Law)	"终身学习"一词在定义继续教育时只使用过一次。继续教育使人们能够终身学习,以发展他们的个性,拓宽他们的知识面,提高他们的生活质量、就业能力和适应社会变化的能力。

续表

序号	国家	年份	终身学习政策	对终身学习内涵的部分解释
43	越南	2013	《2012—2020年建设学习型社会框架》(Building a Learning Society for the Period 2012—2020)	终身学习被理解为学习型社会的主要组成部分。像这样的社会容纳了自愿承诺不断学习的公民，特别是在社区学习中心或继续教育机构等非正式场所。这可以提高效率和生产力。终身学习的事业取决于负责投资教育机构和制定政策的国家，旨在鼓励所有公民终身学习。所有机构，无论其地位如何，都有责任为终身学习创造有利条件。
44	津巴布韦	2005	《津巴布韦国家行动计划：面向2015年全民教育》(National Action Plan of Zimbabwe: Education for All towards 2015)	终身学习和继续教育制度与津巴布韦正规教育制度并行不悖。终身学习的概念包括生活技能的发展，使个人能够处理与性别、健康、冲突、暴力、失业等有关的社会问题。终身学习的既定目标是确保"通过公平获得适当的学习和生活技能课程，满足所有年轻人和成年人的学习需求"。获得这些技能将意味着所有人都有生存的潜力，控制自己的生活并参与社会的发展。
45	欧洲共同体	2000	终身学习备忘录(A Memorandum on Lifelong Learning)	所有有目的的学习活动都是持续进行的，目的是提高知识、技能和能力。终身学习必须成为提供和参与整个学习环境的指导原则。所有生活在欧洲的人，无一例外都应该有平等的机会来适应社会和经济变化的要求，并积极参与塑造欧洲的未来。"终身"学习一词引起了人们对时间的关注：终身学习可以是连续性的，也可以是周期性的。新发明的"全方位"学习一词通过吸引人们对学习传播的关注而丰富了这幅图景，学习可以在我们生活的任何阶段都发生在我们生活的各个方面。"全方位"维度将正式学习和非正式学习的互补性带入了更清晰的领域。
46	欧洲联盟	2009	关于欧洲教育和培训合作战略框架(Council Conclusions of 12 May 2009 on a Strategic Framework for European Cooperation in Education and Training)	终身学习是一个持续的过程，可以贯穿一个人的一生，从优质的幼儿教育到工作后的年龄。此外，学习也发生在正式学习环境之外，尤其是工作场所。

(二)代表性国家

虽然成人终身学习的指导方针是在欧盟和全球范围内制定的，但在各国之间的影响可能会有所不同。在各个国家，可以根据各个国家成人教育政策所重视的

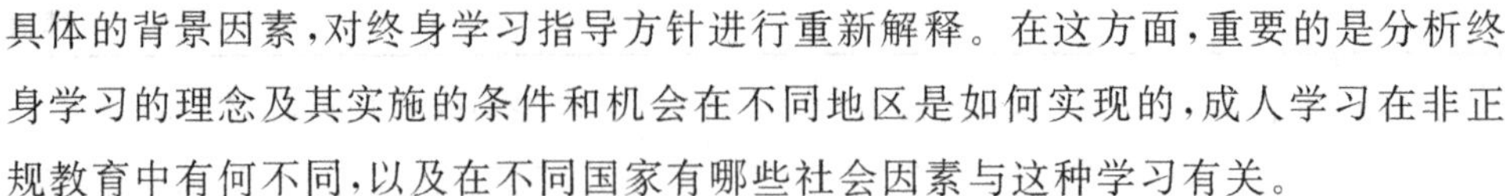

具体的背景因素，对终身学习指导方针进行重新解释。在这方面，重要的是分析终身学习的理念及其实施的条件和机会在不同地区是如何实现的，成人学习在非正规教育中有何不同，以及在不同国家有哪些社会因素与这种学习有关。

1.美国

美国是世界上最早发起并积极推行终身学习的国家之一。在美国，终身学习被普遍认为是谋求社会持续发展的重要途径。可以说，美国在终身学习方面取得了许多重大进展，不仅“终身学习”“学习型社会”等术语被广泛使用，而且其实践也极富成效，为世界其他国家推动终身学习实践提供了许多有益的经验。

20世纪60年代以来，在美国的教育政策与立法进程中，终身学习已经成为美国教育法规的重要指导原则和有机组成部分。各种终身学习的政策与方案，从不同领域和侧面对公民终身学习的权利、义务和保障作出规范，从而使终身学习的开展获得了国家力量的保证。

成人教育是美国终身学习体系的重要组成部分。1966年，美国正式通过了《成人教育法》。该法的主要内容有立法的目的、基本概念、经费问题和教育实施，包括州的计划，成立研究、发展、推广、评估和情报中心，建立联邦和州的咨询委员会等。后经1970年、1974年、1978年的三次修订而日益完善，该法案为终身学习的建立奠定了良好的基础。

20世纪70年代，终身学习思潮开始盛行于美国，许多慈善机构和教育团体四处呼吁，要求政府和各界人士支持终身学习。1972年，美国教育总署为联合国教科文组织第三次国际成人教育会议起草了题为《美国成人教育观及未来发展计划》，在该报告书中对美国未来成人参与终身学习的趋势作了展望。

1976年，美国国会通过了《终身学习法》，这是人类史上第一个终身学习法案。该法案对终身学习提出了一个极为宽泛的表述，它包括了成人基础教育、继续教育、独立学习、农业教育、商业及劳工教育、职业教育及工作训练方案、双亲教育、退休前及退休人员教育、补救教育、职业及晋升教育，以及协助各机关、团体运用研究的成果或创新的方法服务于家庭的需要和个人发展的活动。同时该法案指出了终身学习大约包括19种课程类型，对如何实施终身学习做出了一系列规定，包括建立教育中介机构，研究为终身学习提供资助的方法，增加非学校学习的机会，分析了阻碍终身学习的因素以及联邦、州和地方在终身学习中的作用等。可以说，《终身学习法》以法律的形式确立了终身学习在美国的地位，保障了美国终身学习活动的顺利开展。它的颁布，标志着终身学习实践的进一步深化。

2. 中欧六国

根据经合组织(OCED)2019 年发布的成人能力国际评估计划(Programme for the International Assessment of Adult Competencies,简称 PIAAC)第三轮调查的相关数据,立陶宛的学者杜代特(Jolita Dudaitė)对六个中欧国家(波兰、立陶宛、爱沙尼亚、斯洛文尼亚、斯洛伐克和捷克)的成人学习能力和水平进行了详细的分析。在 PIAAC 的研究中,受访者年龄在 16—65 岁之间,研究选择 30 岁及以上的受访者进行分析(相当一部分年轻人尚未完成正式学业),受访者的数据为波兰 9366 人、立陶宛 5093 人、爱沙尼亚 7632 人、斯洛文尼亚 5331 人、斯洛伐克 5723 人、捷克 6102 人,他们均来自不同地理区域和类型的生活区域。① 在 PIAAC 调查中,问卷包括一些旨在评估终身学习情况的问题。这些是关于参加各种课程、培训和私人课程的问题,这些课程、培训和私人课程与追求正规教育无关,而是为了提高工作技能或为了娱乐和扩大知识面而学习。

所分析的中欧国家的汇总数据显示,倾向于在非正规教育中学习的 30 岁及以上成年人比例最大的是爱沙尼亚(47.8%)(见表 1-7),捷克(44.2%)和斯洛文尼亚(43.2%)的情况类似。在其他三个国家,倾向于接受非正规教育的成年人比例要小得多:立陶宛和波兰各占 28.6%,斯洛伐克占 27.2%。这些统计数据指的是每个国家 30 岁及以上的成年人参与非正规教育活动(课程、培训、研讨会等)的比例,即在 PIAAC 研究之前的 12 个月中至少一次。

表 1-7　30 岁及以上人口在 2018 年的学习活动

国家	参加学习活动的成年人比例/%	花在学习活动上的平均时间/天	用于学习活动的平均时间/小时	学习活动次数的平均值/次	偏离程度
捷克	44.2	8.5	31.6	1.9	4.5
爱沙尼亚	47.8	8.4	45.3	2.1	4.7
立陶宛	28.6	7.4	33.1	1.5	4.2
波兰	28.6	10.4	37.4	1.2	3.6
斯洛伐克	27.2	7.0	21.4	1.1	3.3
斯洛文尼亚	43.2	7.5	40.2	1.7	4.0

对 2018 年成年人花在非正规教育活动上的时间数据的分析显示:就天数而言,波兰的成年人花在学习活动上的天数最多(10.4 天);就小时数而言,爱沙尼亚

①Jolita D, Dačiulytė R. Lifelong Learning in Six Central European Countries[J]. The New Educational Review,2021(64):134-147.

人为45.3小时；斯洛伐克人花在学习上的时间最少，分别为7.0天和21.4小时。通过分析30岁及以上总人口在2018年学习活动的平均次数表明，爱沙尼亚记录的学习活动次数最多，斯洛伐克最少。

对倾向于参加非正规学习的成年人与受教育程度之间相关性的评估表明，在所有国家，参加学习活动的数量与达到的最高教育水平直接相关。相关系数从0.31（捷克）到0.47（立陶宛）不等（$p<0.001$），显示了受教育程度和参加学习活动的数量之间相关性的汇总数据，受教育程度分为三组（低于高中、高中、高中以上）。图1-2显示了所有国家的相同趋势：一个人的受教育程度越高，他/她选择参加的学习活动就越多。

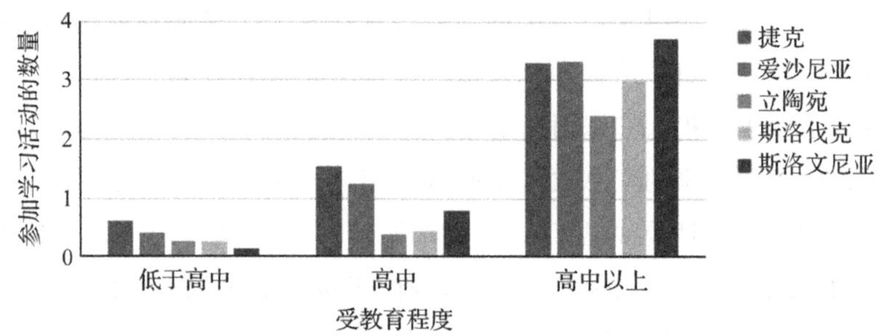

图1-2　受教育程度与2018年12个月参加学习活动数量的相关性

对成年人在2018年12个月中参加的具体学习活动进一步研究表明，不同学习活动在不同的国家普遍存在（见图1-3）。爱沙尼亚和捷克最受欢迎的学习活动

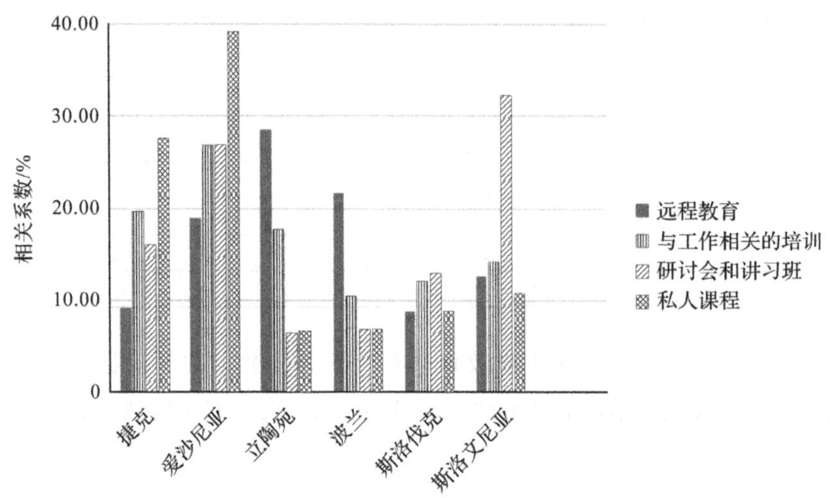

图1-3　2018年参加过不同学习活动的30岁及以上成年人的比例

是私人课程(分别为 39.3%和 27.7%);在立陶宛和波兰,远程教育很普遍(分别为 28.5%与 21.7%)。研讨会和讲习班是斯洛文尼亚人最常参加的活动(32.4%),与工作相关的培训在所有国家的受欢迎程度中排名第二;在斯洛伐克,学习活动没有优先顺序,所有类型的活动选择大致相同。

评估雇主是否有兴趣提高员工的素质和学习意愿是很重要的。图 1-4 中的数据显示了雇主是否为员工最近参加的工作相关(技能提升)学习活动付费。相关数据显示,在所有国家,特别是在捷克,雇主倾向于报销所有与学习相关的费用:50.2%至 61.1%的雇主全额报销此类费用。然而,11.7%至 26.1%的雇主根本不报销与学习相关的费用,这在斯洛伐克很常见。

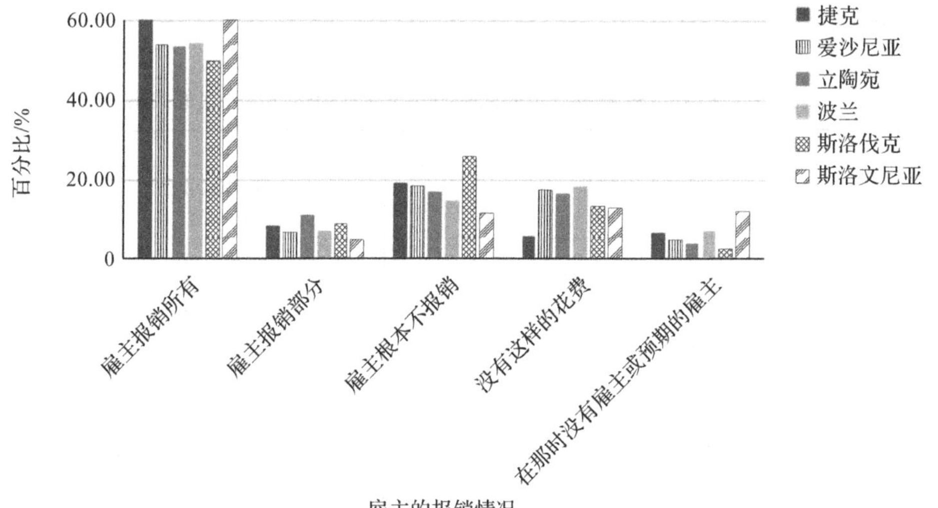

图 1-4　雇主是否支付了与工作相关的学习活动的费用

对数据的进一步分析表明,并非所有 30 岁及以上的成年人都能参加他们想要的学习活动。表 1-8 显示了希望参加学习活动但由于某种原因无法参加的成年人的比例。这一比例最大的是爱沙尼亚(30.0%),最小的是斯洛伐克(7.7%)。

表 1-8　2018 年 30 岁及以上的成年人参加学习的比例

国家	学习活动:有兴趣但没有开始/%
捷克	16.6
爱沙尼亚	30.0
立陶宛	14.6
波兰	10.1

续表

国家	学习活动:有兴趣但没有开始/%
斯洛伐克	7.7
斯洛文尼亚	17.2

表 1-8 显示:就参与学习活动而言,爱沙尼亚的活动最多,斯洛伐克的活动最少。因此,在爱沙尼亚,如果有条件,更多的人会在非正规教育中学习;而在斯洛伐克,即使学习条件更有利,学习活动的增加也不会如此显著。

至于终身学习,重要的是要检查是否有任何示范因素影响成年人的选择或投入时间学习的机会。表 1-9 和表 1-10 提供了数字之间的相关性分析,学习活动和性别、出生的国家、有伴侣和孩子——这些都是关键因素,会直接影响一个人投入时间和金钱学习的能力。

表 1-9　2018 年 30 岁及以上的人参与学习活动的情况与性别的关系

t 检验						
国家	性别	活动数量(平均值)	p 值(双侧)	出生国	活动数量(平均值)	p 值(双侧)
捷克	男	2.0	$p \geqslant 0.05$	是	1.9	$p \geqslant 0.05$
	女	1.8		不	1.4	
爱沙尼亚	男	1.6	$p < 0.001$	是	2.2	$p < 0.001$
	女	2.5		不	1.6	
立陶宛	男	1.1	$p < 0.001$	是	1.6	$p \geqslant 0.05$
	女	1.8		不	1.3	
波兰	男	1.0	$p < 0.05$	是	1.2	$p \geqslant 0.05$
	女	1.3		不	1.2	
斯洛伐克	男	1.1	$p \geqslant 0.05$	是	1.1	$p \geqslant 0.05$
	女	1.1		不	0.9	
斯洛文尼亚	男	1.5	$p < 0.001$	是	1.8	$p < 0.001$
	女	2.0		不	1.1	

表 1-9 显示,在六个中欧国家中的四个国家,妇女更有可能参与学习活动:爱沙尼亚、立陶宛、波兰和斯洛文尼亚。在过去 12 个月中,男女参加学习活动平均次数的最大差异出现在爱沙尼亚(女性参加学习活动平均次数为 2.5 次,男性为 1.6 次,$p < 0.001$)。在斯洛伐克,男女在这方面没有区别;在捷克,男性更有可能参与学习活动,但男女之间的差异在统计上并不显著。在评估谁更有可能参与学习活动时,无论是当地居民(在他们居住的国家出生的人)还是移民,只有在两个国家观察到统计上的显著差异:在爱沙尼亚和斯洛文尼亚,学习活动更经常由当地居民参

加(爱沙尼亚分别为 2.2 和 1.6，$p<0.001$；斯洛文尼亚分别为 1.8 和 1.1，$p<0.001$)。

对终身学习活动的数量与一个人是否与配偶/伴侣生活在一起这一因素之间的相关性进行的评估表明(见表 1-10)，只有在波兰才记录到了统计上的显著差异。在波兰，跟配偶/伴侣生活在一起的人更有可能参与学习活动(分别为 1.3 和 0.8，$p<0.01$)。在除斯洛伐克以外的其他国家趋势相似，但没有观察到统计意义。在斯洛伐克，就参加学习活动的平均次数而言，一个人是与伴侣一起生活还是独自生活没有区别。只有在捷克，具有统计意义的无子女属性有助于提高学习能力(分别为 2.4 和 1.8，$p<0.05$)。在爱沙尼亚、立陶宛和斯洛文尼亚，趋势相似，但没有观察到统计意义。在波兰和斯洛伐克，有没有孩子并不影响学习活动的频率。

表 1-10　30 岁及以上的人参加学习活动相关因素的相关性

t 检验						
国家	与伴侣一起生活	活动数量(平均值)	p 值(双侧)	有孩子	活动数量(平均值)	p 值(双侧)
捷克	是	1.9	$p\geq0.05$	是	1.8	$p<0.05$
	不	2.0		不	2.4	
爱沙尼亚	是	2.2	$p\geq0.05$	是	2.1	$p\geq0.05$
	不	2.1		不	2.4	
立陶宛	是	1.7	$p<0.01$	是	1.5	$p\geq0.05$
	不	1.3		不	1.8	
波兰	是	1.3	$p<0.05$	是	1.2	$p\geq0.05$
	不	0.8		不	1.1	
斯洛伐克	是	1.1	$p\geq0.05$	是	1.1	$p\geq0.05$
	不	1.1		不	1.1	
斯洛文尼亚	是	1.8	$p\geq0.05$	是	1.7	$p\geq0.05$
	不	1.5		不	1.9	

注：有关因素的相关性是指和伴侣一起生活、有孩子的情况之间的相关性。

在六个国家中，参加学习活动的频率与一个人的教育程度在统计上有显著的相关性：教育程度越高，在 2018 年 12 个月中参加的学习活动就越多；其他研究人员的数据也证实了受过高等教育的成年人更多地参与学习活动。即使在发达国家，社会差距仍然存在，受教育程度较低的人面临着阻碍他们学习的教育障碍。

不同的国家举办不同形式的学习活动：在爱沙尼亚和捷克，私人授课是最受欢迎的学习形式；在立陶宛和波兰最受欢迎的学习形式是远程教育；在斯洛文尼亚则是研讨会和讲习班。

第二章　中国终身学习的发展

我国现代意义上的终身学习建立在终身教育发展的基础之上，可以说终身教育的发展过程，在一定程度上就是终身学习发展历程的演变体现，终身教育与终身学习是相互支持和协同发展的。

第一节　中国终身学习发展历程

1993 年，《中国教育改革和发展纲要》（中发〔1993〕3 号）第一次将“终身教育”列入国家的政策规划。2005 年 7 月 29 日，福建省第十届人民代表大会常务委员会第十八次会议通过《福建省终身教育促进条例》，第一部地方终身教育法诞生；2011 年 1 月 5 日，上海市第十三届人民代表大会常务委员会第二十四次会议通过《上海市终身教育促进条例》，第二部地方终身教育法产生；此后，《宁波市终身教育促进条例》《太原市终身教育促进条例》及《河北省终身教育促进条例》等纷纷出台。自此，中国终身教育体系建设逐步发展起来。

一、中国终身教育发展概述

文献分析是对理论研究进行梳理和系统化的基础性工作，也是反思研究历史和探究未来发展趋势的有效方法。笔者于 2022 年 12 月在中国知网（CNKI）数据库中，以“终身教育”和“终身学习”为关键字进行检索，相关的文献分别为 6577 篇和 8226 篇。经过梳理相关研究文献后可以清晰地看出，国内有关终身学习与终身教育的研究呈现相互交错式发展。

（一）终身与终生

由于文化境域和语言表达的不同，对于英文的单词 lifelong 的翻译不同，有学者将其翻译为终身，也有学者将其译为终生，还有学者认为两者含义一样。例如在

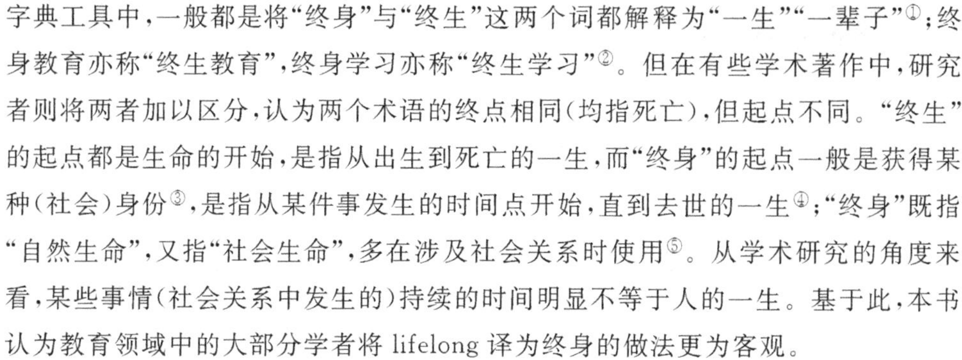

字典工具中，一般都是将“终身”与“终生”这两个词都解释为“一生”“一辈子”①；终身教育亦称“终生教育”，终身学习亦称“终生学习”②。但在有些学术著作中，研究者则将两者加以区分，认为两个术语的终点相同(均指死亡)，但起点不同。“终生”的起点都是生命的开始，是指从出生到死亡的一生，而“终身”的起点一般是获得某种(社会)身份③，是指从某件事发生的时间点开始，直到去世的一生④；“终身”既指“自然生命”，又指“社会生命”，多在涉及社会关系时使用⑤。从学术研究的角度来看，某些事情(社会关系中发生的)持续的时间明显不等于人的一生。基于此，本书认为教育领域中的大部分学者将 lifelong 译为终身的做法更为客观。

(二)终身教育与终身学习的交相呼应

中国知网数据库作为国内学术期刊刊登数量最多、内容最全面的网络数据库，其文献研究内容在一定程度上代表了国内研究成果的发展历史和未来趋势。因此，本书基于中国知网数据库，分别从主要“主题”和次要“主题”两个维度来探究国内终身学习和终身教育研究成果(截至 2022 年 12 月 12 日)，以便更加清晰地梳理国内学者对于我国终身教育与终身学习的研究方向和研究主题，具体如图 2-1 所示。

通过图 2-1 可以看出，在篇名为《终身教育》的文献中，次要主题主要为终身学习，从这个角度上更加验证了国内理论研究者在论述终身教育时，也在谈终身学习，即在一定程度上是将终身教育和终身学习相互交织在一起进行阐述和研究。

按照同样的维度、同样的时间跨度，对所有篇名为终身学习的文献进行梳理，可以发现学者在研究终身学习时所涉及的次要主题，更多是学习型社会，这也进一步说明了国内有关终身学习理论的研究与国际大趋势是一致的，具体情况如图 2-2 所示。

(三)终身教育与终身学习的发展趋势

国内期刊文献中首次对终身教育进行论述的文章是学者梁忠义于 1980 年所发表的题为《关于日本的终身教育问题》一文，该文对日本的终身教育进行了详细

---

①阮智富，郭忠新. 现代汉语大词典[M]. 上海：上海辞书出版社，2009：1920.

②夏征农，陈至立. 大辞海(第六版彩色本)[M]. 上海：上海辞书出版社，2009：2998.

③胡双宝.“终生”与“终身”辨[J]. 秘书工作，2012(3)：58.

④杨林成. 词误百析[M]. 上海：上海教育出版社，2019：233-234.

⑤陶英.“终身”与“终生”语义选择序列[J]. 文学教育(上)，2012(3)：144-145.

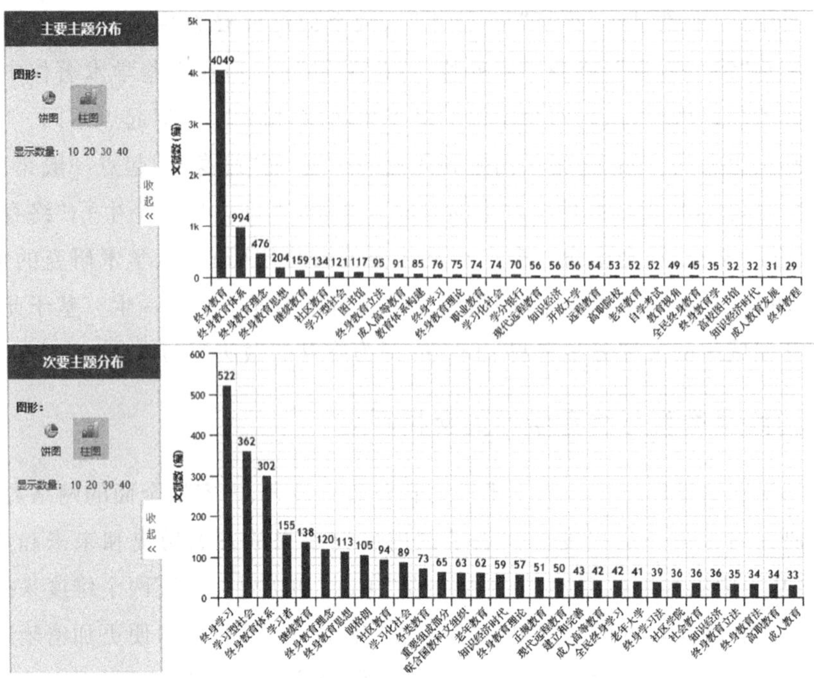

图 2-1　终身教育主要主题和次要主题分布

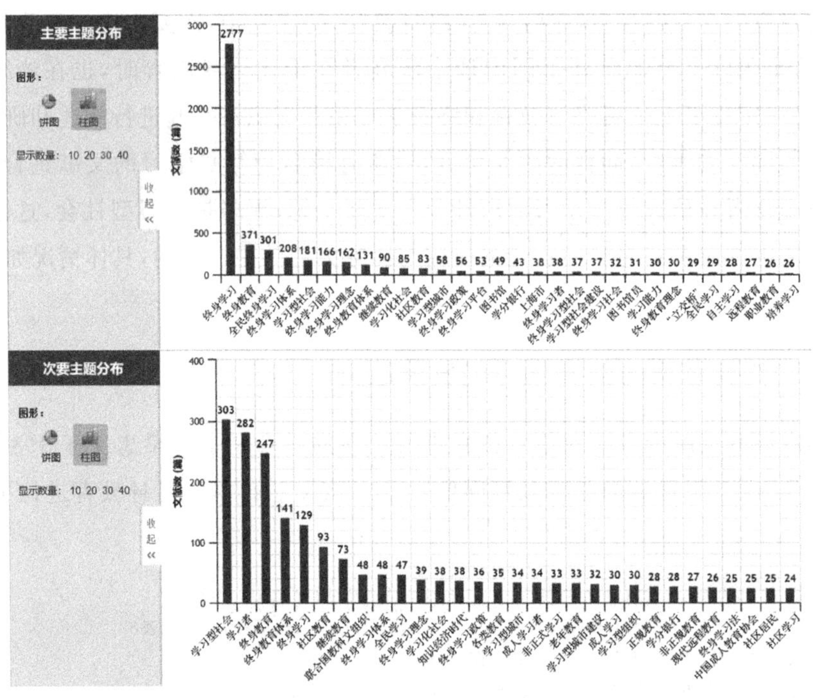

图 2-2　终身学习主要主题和次要主题文献分布情况

介绍,随后有关终身教育研究的文献日渐丰富。目前,已有的文献检索表明,最早的有关终身学习的研究学术文章,是1989年刊登于北京成人教育杂志上的《终身学习:再教育中的策略和进展》一文。[①] 在中国知网数据库中以“题名”为关键词进行文献检索对比研究,可以明显看出,国内学者对终身学习的研究整体上处于上升阶段,而终身教育的研究热度则出现下降趋势,这与国际教育理论界对于终身教育研究的转向有关,即由以原来重视教育者及相关政府机构制定策略为主,逐步转向以学习者为中心,侧重从学习者的需求和发展出发,进而规划相应的学习政策、开发相应的学习资源。国内有关终身教育及终身学习的研究文献的发展趋势如图2-3和图2-4所示。

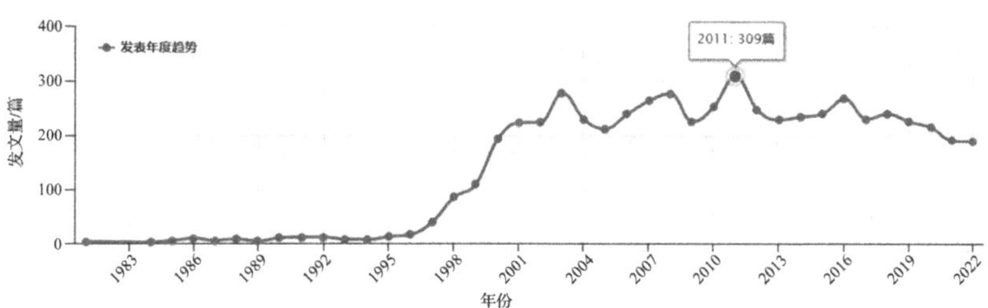

图2-3　中国知网数据库中有关终身教育文献分布情况

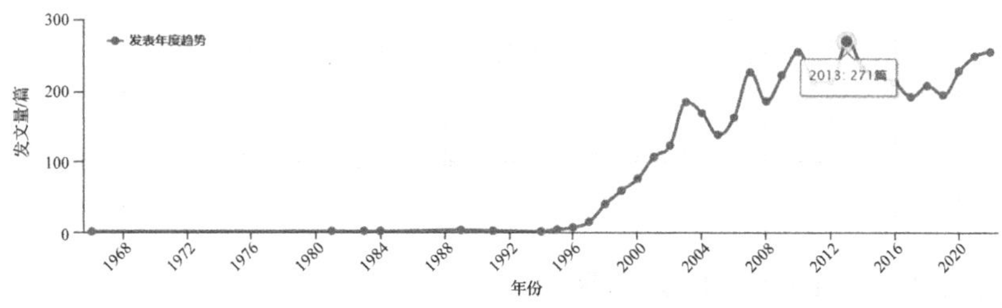

图2-4　中国知网数据库中有关终身学习文献分布情况

随着网络技术的发展,除了学术期刊和网站,互联网搜索引擎也是进行学术热点研究与分析的主要手段。作为国内最大的搜索引擎,百度搜索的精度和范围非

①莫利纽克斯,弗兰克,刘景平.终身学习:再教育中的策略和进展[J].北京成人教育,1989(6):16.

常具有代表性。本书利用百度指数平台(https://index.baidu.com/)分别对关键词“终身教育”与“终身学习”的研究热度及搜索热度进行分析(截止时间为2022年12月12日)。其中,关键词指数及搜索指数能较好地洞察网民兴趣和需求、监测舆情动向、定位受众特征。因此,本书将“终身学习”与“终身教育”关键词进行相关的对比分析,可以看出终身学习的热度后来者居上,现已成为学者、新闻机构和政府部门发布决策信息的热点,如图2-5和图2-6所示。

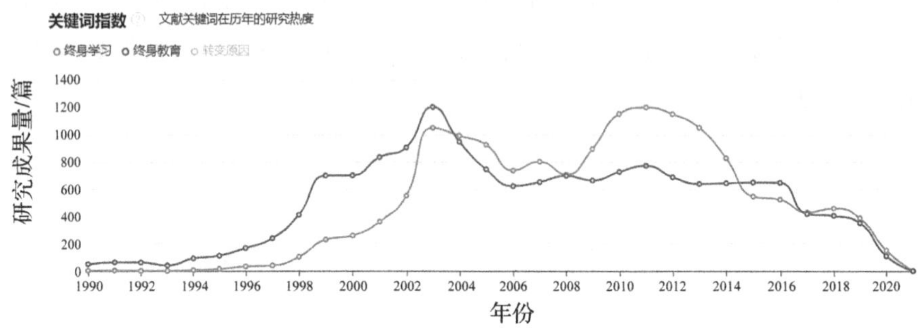

图2-5 终身学习与终身教育的研究热度

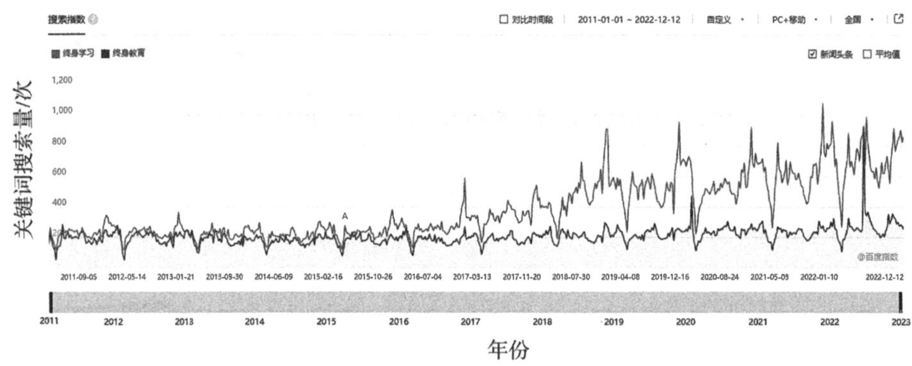

图2-6 “终身教育”与“终身学习”关键词搜索指数

二、中国终身学习发展历史

通过文献的梳理和分析,进一步说明了国内学者对终身学习的研究源起于终身教育。虽然当下有关终身学习的理论研究处于快速发展时期,但仍未建立起完善的理论体系,大多数实践应用仍然是建立在终身教育体系之上,是以终身教育体系的机构为依托,并按照终身教育的现有机制开展终身学习实践。因此,有必要对国内终身教育的体制进行系统的梳理和整理。我国现代意义上的终身教育发展起步较晚，学者吴遵民从政策制定的角度出发，将我国终身教育的发展划分为三个阶段①，尽管这样的划分具有一定的代表性，但随着时间的推移及文献数字化的发展，文献考古的精准程度提升，使得对于理论研究发展的文献考证更加全面。因此，笔者将终身教育的三段论拓展为六段论。

（一）萌芽阶段（1912—1948 年）

1896 年，清朝官员、刑部左侍郎李端棻在奏请推广兴办学堂的奏折中，主张各省、府、州、县除普设学堂外，还要兴办藏书楼（图书馆），“使上自君后，下至妇孺，都能足不出户，而于天下事了然”。民众教育开始兴起。但民众教育真正起步则是在清王朝结束后，进入民国时期，国外先进的教育理念在国内逐步兴起，终身教育、成人教育等理念初步形成。1912 年（民国元年），蔡元培任教育总长，提倡社会教育。1919 年，江苏省教育厅在《江苏省社会教育之进行》训令中，对社会教育应设置事项及施行方法作出具体规定。1923 年，晏阳初与朱其慧、陶行知等人在北平成立了中华平民教育促进总会（简称平教会）开展民众教育（成人教育），平教会于 1929 年迁往定县。晏阳初将当时中国农民的问题归结为“愚贫弱私”四大通病，通过积极开展乡村教育的实践加以改变，并提出了“学校式、社会式、家庭式”三大方式相结合的教育模式，构建了“以文艺教育攻愚，以生计教育治穷，以卫生教育扶弱，以公民教育克私教”四大教育连环并进的农村教育改造方案。1933 年，学者梁漱溟起草了《社会本位的教育系统草案》以推行民众教育方案，并提出成人教育与终身教育的理念：首先，学校教育和社会教育密不可分，应将社会教育加入现行学制系统，并指出社会教育是片面的设施与非正规教育，主要包括诸如民众教育馆、民众茶园、特色讲演所、图书馆、博物馆、公共体育场所、公共影戏场所、识字夜班、民众学校、职业补习学校、函授学校等多种形式；其次，教育宜放长及于成年乃至终身，并提出今之有社会教育、民众教育、成人教育，纷然发达于学制系统之外，极见其不经济者，正以未能从头通盘筹划之故耳。1935 年，陶行知先生在《普及现代生活之路》一文中，就提出了终身教育的理念：“我们所要求的是整个寿命的教育：活到老，干到老，学到老，团到老，教到老。有了肖先生和传递先生，大众教育的寿命可以延长到个人身体寿命一样长，终身是一个继续不断的现代人。”②

通过上述文献考古可以看出，虽然民国时期的中国成人教育及终身教育理念

①吴遵民，国卉男，赵华．我国终身教育政策的回顾与分析[J]．教育发展研究，2012，32(17)：53-58．

②中央教育科学研究所．陶行知教育文选[M]．北京：教育科学出版社，1981：174．

来自欧美，但经过教育家们的改良，其形成了符合当时中国特色的教育模式，并产生了深远影响。晏阳初博士于1955年10月被美国《展望》杂志评选为当代世界100位最主要人物之一，并尊称他为“世界平民教育之父”。

(二)探索阶段(1949—1977年)

此阶段中国教育的发展与研究基本处于恢复期和探索期。1949年9月，《中国人民政治协商会议共同纲领》指出“中华人民共和国的文化教育为新民主主义的，即民族的、科学的、大众的文化教育”；1952年6—9月，中央人民政府对全国高等学校的院系设置进行了大规模调整，将欧美模式的高校教育体系改造为苏联模式；1956年3月，中共中央、国务院发布《关于扫除文盲的决定》，在广大工人、农民中开展扫盲教育，即开展成人教育，以提高普通民众的文化水平。

(三)起步阶段(1978—1993年)

国内成人教育的系统研究要早于终身教育，它是终身教育理论研究和发展的基石。改革开放以来，各项事业欣欣向荣，教育文化事业也得到了空前的发展。此阶段的终身教育研究以国外经验的引入和本土实践的政策化为主。中国知网中文数据库中所收录的最早一篇终身教育论文为学者梁忠义所写的《关于日本的终身教育问题》[①]，该论文主要介绍了日本的终身教育经验。

1978年中共中央发布的《关于教育体制改革的决定》，首次将“成人教育”写入国家文件，明确提出了成人教育的概念。同年，黑龙江省成人教育出版社出版了《成人教育理论探索第一集》《成人教育理论探索第二集》等有关成人教育的著作，随后《业余教育的制度和措施》出版，书中收录了张人杰撰写的文章《终身教育：一个值得关注的思潮》[②]，被部分学者认为是国内介绍终身教育的第一篇学术论文。自此，终身教育的相关研究日渐丰富，尤其是译著，如沈金荣和徐云等人翻译的《终身教育：心理学的分析》(*Lifelong Education：A Psychological Analysis*)、周南照和陈树清翻译的《终身教育引论》(*An Introducation to Lifelong Education*)，以及教育与科普研究所翻译的《国际成人终身教育手册》(又名《培格曼国际终身教育百科全书》)(*International Handbook of Lifelong Learning*)等，著作逐渐增多。在译著渐多的基础之上，国内的终身教育研究也发展起来了，如1987年11月19日

---

①梁忠义.关于日本的终身教育问题[J].日本教育情况，1980(1)：9-11.

②外国教育丛书编辑组.业余教育的制度和措施[M].北京：人民教育出版社，1979：131-151.

《解放日报》1—4 版刊登的《上海终身教育体系初具规模》，张德祥编著的《论终身教育》，马叔平编著的《建立终身教育体系——北京成人教育的实践与研究》，陈乃林编著的《终身教育纵横谈》，以及吴遵民等编著的《现代终身教育体系论》等著作纷纷问世。1986 年 12 月，中华人民共和国国家教育委员会、国家计划委员会、国家经济委员会、全国职工教育管理委员会、中共中央组织部、劳动人事部联合在山东省烟台市召开了“全国成人教育工作会议”，讨论成人教育的改革和发展问题，以及修改《国家教育委员会关于改革和发展成人教育的决定》，该文件于 1987 年 6 月 23 日正式发布。[①]

随着终身教育理念的导入和不断深化，终身教育的相关政策和机构逐步建立和完善，1983 年 9 月，山东省济南市创建了全国第一所老年大学；1988 年 2 月，国务院发布了《扫除文盲工作条例》(国发〔1988〕8 号)，规定 15—40 周岁的文盲、半文盲公民，除不具备接受扫盲教育能力的以外，不分性别、民族、种族，均有接受扫除文盲教育的权利和义务，并鼓励 40 周岁以上的文盲、半文盲公民参加扫除文盲的学习；1988 年 12 月，成立了第一个民间老年教育组织即“全国老年大学协会”；1993 年 2 月，由国务院印发的《中国教育改革和发展纲要》将“终身教育”写入发展规划，并提出“成人教育是传统学校教育向终身教育发展的一种新型教育制度，对不断提高全民族素质，促进经济和社会发展具有重要作用”。自此，终身教育从理念设想逐渐走向政策实施，终身教育在国内得以快速发展。

(四)推进阶段(1994—1999 年)

此阶段终身教育以实践实施为主，主要通过终身教育政策制定和立法规定来推进实践的实施。1995 年《中华人民共和国教育法》(简称《教育法》)正式实施，其中有三条明确地强调了终身教育，即第十一条：“推进教育改革，推动各级各类教育协调发展、衔接融通，完善现代国民教育体系，健全终身教育体系。”第二十条：“使公民接受适当形式的政治、经济、文化、科学、技术、业务等方面的教育，促进不同类型学习成果的互认和衔接，推动全民终身学习。”第二十四条：“国家鼓励学校及其他教育机构、社会组织采取措施，为公民接受终身教育创造条件。”

由于终身教育被写入《教育法》并成为一项基本国策，有了制度层面的政策保

① 中华人民共和国教育部.关于开展纪念国务院批转《国家教育委员会关于改革和发展成人教育的决定》颁布 20 周年活动的通知[EB/OL].(2007-03-30)[2022-05-04].http://www.moe.gov.cn/srcsite/zsdwxxgk/200703/t20070330_62512.html.

障，使其在全社会广泛开展起来。1998 年 12 月，教育部颁布了《面向 21 世纪教育振兴行动计划》，政策层面首次提及“终身学习”，并将其作为“终身教育”实施的目标，“终身教育将是教育发展与社会进步的共同要求”，应“开展社区教育的实验工作，逐步建立和完善终身教育体系，努力提高全民素质”，“实施现代远程教育工程，形成开放式教育网络，构建终身学习体系”，“到 2010 年，基本建立起终身学习体系，为国家知识创新体系以及现代化建设提供充足的人才支持和知识贡献”等提法逐步清晰。1999 年 6 月，国务院再次颁布《关于深化教育改革，全面推进素质教育的决定》，继续强调“为适应多层次、多形式的教育需求开辟更为广阔的途径，逐渐完善终身学习体系”，积极“运用现代远程教育网络为社会成员提供终身学习机会”，并第一次提出教师要“有宽广厚实的业务知识和终身学习的自觉性”。

通过上述政策梳理，可以看出自 1995 年终身教育被确立为一项国家基本政策以后，终身教育从一种理念的引进阶段转向政策化、立法化的发展阶段，有效促进了终身教育的发展和推广，并取得了丰硕的实践成果，例如《建立终身教育体系——北京成人教育的实践与研究》[①]《教育之光——青岛市城阳区仲村终身教育纪实》[②]，以及《终身教育理论与成人教育实践》[③]等研究成果纷纷出版。

(五)转向阶段(2000—2012 年)

此阶段以终身教育政策的进一步普及和立法完善为主，教育理念逐渐转向以学习者为主，终身教育开始转向终身学习。国内终身学习政策的转向在一定程度上是受国际组织对终身学习研究热潮兴起的影响，如欧盟就制定了一系列有关终身学习的政策和文件。

首先，终身学习的概念以越来越高的频率出现在党的代表大会会议报告或决议文件中，这表明中国政府在推进终身教育与终身学习方面的坚定立场与决心。如 2002 年 11 月，江泽民同志在中国共产党第十六次全国代表大会上作的《全面建设小康社会，开创中国特色社会主义事业新局面》的报告中，就强调指出，要“加强职业教育和培训，发展继续教育，构建终身教育体系”，要努力“形成全民学习、终身学习的学习型社会，促进人的全面发展”。[④] 2003 年 10 月通过的《中共中央关于完善社会主义市场经济体制若干问题的决定》，则进一步要求“深化教育体制改革。

①马叔平.建立终身教育体系北京成人教育的实践与研究[M].北京：人民教育出版社，1998：96-120.

②岳广洧，刘常涌.教育之光青岛市城阳区仲村终身教育纪实[M].北京：国际文化出版公司 1998：1-10.

③成人教育科学研究所.终身教育理论与成人教育实践[M].北京：首都师范大学出版社，199：1-27.

④江泽民.全面建设小康社会，开创中国特色社会主义事业新局面[M].北京：人民出版社，2002.

构建现代国民教育体系和终身教育体系，建设学习型社会，全面推进素质教育，增强国民的就业能力、创新能力、创业能力，努力把人口压力转变为人力资源优势”。2004 年 9 月，中共中央在《关于加强党的执政能力建设的决定》一文中，还明确要求“营造全民学习、终身学习的浓厚氛围，推动建立学习型社会”。2007 年 10 月，胡锦涛同志在中国共产党第十七次党员代表大会的报告中，继续强调要“发展远程教育和继续教育，建设全民学习、终身学习的学习型社会”①，这一精神最终被写入了 2010 年的《国家中长期教育规划与纲要》。

其次，终身学习政策逐步落地实施。2005 年 8 月福建省制定了国内第一部终身教育地方条例——《福建省终身教育促进条例》。2005 年 10 月，为了落实党和政府建设学习型社会的要求，中国成人教育协会、中国联合国教科文组织全委会秘书处在北京举办了首届全国全民终身学习活动周(简称学习活动周)总开幕式，发出《全民终身学习倡议书》。2006 年 10 月，在中共中央的又一篇重要文献——《关于构建社会主义和谐社会若干重大问题的决定》中，再次提出要“深化教育改革，提高教育质量，建设现代国民教育体系和终身教育体系”。特别需要关注的是，一些地区逐步完善终身教育法，如上海不仅在 231 个街道设置了社区学校，还在远程教育集团的基础上，筹备成立了“开放大学”，并准备以免除入学考试门槛的办法来实现“人人皆学、时时可学、处处能学”的终身教育理念。这一时期的终身教育研究机构也如雨后春笋般成立，如中国教育发展战略学会成立终身教育工作委员会、华东师范大学成立终身教育研究中心等。2011 年 5 月，上海制定了《上海市终身教育促进条例》(第二部地方终身教育法)，这不仅标志着终身教育政策的成熟并由此上升到立法层面，同时也说明中国对终身教育政策和立法的研究已达到一个与国际接轨的新台阶，终身教育发展逐步转向终身学习。2012 年 8 月 22 日，太原市第十三届人民代表大会常务委员会第四次会议通过《太原市终身教育促进条例》，这是全国省会城市第一部终身教育地方性法规。

(六)快速发展阶段(2013 年至今)

此阶段以筹备终身学习立法为主，为全面推进终身学习，教育部一直在积极推进终身教育立法工作，并于 2014 年发布了《国家终身学习立法调研报告》，以及《加

①胡锦涛. 高举中国特色社会主义伟大旗帜为夺取全面建设小康社会新胜利而奋斗——在中国共产党第十七次全国代表大会上的报告[EB/OL]. (2007-10-15)[2022-05-04]. http://www.gov.cn/ldhd/2007-10/24/content_785431_8.htm.

快推进我国终身学习立法——〈国家终身学习促进法〉立法的必要性和可行性分析报告》等文件。[①] 2014 年 5 月 30 日，河北省第十二届人民代表大会常务委员会第八次会议通过《河北省终身教育促进条例》，自 2014 年 7 月 1 日起施行。2014 年 10 月 29 日，宁波市第十四届人民代表大会常务委员会第十九次会议通过《宁波市终身教育促进条例》，这是全国非省会城市的第一部终身教育地方性法规，并于 2015 年 3 月 1 日起实施。2019 年 10 月，中国共产党十九届四中全会通过的《中共中央关于坚持和完善中国特色社会主义制度 推进国家治理体系和治理能力现代化若干重大问题的决定》明确提出要“构建服务全民终身学习的教育体系”。2021 年 3 月发布的《中华人民共和国国民经济和社会发展第十四个五年规划和 2035 年远景目标纲要》明确提出“完善终身学习体系，建设学习型社会”，以实现教育强国，终身学习体系的建设十分必要。2021 年 10 月 23 日，《中华人民共和国家庭教育促进法》颁布，将婴幼儿及未成年人的非正式学习纳入法律保障体系。2021 年 11 月，中共中央、国务院印发《关于加强新时代老龄工作的意见》，将老年教育纳入终身教育体系，鼓励职业院校开设老年教育相关专业。2022 年 4 月 20 日，《中华人民共和国职业教育法》(修订)提出“职业教育与普通教育相互融通，不同层次职业教育有效贯通，建设服务全民终身学习的现代职业教育体系”。2023 年 6 月 1 日起《苏州市终身学习促进条例》(全国首部关于终身学习的地方性法规)实施。至此，终身学习体系的阶段框架已初步形成。

三、中国终身学习理论研究梳理

伴随着我国学者对终身学习理论的深入研究和实践应用，终身教育和终身学习的理念开始出现在普通大众的视野里。1998 年，教育部发布的《面向 21 世纪教育振兴行动计划》指出，到 2010 年全国将基本建立起终身学习体系。随着经济社会的发展，我国终身教育和终身学习的研究也在不断向前推进，党的十六大和十七大报告中均指出了要建设形成全民学习和终身学习的学习型社会。2019 年，中共中央、国务院印发了《中国教育现代化 2035》，将“更加注重终身学习”作为八大基本理念之一，把“建成服务全民终身学习的现代教育体系”作为主要发展目标之一。[②]

---

①中华人民共和国教育部.关于政协十三届全国委员会第三次会议第 2496 号(教育类 238 号)提案答复的函[EB/OL].(2020-09-07)[2022-05-04].http://www.moe.gov.cn/jyb_xxgk/xxgk_jyta/jyta_zfs/202010/t20201009_493618.html.

②沈欣忆，李梦如，徐亚楠，等.我国终身学习研究脉络与关键节点——基于 1978—2019 年国内学术期刊文献分析[J].职教论坛，2020，36(11)：110-116.

由此可见，党和政府高度重视终身教育和终身学习的发展。

为了更好地了解我国终身教育和终身学习的最新研究动态，分析其与时代背景和社会发展的关系，探寻发展规律，有必要对我国近十年有关终身教育和终身学习的研究文献进行梳理和剖析，希望能够为该领域的后续研究提供借鉴和参考，对我国终身教育和终身学习的发展有所贡献。

（一）文献梳理

基于中国知网（CNKI）中文期刊数据库，以“终身教育”或含“终身学习”为篇名，对 SCI 来源期刊、EI 来源期刊、北大核心、CSSCI 及 CSCD 进行相关期刊文献的检索，截至 2022 年 12 月 12 日，共检索到文献 2149 篇。在此基础之上，采用文献计量和共词分析的研究方法，将文献从中国知网数据库中分别以 NoteFirst 和 Refworks 两种数据导出格式导出，并综合使用书目共现分析系统 Bicomb 2.0 软件和科学知识图谱软件 CiteSpace 这两个研究工具，对导出的数据进行处理，生成可视化的表、图和图谱，进而显性化分析我国目前终身学习理论的发展现状和未来趋势。

（二）文献分析

1. 发文数量

发文数量是探讨某领域研究趋势及发展的一个重要指标，本书在中国知网数据库中以“终身学习”“终身教育”为关键词进行文献检索，形成文献数量分布趋势图，如图 2-7 所示。

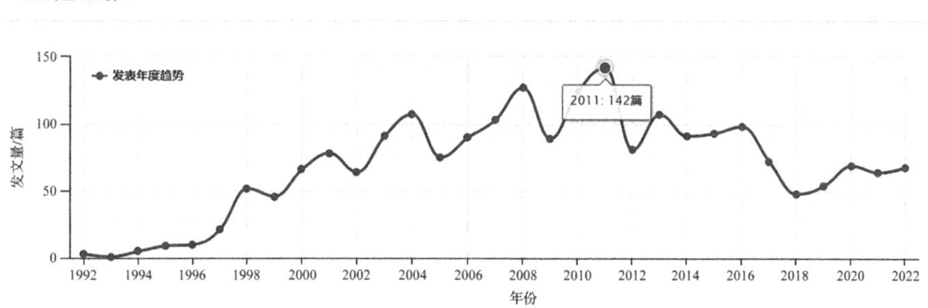

图 2-7　终身学习、终身教育文献发表年份统计

通过图 2-7 可以看出，在 2010 年至 2022 年间，我国有关终身教育和终身学习研究的核心期刊发文量在 2010 年和 2011 年这两年相对较高，达到了 124 篇和 142 篇，这是因为在 2010 年 7 月国家发布了《国家中长期教育改革和发展规划纲要(2010—2020)》，有关终身教育和终身学习的研究被关注度大大提高。2012 年的论文数量有所下降。2012 年，党的十八大提出"完善终身教育体系，建设学习型社会"，同一年，吴遵民发表了《我国终身教育政策的回顾与分析》一文，研究进入了稳定的阶段。2017 年的平均发文数量逐渐减少，但在 2019 年又呈现出上升的趋势。总体上来看，该研究领域正处于稳步的发展阶段，这说明在我国已经形成了有关终身教育和终身学习相对稳定的研究体系，有很多研究人员活跃在该领域的研究之中。

2. 载文期刊分析

利用 Bicomb 2.0 软件对我国终身教育和终身学习研究发文的核心刊物（教育类核心期刊）名称和累计载文量进行统计与分析，相关数据如表 2-1 所示。

表 2-1　期刊载文量统计

序号	刊物名称	累计载文量/篇
1	《中国成人教育》	145
2	《成人教育》	118
3	《继续教育研究》	73
4	《职教论坛》	61
5	《中国远程教育》	50
6	《中国职业技术教育》	49
7	《职业技术教育》	44
8	《现代远距离教育》	34
9	《教育与职业》	33
10	《开放教育研究》	23
11	《教育发展研究》	23
12	《现代远程教育研究》	22
13	《中国电化教育》	15
14	《教育研究》	12

从表 2-1 可以看出，《中国成人教育》载文数量最多，是因为在终身教育引进我国的初期，成人教育是其主要的研究领域，终身教育也主要是针对成人的补习或者业余教育，正因为这样的历史原因，有关终身教育和终身学习的论文集中在《中国成人教育》上就显得理所当然。但随着时代的发展和构建终身教育体系政策的提

出，研究逐步从单一的成人教育扩展至社区教育、职业教育、继续教育等领域。对表 2-1 中的刊物进行归类后可以看出，收录有关我国终身教育和终身学习研究文章的期刊主要是在成人教育、继续教育、职业教育、远程教育、开放教育、电化教育等教育研究领域。

3. 研究作者分析

近年来，作者共现分析作为反映某一研究领域的核心作者及其合作强度与互动关系的重要指标，被用于众多领域中的文献分析。[①] 为此，本书运用 CiteSpace 进行作者共现分析，得到了作者共现知识图谱，如图 2-8 所示。

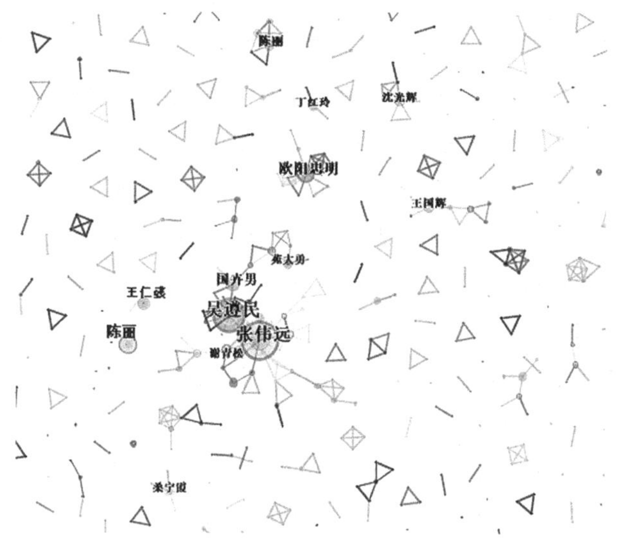

图 2-8　研究作者共现知识图谱

在上述作者共现分析的基础之上，为了更加清晰地探究终身教育与终身学习的研究内容，本书又对我国终身教育和终身学习研究的主要作者的发文量进行了统计，具体数据如表 2-2 所示。

表 2-2　我国终身教育和终身学习研究的主要作者

排名	高产作者	发文量/篇
1	张伟远	17
2	吴遵民	15
3	兰岚	9

①胡泽文，武夷山，孙建军. 数字资源保存的研究进展、热点与前沿[J]. 数字图书馆论坛，2013(2)：24-38.

续表

排名	高产作者	发文量/篇
4	欧阳忠明	8
5	国卉男	7
6	陈丽	6
7	王仁彧	6
8	谢青松	5
9	苑大勇	5
10	王国辉	5
11	沈光辉	5
12	桑宁霞	5
13	丁红玲	5

由图 2-8 可以看出，在我国终身教育和终身学习的研究领域，已经形成了一些研究团队，例如，分别以张伟远、吴遵民、欧阳忠明三位研究者为核心的研究团队；通过表 2-2 可以发现，在我国终身教育和终身学习研究领域发文量较多的几位研究者是张伟远、吴遵民、兰岚、欧阳忠明、国卉男、陈丽和王仁彧。

在统计数量的基础上，本书进一步对文献进行对比阅读，发现北京师范大学的张伟远团队对国内（粤港澳大湾区）和国外（欧盟、新西兰、澳大利亚、南非、东盟）的终身学习体系进行了具体的分析，研究重点关注国际上有关终身学习资历框架的构建、实施和发展；华东师范大学的吴遵民团队在关注我国终身教育研究的基础上，更加关注终身教育立法的研究，同时也在思考服务全民终身学习的教育体系的构建和实施路径；兰岚是华东政法大学的研究者，她的研究主要在我国终身教育的立法层面；国卉男致力于我国终身教育政策方面的研究；欧阳忠明团队在研究国外（英国、马来西亚、韩国）终身学习发展的基础上，结合国内终身教育的实际情况，积极探索我国终身学习体系的建立；王仁彧既关注终身教育的理论层面，又关注其实践层面，着重研究终身教育与老年学习的关系。

4. 研究机构及发文量分析

研究机构作为研究某一领域的学术团体，其研究内容和方向在一定程度上就反映了该研究领域的热点问题及发展方向。因此，本书利用 CiteSpace 软件对研究机构进行分析，形成了研究机构共现知识图谱，如图 2-9 所示。

图 2-9 中的研究机构共现知识图谱中的节点表示发表在核心期刊上超过 5 篇文章的研究机构，连线表示两个机构之间联系的紧密程度，连线越粗，表示联系程度越紧密。为了进一步分析和梳理国内有关机构从事终身教育与终身学习理论研

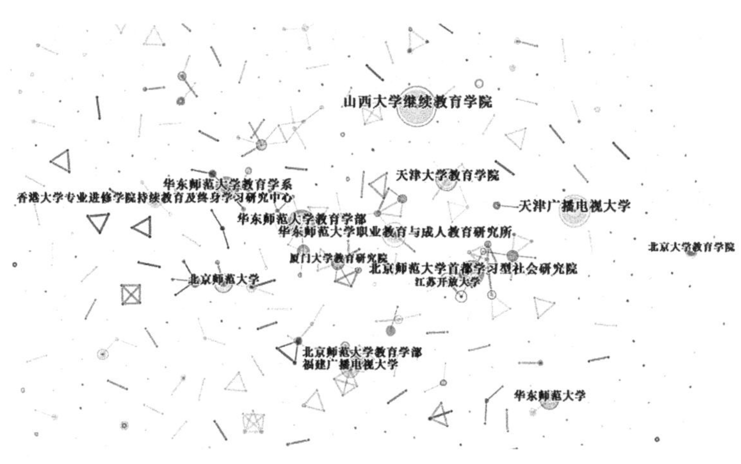

图 2-9 研究机构共现知识图谱

究所产生的成果，本书以研究机构为分类依据，对其发文量进行了统计，具体数据如表 2-3 所示。

表 2-3 我国终身教育和终身学习的主要研究机构信息

序号	发文机构	发文量/篇
1	山西大学继续教育学院	16
2	天津广播电视大学	13
3	华东师范大学教育学部	11
4	北京师范大学首都学习型社会研究院	10
5	华东师范大学职业教育与成人教育研究所	10
6	华东师范大学教育学系	10
7	天津大学教育学院	9
8	北京师范大学	8
9	北京师范大学教育学部	8
10	福建广播电视大学	8
11	华东师范大学	8
12	香港大学专业进修学院持续教育及终身学习研究中心	7
13	江苏开放大学	6
14	北京大学教育学院	6
15	厦门大学教育研究院	6

通过分析表 2-3 可以看出，发文量最多的研究机构是山西大学继续教育学院，天津广播电视大学紧随其后；其次是华东师范大学职业教育与成人教育研究所、华东师范大学教育学部、北京师范大学教育学部、天津大学教育学部和福建广播电视大学。为了更加深入了解和梳理这些研究机构的隶属关系，进而掌握目前国内终

身教育及终身学习研究学术团体的分布，本书又对研究机构的隶属关系进行了分类，形成了如表 2-4 所示的终身教育和终身学习的主要研究机构信息分类表。

表 2-4 我国终身教育和终身学习的主要研究机构信息分类情况

<table>
<tr><th>类别</th><th colspan="2">研究机构名称</th><th>发文量/篇</th></tr>
<tr><td rowspan="12">普通高等院校</td><td colspan="2">山西大学继续教育学院</td><td>16</td></tr>
<tr><td rowspan="4">华东师范大学</td><td>教育学部</td><td>11</td></tr>
<tr><td>职业教育与成人教育研究所</td><td>10</td></tr>
<tr><td>教育学系</td><td>10</td></tr>
<tr><td>华东师范大学</td><td>8</td></tr>
<tr><td rowspan="3">北京师范大学</td><td>首都学习型社会研究院</td><td>10</td></tr>
<tr><td>北京师范大学</td><td>8</td></tr>
<tr><td>教育学部</td><td>8</td></tr>
<tr><td colspan="2">天津大学教育学院</td><td>9</td></tr>
<tr><td colspan="2">香港大学专业进修学院持续教育及终身学习研究中心</td><td>7</td></tr>
<tr><td colspan="2">北京大学教育学院</td><td>6</td></tr>
<tr><td colspan="2">厦门大学教育研究院</td><td>6</td></tr>
<tr><td colspan="3">合计</td><td>109</td></tr>
<tr><td rowspan="2">广播电视大学</td><td colspan="2">天津广播电视大学</td><td>13</td></tr>
<tr><td colspan="2">福建广播电视大学</td><td>8</td></tr>
<tr><td colspan="3">合计</td><td>21</td></tr>
<tr><td>开放大学</td><td colspan="2">江苏开放大学</td><td>6</td></tr>
<tr><td colspan="3">合计</td><td>6</td></tr>
</table>

从表 2-4 可以看出，我国终身教育和终身学习的主要研究机构分为普通高等院校、广播电视大学、开放大学这三大类，其中普通高等院校的发文量最多，是我国终身教育和终身学习研究的主要力量。在这些高校里，华东师范大学和北京师范大学这两所师范院校所属的不同研究机构都很关注该领域的研究，华东师范大学的职业教育与成人教育研究所与终身学习直接相关的研究方向有终身教育、终身学习与学习型社会、学习型社区与学习型组织等；北京师范大学的首都学习型社会研究院是由北京市教育委员会与北京师范大学合作共建，并整合北京市高校的相关研究资源，为学习型城市建设提供学术研究、人才培养、政策咨询和在职培训服务；另外，广播电视大学和开放大学也是我国终身教育和终身学习的主要实施机构，对我国终身教育和终身学习理论的实践起到重要作用。

5. 高频关键词及研究热点分析

关键词是文献核心内容的高度凝练，是最能体现研究主题的词语，对高频关键词进行提取研究,可以把握该领域的研究热点。本书通过 CiteSpace 软件进行高频关键词的提取和可视化呈现,得到关键词共现网络图谱,如图 2-10 所示。

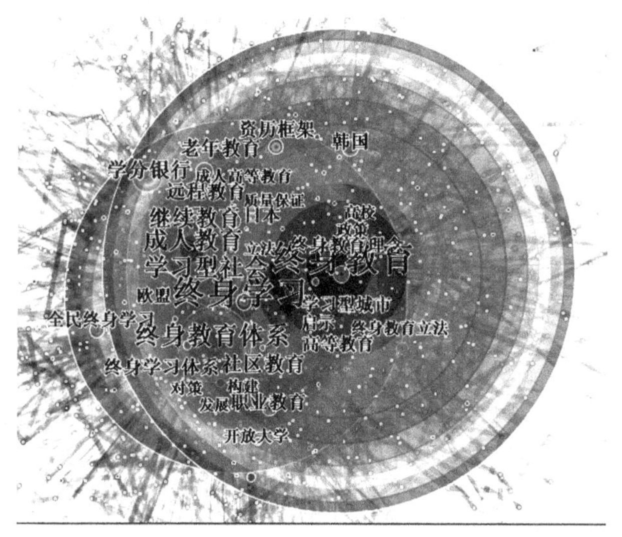

图 2-10 关键词共现网络图谱

关键词共现图谱中的关键词量化值越大,其所在共现网络图谱中的节点面积越大,表示研究人员对它的关注程度就越高,同时各个节点之间的连线表明了各关键词之间的联系情况。通过分析图 2-10 可以看出,围绕终身学习及终身教育等关键核心词,还有终身教育体系、学习型社会、继续教育及成人教育等词语,这为本书后续进行终身学习的深入研究提供了方向。为了进一步梳理文献的研究内容,还需要对文献样本进行关键词词频有效提取,以进一步明确文献研究的实质内容。为此,本书将频次大于等于 10 次的关键词列为高频关键词,形成高频关键词统计表,如表 2-5 所示。

表 2-5 我国终身教育和终身学习研究的高频关键词统计

序号	高频关键词	频次	高频关键词	频次
1	终身教育	405	日本	18
2	终身学习	298	终身学习体系	17
3	终身教育体系	72	高等教育	16
4	成人教育	62	全民终身学习	16
5	学习型社会	60	学习型城市	15
6	继续教育	40	欧盟	13
7	学分银行	33	启示	13

续表

序号	高频关键词	频次	高频关键词	频次
8	社区教育	31	成人高等教育	12
9	立法	24	开放大学	12
10	老年教育	23	高校	11
11	远程教育	21	构建	11
12	职业教育	20	政策	11
13	资历框架	19	对策	11
14	终身教育理念	19	质量保证	10
15	韩国	18	发展	10

从表 2-5 可以看出，我国学者对日本与韩国的终身教育和终身学习的研究较为关注，其研究重点在关注终身教育体系、学习型社会、学分银行及终身教育立法方面的相关问题的同时，也比较关注成人教育、继续教育、社区教育、远程教育和职业教育等多种教育类型在终身教育和终身学习领域中发挥的作用。为了进一步对文献的研究内容和研究方向进行量化分析，本书采用 CiteSpace 软件进行关键词聚类，将研究方向显性化，形成关键词聚类视图，以明确研究领域聚类方向，如图 2-11 所示。

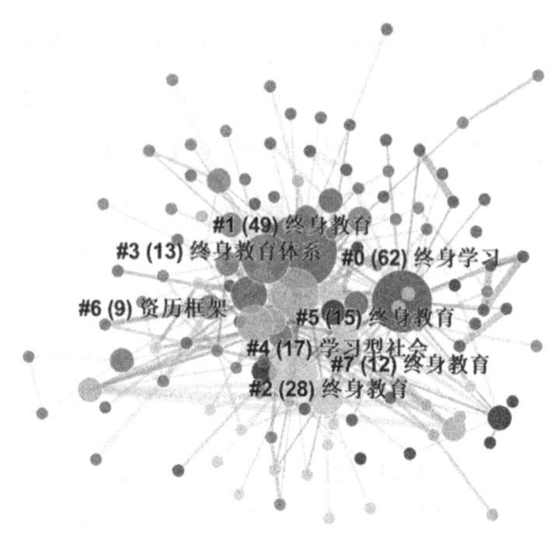

图 2-11　关键词聚类图谱

通过关键词聚类图，可以发现近十年我国关于终身教育和终身学习的研究内容主要集中在终身学习、终身教育、终身教育体系、资历框架和学习型社会等五个主要领域。为了进一步分析各领域研究的热度，可通过构建关键词图谱的方式进行分析，如图 2-12 所示。

关键词	年份	引用	开始	结束	2010—2021
构建	2010	2.8748	**2010**	2011	
远程教育	2010	3.2979	**2012**	2013	
质量保证	2010	3.5718	**2013**	2014	
终身教育理念	2010	2.7811	**2013**	2015	
韩国	2010	2.765	**2014**	2018	
高职院校	2010	3.0549	**2015**	2016	
学分银行	2010	3.288	**2019**	2021	
资历框架	2010	4.5073	**2019**	2021	

图 2-12　突现关键词图谱

通过分析突现关键词图谱可以明确看出，学分银行和资历框架是目前持续研究的热点，这将是国家未来政策实施的重要领域，也是理论研究者所要重点关注的研究方向。

6. 文章引用频次分析

文章引用率在一定程度上体现了该领域中研究者对某一个研究成果或者研究结论的认可程度，也是该领域中形成共同认识的重要表现。本书对被引率在 100 次以上的研究内容进行了梳理，相关引用数据如表 2-6 所示。

表 2-6　我国终身教育和终身学习研究成果被引用率

序号	篇名	第一作者	刊名	发表时间	被引	下载量
1	关于终身教育、终身学习与学习化社会理念的思考	高志敏	教育研究	2003-01-17	444	8900
2	面向终身学习：信息素养的内涵、演进与标准	钟志贤	中国远程教育	2013-08-06	337	9995
3	终身学习——教育面向 21 世纪的重大发展	吴咏诗	教育研究	1995-12-17	314	2573
4	终身教育、终身学习与学习型社会的全球发展回溯与未来思考	朱敏	开放教育研究	2014-02-05	304	12736
5	终身学习视野中的社区教育	厉以贤	中国远程教育	2007-05-06	205	5256
6	微型移动学习资源的分类研究：终身学习的实用角度	顾小清	中国电化教育	2009-07-10	170	3980
7	终身教育、终身学习是社会进步和教育发展的共同要求	厉以贤	教育研究	1999-07-17	158	2188

续表

序号	篇名	第一作者	刊名	发表时间	被引	下载量
8	终身学习与人的全面发展	顾明远	北京师范大学学报（社会科学版）	2008-11-25	139	4730
9	终身学习与“学分银行”的教育管理模式	郝克明	开放教育研究	2012-02-05	130	2274
10	终身学习能力:关联主义视角	钟志贤	中国远程教育	2009-04-06	114	2293
11	关于现代国际终身教育理论发展现状的研究	吴遵民	华东师范大学学报（教育科学版）	2002-08-15	109	2503
12	数字化学习港与终身学习	张尧学	中国远程教育	2007-01-06	108	1054
13	终身教育理论视野中的闲暇教育	陈乃林	教育发展研究	2000-02-15	106	1297
14	全球教育向终身学习迈进的新里程——“教育 2030 行动框架”目标译解	徐莉	开放教育研究	2015-12-02	100	3459

通过对这 14 篇高频引用文献进行内容梳理与审读后发现，目前国内学者的研究焦点已经逐步转向了终身学习，但所关注的焦点仍停留在终身教育、终身学习的内涵表述及具体呈现形式等形而上的理论研究，对终身学习实施形式的理论研究及具体实践应用等方面的研究缺乏。

（三）研究方向

综合上述多个层面、多个角度对研究文献进行梳理与分析的结果来看，近十年我国终身教育和终身学习的研究热点主要集中在理念追溯和发展研究、体系建设研究、国内外对比和借鉴研究、实现路径与方法研究、政策和制度研究、评估研究和质量保证研究及综合实践研究等方面，而对于在具体的实践应用中如何构建符合地区经济发展特色的终身学习体系的研究相对较少，且较为分散，缺乏系统性和全面性。

1. 理念追溯和发展研究

终身教育作为一种理念，随着更加关注人的生存、更加关注人的全面发展，其内涵逐渐演变为终身学习。对终身教育理念的研究受到了研究者的广泛关注，他们从本土文化和国际视野两大方向来探寻终身教育的嬗变。学者李宜芯认为在古今中外的哲学和教育著作中，有很多贤人直接或间接地提出了朴素的终身学习思想，如孔子、柏拉图、夸美纽斯、卢梭、杜威等人的思想中都洋溢着终身学习思想的芬芳[①]；崔惠民从时间的持续性与空间的开放性两个维度对孔子的终身教育思想加以整理论述，并结合借鉴法国教育家朗格朗终身教育思想，总结出现代终身教育的内涵为"人们在一生中所受到的各种教育培养的总和"[②]。孔子的终身教育思想与现代终身教育理念相结合，推动了终身教育理念的本土化发展。纵观我国终身教育研究的发展历程，经历了理论取向、实践取向、理论与实践结合取向及历史与反思取向等阶段，并在终身教育思想、终身教育与各类教育的关系、终身教育立法、终身教育政策、终身教育体系、终身教育发展史、研究梳理等方面取得了很大进展。[③]

2. 体系建设研究

构建终身教育体系，是最终建成学习型社会、实现终身教育美好愿景的重要手段和应有途径。2019 年出台的《中国教育现代化 2035》也指出，未来 15 年要全面建成服务全民终身学习的现代教育体系，体系的建设是全民终身学习的保证。通过对近十年来学术文献的梳理，表明体系建设的研究主要包括以下内容：一是终身教育体系与学习型社会之间关系的研究。学者张钧就大众对学习型社会和终身教育体系之间关系的认知误区进行分析，并指出二者是和谐共生、协同发展的教育系统[④]；学者朱为民认为创建终身教育体系是学习型社会的基石，反过来学习型社会也会促进终身教育体系的完善。二是对国外终身教育体系的研究。学者张伟远和傅璇卿对澳大利亚基于资历框架的终身教育体系进行详细的论述，并指出澳大利亚资历框架的建设能为我国建设终身学习立交桥提供经验和教训[⑤]；王树义和孙嘉在厘清了战后日本终身学习体系的演进历程的基础上，分析了日本终身学习体系发展的经验[⑥]。三是不同类型的教育在终身教育体系中的融入和发展研究。终身教育体系囊括了各种类型的教育，职业教育、成人教育、社区教育、老年教育等非正规教育在终身教育体系下的发展与融入近年被学者重视，如学者陈乃林提出应将社区教育定位为推进终身教育、建设学习型社会的重要途径和深入基层的载体[⑦]。四是终身教育体系的实践研究。我国关于终身教育体系的实践落实在经济发达城

①李宜芯. 终身学习思想的嬗变与思考[J]. 中国成人教育，2014(15)：9-14.

②崔惠民. 终身教育理念溯源：从孔子到郎格朗[J]. 职教论坛，2013(33)：47-49.

③王晓丹，侯怀银. 科学哲学对教育学影响的回顾与反思[J]. 山西广播电视大学学报，2020，25(3)：25-31.

④张钧. 新时代学习型社会与终身教育体系建设的省思[J]. 成人教育，2019，39(4)：1-5.

⑤张伟远，傅璇卿. 基于资历框架的终身教育体系：澳大利亚的模式[J]. 中国远程教育，2014(1)：47-52，96.

⑥王树义，孙嘉. 战后日本终身学习体系演进及启示[J]. 成人教育，2016，36(1)：88-91.

⑦陈乃林. 进一步推进社区教育发展为基本形成学习型社会夯实基础[J]. 职教论坛，2016(21)：74-77.

市学习型社会的建设方面，我国学习型城市建设项目选取了北京、上海、广州、济南四个城市进行了为期五年的试点研究，并从终身学习型社会的内涵、发展方向等方面进行深入的分析。[①]

目前，全国现有100多个城市开展了学习型城市创建活动，北京、杭州、成都三市相继获得联合国教科文组织的学习型城市奖，引领学习型社会（城市）建设；以开放大学和广播电视大学为龙头，基本建立学习公共服务体系及公共服务平台，为“学者有其校”拓展路径和机会；在全国范围内已经连续15年开展大规模全民终身学习活动周，有效地带动了社区教育、老年教育、职工培训、农民教育等各项成人继续教育广泛蓬勃发展，打造了一批全民终身学习的学习基地。[②]

3.国内外对比和借鉴研究

终身教育和终身学习理念先后诞生于20世纪60年代和70年代的西方社会，我国关于终身教育和终身学习的研究滞后于其他发达国家，因此关于国内外对比和借鉴的研究一直是该领域的研究热点。其中，日本、韩国及欧洲各国的终身教育和终身学习的研究是我国学者研究的热点。诸多学者分别从日本终身教育体系的推进、特征、政策和立法、质量保证机制等层面进行研究并提出对我国的启示。也有学者对终身学习型社会下韩国学分银行制的缘起和现状进行分析，以此对我国学分银行的建设提供借鉴意义。[③] 近十年我国学者主要关注欧洲学分制与终身学习资格框架的建设，例如欧洲学分制的使用、分配及标签方法，尤其是学分在继续教育、学分制和非正式学习中的使用机制等情况，都是学者们所关注的焦点。为了更好规划我国终身学习的学分转换机制，有学者在对欧洲国家和地区终身学习资格框架开发的逻辑起点、重点与运行难点进行分析的同时[④]，还重点分析了欧洲国家和地区终身学习资格框架的主要内容[⑤]、最新进展和各国框架的异同点[⑥]，这些都为我国终身教育体系的构建和资格框架的研究提供借鉴和参考。

4.实现路径和方法研究

通过远程教育、开放大学、公共图书馆、学分银行等平台与途径为全民终身学

①徐莉.首轮终身教育体系构建改革试点项目的成效及启示[J].国家教育行政学院学报，2019(12)：26-33.

②陈乃林.两重视域下全民终身学习体系建设的思考与建议[J].当代职业教育，2020(1)：12-20.

③朴仁钟，刘音.终身学习型社会与韩国的学分银行制[J].开放教育研究，2012，18(1)：16-20.

④梁珺淇，石伟平.欧洲国家和地区终身学习资格框架开发的逻辑起点、重点与运行难点[J].职业技术教育，2019，40(23)：73-76.

⑤孙思玉.欧洲终身学习资格框架与国家资格框架建设新进展[J].中国职业技术教育，2019(36)：63-70.

⑥王海东.欧洲国家和地区终身学习资格框架建设的新进展[J].全球教育展望，2016，45(10)：86-94.

习提供保障，打破各种教育壁垒，将成人教育、继续教育、社区教育、老年教育、职业教育等教育方式纳入终身教育体系。现代远程教育以其开放、共享、技术优异等自身特点在构建终身教育体系过程中起到了“推进器”的作用。[①] 也有学者认为终身教育和远程教育具有密切的关联性，存在“整体与部分”“目的与路径”的双重关系，并且远程教育在终身教育中扮演着“教育形态”和“教育手段”两类角色。[②] 开放大学的前身是广播电视大学，距今已有 40 年的成功办学经验，是构建终身教育体系的重要组成部分，也是建设学习型社会的重要载体和抓手。新时代下，开放大学再次被赋予了艰巨而光荣的使命——构建服务全民终身学习教育体系的支撑使命，使得“人人皆学、处处能学、时时可学”成为可能。图书馆是 21 世纪全民学习和培训的终身学校[③]，这是因为公共图书馆、高校图书馆和数字图书馆都具有教育职能，为全民终身学习提供场所、资源、信息、指导等学习支持服务[④]。

在当前学习型社会的创建中，要大力发展包括成人教育、继续教育等多种类型在内的终身教育。终身教育体系的建设离不开社区教育、老年教育、成人教育、继续教育、职业教育等多种教育类型的融入。其中，老年教育与社区教育是目前我国终身学习体系建设的重点，社区教育有效地拓展了公众的学习空间，通过优化社区资源配置、创建社区学院等途径能够进一步完善社区教育体系，使得社区教育由“行政型”转向“社会型”；老年教育则从时间角度延伸学习的时长，使终身学习形成闭环。随着我国人口老龄化的加重，我国老年学习供需矛盾的问题日益突出，为了有效地解决问题，理论研究需要对欧洲尤其是日本的老年学习和老年教育经验进行系统的梳理和分析，以为我国老年学习政策的制定及资源体系的建设提供参考。

5. 政策和制度研究

终身教育和终身学习是一个庞大而复杂的系统。国内学者在研究其他国家的终身教育和终身学习情况时发现，政策层面的推进与保障非常重要。比如，日本在推进其继续教育的过程中就分两步走。首先，借助政策以在政府层面进行推进；其次，通过议会立法来对公民的终身学习权予以保障。改革开放至今，我国在终身教育与终身学习领域取得的成就，离不开国家政策的制定和制度与法律的保障。一项成熟教育政策的最终归宿乃是立法，终身教育也不例外。2005 年福建省颁布

---

①熊绍高. 现代远程教育乃终身教育体系构建的推进器[J]. 当代教育论坛(综合版)，2010(1)：46-47.

②张少刚，魏顺平. 终身教育中远程教育的角色变换[J]. 现代远程教育研究，2010(5)：43-49.

③黄兵. 终身学习与培训：通向未来的桥梁——浅议教育培训与 21 世纪公共图书馆[J]. 图书馆，2010(4)：118-119.

④李琛. 数字图书馆为终身学习提供学习支持服务研究[J]. 图书馆工作与研究，2011(1)：28-31.

《福建省终身教育促进条例》,中国首先在地方层面开启了终身教育立法。此后,上海市、河北省及太原市、宁波市纷纷进行地方终身教育立法的探索。但是,目前国家层面的终身教育立法仍处于孕育期,其政策的制定往往是自上而下的,中央的政策为地方政策提供具体方向的指导,而终身教育立法的研究则是自下而上的,地方性法规的探索对正在酝酿的国家终身教育法的制定起到了基础和推波助澜的作用。

6.评估和质量保障研究

终身教育发展的成效需要一套科学的指标体系进行衡量和评价,而目前我国终身教育发展指标体系还不健全,亟需从公平与效率的角度出发,构建一套终身教育发展的指标体系架构①,才能满足大众参与发展的需求。就目前来说,欧盟和东盟资历框架下的质量保证机制发展较为完善,可以为我国资历框架质量保证体系的建立提供参考。随着网络技术的快速发展,大规模在线学习已经成为普通民众进行终身学习的重要方式,如何对在线终身学习进行评价认证和管理,特别是在线教育学习成果的认证和衔接、学分银行的学分认定标准和转换等方面的评价制度和机制还不完善,这也需要相关理论研究者进行较为深入的探究和实践。

7.综合实践研究

随着终身教育理念的引入,我国进行了创新和本土化的应用,积极探索具有中国特色的终身教育综合实践。在经济较为发达的地区,终身教育的实践已经取得了很好的成效。例如,上海根据建设"人人皆学、时时能学、处处可学"学习型城市的要求,上海开放大学正在全力打造一所"新型大学",既是开放远程教育大学实体,又是全体市民终身学习的服务平台,是将知识学习和实践应用的良好结合。特别是上海市长宁区,深入探究残障人士终身学习和特殊学生的多元化需求,经过15年的行动研究,构建了长宁区医教多学科资源平台和残疾人终身学习服务体系。② 江苏省则是从顶层设计、体系构建、项目推进等方面落实国家"构建终身教育体系、建设学习型社会"战略决策的实践做法,其开放大学办学系统和社区办学体系不断优化服务,深化改革加快发展。③ 可以看出,目前我国学者注重将研究与实际相结合,寻求终身教育的本土化应用已经取得了一定的成效。

---

①苏胜强.我国终身教育发展指标体系的构建[J].继续教育研究,2017(11):7-8.

②夏峰.区域终身特殊教育服务体系的构建——来自上海市长宁区的探索[J].现代特殊教育,2016(11):19-22.

③张鲤鲤.终身教育发展与江苏的实践[J].江苏开放大学学报,2015,26(5):11-19.

(四)研究反思

1. 加强研究机构和研究团队之间的联系

从研究机构和研究团队可以看出,目前我国的研究机构主要包括高校、广播电视大学和开放大学,研究团队大多来自高等院校,但是研究机构之间并未有密切联系,研究人员也仅在各自团队进行研究。基于这种现状,应该加强研究机构与研究团队之间的联系,研究人员也不应只囿于研究团队之中。终身教育和终身学习的研究不应局限于高等院校和广播电视大学,社区、企业也应该积极参与终身教育和终身学习的研究之中。同时,研究人员应该借助信息技术、网络技术等现代通信技术,增加研究者之间交流经验与分享成果的机会,达到“跨团”合作和互通有无。

2. 积极开拓研究领域和转换研究视角

终身教育和终身学习的发展涉及社会各个层面,如教育、经济、政治等,研究的问题也具有多学科性质,基于这种情况,其研究内容不应局限于某一或某几个具体领域,应从不同领域的不同角度来开展研究。从载文期刊分析来看,我国对终身教育和终身学习的研究成果主要集中发表在成人教育、继续教育、职业教育类刊物中,远程教育和教育技术类刊物对此也有关注,而教育理论综合类的学术刊物较少,亟需在相关研究领域中进行拓展。

3. 注重其他边缘领域的探索

根据高频关键词和时序图谱可以看出,目前更加关注成人教育、继续教育、老年教育等不同领域在终身教育上的建设和发展,却很少关注基础教育和终身教育之间的关系、家庭教育和终身教育之间的关系、特殊群体终身学习权利的保障。终身学习是每个公民都具有的权利,也需要每个公民参与建设。因此,在推进社区教育、继续教育、老年教育等重点领域研究的同时,也要注重基础教育、家庭教育、特殊群体教育等边缘领域的探索,使终身教育和终身学习在我国实现全方位、多领域、高质量的稳步发展。

四、中国终身学习发展的困境

(一)学习理论研究滞后

理论研究的不足与滞后,会使得政策导向模糊和立法发展陷入困境。自 1995

年“构建终身教育体系”作为一项重要目标被写入《中华人民共和国教育法》，并在随后的相关政策文本中得到了很好的延续，但也出现了一些问题，即与终身教育相似或相关的教育概念不断涌现。如已存在的“成人教育”“继续教育”，以及与此相关的“社区教育”“老年教育”乃至“终身学习”等，甚至在同一个政策文本中，与终身教育相似或相近的概念还交替出现，在一定程度上政策制定者也将终身教育与终身学习进行等同，不要说一般民众难以辨别，即使专业工作者亦感到难以区分。这样一种状况尤其出现在2006年中国共产党第十六届中央委员会第六次全体会议通过的《关于构建社会主义和谐社会若干重大问题的决定》一文中，其中特别提出要“完善现代国民教育体系和构建终身教育体系”。这种将“国民教育体系”等同“学校教育体系”并与“终身教育体系”并列提出的做法，造成了社会与学界的很大迷惑与混乱。不加说明和论述的结果，是不仅把国民教育体系与终身教育体系对立起来，而且从根本上狭隘了终身教育的内涵与本质。又如，在1998年颁布的《面向21世纪教育振兴行动计划》及1999年发布的《关于深化教育改革，全面推进素质教育的决定》等重要文件中，终身教育与终身学习互用或交替使用的状况亦非常显著，如对1999年的政策文件的文本进行统计，可以发现，终身教育被提到了两次，而终身学习则被提及了四次之多。再如，学习型社会与学习型组织本是两个风马牛不相及的概念，前者由美国芝加哥大学前校长哈钦斯提出，其旨在通过学习实现“人生真正价值的解放”，提倡学习不是为了功利，甚至不应成为“繁荣国家”乃至“促进经济”的手段，其是归属于教育学或社会学的范畴；而后者则由美国麻省理工学院管理学研究者彼得·圣吉所创立，其基本理念是通过学习“形成团队精神和共同愿景”，目的则是实现“企业最大的经济效益”，其归属的又是企业管理的领域。由于中英文语境的差异及国内研究起步较晚，加之国内虽把“学习型社会”作为一项未来理想社会构建的政策来推行，使得哈钦斯于1968年撰写的《学习型社会》一书至今未能在国内翻译出版，以致一些张冠李戴者误把“学习型组织”看作是“学习型社会”的基础，抑或把两者混为一谈的现象亦比比皆是。正是因为理论研究的不足或滞后，导致了概念的梳理、内容的辨析与性质的判断也出现了误区，而这些基础研究的匮乏又直接影响了政策的制定，进而失去对实践的指导作用。这一状况在福建与上海的终身教育地方条例的制定过程中反映得较为突出。如前者因为缺乏行政力量的支持，以及对终身教育内涵的整体把握，致使当时国内第一部终身教育地方条例沦为只具象征意义的“空法”；而六年后经过反复论证的《上海市终身教育促进条例》，亦因终身教育基础理论研究的欠缺，以致最终条例的内容漏洞颇多，一部有关终身教育的立法最终演变成了一部职业培训和关于老年教育的法。以上这些问题出现的直接原因就是终身教育理论研究的滞后。因此，要在全社会还没有形成对终身教育的深层理解和正确解读之前，制定出科学而合理的政策乃至出台地方或国家层面的立法则无异于“瞎子过河，困难重重”。

(二)行政主导色彩强烈

纵观30年来我国终身教育政策的制定及其发展过程，还可以看出政策制定的基本过程具有自上而下和政府行政色彩过浓的特征，均以教育理念为主，学习理念涉及甚少，民众参与度受到严重忽视，虽然政府的公权力推动起了重要的主导作用，但作为终身学习主体的民众并没有受到重视。

从目前国际社会对终身学习理念达成的共识来看，基于宪法“主权归民”意识的深入人心，普通民众作为终身教育参与主体的认识已经得到了普遍认同。虽然政府部门及管理者在酝酿、策划及具体实施终身学习政策的过程中，国家行政力量的推动是最为有效也是最为有力的因素，相对民间自身的力量而言，国家权力所担负的责任及所发挥的作用，也确实是任何其他力量所不能比拟的，即国家权力应该对那些高龄者、身心障碍者、失业者、退职下岗者及进城农民工等“弱势群体”的学习机会给予更多的保障和资助，使得社会为他们提供适合的学习或教育的机会。由此看来，政府在制定终身教育政策之际，必须以民众的参与为主，只有集合民众的意见并体现民众的需求和愿望，才能保证终身教育政策的制定基础及价值取向具有理论根基，才能真正实现终身学习理念。

(三)立法体系推进缓慢

健全的法律体系是推进和发展终身学习的基本保证，只有健全的法律体系才能有效地推进终身学习的健康发展，为了充分了解中国现有的有关法律体系，本书在中国法律库平台上进行检索，经过筛选和分析，将国家层面有关学习和教育的法律进行罗列，具体如表2-7所示。

表2-7　国家层面有关终身学习教育的相关法律

序号	标题	制定机关	性质	时效性	公布日期
1	中华人民共和国职业教育法	全国人民代表大会常务委员会	国家	修改	2022-04-20
2	中华人民共和国职业教育法	全国人民代表大会常务委员会	国家	首发	1996-05-15
3	中华人民共和国义务教育法	全国人民代表大会	国家	修改	2018-12-29
4	中华人民共和国义务教育法	全国人民代表大会	国家	首发	2015-04-24

续表

序号	标题	制定机关	性质	时效性	公布日期
5	中华人民共和国民办教育促进法	全国人民代表大会常务委员会	国家	修改	2018-12-29
6	中华人民共和国民办教育促进法	全国人民代表大会常务委员会	国家	首发	2016-11-07
7	中华人民共和国教育法	全国人民代表大会	国家	修改	2021-04-29
8	中华人民共和国教育法	全国人民代表大会	国家	首发	2015-12-27
9	中华人民共和国家庭教育促进法	全国人民代表大会常务委员会	国家	有效	2021-10-23
10	中华人民共和国国防教育法	全国人民代表大会常务委员会	国家	有效	2018-04-27
11	中华人民共和国高等教育法	全国人民代表大会常务委员会	国家	修改	2018-12-29
12	中华人民共和国高等教育法	全国人民代表大会常务委员会	国家	首发	2015-12-27

对表2-6中的法律进行对比分析后可以发现，相对于欧美及日韩等发达国家和地区，中国在终身学习立法层面还存在很大的提升空间，就目前国家层面来说，相关法律在终身学习、老年学习、老年教育、社会教育及学前教育等方面都存在空白。早在2001年，《全国教育事业第十个五年计划》就提出了“调研、起草《终身教育法》”的任务；2014年，教育部、中央文明办等七部门印发的《关于推进学习型城市建设的意见》也明确要推进终身学习立法进程，研究出台终身学习的相关地方性法规和政策，同年，教育部形成了《国家终身学习立法调研报告》《加快推进我国终身学习立法——〈国家终身学习促进法〉立法的必要性和可行性分析报告》等，并组织专家起草了终身学习法的专家建议稿，同样未成形；2020年9月，教育部单独对《关于政协十三届全国委员会第三次会议第2496号(教育类238号)提案答复的函》(教政法提案〔2020〕58号)进行了回复和说明，可见终身教育法规制定历程的艰辛和漫长。

(四)国际经验的借鉴与本土融入存在差距

就国际社会推进终身教育的政策经验与动向而言，终身学习的概念近年来逐渐增多并逐步取代终身教育。但在我国，终身教育思想的引入早于终身学习理论，当国外一些先进国家纷纷建立起推进终身学习发展的体系并出台较为成熟的政策之际，国内的理论研究还处在“扫盲”与引进的阶段。随着改革开放形势的不断深入，我国也加快了借鉴国外经验并融入国际社会的步伐。但由于文化差异及语境的不同，在具体借鉴与引入过程中，对国外经验的认识不足，以及对本土状况缺乏清醒的认识，也使得国际经验在本土化实践过程中出现了偏差。

首先，理念转换滞后。教育部于1998年12月24日制定，国务院于1999年1

月13日批转的《面向21世纪教育振兴行动计划》首次引入了“终身学习”的概念，并将其作为一些国家政策或立法的理念基础，以突出对学习者个体及其生命性的关注。但在现实过程中，国内教育理论研究及相关的机构仍然秉承以施教者为主的教育理念，如江苏的终身教育研究会、江苏职业教育联合会等诸多的机构。

其次，相关的配套机制有待完善。例如学分银行，韩国已经通过“学分银行”的方式，把大学的课程延伸到社区，并实现不同类型学习成果的互认和衔接。而国内大部分高校基本没有落实，例如《上海市终身教育促进条例》的第十一条也明确规定，要“逐步建立终身教育学分积累与转换制度，实现不同类型学习成果的互认和衔接……”上海开放大学(2011年5月成立)也宣称不用参加考试而能一步跨入大学校门，但上海的实际状况是，“开放大学”的“门”是打开了，但用于评判学业成绩的“学分银行”却没有发挥实质性作用。

最后，认证机制不对等。普通高等学校的课程及学分确实可以转换为电视大学、业余大学等的同类课程的学分，而反之则不然。与国外的制度相比较则更可以发现，除上述学分积累与转换制度是单向的，且没有实现学分互换以外，所设立的专门的学分认定机构的功能仅停留在表层，缺乏推行这种机制的具体指导方案。

五、对江苏省终身学习体系建构的启示

30年来，虽然随着终身教育政策的持续推进，我国在终身学习与终身教育领域取得了突飞猛进的发展，但如何进一步克服障碍，解决一些在理论与实践中出现的瓶颈问题，并为政策制定提供科学的依据，将是下一步首先需要认真思考的问题。

(一)理论先行，政策推进

理论是指导实践政策制定的基础，为了解决理论研究滞后所带来的政策导向迷失、政策价值立场缺乏的弊端，必须首先确立理论研究先行、坚持理论指导实践的政策制定基础。换言之，在着手政策制定之际，进行深入而细致的理论研究，如仔细厘清终身教育、终身学习、学习型社会、国民教育体系和终身教育体系等一系列涉及终身教育基本概念的理论内涵和本质特征，对于明确政策导向，确立政策制定基础及具体内容的指向等都具有重要的意义。除此以外，对于实践中出现的一些问题，例如保证终身学习得以顺利推进的终身教育推进机构的设立、终身教育专职人员的培养、终身教育设施的创建等也需要政策的明确规定与推进。从这个意义来说，政策的推进是进一步强化理论发展的动力。

(二)多方参与,协调一致

建立学者建言、民众参与、政府统筹的政策决策机制是确立上述理论先行、理论指导实践的政策制定基础,还必须注意改变政策制定过程中行政主导色彩过浓的状况,而着手建立起一个民主开放的,包括学者建言、民众参与、政府统筹在内的多元决策机制。由于学者是现行理论研究的直接参与者,其对终身教育相关理念、国内外终身教育政策的发展趋势与动向均有较为深入的研究和了解,因此倡导学者建言,就可以确立科学的政策制定依据,从而保证政策导向的合理。民众又是终身教育的直接参与者,其对终身学习的认识、理解与要求决定了政策制定的内容、方向与目标,因此,建立起一套民众积极参与的政策制定体制,将有助于真正落实对公民终身学习权的保障,形成一个包括学者建言、民众参与和政府统筹在内的政策制定机制实属必要。

(三)推进本土化,加速立法

实现国际经验的本土化,加快终身教育立法化的进程。无论是"十四五"规划中提到的"建设学习型社会",还是2035年远景目标中的"实现教育强国",终身学习体系的建设都十分必要。学习体系的建设是基于完善终身教育体系,要通过进一步完善终身教育法制,让相关职能部门和机构充分考虑并以民众学习为主。但一部法律的建设涉及方方面面,并不是一蹴而就的,目前国外在终身教育立法方面已经取得了丰富的成果,他们的政策制定理念及目标的达成都可以成为我们的重要参照。由于国情、文化传统及学习理念还存在很大区别,使得理论研究者和政策制定者在学习、借鉴国际社会推动终身教育发展的经验之际,也切实需要避免表面化和形式化的问题,对此就需要国内的理论界在借鉴的过程中进行深入的研究、仔细的甄别及透彻的了解,尤其是对于我国的教育传统和实践环境要有明确的把握,由此才能实现"洋为中用"及实现国际化与本土化的有机结合。

第二节　江苏终身学习体系研究

通过梳理我国终身学习的发展历程,并对比国际视野下的终身学习理论演变过程,可以看出,当下无论是发达国家还是落后地区,其终身学习体系的构建都离不开教育政策的制定及组织实施机制的建立,这是终身学习得以维持和开展的重要基础和保证。为此，本节将从江苏省终身学习现状、政策梳理及体系模型构建三个层面出发，对江苏省终身学习体系进行研究。

一、江苏省终身学习现状

（一）江苏省终身学习历史

江苏省作为教育强省、教育大省，自古以来就重视教育，有着独特的江苏模式，本书通过查阅江苏省地方相关资料后，对江苏教育基础进行了简要概述。[①]

官学。公元前26年（成帝河平三年）至公元前24年（阳朔元年），何武任扬州刺史，巡视所至，“必先即学宫见诸生，试其诵论，问以得失，然后入传舍”（《汉书·何武传》），这是江苏官学最早的文献记载。到了魏晋南北朝时期，江苏地区已经逐步发展成为中国东南政治、经济和文化的中心，这极大地推动了江苏教育的发展。根据《江南通志》和《江苏省志》记录，宋朝时期，江苏地区新建的官学就有35所之多。

私塾。除了官学以外，私塾也是古代教育开展的重要形式，根据相关文献分析与梳理，江苏私塾可以分为蒙馆、经馆、混合馆三种。蒙馆以启蒙教育为目标，主要招收年龄较小初入学的孩子进行识字、诵读、写字等教学；经馆又称学馆，以准备科举应试为主要目的；混合馆是蒙馆与经馆的结合，是古代江苏地区最为普遍的教育形式。

书院。最初为官方藏书、校书之所，宋代将书院作为专门从事讲学、研究学问的教育场所，也是封建教育制度下与官学并存的高级形态的私学形式。江苏是书院兴盛发达的地区，茅山书院就是宋初全国六大书院之一。

1903年（光绪二十九年），清政府颁布《奏定实业补习学堂章程》，规定专收年过16岁具有初小文化的人员，各地纷纷兴办藏书馆、宣讲所、劝学所及简易识字学塾。1905年（光绪三十一年），无锡侯鸿鉴开始在剧场、茶馆作露天演讲，在竹场巷设商业补习学校。1907年（光绪三十三年），江都劝学所在马神庙、财神庙、县明伦堂、关帝庙等地设立4所宣讲所，每周宣讲一次。同年扬州祁梅生夫人创办女工传习所，除识字外，还教手工技艺、浅近书法。江宁开办的半日学堂，以拼音字母教贫苦农民；同时实业家、教育家张謇在南通创办法政讲习所、女工传习所、伶工学社、博物苑等；苏州学务所开办的识字学塾，收18岁以上年长失学人员，每日授课5小时，教授识字、珠算等科目。

---

①江苏省方志馆．江苏省教育发展历史[EB/OL]．(2020-09-07)[2022-05-04]．http://www.jssfzg.com/.

1928 年，江苏省政府提出全省民众教育的规划，决定办民众学校，并颁布了一系列相关制度，如《民众教育实施纲要》《通俗教育馆》《公共图书馆》《公共体育场》《民众教育馆实施纲要》《民众学校实施细则》，以及《校长、教员任免及待遇暂行规程》《民众学校教员人数、经费暂行标准》等相关制度。据相关数据统计，当时全江苏省、县级社教单位有民众教育馆 59 所、农民教育馆 61 所、民众图书馆 48 个、体育场 49 个、讲演厅 15 所，新设民众阅报处 219 个、民众茶社 43 个、民众娱乐院 3 所、贫儿教育院 5 所、巡回文库 18 所。

1932 年，随着国内大众教育的进一步普及，根据江苏省教育厅统计，全省社教机关、单位的相关数据显示，省办大众教育机构有：农民教育馆 1 所，教育林场 1 处，公共体育场 2 个，民众教育馆 3 所，图书馆 3 个，附属民众学校 27 所；县办大众教育机构有：商人补习学校 1 所，贫儿院 1 所，博物馆 2 所，讲演厅 16 处，民众教育实验区 17 个，说书场 24 处，公园 37 个，图书馆 46 个，农民教育馆 68 个，体育场 66 个，民众教育馆 110 所，民众茶馆 123 个，民众识字处 466 个，问字处 682 个，阅报处 1170 个，其他 73 处；私人创办的大众教育机构有：商人补习学校 1 所，公园 2 个，教育馆 3 个，图书馆 8 个，民众茶馆 12 个，电影院 15 个，剧场 19 个，说书场 23 个，民众学校 32 所，其他 70 处。以上社教单位服务人员 6399 人，固定资产 181 万余元。同年教育部公布的各省、市社教经费中，江苏省教育总经费为 488 万元，其中社教经费 63 万元，占总经费的 12.9%，位列全国第一。

（二）江苏省学校、人口分布基本数据现状

只有对江苏的基本教育资源进行全面的梳理与统计，并充分掌握江苏省的基本教育资源在全国所处的位置，才能建立符合江苏特色的终身学习体系。为此，本书结合最新的第七次全国人口统计数据结果（2021 年 5 月 11 日发布）①、教育部发布的全国高校数量（2022 年 5 月 31 日）②及教育部发布的全国教育统计数据（2021 年 8 月）③，对全国各省的人口、中小学数量、高校数量进行统计与对比，以更好地了解江苏省的基础教育资源的人均分布情况。相关数据及对比情况如表 2-8 所示。

①中华人民共和国中央人民政府. 第七次全国人口普查公报[EB/OL].（2021-05-11）[2022-10-11]. http://www.gov.cn/guoqing/2021-05/13/content_5606149.htm.

②中华人民共和国教育部. 全国高等学校名单. 截至 2022 年 5 月 31 日[EB/OL].[2022-10-11]. http://www.moe.gov.cn/jyb_xxgk/s5743/s5744/A03/202206/t20220617_638352.html.

③中华人民共和国教育部. 2020 教育统计数据[EB/OL]. http://www.moe.gov.cn/jyb_sjzl/moe_560/2020/gedi/.

表 2-8　各省各类学校、人口数据统计

地区	高校数量			高水平大学			成人高校	教学点	小学	初中	中等职业学校	高中	人口数量/万人
	本科	专科	合计	原985	原211	双一流							
北京	67	25	92	8	26	34	23	0	934	335	84	321	2189.31
天津	30	26	56	2	3	5	13	0	885	345	67	185	1386.6
河北	61	63	124		2	1	5	6712	11625	2466	607	707	7461.02
山西	34	48	82		1	2	9	2199	5153	1709	340	518	3491.56
内蒙古	17	37	54		1	1	2	661	1652	711	231	305	2404.92
辽宁	63	51	114	2	4	4	18	698	2827	1518	267	425	4259.14
吉林	37	29	66	1	3	3	14	857	3464	1187	244	257	2407.35
黑龙江	39	39	78	1	4	4	16	730	1407	1414	210	370	3185.01
上海	40	24	64	4	10	15	12	0	684	588	89	262	2487.09
江苏	78	90	168	2	11	16	8	333	4144	2258	198	585	8474.8
浙江	60	49	109	1	1	3	8	67	3308	1748	249	622	6456.76
安徽	46	75	121	1	3	3	6	3208	7464	2846	298	661	6102.72
福建	39	50	89	1	2	2	3	1613	5129	1262	166	550	4154.01
江西	45	61	106		1	1	5	8027	7199	2196	320	519	4518.86
山东	70	83	153	2	3	3	11	1600	9619	3238	397	682	10152.75
河南	57	99	156		1	2	10	13307	17687	4695	544	925	9936.55
湖北	68	62	130	2	7	7	13	3523	5386	2114	263	536	5775.26
湖南	52	78	130	3	4	5	12	7178	7245	3384	494	660	6644.49
广东	67	93	160	2	4	8	14	5701	10600	3748	396	1035	12601.25
广西	38	47	85		1	1	4	10252	8000	1754	230	499	5012.68
海南	8	13	21		1	1	1	1042	1379	410	64	127	1008.12
重庆	26	44	70	1	2	2	3	1208	2754	868	129	264	3205.42
四川	53	81	134	2	5	8	13	6735	5679	3677	397	792	8367.49
贵州	29	46	75		1	1	3	2778	6855	2020	184	471	3856.21
云南	32	50	82		1	1	1	3044	10688	1691	369	601	4720.93
西藏	4	3	7		1	1		54	827	105	13	38	364.81
陕西	57	40	97	3	8	8	14	1869	4610	1641	230	464	3952.9
甘肃	22	27	49	1	1	1	4	5155	5252	1472	184	364	2501.98
青海	4	8	12		1	1	2	695	733	263	33	106	592.4
宁夏	8	12	20		1	1	1	484	1149	247	29	68	720.27
新疆	19	36	55		1	2	6	565	3641	895	147	36	2585.23
现役军人												200	
合计	1270	1489	2759	39	115	147	254	90295	157979	52805	7473	13955	141177.9

另外，为了更加清晰地了解江苏的教育资源情况，本书又对江苏省常住人口素质、各级各类学校的师生比及每十万人口各级学校平均在校生数的数据进行了对比分析，相关数据及对比情况如表 2-9、表 2-10 所示。

表 2-9　2020 年江苏省按地区分受教育程度人口及文盲率

地区	小学/人	初中/人	高中/人	大专及以上/人	文盲人口/人	文盲率/%
全省	19273380	28227984	13721862	15816765	2211291	2.61
南京市	1485368	2147468	1602185	3281474	198813	2.13
无锡市	1395652	2662453	1260185	1631740	79242	1.06
徐州市	2428603	3229888	1261442	1178100	237599	2.62
常州市	996015	1934757	860634	1092040	84427	1.60
苏州市	2500489	4175439	2143321	2870185	226761	1.78
南通市	1969004	2848138	1169368	1151569	205136	2.65
连云港市	1113285	1448830	855141	674324	149963	3.26
淮安市	1194428	1598292	704292	584339	154003	3.38
盐城市	1774793	2449235	1074610	717326	303985	4.53
扬州市	1132974	1486430	704234	796381	181535	3.98
镇江市	673378	1129074	555661	614297	64876	2.02
泰州市	1213472	1519640	691810	682273	149178	3.31
宿迁市	1395919	1598340	838979	542717	175773	3.53

注:本表为第七次全国人口普查登记的 2020 年 11 月 1 日零时常住人口数据(公报数),选自 2021 年江苏统计年鉴。

表 2-10　全国各省平均教育资源分布情况

每十万人口各级学校平均在校生数						各级学校生师比(学生/教师)							
地区	高等教育	高中	初中	小学	学前	地区	小学	初中	高中	中职	高校合计	本科	专科
总计	3126	2948	3510	7661	3441	总计	16.67	12.73	12.90	19.54	18.37	17.51	20.28
北京	5393	1088	1534	4620	2441	北京	14.01	8.68	7.62	8.04	16.47	16.61	14.39
天津	4430	1717	2060	4674	1912	天津	15.38	11.02	10.04	14.20	18.69	18.45	19.42
河北	2700	3276	3972	9167	3231	河北	17.07	13.72	13.18	16.65	17.80	17.10	19.11
山西	2688	2797	2992	6309	2676	山西	13.98	10.27	10.17	12.78	17.93	17.13	19.99
内蒙古	2127	2356	2605	5439	2405	内蒙古	13.13	10.87	10.82	12.96	17.61	17.46	17.85
辽宁	3487	2099	2303	4521	1976	辽宁	14.28	10.14	11.33	13.58	19.63	18.32	24.53
吉林	3707	2196	2313	4413	1510	吉林	11.28	9.27	13.12	8.89	19.36	19.01	20.79
黑龙江	2695	2125	2307	3317	1280	黑龙江	12.00	9.96	12.92	13.25	16.03	15.42	17.99
上海	3722	1117	1928	3546	2354	上海	14.01	10.47	8.74	13.11	16.25	16.03	18.14
江苏	3653	2533	3151	7197	3148	江苏	16.79	11.96	10.96	14.35	16.07	15.71	16.82
浙江	2704	2677	2797	6371	3394	浙江	16.79	12.29	10.98	15.59	15.73	14.89	17.70
安徽	2702	3237	3518	7355	3406	安徽	17.98	13.53	13.82	27.44	20.01	18.59	22.29
福建	2866	2795	3656	8649	4276	福建	18.82	13.46	12.59	21.06	17.11	15.54	20.57
江西	3424	3653	4724	8708	3644	江西	16.77	15.15	16.94	28.61	18.78	17.95	20.16
山东	3154	2873	3701	7381	3782	山东	16.36	12.24	11.81	15.81	19.10	18.61	20.10

续表

每十万人口各级学校平均在校生数						各级学校生师比(学生/教师)							
地区	高等教育	高中	初中	小学	学前	地区	小学	初中	高中	中职	高校合计	本科	专科
河南	3223	3824	4898	10597	4415	河南	17.42	13.87	15.18	24.94	18.25	18.25	18.25
湖北	3598	2354	2882	6426	3010	湖北	18.15	12.65	13.02	20.09	18.81	18.16	20.55
湖南	3149	3032	3642	7723	3345	湖南	17.81	13.33	14.16	21.09	18.17	16.85	20.41
广东	3175	2906	3519	9176	4168	广东	18.43	13.47	12.54	19.77	18.88	17.25	21.99
广西	3107	3976	4546	10225	4569	广西	18.00	14.83	16.21	34.05	19.87	19.12	21.20
海南	2764	3495	4036	9123	4215	海南	15.87	13.63	12.71	30.36	18.60	17.67	20.98
重庆	3438	3353	3680	6481	3226	重庆	15.50	13.77	15.34	22.21	18.15	17.59	19.07
四川	2754	2814	3341	6602	3167	四川	16.03	12.81	13.68	21.56	19.85	19.64	20.31
贵州	2654	4007	4915	10965	4384	贵州	18.48	13.80	14.12	24.27	20.62	18.69	22.99
云南	2648	3546	3754	8012	3443	云南	16.40	13.09	13.31	28.71	22.70	19.21	29.72
西藏	1629	3052	4072	10053	4300	西藏	14.41	11.55	12.34	12.63	15.96	16.01	15.74
陕西	4132	2937	3014	7461	3647	陕西	16.33	11.55	11.44	18.42	19.16	17.73	24.35
甘肃	2627	2814	3302	7590	3620	甘肃	13.32	10.76	11.21	14.22	19.15	18.09	21.11
青海	1499	3569	3693	8351	3735	青海	17.63	13.34	12.45	37.34	17.37	17.48	17.16
宁夏	2691	3519	4210	8524	3687	宁夏	17.52	14.15	13.84	24.94	17.62	17.78	17.25
新疆	2331	3315	4124	11019	5267	新疆	16.34	11.61	11.76	22.53	19.94	18.55	22.08

通过上述数据的对比，可以明显看出，江苏省无论是高等教育资源还是义务教育资源，甚至是职业教育资源的总体数量均占有优势，但通过平均对比分析后却发现，江苏教育资源的平均占有率与北京、上海等发达地区仍然存在很大的差距。

(三)江苏省终身学习现状调查

就目前我国发展现状来说，终身学习主要通过两种形式进行：一种是学校学习，这种方式已经建立了完备的制度体系，相关研究已经很丰富；另一种是社会学习，这个是学校后和学校前学习的途径，也是终身学习研究者们所关注的重点。因此，本书以社会学习为主题，分别从江苏省社区在线学习现状、小区居民学习现状及江苏省老年人学习现状三个层面进行调查与分析，以更加系统地掌握江苏省终身学习应用与发展的现状。

1. 江苏省社区在线学习现状调查与分析

江苏省社区学习分为线上学习与线下学习两种形式。其中线上学习以江苏学习在线平台(http://www.js-study.cn/)为依托，已经初具规模。江苏学习在线平台的相关课程资源深受广大社区学院的喜爱，也成为江苏社区学习宣传和信息发布的重要途径，自 2009 年 5 月 29 日以来，截至 2023 年 8 月 19 日，该平台累计发布新闻信息 124946 条，已经建成 3073 个课程系列，共计 48389 门课程资源，总访问量 73417265 人次，注册学员人数 2320507 人，并建立了相关的奖励制度（如“季度之星”“月度之星”“学习排行榜”），还搭建了学业云 QQ 群（成员达到 1996 人），有效地提升了社区学习的效果，如图 2-13 与图 2-14 所示。

图 2-13　江苏学习在线平台资源建设情况

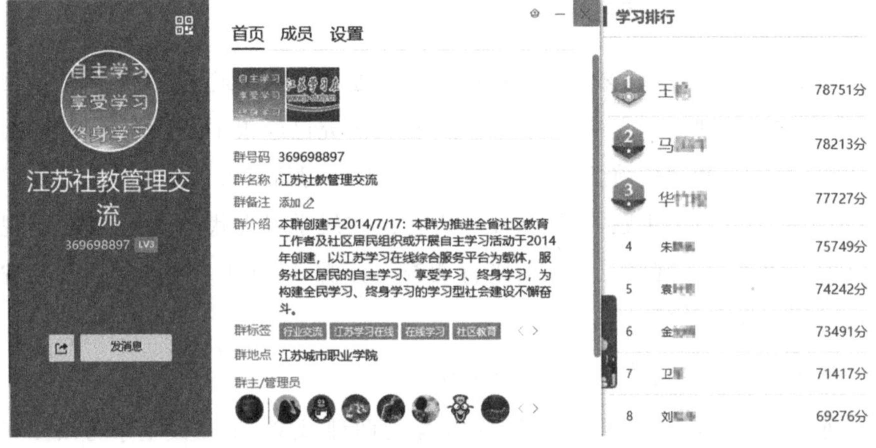

图 2-14　江苏学习在线平台应用效果

为了进一步了解社区学员对终身学习的需求，以及终身学习的现状，研究团队通过江苏社交管理交流 QQ 群进行了问卷调查。在此调查中，苏北受访者比例最高，以及来自农村的学员占比最大，分别为 48%及 73.83%，具体数据如图 2-15 所示。

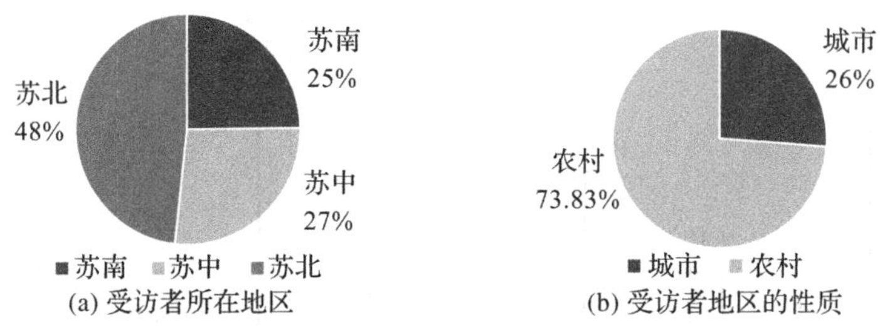

(a) 受访者所在地区　(b) 受访者地区的性质

图 2-15　社区在线学习者所来自区域

本次调查的数据显示，参加在线终身学习的学习者以 50—60 岁为主，且以素养提升及技能发展为主要学习目的，相关数据如图 2-16 所示。

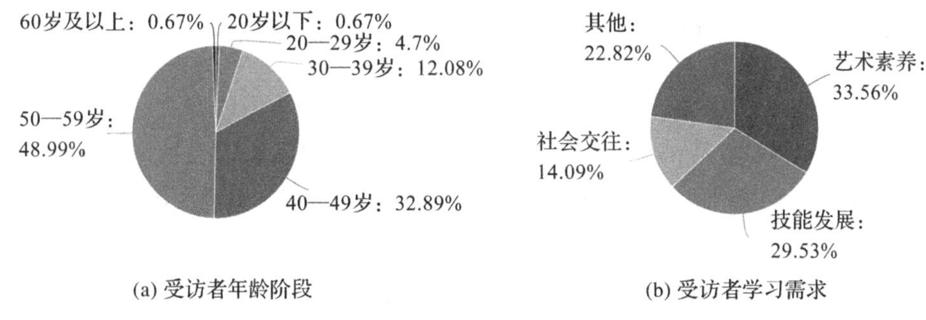

(a) 受访者年龄阶段　(b) 受访者学习需求

图 2-16　社区在线学习者年龄分布及学习需求

从受访者对于培训的态度及需求情况可以看出，目前单位组织的培训内容还是以少部分人为主，且与员工的激励制度关联度不高，培训效果与学习效果还有进一步提升的空间，如表 2-11 所示。

表 2-11　受访者对于学习激励制度的观点

选项	比例/%
培训只针对少数人，多数人很难有机会	23.47
培训多是走过场，与实际需求相脱节	20.03
激励员工学习的各项政策不完善，没有将培训机制和激励机制挂钩	32.28
所培训的内容，多数员工并不感兴趣	12.45
培训总是占用太多的业余时间，没精力没时间参加	8.41
其他	3.36

通过分析问卷数据发现，受访者的学习内容主要集中于卫生保健与健康的学习及职业技能方面。通过这一点可以看出，目前江苏省参加终身学习的群体在50—60岁的，还是以卫生保健等与自身健康相关的课程学习较多，如图2-17所示。

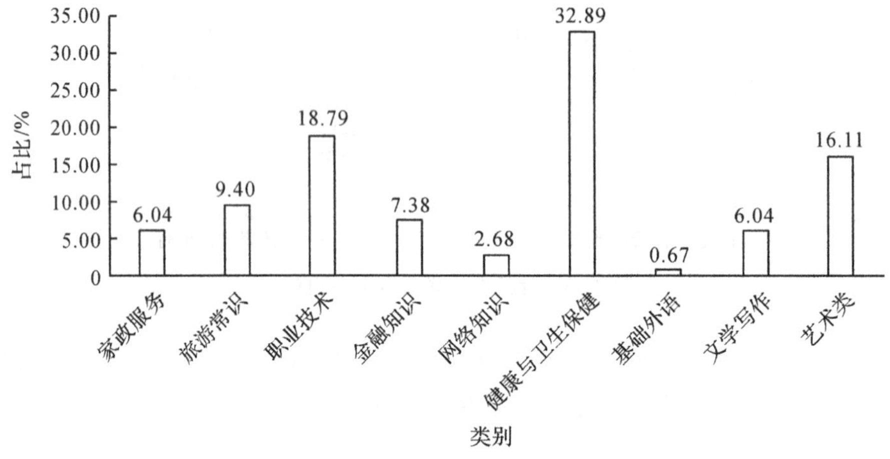

图 2-17　社区在线学习者按学习内容分布情况

虽然江苏省的社区学习通过学习在线这种线上资源学习的方式开展并已经取得了一定的成绩，但是在调查中，研究团队发现受访者认为政府在社区学习总体投入度及满足学习者需求方面还存在很大提升空间，具体调查数据如图2-18所示。

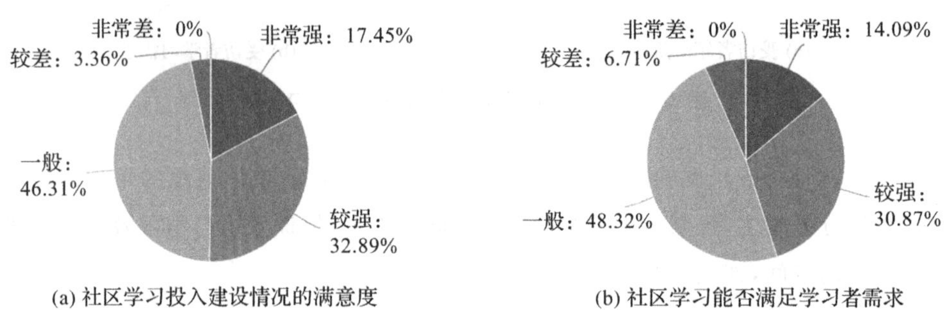

图 2-18　社区学习总体投入度及满足学习者需求情况

2. 江苏省小区居民信息调查

为了更加全面地了解目前江苏省成人社会学习的现状与需求，研究团队又在常州、南京、扬州、盐城及连云港等几个地区，选取小区业主微信群进行问卷调查，从社会层面了解基层成人群众的学习情况。调查累计发放问卷3156份，受访者年龄段及性别比例如图2-19所示。

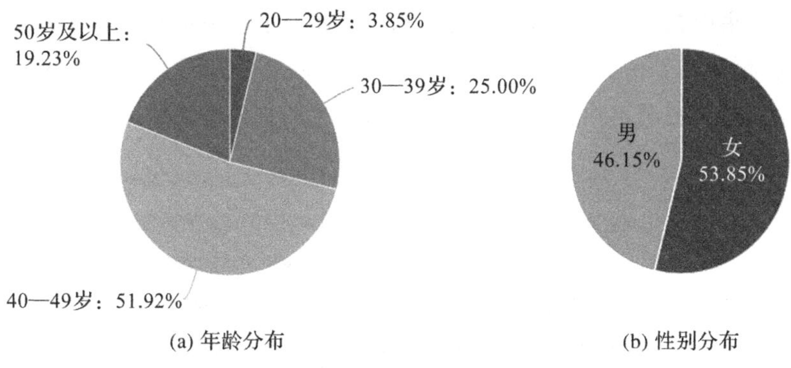

图 2-19　小区居民受访者的年龄及性别比例

本次调查中，受访者以企业员工为主，占比为 39.74%，其中拥有本科及以上学历者占比为 40.48%，具体数据如图 2-20 所示。

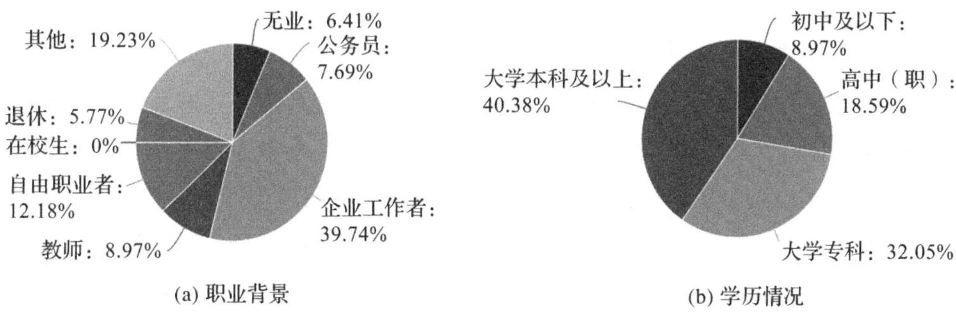

图 2-20　小区居民受访者职业背景及学历情况

通过本次调查数据分析后发现，相对于社区在线学习成员来说，普通的小区居民的学习仍然以学历获取及职业技能证书获取为主(见图2-21)，这是因为本次

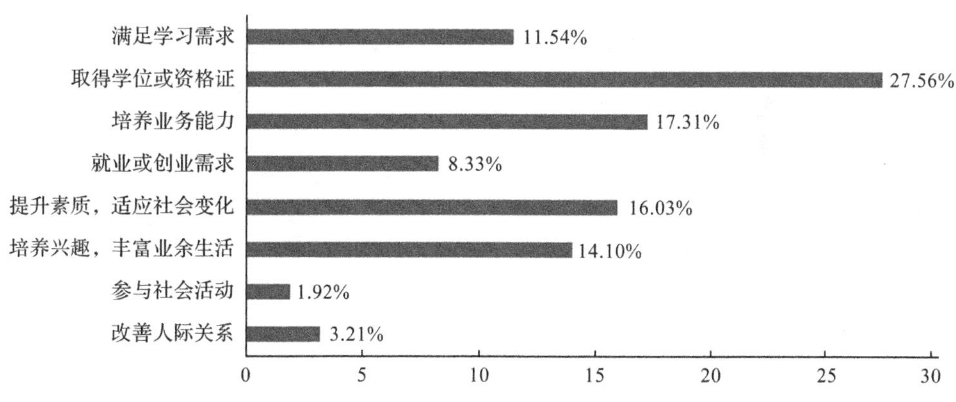

图 2-21　小区居民受访者参加继续学习的主要目的

受访人员多集中在40—50岁，大多是入职后事业处于进一步发展和提升的关键时期。但同时，这些受访的基层群众不知道如何获取学习资源且对于社区继续教育部门提供的网络资源不熟悉，也没有使用过，相关调查数据如图2-22所示。

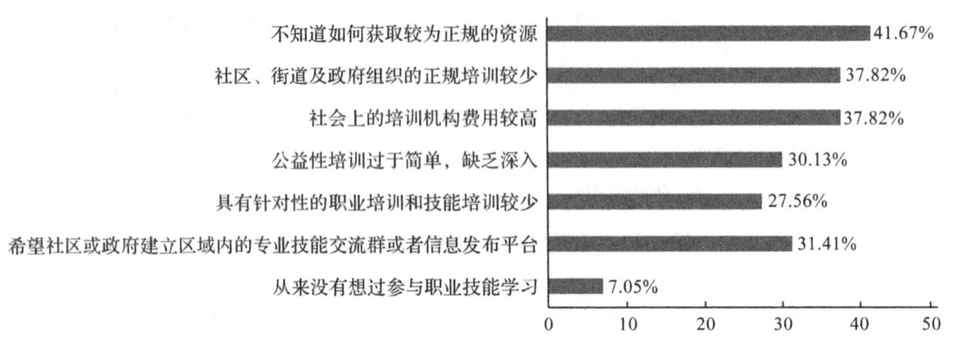

图2-22　小区居民受访者继续学习的困境

3.江苏省老年人学习现状调查与分析

老年人把学习作为终身学习的重要组成部分，尤其是随着江苏省人口老龄化的加剧，根据2020年江苏省第七次全国人口普查结果，全省人口平均预期寿命已达到79.32岁，这意味着在退休后仍有19年的生命时间。《2021年世界卫生统计报告》(World Health Statistics 2021 Report)显示，在2019年新冠疫情发生前，60岁后的健康预期寿命从14.1年提高到15.8年。从这个意义上来说，绝大部分老年人退休后，仍有近16年可以从事相关的工作，这使得老年人的学习显得尤为重要。本书通过老年大学在线学习交流群发放问卷，累计回收有效问卷1289份，受访者以城市老年人为主，分布于江苏省的13个地区，其年龄分布与学历水平如图2-23所示。

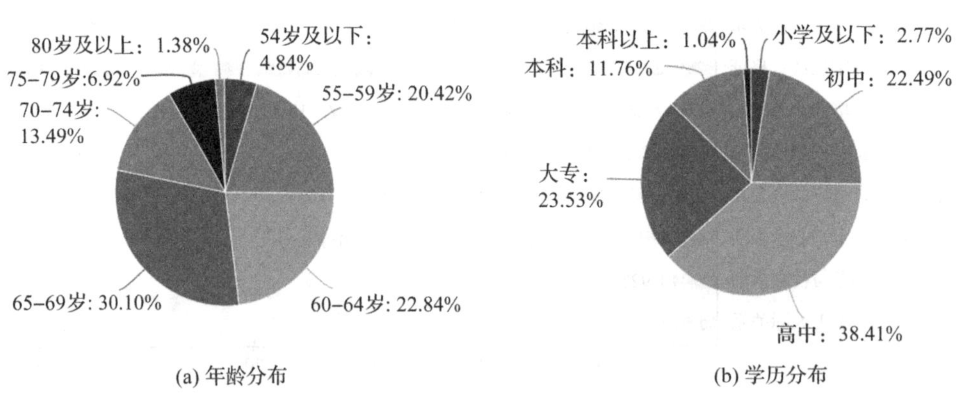

图2-23　受访老年人年龄及学历分布

为了更加具体地掌握江苏省普通老年人的晚年学习需求以及面临的问题，本书研究团队针对受访老年人的职业背景、社会活动关注、学习诉求、现代智能技术及网络在线学习等方面进行了调研，相关数据如图 2-24 至图 2-29 所示。

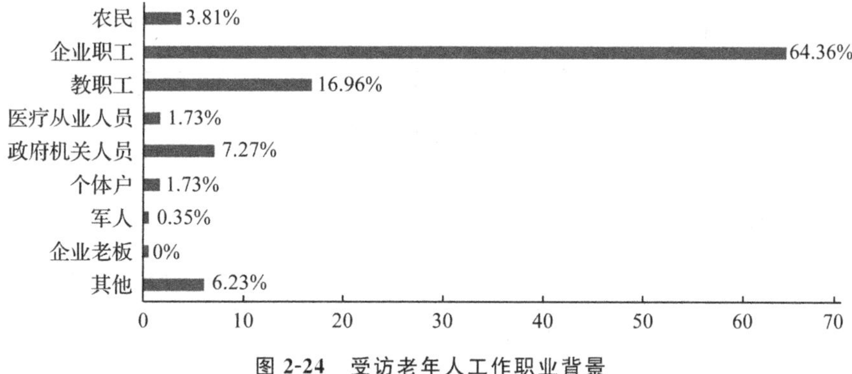

图 2-24　受访老年人工作职业背景

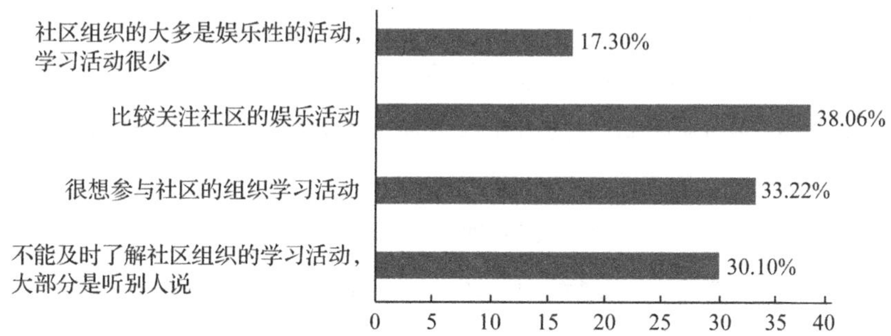

图 2-25　受访老年人所在社区开展老年人学习活动的现状

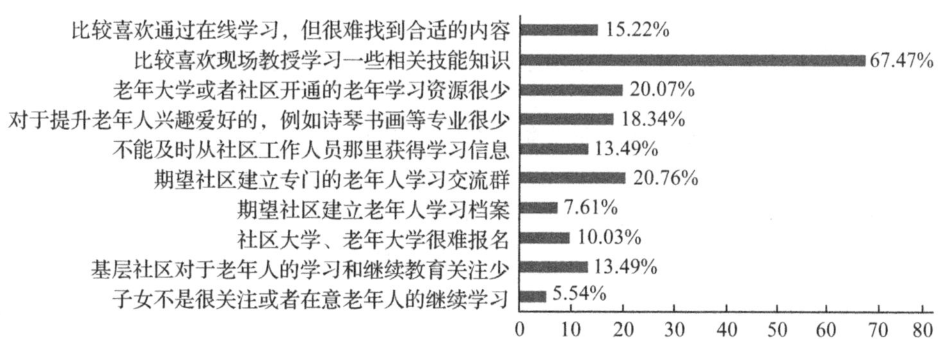

图 2-26　受访老年人学习诉求与现状

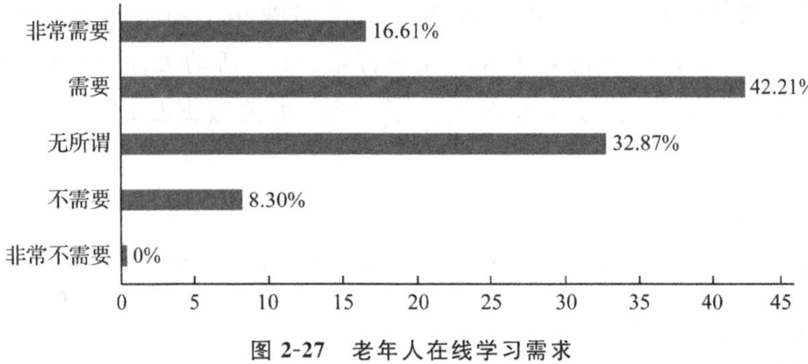

图 2-27　老年人在线学习需求

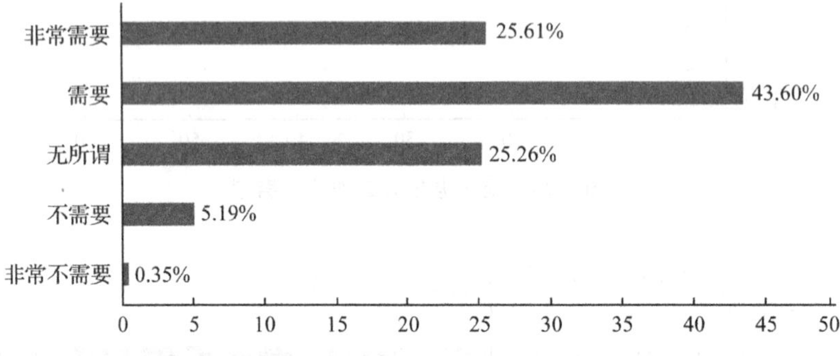

图 2-28　学习使用现代科技(如手机、电脑、现代化的洗衣机等智能设备等)

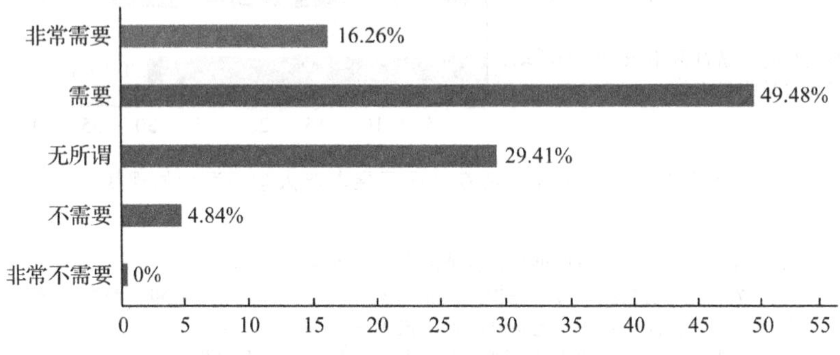

图 2-29　传统素养学习活动意愿(如绘画、书法及编织等传统手工艺等)

对上述调研数据进行分析后发现，目前城市中具有企业工作经历的老年人，对于退休后的学习诉求及相关关注点大多是与自身素养提升及娱乐健康密切相关，主要体现在对社区的娱乐活动比较关注(见图 2-25)，更加喜欢一些传统手工艺作品的制作(见图 2-29)。对于如何进行学习，老年人更加关注的是面对面的交流培训(见图 2-26)，这使得老年大学异常火爆。其实早在 2000 年，山东老年大学就曾有过“由于学校容纳能力有限，每年都有 1000 多位渴望到老年大学上学的老人被拒之门外”的报道，到 2006 年以后很多老年大学“一座难求”的相关报道比比皆是。正是由于社会生活节奏的加快，老年人逐步脱离社会，使得学习交流的机会偏少，众多老年人都焦虑于如何赶上现代社会的生活节奏并融入其中，这体现在他们对现代化智能信息设备使用技能掌握的诉求上（见图 2-28）。另外，老年人对于“学习建议”这一开放性问题的回答“词云”图也表现得很清晰（见图 2-30），关心老年人、关注精神生活、参与老年人活动、增加交流机会成为老年人所期望的重点。

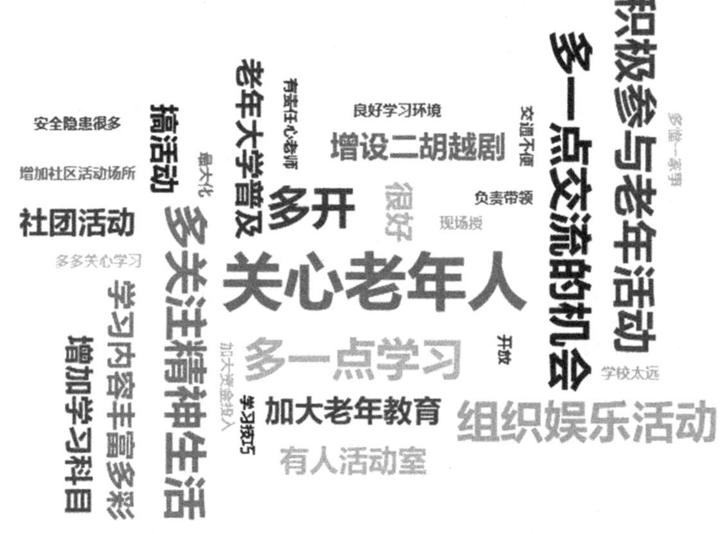

图 2-30　对于老年人学习的相关建议

对老年人访谈结果的数据进行梳理和分析后，研究团队发现两个现象：首先，现在的老年人过于注重健康娱乐及修身养性的学习，而缺乏相关具体职业技能的培训，使得老年人脱离社会生产实际，导致人们潜意识中隐性的“老年歧视”问题被强化；其次，与老年人社会生活密切相关的信息化技能培训相对欠缺，使得老年人无法有效利用在线学习资源进行学习，从而导致以线下教学为主的老年大学的学习资源供不应求的困境加剧。因此，推动数字技术“适老化”将成为当今社会研究的重点以及终身学习所关注的焦点。所谓的适老化，一是硬件技术本身的适老化，即针对老年人的特点和使用习惯开发产品；二是开发和提供老年人数字化应用产品和学习资源，协助老年人使用数字化产品。

（四）江苏省终身学习建设成效

近些年来，江苏省政府在改善与提升全民终身学习的环境建设与资源提供方面做出了诸多举措，成绩显著，其中以提升全民阅读素养为主要目标的“书香江苏”“数字农家书屋”及“三全”社区家庭教育支持行动颇具代表性。

1. 书香江苏

“书香江苏”由江苏凤凰出版传媒集团主管，江苏现代快报传媒有限公司主办，江苏省全民阅读促进会协办，江苏省新闻出版局及江苏省全民阅读办指导，负责江苏省全民阅读活动的组织与实施。阅读是学习的基础，也是学习提升的关键。从这个角度来说，普通民众的阅读方式改变及阅读质量的提升，体现了民众学习方式的转变与学习质量的改善。江苏省全民阅读活动领导小组多年来一直关注全省的居民阅读发展水平，并建有专门的管理机制与信息发布平台（书香江苏：http://www.sxjszx.com.cn）对全省的成年居民的阅读进行调研，调查结果显示，江苏的全民阅读率远高于全国平均水平。早在 2018 年，江苏省居民综合阅读率比全国平均水平高出 9.13 个百分点。为了对江苏全省近年来全民阅读水平有更加清晰的认识，本书对江苏省全民阅读办在 2013 年至 2021 年间累计 9 年所发布的数据进行梳理，分别从综合阅读率、纸质图书阅读率、电子化图书阅读率等多个角度进行归纳，形成表 2-12。

表 2-12　江苏省全民阅读办发布数据梳理

年份	成年居民综合阅读率/%	纸质图书阅读率/%	人均纸质阅读书数量/本	数字化阅读率/%（网络在线阅读、手机阅读、电子阅读器阅读）	人均阅读电子图书/本
2013	82.20	45.10	4.29	52.80	2.72
2014	86.90	50.90	4.86	64.30	3.13
2015	88.40	54.70	4.93	71.00	3.54
2016	86.12	—	—	—	—
2017	88.79	71.47	6.44	82.71	6.82
2018	89.93	86.53	5.49	84.92	7.48
2019	90.16	68.56	5.15	87.74	7.91
2020	90.19	73.07	6.25	86.47	10.11
2021	90.23	72.72	5.78	87.60	10.24
2022	90.33	68.68	6.55	86.58	9.49

通过表 2-12 中的数据可以看出江苏省成年居民阅读呈现“一稳”状态、“双增”趋势及“双降”态势。“一稳”是指阅读人口基本保持稳定，即综合阅读率稳定增加，但增幅缓慢，维持在高位稳定状态；“双增”是指数字阅读率、数字阅读量呈现增长趋势；“双降”是指纸质阅读率、纸质阅读量呈现波动式下降态势。

2. 数字农家书屋

为了更加有效地提升农村人口阅读效果，江苏省政府于 2012 年就已经开始数字农家书屋建设项目，颁布了《省广电局“三定”规定》（苏政办发〔2015〕42 号）、《省政府办公厅关于印发江苏省新一轮农村实事工程实施方案的通知》（苏政办发〔2013〕22 号），以及《省委办公厅、省政府办公厅关于推进现代公共服务体系建设的实施意见》（苏办发〔2015〕49 号）等多项政策，以完善农家书屋建设。随着数字化改革的推进，又开发了“江苏数字农家书屋”平台（App 平台，2020 年 6 月开始运营），是专门服务农民群众的数字化阅读平台，截至 2023 年 8 月，江苏省全省共计有 15645 个数字农家书屋，整合了 10000 多种图书、300 多种期刊报纸、16000 多个小时音视频资源，为超过 600 万用户提供一体化的数字阅读服务，平台使用总次数达 8000 多万次，各设区市相关数据如表 2-13 所示。

表 2-13　江苏省 13 个设区市数字农家书屋数据统计

地区	访问次数/次	用户数/个	书屋数量/个	配电脑的书屋数/个	配空调的书屋数/个
南京市	606190	46170	431	425	88
无锡市	911307	202926	784	752	306
徐州市	3901623	1699832	2148	2016	952
常州市	5094802	440344	667	631	151
苏州市	44907455	436406	1005	923	303
南通市	9127459	622628	1543	1537	502
连云港市	1280401	254663	1421	1354	74
淮安市	1455793	316258	1249	1181	399
盐城市	1333682	695067	2152	2100	407
扬州市	13210009	648457	1092	1085	147
镇江市	462172	152962	493	485	82
泰州市	2570405	206082	1464	1445	272
宿迁市	1896350	789625	1196	1099	464
合计	86757648	6511420	15645	15033	4147

3. “三全”社区家庭教育

2020 年，江苏省妇联启动实施“三全”社区家庭教育支持行动的试点工作，截至 2021 年底，已经建成 639 个家庭教育指导服务示范社区。“三全”社区家庭教育是指社区全域、父母全程、家庭类型全覆盖的社区家庭教育指导模式，让社区工作人员确立“走进群众、发动群众、依靠群众、服务群众”的家庭教育工作原则，通过资源利用、宣传引导，让社区居民感受到推门可见、触手可感、家家参与的社区生活化家庭教育氛围。

二、江苏省终身学习体系模型的建构

本书课题组在对国际终身学习的发展历史，以及中国终身学习实践过程进行系统梳理的基础上，通过多层面的社会调查、问卷访谈，并与江苏省教育厅的相关职能部门进行沟通，在对江苏构建终身学习体系的宏观、中观与微观的实际状况进行全面系统的研究的基础之上，并结合科学的数据，对江苏省终身学习当前所存在的问题进行系统的研讨，初步构建了符合江苏实际发展需求的终身学习体系模型(见图 2-31)，以期为制定江苏省终身学习的战略目标、实施策略与路径选择提供参考。

江苏终身学习体系的架构分为两个维度，即外围支持系统(基座)及理论实践系统(内核)。基座是外围支撑保障系统，包括逐层成为基础的评价操作体系、组织管理体系、行政司法体系和环境支持体系；内核是自身发展动力系统，由理论研究体系、实践应用体系及教学支撑资源体系构成，涵盖家庭教育、基础教育、成人教育、老年教育等终身学习各阶段。

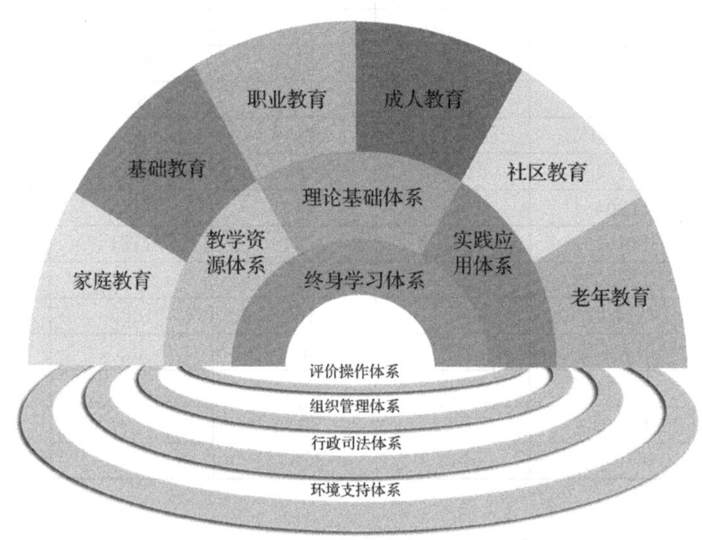

图 2-31 终身学习体系架构

(一)评价操作体系

评价体系是衡量终身学习绩效提升和改善的抓手，也是推动终身学习系统建

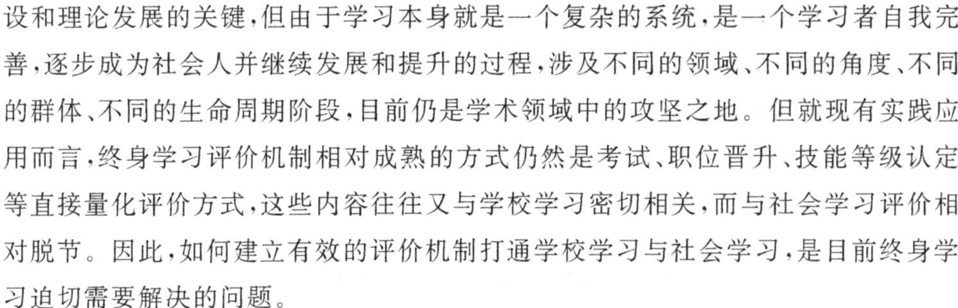

设和理论发展的关键，但由于学习本身就是一个复杂的系统，是一个学习者自我完善，逐步成为社会人并继续发展和提升的过程，涉及不同的领域、不同的角度、不同的群体、不同的生命周期阶段，目前仍是学术领域中的攻坚之地。但就现有实践应用而言，终身学习评价机制相对成熟的方式仍然是考试、职位晋升、技能等级认定等直接量化评价方式，这些内容往往又与学校学习密切相关，而与社会学习评价相对脱节。因此，如何建立有效的评价机制打通学校学习与社会学习，是目前终身学习迫切需要解决的问题。

（二）行政司法体系

行政司法体系是指政府机关制定的法律制度及政策规范，是规范和保证终身学习实施的基础。本书通过梳理江苏省已有的政策和法律体系，并借鉴发达国家和地区的经验，结合社会与人的发展实际需求，探究江苏省行政司法体系建设的不足，提出符合江苏省特色的行政司法体系建设方案并调整、规范终身学习体系，促进江苏率先在全国建成教育强省。

（三）环境支持体系

环境支持体系是指支持终身学习得以开展和实施的物质基础和相关的社会环境。物质基础既包含物质资源也包含数字化资源，尤其是随着现代网络技术的快速发展，以及移动终端技术的成熟，数字化资源已经成为终身学习的主要手段；相关的社会环境主要是指支持终身学习的激励机制以及非正规学校学习与就业、素养提升、学历学习等相互转换的机制。本书通过梳理江苏物质资源建设现状、数字化资源开发模式，总结经验与不足，并结合终身学习转换机制（如学分银行、资历架构及1＋X证书等），为江苏省终身学习支持体系的系统化建设与完善提供理论参考。

（四）实践应用体系

实践应用体系的问题是最复杂多样的，因为终身学习既可能发生在学校，也可能发生在家庭和工作场所，与其他体系之间也存在错综复杂的关系，只有构建开放的教育体制与模式，社会成员才能享有充分的学习机会；只有加大资源保障的力度，社会成员个性化的学习需求才能得到有效满足，只有加大实践应用，社会成员的竞争力才会得到提升，全面素养才能大幅提高。为了更好地构建终身学习的社会体系，本书将从正式学校学习和非正式学校学习两个层面来总结江苏省终身学习的实践经验。其中正式学校学习主要包括基础教育、中等教育及高等教育三个层次。通常来说,高等教育的发达程度体现了基础教育和中等教育的发展水平,也最能体现正式学校的教育水平。就中国的教育现状来说,江苏省常规的学校教育一直处于全国领先地位,这一点通过高等教育学校的数量就很明显地表现出来。根据教育部的相关统计数据,截至 2022 年 5 月 31 日,江苏省内共计有 168 所高校(不含成人高校),位居中国各省首位,具体数据如表 2-14 所示。

表 2-14　中国各省高等学校数据统计①

地区	高校数量			高水平大学			成人高校	人口数量/万人	高校数量/(所/万人)
	本科	专科	合计	原 985	原 211	双一流			
北京	67	25	92	8	26	34	23	2189.31	0.042022372
天津	30	26	56	2	3	5	13	1386.6	0.040386557
宁夏	8	12	20		1	1	1	720.27	0.027767365
吉林	37	29	66	1	3	3	14	2407.35	0.027416038
辽宁	63	51	114	2	4	4	18	4259.14	0.026765967
上海	40	24	64	4	10	15	12	2487.09	0.025732885
陕西	57	40	97	3	8	8	14	3952.9	0.024538946
黑龙江	39	39	78	1	4	4	16	3185.01	0.024489719
山西	34	48	82		1	2	9	3491.56	0.023485204
江西	45	61	106		1	1	5	4518.86	0.023457244
湖北	68	62	130	2	7	7	13	5775.26	0.022509809
内蒙古	17	37	54		1	1	2	2404.92	0.022453969
重庆	26	44	70	1	2	2	3	3205.42	0.021838012
福建	39	50	89	1	2	2	3	4154.01	0.021425081
新疆	19	36	55		1	2	6	2585.23	0.021274703
海南	8	13	21		1	1	1	1008.12	0.020830853
青海	4	8	12		1	1	2	592.4	0.020256583
安徽	46	75	121	1	3	3	6	6102.72	0.019827225
江苏	78	90	168	2	11	16	8	8474.8	0.019823477
甘肃	22	27	49	1	1	1	4	2501.98	0.019584489
湖南	52	78	130	3	4	5	12	6644.49	0.019565083
贵州	29	46	75		1	1	3	3856.21	0.019449148
西藏	4	3	7		1	1		364.81	0.019188071
云南	32	50	82		1	1	1	4720.93	0.017369459
广西	38	47	85		1	1	4	5012.68	0.016956997
浙江	60	49	109	1	1	3	8	6456.76	0.016881532

①中华人民共和国教育部. 全国高等学校名称[EB/OL]. (2022-05-31)[2022-10-11]. http://www.moe.gov.cn/jyb_xxgk/s5743/s5744/A03/202206/t20220617_638352.html.

续表

地区	高校数量			高水平大学			成人高校	人口数量/万人	高校数量/(所/万人)
	本科	专科	合计	原985	原211	双一流			
河北	61	63	124		2	1	5	7461.02	0.016619712
四川	53	81	134	2	5	8	13	8367.49	0.01601436
河南	57	99	156		1	2	10	9936.55	0.015699614
山东	70	83	153	2	3	3	11	10152.75	0.015069809
广东	67	93	160	2	4	8	14	12601.25	0.012697153

数据来源:教育部官方发布。

鉴于正式学校学习自身就有一套完整的管理制度与管理体系,而江苏省的正式学校教育水平又处于全国前列,本书将不再对其进行赘述,而主要对非正式学校学习展开研究。由于非正式学校学习的组织形式多样,开展方式和层面广泛,本书选取了家庭学习(主要关注青少年儿童的非学校正式学习)、社区学习(主要论述社区,以普通的服务业技能学习、基本素养提升学习为主)、职业学习(主要论述职业学习)及老年学习几个典型的形式和层面展开研究。虽然几种终身学习的形式相互交融、相互关联,但各有特色,本书将从不同角度针对各自的特点分别加以系统研究。

第三章　江苏终身学习的组织管理体系

在目前我国的终身学习研究领域中，终身学习的概念较为宽泛、模糊、宏观，有许多具体的表现形式，如社区教育、老年教育、企业培训、家庭教育、场馆学习、继续教育及网络教育、开放大学等。因此，有关终身学习的行政管理必须落实到某一个具体对象或者某个具体的阶段，在明确其终身学习形式的基础之上，才能研究和分析其组织管理体系。为此，有学者以正式学习和非正式学习的方式，将终身学习按照年龄段进行了表述，形成如图 3-1 所示的终身学习发展阶段与形式划分图。

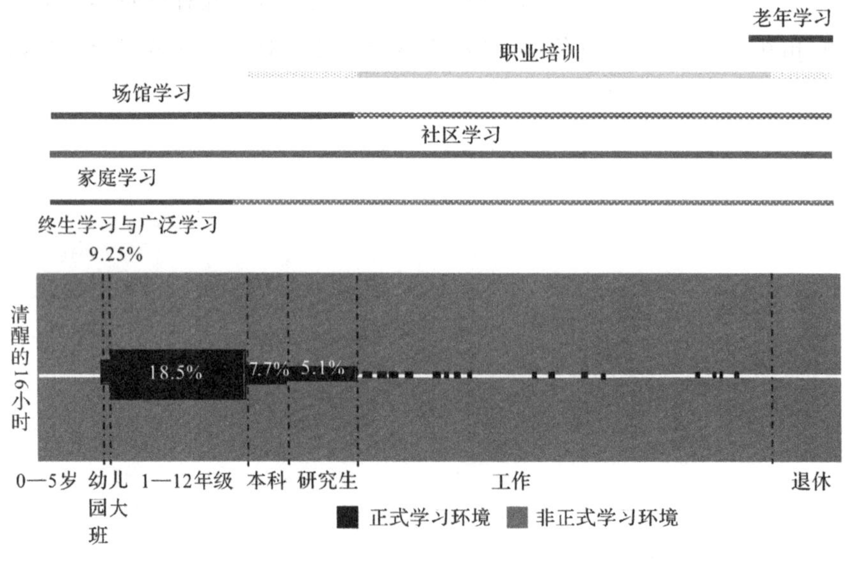

图 3-1　终身学习形式与阶段

图 3-1 中的正式学习环境大多是指学校学习（也包含培训机构、教育机构等集中上课），非正式学习环境通常是指除学校以外学习者进行的学习，只是相对范围的划分，各阶段并没有清晰的界限。例如，学习者在未成年之前的家庭学习中往往是强学习，而随着年龄的增长家庭学习逐步弱化；同样的还有场馆学习（多是指图书馆、博物馆、野外拓展及文化景点、红色基地等文旅场所的学习），在学习者脱离

学校环境以后的生命阶段仍能发生，只是其学习行为和意图相对弱化而已；职业培训在本科阶段就应该有所涉及，退休后也应该进行适当地职业学习，以协助老年人退休后适当地从事第二职业。

第一节　终身学习组织管理的国际经验

终身学习作为全世界范围内所关注的焦点，历来是国际组织所研究的重点。通过梳理国际研究组织所提出的相关报告，能较好地了解和学习世界范围内有关终身学习的经验。

一、终身学习治理机制

(一)治理机制的内涵

1989 年，世界银行首次使用“治理危机”(crisis in governance)一词来反思和概括非洲发展滞后的原因。此后，“治理”(governance)一词便被广泛地用于有关政治发展的研究中。governance 并不是新词，它来自法语“gouvernance”，与 gouverne(指导、指引)及 gouvernement(统治、政府)词源相同，都源自拉丁文“gouvernail”，表示“掌舵、引导和操纵”之意。在 14 世纪，法语(gouvernance)用于指皇家官员，而不是指治理或指导的过程。早期“治理”最广为人知的用途是在公司层面：“公司治理”，即影响公司的指导、管理或控制方式的一系列流程、习俗、政策、法律和制度；“公司治理”还包括许多利益相关者之间的关系以及公司治理的目标。因此，“治理”的一个关键作用是监督和控制管理层的行为，他们被雇佣来主持组织的日常活动。①

1995 年，全球治理委员会认为所谓的“治理”是指：各种公共的或私人的个人和机构管理其共同事务的诸多方式的总和，它是使相互冲突的或不同的利益得以调和并且采取联合行动的持续的过程。

政府在治理中所起的作用是一个变量，而不是一个常数，因为有些治理模式是以国家为中心的，有些则更以社会为中心②；治理是政府制定和实施政策的能力，换

①Fama E F，Jensen M C. Separation of ownership and control[J]. Journal of law and economics，1983(26)：301-325.

②Pierre J. Debating governance：authority，steering and democracy[M]. Oxford：Oxford University Press，2000：14，18-19，24.

句话说，是引导社会的能力[①]。上述定义对“旧”和“新”治理进行了重要区分。旧治理固有的传统观念是国家政府采用自上而下的方法进行指导，以及政府对社会和经济活动的控制程度，这种对“治理”的定义与“政府”的职能相似，更多地涉及国家的传统指导能力；新的治理则更多地涉及中心与社会的互动，这是因为网络中存在更多的自引导，自组织网络可能会阻碍实施。[②] 治理的概念在治理文献中有点混乱，这可以用概念本身的双重含义来解释：“一方面，它指的是20世纪末出现的国家适应其外部环境的经验表现；另一方面，治理指的是社会系统协调的概念或理论表现，在很大程度上，指国家在这一过程中的作用。”例如有些学者将治理定义得更加宽泛：“治理是公共组织在资源限制的情况下，以有效、透明、公正和负责任的方式提供一国公民或其代表要求的公共和其他物品的机构能力。”当然，也有学者认为治理是一种新的治理过程；是有序规则的改变条件；是社会治理的新方法；治理是指通过网络进行的治理，体现政府公共部门的职能变化，旨在改善政府部门与各种其他组织之间的协调。[③]

通常来说，治理具有四个特征，它不是一整套规则，也不是一种活动，而是一个过程；治理过程的基础不是控制，而是协调；治理涉及公共部门，也包括私人部门；治理不是一种正式的制度，而是持续的互动。[④]

（二）国际治理机构

随着世界多极化趋势的愈加明显，各种民族问题、文化冲突及文化发展成为影响当今世界发展的重要因素。为了有效地缓解和解决全球一些共性问题，1990年德国社会党国际前主席、国际发展委员会主席勃兰特提出了旨在对全球政治事务进行共同管理的全球治理的设想。

1992年，由28位国际知名人士发起成立了“全球治理委员会”（Commission on Global Governance），以进行全球治理的相关理论研究和政策研究。全球治理委员会将治理定义为涵盖个体、公共部门及私人部门的公共事务管理方式，作为一种持续的互动的过程，需要利益相关者的联合行动，其最终目标在于实现善治。在

①Kjar A M. Governance[M]. London: Polity Press, 2004: 10-11.

②Katsamunska P. The concept of governance and public governance theories[J]. Economic alternatives, 2016, 2(1): 133-141.

③Rhodes R A W. Understanding governance: ten years on[J]. Organization studies, 2007, 28(8): 1243-1264.

④盛冰. 高等教育的治理：重构政府、高校、社会之间的关系[J]. 高等教育研究, 2003(2): 47-48.

此视角下，终身学习治理需要政府与公民对终身学习的合作管理，鼓励更多的公民参与。从政策制定层面，终身学习治理意味着按照一定的规则制定出联结政府与公民社会关系的终身学习政策框架，强调不同利益相关方的参与。从实践层面，在建设学习型城市的进程中，一部分国家注重通过自上而下的终身教育政策制定推进公民的终身学习，一部分国家则注重激发市场活力，通过社会雇佣关系推进从业人员的终身学习。从学习者层面，终身学习治理意味着以学习者为中心，通过系统性激励政策的制定，促进学习者全面的终身发展。概言之，终身学习治理意味着通过系列性的政策，联结公民、政府及社会，为全民终身学习的推进与学习型城市的建设提供公共政策支撑。

治理水平被认为是影响成人学习和教育质量提升的关键因素。因此，在2009年12月的第六次国际成人教育大会的主题研究《走向美好未来的生活与学习：成人学习的力量》(《贝伦行动框架》)中，就提出要把“善治”作为成人学习和教育发展的重要目标。2016年，联合国教科文组织发布的《成人学习和教育全球报告(三)》(简称《全球报告(三)》)表明，自2009年以来各国成人学习和教育治理权进一步下放，在项目的具体需求和资源的精准配给上，地方层面拥有更大的决策权。不过这对地方政府带来一定的挑战，因为若要满足这些需求，各级政府就需要通过能力建设对学习需求、资源供给进行科学测评。为缩小不同人群的学习鸿沟，《全球报告(三)》明确提出，只有各方协同合作才能满足多样化需求，教育部长级的跨部门合作是整合力量和资源、破解成人阶段各种困境的唯一途径。①

联合国教科文组织各成员国通过了两项关键原则，以保证成人学习和教育的治理水平。第一项原则是在推进成人学习、教育政策和项目过程中应确保治理的有效、透明、负责任且公正；第二项原则是所有利益相关方应广泛参与，以确保回应学习者(尤其是身处劣势的学习者)的需求。

2019年12月发布的《成人学习和教育全球报告(四)》(简称《全球报告(四)》)的调查结果基于159个国家提供的反馈，其中包括157个教科文组织成员国和2个准成员国。3/4的国家报告显示本国在成人学习与教育治理方面有所改进，可见全球的整体进展率在短短几年内已实现了明显的飞跃，成人学习和教育治理水平总体上得到有效提升。那些有助于各国落实政策的治理结构包括：有效的协调机制，众多行动者之间牢固而平等的伙伴关系等。低收入国家在治理方面还有很

---

①郭中华.全球成人学习和教育的现实挑战与行动策略——基于《成人学习和教育全球报告(四)》的探讨[J].继续教育研究，2021(5)：34-39.

大的提升空间，如加大政府、雇主和个人对成人学习与教育的投资力度，重点帮助那些学习需求量最大的群体；通过跨部门的协同与合作来增进和保持全民成人学习与教育的动力和潜能。

二、终身学习成果认定

建立完善的终身学习成果评价认证制度，是构建终身学习型社会体系的重要手段，也是激励社会成员持续开展终身学习的动力，不同国家对于终身学习成果的认定标准和评价机制各不相同，但其最终的目的都是相同的，即为构建学分银行中的学分转换提供基础。

（一）学习成果认定理论研究

1. 学习成果认定

学习成果认定作为推动和维持终身学习有效开展的基础，历来都是世界各国终身学习理论研究所关注的焦点。有学者对学生学习成果认定进行综述，认为是艾斯纳于 1979 年首先提出了学生学习成果的概念[①]，并将其界定为以某种形式参与教学活动而获得的结果，是一种学习状态或学习表现的描述，即学生在参与某种形式的活动之后所最终达到的状态[②]。随后也有其他学者对学习成果进行了相关界定，如学习成果是对学习者在学习结束时所能知道、理解或演示的内容的陈述；学习成果是学习者在学习项目结束时所知道和能做的事情的清晰表述，辅之以适当的评估方法，可以提供一种透明的方式来了解学生的学习情况，是理解、论证和评估教育质量的一种手段。通过上述对学习成果的描述可以看出，这里的学习成果大多是指学生在学校学习中的学习成果，属于狭义上的学习成果定义。广义上的学习成果评价还应该包含除学校教育中学位授予和学分认定以外的学习成果评价，并不一定是严格意义上的评价，可以是通过诸如颁发某种资格证、许可证和毕业证、审定是否合格等形式进行的，也可能是一种奖励性的评价，相当于所谓的颁发结业证、认定证书等。[③]

①祁占勇.国际视野下学习成果认定的保障机制及其启示[J].湖南师范大学教育科学学报，2021，20(4)：83-92.

②Ernest T，Patrick T Terenzini. How college affects students：a third decade of research[M]. San Francisco：Jossey-Bass Publisher，2005：37-45.

③刘红红，王国辉.日本终身学习成果评价及认证机制初探[J].成人教育，2014，34(5)：15-21.

本书通过梳理国际职业资格证书制度的发展得出结论，学习成果认定是在20世纪八九十年代伴随着职业技能资格认证等实践应用而逐步发展起来的。1986年，英国就成立了国家职业资格委员会，认定职业资格证书与学历文凭具有同等的效力。在学习成果认定方面，日、欧等国家和地区的研究和应用较为系统。

1990年，日本中央教育审议会在《关于终身学习基础整备》的报告中提出，为激励国民参加各种学习活动，建立客观的、多元化的学习成果评价认定系统。

1996年，日本文部省出版的《终身学习社会的课题和展望》白皮书中对终身学习成果评价与认定做出了详细的说明，认为终身学习成果评价是除学校教育中学位授予和学分认定以外的学习成果评价。

1999年，日本终身学习审议会在《广泛运用终身学习成果》的报告中首次提出"认证"这一概念，并赋予"认证"具有"对学习活动进行确认、证明及公示"的功能。

2003年，日本发布的报告《随着社会变化的多样性职业》中指出，终身学习评价是正规学习过程结束后进行的评价，具有多种评价形式，如果达到既定目标，可以获得相关领域的学分和称号、结业证书、毕业证书、资格证书、学位等。

1995年，欧盟发布了终身学习白皮书《教与学：迈向学习型社会》，在该书中提出了推动终身学习的具体策略，如建立"认证制度""学分转移制度"等。

1999年，包括英国、法国、德国、荷兰等国在内的29个欧洲国家签订了《博洛尼亚宣言》，旨在建立一套通用的标准和健全的学分互认互换体系，消除欧洲各国高等教育体制内存在的问题。随后，欧洲建立了学分转移和累积系统（European Credit Transfer and Accumulation System，简称ECTS），由课程单元、学习负荷量、学业水平和高等教育机构的"标签"等重要因素构成，通过对基于既定学习成果及其相关工作量的学习量进行相关换算，形成不同的等级。

2. 先前学习成果认定

与学习成果认定相类似的还有先前学习成果认定，此类认定起源于二战之后的美国。有关先前学习认定表达方式不尽相同，如美国采用PLA（prior learning assessment）；澳大利亚、南非、瑞典采用RPL（recognition of prior learning）；加拿大采用PLAR（prior learning assessment and recognition）；英国采用APL（accreditation of prior learning）或APEL（accreditation of prior experiential learning）。所谓的先前学习认定包括对正规途径学习的认定（accreditation of prior certificated learning）、在正规教育机构及培训机构之外的非正规途径与非正式方式的学习（accreditation of prior experiential learning）认定。在早期，英国作为老牌工业国

家，无论是高等教育还是职业教育都较为发达，通过建立起完备的先前学习成果认定制度、资格框架和学分转移衔接制度，有效地促进了英国全民终身学习体系的建设和健康发展。

随着各国出台的职业资格认证体系以及资历框架的完善与发展，联合国教科文组织也对学习成果的认定做出了相关说明，并于 2012 年 6 月发布了《对于非正规与非正式学习成果的识别、验证和认证指南》，提出建设面向所有人的学习成果认证制度，“开发一些识别、记录、评价、验证和认证学习成果的程序，对于那些正规教育和培训机构之外的个人经验学习、自我导向学习和其他非标准化的学习形式，也应给予适当的考虑”。

(二)国际学习成果认定的发展

作为全球第一个提倡与推动终身学习的重要国际组织，联合国教科文组织在推动终身学习发展方面影响巨大，在终身学习认证上亦是如此。无论是在其发表的《学会生存》《教育：财富蕴藏其中》等报告书中，还是在相关的国际会议文件中，都或隐或显地可以看到关于终身学习认证的诸多阐释。其中“全球报告”系列作为对全球成人学习与教育情况的研究性报告，无论是对以往经验的总结，还是对未来发展方向的研判，都具有很高的权威性。《全球报告(四)》提供了一种在全球范围监测成人学习与教育现状的方法，分为两大部分：第一部分是对各国实施《贝伦行动框架》进展的监测结果，和成员国监测到的青年和成人的学习成果，以及适当的评价和评估工具；第二部分聚焦成人学习与教育的参与情况。每份《全球报告》都汇集了成人学习与教育方面的最新数据和证据，撷取了各国的最佳实践，关注各成员国改善成人学习与教育承诺的兑现情况——通过收集和分析基于结构化调查问卷的国家报告来获取数据。《全球报告》鼓励各成员国对本国的成人教育制度开展自我评估，关注本国在《贝伦行动框架》确立的五个行动领域中所取得的进展。每当《全球报告》发布后，相关组织和国家都会开展一系列活动，成人教育领域的合作伙伴可借此就调查结果进行讨论，可以这样说，在评估成人学习与教育、完善相关政策及实践方面，《全球报告》形成了一套自我反思、参与对话和相互学习的做法。

从全球范围来看，成人学习与教育政策方面取得进步最小的领域是“提升对非正规和非正式学习的认定”，报告有这方面进步的国家仅占 66%。然而，这也说明起码有 2/3 的国家根据《贝伦行动框架》的建议制定了认可、认定和认证各类学习活动的框架，并且报告本国在该领域取得了进步，这一点还是值得一提的。从成人教育过渡到融合性的继续教育的过程中遇到的挑战众多，除了要为各条教育路径制订学习计划,还有中央主管部门之间的决策协调问题。这些挑战包括:如何为每一条教育路径颁发证书,如何根据理论和技术的专业化程度,将这些证书与高等教育入学衔接起来。

为支持非正规学习和非正式学习,联合国教科文组织终身学习研究所推出了验证非正式学习和认可非正规学习的全球在线观测站。UIL 与全球监测学习联盟共同主持工作组,支持成员国监测青年和成人的学习成果,并开发适当的评价和评估工具。欧盟主要通过"欧洲终身学习指标"(European lifelong learning indicators,简称 ELLI)、"成人教育问卷调查"等项目实现对各成员国公民终身学习现状的连续监测[①];欧盟执委会于 2002 年 6 月发表了欧洲第一个有关终身学习的质量指标报告——《欧洲终身学习质量指标报告——15 项质量指标》(European Report on Quality Indicators of Lifelong Learning: Fifteen Quality Indicators);2012—2014 年,经合组织面向 33 个国家和地区开展了"国际成人能力评估项目"(Program for the International Assessment of Adult Competencies),聚焦在高技术环境中的问题解决能力(problem solving skills in technology-rich environments)、读写能力(literacy skills)及计算能力(numeracy skills);2006 年,加拿大学习委员会(Canada Council on Learning,简称 CCL)组织专家开发了第一个终身学习测量工具——"综合学习指数"(composite learning index,简称 CLI),综合学习指数涵盖了四个领域共 24 项具体的评估指标;新西兰的成人与社区教育协会(ACE Aotearoa)利用网络开发了"成人与社区教育学习者成果评估工具",这一评估工具秉持以学习者为中心的教学理念,利用网络跟踪分析学习者的成果,该工具旨在提供可测量的证据,展示成人教育给个体带来的美好生活,并通过对学习者的调查,评估教育机构是否对学习者的个人生活产生了积极影响,这些机构是否达成了既定的目标。

成人学习和教育领域的研究需要为政策和实践提供信息支持,相关的知识和信息是提高成人学习和教育质量的关键因素。提升数据的透明度和时效性,可为高质量的发展提供基本的数据参考和政策变革的支持。为实现成人教育质量的可持续发展和提高,一是要建立数据收集及监测机制。全球利益相关者应建立全面且动态的信息系统,致力于本国成人学习和教育数据收集方法、管理方式和监测方案的不断改善,为评估成人学习和教育的质量提供更加全面精准的数据支持。同时,各国应主动承担相应责任,积极参与全球成人学习和教育数据提供、管理、监测

① 吴遵民.现代终身教育体系论[M].上海:上海人民出版社,2019:191.

之中。二是要确保数据收集的全面性，扩大成人学习和教育数据信息收集覆盖范围，通过发挥大数据和区块链等技术优势，构建成人学习和教育监测技术平台，加强成人学习和教育监测基础设施及共享数据库建设，尤其是对弱势群体的成人学习和教育数据库建设，最大限度地保证成人学习和教育监测数据的全面性和透明性，充分发挥大数据时代数据之于质量提升的独特价值。[①]

第二节　中国终身学习管理体系

终身学习作为一种复杂的、概述性的描述用词，所涉及的层面广、时间跨度大，发展过程错综复杂，在不同的阶段、不同的层次、不同的时期有不同的表现，加之我国人口众多，各地区之间经济发展水平不同，使得终身学习的相关机构以及管理部门的行政管理体系错综复杂，并未形成一个统一的、系统的管理体系，管理主体和实施主体错综复杂，既有国家层面的，又有省市层面的，还有社会机构层面的，各个部门、组织的功能有交叉，但更多的相互独立，使得部分管理权限不清。从实施主体上看，中国现有的终身学习实施和管理的主体主要有三类：第一类主体就是各级各类的学校，以学历学习和技能学习为主，主要涉及各种全日制的学校学习及继续教育学院和网络学院，相关的组织形式较为完善，也为大众所熟知；第二类是政府机关，以职业技能和爱好素养提升为主，主要涉及社区学习、老年学习及农村成人文化技能学习，这类学习数量最多、最为分散，体系结构复杂，也是本章所关注的重点；第三类是社会企业组织开办的老年大学（学校），以及相关的学习组织和场所，这类学习数量不多，组织形式相对简单和清晰。从学习的形式来看，中国终身学习主要有学历学习、职业技能学习及兴趣爱好学习三类。其中学历学习中的高等学历学习最为复杂，可分为“普通学历”（全日制学校学习）、“成人学历”、“自学考试”和“网络学历”等多种形式。

一、管理体系的组织结构

中国的终身学习体系是逐步发展与完善的，其组织结构的发展与变化是随着相关法律的健全而逐步完善，通过梳理中国有关各阶段教育法规的发展历程，可以看出我国的终身学习的体系框架已经基本成形，如图 3-2 所示。

①郭中华.质量提升视域下全球成人学习和教育的变革与发展[J].中国职业技术教育，2021(9)：18-24.

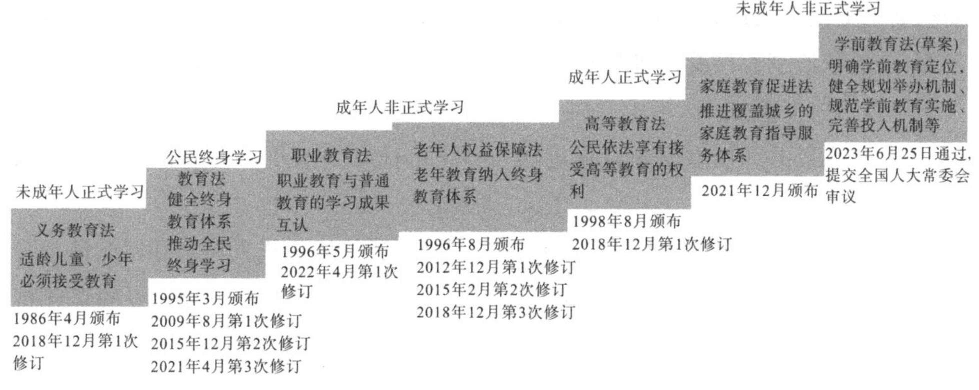

图 3-2　中国终身学习的法律保障体系

1986 年 4 月 12 日，由第六届全国人民代表大会第四次会议通过《中华人民共和国义务教育法》(2018 年 12 月 29 日，第十三届全国人民代表大会常务委员会第七次会议修改)，提出“所有适龄儿童、少年必须接受的教育，是国家必须予以保障的公益性事业”，这为未成年人的学习提供了最基本的保障。

1995 年，《中华人民共和国教育法》第十一条规定“国家适应社会主义市场经济发展和社会进步的需要，推进教育改革，促进各级各类教育协调发展并建立和完善终身教育体系”，“国家鼓励发展多种形式的成人教育，使公民接受适当形式的政治、经济、文化、科学、技术、业务教育和终身教育”。

1996 年 8 月 29 日，第八届全国人民代表大会常务委员会第二十一次会议通过《中华人民共和国老年人权益保障法》(2012 年 12 月 28 日第十一届全国人民代表大会常务委员会第三十次会议第一次修订，2015 年 4 月 24 日第十二届全国人民代表大会常务委员会第十四次会议第二次修订，2018 年 12 月 29 日中华人民共和国主席令第二十四号，第十三届全国人民代表大会常务委员会第七次会议第三次修订)，提出“老年人有继续受教育的权利，国家发展老年教育，把老年教育纳入终身教育体系，鼓励社会办好各类老年学校”，为老年人的学习提供法律保障。

1996 年 5 月 15 日第八届全国人民代表大会常务委员会第十九次会议通过《中华人民共和国职业教育法》(2022 年 4 月 20 日，第十三届全国人大常委会第三十四次会议第一次修订)，提出“建立职业教育体系，服务全民终身学习的现代职业教育体系，促进职业教育与普通教育的学习成果融通、互认”，为职业技能的学习认可提供了法律保证。

1998 年 8 月 29 日，第九届全国人民代表大会常务委员会第四次会议通过《中华人民共和国高等教育法》(2018 年 12 月 29 日，第十三届全国人民代表大会常务委员会第七次会议修订），提出“高等教育是指在完成高级中等教育基础上实施的教育，公民依法享有接受高等教育的权利”，为成人的高等学力学习提供了保证。

2021 年 10 月 23 日，第十三届全国人民代表大会常务委员会第三十一次会议通过《中华人民共和国家庭教育促进法》，将学龄前及未成年人的非正式学习纳入法律体系。

2023 年 6 月 2 日，国务院常务会议讨论并原则通过《中华人民共和国学前教育法（草案）》，决定将草案提请全国人大常委会审议，标志着中国终身学习的保障框架体系已经基本完善。

（一）国家层面

在国内，国家层面没有一个统一的管理机构，仅从宏观政策层面强调“完善终身学习体系，建设学习型社会”的观念，具体职能往往分散在不同的相关机构与部门，致使落地实施的政策和文件不够完善。[①] 2012 年 11 月，教育部发布《教育部办公厅关于成立综合改革司等机构及相关职能调整的通知》（教育厅〔2012〕5 号），设置教育部继续教育办公室，其主要职责是协调推动终身教育体系建设，宏观管理社区教育、职工教育、社会培训等各类非学历继续教育，指导并管理成人教育、网络和远程教育、自学考试等各类学历继续教育，而上述终身学习的资源获取及政策的制定和执行等日常工作又由教育部职业与成人教育司的相关处室承担；开放大学（广播电视大学、夜大等）和各高校内部设置网络学院及继续教育学院又属于高教司管理；具体的社区教育工作实施多数处于属地管理阶段，由各地自行管理，各地经费、部门、人员配置、职能范围等呈现出不同的形态，管理体制较为混乱，有的将社区教育归到教育部门管理，有些归到社发局、文明办管理，有些单独成立“社区教育委员会”“社会教育推进委员会”“学习型社区推进领导小组”等，没有统一的组织名称和机构。[②]

为了更加清晰地描述中国的终身学习体系，需要从不同的维度和不同的层面出发，对相关实施主体和实施机构进行梳理。基于此，本书从实施主体出发，将中国现有的终身学习体系结构进行了整理，形成了目前国内终身学习的体系结构，如图 3-3 所示。

---

①中华人民共和国中央人民政府．中共中央关于制定国民经济和社会发展第十四个五年规划和二〇三五年远景目标的建议[EB/OL]．(2020-11-03)[2022-10-11]．http://www.gov.cn/zhengce/2020-11/03/content_5556991.htm.

②李佳萍．我国社区教育管理的问题与对策研究[D]．长春：东北师范大学，2014:20.

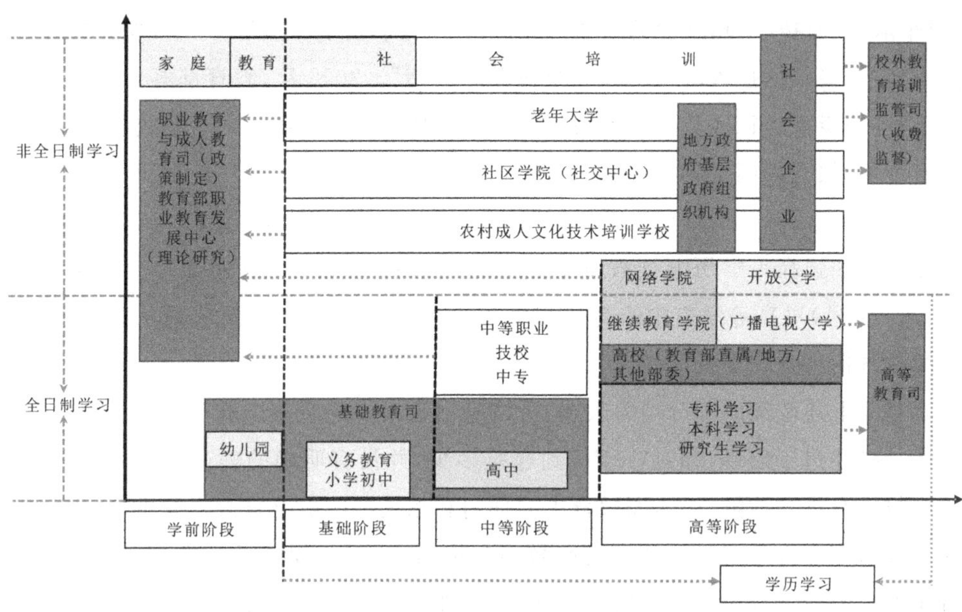

图 3-3　中国终身学习的组织管理体系结构

从图 3-3 可以看出，在国家层面上，涉及终身学习的行政机构主要有高等教育司（负责各高校兼各高校的网络教育学院、继续教育学院及开放大学）、职业教育与成人教育司（负责中等职业教育、社区教育、老年大学、农村成人文化技术培训和部分高校的继续教育学院、网络教育学院以及开放大学、夜大学等）、基础教育司（主要负责基础教育及中等教育中的高中教育）、校外培训监管司（主要负责校外培训机构、老年大学、社区学院及农村成人文化技术培训学校的收费等问题）。

终身学习不仅在管理机构方面“九龙治水”，而且在政策制定方面也是“多管混用”，多是根据发展需求发布时效性较强的终身学习政策，实施与监管也是分布在不同的司局单位。例如《中共中央国务院关于加强新时代老龄工作的意见》（2021 年 11 月 18 日）提出，扩大老年教育资源供给，将老年教育纳入终身教育体系，教育部门牵头研究制定老年教育发展政策举措，采取促进有条件的学校开展老年教育、支持社会力量举办老年大学（学校）等办法，推动扩大老年教育资源供给。鼓励有条件的高校、职业院校开设老年教育相关专业和课程，加强学科专业建设与人才培养。依托国家开放大学筹建国家老年大学，搭建全国老年教育资源共享和公共服务平台。通过对上述政策的论述，可进一步看出，老年学习资源、环境的提供主体以及政策实施的机构依然是多层次和多方面的。再如 2004 年教育部颁发的《关于推进社区教育工作的若干意见》是目前我国规范社区教育工作的主要文件，提出

"要采取'政府拨一点,社会筹一点,单位出一点,个人拿一点'的办法,建立以政府投入为主,多渠道投入的社区教育经费保障机制"。2016年,教育部等九部门发布《关于进一步推进社区教育发展的意见》(教职成〔2016〕4号),推动形成党委领导、政府统筹、教育部门主管、相关部门配合、社会积极支持、社区自主活动、市场有效介入、群众广泛参与的社区教育协同治理的体制和运行机制。2021年,《教育部办公厅关于加强高等学历继续教育专业设置与管理有关工作的通知》(教职成厅函〔2021〕27号)对高等学校中的高等继续教育提出要求,将相关情况录入"全国高等继续教育信息管理系统"。

基于上述政策的部分内容表述,可以看出政策实施主体不够明确清晰,对筹资办法的描述过于宏观,如对"一点"到底是多少,并没有明确的表述,导致各地社区教育投入有很大的随意性,而教育主管部门和相关部门配合政策实施主体不清,普通高校开展高等学历继续教育受高教司约束,也要完成职业教育成人教育司的部分工作。虽然后续设立了专门处室和中心,如教育部继续教育办公室等,但均以政策研究为主。

(二)省市层面

对终身学习资源的供给和支持,需要终身教育政策的指导和协同。尤其是在实施环节,国家层面更多的是负责规划,而各省市才是具体执行主体。终身学习涉及层面众多,这使得省市层面的组织管理机构和国家层面有所区别,往往需要多个部门进行协调。

1. 省级终身学习行政机构

省级终身学习体系的行政管理机制较为庞杂,各部分机制权限、行政管辖权及支配权限往往隶属不同的部门,功能界限较为模糊。

(1)各省、自治区、直辖市教育厅(教委):教育行政部门要把开展社区教育纳入教育发展整体规划,主动联系有关部门,牵头做好社区教育发展规划、相关政策的制定和完善工作,建立目标责任和考核机制,确保社区教育改革发展目标落实到位。

(2)民政厅(局):民政部门要把社区教育作为街道管理创新、乡镇服务型政府建设和城乡社区建设的重要内容,纳入城乡社区服务体系建设规划。

(3)科技厅(局):科技部门要将《科普法》《全民科学素质行动计划纲要》的实施及国家科普能力建设与开展社区教育工作紧密结合起来。

(4)财政厅(局):财政部门要结合实际,逐步加大对社区教育的支持力度。

(5)人力资源和社会保障厅(局):人社部门要加大对社区教育的支持力度,并结合工作实际,充分发挥社区教育在职业技能培训中的重要作用。

(6)文化和旅游厅(局):文化部门要通过公共文化服务体系为社区教育提供必要支撑。

(7)体育局:“五育”并举,促进公民的德智体美劳的全面发展,体育部门要将《全民健身计划纲要》的实施与开展社区教育工作紧密结合起来,为终身学习提供辅助支持。

2. 市级终身学习行政机构

市级(以上)将党政领导协调管理的组织称为“社区教育委员会”或“社区教育推进委员会”或“学习型社区推进领导小组”等,有些地区社区教育指导小组由市(区)长担任组长,有些地区则由主管部门领导担任组长,有些地区社区教育工作领导小组成员仅包括各委办局,有些地区则包括除委办局之外的企事业单位。也就是说,市级(以上)的社区教育领导体制从部门的设立、管理体制等方面都非常混乱,例如江苏省苏州市的终身学习实施主体所涉及的部门如图 3-4 所示。

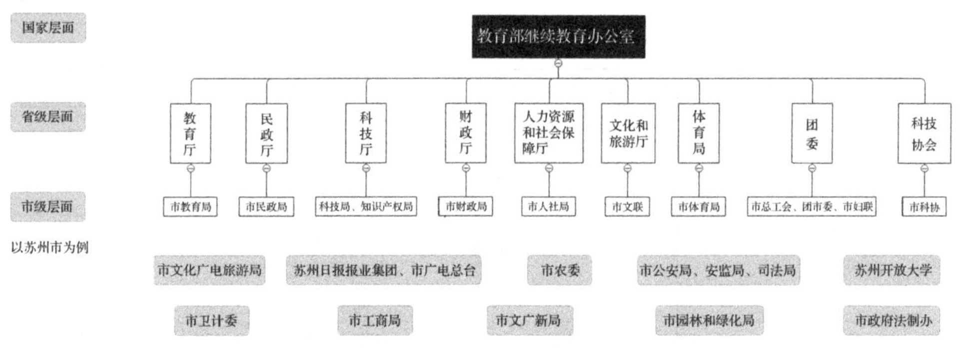

图 3-4　江苏省苏州市终身学习的实施主体所涉及的部门

(三)县(区)与街道层面

在市级层面已经建立了推进学习型社会建设指导委员会和办公室的城市中,建立了区推进学习型社会指导委员会、社区教育委员会与学习型城市建设小组,但各县(区)社区教育的管理体制不尽相同。除了少数学习型城市建设较好的地区外,绝大多数的实验区、示范区还没有成立学习型城市建设小组,社区教育工作仍然是由社区教育委员会领导、职成教育科或社区教育科管理。

二、成人高等学校

成人高等学历教育是终身学习的重要体现方式和激发动力，也是我国高等教育的重要组成部分，经过70余年的发展，历经三个阶段，已逐步形成一条独特的发展道路。成人高等学历主要分为三类："成人学历"是指从成人高等学校或者普通高等学校举办的函授班、夜校、脱产班等取得的本专科高等学历；"网络学历"是指1999年以来通过参加普通高等学校和中央及各地方广播电视大学系统开展的现代远程教育而取得的本专科高等教育学历；"自学考试"是指通过参加全国高等教育自学考试而取得的本专科高等学历。

中国成人高等学历学习主要是通过成人高等教育的方式开展。国内现有的成人高等教育开展主体主要包含开放大学（广播电视大学）、职工大学、网络学院、继续教育学院、干部管理学院、联合大学、业余大学、函授大学及自学等多种形式。截至2023年6月15日，教育部公布了全国成人高等学校名单，共计252所，较2022年减少了2所（山西、四川各减少1所），各省市分布如表3-1所示。

表3-1　2022年中国国内成人高校分布数量

地区	数量/所	地区	数量/所
北京市	23	河南省	10
天津市	13	湖北省	13
河北省	5	湖南省	12
山西省	8	广东省	14
内蒙古自治区	2	广西壮族自治区	4
辽宁省	18	海南省	1
吉林省	14	重庆市	3
黑龙江省	16	四川省	12
上海市	12	贵州省	3
江苏省	8	云南省	1
浙江省	8	陕西省	14
安徽省	6	甘肃省	4
福建省	3	青海省	2
江西省	5	宁夏回族自治区	1
山东省	11	新疆维吾尔自治区	6
合计	252		

(一)发展过程

1. 起步阶段(1949—1976 年)

由于高等教育资源的稀缺,此阶段的成人高等教育以函授与夜大学为主。1950 年,中国人民大学的夜大学正式招生,开启了函授教育。1955 年 5 月 19 日至 6 月 10 日举行的全国文化教育工作会议决定,采用"函授"或举办"夜大学"等办法吸收工矿干部、技术人员和熟练工人进行"在职学习"。1955 年,电力工业部首先与清华大学签订合办夜大学的协议,并进行首届招生(试招生)。1956 年 6 月起第一机械工业部、第二机械工业部和电机制造工业部与清华大学签订了联合办夜大学的协议,并于同年的 8 月,教育部将"清华大学夜大学"更名为"清华大学夜校部",并入清华大学。1960 年,北京市广播电视大学成立。1965 年,全国共有各类成人高等学校 964 所,在校学生 412616 人,如表 3-2 所示。

表 3-2　1949—1976 年成人高校数量及类型[①]

年份	独立设置业余高等学校/所	高等学校附设夜校部、函授部/个
1953	23	4
1954	32	5
1955	33	16
1956	83	73
1957	92	94
1958	265	118
1959	715	154
1960	—	—
1961	—	—
1962	877	248
1963	943	222
1964	850	211
1965	758	206

1958 年开始,全国独立设置的业余高校数量激增,据相关文献资料的统计,截至 1976 年,全国有高达 1.3 万所业余高校。[②]

2. 调整与恢复阶段(1977—1998 年)

中国改革开放之初,停滞 10 年的高考制度得以恢复,由于经济水平相对落后,

①教育部计划财务司. 中国教育成就统计资料 1949—1983[M]. 北京:人民教育出版社,1985:24-48.

②许竞,于明潇,郭巍. 我国成人高等学历教育七十年回溯与反思[J]. 终身教育研究,2019,30(4):28-37.

正式学校的高等教育规模非常有限,为进一步弥补高等教育资源的不足,大力开展远程教育,并对不规范的成人高等教育进行规范。

1978 年 10 月 30 日,教育部和中央广播事业局联合发出通知筹备成立中央广播电视大学。1979 年 1 月,国务院正式下发文件指出要举办广播电视大学,并要求各省、自治区、直辖市和中央有关部门"大力支持广播电视大学的筹办工作,切实解决工作中的问题,注意总结经验,努力把广播电视大学办好"。1979 年 2 月 6 日,中央广播电视大学和 28 所省级电大同时举办首次开学典礼,标志着广播电视大学走上历史的舞台,并成为中国高等教育的重要组成部分。中央广播电视大学直接隶属教育部的高等教育机构,主要通过计算机网络、卫星电视等现代传媒技术,通过印刷教材、音像教材、多媒体课件、网络课程等多种教学媒体,面向成人开展远程教育,既有专科也有本科,属于非全日制教育,学员在自学的基础之上通过相关考试后,可获得国家承认的学历。

1981 年,为了有效地促进成人继续教育的健康发展,开始对成人高等教育进行调整和规范,国务院批转了教育部的报告和《高等教育自学考试试行办法》,开始实行高等教育自学考试(简称"自学考试")。这期间教育学院从 1980 年的 1290 所大幅减至 1981 年的 279 所。1986 年,国家教委对各类成人高等学校实行全国统一招生考试,对成人高等教育进行规范化管理,使得成人高等教育逐步走上了规范的道路。此阶段全国的成人高等教育学校类型及相关数量如表 3-3 所示。

表 3-3 1980—1998 年中国国内成人高校数量及类型 单位:所

年份	广播电视大学	职工高等学校	农民高等学校	管路干部学院	教育学院	独立函授学院	总数
1980	29	1194	165	—	1290	4	2682
1981	29	1140	72	—	279	5	1525
1982	29	820	4	—	290	4	1147
1983	29	841	4	15	304	3	1196
1984	29	850	4	54	218	2	1157
1985	29	863	4	102	216	2	1216
1986	29	952	5	165	262	7	1420
1987	39	915	5	168	268	4	1399
1988	40	888	5	171	265	4	1373
1989	39	848	5	172	265	4	1333
1990	40	835	5	172	265	4	1321
1991	42	776	5	175	254	4	1256

续表

年份	广播电视大学	职工高等学校	农民高等学校	管路干部学院	教育学院	独立函授学院	总数
1992	44	726	5	168	251	4	1198
1993	45	714	5	166	249	4	1183
1994	46	703	4	170	245	4	1172
1995	46	694	4	166	242	4	1156
1996	46	680	4	164	240	4	1138
1997	45	664	4	161	229	4	1107
1998	45	567	3	153	190	4	962

3.跨越式发展时(1999 年至今)

1999 年,国家为了进一步提升高等教育质量并普及高等教育,在普通高等教育大规模扩招的同时,提倡充分利用网络优势,为成人提供更多继续进行学习的机会。在持续规范成人高等教育学校办学质量的同时,通过普通高等学校开设网络学院,协同继续教育学院及开放大学共同为成人高等学校学习提供保障。此阶段虽然成人高校大规模缩减,但招生数量却与日俱增,到 2020 年,成人高校仅剩 265 所,但整体的成人高等教育、网络教育的在校人数却达到了 1623.7406 万人,1999 年至 2023 年全国成人高校数量变化如表 3-4 所示。

表 3-4 1999—2023 年全国成人高校数量统计① 单位:所

<table>
<tr><th>年份</th><th>广播电视大学</th><th>职工高等学校</th><th>农民高等学校</th><th>管路干部学院</th><th>教育学院</th><th>独立函授学院</th><th>成人高等学校(自 2002 年起)</th><th>总数</th></tr>
<tr><td>1999</td><td>45</td><td>507</td><td>3</td><td>146</td><td>166</td><td>4</td><td>—</td><td>871</td></tr>
<tr><td>2000</td><td>45</td><td>466</td><td>3</td><td>117</td><td>138</td><td>3</td><td>—</td><td>772</td></tr>
<tr><td>2001</td><td>45</td><td>409</td><td>3</td><td>104</td><td>122</td><td>3</td><td>—</td><td>686</td></tr>
<tr><td>2002</td><td rowspan="8" colspan="6">教育部统计口径发生变化,即统一为成人高校</td><td>607</td><td>607</td></tr>
<tr><td>2003</td><td>558</td><td>558</td></tr>
<tr><td>2004</td><td>505</td><td>505</td></tr>
<tr><td>2005</td><td>481</td><td>481</td></tr>
<tr><td>2006</td><td>444</td><td>444</td></tr>
<tr><td>2007</td><td>413</td><td>413</td></tr>
<tr><td>2008</td><td>400</td><td>400</td></tr>
<tr><td>2009</td><td>384</td><td>384</td></tr>
</table>

① 中华人民共和国教育部. 2020 年教育统计数据[EB/OL]. (2021-08-30)[2022-10-11]. http://www.moe.gov.cn/jyb_sjzl/moe_560/2020/.

续表

年份	广播电视大学	职工高等学校	农民高等学校	管路干部学院	教育学院	独立函授学院	成人高等学校（自2002年起）	总数
2010	教育部统计口径发生变化，即统一为成人高校						365	365
2011							353	353
2012							348	348
2013							297	297
2014							295	295
2015							292	292
2016							284	284
2017							282	282
2018							277	277
2019							268	268
2020							265	265
2021							256	256
2022							254	254
2023							252	252

成人高等学历教育是公民进行终身学习的重要保证和途径，根据教育部官方的统计数据可以看出，1998年至2020年间，有7500多万人进行了高等学历学习，如表3-5所示。

表3-5　1997—2020年全国成人、网络高等学历学习人数　　单位：人

年份	成人本专科			网络本专科		
	招生人数	毕业人数	在校生数	招生人数	毕业人数	在校生数
1998	481718	506705	1233043	—	—	—
1999	2078411	2877028	2455620	—	—	—
2000	328877	512701	1117700	—	—	—
2001	316367	523811	1225985	—	—	—
2002	2223211	1174979	5591573	434210	4292	1082226
2003	2223211	1174979	5591573	223855	11633	500727
2004	2211580	1896152	4197956	839325	393715	2365908
2005	1930250	1667889	4360705	891046	759627	2652679
2006	1844431	815163	5248765	1132516	885117	2792945
2007	1911132	1764400	5241550	1233355	827875	3102253
2008	2025552	1690944	5482949	1472194	901522	3558950
2009	2014776	1943893	5413513	1625687	983521	4172721
2010	2084259	1972873	5360388	1663655	1105529	4531443
2011	2185141	1906640	5474962	1871519	1299253	4924833

续表

年份	成人本专科			网络本专科		
	招生人数	毕业人数	在校生数	招生人数	毕业人数	在校生数
2012	2439551	1954357	5831123	1964468	1360870	5704112
2013	2564934	1997729	6264145	2200729	1560762	6146406
2014	2212329	2656040	6531212	1661306	2061852	6314472
2015	2362593	2367455	6359352	1799757	2034032	6284671
2016	2444650	2112290	5843883	1874787	2296088	6449329
2017	2470370	2175302	5441429	1777905	2861143	7359267
2018	2177408	2733119	5909878	1949189	3209064	8256553
2019	2131369	3022088	6685603	2323128	2885458	8578345
2020	2469562	3637630	7772942	2722497	2779128	8464464

数据来源：中华人民共和国教育部教育统计数据。

(二)网络学院

教育部于2000年7月颁发了《关于支持若干所高等学校建设网络教育学院开展现代远程教育试点工作的几点意见》(教高厅〔2000〕10号)文件，具备条件的网络教育学院可以开展学历和非学历的网络教学工作。网络学院作为高等学校学习的补充机制，其实施主体依托于现有的高等学校。学员可以自主安排学习时间、选择学习内容。各网络学院可根据本校已经具备的学历学位授予权资格，与学校职能部门共同商定人才培养方案，开展与研究生有关专业学位的教育，本科(包括主修专业、辅修专业、第二学士学位、专升本)、高职高专等层次的学历学位网络教学工作。网络教育学院应实行学分制，学历教育的学分有效期和修业年限由学校决定。对达到本、专科毕业要求的学生，颁发何种形式的毕业证书，由学校慎重研究后自行决定；学历证书由学校自行印制，并实行电子注册制度；电子注册后，国家予以承认。

1. 发展过程

1998年9月，教育部批准清华大学、浙江大学、湖南大学及北京邮电大学4所高校开展远程教育试点，随后又批准北京大学、中央广播电视大学开展远程教育试点；2000年7月，教育部又发文新增北京师范大学、东北大学、上海交通大学等25所高校开展远程教育试点；2002年2月22日，教育部办公厅发布了《关于对北京科技大学等21所高校开展现代远程教育试点工作的批复》(教高厅〔2002〕2号)，批准21所高校开展网络成人教育；2004年2月17日，教育部办公厅发布《关于做好

2004 年现代远程教育试点高校网络教育招生工作的通知》(教高厅〔2004〕9 号),认定全国有 63 所现代远程教育试点学校;2006 年 3 月 10 日,教育部发布《关于做好 2006 年现代远程教育试点高校网络高等学历教育招生工作的通知》(教高〔2006〕2 号)文件,认定 66 所试点高校可以开展网络高等学历教育招生;2021 年 10 月 28 日,教育部办公厅发布了《关于开展现代远程教育(网络教育)试点总结性评估的通知》(教职成厅函〔2021〕22 号),认定经教育部批准开展现代远程教育试点的 68 所高校,各高校分布如表 3-6 所示。

表 3-6　现代远程教育试点的 68 所高校分布数量

省份	试点高校名称	省份	试点高校名称
北京市(18 所)	北京大学	辽宁省(4 所)	大连理工大学
	中国人民大学		东北大学
	清华大学		中国医科大学
	北京交通大学		东北财经大学
	北京航空航天大学	陕西省(4 所)	西安交通大学
	北京理工大学		西北工业大学
	北京科技大学		西安电子科技大学
	北京邮电大学		陕西师范大学
	中国农业大学	江苏省(3 所)	南京大学
	北京中医药大学		东南大学
	北京师范大学		江南大学
	北京外国语大学	广东省(3 所)	中山大学
	北京语言大学		华南理工大学
	中国传媒大学		华南师范大学
	对外经济贸易大学	天津市(2 所)	南开大学
	中央音乐学院		天津大学
	中国石油大学(北京)	吉林省(2 所)	吉林大学
	中国地质大学(北京)		东北师范大学
上海市(7 所)	复旦大学	黑龙江省(2 所)	哈尔滨工业大学
	同济大学		东北农业大学
	上海交通大学	福建省(2 所)	厦门大学
	华东理工大学		福建师范大学
	东华大学	山东省(2 所)	山东大学
	华东师范大学		中国石油大学(华东)
	上海外国语大学	湖南省(2 所)	湖南大学
四川省(6 所)	四川大学		中南大学
	西南交通大学	重庆市(2 所)	重庆大学
	电子科技大学		西南大学

续表

省份	试点高校名称	省份	试点高校名称
四川省(6所)	西南科技大学	浙江省(1所)	浙江大学
	四川农业大学	安徽省(1所)	中国科学技术大学
	西南财经大学	河南省(1所)	郑州大学
湖北省(5所)	武汉大学	甘肃省(1所)	兰州大学
	华中科技大学	目前,已有部分高校网络教育处于停招状态	
	中国地质大学(武汉)		
	武汉理工大学		
	华中师范大学		

2. 未来趋势

随着高等教育的普及,网络教育已经完成使命,已有众多高校的网络学院停止招生,尤其是2022年3月15日,“高校网络教育阳光招生服务平台”发布了“暂缓各试点高校2022年秋季招生简章和招生信息上报,暂缓学习中心信息上报”的相关通知(网招委函〔2022〕1号),使得网络教育的前途未卜。

(三)继续教育学院

继续教育学院是高等学校所设的二级学院,是各大学设置的专门从事高起本、高起专、专升本及专插本等高等教育、短期培训等学历教育与非学历教育的二级教学单位,是大学里下辖的一个学院,其级别跟学校的其他二级学院是一样的,都是该大学下属的某个分支机构。随着社会的不断进步,教育不断改革,继续教育面不断拓展,现已成为我国高等教育的重要组成部分。继续教育学院的学生入学要参加成人高等学校招生全国统一考试高考(简称“成人高考”),毕业要参加全国统一的自学考试(简称自考),合格后可获得相关的学历。成人高等学历教育分为专科起点本科(简称专升本)、高中起点本科(简称高起本)和专科(简称高起专)三种;在校学习形式分全日制、脱产、业余、函授等多种形式。

(四)开放大学

开放大学目前已经成为成人高校的主体,各省市均有完善的管理体系。2010年7月,为进一步适应时代发展需要,国家颁布《国家中长期教育改革和发展规划纲要(2010—2020年)》,提出“办好开放大学,改革和完善高等教育自学考试制度”。2010年10月国务院印发《关于开展国家教育体制改革试点的通知》,将北京、上海、江苏、广东、云南等五省市和中央广播电视大学确定为“探索开放大学建设模式”试点单位，拉开了广播电视大学战略转型的序幕。2012 年 6 月，中央广播电视大学更名为国家开放大学。2016 年 1 月 16 日，教育部发布了《关于办好开放大学的意见》(教职成〔2016〕2 号)，明确提出开放大学要建设“学分银行”，实现学习成果的积累和转换。2018 年 1 月 1 日起，新更名的国家开放大学停止颁发“中央广播电视大学毕业证书”，只颁发国家开放大学毕业证书。截至目前，我国已经形成国家开放大学和 44 所省级广播电视大学(地方开放大学)及市州分校(市州广播电视大学、开放大学)、区县工作站(区县广播电视大学、开放大学)共同组成的覆盖全国的开放教育一体化办学体系，成为成人高等学历学习的重要组成部分。

(五)教育学院

教育学院作为一所特殊的成人教育学校，其前身大多是教师进修学院(学校)，基本是新中国成立以后为适应国内教育发展而成立。这些学院最初均以教师培训、进修为主，但随着时代的发展，其职能逐渐发生转变，由教师培训逐步转向学历教育、中学校长和中学教师继续教育培训及函授等。截至 2023 年 6 月，全国 252 所成人高校中有 26 所教育学院。

(六)职工大学(管理干部学院)

职工大学、管理干部学院是我国特定历史发展阶段的产物。20 世纪 70 年代后，随着改革开放的推进，为了尽快提升企事业单位的发展潜力，一些国家部委及有关单位，为了提高本系统内现有干部的管理水平和职工的素质，分别建立了各自所属的高等学校，其中为提高本系统内现有干部的管理水平的大多冠以“××管理干部学院”的名称；而提高本系统内现有职工素质的则大多冠以“××职工大学”的名称。截至 2023 年 6 月，全国有 101 所职工大学、31 所管理干部学院，占现有成人高校的半壁江山。

三、老年大学

1968 年，法国颁布了《高等教育指导法案》，该法案明确指出法国的大学应向终身教育机构提供协助义务。受此影响，法国图卢兹大学社会科学院于 1973 年专门为当地退休人员开设了老年教育课程，这标志着世界上第一所老年大学(在法国，老年大学又称为第三年龄大学)——第三年龄图卢兹老年人大学成立。1975 年后，第三年龄大学的理念传入比利时、瑞士、波兰、意大利、西班牙等欧洲国家，并传入加拿大和美国。1978 年国际第三年龄大学协会(International Association of the Third Age University,简称 AIUTA)(又称为国际老年大学协会)成立,在世界范围内关注和研究老年教育和老年人学习。

我国老年教育与研究起步相对较晚。1983 年 6 月,创办了全国第一所老年大学——山东老年大学。历经 40 多年的发展,中国的老年大学队伍日益壮大,已经成为老年人接受教育和学习的主要渠道和资源获取方式。

(一)发展情况

老年大学的发展是伴随着老年教育的发展而发展的,是老年教育发展到一定程度的体现,也是老年教育和学习开展与实施的主要途径和手段。中国老年教育的发展历经空白期、萌芽期、成长期、繁荣期及融汇期五个阶段,如图 3-5 所示。

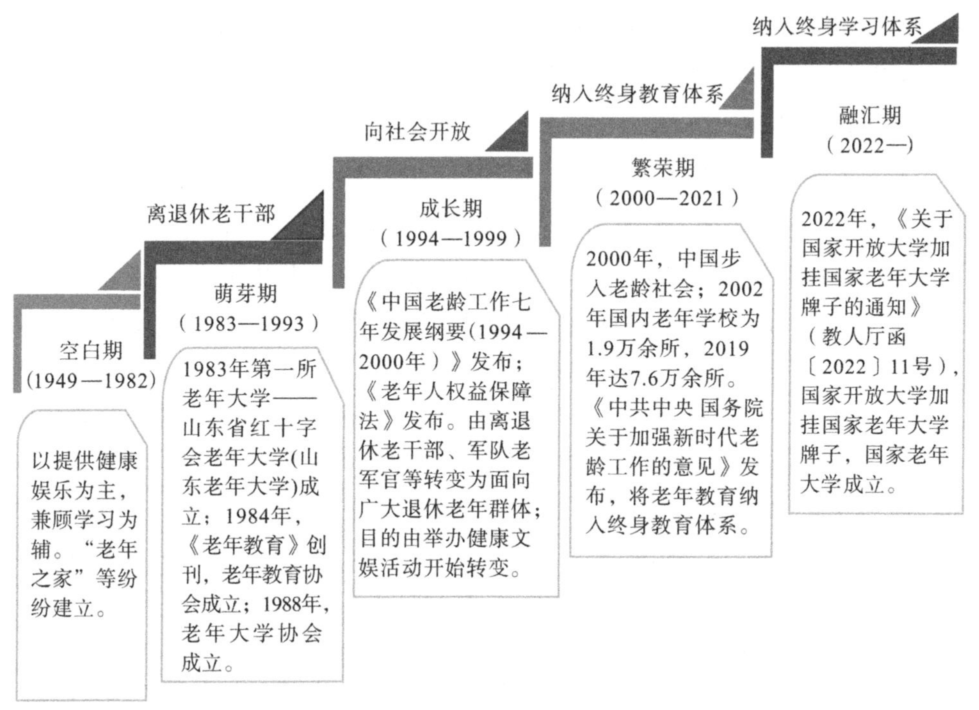

图 3-5 中国老年教育的发展阶段

1. 空白期(1949—1982 年)

教育事业百废待兴,国家为了快速恢复和发展经济,大部分教育经费投入集中在提升劳动力文化素质和生产技能方面,主要政策也是关注重点基础教育(扫盲)

及高等教育领域，老年教育处于空白期。此阶段的老年教育多以老年之家等名义开展，主要是为老年人提供休闲娱乐的场所，部分老年之家还为老年人提供学习和查询资料服务。

2. 萌芽期(1983—1990 年)

随着改革开放的进行，全国的经济水平得以快速发展，人们的生活水平逐渐提高，老年人的精神文化生活逐步受到重视。为了改善和提升老年人晚年生活水平，发挥老年人的余热，国家开始试点老年教育，各地纷纷成立老年大学，成立老年协会及老年大学协会等民间组织，此阶段主要面向的是退休老干部等群体。

3. 成长期(1991—1999 年)

随着中国城市化进程的推进，普通老百姓的物质文化生活水平达到了一定程度，尤其是随着城市老年人口的增加，普通老年人对于精神文化生活的追求日益迫切。1996 年颁布的《中华人民共和国老年人权益保障法》将老年人教育纳入老龄工作，同时将老年大学的主要服务对象转向普通大众，将老年大学的健康娱乐活动转向老年教育和老年学习。

4. 繁荣期(2000—2021 年)

进入 21 世纪，中国的整体经济实力得到了快速提升，整个社会的基础服务设施及医疗条件得到极大的改善，人均寿命明显增加，2000 年中国 65 岁及以上老年人口 0.88 亿人(占比达 7%)，标志着中国已经进入老龄化社会。但同时，由于科技与文化得到了全面发展，使得社会生活节奏明显加快，人们日常的衣食住行等方式都发生了革命性的改变，科技含量日益提升，这对老年人的生活方式提出了极大的挑战。为了全面提升老年人的生活质量，充分发挥老年人的工作经验，使得老年人跟上社会发展，老年人学习成为国家政策制定的重点关注对象。2000 年国务院发布了《关于社会福利社会化的意见》，2001 年民政部颁布《老年人社会福利机构基本规范》，2002 年劳动和社会保障部制定《养老护理员国家职业标准》，2006 年国务院发布《关于加强和改进社区服务工作的意见》及 2016 年的《老年教育发展规划(2016—2020 年)》、2021 年的《"十四五"国家老龄事业发展和养老服务体系规划》等一系列的专门面向老年教育的政策密集出台，标志着老年教育管理体制和基础设施基本成型，各地大力发展和建设老年大学(学校)，为老年人学习提供保证和支持，老年教育和老年学习步入繁荣期。

5. 融汇期(2022 年至今)

2022 年 10 月 16 日，党的二十大报告指出，"推进教育数字化，建设全民终身学

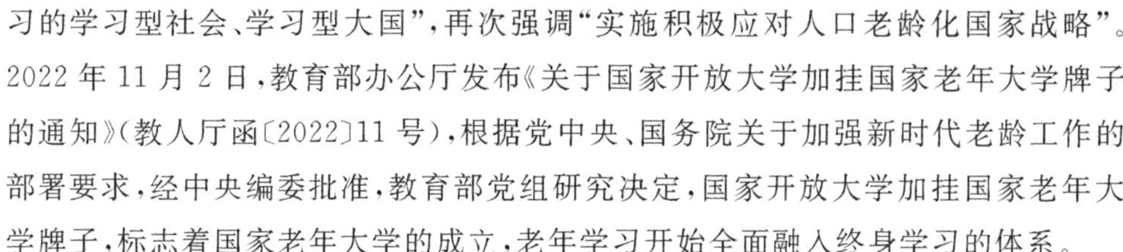

习的学习型社会、学习型大国”，再次强调“实施积极应对人口老龄化国家战略”。2022 年 11 月 2 日，教育部办公厅发布《关于国家开放大学加挂国家老年大学牌子的通知》(教人厅函〔2022〕11 号)，根据党中央、国务院关于加强新时代老龄工作的部署要求，经中央编委批准，教育部党组研究决定，国家开放大学加挂国家老年大学牌子，标志着国家老年大学的成立，老年学习开始全面融入终身学习的体系。

(二)整体分布

根据中国老年大学协会发布的《中国老年教育发展报告(2019—2020)》，截至 2019 年末，我国约有 7.6 万所老年大学、老年学校等教育机构。而据《老年教育蓝皮书：中国老年教育发展研究报告(2018—2020)》(简称“老年教育蓝皮书”)的调查数据显示，中国国内的老年教育办学机构总数达 11.1 万所(这里包含远程老年教育播放点)，调查范围覆盖 29 个省(区、市)(不含甘肃、宁夏、港、澳、台)。[①]

通过表 3-7 中对老年教育大学(学校、机构)及老年教育政策等相关数据的分析，可以看出我国政府为老年学习提供全方位的支持和保障，使得老年学习得以健康、快速发展，成效斐然。

表 3-7　2015 年与 2019 年各地区老年大学(学校)发展情况对比

地区	办学数量/所		增长比/%
	2015 年	2019 年	
华东区	36296	52141	43.65
华北区	6823	7274	6.61
西南区	6295	8728	38.65
中南区	5248	4975	−5.20
东北区	2294	1547	−32.56
西北区	525	1599	204.57
中央部委	32	32	0
合计(不含中央部委)	57513	76296	32.68

一是老年人学习条件和环境的日益完善，氛围浓厚。表现在：(1)老年大学(学校)总量持续增长。截至 2019 年末，我国老年大学(学校)数量约为 76296 所，比 2017 年增加了 14135 所，同比增长 22.7%。(2)在校学员人数增长势头强劲。2019 年我国老年大学(学校)的在校学员数约为 1088.2 万人，比 2017 年增加了

①杨德广.老年教育学[M].北京：人民教育出版社，2016:58；刁海峰.中国老年教育发展报告(2019—2020)[M].北京：中国商务出版社，2021:9.

275 万人，同比增长 33.8%，年平均增长速度约为 12.7%。(3)老年学生志愿服务蓬勃发展。据 20 个省份数据，目前共有 14200 个志愿者团队，767895 名老年志愿者。

二是老年教育公益性和普惠性显著增强，办学体系不断向基层延伸。表现在：(1)老年大学(学校)办学主体呈现多元化。据 24 个省级的老年大学(学校)统计，政府办学的数量为 19184 所，占老年大学(学校)总数的 71.4%；公办民助 6129 所，占总数的 22.8%；其他办学性质占比为 5.8%。(2)办学层次以县级以下办学为主，重心逐步下移。我国县级以下老年学校达到了 70951 所，占老年大学(学校)总数的 93.0%，形成了省、地级市、县(市、区)、乡镇(街道)、村(居)委会均有老年大学(学校)的全方位、多层次、多形式的老年教育机构网络。

三是网络数字化教育逐渐成为老年教育的重要形式。据不完全统计，2019 年我国远程老年教育学校数量共计 6345 所，约为 2017 年的 6 倍；远程教育教学点为 36445 个，比 2017 年的 30475 个增加 5970 个，同比增长 19.6%。2017 年全国远程教育注册学员 229.3 万人，2019 年增长至 387.4 万人，同比增长 68.9%，面授学员数量与网络学员数量比例约为 7∶4。

虽然我国的老年教育成效显著，但仍存在区域发展水平不均衡、老年教育经费投入不足、管理体系不完善等多个方面的问题。

第一，区域的不均衡。东部及沿海省市的老年大学(学校)数量相对集中，而中南地区及东北地区甚至出现了负增长。相同区域的不同省市的老年学员数量存在较大差异性，其中华东地区是老年学员最多的区域，《老年教育蓝皮书》数据显示，华东地区 60 岁及以上人口约 8395 万人，在校学员总数近 432.7 万人次，入学率仅为 5.2%。上海市 60 岁及以上人口 518.12 万人，60 岁及以上在校学员数 63.93 万人次，入学率达到 12.33%，为目前全国入学率最高的地区。农村老年人口占比大幅高于全国平均水平、高于城镇水平。

第二，老年教育城乡差距大。第七次全国人口普查数据显示，乡村 60 岁及以上、65 岁及以上老年人口占乡村总人口的比重分别为 23.81%、17.72%，比城镇 60 岁及以上、65 岁及以上老年人口占城镇总人口的比重分别高出 7.99 个百分点、6.61 个百分点，但村级老年大学却相对较少，目前还没有具体的数字。但是通过网络搜索村级老年大学发现，诸如南昌首个村级老年大学揭牌(2017 年)、东莞市老年大学全市首个村级分教点在茶山成立(2020 年)、曲靖市马龙区在月望乡下营村委会设立区内首个村级老年大学教学点(2021 年)、江门市首个老年大学村级分教点在双水镇荫头村揭牌(2021 年)等相关报道均为较大地区的村级老年大学建立情况，这些突出报道说明村级老年大学的数量仍然偏少。

第三，办学经费来源单一，资源匮乏，供需矛盾比较突出。老年大学一座难求，中国老年大学协会 2019 年统计的数据显示，全国有 7 万多所的老年大学（学校、机构），容纳了约 800 万名“银发学子”学习。但国内 60 岁及以上老年人已达 2.4 亿人，即仅有 3%的老年人有机会步入老年大学进行学习。

第四，信息技术应用不普遍，网络化信息化建设普遍滞后，相关的教学、科研、管理人才匮乏，队伍建设仍待加强，老年人学习仍然以面授为主，远程教育注册学员总数仅为 387.4 万人。

第五，老年教育缺乏长效的管理机制，“多龙治水”、各自为政，老年教育管理体制不顺，多元化办学格局需要进一步提升。

四、社区教育中心（学院/学校）

（一）社区教育发展历史

在社区教育发展的过程中，不同的国家走过了不同的历程，体现了不同的特色，形成了对社区教育的不同理解。

一种理解是把社区教育界定为“民众教育”，如北欧诸国。社区教育发端于丹麦柯隆威等人于 19 世纪中叶创办的“民众中学”，体现“为民众启蒙、为民众教育”的宗旨，以青年与成人为教育对象，实施以提高人文素质为主要目标的、灵活多样的教育活动。但在北欧却少见“社区教育”的提法，而“民众教育”却耳熟能详。在第二次世界大战后，欧美等国家经济需要快速复苏，急需大量的具有一定文化层次的技能型劳动者，这个时候社区教育成为普通劳动者技术技能培训及文化水平提升的重要途径，并逐步发展成为国际性的教育形式，后来演变成为学校、社会、家庭相互服务、互惠互利的一体化教育形态。

（二）社区教育的内涵

时至今日，尽管北欧五国已形成各自特色，但社区教育的内涵已大大超越了初始的民众教育，实施形式和组织方式更是丰富多样，形成了不同的派别和学说。对于社区教育的内涵，学者溥存富曾进行过较为详细的梳理。[①]

---

① 溥存富．社区教育概论[M]．成都：西南交通大学出版社，2018：2.

非正规教育学说:该派学者认为社区教育是指一种为所有年龄的人而组织设立的,由在正规学校系统之外开展社会、娱乐、文化与教育等方面活动的部门所进行的、旨在促进社区生活的活动。

社会教育学说:该派学者认为社区教育主要包括日常生活所需的实用知识与技能、个人业余爱好及自我完善等方面的教育内容。如在日本,社会教育几乎是社区教育的同义词,1949年颁布的《社会教育法》就明确把社会教育定义为除《学校教育法》所规定的学校教育活动之外,面对全体社会成员所实施的有组织的教育活动。

民众教育学说:该派学者认为社区教育旨在通过对广大民众进行爱国主义教育,传授有用的知识和技能,以实现提高民族素质、富民强国的目标。

也有学者将社区教育看作是学校教育的开放过程和结果,认为社区教育的含义体现在以下两个方面:一是学校教育的课程中加入有关社区生活和社区问题的内容,使学生对社区有所认识,培养社区意识,增强本土感情;二是学校作为社区的教育文化中心,要向社区的所有居民开放,并对其组织开展活动,持这一观点的学者是目前有关社区教育研究的主流。

例如,学者哈格击斯(Hargreaves)曾这样提到社区教育①:发展社会和教育资源再分配策略,以创造更公正和公平的社会,促进地方政府机构和志愿机构之间更密切的协调与合作,支持地方主动推进社会发展,使人们更有能力控制自己的生活,鼓励更开放、更民主地获得教育系统的人力和物力资源。同时,还需要重新界定课程和学习的概念,即教育是产生个人自主意识和促进社会合作的方法。弗莱彻(Fletcher)在为胡森(Husen)和波斯特尔斯威特(Postleth-waite)主编的《国际教育百科全书》撰写的条目"社区教育与社区发展"中也认为:"社区教育就是把中小学和高等学校转变为适合一切年龄的人的教育中心和娱乐中心。"学者马丁(Martin)则认为:社区教育是提供教育机会给每一个人,以便达成更充实更有益的生活;社区教育是社会上一些弱势者的凝聚行动,该行动使他们能分析其情境,并且达成政治的改变。胡森认为社区教育普遍被认为是一种将学校和大学当作向所有年龄段开放的教育娱乐中心的过程,是义务教育与其他福利事业的结合体,是许多其他活动的协作,是具有社区教育特性的地方管理的逐渐进化。国内学者厉以

①Hargreaves D. Learning takes place in many and varied contexts throughout the individual's life [C]//Ranson S, Tomlinson J. The government of education. Clermont-Ferrand: Geore Allon Unwin, 1985:125.

贤认为:“所谓社区教育,是提高社区全体成员素质和生活质量以及实现社区发展的一种社区性的教育活动过程。”①

在政府层面,欧美等国家通常把社区教育界定为向社区提供教育服务的非正规教育。如在美国,社区教育就被普遍认为是为社区不同种族、性别、年龄、职业状况的所有成员提供的非正规的社会教育服务。在社区学院内,社区教育的内容宽泛,完全根据社区居民的实际需要来组织课程,教学形式与方法灵活多样,但一般不计学分、不发文凭、不授予学位。英国对社区教育的理解与此相近。在苏格兰,社区教育被认为是影响个人学习的方法或过程。

在我国,曾经比较普遍地把社区教育理解为通过社区教育委员会等组织形式的协调管理,促使学校教育与社会教育的结合,以创造一种有利于青少年身心健康发展的宏观教育环境为主要目的新型教育模式。

对社区教育含义出现的种种不同理解的原因主要体现在三个层面:一是因为现代社区教育的发展历史不长,第一所民众中学诞生于19世纪中叶,美国社区学院的雏形——第一所初级学院面世于1896年,时间跨度不大,研究的深度和广度还不够。二是因为现代意义上的社区教育体现的是一种全新的教育思想,是对传统教育观念的革命性发展,反映为教育与社会、与人之间的多维的相互关系。简言之,社区教育的内涵具有前所未有的复杂性、包容性、边缘性和前瞻性,不是传统教育概念能够轻易概括、注释的。三是因为社区教育的发展形式、快慢等直接决定于社区之情、社会之情、国家之情、民族之情,而不会遵循统一的流程与模式。

鉴于上述原因,目前社区教育的理论研究还处在历史短、积累薄、力量弱、信息少的阶段,还需要对社区教育内涵这样的基本问题作进一步研讨。但这并不是说目前对社区教育的内涵的认识尚处于十分迷茫的阶段,歧见纷纷,莫衷一是。相反,经过近年来的实践开拓和切磋探索,专家学者们对社区教育的理解正在不断深化,并正在取得越来越多的共识。正如有的学者指出的那样,国际上对社区教育的理解,具有三个基本点:社区教育是学校教育与社会教育的结合;社区教育是社会所有教育机构、教育力量的协同教育活动;社区教育是适应社会发展需要,为社区所有成员提供的教育服务。

在我国,近年来社区教育才开始受到各级政府和社会各界的广泛重视。1994年,上海创办了第一所经市政府批准试办的社区学院(上海市金山社区学院)。1996年,上海市社区教育研究中心成立。北京、天津等地也都开始试办社区学院,

①厉以贤.社区教育的理念[J].教育研究,1999(3):20-24.

推行社区教育。与此同时，对社区教育内涵的认识也产生了许多质的升华。

“社区教育”一词已有近百年的历史，人们对社区教育的定义也很多。本书综合国内外对社区教育的定义，结合中国国情和实践成果，将社区教育界定为在一定的地域范围内，充分利用各类教育资源，旨在提高社区全体成员整体素质和生活质量，促进区域经济建设、社会发展和教育自身发展的教育活动。

社区教育是具有“全员”“全程”“全面”特点的区域教育，与各类正规教育有着紧密的联系和合理的分工，对各类正规教育进行整合，侧重于对社区正规教育进行延伸和补充。社区教育把教育延伸、拓展到社会基层，满足社区居民，特别是大批离开了学校、离开了单位的社区成员的教育培训需求，有效地增强了我国大教育体系中的一些薄弱环节，拓展了适应社区居民工作、生活需要的新的教育服务领域，以满足社区居民多样化的学习需求。

(三)国外社区教育的模式

世界上典型的社区教育模式有以下三类。

1. 孕育而生的北欧民众教育模式

现代社区教育的雏形率先出现在北欧，在北欧，社区教育又称民众教育。民众教育模式是北欧国家实施的，依托形式多样的社区教育机构，组织动员广大民众根据所需参与教育培训活动，旨在培养全面发展的现代公民的社区教育模式，主要在挪威、冰岛、瑞典、芬兰、丹麦等国家适用。许多学者对该模式作了论述，如北京东城区社区学院院长张燕农将民众教育总结为北欧社区教育的主要特色，指出北欧现代民众教育是政府社会福利体系的重要部分，其服务对象以社区内成年人为主；北欧民众教育的办学类型分为学习小组、地方公办的社区成人教育、民众学院、民众大学四类，满足不同教育需要和层次的成人；政府主要以立法和财政拨款的形式支持民众教育。[①] 如丹麦政府分别于 1968 年和 1978 年颁布《闲暇时间教育法》和《成人社会教育法》，对社区学院的地位、资金来源、管理体制及师资培训等作了详尽规定，丹麦民众学院开支的 85%都能从政府获得。北欧的社区教育模式特点：一是主要依托不同类型的成人教育组织和学校，为社区成年人提供职业类、学历类及兴趣类的教育和培训活动；二是重视以法律手段明确政府的服务职责，使得社区教育的政府推动具有强烈的约束性和可操作性；三是教育对象的广泛性和活动范

①张燕农. 社区教育发展模式的理论与实践研究[M]. 北京：首都师范大学出版社，2011：13-139.

围的普及性。招生对象来自各行各业，涵盖面广，民众教育活动几乎覆盖了整个北欧地区。

2. 成熟时期的美国社区学院模式

社区教育运动成熟普及于20世纪中期的美国。社区学院模式是美国19世纪后半期基于本国国情兴起的，由全国许多社区学院承担，面向社区民众立体式需求，以职业技术教育、补偿教育、非学历教育、大学转学教育和普通教育为主要内容的社区教育模式。国内社区教育专家杨平专注于美国社区学院与中国社区学院的差异性研究，他指出美国社区学院区别于其他高校的最根本特点是："同所在社区发展的需要密切结合，为满足当地社区居民的教育需求而服务，充分利用社区资源和各种条件。"同时，他指出美国社区学院的发展不仅得益于专门法律的规范，如《国防教育法》《高等教育法》等对社区学院的办学层次有明确的定位，同时有赖于内外部的管理制度。在内部，美国社区学院形成了副学士制度和转学制度。学生完成两年制课程学习后，可以获得副学士学位。同时，在经过一定认证后可以转到四年制学院就读三年级。在外部，美国社区学院实行分权管理体制，学院的费用除了联邦政府、州和地方政府拨款外，社会捐助也是重要的经费来源。美国的社区教育模式特点：一是以法律为保障。美国联邦政府早在20世纪70年代就制定了终身教育法，把终身教育理念贯彻到社区教育实践的全过程。二是以社区学院为主阵地，履行与高等教育学位的衔接职能。三是最大限度地利用社区内外资源。①

3. 创立典范的日本公民馆模式

日本的社区教育主要以社会教育的称谓出现。日本社区教育在亚洲起步早、发展水平高，教育救国、教育兴国是其价值定位，是世界上最具特色的社会教育案例，堪称强国之基础、世界之典范。隶属日本的社区教育设施众多，其中功能最全、最具代表性的设施当属公民馆，它是日本所特有的社区教育综合设施。公民馆遍及城乡，其特点：一是以所有居民为对象；二是以实现终身教育为目标；三是始终与地区社会相联，根据居民需要开展培训；四是在与终身教育相关的其他教育机构、教育设施在联络协调中起带头作用。日本的社区教育模式特点：一是法律、法规先行。日本社区教育最显著的特征是通过立法推动社区教育的发展。1949年至1951年，日本相继颁布了《社会教育法》《图书馆法》《博物馆法》，上述三法统称日

---

①杨平．中美社区学院的比较与启示[J]．成人教育，2011，31(3)：122-124.

本“社会教育三法”，是日本开展社区教育的法律依据。二是基础设施完善。日本除公民馆外，还依托博物馆、公共图书馆、文化馆、青年之家、妇女会馆等各种设施开展社区教育。三是注重民众素质的培养。日本的社区教育模式以非职业性继续教育最为典型。其社区教育体系完善，内容庞杂，是一种极其注重社区成员的一般知识修养、精神陶冶和情感教育的社区休闲教育。

(四)我国社区教育的整体概况

我国社区教育的发展从时间上看，起步并不算晚，但从1949年到改革开放之前在很长的一段时间内处于空白状态。从历史上追溯，我国社区教育的前身是发端于清末民初的社会教育。到了20世纪30年代初期，费孝通将英文中的“community”翻译成“社区”并引入中国，社会教育的发展才开始逐步依托于社区而进行。1949年新中国成立之后，教育部的社会教育管理机构——社会教育司依然保留，此时社区教育在部分领域、部分地区零散开展。1953年，教育部的社会教育司被撤销，改称工农教育司，社会教育在中国大地上就此消失。1986年，上海市真如中学率先与附近的工厂联合成立了“社会教育发展委员会”，成为我国社区教育实践兴起的主要标志，由此正式标志着我国社区教育的开始。1988年，在真如中学成功探索的基础上，上海市闸北区部分街道开始成立社区教育发展促进委员会。1989年，这种旨在促进社区教育发展的自治组织开始在整个闸北区普及，推动了社区教育实践在闸北区的发展。同年，闸北区教委也成立了社区教育管理科，社区教育正式进入了政府部门的视野，社区教育在上海地区呈现出燎原发展之势。进入20世纪90年代，社区教育开始由上海地区波及全国。20世纪90年代初期到21世纪，社区教育发展依托的资源依然是学校。

1998年12月24日，中国共产党第十五次全国代表大会通过了《面向21世纪教育振兴行动计划》，明确提出“开展社区教育的实验工作，逐步建立和完善终身教育体系，努力提高全民素质”。

1999年2月，在全国社区建设试验区工作会议上，确定北京市西城区、杭州市下城区等26个城市为社区建设试验区。

2000年11月19日，中共中央办公厅、国务院办公厅关于转发《民政部关于在全国推进城市社区建设的意见》(中办发〔2000〕23号)的通知，提出“大力开展社区教育”。

2001年7月30日，民政部印发《全国城市社区建设示范活动指导纲要的通知》(民发〔2001〕198号)，提出“创建全国城市社区建设示范市、区”的规划。

2007年民政部印发《全国农村社区建设实验县(市、区)工作实施方案》,先后在全国开展了农村社区建设实验、农村社区建设实现全覆盖等创建活动。

2015年中办、国办印发了《关于深入推进农村社区建设试点工作的指导意见》,这是中央层面出台的首个推进农村社区建设的政策文件。

此后,系列政策逐步出台,学校的教育资源开始向社区成员开放,为社区教育的发展提供载体、资源、师资等。这一时期,上海地区很多街道及乡镇除了充分利用各个中小学的资源、载体优势之外,还兴办了属于社区教育的学校机构。如真如镇成立真如社区学校,普陀区东信街道成立了东信社区教育中心,等等。而此时学校中的教师及一些专业的社区教育工作者也开始走出学校,主动融入社区,将学校资源拓展到社区,将学校教育对象从中小学生扩展到全体社区民众。本书根据国家统计局的统计数据,对近10年的中国社区的机构数据进行了整理,具体如图3-6所示。

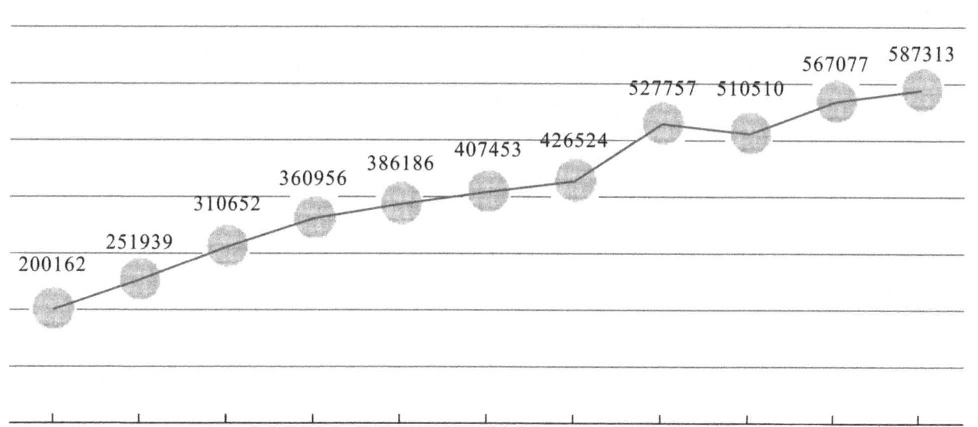

图3-6　2012—2022年中国社区发展变化趋势(单位:所)

社区服务机构数是指包括社区服务指导中心、社区服务中心、社区服务站、其他社区服务机构的总和数,如表3-8所示。这些机构具有面向老人及其家庭的商品递送、医疗保健、家庭保洁、日间照料、陪伴服务等为社区提供居家养老服务的设施和突出综合服务的职能。具体包括党员活动室、就业保障网络、社区卫生服务站、文化活动室、图书室、“爱心超市”、社区捐助接收站点、警务站(室)、老年活动室、未成年人文化活动场所等具有综合服务功能的机构。

表 3-8　2012—2021 中国社区机构数据

统计年份	2022	2021	2020	2019	2018	2017	2016	2015	2014	2013	2012
社区服务机构数/所	587313	553179	510510	527757	426524	407453	386186	360956	310652	251939	200162
社区服务中心数/所	29000	29000	29000	26000	—	—	—	24138	23088	19014	15497
社区服务站数/所	509000	472000	393000	167000	—	—	—	128083	120188	108377	87931

进入 21 世纪以来，随着国家教育改革力度的不断加大，终身教育体系构建成为教育改革与发展的主导方向。因此，这一时期的社区教育发展在终身教育体系构建的大背景下，实现了学校教育与社区教育的双向互动，建立了互利共赢的合作机制。学校通过扩展服务社区的方式，开拓学生的课外教育资源，而社区则充分利用各级各类学校的资源与载体，不断推进社区教育发展的深度与广度，进而促进了学习型社区的建设，构建了面向社区的终身教育模式。这一时期，社区教育发展无论是在目标、方式，还是在载体、资源等方面均实现了全面的深化，其功能不断完善，承担了大量的与民众生活息息相关的教育活动，如闲暇教育、老年教育、下岗再就业培训、公民素质及生活教育等。社区教育作为正规教育的一种补充，其地位得到了较大的提升，逐渐成为终身教育体系发展的“立交桥”。

教育部《关于进一步推进社区教育发展的若干意见》(教职成司函〔2012〕165 号)明确了“各级政府应当将终身教育经费列入本级政府的教育经费预算”。2016 年 7 月，教育部等九部门颁布的《关于进一步推进社区教育发展的意见》指出，“全国各地区要不断完善各地政府投入、社会企业捐赠、学习者本人合理分担等多种渠道筹措经费的社区教育投入机制，不断拓宽社区教育经费来源渠道，加大对社区教育的支持力度”。

2016 年 11 月 3 日，民政部印发了《城乡社区服务体系建设规划(2016—2020 年)》(民发〔2016〕191 号)，提出“到 2020 年，基本公共服务、便民利民服务、志愿服务有效衔接的城乡社区服务机制更加成熟；社区综合服务设施为主体、专项服务设施为配套、服务网点为补充的城乡社区服务设施布局更加完善；网络联通、应用融合、信息共享、响应迅速的城乡社区服务信息化发展格局基本形成；以社区党组织、社区自治组织成员为骨干，社区社会工作者和其他社区专职工作者为支撑，社区志愿者为补充的城乡社区服务人才队伍更加健全”。2019 年 2 月，中共中央、国务院印发《中国教育现代化 2035》，将构建服务全民的终身学习体系作为面向教育现代

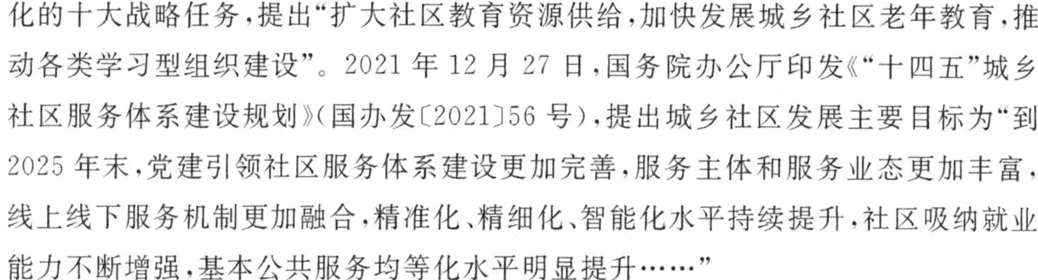

化的十大战略任务，提出“扩大社区教育资源供给，加快发展城乡社区老年教育，推动各类学习型组织建设”。2021 年 12 月 27 日，国务院办公厅印发《“十四五”城乡社区服务体系建设规划》（国办发〔2021〕56 号），提出城乡社区发展主要目标为“到 2025 年末，党建引领社区服务体系建设更加完善，服务主体和服务业态更加丰富，线上线下服务机制更加融合，精准化、精细化、智能化水平持续提升，社区吸纳就业能力不断增强，基本公共服务均等化水平明显提升……”

（五）我国社区学习的组织管理结构

国内的终身学习管理体制在全日制学习的学校中，有明确的机构和组织体系，而在非全日制的学习体系中主要涉及社区学习、农村成人文化技术学习及老年学习、继续学习。其中老年学习一般由老年大学负责，其管理体制和学校类似，继续学习也是多设在高等学校内，其管理机制基本与学校管理体制相同。只有社区学习较为特殊，其实施和执行有一套单独的系统。通常来说，社区学习管理体制是指在提供社区学习资源的时候，由政府部门组织和建立相应的管理系统，并在系统中对机构设置、隶属关系和权限划分等组织管理制度、方式、方法和形式的总称。

1. 直线式组织结构——教育部门主管/教育部门组织实施型

直线式组织机构的特征是组织中各种职位是按垂直系统直线排列的，各级主管单位负责所属单位的一切事务管理。

目前，我国大多数社区教育示范区、实验区都选择了在区、街道和居委会（社区）三个层面建立各级教育组织管理机构，即在区一级设立了社区教育委员会，并设立社区教育委员会办公室（一般设在教育部门）作为执行机构；在街道（镇）一级设立相应的委员会及办公室；社区居委会（村）层面指定相应人员负责。

这种社区教育机制形式的主要特点：一是社区教育工作由三级社区教育委员会（机构）负责和管理，采取“一级规划（区）、二级管理（街道）、三级推进”的模式；二是组织成员（相关部门和单位）不领导和指挥同级以下的社区教育工作，其意见和想法仅在社区委员会中发挥作用；三是在社区教育开展过程中，教育部门起主导作用，有关部门主要是协助、配合，如图 3-7 所示。

2. 职能式组织结构——教育部门牵头，有关部门组织实施型

职能式组织结构是按职能来组织部门分工，从顶层到基层，社区教育小组成员部门各自履行一定的管理职能，负责本系统范围的具体工作，每一个职能部门所开展的活动都将为区域内整个社区教育发展服务。

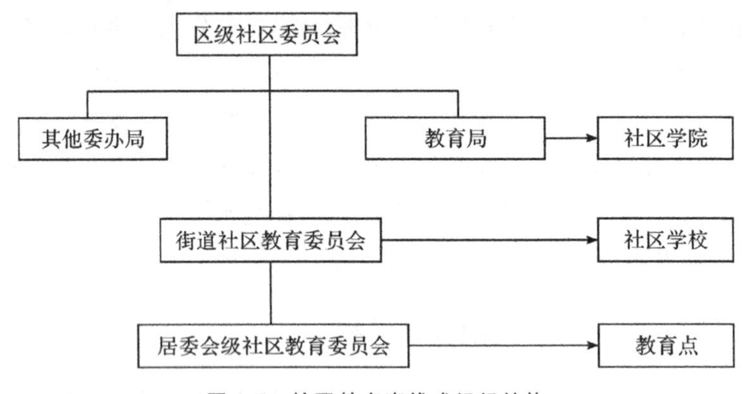

图 3-7　社区教育直线式组织结构

这种组织机制的特征是职能部门在其业务范围内有权向下级发布指令，每一级组织既服从上级的指挥，但也听从几个职能部门的指挥。这种组织结构形成的基本运行机制是“教育部门牵头、其他部门齐抓共管、有关部门组织实施”，具体特点有：一是根据相关部门职能特点，领导小组将社区教育任务进行分解，由相关部门各自分头负责，部门管理本系统范围的教育资源、人员并开展培训活动；二是教育部门负责本系统范围内的社区教育，对其他部门只起牵头、协调的作用；三是社区教育在运行过程中，实施主体十分多元，除了教育部门外，还有其他相关的职能部门，如太原市杏花岭区，其机构设置如图 3-8 所示。

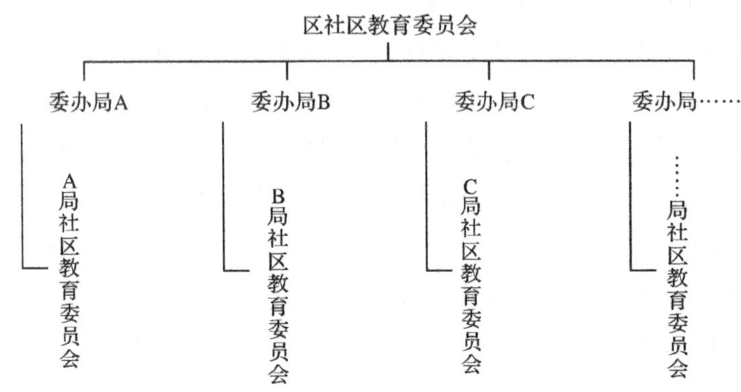

图 3-8　太原市杏花岭区社区教育职能式组织结构

3. 直线职能式组织结构——教育部门主管，街(镇)组织实施型

直线职能型也属于直线制类，为了克服直线型可能导致的决策专断的缺点，在决策系统内嵌入了职能系统，它的特征是各级部门分工负责，承担相应部门关于开展社区教育工作的规划、指导、协调、评估等管理职能。各职能部门是社区教育区

域整体决策的参谋，但不是社区教育的直接组织推进者。其基本运行机制是“建立联席会议制度，共同商议、统一部署，具体工作由教育部门主管，街（镇）组织实施”，具体特点有：一是社区教育委员会各成员部门有明确的职能分工，但对下级组织只能进行咨询和指导，不能对它们直接进行指挥和命令；二是社区教育委员会是全区社区教育的最高权力机构，各职能部门不直接组织和开展社区教育活动，具体任务的实施需要社区教育委员会统一汇总，并由社区教育委员会办公室向下进行布置，即各职能部门有关的社区教育工作计划必须经过社区教育委员会通过后才能实施；三是社区教育的实施主体为街（镇），如宁波市鄞州区，其机构组成如图 3-9 所示。

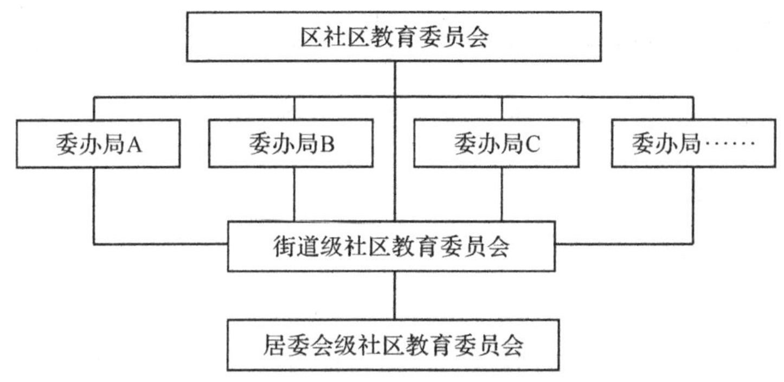

图 3-9 宁波市鄞州区社区教育直线职能式组织结构

4. 矩阵式组织结构——部门牵头，项目小组组织实施型

这种组织结构是由纵横两套管理系统组成，纵向是职能部门，横向是项目小组，管理人员既同原职能部门保持组织与业务上的联系，又参加社区教育项目小组的工作。每个项目的执行者都同时受职能部门与项目部门的领导和管理，项目小组是临时性组织，完成任务后自动解散。与这种组织结构对应的运行机制是“部门牵头、项目小组组织实施型”，即根据项目的需要确定牵头部门，项目小组统筹规划实施，各职能部门各司其职。其特点有：一是根据任务确定各部门职能分工，有利于责任的落实；二是牵头部门因任务而变化，容易得到各部门的支持配合；三是具有非长期性与固定性，能够减少利益摩擦，相关机构的组成如图 3-10 所示。

(六)我国社区学习组织管理的发展新趋势

随着移动互联网技术、物联网感知技术及人工智能技术的快速普及，社区组织管理的发展与应用逐步走向综合化、系统化，最终实现智慧化。以智慧化的理念构建“天网＋地网”的社区终身教育体系，以“互联网＋”理念重塑终身学习新形态，有

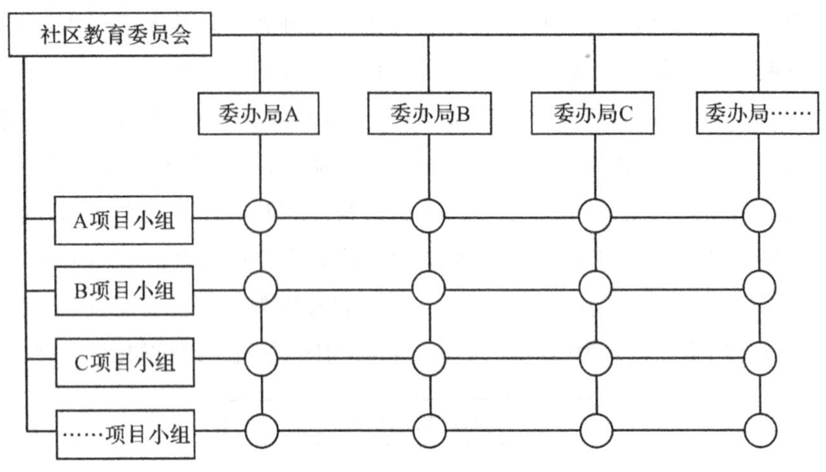

图 3-10　社区教育矩阵式组织结构

效推动了社区教育的多元化发展。

1. 智慧社区的内涵

1992 年，国际通讯中心（International Center for Communication）将智慧社区定义为“通过构建无所不在的网路联系，把居民纳入网络化的生活当中，为其提供包括远程教育、远程医疗及电子商务在内的服务”。2000 年以后，我国开始参与世界智慧社区评选活动，并于 2012 年开启智慧城市建设。2014 年，住房和城乡建设部发布了《智慧社区建设指南（试行）》（建办科〔2014〕22 号），对智慧社区的概念进行了进一步说明：“智慧社区是通过综合运用现代科学技术，整合区域人、地、物、情、事、组织和房屋等信息，统筹公共管理、公共服务和商业服务等资源，以智慧社区综合信息服务平台为支撑，依托世界领先的基础设施建设，提升社区治理和小区管理现代化，促进公共服务和便民利民服务智能化的一种社区管理和服务的创新模式，也是实现新型城镇化发展目标和社区服务体系建设目标的重要举措之一。”2021 年 11 月 2 日，在第十一届全球智慧城市博览会・上海分会场，国家信息中心智慧城市发展研究中心、中睿信数字技术有限公司联合发布了《智慧社区建设运营指南（2021）》，对智慧社区建设运营的概念内涵、业务需求与建设要点、技术路线、建设运营模式、规范等进行了全面深入分析，并提出了建设规划建议。该指南认为“智慧社区是智慧城市的基本单元，是利用 SG、物联网、大数据、人工智能、区块链等新一代信息技术，以社区的智慧化、绿色化、人文化为导向，融合社区场景下的人、地、物、情、事、组织等多种要素，围绕社区居民的公共利益，促进社区居民交往互助，统筹公共管理、公共服务和商业服务等多种资源；提供面向政府、物业、居民和企业等多种主体的社区管理与服务类应用，提高社区管理与服务的科学化、智能化、精细化水平的一种社区管理和服务的创新模式。智慧社区是实现基础设施智能化、公共服务便捷化、社区治理精准化的重要途径，也是助力基层治理能力提升，推进国家治理体系和治理能力现代化的重要手段之一”。为了进一步明确和规划智慧社区的建设和发展，2022 年 6 月 23 日，国务院发布了《关于加强数字政府建设的指导意见》(国发〔2022〕14 号)，明确提出：“提高基层社会治理精准化水平，实施‘互联网＋基层治理’行动，构建新型基层管理服务平台，推进智慧社区建设，提升基层智慧治理能力。”智慧社区俨然成了推进国家治理体系和治理能力现代化的重要路径，各国政府都在大力加强建设，全球智慧社区市场规模稳定增长，从 2017 年的 1491.43 亿美元增长到 2021 年的 1696.77 亿美元，复合增长率为 2.61％。截至 2021 年，亚洲在全球智慧社区市场规模达到 62.34％，已经成为全球智慧社区行业的主要市场。

2. 智慧社区发展的现状

通过对智慧社区概念演变和拓展发展历程进行梳理后发现，其内涵已经远远超出了最初的界定，然而就现有智慧社区的应用与研究成果来看，主要侧重于政务管理，如实现基础设施智能化、社区治理精准化、公共服务便利化等方面，其核心目标是实现基本公共服务均等化、普惠化，缩小信息生活“数字鸿沟”，并没有明确涉及社区成员的终身学习，最初“智慧社区”理念所强调的“远程教育”功能逐渐被弱化。

3. 智慧社区终身学习的发展趋势

社区学习所依托的主体是社区，那么社区的智慧化就应该为开展社区学习提供服务与支持。本书在梳理国内各省市智慧社区的建设与发展现状后，认为当下社区学习的组织管理需要经历三个阶段，才能从根本上重塑基于社区的终身学习体系。

(1)社区基础设施及应用建设的数字化阶段，这是社区管理智慧化发展的基础，目前我国大部分地区的社区学习建设都处于此阶段，其主要目标是利用 5G、物联网、传感器等技术，构建智慧社区感知神经网络，实现社区物理世界的“在线化”，丰富社区数据规模和维度。2020 年我国智慧社区市场规模为 5405 亿元，同比增长约 19％；2021 年我国智慧社区市场规模已达到 5950 亿元，同比增长 10.08％。[①]

---

①观研天下(北京)信息咨询有限公司. 中国智慧社区行业发展现状分析与投资前景预测报告(2022—2029 年)[EB/OL]. (2022-12-02)[2022-12-17]. https://baijiahao.baidu.com/s?id=1751068390117344606&wfr=spider&for=pc.

(2)社区服务与应用的集成化,这是社区管理智慧化应用拓展的关键,此阶段主要是与政务应用融合的阶段,将与民众关系密切的生活服务等融入政务网,实现数字化应用的集成和大数据集群。目前,国内发达省市已经开展了广泛的应用,如江苏省的智慧社区接入"苏服办"(政务平台)总门户,大力推进"一网通办""一网统管",实现跨层级、跨地域、跨系统、跨部门、跨业务协同管理和服务,切实为基层减负;浙江省的智慧社区入驻"浙里办"(政务平台),创建"智慧村社""码上协商"等应用服务;上海实施"社区云"平台建设,融入上海政务平台"一网通办",做实"一网统管"。可以看出,上述省份智慧社区的建设是以推进便民服务为核心,追求的是社区服务精细化治理,通过推动居民生活的数字化改革,打通智慧城市到智慧社区的"最后一公里",为推进社区智慧养老、智慧健康、智慧终身学习等个性化服务提供基础。

(3)基于大数据挖掘的学习资源智慧化推送。社区作为社会的神经末梢,最能感知基层群众的生活服务需求,所采集的居民基础数据信息颗粒化程度最细微,这为通过大数据的智慧分析形成社区居民的"精准数字画像"提供了坚实的基础。因此,如何构建基于智慧社区的个人大数据集群及智能分析算法将是智慧社区发展的新方向。通过对社区居民基础大数据集群的挖掘,在社区居民"数字画像"的基础之上,针对不同的社区群体,从自身素质、文化水平、工作技能、健康保健及休闲娱乐等方面出发,精准分析社区居民的个性化学习需求,以此为基础构建精准推送学习资源体系,并将独立的社区教育中心(学院/学校)与智慧社区平台进行融通和整合,这将是未来社区学习组织管理所要关注的焦点和发展趋势。

五、农村教育发展中心

(一)基本概述

随着中国经济的快速发展,为了大力发展农村经济,国家教委、农牧渔业部与财政部等三个部门于 1987 年 12 月 30 日联合颁发了《乡(镇)农民文化技术学校暂行规定》文件,号召各级政府在基层通过建立农村成人文化技术培训学校来提升农民的科技文化水平,文化技校的教学业务主要有三个方面。

一是举办农村实用技术培训。培训对象有机关干部职工、农村党员、青年农民、科技示范户和种田大户,培训内容有林、果、桑、茶及粮油等农作物高产模式栽培技术、科学养猪、地膜育秧、塑盘抛秧、平衡施肥及新型农机具操作使用等实用技术，全面推进和整体提升农村科学种田水平，以高产高效为目标提高土地的产出率，帮助农民增产增收。

二是针对农村九年义务教育，妥善解决“三后生”的出路问题。将一些因家庭贫困辍学的社会青少年动员到学校，开办文化补习夜班。三年后，由县教委核发初中结业证书。

三是结合社会青年就业出路的需要，分期举办专业技术培训，聘请中级以上职称的专业技术人员授课，结业后由县科协统一核发初级专业技术资格证书。

但随着时代的进步，农村成人文化技术培训学校逐步消失，取而代之的是农村教育发展中心。农村教育发展中心以开展农村校外教育、培养农村高素质人才、农村中小学师生校外教育组织、农林牧业高新技术和农村县域经济研究、农村文化艺术和农副产品展览展示、农业技术引进、农业知识辅导等为宗旨；以开展农村干部管理能力培训、农村党员致富带头人培训、农村优秀教师培训、推广农业科技知识和新农村建设为目的，同时兼顾大中小学生劳动实践基地的建设与管理工作，其组织架构如图 3-11 所示。

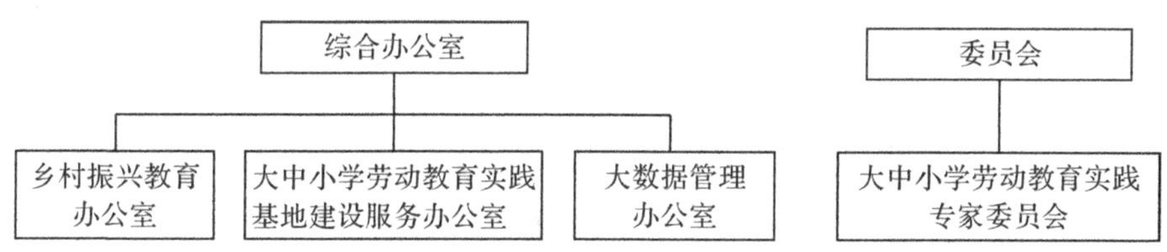

图 3-11　农村教育发展中心组织架构

(二)发展现状

据相关统计数据显示，1990 年全国已经建立了 36960 所乡(镇)农民文化技术学校、25 万多所村农民文化技术学校，比 1987 年增加了 37.8%。虽然随着中国经济实力的提升、综合国力的提升，农民的基本素质和文化水平得到了显著的提升，农村成人文化技术培训学校逐渐萎缩，但在部分地区，仍然是农民进行科技文化学习的有效途径和方式。教育部、智研咨询对 2014—2019 年的相关数据进行了统计①，主要包括中国农村成人文化技术培训学校数量、教学班(点)数量、教师人数、注册学生人数等数据，相关数据如图 3-12 至图 3-17 所示。

---

①产业信息网. 2019 年中国农村成人文化技术培训学校发展现状[EB/OL]. (2020-11-09)[2022-10-11]. https://www.chyxx.com/industry/202011/907943.html.

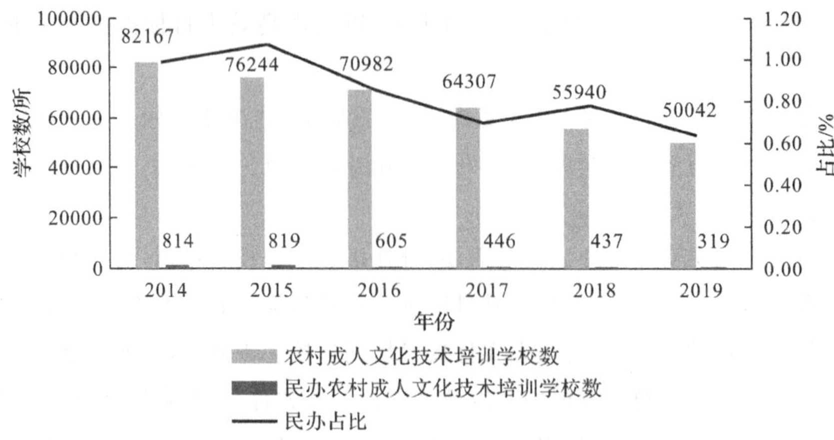

图 3-12　2014—2019 年中国农村成人文化技术培训学校数量

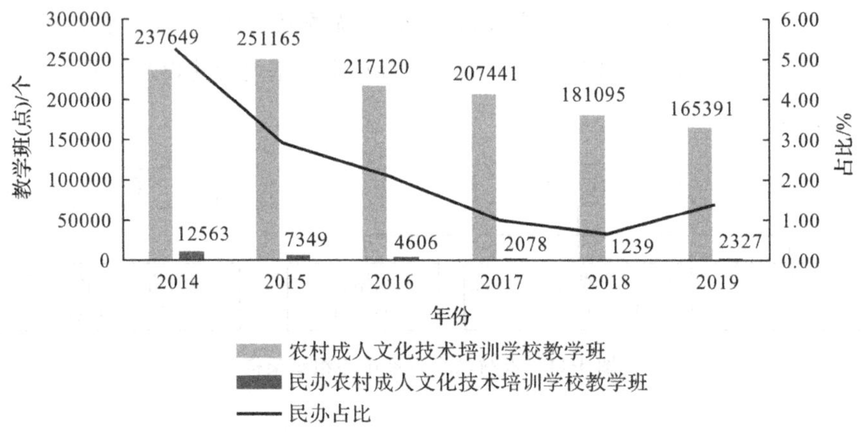

图 3-13　2014—2019 年中国农村成人文化技术培训学校教学班(点)数量

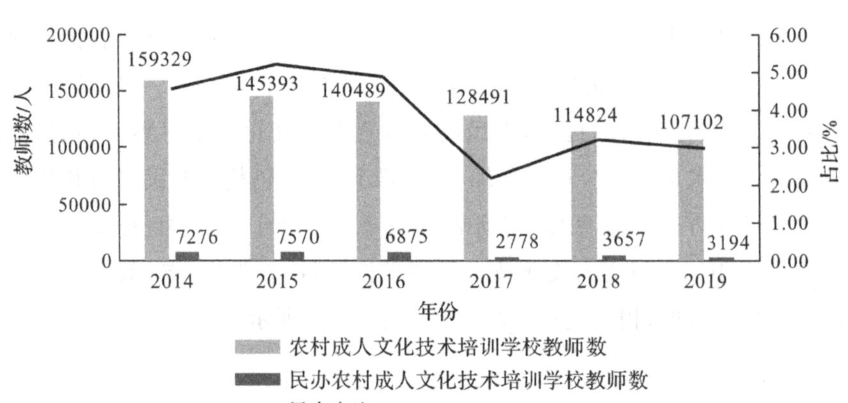

图 3-14　2014—2019 年中国农村成人文化技术培训学校教师人数

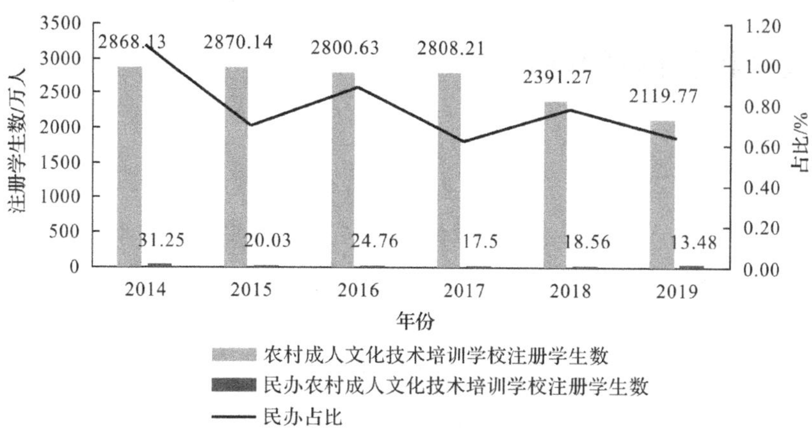

图 3-15　2014—2019 年中国农村成人文化技术培训学校注册学生人数

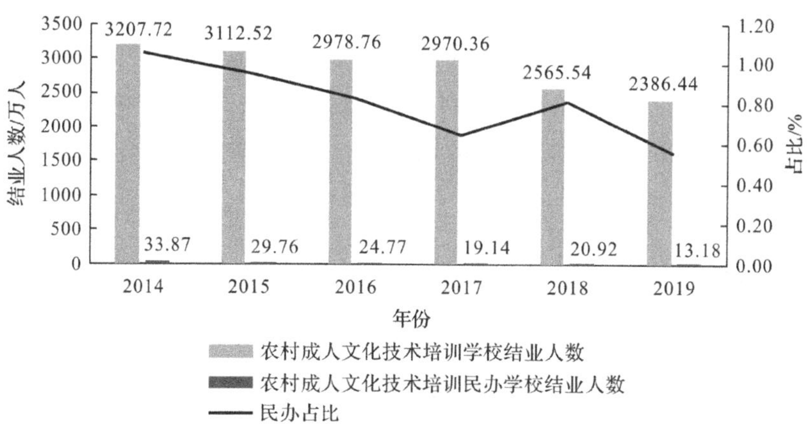

图 3-16　2014—2019 年中国农村成人文化技术培训学校结业人数

图 3-17　2014—2019 年中国农村成人文化技术培训学校女生结业人数

六、党校(行政学院)

(一)基本概述

党校是中国共产党培训党员的学校,是党员干部终身学习的重要环节和途径,是特定群体终身学习的一种重要方式。截至2021年6月5日,中国共产党党员总数为9514.8万名①,约占中国总人口的6.74%(2021年5月第七次全国人口普查,大陆31个省、自治区、直辖市和现役军人的人口共1411778724人)②,党的基层组织总数为486.4万个。从这个角度来说,党校也是全民终身学习的一个重要组成部分。各省、市、县级党委及中央都设立有相应的党校,部分党的基层委员会也设有党校。党校的前身是1933年创办于瑞金的马克思共产主义学校,1935年随中国工农红军长征到达陕北后改称中共中央党校。国家行政学院于1988年开始筹建,1994年正式成立,主要培训中高级公务员、高层次管理人才和政策研究人才。2018年,中央党校和国家行政学院的职责整合,组建新的中央党校(国家行政学院),实行一个机构两块牌子。

(二)发展现状

截至2015年,全国共有省级党校34所,副省级党校15所,地市级党校360多所,旗县级党校数量近2500所。③ 国内党校(行政学院)层级结构和政府的结构类似,地级市以上是党校与行政学院一个牌子,区县及乡镇则以党校为主,层级关系如图3-18所示。

七、家长学校

(一)基本概述

家庭作为一个人最重要的成长环境,对其后续的发展方向和所取得的成就有

---

①共产党员网.中国共产党党内统计公报[EB/OL].(2021-06-30)[2022-10-11]. https://www.12371.cn/2021/06/30/ARTI1625021390886720.shtml.

②国家统计局.第七次全国人口普查公报(第二号)[EB/OL].(2021-05-11)[2022-10-11]. http://www.stats.gov.cn/tjsj/tjgb/rkpcgb/qgrkpcgb/202106/t20210628_1818821.html.

③习近平.在全国党校工作会议上的讲话[EB/OL].(2015-12-11)[2022-10-11]. http://www.qstheory.cn/dukan/2020-06/04/c_1126073316.htm.

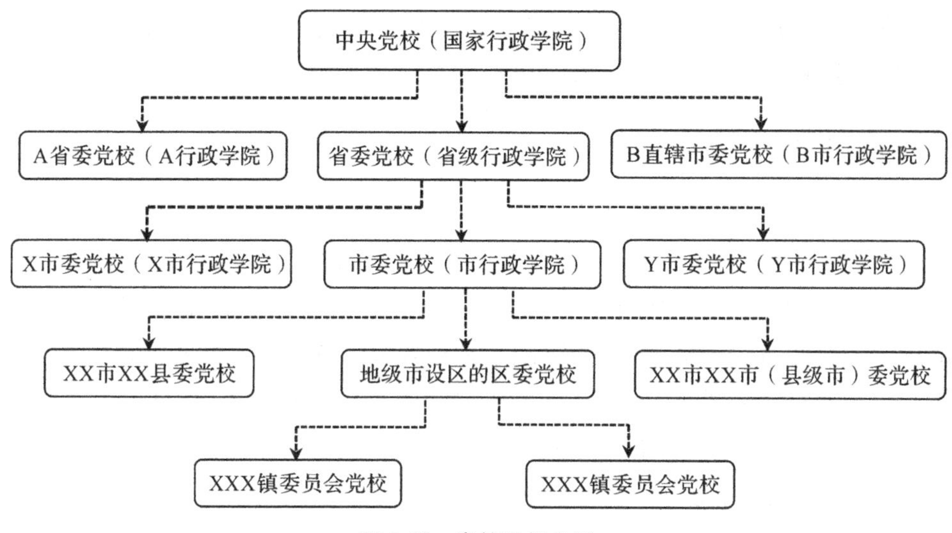

图3-18　党校层级关系

着重要的关系。家庭教育作为一种社会现象，历来被世界各国所重视，在不同的时代、不同的地域及不同的社会文化氛围中有着不同的表现形式。最初的家庭教育，无论是哪个时代、哪个地区，都是服务于社会生产和生活需要，例如原始氏族社会中的年长族长或者经验丰富的头领都负有传授生活、劳动及狩猎等技能的义务，才能维持种族的繁衍和壮大。但随着社会的进步及时代的发展，这种以生活技能为主的家庭教育的内容和范围逐步拓展。

在中国，家庭教育历史悠久，如各式各样的家训、家规、家仪及"孟母三迁"等都是家庭教育的重要表现形式，其中南北朝时期的《颜氏家训》是我国历史上第一部内容完整、丰富的家庭教育著作。再如，欧洲中世纪的"骑士教育"就是一种特殊形式的家庭教育。

家庭教育与学前教育往往是分不开的。在早期，学前教育的职责主要由家庭承担，但随着经济的发展和社会的进步，教育体系逐步完善，教育理念发生了重要转变，学前教育逐步分为学前社会教育和学前家庭教育。学前社会教育主要是以幼儿园及各种社会培训机构承担；学前家庭教育则以父母及朋辈为主，其开展形式及开展方式多样，受时代发展及社会文化影响。因此，本书对此部分不作探讨，转而集中论述义务教育开始以后的家庭教育。由于在信息科技快速发展的现代社会，家庭教育由原来以生产劳动技能传递和家庭文化传统继承为主的封闭模式逐步转向以适应社会需求与迎合学校教育为主的开放模式。因此，就目前来说，要针对普通民众，在社会层面上完善家庭教育体系，改善和提升家庭教育质量，提升家庭成员的家庭学习效率，行之有效的方式就是完善家庭教育法制和建立家长学校。这也是目前家庭教育实施较为有效的实践抓手，也是本书中将要进行重点阐述的内容。

(二)发展历程

我国家长学校的发展起源于20世纪80年代初。1980年，北京市部分小学在市教育局的领导下成立了“家庭教育研究会”，以此来指导和筹建家长学校；1981年，上海市虹口区长治中学创办了国内第一所家长学校，同年，宁波市象山县石浦镇开展学校、家庭、社会三结合教育工作，评选好家长；1982年，在石浦镇中心小学建立班、校两级家长委员会；1983年2月，创办了浙江省首所家长学校——石浦镇业余家长学校，同年，广州市荔湾区乐贤坊小学、宣武区陶然亭小学和北京市第四十一中学先后创办了家长学校，第一本《家庭教育学》正式发行；1989年，第一份家庭教育知识普及报纸《现代家长报》正式创办。自此，全国家长学校工作陆续展开。

我国家庭教育的法治建设起步较晚，目前国内有关家庭教育的法律有11项，其中国家层面1项，其他均为省市级。在立法层面，重庆市建立最早，国家层面建立最晚，具体信息如表3-9所示。

表3-9　中国家庭教育法律信息

序号	标题	制定机关	法律性质	公布日期
1	中华人民共和国家庭教育促进法	全国人民代表大会常务委员会	法律	2021-10-23
2	湖南省家庭教育促进条例	湖南省人民代表大会常务委员会	地方性法规	2021-01-19
3	湖北省家庭教育促进条例	湖北省人民代表大会常务委员会	地方性法规	2021-01-22
4	安徽省家庭教育促进条例	安徽省人民代表大会常务委员会	地方性法规	2020-08-03
5	福建省家庭教育促进条例	福建省人民代表大会常务委员会	地方性法规	2020-07-24
6	浙江省家庭教育促进条例	浙江省人民代表大会常务委员会	地方性法规	2019-09-27
7	江苏省家庭教育促进条例	江苏省人民代表大会常务委员会	地方性法规	2019-03-29
8	江西省家庭教育促进条例	江西省人民代表大会常务委员会	地方性法规	2018-09-30

续表

序号	标题	制定机关	法律性质	公布日期
9	山西省家庭教育促进条例	山西省人民代表大会常务委员会	地方性法规	2018-05-31
10	贵州省未成年人家庭教育促进条例	贵州省人民代表大会常务委员会	地方性法规	2017-08-03
11	重庆市家庭教育促进条例	重庆市人民代表大会常务委员会	地方性法规	2016-05-27

在平台建设方面，2011 年 10 月 26 日，全国妇联、中国家庭教育学会、教育部、中央文明办、中国移动和江苏省委的有关领导同志在启动台前共同按下了启动键。全国网上家长学校网站（域名 www.haomahaoba.com 或全国网上家长学校·中国）正式开通，该平台设有网校天地、家教新闻、专家在线、父母教室、实践活动、听读时分、互动专区、智趣生活馆、服务导航 9 个频道、44 个二级子栏目，但目前该网址已经停用。

当下的网上家长学校由国家教育行政学院家庭教育研究中心运行管理，并调整为家庭教育线上服务平台，是一个全国性的组织，但是该平台没有提供 PC 端的平台，只有移动端 App，可以通过全国"家校（园）共育"数字化平台微信小程序进行接入。该平台主要包括幼儿园、中小学两个子平台。课程涵盖校园生活指导、专家讲座、社会实践等多个类别。在省市层面，家长学校运行和建设较好的有广东省（广州市）、浙江省等地。

1. 广东省家长学校建设情况

广东省广州市作为家长学校建设和发展较完善的地区，自荔湾区乐贤坊小学家长学校创建以来，迄今已有 30 余年的发展历史，形成了一套具有特色的家长学校管理机制。

（1）在管理体制上，要进一步重视中小学生家长学校建设，对各家长学校的发展规划、条件保障、政策措施等问题提出指导意见，确保家长学校的办学质量。

（2）在家庭教育地方政策上，家长学校存在许多共性问题，解决这些问题需要完善规范的家庭教育法律法规作保障。

（3）在专项经费方面，经费支持是家长学校稳定发展的物质保证。

（4）在教师专业能力上，教师的专业化发展可以提高家庭教育指导专业能力。

2004 年，广州首个家庭教育指导中心正式揭牌；2009 年，广州市文明委印发了《广州市进一步加强家长学校建设工作实施意见》，对家长学校的建设和发展作出

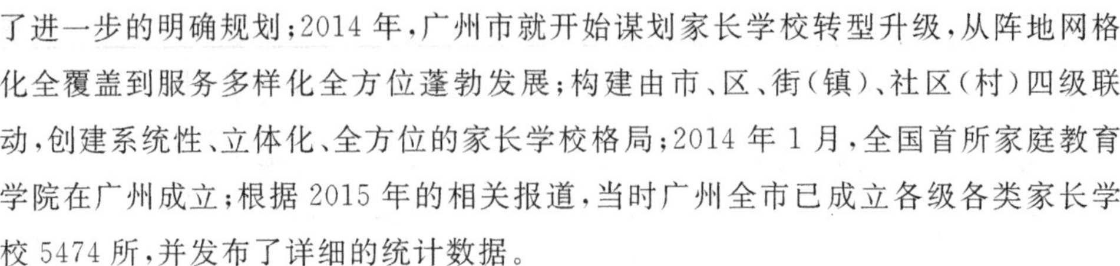

了进一步的明确规划；2014 年，广州市就开始谋划家长学校转型升级，从阵地网格化全覆盖到服务多样化全方位蓬勃发展；构建由市、区、街（镇）、社区（村）四级联动，创建系统性、立体化、全方位的家长学校格局；2014 年 1 月，全国首所家庭教育学院在广州成立；根据 2015 年的相关报道，当时广州全市已成立各级各类家长学校 5474 所，并发布了详细的统计数据。

2. 浙江省家长学校建设情况

浙江省作为基础教育较发达省份，其家长学校的建设起步早，相关体系建设较为完善，具有统一的官方平台（http://jzxx. zjer. cn/），建有丰富的家庭教育资源库，相关制度与政策制定较为系统。

2008 年以来，浙江省政府先后出台了《浙江省家长学校工作规程》、《浙江省家长学校教学指导纲要》、《浙江省示范家长学校（家庭教育指导机构）评估办法》（浙家办〔2011〕3 号）、《浙江省家庭教育促进条例》（浙江省人民代表大会常务委员会，2020 年 9 月），以及浙江省教育厅办公室印发的《关于推进浙江省中小学数字家长学校建设的通知》（浙教办函〔2020〕155 号）等相关的政策。

2020 年 11 月，浙江省数字家长学校共建共享联盟成立，全省上线了 11 个“浙江家长学校”市县分平台，20 多个数字家长课程空间，125 所学校成为首批联盟单位。

2022 年 1 月 4 日，根据浙江省家长学校公布的数据，全省已经累计认定数字家长学校（含中职）5979 所，相关数据分布如表 3-10 所示。

表 3-10　浙江省家长学校分布情况

序号	设区市	总数（含中职）	中小学认定总数/所	2021 年中小学认定数/所	2020 年中小学认定数/所	认定比例/%	幼儿园/特教认定数/所
1	杭州市	978	440	266	174	44.99	66
2	宁波市	777	259	140	119	33.33	5
3	温州市	1048	437	262	175	41.70	3
4	嘉兴市	340	196	96	100	57.65	—
5	湖州市	261	147	82	65	56.32	1
6	绍兴市	533	202	141	61	37.90	—
7	金华市	659	252	182	70	38.24	5
8	衢州市	302	104	69	35	34.44	—
9	舟山市	101	47	17	30	46.53	—
10	台州市	668	254	216	38	38.02	—
11	丽水市	312	99	59	40	31.73	1
汇总		5979	2437	1530	907	40.75	81

3. 评价标准

浙江省家长学校的建设机制较为完善，2011年就已经出台相关的评选标准，相关指标与权重分布如表3-11所示。

表3-11　相关的评选标准

评估指标	评估要点和得分标准	权重	自评分 基本分	自评分 加分	考评分 基本分	考评分 加分
组织管理	1. 办学单位要把家长学校工作纳入整体工作计划和岗位考核内容(2分)；成立有办学单位负责人、职能部门负责人和教师、家长代表参加的校务管理委员会(2分)；每年至少召开一次专题会议研究家庭教育工作(2分)。	6				
	2. 有开展家庭教育的固定场所(2分)，悬挂校牌(2分)。	4				
	3. 办学经费有保障。	5				
	4. 有专兼结合、相对固定的师资队伍(3分)，每年邀请县级或以上专家授课不少于1次(2分)。	5				
	5. 有年度工作计划(2分)和总结(2分)。	4				
	6. 有符合实际的规章制度(2分)且执行有效(2分)，台账齐全真实(2分)。	6				
教学管理	1. 有教学计划，能依照《全国家庭教育指导大纲》，针对不同年龄段的家长开展不同层次和主题的教学活动。每学年面授次数和教学课时：幼儿园、小学、初中不少于8次，16课时；高中和职业中学不少于6次，12课时；社区、建制村不少于6次，12课时。每次面授或活动要有照片和家长签到单可查(每少1次扣2分，直至该项扣完)。	12				
	2. 幼儿园、中小学家长学校与社区、建制村或其他企事业单位每年至少有1次家长学校共建帮扶活动，社区、建制村能利用辖区内单位的人力物力资源开展家庭教育活动。	6				
	3. 有学籍管理、教师备课、家长考勤和结业表彰等制度。	6				
	4. 有家长的体会、交流材料。	4				
	5. 家长学校负责人或教师每学年至少接受1次家庭教育方面的学习培训。	6				
	6. 有家长的学习资料或校本教材(含《家庭教育》杂志)。	6				

续表

评估指标	评估要点和得分标准	权重	自评分		考评分	
			基本分	加分	基本分	加分
教研科研	1. 家长学校(家庭教育指导机构)每学年举办家庭教育教研活动不少于1次,社区、建制村每年举办家长经验交流活动不少于1次。	4				
	2. 家长学校(家庭教育指导机构)有家庭教育研究方面的成果(包括课题、论文、案例、调研报告等),社区、建制村在辖区宣传窗(栏)每年至少有2期家庭教育宣传版面(1项得2分,2项以上得4分)。	4				
	3. 家庭教育科研获表彰奖励(加分项目,课题、论文、案例等每篇在全国获奖、交流或采用的得4分,省级得3分,市级得2分,县级得1分)。	加分				
办学成效	1. 家长学校办学质量高,对家长家庭教育素质提升有明显成效,对学校教育工作有明显的促进。经抽查,中小学、幼儿园教师和家长满意率达80%以上,社区、建制村儿童家长满意率达70%以上(每少10%扣1分,直至扣完)。	8				
	2. 家长到课率高,经抽查,城镇学校的家长到课率不低于90%,农村学校的家长到课率不低于70%,家长居住特别分散的,不低于50%。社区、建制村儿童家长听课率不低于70%(每少10%扣1分,直至扣完)。	7				
	3. 家长学校工作在本市家庭教育方面有引领示范作用。	7				
	4. 家长学校工作获表彰奖励(加分项目,在全国获表彰、奖励、交流的加4分,省级加3分,市级加2分,县级加1分)。	加分				
总分						

第三节　江苏省终身学习组织结构

终身学习作为一个复合型领域,涉及层面及主体众多,相关的管理部门及体系错综复杂。为了更加清晰而全面地掌握江苏省现有的终身学习体系,本书从终身学习的主体出发,以学习者自身进行学习的方式、途径及场所等为着眼点,对现有的终身学习机制进行梳理和分析,以期为政府的规划决策提供理论参考。

一、组织机制概述

(一)组织机构

本书研究团队从学习者学习环境出发,通过文献调研、网络数据分析、问卷调研、专家采访及实地考察等多种方式对江苏省终身学习体系进行探究,在综合分析的基础之上,绘制了江苏省终身学习组织机构的体系,如图 3-19 所示。

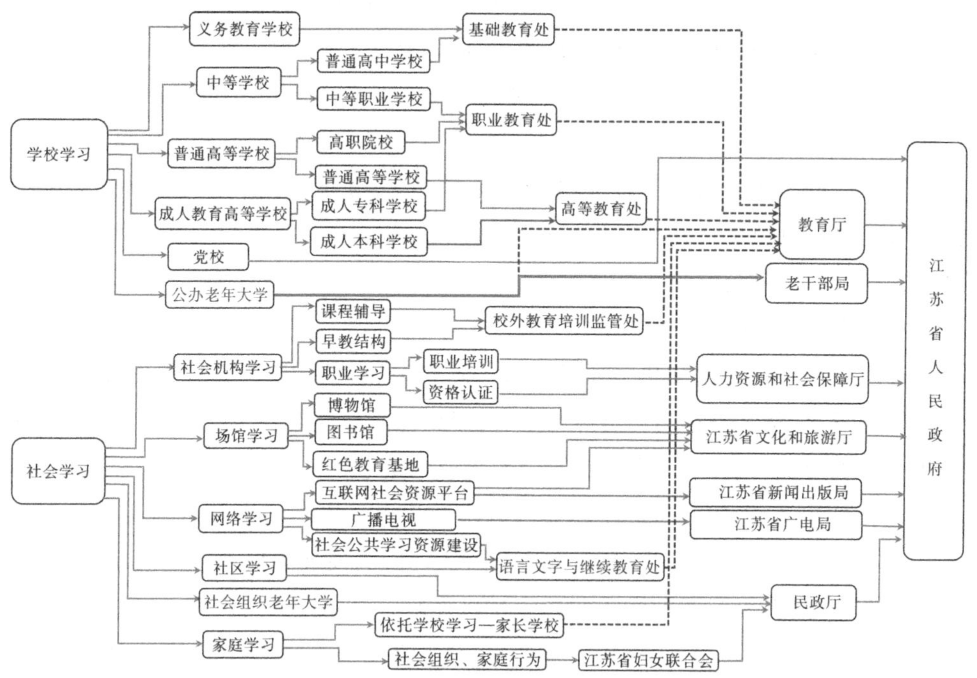

图 3-19 江苏省终身学习组织结构体系

1. 学校学习

通过江苏省终身学习管理体系可以看出,在学校学习体系中的各管理机构职责清晰,有着明确的分工和完备的管理制度,除公办老年大学(隶属老干部局,归属省委组织部,与教育厅同级)以外基本隶属教育厅。这使得各部门之间的协调与组织相对容易,终身学习的各种资源有统一的规划,其资金主要来源于政府财政的固定拨款,基本经费有保障,这为开展终身学习提供了坚实的基础。

2. 社会学习

相对于学校学习来说,社会学习则相对复杂。不同的学习场所、不同的学习途径及不同的学习资源往往隶属不同的管理部门。由于涉及跨部门管理，缺乏统一的协调机制，使得社会学习体系分支庞杂、相互交织，甚至冗余，这也是终身学习体系进一步完善和发展所面临的困境。就目前社会现状来说，江苏省乃至全国甚至欧美等发达国家的社会学习的主要途径主要集中在家庭学习、社区学习、社会机构学习及网络学习等几种形式上。没有固定的运行经费，各地区各部门的财政支持力度不一，多靠社会组织出资及相关单位的财政资金申请，这是社会学习绩效提升的瓶颈。

社区(村委)学习：多是针对老年人及一些弱势群体。对老年人来说，一般以科普性的学习为主，如健康娱乐及一些自身素养提升的学习等；对于弱势群体来说，大多是再就业培训，以服务行业的技能培训、农业生产、生活技能训练及兴趣爱好等提升为主。截至2021年底，江苏省全省共有718个乡镇、519个街道、7534个社区居民委员会、13767个村民委员会。[①] 社区(村委)的行政管理隶属各级政府，其注册管理多是归属省民政厅管理，社区(村委)组织与开展学习则大多通过社区学院、社区学校、村镇文化站等多种形式开展，归属省语言文字与继续教育处(省语言文字工作委员会办公室)。

场馆学习：多是以社会公益组织的形式开展，主要包括各地的博物馆、图书馆、社区读书站(屋)及红色文化学习基地等。这部分归属文化和旅游厅，其负责场馆的建设与规划，基本维护与运转经费来自财政，但其品质提升与改扩建的资金同样缺少固定资金支持，多是源于社会资助及财政申请。

社会机构学习(职业与技能培训)：此部分学习多以学习者自费为主。社会组织提供的学习，形式多样，学习者可根据需要选择，其发展规模由市场决定；公办组织提供的学习，多以开展资格认证与等级划分为主，此部分归属人力资源和社会保障厅。其中职业能力建设处(技工院校管理处)负责技工院校综合管理，指导开展全省技工学校教育和职业技能培训，指导师资队伍和教材建设；专业技术人员管理处(职称和职业资格管理处)负责专业技术人员职称(职业资格)工作领导小组办公室的日常工作。

3. 网络学习

主要通过四类资源进行：由政府机关与部门委托第三方及相关单位开发的公共公益性的资源，如江苏学习在线平台(依托江苏开放大学)、江苏省网上家长学校(https://www.jswomen.com.cn/ops，依托江苏省妇女联合会)、江苏省老年教育

---

①江苏省民政厅. 江苏省社区统计数据[EB/OL]. (2022-01-10)[2022-10-11]. http://mzt.jiangsu.gov.cn/col/col78570/index.html.

网(http://www.jslnxx.cn,依托江苏开放大学)及江苏省终身教育学分银行(http://www.jslecb.cn/)等,或者购买相关服务,如实施职业技能提升行动"互联网+职业技能培训计划"以纳入社会培训机构资源(如江苏省人社厅、财政厅联合实施,首次纳入13家社会培训机构平台——苏人社办函〔2022〕89号);公司机构或个人提供的网络学习资源平台,收费与公益参半,如B站及知乎等公众平台(https://www.bilibili.com,https://www.zhihu.com);由个人或者志愿组织通过公共网络平台或者自媒体提供的免费资源,如各种微信公众号或者微博;由高等学校或者公办教育组织开放的资源,如江苏省高等学校虚拟仿真实验教学平台(http://jsxngx.seu.edu.cn/,高校实验设备共享)等。

4.家庭学习

家庭学习作为一种重要的学习方式越来越多地受到社会的重视。但就目前来说,家庭学习并没有专门的系统的规范机构与组织,多是挂靠在妇女联合会的一个职能部门。其开展形式多样,但均以学前教育、义务教育为主,采取的形式以家校联盟为主,如家长学校等形式开展,社会组织开展的家庭学习多以家庭个体自愿行为为主。2022年7月,江苏省教育厅颁布了《江苏省中小学幼儿园家长学校工作指导意见》(苏教基函〔2022〕18号),要求到2025年,全省各级中小学幼儿园家长学校办学率达到100%,网上家长学校覆盖率达到100%。

(二)发展过程

无论是国内,还是国外,普通学校学习的组织结构都相对完善,本书不做赘述,因此,将重点针对职业学校学习、成人学校学习及社区社会学习等几种形式展开论述。

1.职业学校学习

职业学习作为支持国民经济发展的基础之一,也是国家开展教育的重要组成部分,梳理职业教育的发展过程,将有助于完善终身学习的体系建设与发展。江苏省职业教育的发展演变过程如图3-20所示。

(1)实业教育阶段。职业学习在国内最初起源于实业教育,江苏省立实业教育发端于江南储才学堂。1895年(清光绪二十一年),为了培养各行各业的人才,时任两江总督的张之洞决定在南京仪凤门内三牌楼建立相应的实业人才培养机构即江南储才学堂并开展办学。[1] 江南储才学堂计划开办交涉(包含政治制度、财政

---

[1] 高时良.中国近代教育史资料汇编·洋务运动时期教育[M].上海:上海教育出版社,1992:573.

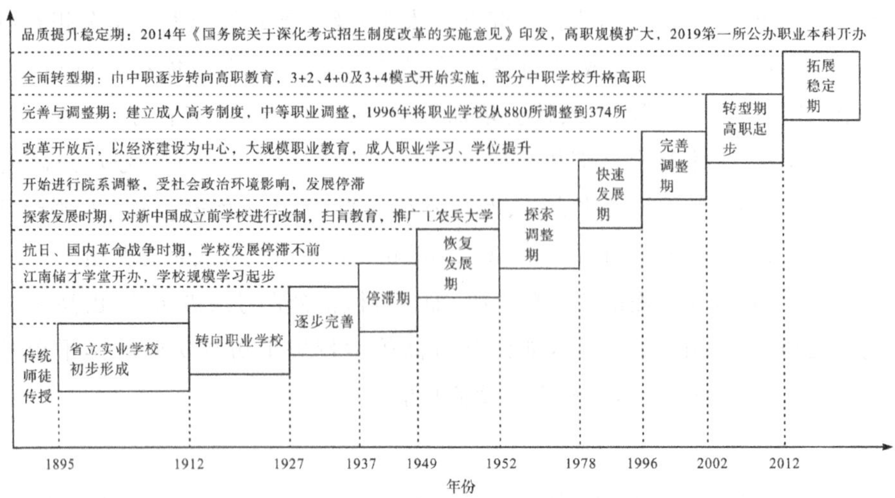

图 3-20　江苏省职业教育发展历程

制度、地理环境和翻译等，军政除外）、农政（包含农作物种植、水利灌溉、畜牧养殖和农器制造等）、工艺（包含化学、蒸汽机、矿务和工程等）、商务（包含各国物产、中国物产、金融钱币知识和各国经济状况等）四个专业门类。

1905 年（光绪三十一年），清政府成立学部，并要求各地大力兴办实业学堂。

1907 年，各省设立提学使司，江苏省农业学堂和商业学堂均由省提学使司直接管辖。

（2）转型为职业学校阶段。1912 年 1 月 13 日，江苏省颁布管辖省立学校通则六条，随后江苏省建设农工商一系列实业学校，并给其做出了明确的分工，相关内容如表 3-12 所示。

表 3-12　1913 年江苏省立实业学校各项情况一览

项目		农业					工业					水产	蚕业	合计
		本科	预科			讲习	本科			预科				
		农	农	林	蚕		土木	机织	染色	机械	电机			
学校数/所		3					1					1	1	1
学级数/个		1	3	1	1	1	3	2	1	1	1	1	2	19
在校生/人	男	32	133	28	30	40	75	38	24	40	40	60		540
	女												96	96
	合计	263					217					60	96	636
教职员/人	男	68					49					16	9	142
	女												4	4
	合计	68					49					16	13	146

1927年，在上海创办了我国第一家职业指导机构——上海职业指导所。同年，国民政府在南京成立。7月4日，国民政府公布了《中华民国大学院组织法》，全国的大学区制正式施行，省立职业学校的办学力量遭到了严重的削弱。

1930年，教育部颁发通令，要求全国自当年起，“各省应酌量情形，添办高、初级农工科职业学校，各普通中学应一律添设职业科目或附设职业科”[①]。

1936年4月，江苏省教育厅为了加强职业学校同实业界的沟通，专门制定了《职业学校与建设机关协作大纲》[②]，以促进职业教育的发展。

(3)快速发展阶段。1949年，新中国成立以后，对旧学校进行接管和改造。次年5月，为响应国家提出的“教育为国家建设服务，学校向工农开门”的方针，苏南行署文教处在无锡创办苏南工农速成中学，这是我国最早创办的工农速成中学之一。此后，各种成人教育、职业教育学校纷纷建立，一时间农民直接上大学等诸多不合理的现象层出不穷。

1952年，全国范围内进行院系调整，江苏省设大专院校17所，占全国高校总数(182所)的9.3%。其中综合大学1所、工科院校6所、农林院校3所、医药院校3所、师范院校3所、艺术院校1所，布局不合理的状况有所改变。[③]

1978年，改革开放实施后，为了快速发展经济，江苏省大力发展职业教育。乡镇企业异军突起，教育体制改革深化，以一批改办、新办的职业学校为标志，职业教育作为一个相对独立的教育体系脱颖而出，创造了多个全国第一：

1978年，创建全国第一所旅游学校——江苏省旅游学校在江苏宜兴建立。

1980年，创建全国第一所高等职业院校——金陵职业大学，学校学历层次覆盖本科、专科和中专，实行“收费、走读，不包分配、择优录用”的办学形式，并且在1982年出台了全国首部职业教育法规——《江苏省职业大学暂行条例》。

1984年，创建全国第一所县办大学——沙洲职业工学院，由当时的江苏省沙洲县(现张家港市)投资兴办。

(4)中等职业教育繁荣阶段。1992年起，江苏省开始适度扩大高等职业教育的招生规模，1993年《中国教育改革和发展纲要》发布以后，江苏省根据建立与社会主义市场经济相适应的教育体制的要求，进一步扩大了高等职业教育的招生规模。

1995年江苏省召开全省高教工作会议，提出以中心城市所办的高等学校为依

---

①向复庵.江苏省各级学校推行生计教育计划之商榷[J].江苏教育，1933，2(4)：1.

②孙邦定.六十年来的中国教育[M].南京：正中书局，1971：484.

③董康.江苏教育大事记(1949—1956)[N].江苏教育报，2019-09-27(2).

托，构建市县沟通的高等职业教育网络。通过改革现有的高等专科学校、职业大学和成人高等学校，以及选择少数中专学校举办多种形式的高等职业教育等途径，积极发展高等职业教育。全省实施职业教育“1122”工程，累计建成职教中心 101 个。

1996 年，江苏省启动职业教育专业现代化建设，通过中等职业学校布局结构调整，整合职业教育资源，职业学校从 880 所调整到 374 所，高等职业院校提升到 26 所，总数居全国第一。

2003 年，江苏联合职业技术学院成立，下设南京工程分院等 53 所分院和江苏省戏剧学校等 36 个办学点及 4 所高等师范学校，共计 93 所学校为学院办学单位，以五年制大专为主。截至 2019 年，该学院共设置 18 个专业大类和 170 多个五年制高职专业。

2005 年，颁发《江苏省职业教育课程改革行动计划》，先后编制 106 项专业指导性人才培养方案、38 项专业技能教学标准、763 门专业核心课程标准；完善多元评价，率先在全国试行中等职业学校学生学业水平考试制度。

(5)高等职业教育起步阶段。2001 年，江苏省高职高专院校进一步发展，达到 38 所。

2002 年 10 月，为贯彻国务院第四次全国职业教育工作会议精神和落实《国务院关于加快推进职业教育改革和发展的决定》，江苏省召开全省职业教育工作会议，会后印发了《江苏省人民政府关于加快推进职业教育改革和发展的意见》，要求建设 60 个教学试点专业以提升高等职业教育质量。

2006 年，江苏省教育厅印发了《江苏省高等职业教育专业建设指南》《江苏省高等职业教育实训基地建设指南》等相关政策，以提升高等职业教育的发展。截至 2008 年底，江苏省财政补助高职院校建设实训基地 72 个。

(6)高等职业教育高质量建设的新阶段。2010 年，《国家中长期教育改革和发展规划纲要(2010—2020 年)》颁布，提出要“构建中国特色的职业教育体系；增加职业教育经费投入，加强职业教育基础能力建设”。

2012 年，江苏省在全国范围内率先开展现代职业教育体系建设试点工作，创新实施“3＋2”高职—本科分段培养模式与“4＋0”高职—本科联合培养模式。

2015 年，教育部制定的《高等职业教育创新发展行动计划(2015—2018 年)》开始将高等职业教育的重心从体制优化转向创新发展。

2017 年，为了进一步完善和优化高等职业教育系统结构，江苏省出台了《高等职业教育创新发展卓越计划》，旨在构建技工教育、中高职教育、应用型本科与专业学位研究生教育的“立交桥”，并尝试开展本科层次职业教育的探索。

2018 年 5 月 14 日，江苏省政府发布了《省政府关于加快推进职业教育现代化的若干意见》(苏政发〔2018〕68 号)，提出要提高职业教育生均经费标准。到 2020

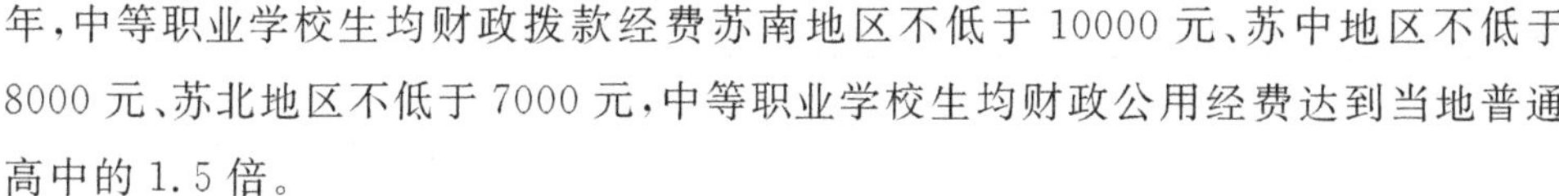

年，中等职业学校生均财政拨款经费苏南地区不低于10000元、苏中地区不低于8000元、苏北地区不低于7000元，中等职业学校生均财政公用经费达到当地普通高中的1.5倍。

2019年，教育部批准的全国第一所公办本科职业教育院校——南京工业职业技术大学在南京成立，标志着职业学历学习有了本科。

2020年7月23日，江苏省发布了《江苏省职业教育质量提升行动计划(2020—2022年)》，提出要建立健全“职教高考”制度，完善“文化素质＋职业技能”招生考试办法，实行“分类考试、综合评价、多元录取”考试招生方式，积极开展1＋X证书试点，将试点工作与推进教师、教材、教法改革相结合。

2021年3月1日，江苏省发布了《江苏省“十四五”规划和2035年远景目标纲要》(苏政发〔2021〕18号)，打通职业教育升学通道，实施苏锡常都市圈职业教育改革创新行动，使得各地市积极推进职业学校建设。

本书收集与整理江苏各市的“十四五”规划内容后发现，目前共有9市在规划中提到了职业教育的未来发展。其中，有6个地级市：连云港、淮安、无锡、常州、徐州、宿迁；3个县级市：邳州、太仓、高邮。以上地区的“十四五”规划中都对职业教育发展提出了明确的方向和定位，相关数据如表3-13所示。

表3-13　江苏省部分地区职业教育“十四五”规划发展一览

举措	城市	规划蓝图	数量/所
高职升本	连云港	连云港师范高等专科学校	10
	无锡	无锡职业技术学院、无锡商业职业技术学院	
	淮安	江苏食品药品职业技术学院	
	宿迁	宿迁职业技术学院、宿迁泽达职业技术学院	
	徐州	江苏建筑职业技术学院、徐州幼儿师范高等专科学校、徐州生物工程职业技术学院	
	太仓	苏州健雄职业技术学院	
新建高职本科	高邮	扬州职业大学高邮分校	1
新建、筹建、改建中高职	常州	常州筹建体育职业技术学院、卫生高等专科学校	15
	徐州	徐州开放大学创建五年一贯制高等职业学校；徐州新建江苏安全技术职业学院“安全谷”新校区；支持沛县、睢宁等中专校易地新建	
	宿迁	宿迁高等师范学校设置为幼儿专科学校；宿迁市将建5所省中职领航学校	
	邳州	邳州新建一所五年制高等职业学校	
	高邮	实施江苏联合职业技术学院高邮分院争创工程	

续表

举措	城市	规划蓝图	数量/所
中职升格	常州	常州刘国钧高等职业技术学校、常州铁道高等职业技术学校、常州幼儿师范学校	6—8
	徐州	徐州医药高等职业学校、徐州财经高等职业技术学校、徐州经贸高等职业学校创建高等职业技术学院	
	宿迁	宿迁推进中等职业学校、中等师范学校升格为高职高专	

2.成人学校学习

成人教育作为终身学习发展的重要形式，其开展的主要形式以职业学习和基本文化知识提升为主，可以说，一个地区的成人教育发展情况在一定程度上体现该地区的终身学习发展情况。江苏省作为教育大省、经济发达地区，成人教育早在20世纪90年代就已经形成了相对完善的体系。

(1)发展阶段(1949—1991年)。此阶段是江苏成人教育发展的起步阶段。为了更加清晰地梳理江苏省在中华人民共和国成立后的成人教育体系发展过程，本书在上述文献资料整理的基础之上，绘制了江苏省早期成人教育发展过程的脉络图，如图3-21所示。

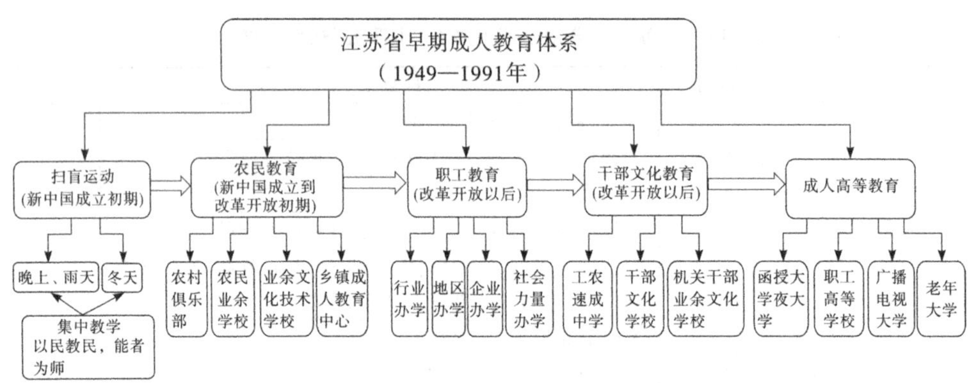

图3-21 江苏省成人教育发展过程

1991年，《国务院学位委员会、国家教育委员会关于整顿普通高等学校授予成人高等教育本科毕业生学士学位工作的通知》(学位〔1991〕11号)，对成人教育进行较为严格的控制，纳入国家学位办的统一管理，自此成人教育逐步走上正轨。

(2)缩减阶段(1992—2011年)。此阶段，江苏成人高等教育受普通高等学校规模扩张的影响，成人专职类学校从1992年的92所独立设置学校(此外，还有普通高校函授、夜大学46所)[①],到2010年已经只剩下12所[②],其间减少了80所。

(3)稳定阶段(2012年至今)。2012年经教育部批准,江苏广播电视大学正式更名为江苏开放大学(与各市级开放大学建立联盟),自此江苏成人高等教育回归稳定发展阶段。截至2023年6月15日,江苏仅有8所成人高等教育学校,分别为南京市职工大学、空军第一职工大学、南通市工人业余大学、扬州教育学院、江苏开放大学、江苏省省级机关管理干部学院、南京开放大学及江苏省青年管理干部学院。

3. 社区社会学习

(1)发展历程。江苏省的社区教育虽然相对世界发达国家来说起步较晚,但仍走在全国社区教育发展的前沿,早在1998年就正式启动了社区教育实验工作。

1999年4月,江苏省经过国家验收基本扫除青壮年文盲后,成人教育工作重点发生了转移,把社区教育内容列入目标管理,并正式发布了《关于选择社区教育试验点,启动试验工作的通知》,自此社区教育逐步被重视起来。

2002年7月,《江苏省社区教育培训机构设置暂行规定》(苏教职〔2002〕20号),对社区教育培训机构进行了明确的界定,是指区(县、市)、街道(乡镇)利用本社区内各类教育、文化、科研、体育等资源,联合各种社会办学力量,面向社区全体成员举办的从事非学历教育培训活动的社区培训(进修、专修)学院、学校或中心(简称培训机构)。

2002年8月,江苏省教育厅、宣传部、民政厅、文化厅联合颁发了《关于推进社区教育实验工作的意见》(苏职教〔2002〕34号),逐步将社区教育延伸到农村社区。

2006年7月7日,《江苏省教育厅关于印发江苏省省级乡镇(街道)社区教育中心建设方案的通知》(苏教职〔2006〕17号)发布,对江苏省省级乡镇(街道)社区教育中心的基础建设条件进行了明确规定:

①有相对独立的教育场所,建筑面积在2500—3000平方米以上。学习点相对稳定,社区教育中心专用教室不少于6个。

②建有计算机教室,计算机不少于30台。

③建有社区图书馆、阅览室,图书不少于8000册(建有电子图书馆和阅览室的教育中心,图书不少于5000册)。

---

①曹茂芹,冯大生. 积极稳步推进成人高校联合办学[J]. 江苏高教,1992(2):21-23.

②江苏教育. 2010年江苏省教育事业发展统计公报[EB/OL]. (2011-02-09)[2022-10-11]. http://www.ec.js.edu.cn/art/2011/2/9/art_4269_23433.html.

④建有社区教育信息服务网站，基本形成社区教育信息传输网络，并开设远程社区教育培训网络课程。

⑤社区内有80%以上的社区居委会建立社区教育站（或市民学校、村民学校）。

⑥社区居民参与社区教育活动的参与率不低于30%。

2007年9月3日，江苏省教育厅发布了《关于加快发展社区教育工作的意见》（苏教职〔2007〕26号）。提出要完善社区教育经费投入保障机制，建立对社区教育工作的督查机制，逐步完善和形成定期检查、评估和表彰的奖励制度，形成良好的督导评估机制。

2009年5月27日，发布《关于开展江苏省社区教育示范乡镇（街道）创建工作的通知》（苏教职〔2009〕7号），开展社区教育示范乡镇评比工作，推动社区教育的发展。

2009年5月29日，江苏省社会教育服务指导中心成立，设在江苏开放大学社会教育处，为全省社会教育提供服务，推进全民学习、终身学习，服务社区建设，江苏学习在线平台开通。

2010年8月10日，教育部办公厅关于印发《社区教育示范区评估标准（试行）》（教职成厅〔2010〕7号），为各省市进行示范区评估提供了标准。

2010年8月26日，《江苏省中长期教育改革和发展规划纲要（2010—2020年）》（苏发〔2010〕11号）发布，提出要将成人教育中心全部转为社区教育中心，各级政府成立终身教育促进委员会。

2011年，江苏省发布《江苏省居民学校建设标准（试行）》（苏教办社教〔2011〕4号）及《江苏省社区教育示范区建设标准（试行）》，进行社区教育示范区的评审，积极带动社区教育的发展。

2013年1月31日，发布了《江苏教育现代化指标体系》（苏政办发〔2013〕8号），在全国研制出首个省域层面教育现代化建设指标体系，将继续教育纳入现代化教育体系，提出终身学习网络覆盖率≥90%，从业人员继续教育年参与率≥60%，城市和农村居民社区教育活动年参与率（老年人年参与率城市≥60%，农村≥40%）等具体数据指标。

2014年11月17日，发布了《江苏省教育厅关于加强社区教育机构建设的意见》（苏教社教〔2014〕6号），提出广泛开展城乡社区教育，大力加强社区教育基础能力建设，深入推进社区教育机构标准化建设，不断满足各类居民学习提高和修身益智需求。

2016年6月28日，教育部发布《教育部等九部门关于进一步推进社区教育发展的意见》(教职成〔2016〕4号)，提出到2020年建设全国社区教育实验区600个，建成全国社区教育示范区200个，全国开展社区教育的县(市、区)实现全覆盖。

2017年6月17日，省教育厅、省科学技术厅、省民政厅、省财政厅、省人力资源和社会保障厅、省农业委员会、省文化厅、省新闻出版广电局、省体育局、共青团江苏省委及省科学技术协会等12个部门出台《江苏省教育厅等部门关于加快发展社区教育的实施意见》(苏教社教〔2017〕1号)，提出到2020年，城市、农村居民的社区教育参与率分别达到60%、40%以上，全省80%县(市、区)达到省级社区教育示范区建设标准，实现标准化社区教育机构全覆盖，确保全国社区教育示范区、实验区建设水平走在全国前列。

“十三五”末，江苏省社区教育办学体系已经形成，全省已经建立县(市、区)社区学院103所，乡镇(街道)社区教育中心1260所，村(社区)居民学校(老年学校)近万所，形成了以开放大学为龙头、社区学院为骨干、社区教育中心和居民学校为主体的社区教育办学体系。建成全国社区教育示范区12个(占全国10%)、全国社区教育实验区16个(占全国12.4%)、国家级农村职业教育和成人教育示范县15个(占全国5.75%)，省级社区教育示范区72个、省教育服务“三农”高水平基地104个，推动了社区教育内涵发展。

2022年6月9日，江苏省教育厅印发《江苏省“十四五”社区教育发展规划》(苏教继〔2022〕3号)，提出到2025年实现城市/农村居民社区教育参与率分别达到70%和50%，老年人社区教育活动年参与率达到25%；省级标准化社区教育中心达标率达到100%；省社区教育特色品牌达到200个；优质共享视频学习资源达到50000个；江苏学习在线平台注册用户达到300万；设区市/县(市)老年大学分别达到4所和1所；乡镇(街道)老年学校覆盖率达到70%；村(社区)老年学习点覆盖率达到50%。进一步完善社区教育体制机制，搭建智能化终身学习平台，创建社区教育品牌。

(2)组织机构。为贯彻落实《教育部等九部门关于进一步推进社区教育发展的意见》(教职成〔2016〕4号)，江苏省设置了11个部门进行协调，具体为各设区市、县(市、区)教育局、科技局、民政局、财政局、人力资源和社会保障局、农委、文广新局、体育局、团委、科协，相关职责如下：

①各级党委、政府每年至少专门听取一次社区教育工作情况汇报，研究解决重点难点问题。

②教育行政部门要把开展社区教育纳入教育发展整体规划，主动联系有关部门，牵头做好社区教育发展规划、相关政策的制定和完善工作，建立目标责任机制、考核机制和责任追究机制。

③民政部门要把社区教育作为社区建设的重要内容，纳入城乡社区服务体系建设规划。

④财政部门要逐步加大对社区教育的财政投入力度。

⑤人社部门要加大对社区教育的支持力度，充分发挥社区教育在职业技能培训中的重要作用。

⑥农业部门要积极支持农村社区教育，发挥农广校在农民培训中的骨干作用。

⑦文化部门要通过公共文化服务体系为社区教育提供必要支撑。

⑧科技部门和科协组织要贯彻落实《科普法》《全民科学素质行动计划纲要》等规划要求，并将提升科普公共服务能力与开展社区教育工作紧密结合起来。

⑨新闻出版广电部门要把推动全民阅读与社区教育紧密结合起来，充分发挥农家书屋、社区书屋在社区教育中的平台作用。

⑩体育部门要将《全民健身计划纲要》的实施与开展社区教育工作紧密结合起来。

⑪发挥工会、共青团、妇联等群众团体和社会组织的作用，共同推进社区教育发展。

(3)经费投入。建立健全政府投入、社会参与、学习者合理分担等多种渠道筹措经费的社区教育投入机制，加大对社区教育的支持力度，不断拓宽社区教育经费来源渠道。各地要把社区教育经费纳入本级财政教育经费预算，县(市、区)财政按常住人口每年人均不低于4元的标准安排社区教育经费，现行标准高于4元的地区仍按现行标准执行，并根据实际情况逐步增长。推动社区教育服务社会化，探索通过政府购买、项目外包、委托管理等形式，吸引行业性、专业性社会组织和民办社会工作服务机构参与社区教育。鼓励社会资本通过兴办实体、资助项目、提供设施、设立社区教育基金等方式支持社区教育发展。鼓励自然人、法人或其他组织捐助社区教育或举办社区教育机构，并依法享受有关政策优惠。

(4)人员管理。通过公开招聘、择优进入、政府购买服务等方式，不断充实社区教育师资力量。社区大学(开放大学)、社区学院应按规定配备从事社区教育的专职管理人员与专兼职教师；社区教育中心要按照不低于常住人口万分之1.5的比例配备专职教师；居民学校要配备能满足工作需要的专兼职管理人员。切实保障社区教育专职教师在专业技术职务评聘、专业技术考核、福利待遇、表彰奖励等方面的权利。省人社厅、教育厅共同研究制定社区教育教师职称（职务）评聘条件和评聘办法，在中小学和中等职业学校教师职称系列中，分别单独设立社区教育学科组，并邀请社区教育工作方面专家参与评审，畅通社区教育工作者职称评审渠道。

（5）督导评价。把社区教育列入县级政府教育工作年度考核和各地区推进教育现代化的重要内容，作为教育督导和教育现代化监测的重要内容。逐步建立社会第三方对社区教育发展的评价与反馈机制，定期开展社区居民对社区教育满意度的测评。[①]

二、研究机构

（一）职业教育与终身教育研究所

1. 管理职能

负责全省职业教育与终身教育理论与实践研究及其成果应用、推广工作，全省职业教育与社会教育课程教学改革、教材资源建设及其教研工作，全省中职教师培训计划、组织、管理和服务工作，承接国家和省教育行政部门布置的有关专项课题研究工作，协同普通高校、行业企业及有关国际研究组织等开展合作研究。

2. 组织结构

（1）政策研究室。组织职业教育与终身教育决策调研，提供决策建议；解读重大教育决策及相关政策，开展咨询服务；开展职业教育教学改革课题研究与管理等。

（2）公共基础课教研室。承担全省职业学校公共基础课程和教材建设；组织开展职业学校公共基础课教学评比、教师培训和教学资源建设，引领教师开展教学研究；指导省职业教育公共课教科研中心组开展教研活动等。

（3）专业技能课教研室。承担职业教育专业技能课程及教材研究，推进职业教育专业基础课程教材建设。开展信息化教学研究，完成专业课数字化教学资源库建设。开展职业学校教研活动、教学评比、教师培训，培育教学名师，积极促进职业学校课堂教学质量的提升。

（4）省中职教师培训中心。承担全省中等职业学校教师和校长培训需求调研

---

①江苏省教育厅.江苏省本科院校教师评价标准[EB/OL].（2017-06-12）[2022-10-11].http://jyt.jiangsu.gov.cn/art/2017/6/22/art_58375_7505430.html.

和规划，培训政策研究与咨询，培训项目开发与资源建设，培训计划落实与组织，中等职业教育培训平台建设与培训质量绩效评价等。

(二)江苏省终身教育研究会

(1)推动终身教育实践创新。宣传、贯彻、落实国家终身教育、终身学习、学习型社会创建的方针、政策。

(2)推动终身教育理论繁荣。追踪终身教育理论前沿，探索终身教育理论进展。

(3)推动终身教育人才培养。开展与终身教育相关的专业培训和人才培养工作。

(4)促进终身教育学术交流与合作。做好与终身教育、终身学习和学习型社会创建相关的国内外信息沟通、学术交流、理论借鉴。

(5)促进终身教育智库建设。加强调查研究，为政府、社会提供终身教育、终身学习和学习型社会创建的决策咨询。

(三)江苏省成人教育协会

江苏省成人教育协会于 1983 年 3 月 25 日成立，主要研究成人教育改革发展的热点、难点、重要发展取向、体制制度建设等内容，从事社会教育、继续教育、老年教育等方面的研究。

(四)江苏现代职业教育研究院

又称为“江苏职业教育智库”，成立于 2020 年 6 月 28 日，是由江苏省高等教育学会和江苏经贸职业技术学院牵头组建的全国首家省级职教智库，主要围绕高职“双高建设”“开展本科层次职业教育”等全局性、战略性、前瞻性选题，开展政策性、开拓性研究。江苏现代职业教育研究院是政府管理部门、行业企业、职业院校之间沟通的桥梁，是非营利性学术社团组织，提供行政部门决策咨询、反映职业院校诉求、推进产教融合、深化职业教育改革与发展等方面服务。

三、成人高校

江苏省的开放大学为联合办学集团，下辖江苏 13 个地市的开放大学。

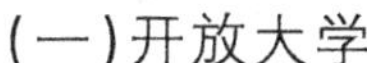

(一)开放大学

江苏开放大学总部设在南京，其在各个县市区分别设有分部，并以各县(市、区)地域名称命名，规模较为庞大。

1. 整体分布

江苏省现设 13 个省辖市，下辖 106 个县(市、区)，其中 27 个县级市、25 个县、54 个市辖区，各地区开放大学的分布情况如表 3-14 所示。

表 3-14　江苏省各地区开放大学分布情况

序号	地区	总数	市级开放大学数量	区县开放大学数量
1	连云港市	5	1	4
2	无锡市	3	1	2
3	淮安市	7	1	6
4	扬州市	6	1	5
5	泰州市	5	1	4
6	苏州市	7	1	7
7	常州市	4	1	3
8	宿迁市	4	1	3
9	南京市	2	1	1
10	盐城市	10	1	9
11	南通市	7	1	6
12	徐州市	9	1	8
13	镇江市	5	1	4
合计			74	

数据来源：江苏开放大学官网。①

2. 详细数据的分布

为了更好地掌握和了解江苏省各地市开放大学的分布情况，本书进行了详细列举。

南京(2 所)：南京开放大学、江苏开放大学。

无锡(3 所)：无锡开放大学、江阴开放大学、宜兴开放大学。

徐州(9 所)：徐州开放大学、丰县开放大学、沛县开放大学、睢宁开放大学、贾

①江苏开放大学. 市县开放大学数量分布[EB/OL]. (2016-11-21)[2022-10-11]. http://www.jsou.cn/2016/1121/c332a7818/page.htm.

汪开放大学、邳州开放大学、新沂开放大学、大屯煤电公司分校、铜山广播电视大学。

常州(4所):常州开放大学、金坛开放大学、溧阳开放大学、武进开放大学。

苏州(7所):苏州开放大学、张家港开放大学、昆山开放大学、常熟开放大学、吴中开放大学、苏州工业园区开放大学、太仓开放大学。

南通(7所):南通开放大学、如东开放大学、启东开放大学、如皋开放大学、海门开放大学、海安开放大学、通州开放大学。

连云港(5所):连云港开放大学、赣榆开放大学、灌云开放大学、东海开放大学、灌南开放大学。

淮安(7所):淮安开放大学、淮阴区开放大学、涟水开放大学、淮安区开放大学、洪泽开放大学、盱眙开放大学、金湖开放大学。

扬州(6所):扬州开放大学、宝应开放大学、高邮开放大学、江都开放大学、仪征开放大学、邗江广播电视大学。

镇江(5所):镇江开放大学、丹徒开放大学、丹阳开放大学、扬中开放大学、句容开放大学。

宿迁(4所):宿迁开放大学、沭阳开放大学、泗洪开放大学、泗阳广播电视大学。

盐城(10所):盐城开放大学、盐都开放大学、滨海开放大学、阜宁开放大学、建湖开放大学、大丰开放大学、东台开放大学、响水开放大学、射阳开放大学、亭湖开放大学。

泰州(5所):泰州广播电视大学、兴化广播电视大学、泰兴开放大学、靖江开放大学、姜堰广播电视大学。

(二)网络教育学院

网络教育学院通常由高等院校开办,目前经教育部认定,江苏省有三所高校具有网络教育招生资格。其中东南大学已经停止招生,其他两所网络教育学院仍然招生,分别是南京大学网络教育学院(现已并入南京大学现代教育中心)、江南大学网络教育学院(与江南大学继续教育学院合并)。

(三)继续教育学院

继续教育学院作为成人教育的另外一种形式,最初被称为“成人教育学院”,几乎每所大学都有二级学院,后续陆续更名为继续教育学院。继续教育学院开展的成人高等教育包括高起专、专升本、高起本、校企合作改革项目等多种形式,通常为

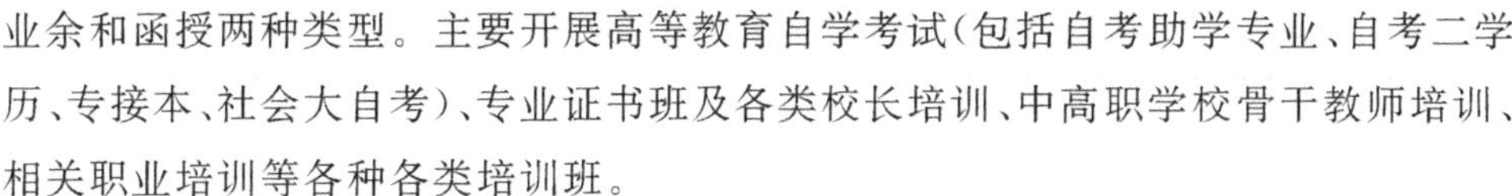

业余和函授两种类型。主要开展高等教育自学考试(包括自考助学专业、自考二学历、专接本、社会大自考)、专业证书班及各类校长培训、中高职学校骨干教师培训、相关职业培训等各种各类培训班。

(四)成人高校培养规模

成人高等教育作为成人学历学习的重要途径,自2013年以来,江苏省的成人本专科及网络专科,已经培养160余万人才,如表3-15所示。

表3-15　培养的人数规模　　单位:人

年份	成人本专科			网络本专科		
	招生人数	毕业人数	在校生数	招生人数	毕业人数	在校生数
2020	324983	211698	666661	21858	47388	79092
2019	259927	183877	549615	36048	40698	107629
2018	232894	178980	488053	56359	27523	114582
2017	199055	172977	447837	45117	24469	87614
2016	187340	173567	435299	30708	24302	69234
2015	180537	157474	433645	22625	26918	63988
2014	187884	158866	419964	26601	17822	61523
2013	168363	150467	397921	26863	16991	53721
累计毕业		1387906			226111	

数据来源:教育部统计年鉴。

四、老年大学(学校)

(一)整体分布

江苏省的老年大学始于20世纪80年代初期。1984年,江苏省第一所老年大学金陵老年大学创建,是省市四级军民共建形式的老年大学;1985年5月,苏州市老年大学创建;1986年7月,常州老年大学创建;1986年9月,南通老年大学、扬州老年大学筹建;1986年10月,徐州老年大学创建。根据江苏省成人教育协会专项调研报告显示,截至2020年12月,江苏省的各级各类的老年学校、机构、大学(含招收老年人的开放大学)等累计有12610所,其中乡镇街道老年学校897所,社区(村)老年学校11573所,老年教育远程收视点1677个。据江苏省成人教育协会调查,全省老年大学(学校)共有220所,具体分布如表3-16所示。

表 3-16　2020 江苏省老年大学分布情况汇总

序号	直属市名	各地老年大学总数/所	设区市(含区)老年大学数/所				县(市)及以下老年大学数/所			
			总数	公办	民办	其他	总数	公办	民办	县市个数
1	南京市	74	74	42	24	8	0	0	0	0
2	苏州市	44	32	30	2	0	12	11	1	4
3	无锡市	11	9	4	5	0	2	2	0	2
4	常州市	9	8	8	0	0	1	1	0	1
5	镇江市	8	5	5	0	0	3	3	0	3
苏南五市小计		146	128	89	31	8	18	17	1	10
6	南通市	10	6	5	1	0	4	3	1	4
7	扬州市	9	5	5	0	0	4	4	0	3
8	泰州市	6	3	3	0	0	3	3	0	3
苏中三市小计		25	14	13	1	0	11	10	1	10
9	徐州市	14	9	8	1	0	5	4	0	5
10	盐城市	10	3	3	0	0	7	7	0	6
11	淮安市	9	6	6	0	0	3	2	1	3
12	连云港市	4	2	2	0	0	2	2	0	3
13	宿迁市	6	3	3	0	0	3	2	0	3
苏北五市小计		43	23	22	1	0	20	19	1	20
14	省直六校	6	6	2	4	0	0	0	0	0
总计		220	171	126	37	8	49	46	3	40

老年大学作为一个社会组织，其办学形式多样，不同的办学主体所开展的办学形式也有所区别，江苏省老年大学的办学主体如图 3-22 所示。

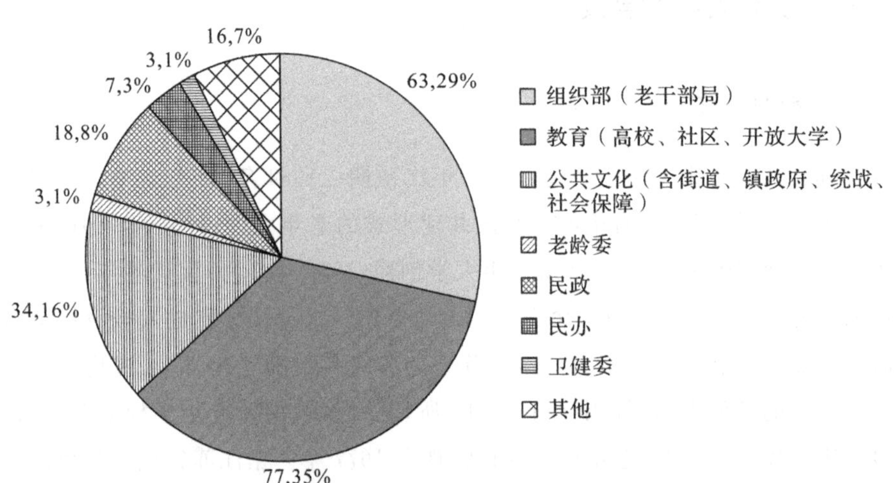

图 3-22　老年大学办学主体的分布情况

江苏省虽然作为教育发达省市，经济总量处在全国前列，但老年大学(含学校办学点)的数量对比却落后于浙江、福建及上海等省市。通过对比，可以发现福建的老年教育较为发达，如表3-17所示。

表3-17　全国代表性省份老年大学分布对比

序号	省市	老年大学(学校)/所	老年人口(65岁及以上)/万人	每万人的学校数量/所
1	江苏省	12610.00	1256.45	10.04
2	浙江省	12652.00	830.70	15.23
3	上海市	6144.00	361.66	16.99
4	北京市	2711.00	291.20	9.31
5	福建省	17541.00	369.50	47.47

注:数据来源，中国老年教育发展报告(2019—2020)。

(二)财政投入情况

老年学校是老年人开展学习的重要途径和依托，江苏省政府及社会机构都逐年加大对老年学校的投入力度，以拓展和改善老年学习环境，促进终身学习体系的建设。江苏省各地市2020年投入老年学校的建设资金如表3-18所示。

表3-18　2020年全省老年大学财政投入情况

序号	设区市	老年大学经费投入数/万元		社会投入占总投入比例/%
		财政投入	社会投入	
1	南京市	721.6	388.44	34.99
2	苏州市	2607.07	491.4	15.86
3	无锡市	948.5	13	1.35
4	常州市	1058.5	61	5.45
5	镇江市	344	199	36.65
苏南五市小计		5679.67	1152.8	20.30
6	南通市	844.51	14.6	1.70
7	扬州市	466.1954	28	5.67
8	泰州市	200	120	37.50
苏中三市小计		1510.71	162.6	10.76
9	徐州市	383	658.9	63.24
10	盐城市	269.84	98.12	26.67
11	淮安市	577	5	0.86
12	连云港市	46.5	15	24.39
13	宿迁市	148	18.5	11.11

续表

序号	设区市	老年大学经费投入数/万元		社会投入占总投入比例/%
		财政投入	社会投入	
苏北五市小计		1424.34	795.52	55.85
14	省直六校	306	3.2	1.03
总计		8920.72	2114.2	23.70

通过表3-18中的对比可以看出，苏南地区对老年学校的财政资金投入力度相对较大，其中苏州和常州投入占比最大。在社会办学方面，南京与徐州的社会投入资金占比较大。从江苏省整体来看，社会资金投入比重为23.70%，仍有很大的进步空间，政府办学应该通过相关的政策加大社会资金投入的力度，这样既改善了老年学校的办学条件，也能在一定程度上扩大老年学校的影响力，进而激励和影响老年人积极进行终身学习。

（三）队伍建设情况

师资队伍作为老年大学办学质量提升的关键，尤其是专职管理人员的数量与素质，在一定程度上决定了老年学校的学习环境的舒适度和应用效率。江苏省各地市老年学校管理人员数量分布如表3-19所示。

表3-19　江苏省老年大学管理队伍建设情况

序号	设区市	老年教育管理人员数/人		总计
		在编管理人员/人	聘用管理人员/人	
1	南京市	160	163	323
2	苏州市	93	117	210
3	无锡市	26	65	91
4	常州市	48	54	102
5	镇江市	18	44	62
苏南五市小计		345	443	788
6	南通市	12	76	88
7	扬州市	14	49	63
8	泰州市	9	28	37
苏中三市小计		35	153	188
9	徐州市	19	81	100
10	盐城市	19	50	69
11	淮安市	15	41	56
12	连云港市	6	6	12
13	宿迁市	2	31	33

续表

序号	设区市	老年教育管理人员数/人		总计
		在编管理人员/人	聘用管理人员/人	
苏北五市小计		61	209	270
14	省直六校	0	25	25
总计		441	830	1271

通过表3-19中的对比可以看出，以南京市为首的苏南五市老年学校的在编管理人员与聘用管理人员大体持平；苏中及苏北各市的老年大学聘用人员占比远远大于在编人员，尤其是南通、徐州及宿迁最为明显；连云港地区老年大学无论是管理还是聘用人员数量都很少，需要政府加大力度投入建设。

五、社区学院(学校、中心)

社区教育作为社区学习资源提供的主要途径，其实施主体为各个社区、街道、乡镇政府及各级村委。

(一)管理机构

1.行政机构

有关社区教育的管理是由江苏省教育厅设置的专门部门进行管理，但随着不同时期的发展，这个部门的名称和职能也有所改变。自江苏省教育厅成立以来，负责社区教育的主要处室更名过程如表3-20所示。

表3-20　主要负责处室更名过程

时间	名称	职能	备注
1953—2000年	工农教育处	承担职工培训、农民文化、技术教育和社会各类补习班(夜校)等方面的工作。	
2000—2009年	职业教育与社会教育处	承担全省的职业教育与社会教育工作。	
2009年12月—2019年3月	社会教育处①	承担社会教育统筹管理工作；指导农民文化技术教育、职工教育、老年教育、社区教育、扫盲教育和构建终身教育体系工作；指导社会力量举办的非学历教育机构的有关工作。	

①江苏省教育厅.中共江苏省委教育工作委员会主要职责、内设机构和人员编制规定[EB/OL].(2009-12-11)[2022-10-11].http://www.jiangsu.gov.cn/art/2010/3/29/art_46851_2681121.html.

续表

时间	名称	职能	备注
2019 年 4 月至今	语言文字与继续教育处（省语言文字工作委员会办公室）	1. 统筹管理全省社会教育工作； 2. 指导推进全省终身教育体系建设和学习型社会建设工作； 3. 指导各地终身学习网络平台建设、数字化课程资源建设工作； 4. 指导江苏省终身教育学分银行建设工作； 5. 负责社区教育的发展规划和相关政策的调研、制定工作； 6. 推动全省社区教育体系建设，指导各地社区教育机构的标准化建设、教学改革和课程教材建设、师资队伍建设、项目开发建设工作； 7. 做好校外培训机构宏观管理工作，制定校外培训机构的相关政策文件，指导各地做好校外培训机构的日常监管工作； 8. 指导各地开展老年教育、农民文化技术教育、职工教育和扫盲教育工作。	仅列出与教育管理有关的职能

政府管理部门名称及职能的变化也体现了在不同时期，政府在发展社区教育方面所侧重的方向。

2. 网络体系

经过多年的发展，目前江苏的社区教育已经形成以江苏省社会教育服务指导中心为依托的“145”模式，即“一平台”+“四级政府”+“五级网络”的社区教育网络结构，其组织机构体系如图 3-23 所示。

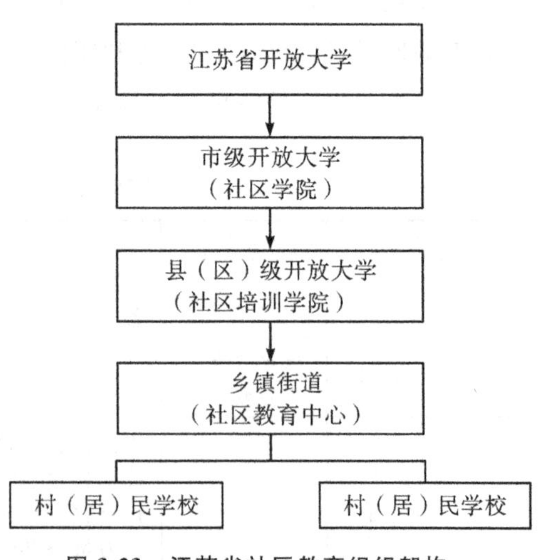

图 3-23　江苏省社区教育组织架构

所谓的“一平台”是指江苏学习在线平台，“四级政府”是指省、市、区（县）及乡镇，“五级网络”是指省级开放大学、市级开放大学、区县开放大学、社区教育中心及村（局）学校。江苏省的“145”社区教育模式以为服务社区建设、社会发展为宗旨，以优化整合各类资源，推进全民学习、终身学习为己任，以实现全面提升江苏省居民的社区学习质量和学习体验为目标。

(二)协调组织

1. 江苏省社会教育服务指导中心

2009 年 5 月 29 日，江苏省社会教育服务指导中心成立，该机构设立于江苏开放大学(原江苏广播电视大学)，是为全省社会教育提供服务的专门机构，主要负责优化整合各类资源，推进全民学习、终身学习，服务社区居民的自主学习、终身学习，为构建全民学习、终身学习的学习型社会而努力。目前该中心主要负责江苏学习在线平台的建设、维护管理、相关学习资源开发及社区活动、社区信息发布等工作。

2. 终身教育促进委员会(设置在各地的教育局)

2016 年 8 月 10 日，江苏省人民政府办公厅颁发了《江苏省"十三五"教育发展规划》，明确提出成立由政府主导的终身教育促进委员会，广泛吸纳相关部门、行业、企事业单位、教育机构和学习者的积极参与，建立健全继续教育管理体制与工作协调机制，明确各级继续教育的责任主体，强化教育部门的统筹协调、规划研究、标准制定、指导管理、监督检查、公共服务等职能。目前，省级层面上的终身教育促进委员会的职能有所弱化，更多的功能则由江苏省教育厅下设的语言文字与继续教育处负责实施。

3. 江苏省终身教育学分银行管理中心

江苏省终身教育学分银行管理中心是学分银行建设和管理的领导机构，管理委员会下设办公室负责日常工作，管理委员会办公室设在省教育厅社会教育处。管委会委托江苏开放大学利用现代网络技术，构建"江苏终身教育学分银行"网络服务平台，并负责其日常运行、维护工作。

2013 年，江苏省教育厅发布《江苏省终身教育学分银行管理办法(试行)》(苏教规〔2013〕3 号)。

2016 年 12 月 26 日，江苏省终身教育学分银行合作联盟正式成立，深入推进学分制改革，推动不同类型学习成果互认、积累和转换，为不同类型的学习者搭建成才的"立交桥"，以进一步推进终身学习的发展。

2021 年 11 月，除了开放大学自身系统，已有 170 家机构成为联盟正式成员，至此学分银行合作联盟机构已达 214 家，涉及本科院校、高职院校、中职院校、行业企业、协会学会等机构。目前联盟成员还在逐步增加之中，根据终身教育学分银行官网的相关数据统计，截至 2022 年 8 月，联盟成员已经达到 223 名[①]，如图 3-24 所示。

合作联盟名称：

合作联盟名称

名称	入盟时间▲	单位性质	联系人	联系方式	地址
应天职业技术学院	2022-05-23	事业单位	黄美峰	1010086245@qq.com	江苏省南京市江宁区科学园龙眠达到月华路1号
江苏省人才学会	2022-06-08	其他	王语嫣	1244401779@qq.com	江苏省南京市玄武区龙蟠路177号
江苏省成人教育协会	2022-07-01	其他	梁蔚蔚	1113639937@qq.com	江苏省南京市鼓楼区北京西路15-2号1号楼107室

第 221 到 223 条记录，共 223 条　　上页 1 ... 19 20 21 22 23 下页

图 3-24　终身教育学分银行联盟成员(部分)

2021 年 12 月 29 日，江苏省《终身教育学分银行管理暂行办法》(苏教规〔2021〕2 号)正式实施，规定国家认定合格的全日制或非全日制学历教育学习成果可存入个人账户，进一步明确非学历教育学习成果存入学分银行的标准，并规定非学历教育学习成果可以依据相关标准转换为学分银行的相关学时和学分，打通了非学历学习和学历学习之间的通道，进一步完善终身学习体系的建设机制。

(三)评价机制

1. 社区教育建设标准

随着城镇化的推进及 1999 年江苏省青壮年文盲扫除验收合格后，江苏省逐步开始强化社区教育，推动群众社区学习，于 2006 年实施《江苏省省级乡镇(街道)社区教育中心建设方案》。建立社区教育试验点，开始进行省级社区教育示范区评比，并建立了初步的评分标准(参见附录 1、附录 2)。

2010 年，江苏省提出将成人教育中心(学校、教学点)全部转为社区教育中心，参照教育部社区教育标准进行相关建设(参见附录 3)，在国家对社区教育建设条件的评比标准的基础上，江苏省根据自身情况也制定了示范区评比标准、省(市)级乡镇(街道)社区教育中心建设标准及江苏省居民学校建设标准(参见附录 4、附录

---

①江苏省终身教育学分银行官网. 合作联盟统计[EB/OL]. (2009-12-11)[2022-10-11]. http://www.jslecb.cn/gywm/lmcy/254045.shtml.

5、附录 6)。

2021 年,苏州市发布了《关于开展 2021 年苏州市示范性社区教育中心建设工作的通知》(苏教继〔2021〕3 号),制定了苏州市示范性社区教育中心建设标准及苏州市示范性社区教育中心建设自评标准(参见附录 7)。

2. 社区教育绩效评价

随着社区建设的逐步推广,其投资建设也已经达到了一定的程度,自 2020 年起,江苏省开始开展社区绩效指数评价。该绩效评价指标依托江苏社会教育公共服务平台(江苏学习在线平台及联盟网站)为主要载体,基于全省各类各级社区教育机构和个人在江苏学习在线平台发布的新闻资讯数据,通过数据清洗、筛选、分析和挖掘等操作,进行大数据统计、分析和推理,制定“传播力”“学习力”及“研究力”评价指标。

(1)传播力。根据资讯基本分、质量分、数量分、发稿区县和街镇所占比重、通讯员数量及占比等多个维度,并赋予不同权重计算总分。基本分指:在统计区间内,各地通讯员在江苏学习在线平台各栏目发布的新闻资讯分值、江苏社会教育简报分值、江苏社会教育内刊分值等合计;质量分指:各地发布各类资讯的基本分值占所发稿总量的比重;发稿区县和街镇所占比重指:本区域发稿的行政单位占行政区划的比重。传播力分值为基本分、质量分、数量分及区县占比等部分得分之和。

(2)学习力。基于全省各区域居民在江苏学习在线平台注册学习的数据,通过数据清洗、筛选、分析和挖掘等操作,研制有效存量用户、有效增量用户、“学习之星”数、存量用户新增学分数、增量用户学分数等多个维度,并赋值不同权重计算总分。有效存量用户指:统计年份之前注册并在统计区间内有学分记录的用户;有效增量用户指:统计年份内注册并在统计区间内有学分记录的用户。学习力指标分值为有效存量用户、有效增量用户、学习之星、存量用户学分及增量用户学分等部分得分总和。

(3)研究力。基于全省各区域居民在江苏学习在线平台注册用户发表论文及各地区申请科研项目的情况进行统计并赋予不同的权重值,具体指标得分为论文分及课题分之和。

为了进一步提升社区教育的品质,“十四五”期间将持续开展指标发布,展现全省社区教育机构、人力资源、项目开展、活动情况、学习状态、受众覆盖等多个指标。同时纳入更多的主流和地方平台,实现数据的汇聚融合和挖掘分析,进一步完善评价指标和评价模式,全面推动社区教育的发展。

3. 学习之星评选

为了更加有效地推动社区成员的学习动力，江苏省社会教育服务指导中心经过多年的实践探索，逐步完善了社区“学习之星”的评价标准。

2012 年 5 月，发布了《“江苏学习在线”“网上学习之星”》（苏社教指〔2012〕5 号），以实名在线学习的积分为评价标准，从 2012 年 6 月起，每月、每季度、每年对实名注册学习用户进行统计，选取前 5 名授予“江苏学习在线月度学习之星”“江苏学习在线季度学习之星”“江苏学习在线年度学习之星”荣誉称号。

2015 年 1 月，发布了《江苏省“在线学习之星”评选实施办法》（苏社教指〔2015〕1 号），以区间完成学分及区间活跃指数为标准进行评价，并规定评价分类和具体参数。“在线学习之星”分为“月度之星”（区间完成学分≥300 分，区间活跃指数≥75%）、“季度之星”（区间完成学分≥600 分，区间活跃指数≥60%）、“年度之星”（区间完成学分≥1000 分，区间活跃指数≥60%）、“周末之星”（激活频次≥20，年度活跃指数≥30%）四种。

2020 年 1 月，发布《江苏省在线学习组织工作及学习之星评选办法》（苏社教指〔2020〕1 号），以进一步提升社区学习绩效，修改并明确了相关评价标准参数。具体为：有效用户为累计学分达到 20 分以上，且当年完成至少 1 个课程单元的学习并获得学分；1 学分＝网络课程学习 10 分钟；活跃指数＝统计时段内用户有效激活的天数÷统计时段内用户注册的最大自然天数×100；学习强度＝统计区间内用户完成学分数÷统计区间内用户有效激活天数。

（四）发展现状

在江苏省政府及各部门的协调和组织下，江苏省内的社区学院（社教中心）的发展规模和影响力逐步提升。

1. 规模逐步壮大

根据江苏老年大学协会统计数据，截至 2020 年 12 月，江苏省共有社区学院 103 所，社区教育中心 1260 所。而根据江苏学习在线平台官网的不完全统计，截至 2022 年 8 月，江苏省社区学院（学校）的数量已达到 1367 所[①]，其发展规模仍在逐步增大，这表明江苏省的社区教育已经逐步深入到基层群众中，相关分布数据如表 3-21 所示。

---

① 各地数据动态. 江苏学习在线[EB/OL]. (2019-11-21)[2022-10-11]. http://www.js-study.cn/index.

表 3-21　江苏省社区中心(学校)分布数据

序号	城市	数量/所
1	连云港市	103
2	无锡市	92
3	淮安市	142
4	扬州市	94
5	泰州市	96
6	苏州市	112
7	常州市	74
8	宿迁市	129
9	南京市	135
10	盐城市	148
11	南通市	123
12	徐州市	176
13	镇江市	74
合计		1498

2.品质逐步提升

通过进行社区教育绩效评价,使得苏北等地区的社区教育影响力逐步提升,以2021年度统计数据为例,相关数据如表3-22所示。

表 3-22　江苏省各地区社区学习绩效评估统计

序号	城市名称	传播力指数		学习力指数		研究力指数	
		分数	排名	分数	排名	分数	排名
1	镇江市	323.08	1	415.38	2	37.5	8
2	扬州市	307.69	2	330.77	6	83	4
3	盐城市	284.62	3	453.85	1	47	7
4	南通市	269.23	4	284.62	7	72	6
5	常州市	269.23	5	92.31	12	180.5	1
6	泰州市	223.08	6	369.23	5	14	11
7	淮安市	223.08	7	200	10	10.5	12
8	苏州市	184.62	8	369.23	4	76	5
9	无锡市	176.92	9	376.92	3	143.5	2
10	南京市	169.23	10	92.31	11	36.5	9
11	连云港市	146.15	11	223.08	9	29.5	10
12	宿迁市	146.15	12	46.15	13	6.5	13
13	徐州市	123.08	13	246.15	8	2.5	14

数据来源:江苏学习在线社区教育绩效评估专栏。①

①江苏学习在线总站.江苏社区教育绩效评估专栏[EB/OL].(2016-11-21)[2022-10-11].https://www.js-study.cn/kpi/index.html.

通过表 3-22 内数据分析可见，江苏省苏北地区在社区宣传和学习方面都取得了长足的进展，可以看到苏北各市无论是传播力指标还是学习力指标都排在全省的前列，但相关研究能力还存在进一步提升的空间。

（五）特色案例

1.苏州市

（1）管理体制。基本形成"党政统筹领导，教育部门主管，有关部门配合，社会积极支持，社区自主活动，群众广泛参与"的管理格局。

（2）运行机制。积极构建社区教育运行机制，形成了以市开放大学为龙头、区（县）社区培训学院为支撑、镇（街道）社区教育中心为基础、村（社区）居民学校为根本的四级网络体系。成立苏州市社区大学校务委员会（工作委员会），设立苏州市社区大学，完成社区教育四级网络的结构性组建。加强社区教育工作者的理论培训，探索区域间社区教育工作者更深层次的沟通交流机制。

（3）制度设计。将社区教育纳入《苏州市中长期教育改革发展规划纲要（2010—2020）》，各区县制定相应的社区教育目标责任、督导评价、年度考核、表彰奖励等制度，明确社区与辖区共建和资源共建共享制度。

（4）经费投入。基本形成以政府财政拨款为主，社会筹一点、单位出一点、个人拿一点的多渠道投入的保障机制。

（5）队伍建设。建立了一支以专职为骨干、兼职为主体、大批志愿者积极参与的社区教育工作者队伍，满足了社区教育需求。2018 年成立苏州市终身教育促进委员会暨苏州市社区大学校务委员会。苏州市终身教育促进委员会办公室设在市教育局，负责日常工作，华意刚同志任办公室主任。苏州市社区大学校务委员会下设工作委员会，由苏州市教育局和苏州开放大学联合组建，协调开展具体工作。

（6）成员单位职责。市委宣传部：统筹、协调省、市媒体（含新媒体）做好学习型城市建设和终身教育的宣传工作，营造良好的全民学习氛围；市文明办：指导、协调、开展以提高社会文明程度和市民文明素质为宗旨的各类学习教育，做好相关统计汇总工作；市委老干部局：协同推进老年教育工作，负责做好离退休干部的教育培训及相关统计汇总工作；市发改委：负责将终身教育、社区教育工作编入苏州市重大规划，时刻关注终身教育发展状况，做好相关统计汇总工作；市经信委：负责组织实施企业经营者培训，组织企业经营管理人员参加现代管理培训，推进企业干部、员工继续教育工作等，做好相关统计汇总工作；市教育局：负责不断完善国民教育体系，督促检查学前教育、校外教育、社区教育、农村成人教育、社会力量办学等发展情况，协同推进早期教育和老年教育，依法规范文化教育培训行为，按国家规定发放有关培训证书，扎口综合全市相关信息等；市科协、科技局、知识产权局：负责组织开展群众性、社会性、经常性的科普活动，弘扬科学精神、普及科技知识、传播科学思想和方法、推广知识产权知识，提高市民科学文化素质，开展相关继续教育和培训工作，做好相关统计汇总工作；市公安局、安监局、司法局：负责做好面向广大市民、企事业单位的治安、安全知识和"知法懂法守法"的宣传教育工作；市民政局：加强社区综合服务中心建设，支持社区教育工作，协同抓好老年教育，做好相关统计汇总工作；市财政局：负责为推进终身教育体系建设提供必要的经费保障，做好相关统计汇总工作；市人社局：负责机关、企事业单位各类职工的继续教育和技能培训，负责城镇失业人员、农村进城务工人员、失地农民职业技能培训，负责本市户籍城乡劳动者、毕业5年内的高校毕业生、取得硕士以上学位人员及在苏高校在校生的创业培训，负责职业技能鉴定工作和国家职业资格证书管理发放工作，做好相关统计汇总工作；市农委：负责开展农业先进实用性技术培训和农业生产经营培训，指导实施新型职业农民培育工作，促进新型职业农民创新创业，做好相关统计汇总工作；市旅游局：负责组织开展苏州旅游信息的推广宣传，持续开展文明旅游宣传活动，结合终身教育体系建设的要求，配合做好资源建设和管理工作；市文广新局：负责指导城乡社区、单位开展有益健康的群众性文化娱乐活动，组织开展群众性文化团队和基层群众文化指导员培训，开放博物馆、纪念馆、图书馆、文化馆、美术馆等场馆，做好相关统计汇总工作；市卫健委：负责医务人员岗位培训和继续教育，组织开展健康宣传教育和培训，协同有关部门做好提高出生人口素质的教育培训工作等，做好相关统计汇总工作；市体育局：负责组织开展体育宣传教育、社会体育指导员培训及丰富多彩的群众性体育活动，协调推进体育行业特有工种职业技能培训，做好相关统计汇总工作；市园林和绿化局：负责组织开展苏州园林信息的推广宣传，结合终身教育体系建设的要求，配合做好资源建设和管理工作；市工商局：负责除许可范围以外涉及教育的相关企业登记事项的监督及职责范围内相关市场的监管，配合规范社会教育培训行为，促进教育培训市场健康、有序发展；市政府法制办：负责配合做好苏州市终身教育立法及相关工作；苏州日报报业集团、市广电总台：负责推进终身教育体系建设和创建学习型城市的有关宣传工作；市总工会、团市委、市妇联：负责配合有关部门做好职工教育、青少年教育、妇女教育等工作；市文联：负责组织开展贴近实际、贴近生活、贴近群众的文艺创作、理论研讨和文艺评论活动，实施好具有本土特色、能够深入人心的文艺精品工程；苏州开放大学:负责终身教育的理论研究、学习资源的整合与开发、全民学习的指导与服务。

2.泰州市海陵区

(1)管理体制。通过顶层设计和底层推动的相互配合,满足社区居民日益增长的学习需求。将社区教育发展规划纳入教育发展规划,本着“立足社区、面向社区、依靠社区、服务社区”的工作原则,健全三级社区教育管理网络,成立由镇街主要负责人和各职能科室负责人组成的社区教育领导机构。针对社区教育的新情况,及时对《海陵区社区教育考核细则》进行了修订,将教育现代化监测指标纳入社区教育考核范畴,强化社区教育的过程性考核,完善全区终身教育体系。

(2)基础设施。采取政府划拨、街道自筹、社会赞助的办法,每年投入社区教育经费100多万元。调派近30名专职教师充实社区教育学校,从相关科研部门聘请兼职教师,动员社区内离退休老同志担任志愿者,构建了一支以专职教师为骨干、兼职教师为主体、志愿者为补充的社区教育工作人员队伍。截至目前,该区30所社区教育学校都拥有了相对独立的办学培训场所,村(居)委会也都建立起村(市)民学校,创建省标准化社区教育中心8个、省级居民学校32个,市级社区教育中心创建率达100%。

3.镇江市京口区

京口区提出“1+3”的社区教育师资队伍建设模式,即以社区教育学院专职教师的管理和教学队伍为核心,以社区教育派驻街道的专职教师、社区教育讲师团、社区教育志愿者为支撑,建设社区教育的教学队伍。

聚合资源,全面提升社区教育效能。除了财政安排社区教育专项教育经费,京口区依然采取“政府拨一点、社会筹一点、单位拿一点、个人出一点”的办法,统筹聚合政府部门、企业、高校、图书馆、博物馆等各方资源力量,共同助推社区教育发展;采取“以奖代补”方式,对年底考核优秀的居民学校给予电脑、图书等奖励,提升基层社区教育办学水平。

4.苏州张家港市

项目化管理引领社区教育进入新常态。该市面向村(社区)、社会组织征集社区教育项目,再经专家组评议审核,确定最终入选项目,内容涵盖青少年教育、成年人教育、老年人教育和新市民教育,真正实现“政府支持,专业团体管理、政府和公众监督、民间组织参与、居民百姓受益”。如德丰社区的“雏鹰飞翔德丰梦”未成年人教育指导项目、金润社区的“快乐星期六”教育项目、后塍中心社区“公民幸福人生大讲堂”项目等均取得了显著成效。

5. 扬州市

扬州市构建起了“开放大学—社区学院—社区教育中心—居民学校”四级社区教育网络和“有阵地、有机构、有队伍、有经费”四有社区教育工作框架。设立扬州市社会教育服务指导中心，为全民终身学习提供支持服务。每年坚持师资培训，分别组织市、县级层面的社区教育管理人员培训班，实现社区教育师资队伍的全员培训，大力提升了社区教育管理服务水平。

社区学院旨在为社会教育管理人员提供理论政策、终身学习理论、项目开发设计、实践研究方面的专项培训；为各门类师资提供资源整合开发、教学设计、线上线下结合的教学理念和方式培训；为社会教育志愿者提供公益创投、志愿服务、素质拓展和教育能力提升等方面的培训。

6. 宜兴市

明确管理领导体制：三级社区教育网络服务体系的建成，确立了社区培训学院在整个系统中的龙头地位，并依托“宜兴终身学习网”作为社区教育网上教学资源建设与应用的主阵地。

按需进行专门机构的设立：在市教育局的支持下，宜兴社区培训学院专门组建了宜兴终身学习网管理办公室，由此办公室统一组织和推进“宜兴终身学习网”相关事务，协调与其他社区教育机构的关系。

宜兴市民办教育与社会教育协会：宣传民办教育与社会教育法律、法规，开展民办教育与社会教育科学研究、教育教学改革实验和学术交流活动，发挥协会的桥梁、纽带、参谋、助手作用，承担具体任务和工作，向政府及有关部门反映情况、提供咨询和建议，开展多种形式的教育培训等。

各级各类部门协同配合：“宜兴终身学习网”由宜兴市教育局主管，由宜兴市社区培训学院承办，社区培训学院全面负责网站的整体策划、设计与建设等工作。

开展宣传活动，营造终身学习氛围：如开展了“大手拉小手，学海共遨游”“学习币实物兑换及抽奖”“网络学习进社区”等一系列市民喜闻乐见的活动，加强了宣传，增强了互动，扩大了影响，对学习平台的进一步推广起到了推波助澜的作用。

创新融资方式，加强经费投入：如宜兴环保科技工业园积极创新教育经费融资方式，通过向上争取、园区配套、社会筹资等多种方式筹集200万元资金，建设社区教育网络化平台，推进了基层社区教育数字化建设，远程教育网络覆盖整个园区；园区领导高度重视，拨付5600万元巨资高标准将一所占地60亩的完全中学改造成社区教育中心。

六、家长学校

(一)相关政策

江苏省作为基础教育发达省份,在制定与完善义务教育相关政策方面一直走在全国前列,但家校合作尤其是在家长学校建设方面,还有很大进步空间。

2019 年 3 月 29 日,江苏省正式实施《家庭教育促进条例》,对家庭教育加以规定。

2020 年 12 月 29 日,江苏教育厅发布了《江苏省中小学幼儿园家长学校工作指导意见》(苏教基〔2020〕19 号),对家长学校的组织和实施进行规范。

2022 年 3 月 14 日,江苏省教育厅印发了《省教育厅关于开展家校共育数字化工作的通知》(苏教基函〔2022〕6 号)文件,提出建立数字化网络平台。

2022 年 6 月 29 日,江苏省教育厅印发关于《江苏省中小学幼儿园家长学校工作指导意见》(苏教基函〔2022〕18 号),对全省的家长学校建设规范提出要求。

(二)发展现状

2004 年,江苏省家长学校总校成立,统筹全省家教工作,当时全省有各类家长学校 5 万所,家教领导机构覆盖率达到 90%以上;根据相关报道,2004 年至 2012 年间,江苏全省已累计开展家庭教育咨询服务活动 7000 次,印发学习资料 200 多万份。

2006 年 5 月 19 日,由江苏省文明办、省妇联、省教育厅、中国移动通信集团江苏公司联合创办的网上家长学校 PC 端(www. jiangsuedu. net)上线,这是全国首所省级网上家长学校。该公益性家庭教育专业平台,主要包含“教育新闻”“父母学堂”“学生乐园”“园丁之窗”“德育天地”“专家在线”及“心理导航”等 11 个栏目,但目前该平台已经停用并改版,迁移至江苏省妇女联合会官方平台。

2010 年,全国妇联将江苏网校定为全国妇联家庭教育信息化服务基地,并向全国各省推荐江苏省网上家长学校。当时,全国有 19 个省(区)借鉴、参照江苏省网上家长学校的模式,建立了网上家长学校。

2019 年 9 月,南京市建邺区成立了江苏省首家区县家长学校教学研究室,努力构建起学校、家庭、社会“三位一体”育人格局。该区通过开通建邺家长学校微信公众号,积极引领和指导家长开展家庭学习。

2020 年 6 月 1 日，江苏正式上线江苏网上家长学校（手机端），以适应移动互联网时代的发展需求。

第四节　江苏终身学习组织管理发展模式

终身学习体系构建以服务人的全面发展、终身发展为出发点。因此，终身学习体系构建维度应考虑到横向联通、纵向衔接及纵横交叉。终身学习体系通过文化育人，构建有区域特色的学习体系，注重以大数据为代表的现代学习技术分析和运用，旨在提高全民终身学习质量，促进全民终身学习能力提升。

一、组织管理体系的建构原则

一个体系的建构应该充分考虑其构成要素，就终身学习而言，其内容庞杂，涉及层面众多。为了更加清晰地进行界定，进而构建一个具有前瞻性、系统性及可拓展性的组织管理体系，应从文化维度、区域维度、技术维度及学习质量维度等四个角度进行考虑。

（一）重视文化特征

受人类文明发展水平的影响，日常生活在不同时期的文化含义、文化主旨、文化地位与文化影响等方面存在明显差异。就传统日常生活所具有的自然属性而言，其代表一种以伦理价值和情感归属为核心的文化模式。终身学习体系构建在不同的历史发展阶段，其文化特征也有阶段性表现。文化特征的重要表现是文化理念和文化影响，因此在建设学习型社会过程中一定要注重理念宣传，引导人们逐步改变传统的教育观和学习观，转向面向社会、全员发展的终身学习观，确立终身学习理念。

文化的阶段性和历史性：中华文化博大精深，以独特的文化元素和文化魅力屹立于世界之林，终身学习思想也是源远流长，其能够推动中华文化创新发展。因此，终身学习体系构建需要做到以下几点。首先，挖掘中华文化的终身学习思想，并做好宣传和推广；其次，注重终身学习体系文化的历史建构和现实审视，加强文化的传承和发展；最后，重视终身学习文化的国际国内融合，促进国际交流与合作。

（二）考虑地理区域特性

姜安印和李秀芬认为决定区域属性的关键在于不可流动要素。不可流动要素主要包括:不可流动的自然要素、区位要素及不具备完全流动性的文化、技术、工艺、人力资源等要素。[①] 区域性是一个地方地理特征、地理属性、地理优势的表现,自然人或社会人都是在一定区域内的生活、工作和学习,对由区域产生的特有文化有较高的认同感;根据赫特纳的观点,一个区域的"区域性"程度越高,表明该区域经济相互依存、交流、文化同质性、内聚力、行为能力尤其是解决冲突的能力就越高。[②] 由此综合来看,终身学习体系构建的区域性维度需要建立以城市都市圈为重点的学习资源供给体系,如江苏的苏锡常都市圈,能够较好地避免资源同质竞争,重复建设及各种"内耗",区域性提供了更高质量的协同发展、错位发展,能优势互补,推动区域高水平终身学习体系构建。

(三)充分发挥现代学习技术

现代学习技术是指以互联网、人工智能、大数据等技术为支撑的各种学习技术。2013 年《建设学习型城市北京宣言》提出信息和通信技术(ICT),特别是互联网,为学习和教育开辟了新的可能性。该宣言把"推广应用现代学习技术"列为主要任务之一[③],还提出了扩展市民信息技术获取途径、运用信息技术促进学习、建设高质量电子学习资源等现代学习技术的关键特征[④]。现代学习技术与终身学习体系内在发展存在高度一致性,终身学习体系构建离不开现代学习技术的支撑,终身学习需求也能促进现代学习技术与教育教学的深度融合。为此,终身学习体系构建需要进一步研究和利用现代学习技术,建立合理、科学的现代学习技术学习研究体系、政策制度体系、资源保障体系、专业队伍建设体系、评价体系等,让终身学习真正做到"无界"、共享便捷,以无形的、低工具使用成本方式服务保障学习有效进行。

(四)健全学习质量评价

学习质量是检验学习效果的试金石,离开质量谈发展是不切实际的,不符合人的终身发展要求。信息时代终身学习的学习质量保障由于种种因素正面临着前所

---

①姜安印,李秀芬."互联网+"区域属性视阈下西藏原生态产品产业发展探析[J].西藏大学学报(社会科学版),2017,32(2):115-121.

②郑先武.区域研究的新路径:"新区域主义方法"述评[J].国际观察,2004(4):65-73.

③建设学习型城市北京宣言——全民终身学习:城市的包容、繁荣与可持续发展[J].高等继续教育学报,2014,27(1):2-5.

④阎珂珂.学习型城市建设:理念、要素与构建途径——以《北京宣言》为依据[J].现代教育科学,2017(2):10-14,61.

未有的挑战，诸如网上学习辍学率高、师生交互性弱等。2008 年，UNESCO 确立了成人学习监测的五大领域，包含政策、治理、财政、包容和公平及质量，学习质量已经成为成人学习的重要实践领域，国际上很早就予以高度重视。学者侯定凯将影响成人学习质量的因素概括为：学习内容、教学方式、学习供需关系、教师专业化、学习环境等，成人学习质量监测应该关注学习的针对性、效果和效率，关注正规教育和非正规教育与培训之间是否有灵活对接的学习路径等问题。[①] 终身学习质量保证同样需要关注以上问题，同时更要关注学习过程、学习行为及学习环境等指标，以学习大数据为切入点，全方位、全过程把握学习数据，建立学习者学习画像，为学习者提供个性化学习向导和支持。面对终身学习评价考核，应当树立科学合理的质量观，不能以正规教育的评价模式直接生搬硬套，要能做到：(1)尊重学习者的性格和个性，开展个性化评价；(2)注重过程性学习数据积累，形成节点评价；(3)注重学习能力和行为改变，要以能力和行为改变为观察项，采用观察对比研究学习变化；(4)关注学习全过程及学习成果，结合节点评价，展开基于学习全过程和学习成果的混合式评价。

二、组织管理体系的建构流程

终身学习体系构建逻辑及框架应具备突破性、典型性、集纳性等特点。突破性主要是指建设框架和逻辑要能够对原有框架或现状有所发展，要能定位关键问题，在方法手段上创新，以创新思路解决问题，构建新的发展路径；典型性是终身学习建设的基本框架和规则、方法等具有创新性和代表性，能够较为典型地反映全民的学习需求；集纳性要求将不同体系中的资源和平台集中起来，形成横向联系、纵向贯通的灵活发展模式。

(一)组织管理体系框架建构

本书在系统分析国家终身学习管理体系建设经验的基础之上，根据终身学习体系构建维度和人的终身学习发展需求，初步构建终身学习体系组织管理框架，如图 3-25 所示。

图 3-25 最顶层是国家层面的终身学习立法推进，包括各省市的终身学习促进条例或行政法规等。终身学习立法可促使终身学习领域有法可依，推动依照法律

---

① 侯定凯. 国际成人学习监测项目比较及启示[J]. 终身教育研究，2020，31(5)：68-75.

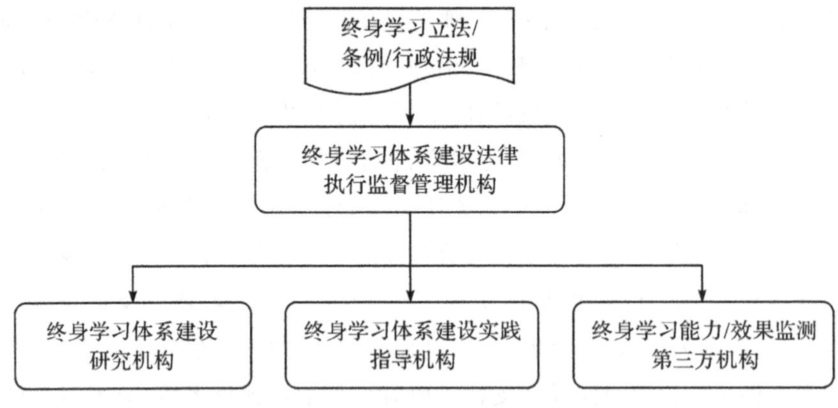

图 3-25　终身学习组织管理体系框架

法规建立终身学习体系法律执行和管理机构，促进相关法规落地和高质量运行。该机构可由政府设在教育行政主管部门，保证独立运行，拥有行政决策和管理权。在此基础上，建立三大机构：终身学习体系建设研究机构、终身学习体系实践指导机构和终身学习能力/效果监测第三方机构。三大机构相互独立，互不隶属，业务有限度重合，保证实施过程中的相对独立性，以确保政策执行力。终身学习体系建设研究机构负责理论研究、国际交流、经验总结及模式推广等，一般可设在各地的重点师范类教育或学科实力较强的高校，如上海的华东师范大学、江苏的南京师范大学等，依靠高校研究团队开展前沿追踪、热点研究、及时总结现有经验，研究新的终身学习服务和供给模式等。终身学习体系实践指导机构具体负责指导实施，是将理论研究成果转化为实践的重要推动力量，一般可设在各地的开放大学，开放大学在成人学习、终身学习方面已经取得了大量的实践成果，具备指导实践的基本条件。终身学习/效果监测第三方机构坚持客观评价原则，对终身学习质量和效果进行独立评估，对学员的学习效果负责，能给出公平、公正、权威的终身学习报告，并反馈给终身学习体系建设法律执行监督管理机构，以便准确把握终身学习推进中的瓶颈，更好地解决相关问题。

(二)组织管理体系要素解构

本书所构建的终身学习组织管理体系框架只是一个逻辑层次，属于上层设计，不仅具有指导价值，要在具体实践中加以落实和实施，还需要对该组织管理体系进行解构。因此，本书根据人的成长阶段，以终身学习的资源、平台、服务等结构要素为依托，对组织管理系统在各阶段所涉及的内容作进一步解构。

首先，要对终身学习的阶段进行分析，这是构建终身学习组织管理体系的关键。终身学习阶段与人的生理年龄分布有着密切的关系。这是因为，人的学习规律是建立在人的生理发展规律的基础之上，不同的年龄段所进行学习的内容和开展形式不同。鉴于此，终身学习可以划分为学前阶段、义务教育阶段、中等教育阶段、高等教育阶段及职后学习阶段等。

其次，按照学段划分的都是正式学习，除了学校学习，还有社会学习这种非正式学习。非正式学习主要发生在高等教育及职业教育阶段，这也是构建终身学习体系的重要组成部分。非正式学习又以场馆学习为主要开展形式，主要包含各种公共图书馆、博物馆、纪念馆、文旅景点、综合劳动实践基地及各种综合素质拓展基地等。

最后，随着网络技术的发展，尤其是移动互联网网速的提升、高性能的智能移动终端(手机、PAD 等)的普及，使得学习资源不但可以通过文字、图像、短视频等方式展示，还能通过实时在线视频会议及直播等形式展开，即网络学习资源逐渐成为终身学习的重要途径。因此，如何有效地组建组织管理体系，使得在线学习资源的建设和规划系统化、持续化及公益化，已经成为政府部门推动终身学习体系发展的重要举措。

基于上述内容的阐释与分析，本书构建了终身学习组织管理体系构成要素解构框架，如图 3-26 所示。

三、未来发展方向

(一)从“管”走向“治”

教育治理是现代治理思想在教育管理中的体现，具体指的是社会组织、利益群体、公民个体及国家机关等主体借助相应的制度安排来实现相互合作与交流，进而实现教育事务管理的过程。其重要变化在于从关注公共项目和政府机构转向关注所有利益相关者；治理机制从政府主导转向多元协调、包容互补；治理手段不仅有行政手段，而且有各个主体之间的自愿平等合作的多样化手段。除此之外，教育治理与教育管理在目标指向上有了本质的不同，这是教育治理研究需要关注的更为重要的视点。协同治理是个人、各种公共或私人机构管理其共同事务的诸多方式的总和，它不仅是调解各类利益主体的冲突和矛盾的过程，更是治理主体采取持续性联合行动的过程。

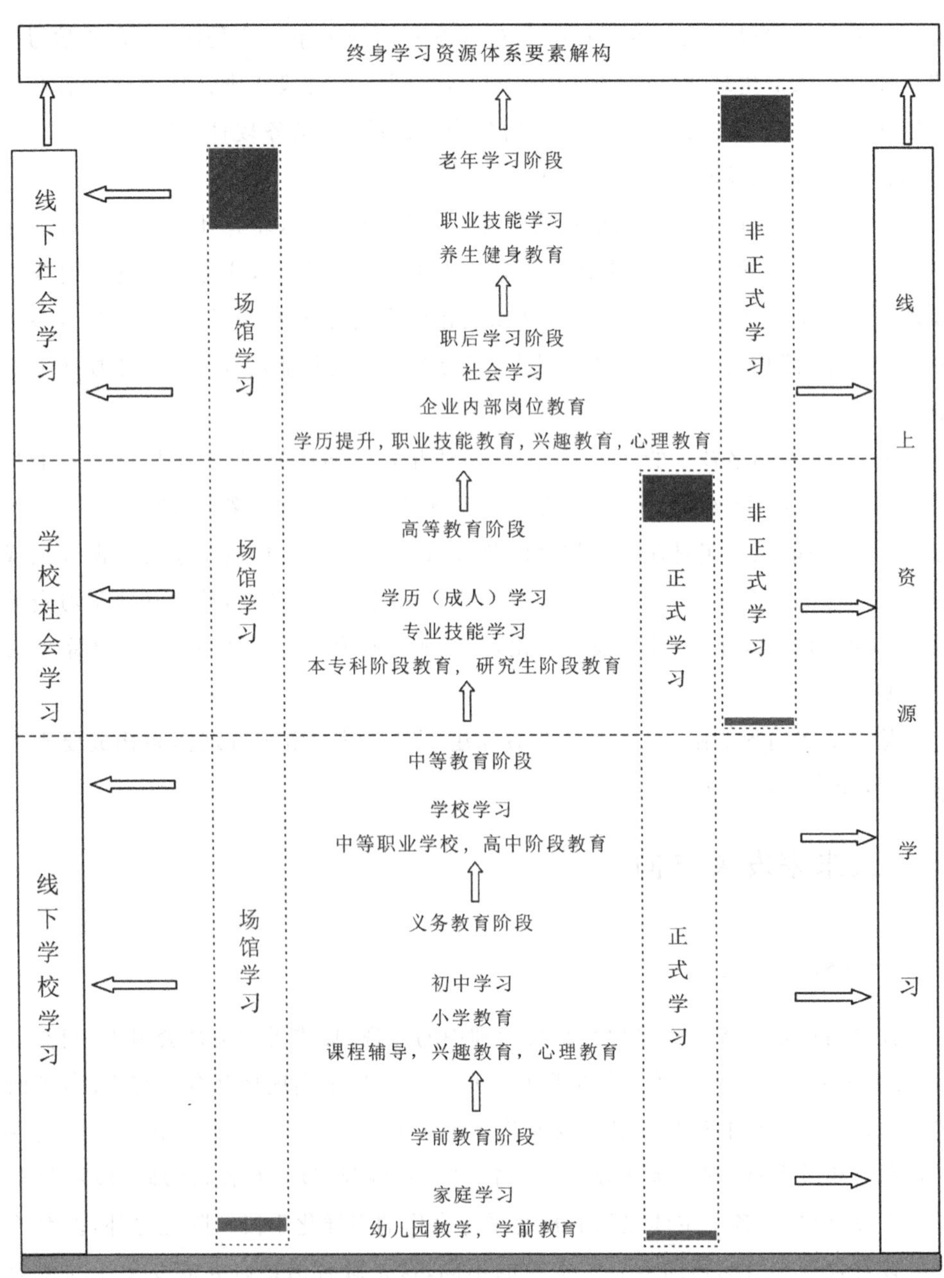

图 3-26　终身学习组织管理系统构成要素解构

(二)“管”与“协”结合

明确专门的行政管理机构，以保障终身学习的有效开展和运行，不仅要建立终身教育四级管理网络，更要明确各级责任和义务，避免随意性政策，使终身教育在法治的轨道上运行。终身学习的推进，涉及社会上的每一个人和社会的方方面面，并不是哪一家机构可以独立完成的任务，即使是主要负责其业务的教育主管部门，也不能完全独自开展相关业务。因此，与终身学习相关的诸多因素相互协作与配合便显得尤为重要，应该在主要部门的领导下搭建协作平台，形成有效的协作机制。

（三）“融”“拓”并举

拓宽经费投入渠道，加大支持力度。鼓励社会资金的投入，不断完善终身学习相关的组织机构；开展终身学习宣传活动，营造终身学习氛围。尤其是老年学习资源及家庭学习资源的建设还存在很大提升空间。

第四章　江苏终身学习的法制与政策体系建构

法律作为一种行为规范，既为人们的某种行为模式提供依据，又是人们某种行为规范的评价标准，是国家机器运行的根基，具有引导和保护的双重作用。为公民提供充分的终身学习机会和资源是一个国家的社会义务，也是促进国家发展与社会进步的重要手段，涉及众多的实施主体和受益对象，只有对其进行立法，才能保证其实施的有效性、规范性和系统性。政策作为推动和解决某个时期、阶段或者范围内的某种特定问题的行动目标、任务和准则，具有管制、导向、分配及调控等功能，是具体操作执行的依据。特别是随着社会文化的发展和进步，人们在不同阶段的学习需求是不同的，必须通过具体的终身学习政策来保证其健康、快速发展，使得公民的终身学习权利得到落实。鉴于此，本章将从法治建设与政策发展两个层面对江苏终身学习的体系建构进行系统研究。

第一节　终身学习法治建设概述

虽然终身学习自古以来就受到人们的重视，但真正将其落实到国家政府的义务层面，并付诸实施，则是 20 世纪以后欧美等经济发达国家针对终身学习所出台的系列法制与法规。也正是这些法制、法规的出台，有效提升了这些国家的公民素质，极大地推动了社会经济的发展和科学技术的进步。

一、国际"终身学习法"比较研究

自 20 世纪七八十年代开始，世界各国在对本国教育作出重大的决定或执行重要政策时，都把终身学习作为重要的理论依据，构建终身学习体系，积极制定和颁布相关法律法规，进而具体实施终身学习的各项策略。

如日本在 1988 年设立了终身学习局，并于 1990 年颁布实施《生涯学习振兴整备法》;美国则在联邦教育局内专设了终身教育局,并于 1976 年制定并颁布了《终身学习法》;法国国民议会在 1971 年制定并通过了一部比较完善的成人教育法《终身职业教育法》,而且在 1984 年通过了新的《职业继续教育法》,对一些问题作了补充规定;韩国则于 20 世纪 80 年代初把终身教育写进了宪法,并开始实施终身教育政策;联邦德国、瑞典、加拿大等许多国家也针对终身教育颁布了相应的法律。各国家终身教育立法情况如表 4-1 所示。

表 4-1　主要国家终身教育立法

国家	年份	名称
法国	1972/1989	《终身职业教育法》(1972) 《教育框架法》(1989)
美国	1976	《终身学习法》(《蒙代尔法案》)、《中学后继续教育法》、《美国 2000 年教育目标法》
日本	1990	《终身学习振兴法》(又译为《生涯学习振兴整备法》)
韩国	1999	《终身教育法》
澳大利亚	1998	《为生活而学习:重大|新审视高等教育财政与政策研究》
加拿大	1999/2001	《加拿大教育指标》(1999) 《加拿大公共对中学后教育的期待》(1999) 《关于终身学习的全国性政策》(2001)
芬兰	1997/1998	《享受学习的快乐:芬兰终身学习的国家战略》(1997) 《国家年度报告》(1998)
丹麦	2000	《成人教育与继续培训改革法》
瑞典	2000	《成人学习和成人教育未来发展法》
英国	2000	《学习与技能法》

通过对不同国家终身学习法规的解读,可以发现在推进终身学习法规的实施过程中,一般呈现以下三大步骤。

首先,把成人教育纳入终身教育的大体系中。1976 年,内罗毕会议通过了《关于发展成人教育的建议》并提出:成人教育是包含在终身教育总体中的一部分;教育绝不仅限于学校阶段,而应扩大到人生的各个方面,扩大到各种技能和知识的各个领域。在这种终身教育思想的影响下,各国政府把成人教育看成推动终身教育进程的先导,高度重视成人教育,通过制定法律来保障成人教育的发展。1976 年,挪威通过了世界上第一部成人教育法,把成人教育视为终身学习体制的基础,促进了成人教育各领域间的协调合作;1982 年,韩国制定了社会(成人)教育法,提出了社会(成人)教育制度化;联邦德国 1973 年通过的教育计划把成人教育列为与普通教育的初、中、高等三种教育并列的第四种教育。许多国家为了保障成人教育的实施，采取了许多有效措施，如：在入学条件上采取灵活的政策，带薪教育休假制度，经济援助，开设成人学分累计课程等。

其次，改变学校的封闭结构，向社会开放。改变学校的封闭结构，形成开放的弹性的教育结构，是各国推行终身教育中的一个重大的实践。日本在1995年召开了由社会各界知名人士组成的“终身学习审议会”，会中要求高等教育机构必须向社会打开大门，广泛吸收在职成人进入高等教育机构学习。日本的成人大学已经被纳入大学计划，一些高级中学还举办开放讲座，使高中向社区开放，发挥学校的文化中心作用。在美国，特别是20世纪60年代以后，以社区发展为目标的社会学院被大力发展起来，其对成人的开放性达到了几乎没有什么限制的地步。很多大学都成立了大学开放部，开展对“非传统型学生”的教育活动。英国也有开放大学和大学的成人教育部，提供成人教育。在欧洲的许多国家，大学通过公开讲座、成人教育中心、函授等形式为人们提供继续教育和回归教育的机会。

最后，开发各种社会教育渠道。许多国家有意识地把文化组织、社区组织、职业协会和企事业单位纳入终身教育系统，充分利用社会各种具有教育力量和教育价值的资源和设施，使教育社会一体化。日本在1988年提出了“向终身教育体系过渡”的建议，发展社会教育团体，建立学习信息网，建立家庭、社会、学校教育一体化的终身教育体系，将文化会馆、图书馆、博物馆、活动中心等各种科学文化设施都纳入教育的范畴。美国的监狱、工会、军队、医院等许多非教育性的机构也积极从事成人教育，许多公司也定期向员工提供培训。

随着终身教育思想的广泛传播，到20世纪80年代终身教育开始引入我国。首先引起一些教育学者的注意，他们开始对终身教育展开研究，使得终身教育的学术性研究逐渐增多并日益深化。到20世纪90年代，终身教育渐渐地受到国家关注和重视，涉及终身教育和终身学习的政策越来越多，频繁地出现在党和政府的许多相关工作报告中。终身教育学术研究的不断发展，以及研究成果的日益丰富，为我国终身教育思想的传播和终身教育法制化的建立奠定了深厚的理论基础。

二、国内终身学习政策与法规研究

为了更加系统地梳理与掌握国内有关终身学习的相关法律条款，本书基于国家法律法规数据库，分别从老年、全民、学前、家庭、工作及督导等层面对全国范围的法律条款进行梳理，相关条例如表4-2所示。

表 4-2 与终身学习有关的法律

类型	名称	国家级	省级	市级	县级	合计
学前	学前教育条例		7	14		21
家庭教育	家庭教育促进条例	1	9	1		11
老年	老年人权益保障法	1	24	8	1	34
	老年教育条例		2	2		4
全民	阅读促进条例		9	4		13
终身教育	终身教育促进条例		2	3		5
终身学习	苏州市终身学习促进条例			1		1
职业	职业教育	1	22	10	2	35
	职业技能		2	3		5
	校企合作		2	2		4
教育督导	教育督导条例	1	11	15		27

数据来源:国家法律法规数据库(https://flk.npc.gov.cn/)。

通过对表 4-2 的数据进行分析,可以看出老年教育、终身教育及终身学习均没有国家层面的相关法律条款。除终身学习以外,省级层面上大多发布了相关的条例,这为国家层面的立法提供了基础。尽管相对于欧美等发达国家来说,我国终身教育(学习)立法起步较晚,至今仍未形成一个国家层面的终身教育(学习)法律,但与终身教育(学习)相关的立法相关工作及政策均已取得了重要进展。所谓终身学习政策,是指政府和其他利益攸关方设计和实施的任何一种政策,目的是在所有生活范围内(家庭、学校、社区、工作场所等),通过各种形式(正式和非正式)为所有年龄层的人创造学习机会。

(一)国家层面

根据国家重要政策文本中与终身教育相关的内容,本书初步归纳了与终身教育相关的政策在中国的大致发展历程。

1. 20 世纪 90 年代——终身教育政策的起步阶段

"终身教育"一词首次被写入我国政府文件,是国务院在 1993 年 2 月 13 日颁布的《中国教育改革和发展纲要》,这对于终身教育的研究及实践应用来说,都是一个标志性的事件。从此,"终身教育"在我国开始从一种理念向一项具体政策转变。

这一阶段,终身教育开始逐渐进入国家政策文本,完善终身教育体系和建设学习型社会已经上升为国家的战略规划与发展目标之一。

2. 21 世纪第一个十年——终身教育政策的拓展与深化阶段

迈入 21 世纪以后,国家关于终身教育的政策又有了新的发展与变化,这些变化尤为突出地表现为终身教育政策推进力度的增强与措施的具体化。

纵观21世纪第一个十年的发展，在国家层面出台的有关"终身教育"的政策性文件就不下10项，整体呈现出一派繁荣的景象，与终身教育同时提出的还有"全面发展""素质教育"等重要教育理念，这些理念都更加贴近终身教育的本质。

3.进入21世纪第二个十年——终身教育政策走向成熟

2010年7月29日，国家发布的《2010—2020年国家中长期教育改革和发展规划纲要》(简称《规划纲要》)对国家21世纪第二个十年的教育发展做出规划，对我国当下的教育发展起到了引领与导向作用。

党和国家的重要文件和历次工作报告一再强调推进终身教育和建设学习型社会的重要性，反映出国家对终身教育的规定从最先理念式的构想、口号式的宣传已经逐渐过渡到目前的理论认识深化、目标明确、实施路径清晰。经过20多年的发展演进，国家终身教育政策已经逐步走向成熟，成为终身教育发展的重要推动力量。

4.随着社会与技术的新发展，终身学习面临新形势下的挑战

伴随着信息技术的全面快速发展，我们正式步入了"互联网＋"时代。在互联网与教育逐步走向深度融合的过程中，"互联网＋"为教育的发展迎来了优化教育资源、变革学习方式、构建学习型社会三方面的机遇。同时，互联网为人们自主化、个性化的终身学习提供了有效的载体、丰富的资源。但与此同时，在"互联网＋"的时代背景下，终身教育在开展过程中也面临着较大的挑战，特别是受到国家宏观形势变化、国家"十三五"的收官、"十四五"的开端及国际局势的影响；随着新技术的应用、新学习形式的出现，虚拟现实、人工智能等新技术促进了知识日新月异的更新，微课、MOOC、在线学习等带来的新的学习方式变革，都需要重新设计，以面对新的挑战；现存的多样化教育形式需要顶层设计与规范化，因为学习型城市教育、社区教育、老年教育、成人教育等各种形式重叠与交织，管理不善，评价缺失，效率较低。

表4-3　终身教育政策的发展脉络

年份	文件名	文件出处	关键词
1993	《中国教育改革和发展纲要》	中国共产党第十四次全国代表大会	成人教育
1998	《面向21世纪的教育振兴行动计划》	教育部	社区教育、终身教育体系
1999	《中共中央国务院关于深化改革全面推进素质教育的决定》	中共中央办公厅	终身学习体系、现代远程教育

续表

年份	文件名	文件出处	关键词
2002	《2002—2005 年全国人才队伍建设规划纲要》	中共中央办公厅、国务院办公厅	终身教育体系、学习型组织、学习型社区、学习型社会
	《全面建设小康社会，开创中国特色社会主义新局面》	江泽民在党的十六大上的报告	终身教育体系、全民学习、学习型社会
2003	《中共中央关于完善社会主义市场经济体制若干问题的决定》	中国共产党第十六届中央委员会第三次全体会议通过	终身教育体系、学习型社会、素质教育、就业能力、创新能力、创业能力
	《中共中央国务院关于进一步加强人才工作的决定》	国务院办公厅	全民学习、终身学习、学习型组织、学习型社区
2004	《关于加强党的执政能力建设的决定》	中国共产党第十六届中央委员会第四次全体会议	全民学习、终身学习、学习型社会
2006	《关于构建和谐社会若干重大问题的决定》	中国共产党第十六届中央委员会第六次全体会议通过	素质教育、终身教育体系
2007	《高举中国特色社会主义伟大旗帜，为夺取全面建设小康社会新胜利而奋斗》	胡锦涛在党的十七大上的报告	远程教育、继续教育、全民学习、终身学习
2010	《2010—2020 年国家中长期教育改革和发展规划纲要》	教育部	学习型社会、学历教育、职业教育
2012	《坚定不移沿着中国特色社会主义道路前进为全面建成小康社会而奋斗》	中国共产党第十八次全国代表大会报告	学前教育、现代职业教育、高等教育、继续教育、终身教育体系、学习型社会
2014	《国务院关于加快发展现代职业教育的决定》	国务院办公厅	职业教育、学习制度、全民学习、学习型社会
2015	《〈教育法〉修正案》	—	构建终身教育体系、全民终身学习
2016	《老年教育发展规划（2016—2020 年）》	国务院办公厅	老年教育、学习型社会、老年教育政策
	《教育信息化“十三五”规划》	教育部	终身化教育体系、学习型社会
2017	《国家教育事业发展“十三五”规划》	国务院办公厅	职业教育、学前教育、高等教育、继续教育、学习型社会、学习型城市
2018	《教育信息化 2.0 行动计划》	教育部	终身学习体系、学分银行、终身电子学习档案
2019	《中国教育现代化 2035》	中共中央、国务院	全民终身学习的现代教育体系、义务教育、高中教育、职业教育、高等教育、残疾儿童教育、全社会共同参与的教育

续表

年份	文件名	文件出处	关键词
2019	《国家职业教育改革实施方案》	国务院(国发〔2019〕4号)	明确要求加快推进职业教育国家学分银行建设,制定符合我国国情的国家资历框架
2020	《"十四五"规划和2035年远景目标建议》	中国共产党第十九届中央委员会	就业公共服务体系、劳动关系协调机制、终身职业技能培训制度、终身学习体系,建设学习型社会
2021	《中华人民共和国家庭教育促进法》	全国人民代表大会	对未成年人及家庭教育规范进行了相关说明与解释
	《全民科学素质行动规划纲要(2021—2035年)》	国务院	构建职业教育、就业培训、技能提升相统一的产业工人终身技能形成体系
2022	《中华人民共和国职业教育法修订》	全国人民代表大会	推动职业教育与普通教育融通、不同层次职业教育贯通,打通"断头路"、构建"立交桥",服务全民终身学习的现代职业教育体系

尽管历经了20多年的呼吁、讨论、调研、提案,但一部《终身教育法》"千呼万唤未出来"。终身教育在理论方面存在范式尚未形成,学术队伍单薄,过度依赖"理论移植"等问题;在实践中存在整体重视不够、本土特色不彰、经费缺乏刚性约束、责任主体不明等问题。推动我国终身教育立法要加强理论研究,注重国家顶层设计,引导地方政府创新,形成"官校民"多方参与格局。

通过对表4-3中政策的梳理与分析后发现,终身教育机制还很不健全,在构建终身学习体系的过程中,政府、培训机构、普通高校、民间组织均参与教学管理并且交错统筹各种教学资源,整个体系缺乏系统性和协调性。办学主体的多元化、职能部门的交织、资源分配不均、教育教学制度缺乏灵活性和开放性等问题,给终身教育体系建设带来了挑战。

(二)省市层面

1. 台湾地区

台湾在推进终身教育方面做了许多努力与尝试,其发展脉络早期重在对失学民众提供识字教育,后来致力于推广补习教育及着重为国民提供第二次教育机会,再后来则发展到成人教育。进入20世纪90年代后，由于终身教育的快速发展，台湾开始确立终身教育的基本原则与推进举措，注重从不同领域和角度来保障公民终身学习的权利，从而使终身教育的推进与开展置于行政部门管理之中。

台湾从原来的以“学校教育”为中心的传统教育模式逐渐朝向融合社会、学校、家庭三方面的终身学习体系转化，这是台湾终身学习进一步拓展与深化的主要标志。台湾对于终身学习、终身学习机构、社区大学、正规教育及非正规教育都进行了明确的界定。

(1)终身学习：指个人在生命过程中所从事的各类学习活动。

(2)终身学习机构：指提供学习活动的学校、机关、机构及团体。

(3)正规教育：指由小学到大学具有层级架构的教育体制。

(4)非正规教育：指在正规教育体制外，针对特定目的或对象而设计的有组织的教育活动。

(5)社区大学：指在正规教育体制外，由直辖市、县(市)主管机关自行办理或委托办理，提供社区居民终身学习活动的教育机构。

但台湾的成人教育也存在一些不足，主要体现在相关内容未能与时俱进，有关终身教育经费的来源规定也不够明晰，且缺乏完整架构的建立、机构间的有机整合及顶层设计的整体性考量。

2. 香港

1998年10月，香港特首董建华在施政报告中首次提出“终身学习”的理念。1999年9月出台了咨询文件《21世纪教育蓝图——教育制度检讨：教育目标》，把终身学习作为今后教育改革的重点。同年9月22日，教育统筹会修订教育目标，发表了第二阶段的咨询文件《教育制度检讨：教育改革建议——终身学习、自强不息》，9月28日又发表《香港教育制度改革建议——终身学习、全人发展》报告书。

2000年5月8日，教育统筹会发表第三阶段咨询文件《教育制度检讨：改革方案——创造空间、追求卓越》，明确提出重视人的全面发展和终身学习，并在行动上做出了切实可行的支持和配合。

进入21世纪后，香港教育统筹局连续发表了4份《教育改革报告》(一、二、三、四)，均把终身学习作为今后教育改革的重点。

3. 其他各省市情况

21世纪初，其他各省市也积极开展地方终身教育立法的探索。2005年到2022年间，福建、上海、河北，太原、宁波、成都、西安及苏州先后出台了《终身教育促进条例》，也有部分城市出台了社区工作条例，部分涉及社区教育，相关内容如表4-4所示。

表4-4　地方终身教育条例比较分析

年份	名称	立法目的
2004	《济南市发展社区服务的若干规定》(已经废止)	以社区生活服务、救助及日常事务管理为主，未涉及教育。
2005	《福建省终身教育促进条例》	发展终身教育，鼓励终身学习，提高公民素质，促进人的全面发展。
2011	《上海市终身教育促进条例》	满足市民终身学习的需求，推进学习型社会建设，促进人的全面发展。
2012	《太原市终身教育促进条例》	满足市民终身学习的需求，推进学习型社会建设，促进人的全面发展。
2012	《上海市社区公共文化服务规定》	对社区公共文化服务设施、环境及培训教育等作出规定。
2014	《河北省终身教育促进条例》	健全终身教育体系，建设学习型社会，促进人的全面发展。
2013	《贵阳市社区工作条例》	以社区日常管理为主，仅部分涉及社区教育、科普及相关文化建设。
2015	《宁波市终身教育促进条例》	满足市民终身学习的需求，促进终身教育发展，推进学习型社会建设。
2016	《成都市社区教育促进条例》	将社区教育纳入国民经济和社会发展规划，采取鼓励和扶持措施，促进社区教育发展；将社区教育场所和设施纳入社区规划和建设，开展社区教育机构标准化建设。
2019	《西安市社区教育促进条例》	整合各类教育资源，在市、区县、街道(镇)、社区(村)分别设立社区大学、社区教育学院、社区教育学校、社区教学点；督促政府建立社区教育经费分级保障体系，建立健全政府投入、社会捐赠、学习者合理分担等多种渠道筹措经费的社区教育投入机制，拓宽社区教育经费来源。
2023	《苏州市终身学习促进条例》	适用于各级各类有组织的教育培训活动，涵盖社区教育、家庭教育、老年教育、从业人员继续教育、青少年校外教育等学习服务；设立专门的终身学习场所，根据不低于常住人口万分之1.5的标准配备专职人员。

除上述条例以外，目前国内各省市地区为了积极有效地推进终身学习，都纷纷出台了与终身学习相关的各种促进政策与法规。本书通过文献整理，分别从职业教育、高等教育、终身教育、民办教育及社区教育等层面进行了整理，相关内容如图4-1所示。

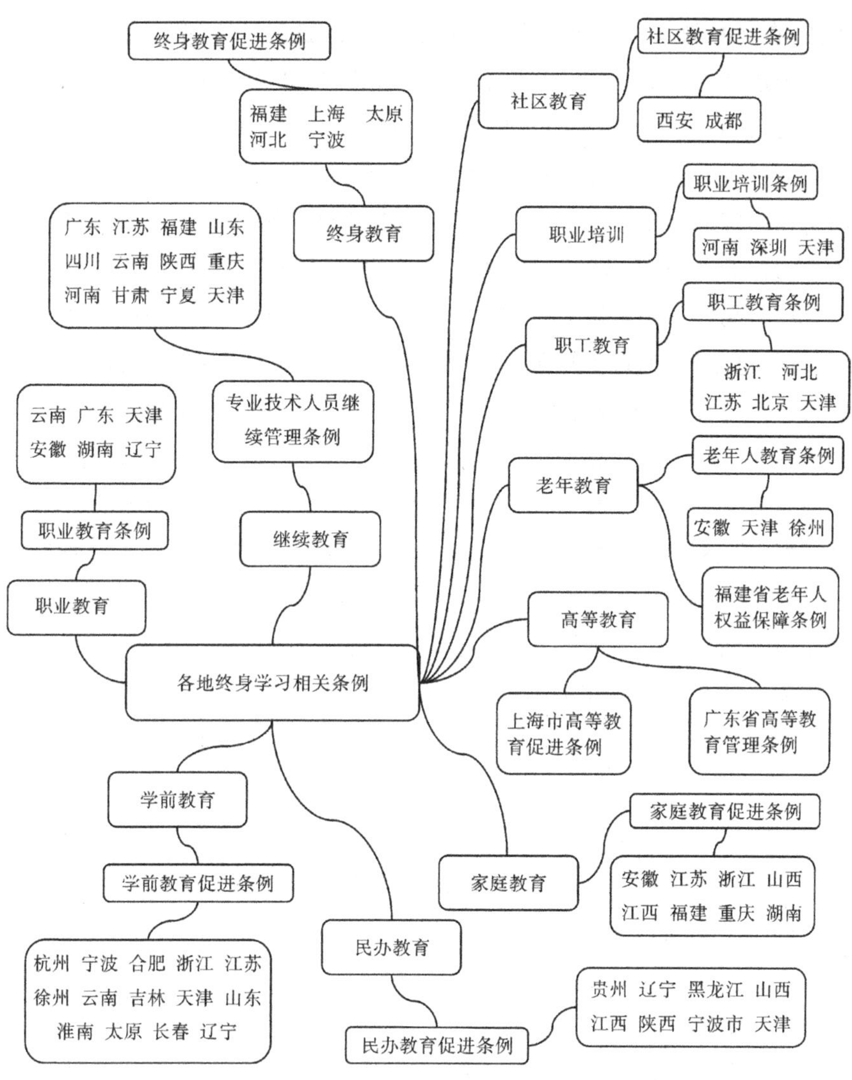

图 4-1　终身学习促进条例架构

虽然相关的促进条例在一定程度上能弥补立法的缺陷与不足，但其局限性也是显而易见的。关于现有地方《终身教育促进条例》的局限性，已有不少学者进行了论述。沈光辉认为现有条例除了法律定位、立法策略和立法内容等方面的问题，对公民受教育权的保障不足，对教育资源的整合、狭义终身教育概念的理解更是严重不足①；王仁彧认为条例内容抽象宏观，可操作性差，强调政府推动，忽略对学习者主体要

①沈光辉. 我国终身教育立法的主要问题与对策建议——福建省的实践探索与启示[J]. 中国远程教育，2014(12)：72-77.

素的关注，在终身教育理念的解读方面面临严峻的挑战①；刘波认为“两省三市”的法规内容表述高度近似，未能彰显地方特色②；黄欣、吴遵民则认为条例“狭隘化”了终身教育的内涵，窄化了终身教育概念，成为徒具象征意义的“空法”③。

与其他领域的立法相比，教育立法的可执行性非常弱，通常占据文本绝大部分比例的条款内容都属于倡导性规范。地方《终身教育促进条例》看似正确，实质是空洞乏力的倡导性条款，除了立法技术本身的原因外，关键的一点是与它定位不明、窄化概念、局限适用范围有一定内在关联。学者们的研究已经充分注意到地方《终身教育促进条例》的最大局限，即都将条例适用范围规定在“本行政区域内现代国民教育体系之外的（各级各类/各类）有组织（教育/培训/终身教育）活动”。太原更是明确地将“终身教育”落脚于“社区教育、职工教育和农村成人教育”。这样的规定把终身教育限定为学校外的非学历继续教育，变相地将“终身教育”等同于“非学历继续教育”，这与终身教育的既有理论研究成果相去甚远，背离了终身教育的理论内涵，直接导致地方《终身教育促进条例》的名不副实，难以体现实际的应用效果。

为了更加清晰地对现有的五部《终身教育促进条例》进行对比分析，为江苏从省级层面制定终身教育的相关规范提供依据，本书从如下几个方面进行了比较。

(1)结构体例。五部地方性法规在结构体例上既有逐条罗列式，又有分章节式，其中四部是在2011—2014年间出台的。与第一部《福建省终身教育促进条例》相比，条文、字数都有了成倍增长，说明内容进一步丰富与完善；福建、上海和宁波都采用了逐条罗列式的框架结构，太原和河北则采用了条例名称完全一致的分章节式。

《立法法》并未对地方性法规的框架结构作出明确说明，仅规定“法律根据内容需要，可以分编、章、节、条、款、项、目”。也就是说，内容决定着法律法规的结构形式，既可以采用分章节的形式，注重条理和逻辑，也可以不分章节，逐条罗列，按序编排，简洁明了。太原、河北为了体现立法的体系完整与可操作性基础，按照总则、组织实施、保障措施、监督管理、法律责任和附则六章进行编排设计，结构脉络体系相对清晰。

(2)内容要素。五部条例涉及的核心要素基本保持一致，都规定有立法目的和依据、适用范围、终身教育任务和管理体制及保障机制等内容，这些条例在内容上

---

①王仁彧.实践理性：我国终身教育法规建设的路向探究——基于国内外终身教育立法的比较视野[J].教育理论与实践，2014，34(22)：21-25.

②刘波.终身教育立法的理论与实践：现状、困境及对策[J].中国职业技术教育，2016(23)：17-25.

③黄欣，吴遵民.中国终身教育法为何难以制定——论国家终身教育法的立法思想与框架[J].开放教育研究，2014，20(6)：36-41.

共性元素多于地方个性需求。

在立法目的方面，它们都强调政府对终身教育发展的促进责任与义务，都没有明确规定公民学习权利的保障，都带有浓烈的自上而下依靠政府推动终身教育发展的倾向；在适用范围方面都将各条例局限于各“行政区域内国民教育体系之外的（各级各类）有组织的（终身）教育培训活动”，太原更是明确地将终身教育限定于社区教育、职工教育和农村成人教育等活动。

在终身教育的管理体制、教育任务和保障机制方面，五部条例虽有差异，但整体基本趋同。由于时间的原因，上海、河北，太原、宁波的四部条例都体现了《国家中长期教育改革和发展规划纲要》中的精神，增加了开放大学（广播电视大学）在终身教育事业发展中的责任担当，以及建立学习成果认证制度的内容。

（3）特色个性。五部条例内容的同质化消解了地方立法的地方特色，减损了地方经验意义。依据地方实际情况立法是科学立法的必然要求，是发挥地方积极性的具体表现，地方立法应当体现地方特色，失去地方特色，也就失去了地方立法的存在价值。

由于五部条例内容高度近似，表达方式近乎一致，一些条款甚至完全相同，缺乏因地、因时、因势立法的鲜明主张，与本地终身教育和学习型社会建设的本土问题关切不够，大大削弱了对本地社会经济发展的适应性与有效性，也从侧面说明地方立法的实践探索创新不足，无法为国家立法提供优质的地方经验，使先行先试的意义打了折扣。

（4）拓展性。五部条例无一例外地将适用范围限定在“国民教育体系”外的非学历继续教育，这不仅与条例规定的开放大学（广播电视大学）所担负的终身教育职能自相矛盾，因为开放大学（广播电视大学）的学历教育部分无疑属于“国民教育体系”，还变相地将“终身教育”等同于“非学历继续教育”，通过法律条文对终身教育的内涵与本质进行了事实上的狭隘性注解，直接导致立法概念不清，引发公众对终身教育理念的多重理解，这显然不利于终身教育体系的科学构建，“窄化了”终身教育内涵，导致歧义丛生。

（5）主体性。虽然从现阶段看，政府的推动是终身教育发展和学习型社会建设的首要力量，其逻辑起点体现了社会本位的立法宗旨，但如果完全以政府行为来构建学习型社会促进终身教育的发展，立法的宗旨就明显是为了社会需要。尽管法律本身的社会价值与个体价值同等重要，但是如果忽略了学习主体的意愿，忽略了个体的法律需要，法律就无法作用于个体。

（6）可操作性。五部条例绝大多数的条款都带有宣言色彩，责任条款和救济途径都流于泛泛，这种条文式的规定高度原则化，降低了可操作性，有政策性文件的翻版之嫌。同时因为强调政府推动，赋予了职责也赋予了更大的管理权力，却没有相应的条款约束，对行政管理相对人的权利规定趋于空泛。这样在没有正当程序要求的约束下，管理方拥有更多自由，就可能以管理方便和追求政绩为目标，相对人则权利式微。

虽然我国终身教育立法历经20余年的提议、讨论及“二省五市”的实践探索，积淀了有益的理论成果和实践经验，为国家层面出台终身教育法和地方展开进一步探索提供了支撑，但由于目前国内终身学习的相关管理制度、社会资源建设及相关的民众意识等方面都存在进一步上升的空间，其立法过程可能还需要时日。

（三）全民终身学习周

为了更好地推进终身学习进行政策上的宣传和预热，自2005年10月，由中国成人教育协会、中国联合国教科文组织全委会秘书处在北京举办了第一届“全国全面学习活动周”（简称学习活动周），借此增强大众对终身学习的意识。至今，教育部已连续举办17届全民终身学习活动周，举办单位由最初的10个城市近万名群众参与，到2020年已基本覆盖全国各省（区、市）、249个地级单位、1810个县级单位。2013年至2020年间，全国累计约2.5亿人次群众参与全民终身学习活动周的教育培训和学习活动，活动周已成为服务全民学习、终身学习的有效载体和重要交流平台。截至2021年11月，已建成国家级社区教育实验区、示范区各120多个，省级社区教育实验区和示范区750多个，全国各级各类老年大学（学校、学习点）8万多所（个），注册学员1400多万人。

第二节　江苏终身学习法制与政策

一、法规建设

（一）省级层面的法规条例

通过国家法律库对江苏省的相关法律条例进行检索，经过梳理，发现有关教育类的法律条例仅有6条，如表4-5所示。

表 4-5 江苏省现有的有关教育的法规条例

序号	名称	发布日期	涉及教育的主要内容(增加或者调整)
1	《江苏省老年人权益保障条例》	2011-01-21	县级以上地方人民政府应当把老年教育纳入终身教育体系,鼓励和支持社会力量办学,多渠道、多形式为老有所学提供条件。
2	《江苏省学前教育条例》	2012-01-12	对三周岁以上不满六周岁学龄前儿童实施的保育和教育的相关内容进行法律约束和说明。
3	《江苏省社区矫正工作条例》	2014-01-16	对特殊人员进行职业技能培训与就业指导。
4	《江苏省职业教育校企合作促进条例》	2019-03-29	鼓励企业通过校企合作开展职工在岗教育培训,企业应当建立并落实职工培训制度。
5	《江苏省老年人权益保障条例(修正)》	2021-05-27	增加了"统筹考虑适合老年人的公共基础设施、生活服务设施、医疗卫生设施和文化体育设施建设"。
6	《江苏省教育督导条例》	2022-01-14	对本行政区域内教育发展状况、办学水平和教育质量组织开展评估监测。

通过对图 4-5 中法律条款的梳理,可以看出江苏在省级层面上有关终身学习立法方面还有进一步提升的空间。

(二)省内各地市法规条例

通过对江苏省域内的各地区有关法律条例的整理(见表 4-6)可以发现,江苏省在省级层面的条例建设大多是在各市级层面实验执行一段时间后,才在省级层面进行。但终身学习是一个较为完善的体系,而江苏省各地区发展又不是很均衡,尤其是苏南与苏北的经济发展具有一定的差距,需要在省级层面加以统一协调,才能更好地提升效果和效率。

表 4-6 江苏省的法制条例

序号	名称	发布日期	涉及教育的主要内容(增加或者调整)
1	《无锡市教育督导条例》	2005-06-01	对所辖区域的教育工作及其相关工作进行监督、检查、评估和指导的活动。
2	《徐州市学前教育管理条例》	2006-12-01	对学龄前儿童实施的保育和教育相关的法律规定和说明。
3	《徐州市老年教育条例》	2007-07-27	为了保障老年人受教育的权利,建立和完善终身教育体系,促进老年教育事业的发展而制定。老年教育,是指对 60 岁及以上公民实施的非学历教育。
4	《苏州市教育督导条例》	2008-10-24	开展教育督导科学研究和业务培训,提高教育督导工作水平。

续表

序号	名称	发布日期	涉及教育的主要内容(增加或者调整)
5	《南京市教育督导条例》	2019-06-11	对教育工作及其相关工作进行的监督、检查、评估、指导等活动,主要范围是学前教育、初等教育、中等教育。
6	《苏州市终身学习促进条例》	2023-01-31	适用于各级各类有组织的教育培训活动,涵盖社区教育、家庭教育、老年教育、从业人员继续教育、青少年校外教育等学习服务;设立专门的终身学习场所,根据不低于常住人口万分之1.5的标准配备专职人员。

二、政策制定

通过整理文献及进行相关政策梳理,可以看出"江苏终身教育体系"的实施往往是遵循大多数体系建设的基本路径:地方探路—省里认同—选择试点—全省推广。江苏省作为终身学习推进的代表性地区,就实践而言,当前顶层设计政策到位,体系构建成效初现,这为居民提供了良好的学习资源与环境。

(一)政策梳理

1. 省内各地区政策

为了梳理江苏省有关终身学习体系的建设过程,本书分别对江苏省域内13个地区级及江苏省级制定的政策进行梳理,如表4-7所示。

表4-7　江苏省内各地主要政策梳理

序号	地区	时间	相关政策	文号或单位
1	南京市	2017-04-28	《南京老年开放大学体系建设方案(试行)》	宁教办〔2017〕17号,宁终身教育〔2017〕5号
		2017-04-28	《南京老年开放大学体系建设方案(试行)》	宁教办〔2017〕17号,宁终身教育〔2017〕5号
		2017-10-26	《关于设立老年开放大学的通知》	宁教办〔2017〕37号,宁终身教育〔2017〕9号
		2019-10-27	《关于设立浦口等3家老年开放大学的通知》	宁教办函〔2019〕110号
2	连云港市	2012-01-12	《关于加快完善终身教育体系的实施意见》	连政〔2012〕1号
		2016-11-01	《老年教育发展规划(2016—2020年)》	无
		2021-10-28	《连云区老年健康服务体系建设实施办法》	连区卫〔2021〕136号
		2021-12-31	《连云港市"十四五"养老服务发展规划》	连政〔2021〕58号

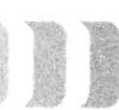

续表

序号	地区	时间	相关政策	文号或单位
3	无锡市	2015-09-15	《关于进一步加强老年教育工作的意见》	锡教〔2015〕43号
		2019-07-26	《关于申报无锡市"老年文体特色团队"和老年教育、活动设施改造及"双调工作"站项目的通知》	锡老龄办〔2019〕4号
4	淮安市	2014-12-22	《市政府关于加快发展养老服务业的实施意见》	淮政发〔2014〕181号
		2018-04-12	《区政府办公室关于印发〈淮阴区老年教育规划(2016—2020)〉的通知》	淮政办发〔2018〕19号
		2018-06-06	《淮安区老年教育"十三五"发展规划》	淮政办发〔2018〕107号
		2019-10-26	《区政府关于老年教育工作情况的通报》	淮政发〔2019〕130号
		2021-11-05	《淮安市青年发展规划(2021—2025年)》	无
5	扬州市	2008-10-07	《扬州市2008—2010年老龄事业发展规划》	扬府发〔2008〕167号
		2017-09-18	《市政府关于加快发展老龄事业加强养老服务体系建设的实施意见》	邮政发〔2017〕215号
		2019-01-16	《关于印发2019年社区(成人)教育工作意见的通知》	扬江政办发〔2019〕7号
		2019-02-19	《关于印发〈江都区樊川镇2019年社区(成人)教育工作意见〉的通知》	扬江樊政发〔2019〕6号
		2019-02-26	《关于印发〈邵伯镇2019年社区(成人)教育工作意见〉的通知》	邵政〔2019〕7号
		2021-06-23	《关于印发〈2021年扬州江都区基本养老服务指导性目录〉的通知》	无
5	扬州市	2021-06-30	《区教育局关于印发2021年社区教育中心工作评估细则的通知》	无
		2022-03-22	《关于印发邵伯镇2022年社区(成人)教育工作意见的通知》	邵政〔2022〕9号
6	泰州市	2015-08-24	《兴化市加快发展养老服务业实施意见问答》	无
7	苏州市	2013-09-18	《苏州市居家养老服务体系建设实施意见》	苏府办〔2013〕196号
		2016-09-29	《苏州市居家养老服务条例》	苏府办〔2016〕222号
		2022-05-05	《苏州市终身学习促进条例(制定)》(送审稿)	苏州市司法局
8	常州市	2012-01-10	《市政府关于加快完善终身教育体系的实施意见》	常政发〔2012〕45号
		2021-06-04	《关于对〈常州市"十四五"教育发展规划(征求意见稿)〉公开征求意见的公告》	无
9	宿迁市	2012-02-06	《市政府关于印发建立完善民生幸福工程六大体系实施意见的通知》	宿政发〔2012〕15号
		2015-03-05	《县政府办公室关于印发沭阳县加快养老服务业发展实施意见的通知》	沭政办发〔2015〕55号
		2017-11-22	《关于印发〈宿迁市养老服务业发展三年行动计划(2018—2020)〉的通知》	无

续表

序号	地区	时间	相关政策	文号或单位
10	盐城市	2015-06-05	《盐城市人民政府关于加快发展养老服务业的实施意见》	盐政发〔2015〕78号
		2016-04-12	《关于进一步加强社区教育工作深入推进学习型盐城建设的意见》	盐教职〔2016〕7号
		2017-11-01	《关于印发〈盐城市区政府购买与补助养老服务实施办法(试行)〉的通知》	盐民老服〔2017〕12号
		2020-12-25	《关于印发〈盐城市建立完善老年健康服务体系实施方案〉的通知》	市卫生健康委
11	南通市	2010-09-30	《关于举办南通老年教育发展成果展示活动的通知》	南通市教育局
		2016-12-01	《市政府办公室关于印发南通市老龄事业发展"十三五"规划的通知》	通政办发〔2016〕160号
12	徐州市	2013-03-01	《区政府办公室关于印发〈徐州市铜山区老龄事业发展"十二五"规划〉的通知》	铜政办发〔2013〕8号
		2017-04-11	《关于印发〈2017年徐州市社会教育工作要点〉的通知》	徐教职〔2017〕13号
		2017-08-25	《市政府办公室关于印发〈徐州市老龄事业发展"十三五"规划〉的通知》	徐政办发〔2017〕158号
12	徐州市	2017-12-26	《关于印发〈沛县老龄事业发展"十三五"规划〉的通知》	沛政办发〔2017〕88号
		2018-07-18	《关于印发〈关于制定和实施老年人照顾服务项目的实施意见〉的通知》	丰政办发〔2018〕54号
		2019-05-20	《区政府办公室关于印发〈2019年云龙区社区教育工作实施意见〉的通知》	无
		2020-06-25	《中共徐州市委徐州市人民政府关于学前教育深化改革规范发展的意见》	(徐委发〔2020〕31号)
13	镇江市	2010-08-16	《关于加快我市老龄事业发展的意见》	镇发〔2010〕30号
		2015-09-15	《推进开放大学建设加快社区教育发展的意见》	镇徒政办发〔2015〕43号
		2015-12-11	《镇江市人民政府办公室关于加快发展养老服务业的实施意见》	镇政办发〔2015〕212号
		2016-03-17	《关于加强老年大学(学校)建设推进老年教育事业发展的意见》	镇徒政办发〔2016〕4号
		2017-03-31	《关于印发〈丹徒区2017年社会教育工作意见〉的通知》	镇徒政办发〔2017〕14号
		2017-10-24	《关于印发镇江市"十三五"老龄事业和养老服务业发展规划的通知》	镇政办发〔2017〕188号
		2017-11-03	《镇江市"十三五"老龄事业和养老服务业发展规划》	无
		2022-01-10	《镇江市人民政府办公室关于印发镇江市"十四五"教育事业发展规划的通知》	无

2. 省级政策

本书研究团队分别从社区教育、智慧城市建设、学前教育及老年教育等多个层面系统地进行政策梳理，为加快发展政府深化改革提供数据参考，相关政策如表4-8所示。

表4-8 江苏省省级政策梳理

类别	序号	时间	政策	发布部门	文号
社区教育	1	2011-12-31	《省政府办公厅关于加强继续教育工作推进学习型社会建设的意见》	江苏省人民政府办公厅	苏政办发〔2011〕183号
	2	2021-12-11	《省政府办公厅关于印发江苏省“十四五”公共服务规划的通知》	江苏省人民政府办公厅	苏政办发〔2021〕98号
	3	2018-04-24	《江苏省教育厅等部门关于加快发展社区教育的实施意见》	省教育厅	苏教社教〔2017〕1号
	4	2019-05-08	《省教育厅关于开展社区教育基础能力建设项目申报工作的通知》	省教育厅	苏教社教〔2019〕4号
	5	2021-06-08	《“社区教育优质项目化基地”建设指导意见》	江苏省社会教育服务指导中心	苏社教指〔2021〕14号
	6	2018-09-11	《关于成立江苏省社会教育工作专家委员会的通知》	江苏省社会教育服务指导中心	苏社教指〔2018〕30号
	7	2021-09-22	《关于开展“十四五”全省“社区教育领军人才培养工程”(2021年)工作的通知》	江苏省社会教育服务指导中心	苏社教指〔2021〕27号
	8	2021-08-12	《江苏：关于成立江苏省社会教育工作专家委员会的通知》	江苏省社会教育服务指导中心	苏社教指〔2018〕30号
	9	2018-03-07	《关于加强社会教育电视宣传工作的通知》	江苏省社会教育服务指导中心	苏社教指〔2018〕4号
	10	2016-08-08	《苏州：关于组织进行社区教育工作者队伍建设课题调研的通知》	苏州市终身教育学会	苏终教学〔2016〕13号
	11	2021-08-12	《关于公布2014年度江苏省标准化社区学院和社区教育中心的通知》	省教育厅	苏教社教〔2015〕2号
	12	2021-08-12	《江苏：关于召开全省社区教育实验项目高级研修班的通知》	江苏省社会教育服务指导中心	苏社教指〔2012〕13号
	13	2021-08-12	《江苏省教育厅：关于做好2011年度社区教育项目管理工作的通知》	省教育厅	苏教办社教〔2011〕4号
智慧城市	1	2011-10-28	《省政府关于加快推进信息通信基础设施建设的意见》	江苏省人民政府	苏政发〔2011〕149号
	2	2013-05-16	《省政府办公厅关于印发无锡国家传感网创新示范区建设三年(2013—2015年)行动计划的通知》	江苏省人民政府办公厅	苏政办发〔2013〕67号

续表

类别	序号	时间	政策	发布部门	文号
智慧城市	3	2013-05-21	《省政府办公厅关于加快推进我省 TD-LTE 建设发展工作的通知》	江苏省人民政府办公厅	苏政办发〔2013〕81 号
	4	2013-06-26	《省政府关于大力推进信息化发展和切实保障信息安全的实施意见》	江苏省人民政府	苏政发〔2013〕72 号
	5	2013-09-10	《关于加快智慧城市建设的实施意见》	江苏省经信委	苏经信信推〔2013〕694 号
	6	2013-12-28	《省政府关于促进信息消费的实施意见》	江苏省人民政府	苏政发〔2013〕168 号
	7	2014-09-29	《省政府关于推进智慧江苏建设的实施意见》	江苏省人民政府	苏政发〔2014〕103 号
	8	2016-03-31	《省政府关于加快推进"互联网+"行动的实施意见》	江苏省人民政府	苏政发〔2016〕46 号
	9	2016-06-27	《省政府办公厅关于加强地名管理服务和地名文化建设的实施意见》	江苏省人民政府办公厅	苏政办发〔2016〕68 号
	10	2018-09-18	《省政府办公厅关于印发智慧江苏建设三年行动计划(2018—2020 年)的通知》	江苏省人民政府办公厅	苏政办发〔2018〕70 号
	11	2020-04-30	《省政府办公厅印发关于加快新型信息基础设施建设扩大信息消费若干政策措施的通知》	江苏省人民政府办公厅	苏政办发〔2020〕31 号
	12	2020-07-06	《省政府办公厅关于转发省广电局江苏智慧广电建设行动计划的通知》	江苏省人民政府办公厅	苏政办发〔2020〕52 号
	13	2021-08-10	《省政府办公厅关于印发江苏省"十四五"新型基础设施建设规划的通知》	江苏省人民政府办公厅	苏政办发〔2021〕45 号
	14	2021-08-31	《省政府办公厅关于印发江苏省"十四五"数字政府建设规划的通知》	江苏省人民政府办公厅	苏政办发〔2021〕61 号
	15	2021-08-31	《省政府办公厅关于印发江苏省"十四五"金融发展规划的通知》	江苏省人民政府办公厅	苏政办发〔2021〕60 号
	16	2022-04-04	《省政府关于加快统筹推进数字政府高质量建设的实施意见》	江苏省人民政府	苏政发〔2022〕44 号
学前教育	1	2010-11-03	《省政府办公厅关于加快学前教育改革发展的意见》	江苏省人民政府办公厅	苏政办发〔2010〕136 号
	2	2011-01-27	《关于印发学前教育改革发展重点工作任务分解方案的通知》	江苏省人民政府办公厅	苏政办发〔2011〕7 号
	3	2011-09-09	《省政府关于加快完善终身教育体系的实施意见》	江苏省人民政府	苏政发〔2011〕130 号
	4	2011-11-23	《关于加大财政投入支持学前教育发展的通知》	江苏省学前教育学会	苏财教〔2011〕218 号

续表

类别	序号	时间	政策	发布部门	文号
学前教育	5	2011-12-06	《省政府关于进一步加大财政教育投入的实施意见》	江苏省人民政府	苏政发〔2011〕171号
	6	2011-12-28	《江苏省学前教育家庭经济困难儿童政府资助经费管理暂行办法》	江苏省学前教育学会	苏财规〔2011〕44号
	7	2011-12-28	《省财政学前教育综合奖补资金管理暂行办法》	江苏省学前教育学会	苏财规〔2011〕43号
	8	2011-12-28	《江苏省学前教育改革发展示范区建设主要指标》	江苏省学前教育学会	苏政办发〔2011〕144号
	9	2012-10-31	《江苏省学前教育条例》	基础教育处	无
	10	2013-05-30	《省政府办公厅关于推进教育现代化建设的实施意见》	江苏省人民政府办公厅	苏政办发〔2013〕85号
	11	2013-06-25	《关于进一步推进全市学前教育改革发展的实施意见》	连云港市人民政府	连政发〔2013〕69号
	12	2013-12-10	《市政府关于进一步加强学前教育工作的意见》	靖江市人民政府	靖政规〔2013〕24号
	13	2013-12-10	《省政府办公厅关于命名无锡市滨湖区等20个县(市、区)为江苏省学前教育改革发展示范区的通知》	江苏省人民政府办公厅	苏政办发〔2013〕187号
	14	2015-06-10	《关于实施第二期学前教育五年行动计划的意见》	基础教育处	苏教基〔2015〕15号
	15	2017-09-21	《关于加强学前教育教研工作的意见》	基础教育处	苏教基〔2017〕14号
	16	2017-02-10	《市政府办公室关于印发2017—2020年全市学前教育改革发展重点任务分解方案的通知》	泰州市人民政府办公室	泰政办发〔2017〕26号
	17	2019-04-24	《省政府办公厅关于印发江苏省城镇小区配套幼儿园治理工作方案的通知》	江苏省人民政府办公厅	苏政办发〔2019〕43号
	18	2019-07-25	《关于学前教育深化改革规范发展的意见》	省教育厅办公室	苏发〔2019〕19号
	19	2020-04-13	《关于印发2020年工作要点的通知》	江苏省学前教育学会	苏学前会〔2020〕1号
	20	2021-01-07	《关于印发2021年工作要点的通知》	江苏省学前教育学会	苏学前会〔2021〕1号
	21	2021-12-31	《省政府办公厅关于印发江苏省"十四五"教育发展规划的通知》	江苏省人民政府办公厅	苏政办发〔2021〕115号
	22	2022-01-04	《关于印发2022年工作要点的通知》	江苏省学前教育学会	苏学前会〔2022〕1号

续表

类别	序号	时间	政策	发布部门	文号
老年教育	1	2007-03-28	《江苏省教育事业发展"十一五"规划》	江苏省政府办公厅	苏政办发〔2007〕28号
	2	2009-09-16	《中共江苏省委江苏省人民政府关于加快我省老龄事业发展的意见》	中共江苏省委、江苏省人民政府	苏发〔2009〕5号
	3	2011-08-19	《中共江苏省委江苏省人民政府关于大力推进民生幸福工程的意见》	中共江苏省委、江苏省人民政府	苏发〔2011〕22号
	4	2011-09-09	《省政府关于加快完善终身教育体系的实施意见》	江苏省人民政府	苏政发〔2011〕130号
	5	2011-12-15	《省政府关于印发江苏省"十二五"老龄事业发展规划的通知》	江苏省人民政府	苏政发〔2011〕178号
	6	2014-04-02	《省政府关于加快发展养老服务业完善养老服务体系的实施意见》	江苏省人民政府	苏政发〔2014〕39号
	7	2017-03-15	《江苏省"十三五"老龄事业发展规划》	江苏省人民政府	苏政办发〔2017〕39号
	8	2018-01-02	《省政府办公厅关于制定和实施老年人照顾服务项目的实施意见》	江苏省人民政府	苏政办发〔2018〕1号
	9	2018-06-08	《省教育厅办公室关于开展全省老年教育调研的通知》	江苏省教育厅	苏教办社教函〔2018〕6号
	10	2019-04-30	《省教育厅关于开展江苏省老年教育学习资源库子库建设目标申报工作的通知》	江苏省教育厅	苏教社教函〔2019〕1号
	11	2020-10-13	《省教育厅办公室关于开展全省老年大学布局调研的通知》	江苏省教育厅	苏教办继函〔2020〕6号
	12	2021-09-17	《省政府办公厅关于促进养老托育服务高质量发展的实施意见》	江苏省人民政府	苏政办发〔2021〕75号
	13	2021-12-02	《省政府办公厅关于印发江苏省妇女发展规划和儿童发展规划的通知》	江苏省人民政府	苏政办发〔2021〕96号
	14	2021-11-22	《2021年度省级社区教育特色品牌和老年教育学习资源库子库项目认定结果公示》	江苏省教育厅	苏教办继函〔2022〕2号

(二)内容释义

2010年,中共江苏省委、省政府印发了《江苏省中长期教育改革和发展规划纲要(2010—2020年)》,提出"构建人人皆学、处处能学、时时可学平台,健全终身教育学习网络,大力开发终身教育资源,建立教育资源开放共享机制,推进终身教育

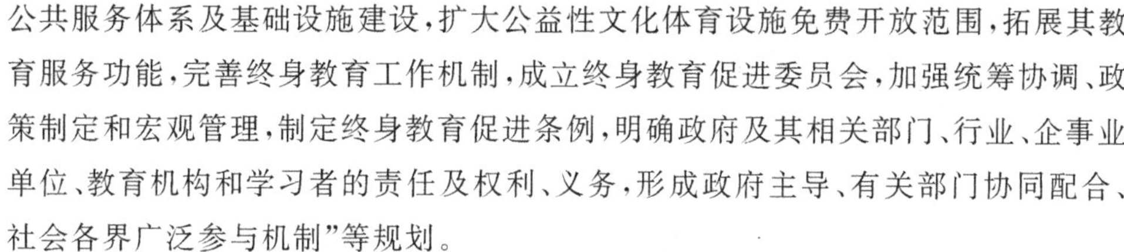
公共服务体系及基础设施建设，扩大公益性文化体育设施免费开放范围，拓展其教育服务功能，完善终身教育工作机制，成立终身教育促进委员会，加强统筹协调、政策制定和宏观管理，制定终身教育促进条例，明确政府及其相关部门、行业、企事业单位、教育机构和学习者的责任及权利、义务，形成政府主导、有关部门协同配合、社会各界广泛参与机制”等规划。

2011 年，江苏省政府印发了《关于加快完善终身教育体系的实施意见》（苏政发〔2011〕130 号），强调坚持把加快完善终身教育体系摆在更加突出的位置，从指导思想、基本原则、总体目标三方面进一步明确完善终身教育体系的总体要求，要求采取有力措施加快完善终身教育体系，努力为加快完善终身教育体系创造良好条件。广泛开展城乡社区教育，建立以江苏开放大学为龙头、以社区大学和社区学院为骨干、以社区教育中心和居民学校为基础的社区教育体系，满足各类居民学习提高和修身益智需求。

2012 年，江苏省政府下发了《关于筹建江苏开放大学的通知》（苏政发〔2012〕146 号），制定了《江苏开放大学建设方案》，明确了开放大学建设的指导思想、基本原则、建设目标、重点任务、管理体制、运行机制和保障措施。

2013 年，江苏省教育厅发布《江苏省终身教育学分银行管理办法（试行）》（苏教规〔2013〕3 号），设立学分银行管理委员会（简称“管委会”），对非学历教育证书和成绩证明所涉及的课程学分经专家委员会认定，可转换为学分银行相关学历教育对应的课程学分；2022 年，又发布《江苏省终身教育学分银行管理暂行办法》（苏教规〔2021〕2 号），进一步明确和完善了学分银行的相关职能和实施方法，进而有效地推动了终身学习体系的发展。

2014 年，江苏省教育厅发布《关于加强社区教育机构建设的意见》（苏教社教〔2014〕6 号），对社区教育机构的建设标准（基本设备设施及场所）等进行明确规定。

2017 年 6 月，江苏省教育厅等十一部门发布了《关于加快发展社区教育的实施意见》（苏教社教〔2017〕1 号），对城市、农村居民的社区教育参与率提出了明确要求，全面推进社区教育的标准化建设。

2021 年 12 月 31 日，江苏省教育厅印发《江苏省“十四五”教育发展规划》（苏政办发〔2021〕115 号），提出“构建服务全民终身学习的教育体系”，加快推进“江苏省终身教育学分银行”建设，开展学习成果认证、积累与转换，畅通终身学习“立交桥”，促进全社会人人学、时时学、处处学；到 2025 年，省级标准化社区教育中心达标率达到 100%，建成省社区教育特色品牌 200 个，城市、农村居民的社区教育参与率分别达到70%、50%以上;扩大老年教育资源供给,到2025年,全省每个设区市至少有4所老年大学,每个县(市)至少有1所老年大学,70%以上的乡镇(街道)建有老年大学分校(老年学校),50%以上的村(社区)建有老年大学(老年学校)学习点。

2022年6月,江苏省教育厅发布了《江苏省"十四五"学前教育发展提升行动计划》,提出要健全政府主导机制,加大公共财政投入,建立政府、家庭、社会合理成本分担机制;优化普惠教育资源布局,优化城乡学前教育布局和公共服务网络,切实保障适龄幼儿入园;配齐配强师资队伍,提高幼儿园教师社会地位和待遇保障;整体提升保教质量,健全学前教育质量评估体系,构建支持幼儿后继学习和终身发展的幼小科学衔接长效机制。

以上文件的出台无疑为江苏省终身教育发展理清了思路,明确了目标,制定了政策,设计了路径。在实践层面,一些政策措施已经落实到位,在组织架构上,成立了由分管副省长任组长,教育、财政等部门及开放大学负责同志为成员的江苏开放大学建设领导小组。在办学机构上,明确了五级办学机构的名称和职能定位,省级为江苏开放大学(江苏社会教育服务指导中心),市级为社区大学,县级为社区学院,街道(乡镇)为社区教育中心,村居(社区)为居民学校;在开放大学办学系统建设上,明确了市、县(市、区)政府成立市、县(市、区)开放大学,立足地方组织实施终身教育;在办学业务上,鼓励和支持江苏开放大学系统大力发展社区教育和老年教育,在全国率先开展老年本科学历教育,并以此为引领在基层社区全面推进多种形式、多种内容和多种层次的老年教育;在经费保障上,要求各级政府把继续教育经费纳入本级财政教育经费预算,市、县财政以常住人口为基数测算继续教育经费,城镇和农村居民人均继续教育经费分别不低于可支配收入和纯收入的0.3‰并列入年度财政预算。江苏省财政对江苏开放大学实行生均财政拨款制度,对业余学习的开放教育本、专科学生分别按普通高校标准生拨款标准(10500元/生/年)的50%和40%拨付事业费,在某种意义上突破了我国长期以来对成人学历教育学生无财政性拨款的政策限制,在经费安排上,把开放教育事业统一纳入省财政预算,和普通教育一视同仁。

(三)建设成效

1.开放大学办学系统

近年来,通过推进江苏开放大学办学系统建设,紧紧抓住转型发展的战略机

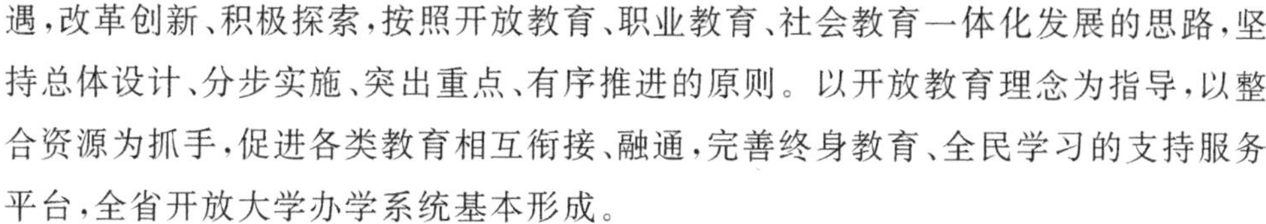

遇，改革创新、积极探索，按照开放教育、职业教育、社会教育一体化发展的思路，坚持总体设计、分步实施、突出重点、有序推进的原则。以开放教育理念为指导，以整合资源为抓手，促进各类教育相互衔接、融通，完善终身教育、全民学习的支持服务平台，全省开放大学办学系统基本形成。

第一，创新体制机制，构建开放大学办学网络。充分依托原江苏广播电视大学系统优势，对办学网络建设进行了整体设计和区域化布局，确立了江苏开放大学与市、县(市、区)开放大学共同作为办学主体的运行机制，以及实行扁平式和层级式相结合的管理体制。

第二，利用信息技术，打造开放大学服务平台。目前，江苏开放大学建设了基于"云计算技术"服务全省办学系统的数据中心，配备 300 台服务器，存储容量达 100TB。建设了万兆校园网，网络出口带宽达到 1200 兆。开发了集教、管、测、评、考等功能于一体的"教学教务综合平台"，可同时支持 200 万用户在线学习。

第三，创新教学模式，提升开放教育服务水平。为主动适应学习者更加多样化、学习选择更加个性化、学习评价更加多维化的新趋势、新要求，江苏开放大学以校本部师资、专业、课程资源为基础，积极深化开放教育教学模式和管理模式改革，进一步完善了以学习能力和实践能力为本位的人才培养模式。

第四，开展成果认证，建设终身教育学分银行。根据省教育厅 2013 年 12 月印发的《江苏省终身教育学分银行管理办法(试行)》(苏教规〔2013〕3 号)，江苏开放大学承担"江苏省终身教育学分银行"网络服务平台建设工作，并负责其日常运行维护。

第五，加强对社会教育的指导，发挥终身教育的龙头作用。江苏开放大学作为全民学习的共享平台和终身教育的支撑载体，承担着加快社会教育发展、促进学习型社会建设的领军责任。

第六，开放教育资源，承担全省社区教育领军责任，每年开展各类培训约 40 万人次。免费为社会开放"江苏省终身教育资源库"中的各类资源 461359 个，视频资源 95669 个，课程总数 1625 个。

2. 社区教育体系

2014 年，江苏省教育厅印发了《关于加强社区教育机构建设的意见》(苏教社教〔2014〕6 号)，全省市、县(市、区)、乡镇(街道)、村(居)全部相应成立社区大学、社区学院、社区教育中心和居民学校，初步形成以江苏开放大学为龙头，以社区大学和社区学院为骨干，以社区教育中心和居民学校为基础的社区教育办学系统。

江苏省政府发布的教育事业统计数据显示[①]，目前江苏省已经建成全国社区教育示范区 12 个，国家级社区教育实验区 16 个，省级社区教育特色品牌 71 个，省级老年教育资源库 21 个，“江苏老年教育”平台开通运行，基本实现了每个设区市建有 3 所、90％以上的县（市）建有 1 所老年大学的目标。基本形成了覆盖城乡、机制完善、功能齐全、优质高效、具有江苏特色的社区教育办学系统。各级社区教育机构的功能定位明确，设置办法、运行机制、制度和队伍建设，以及教学资源、保障机制基本完善。

第一，社区教育网络体系基本形成。一是体制机制不断完善。全省初步建立起“党政统筹领导、教育部门主管、有关部门配合、社会各界支持”的管理体制，以及“政府推动、部门协作、市场运作、社区自治、群众参与”的运行机制，促进全省社区教育工作可持续发展。二是组织领导不断加强。成立由各级政府分管领导、有关部门负责人参加、教育行政部门牵头的社区教育工作领导小组，负责指导、协调、组织本区域的社区教育工作。三是教学网络不断完善。省教育厅制定了《江苏省社区教育示范区建设标准（试行）》和相应的指标体系，使社区教育示范区建设有章可循、有据可依。各地积极加强社区教育阵地建设，大力推进辖区内各类社区教育资源共享共通，努力做到横向联合、纵向沟通，逐步完善了以市级社区大学和县级社区学院为龙头，乡镇（街道）社区教育中心为骨干，居民学校、职工学校和社会培训机构等为基础的社区教育教学网络，基本实现全覆盖。

第二，社区教育基础能力得到加强。一是教育资源充分共享。各地强化组织领导，加强统筹协调，采取有效措施，有计划地面向社会开放学校教育资源，为社区居民创设学习活动条件。同时推进社区教育场馆有序向学校开放，推动社区与学校开展项目共建，促进社区教育资源的共建、共创、共享，做到了教育有渠道、活动有场所、学习有课堂，有效地推动了社区教育工作的开展。二是师资队伍明显优化。各地坚持“专兼结合、专业化发展”的原则，大力加强社区教育师资队伍建设，从中小学选派了一批教师充实到社区教育机构，逐步建立了一支以专职教师为骨干、兼职教师和志愿者为主体，专兼结合的社区教育教师队伍。三是课程资源不断丰富。各地积极加强社区教育网络平台建设，利用现代信息技术，整合社区内各类教育资源，搭建社区成员自主学习和交互式学习的平台，公开政策，提供信息，促进交流，在富民、惠民、安民、便民、乐民等方面发挥了积极作用，为社区居民的修身益

---

①江苏省人民政府．教育事业[EB/OL]．(2022-05-19)[2022-10-11]．http://www.jiangsu.gov.cn/col/col31384/index.html.

智提供了快捷、方便、全面的学习服务。

第三,社区教育服务能力显著增强。各地紧紧围绕"民生幸福工程"的建设目标,积极深化社区教育改革发展,大力提升社区教育质量,努力服务地方经济社会发展。一是提升了城乡社会的整体文明程度。各地通过开展学习型社区、学习型企业、学习型家庭等学习型组织创建活动,激发居民学习动力,提高居民学习的参与率,营造积极高效的社区文化、企业文化和家庭文化,全面提升了江苏经济社会发展的"软实力",有效服务了"两个率先"目标的实现。二是提升了城乡居民的创新创业能力。通过广泛开展城乡社区教育,各地探索并形成了社区教育与创业教育相结合的有效形式,构建了支持居民自主创业的社区教育体制机制;同时,通过建立再就业培训基地,实行培训经费减免、补助等政策,重点做好对失业人员、社会低保人员和残疾人员等社会弱势群体的就业培训工作。

3. 深化改革加快发展

(1)推进江苏终身教育学分银行建设。江苏开放大学作为新型高等学校要突破高校二元体制和传统大学的限制,一方面,在学历教育上淡化普通教育与成人教育的制度性区隔,发放同一类型的毕业证书;另一方面,大力发展非学历教育、非正式教育,服务全民学习、终身学习。发挥学分银行的作用和功能,为学习者提供学分存储、转换、查询等服务,促进社会对学分的使用和认可,提升社会认可率和满意度。目前,江苏终身教育学分银行的工作重点在非正规教育和非正式学习成果的认定和转换上,对于获得的非学历教育证书和学习成绩证明,如国家和省级水平测试类职业资格证书、行业岗位证书、专业技能等级证书等,可根据学分银行的实施规则,转换成学历教育对应的课程学分。从实施的情况来看,江苏终身教育学分银行的体系开放度和社会影响力都有待进一步提升,面对复杂的教育类型、众多的课程专业,如何推动更多的省内普通高校、成人高校、自学考试机构及资格证书颁发机构加入学分银行体系,实现课程学分的互认和互换;面对普通高校和成人高校"双轨制"的二元格局,如何沟通普通教育、职业教育、成人教育,难度都非常大,需要深化改革,创新发展。

(2)深入推进社区教育体系与开放大学办学系统融合式、一体化发展。江苏社区教育从实验到全面推进主要依靠教育行政力量的推动,重点在县级社区学院和街道(乡镇)社区教育中心。经过多年发展,社区学院和社区教育中心贴近社区居民,承担了社区教育的主要工作,深受居民欢迎,但同时也存在教育资源缺乏、办学水平不高、教学指导不够等问题。随着江苏开放大学的建立,明确了开放大学办学系统在发展社区教育上的主体责任，通过与社区学院、社区教育中心融合式、一体化发展，将进一步发挥开放大学办学系统资源、信息和技术优势，促进社区教育更好发展。一是要通过资源整合，在已有部分社区学院与县级开放大学合并的基础上，继续推动两者合而为一，形成综合优势。二是将社区教育中心作为开放大学的学习中心，促进开放大学办学重心下移，激发办学活力。三是发挥江苏开放大学在全省社区教育的龙头作用，结合地方社区教育发展的实际需求，强化系统指导和管理。通过融合式、一体化发展，彻底理顺管理体制，优化运行机制，有效整合教育资源，更好发挥系统办学优势。

(3)动员更多的教育资源参与社区教育。在终身教育理念的视野下，学校教育系统不再是孤立和封闭的，应该是灵活和开放的。建设学习型社会，必须动用全社会的教育资源，特别是各级各类学校的教育资源。江苏教育发达，各级各类学校众多，资源丰富，具有服务社会的优良传统和社会风气。要通过建立学校与社区的联系和互动机制，动员和鼓励更多学校参与社区教育，从而提升社区教育的发展水平。如南京林业大学长期派出志愿者，经常深入学校所在地的锁金街道开展社区教育，深受居民欢迎。南京医科大学举办老年大学，普及老年医学和保健知识，老年人踊跃参与，“一座难求”。更多的高校通过科技下乡、送教上门等形式服务社会、服务基层，成效显著。面对老龄化社会的挑战，江苏高校可以成立“老年教育联盟”，通过政府支持、社会参与、社区互动等形式系统开展老年教育，提高老年人社区教育参与率。总之，各级各类学校可以通过多元化的合作形式，参与社区教育，将学生的教育、教师的研究、社会的服务和社区的发展统一起来；政府要运用政策、制度杠杆形成促进学校和社区教育融合的公共支持系统，为学校教育资源和社区教育需求的联动搭建平台，完善机制。

通过对江苏省及江苏各地级市终身教育相关政策的梳理与分析，可以发现终身教育体系具备以下基本特征：教育对象的全员性，教育过程的全程性，教育内容的全面性，教育类型的终身性，以及教育目标的职业性。

三、规划建议

目前已有五部地方终身教育促进条例发布，还有一部(首部)地方性法规——《苏州市终身学习促进条例》发布，这些条例为江苏建立省级终身教育法规条例提供了有益的参照。江苏面对既有立法存在的问题和局限，需要立足于本地实际，在地方立法的权限范围内，开展带有鲜明地方特色的立法探索。

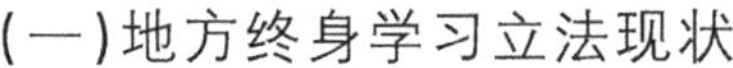

(一)地方终身学习立法现状

1. 亟须立法

江苏是文化大省、经济大省,也是人口大省,还是外来人口迁入主要省份。自2010年以来,江苏常住人口数量持续增长,平均受教育年限增加。江苏省第六次全国人口普查数据显示:10年共增加6087075人,增长7.74%,年平均增长率为0.75%,有10个设区市人口增加,其中人口增长较多的5个设区市依次为苏州、南京、无锡、常州、徐州,分别增加2288372人、1310941人、1087736人、685690人、506565人;15岁及以上人口的平均受教育年限由9.32年上升至10.21年,受教育年限在11年以上的市有1个,在10年至11年的市有5个,其余均在9年至10年之间,具体数据如表4-9所示。

表4-9　江苏省各地区15岁及以上人口平均受教育年限　　单位:年

江苏省域内各地区	2020年	省内排名	2010年	省内排名
全省	10.21		9.32	
南京	11.76	1	10.99	1
无锡	10.74	2	9.81	3
徐州	9.68	8	8.92	7
常州	10.57	4	9.57	5
苏州	10.67	3	9.85	2
南通	9.66	9	8.83	9
连云港	10.05	6	8.90	8
淮安	9.55	11	8.78	10
盐城	9.21	13	8.72	11
扬州	9.73	7	9.03	6
镇江	10.31	5	9.58	4
泰州	9.56	10	8.59	12
宿迁	9.51	12	8.29	13

注:平均受教育年限是将各种受教育程度折算成受教育年限计算平均数得出的,具体的折算标准是:小学=6年,初中=9年,高中=12年,大专及以上=16年。

目前经过多年的努力,江苏的终身教育体系建设已初见成效,初步形成支持从学前教育到老年教育的终身教育体系框架及相关制度,平均受教育年限有所提升。根据第七次全国人口普查公报数据显示,江苏省15岁及以上人口的平均受教育年限为10.21年,虽然比全国人口平均受教育年限9.91年高出0.3年,但在全国仅排名第八，分别低于北京（12.64年，全国最高）、天津（11.29年，全国第二）、上海（11.81年，全国第三）、山西（10.45年，全国第四）、广东（10.38年，全国第五）、辽宁（10.34年，全国第六）、陕西（10.26年，全国第七）；另外，江苏省的平均受教育年限也低于2017年G7国家（七个最为发达的工业化国家，简称G7）的水平，其中德国14.1年、美国13.4年、加拿大13.3年、英国12.9年、日本12.8年、法国11.5年、意大利10.2年。因此，有必要出台终身学习法规，推动民众的终身学习积极性，以增加普通民众的受教育年限，尤其是进行职后学习是增加受教育年限的有效方式。

2012年，江苏省十一届人大常委会第二十六次会议通过了《江苏省学前教育条例》，2014年，江苏开放大学正式开展老年本、专科学历继续教育。2022年，江苏省教育厅发布了《关于做好2022年现代职教体系贯通培养项目的通知》（苏教职〔2022〕3号），对中等职业教育与高等职业教育"3＋3"分段培养、中等职业教育与应用本科教育"3＋4"分段培养、五年制高职教育与应用本科教育"5＋2"分段培养、高等职业教育与应用本科教育"3＋2"分段培养及高等职业教育与应用本科教育"4＋0"联合培养作出明确规定，这些学习政策与条例的出台，为学习者的学习提供了众多的机会，以保证学习者的学习权利。

相比于其他"三省二市"在立法时主要面临的是推动终身教育体系建设的问题，当前江苏面临的更主要的问题是加大学习投入，保障、鼓励和激发公民投入终身学习。为此，江苏应当优先选择在已有终身教育体系建设的基础上，围绕"终身学习"开展地方立法，通过公民学习权利的彰显，巩固建设成果，唤醒人民履行权利和义务的意识，规范政府对学校教育的投入，开发学习场所，增加学习机会。这样不仅可以助力解决人民日益增长的终身学习需要与教育不平衡不充分发展之间的矛盾，也体现了政府对公民全面发展高度关切的人文情怀。

2. 立法目的与价值取向需进一步明确

当下，在中国的法律体系中，在国家层面，还没有一部是关于学习主体的立法，宪法只规定了受教育权的纲要原则。虽然部分省市颁布了终身教育促进条例，但都是从政府结构的角度出发考虑个人学习，并未充分尊重学习者的学习权利和需求。公民的学习权利要具体成形，这就需要立法者的主动担当，如果没有立法机关对公民学习权利的外延内涵、保障标准与措施、实施方法与策略、违法救济等问题加以明确，学习权利就很难实现。也正是基于这一点，终身学习的立法难度和跨度是教育立法中极具挑战性的任务。2023年1月31日，苏州市司法局发布了《苏州

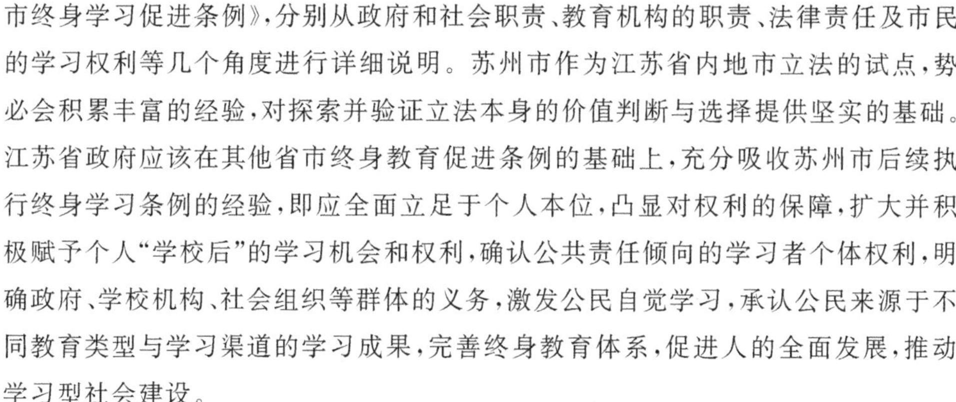
市终身学习促进条例》，分别从政府和社会职责、教育机构的职责、法律责任及市民的学习权利等几个角度进行详细说明。苏州市作为江苏省内地市立法的试点，势必会积累丰富的经验，对探索并验证立法本身的价值判断与选择提供坚实的基础。江苏省政府应该在其他省市终身教育促进条例的基础上，充分吸收苏州市后续执行终身学习条例的经验，即应全面立足于个人本位，凸显对权利的保障，扩大并积极赋予个人"学校后"的学习机会和权利，确认公共责任倾向的学习者个体权利，明确政府、学校机构、社会组织等群体的义务，激发公民自觉学习，承认公民来源于不同教育类型与学习渠道的学习成果，完善终身教育体系，促进人的全面发展，推动学习型社会建设。

(二)地方终身学习立法的建议

地方终身学习立法不同于国家层面立法，要充分考虑地方实际，从地方需要出发，彰显地方特色，并为国家立法提供有效的优质经验，具体来说应从如下几个方面入手。

1.强化立法理论研究，体现立法地域性

长期以来，我国对教育立法的研究力量比较薄弱，尤其是教育学、学习科学，以及法学等领域的多学科跨界人才储备十分有限，致使许多立法滞后。根据国际经验，终身学习立法通常是在终身教育立法之后。纵观我国法律现状，仅有"三省二市"实施了终身教育促进条例，国家层面的终身教育法至今没有出台。通过对比五部已经颁布的终身教育促进条例可以发现，这些条例都强调政府在终身教育发展中的主导作用，且对很多提供终身学习的主体与法律责任的拟定还存在一定的含糊性，如提供政策资助的资金主体、实施终身学习资源建设的法律责任等都没有具体说明。为了避免在概念术语、逻辑框架和核心内容等方面因为研究不扎实而带来的随意性与盲目性可能，应该在《苏州市终身学习促进条例》的基础之上，参阅欧美等发达国家的终身学习法案，在江苏全省乃至全国组织更广泛力量，组建专业研究学会或团体，对终身学习立法进行探究，做到边实践边研究，通过设立专项课题、展开实践研究、评选先进成果及拟定立法参考草案等手段，增大终身学习立法机理的研究，以构筑基于国情、省情的教育立法理论体系。

2.形成文化氛围，建立立法基础

终身学习不同于终身教育，终身学习所关注的是学习者与学习过程，其目标是构建终身学习型社会，涉及社会中的不同群体及不同方面。因此，要扩大公众参与

程度，形成终身学习的文化氛围，才能真正体现学习者的学习需求，才能保证学习者的学习权利，进而保证终身学习的根本立法价值的被认同。江苏作为经济大省，省内各地市之间的区域经济不平衡，居民的基本素质也各不相同，人与人之间具有明显的地域差异性，这使得不同人的价值观念也是不同的，一部分人有主动学习需求，一部分人认为学习无用。但差异并不意味着无法达成共识，恰恰可以通过立法的公众参与，弥合公众之间的分歧，扩大共识范围，达成公众间的共识。

终身学习作为全体社会成员都参与的过程，需要构建一个持续长效的文化氛围才能调动全体社会成员参与的积极性和动力。文化认同与价值取向是推动终身学习的重要源头，价值取向不但影响立法的目标和方向、内容与质量，也会影响法律的社会接受度和实施有效性；文化认同则是保证终身学习立法实施的根本。因此，厚重的终身学习文化是高质量地方立法的基础底蕴。要形成浓厚的终身学习的文化氛围，需要政府、社会各方、教育机构、教育者及所有公民的共同努力。可以通过广泛而有力的社会宣传体系，营造舆论氛围，借助报纸、广播、电视、网络公共服务平台及微信、微博等新媒体播放公益广告，发送宣传书画等，不断宣扬和传播终身学习文化；通过定期举办“终身学习周”“学习成果交流会”及“全民读书节”等主题鲜明的活动，丰富学习形式，激发学习热情；通过教学改革，推送既丰富有用又有趣的学习内容，潜移默化渗透终身学习的理念；等等。

3. 转变观念，确立终身学习意识

公民的学习权利是需要保证的，而不是政府机构赋予的。因此，实现学习主体权利观念的转变和扭转是终身学习立法的关键和根本。

(1)促进终身学习从国家意志转变为公民自觉。国家意志与公民主体自觉之间的落差，关键原因是固有的教育制度形成的法律关系没有被触动，宪法规定的受教育义务没有得到正确理解和有效执行。由于九年义务制教育的存在，人们很容易将受教育义务理解为适龄儿童及其父母或监护人应当承担的义务，而宪法对于受教育采用的权利和义务并立的复合规范结构，也进一步导致了学界关于受教育权利与义务是否自洽的争论。所以，简单进行终身学习的观念宣传在没有制度支持下就显得苍白无力，毕竟原有教育状态下形成的观念具有强大的惯性定势，并会在原有制度下不断自我复制。事实上，除了为防止因权利被怠慢行使或任意放弃而引起利益流失，为特定年龄的主体设置必须接受教育的义务外，还因为人与社会互惠共存关系的需要，为了成为具有公共责任意识、符合宪法精神的公民，所有人都担负着形成公共人格的终身受教育义务，即受教育是形成公民的过程。因此，江苏的地方立法可以通过清晰界定公民受教育义务的范畴，透过法律具有的评价与引导功能，调整公民的意识与行为，理顺、改善和稳定公民与政府、市民与社会、学习者与教育者之间的学习权利义务关系，促进终身学习理念的广泛传播与落地生根，使公民终身学习成为主体自觉。

(2)保障公民终身学习的合法权利。社会治理现代化的关键是保障公民权利，宪法通过列举明确的公民权利理应得到全面保障，宪法未列举的公民权利也应当得到有效保障。因此，行使国家权力的各级政府有义务通过明确的立法，保障任何人享有平等的学习权利，不论是儿童、少年、青年还是中年、老年，均可通过受教育或其他途径获得适当的学习机会。

(3)构建终身教育体系的良性教育秩序。虽然终身学习的重要性在理论上已经得到充分论证，但在实践中最具终身学习意义的成人继续教育始终处于边缘化状态。教育结构的不平衡、不合理是新时代教育发展面临的主要问题。同时随着“互联网＋”的深度推进，学习的途径、教育的形式越来越多，还会不断出现新的教育形式，但这些新出现的教育形式不能始终停留在眼前的发展阶段。

因此，江苏应通过立法来对当前的教育体系进行完善与补充，从学习主体的权利义务关系视角，统合各级各类教育形式的办学目标和方向，统一规范培养质量和规格，进一步提供多层次、多样化、多选择的学习机会，创设平等对待每个学习主体的更大空间。不仅可以获得更广泛意义上的教育结果公平，也能在一定程度上促进各类教育平衡、合理、同质发展，形成与学校教育同质同权、社会资源整合共享的终身教育良性秩序。

4.参考学者意见

为了更加科学系统地制定地方终身学习法规和条例，政府机构应该充分借鉴有关学者对地方终身学习促进条例编写的意见及国际终身学习立法的经验，具体如下。①

第一，在总则部分要明确制定《终身学习促进条例》的依据在于宪法规定的公民受教育权和经济社会发展的要求，清晰界定公民受教育权的内涵是公民学习和获得发展的权利；明确政府保护学习者的合法权益不受损害，有义务采取措施保证学习者合法权益得到实现；明确保护学习者的学习权是社会的共同责任；确立权利本位、平等保护、弱势补偿等基本原则。通过苏州发布的《苏州市终身学习促进条

①张璇.地方《终身教育促进条例》的现实局限与立法建议[J].中国远程教育，2018(6):50-57,67,80.

例（送审稿）》来看，上述很多内容没有提及，造成上述现象的主要原因是目前我国公民学习权没有明确地列入宪法，但保障未列举的公民权利已经成为宪法发展的一大趋势。

第二，明确“学习观”在学习型社会建设中的重要地位；确立公民享有包括学习自由权、学习条件保障权、获得教育帮助权和个性发展权等具体学习权利。确立公民的学习主体地位，强调权利平等，增加学习过程中的机会选择；明确学习条件保障权有资源保障、学习环境保障（含网络条件）、学习时间保障等；明确获得教育帮助权，含经济资助、特殊辅导等。对“全薪学习假”制度和农民、新市民、伤残人士及再就业人员的学习机会与学习权利的保障加以明确说明。

第三，建立具有广泛意义的学习成果认证制度，明确终身学习的学习成果与已有学习成果认定等相关机制。规定拥有优势学习成果的公民在同等条件下享有竞争优先权等，激发公民实现个人学习权益的自觉意识，为构建省级资历框架、职业教育等提供支持。

第四，明确界定学习资源提供者（政府、学校机构及相关社会组织单位）的责任与范围，以及对全民学习和终身学习所应担负的培养责任及确保学习权利实现的各项义务；明确责任落实与培养质量的督导、考核评估方式。

第五，通过附则清晰界定条例中所涉及的“终身学习”“全民学习”“继续教育”“社会教育”“社区教育”“正规学习”“非正规学习”“非正式学习”及“学习机会”等概念的内涵与范畴，进一步统一社会认识，深化并普及终身教育理论研究成果。

第五章　江苏终身学习的资源体系建构

资源一词，在《辞海》[①]《现代汉语大辞典》[②]等工具书中的释义为生产资料或者生活资料的来源。在教育领域中，教育资源亦称“教育经济条件”，是指教育过程所占用、使用和消耗的人力、物力和财力资源：(1)教育人力资源、物力资源和财力资源的总和；(2)教育的历史经验或有关教育信息资料。[③]

人力资源包括教育者人力资源和受教育者人力资源，即在校生数、班级生数、招生数、毕业生数、行政人员数、教学人员数、教学辅助人员数、工勤人员数和生产人员数等。教育人力资源为教育领域的人力总称，包括教师、教育机构和学校管理人员、教学辅助人员、工勤人员和学生等。其中最重要的是教师资源，体现为教育过程中劳动的消耗，是教育资源的重要组成部分，是教育首要的、能动的、起决定作用的因素。

物力资源包括学校中的固定资产、材料和低值易耗物品。固定资产分为共用固定资产、教学和科学研究用固定资产、其他一般设备用固定资产。材料和低值易耗物品包括各种原材料、燃料、试剂、仪器仪表、工具、文具等。财力资源为人力、物力的货币形式，包括人员消费部分和公用消费部分。人员消费部分有工资、职工福利费、助学金、奖学金等；公用消费部分有公务费、设备购置费、修缮费、业务费、科学研究费和其他费用，是发展教育事业和进行教育工作的物质基础。充分利用教育资源，提高其经济效率，是教育经济学研究的基本问题。

通过上述阐释，可以看出资源一词在终身教育领域中应该包含两部分：物质资源，即维持、开展终身教育、教学活动的物质资料，例如老年大学、图书馆(图书室、文化活动室)、红色教育基地等；非物质资源，诸如人力资源、财力资源及数字化的资料(信息化环境下的相关课程体系、信息管理系统及人力资源体系)等。只有对上述资源进行充分合理的配置，才能更加有效地提升终身教育的效益和效率。所

---

①辞海[Z]. 6版. 彩图本. 上海：上海辞书出版社，2009：3053.

②现代汉语大辞典[Z]. 上海：上海辞书出版社，2003：2263.

③顾明远. 教育大辞典[Z]. 上海：上海教育出版社，1998：234.

谓的资源配置是指投入教育领域的人力、物力、财力资源的各种比例关系，是影响教育投资经济效率的重要因素。包括教育人力资源结构、物力资源结构、财力资源结构及人力、物力资源之间及它们与在校学生的构成关系。教育财力资源是人力、物力的货币表现，其结构表现为财力分配(或使用)中各单项费用及它们与在校生的构成关系。教育资源结构取决于某教育领域教育资源总量和该领域的目标、规模与管理水平，以教育投资使用效率的高低作为评价其合理与否的标准。

基于上述论述，本书初步构建了全面终身教育资源管理体系的构建模型，如图5-1所示。

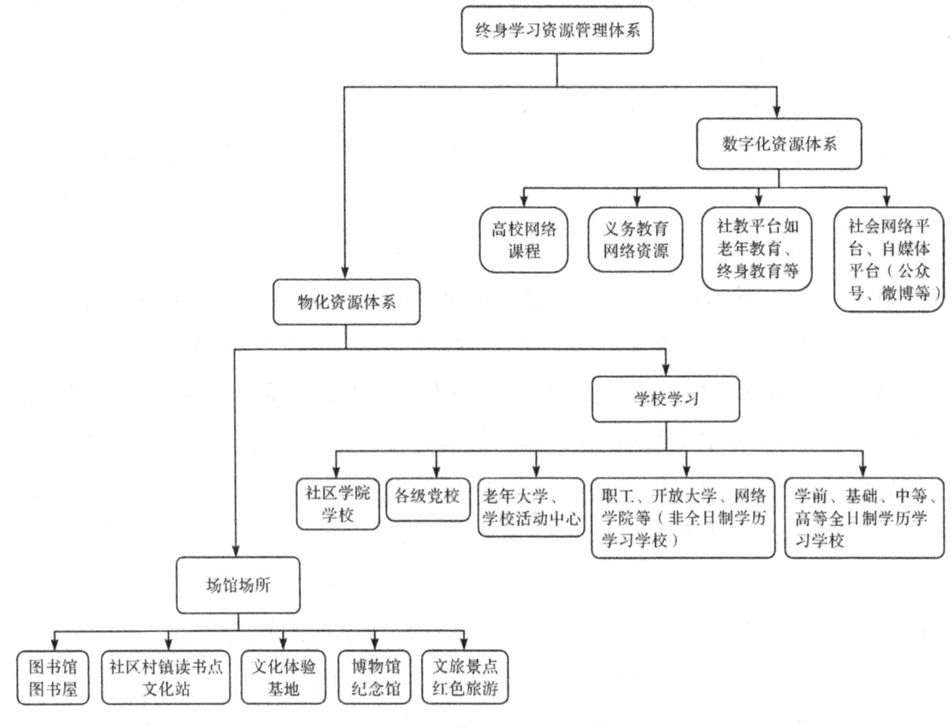

图5-1　终身学习资源体系结构

通过图5-1可以看出，全民终身学习资源体系所涵盖的范围十分广泛，既包含由正式学习的学校学历学习所构建的物质资源及数字化资源体系，也包含非正式学习所需要的场所(如图书馆、博物馆及社区文化站、读书屋甚至一些文旅基地、景点)等物质资源及其配套的相关数字化资源。由于正式学历学习中学校基础建设等物质资源及相关配套的数字化资源，都已经形成了相对完善的管理系统，本书中仅就部分内容加以简单陈述和列举，不做展开论述。

第一节　终身学习物化资源建设

科技的发展及社会的进步，已经使得终身教育成为全民教育提升的一个重要追求。而全民教育一直以来都受到国际社会的重视，不仅仅因为“人人享有受教育的权利”，还因为它与国际社会尤其在当下全世界所面临的生死重大问题如人口、环境、发展、和平、国际合作、民主等的关系十分密切。因此，在全民教育的基础上进行的终身教育是“社会进步和变革的原动力”。对于普通大众的非正式、非学校学习来说，拓展终身学习最简单的方式就是扩大和提供普通民众的阅读机会和学习场所，即以图书馆、博物馆及市民体验基地、文旅基地等场所进行场馆学习，是最有效的方式。

一、全国场馆学习概述

场馆不但是终身学习发生的场所，还为终身学习提供了重要资源，作为一种非正式学习形式，越来越多地受到研究者与相关机构的重视。场馆是指可以为学习者提供相应学习空间或学习资源的场所。美国学习改革委员会在1994年的“为个体学习而设的公共机构”国际学术会议上，将“场馆”界定为“各种与科学、历史、艺术等教育有关的公共机构，如自然博物馆、科技馆、天文馆、历史博物馆、美术馆、动物园、植物园、水族馆等”。但随着经济的发展及结合我国现有的社会现实，本书将场馆学习的范畴进行了一定的拓展，即场馆不仅包括图书馆、博物馆、科技馆、美术馆等场所，还包括综合素质拓展训练空间、植物园、动物园、古镇、红色教育、文旅基地等具有特定教育资源和一定教育价值的场所。场馆学习作为一种复杂的学习活动，更多的是一种过程性而非结果性的学习，是通过个体间的交互和个体与展品间的交互来完成的。正是由于场馆资源的特殊性，使得基于场馆的社会学习越来越重要，已经成为终身学习的重要组成部分，对于提高公共科学文化素质、提升国家软实力等方面有着重要的推动作用。

（一）场馆学习概述

1. 图书馆

图书馆作为场馆学习的一个重要形式，历来都被世界各国重视。在我国，图书馆发展历史悠久，古代曾有“府”“阁”“观”“台”“殿”“院”“堂”“斋”及“楼”等多种称谓。如西周的盟府，两汉的石渠阁、东观和兰台都属于图书馆。“图书馆”一词属于舶来词，据文献《在辞典中出现的“图书馆”》记载，1877 年，“图书馆”一词最初在日本的文献中出现，并从日本传到我国；已有文献检索显示，1894 年，《教育世界》在第 62 期中刊登的一篇《拟设简便图书馆说》，是目前国内被发现的最早提及“图书馆”一词的文献；1900 年，杭州菜市桥建起了“杭州藏书楼”，邵章任监理（即今天的馆长）；1903 年，在知府、学政等官方部门的支持下，杭州藏书楼改名为浙江藏书楼，浙江学政张亨嘉撰《浙江藏书楼碑记》，邵章等人制定《借书章程》，并对外开放，中国现代意义上的第一所图书馆成立；1904 年 3 月，由梁焕奎等人募捐、湖南巡抚赵尔巽准令于古定王台创办的湖南图书馆兼教育博物馆成立（1912 年湖南图书馆改名“省立湖南图书馆”），同年 8 月，张之洞筹划创办了湖北省图书馆；1907 年，清末四品卿衔翰林院编修缪荃孙奉两江总督端方之命创办江南图书馆，并于 1910 年 8 月正式开放（1913 年 7 月改名为江苏省立图书馆，1952 年 10 月 1 日国立南京图书馆与江苏省立国学图书馆合并为南京图书馆特藏部）；1911 年 4 月，福建省图书馆创办（起源于 1906 年福建鳌峰课史馆附设图书馆，1911 年 2 月迁到越山书院旧址，取名福建图书馆，1913 年改馆名为福建公立第一图书馆，1952 年改为福建省图书馆）。

2017 年 4 月，《环球时报》曾刊登过一篇文章《国外图书馆生存现状调查》，对德国与英国的图书馆情况进行了调查。当时德国的公共图书馆总数达 9858 个，每 8260 人就有一个公共图书馆，位居世界前列。在德国大约每年有 1.19 亿人次走进公共图书馆，年人均进入图书馆 1.44 次（2017 年德国总人口约为 8270 万人）。2014 年至 2015 年，英国全国图书馆吸引了 2.65 亿人次的访问量，年人均进入图书馆 2.05 次（2014 年英国人口约为 6460 千万），仅伦敦就有大约 400 家各类公共图书馆。

2. 博物馆

相对于图书馆建设，我国的博物馆建设起步较晚。1868 年，法国传教士韩伯禄在上海创办徐家汇博物院；1871 年，英国皇家亚洲文会北中国支会创立上海博物院；1905 年 1 月 14 日，民族实业家张謇创建了中国近代意义上的第一座博物馆——南通博物苑；1906 年 1 月 3 日，张謇又将兴建中的公共植物园规划为博物苑，占地 23300 平方米，后扩大为 71800 平方米，当初以“设为庠序学校以教，多识鸟兽草木之名”为宗旨创建的南通博物苑建有中馆、南馆、北馆、东楼等展馆，陈列自然、历史、美术、教育四部分文物与标本；1931 年，日本帝国主义在东北设立“国立博物馆奉天分馆”；1946 年，日本战败投降后，改称为“国立沈阳博物馆”；1949 年，改名为东北博物馆，成为新中国成立后第一座博物馆；1959 年更名为“辽宁省博物馆”，沿用至今。

在 20 世纪早期，如 1918 年本杰明 · 艾维斯 · 吉尔曼（Benjamin Ives Gilman）

出版了《博物馆追求的理想目的和方法》；1920 年约翰·达纳(John Dana)出版了《新博物馆的计划》；1949 年亨利·肯特(Henry Kent)出版了《我所认为的教育》等，一大批论著都阐明了教育在公共博物馆中的重要性，但真正系统化地对博物馆教育进行论述的当属 1981 年美国学者柯林斯(Collins)发表的《博物馆、成人和人文：教育计划指导》(Museums, Adults and the Humanities: A Guide for Educational Programming)。① 自此，场馆教育理论逐步发展起来。

20 世纪末，随着场馆学习理论的进一步完善，非正式学习逐步被研究者重视起来。学者威灵顿(Wellington)在其《科学中的正式和非正式学习：互动科学中心的作用》(Formal and Informal Learning in Science: the Role of the Interactive Science Centres)一文中指出，科技场馆学习在认知、情感和动作技能方面具有显著的促进作用。伴随着建构主义在教育领域内的广泛应用，社会文化历史观逐渐成为学习研究的基本立场之一，通过历史文化手段解释个体与所在情景之间相互作用的过程和结果成为学者研究的焦点，这进一步推动了场馆学习理论的发展。

国际博物馆协会(The International Council of Museums，简称 ICOM)将博物馆定义为一个为社会和社会发展服务的永久性非营利机构，它向公众开放，致力于获取、保护、研究、交流和展示人类及其环境的物证，以供学习、教育和享受。美国博物馆协会(The American Association of Museums，简称 AAM)根据七个特征提供了另一个定义，博物馆必须：

(1)是合法组织的非营利机构，或非营利机构或政府实体的一部分。

(2)本质上具有教育性。

(3)有正式规定的任务。

(4)有一名具有博物馆知识及经验的全职带薪专业人员，并获得足够的授权和分配的财政资源，以有效运营博物馆。

(5)根据公认的标准，定期向公众展示使用和解释物体的节目和展览。

(6)拥有正式和适当的收藏品和/或有形物品的记录、保管和使用计划。

(7)有正式和适当的展品展示和维护计划。

1992 年，AAM 的博物馆教育工作组在其里程碑式的报告中提出了博物馆教育的广义概念，即博物馆具有培养游客成为多元社会中富有成效的一员的能力，并为解决全球公民身份的挑战做出贡献。有学者认为，博物馆的教育作用是博物馆使命的核心，并将博物馆教育定义为在博物馆与游客之间建立开放的关系，以增加

①宋娴，刘哲. 西方科学场馆的教育理念及实证研究综述[J]. 外国中小学教育，2013(9)：24-29.

乐趣、动机和知识。① 也有学者作了进一步的阐释,建议博物馆为游客提供可访问的内容,并促进事实和想法之间的联系。②

2007年,ICOM将教育(education)作为博物馆的首要职能,并认为展览信息的传播效率是博物馆教育评价的重要指标。

2019年国际博物馆日的主题为"作为文化中枢的博物馆:传统的未来"(Museums as Cultural Hubs:The Future of Tradition),聚焦博物馆作为社区活跃参与者的新角色。因此,博物馆不仅仅是存储和展示文物,其社会角色正在不断重塑发展,逐渐变得更具有交互性,更加关注观众与社区导向,并逐步成为非正式学习的重要场所。

3. 文旅教育

随着城市化进程的推进及普通民众的物质生活水平的提升,越来越多的人开始参与文旅活动,随之而来的是各地区以文化旅游为主题的红色经典教育基地、市民学习体验基地及传统文化特色小镇的建设纷纷涌现。上述内容从实质上来说都属于文化旅游所研究的范畴。

文化是旅游的灵魂,旅游是文化的载体。世界旅游组织在1985年给出"文化旅游"的广义定义,认为"文化旅游包括旅游的各个方面,旅游者从中可以学到他人的历史和遗产,以及他们的当代生活和思想"。同时,也给出了狭义的定义,即"人们出于文化动机而进行的移动,诸如研究性旅行、表演艺术、文化旅行、参观历史遗迹,研究自然、民俗和艺术,宗教朝圣的旅行、节日和其他文化事件的旅行"③。

在中国成都举行的联合国世界旅游组织第22届全体大会上,世界旅游组织重新界定了文化旅游:文化旅游是一种旅游活动,游客的主要动机是学习、发现、体验和消费旅游目的地的有形和无形文化景点/产品。④

这一新定义明确了当代文化旅游的更广泛性质,它不仅涉及遗址和纪念碑,还涉及生活、创意和"日常文化"的各个方面。

随着时代的进步,人们对精神生活品质的追求逐步提升,文化旅游的需求日益

---

①Hooper-Greenhill E. Museum education: past, present and future[A]//Milles R, Zavala L. Towards the museum of the future. London and New York: Routledge, 1994:133-146.

②Grenier R S. Museums as sites of adult learning[A]//Peterson P, Baker E, & McGaw B. International encyclopedia of education. 3rd ed. Amsterdam: Elsevier, 2010:150-155.

③WTO. The states role in protecting and promoting culture as a factor of tourism development and the proper use and exploitation of the national cultural heritage of sites and monuments for tourists[M]. Madrid: UNWTO, 1985:23.

④Salvador S, Salvador E. Definitions committee on tourism and competitiveness[R]. Madrid: UNWTO, 2017.

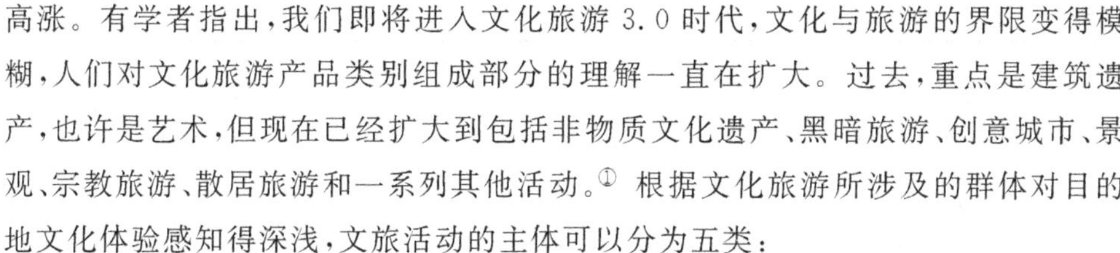

高涨。有学者指出，我们即将进入文化旅游 3.0 时代，文化与旅游的界限变得模糊，人们对文化旅游产品类别组成部分的理解一直在扩大。过去，重点是建筑遗产，也许是艺术，但现在已经扩大到包括非物质文化遗产、黑暗旅游、创意城市、景观、宗教旅游、散居旅游和一系列其他活动。[1] 根据文化旅游所涉及的群体对目的地文化体验感知得深浅，文旅活动的主体可以分为五类：

（1）有目的的文化旅游——文化旅游是游览目的地的主要动机，旅游者个人具有深厚的文化体验；

（2）观光文化旅游——文化旅游是游览目的地的主要原因，但体验更浅；

（3）偶然的文化旅游者——不是出于文化旅游的原因而旅游的游客，但在参与之后，最终拥有深厚的文化旅游体验；

（4）休闲文化旅游——文化旅游对目的地的访问动机较弱，由此产生的体验也较浅；

（5）附带的文化旅游者——由于文化旅游的原因而不旅行，但仍参与一些活动并有肤浅的体验。

20 世纪 80 年代，国内就有学者提出文化点（旅游点）建设的原则，并以上海为依托进行规划设想[2]，随后有学者发表《旅游文化与文化旅游》论文，对旅游文化与文化旅游进行论述，但文中并没有给出确切的“文化旅游”概念[3]。这个时期的学者们大多集中在研究旅游文化上，并纷纷给出了不同的界定，如表 5-1 所示。

表 5-1　相关学者对旅游文化概念的界定

代表学者	出处	旅游文化概念	侧重点（角度）
陈辽	《漫谈旅游文化》，《中国旅游报》1987 年 11 月 11 日第 3 版	旅游文化是人类过去和现在所创造的与旅游有关的物质财富和精神财富的总和。	相关精神、物质文化总和
冯乃	《首届中国旅游文化学术研讨会纪要》，《旅游学刊》1991 年第 1 期	旅游文化是旅游主体、旅游客体、旅游媒体相互作用所产生的物质和精神成果，旅游三要素中任何一项都不能构成或形成旅游文化。	三体碰撞
姚家齐	《黄山旅游文化的美学意义》，《徽州社会科学》1994 年第 4 期	旅游文化是指作为群体的人在旅游领域的活动方式，以及为这种活动所创造并又为这种活动方式所凭借的物质财富、所包容的精神及精神产品本身的总和。	审美价值

① Richards G. Tourism and cultural synergies[R]. Madrid：UNWTO，2018.

② 孙金楼. 关于上海文化网络布局的设想[J]. 城市问题，1986(3)：20-22.

③ 魏小安. 旅游文化与文化旅游[J]. 旅游论丛，1987(2)：18.

续表

代表学者	出处	旅游文化概念	侧重点(角度)
喻学才	《中国旅游文化传统》,东南大学出版社 1995 年版	旅游文化指的是旅游主体和旅游客体之间各种关系的总和。	旅游主客体关系
周谦	《泰山旅游文化发掘初议》,《旅游经济》1996 年第 3 期	旅游文化是指与自然风光、古迹遗址有关的历史掌故、民俗文化、文学艺术、传说故事及百科知识等。	旅游客体文化
马波	《现代旅游文化学》,青岛出版社 1998 年版	旅游文化是旅游者和旅游经营者在旅游消费或旅游经营服务过程中所反映、创造出来的观念形态及其外在表现的总和,是旅游客源地社会文化和旅游接待地社会文化通过旅游者这个特殊媒介相互碰撞作用的过程和结果。	旅游主体文化
沈祖	《旅游文化学导论》,福建人民出版社 2006 年版	旅游文化是一种生活方式文化,是一种文明形式所形成的生活方式系统,是这一旅游主体借助旅游媒介等外部条件,通过对旅游客体的能动的活动,碰撞产生的生活方式文化现象和生活方式文化关系的总和。	旅游主体文化
章海	《旅游文化学》,复旦大学出版社 2004 年版	旅游文化是基于人类追求自由、完善人格而要求拓展和转换生活空间的内在冲动,其实质是文化交流与对话的一种方式。	文化交流与对话
邹本涛、谢春山	《旅游文化新论》,《北京第二外国语学院学报》2009 年第 11 期	旅游文化是人们的旅游体验与介入过程及其精神产品的总和。	体验与介入

文化旅游的范畴是文化旅游学者们所关注的焦点,有学者认为中国文化旅游分为四个层面:历史文化层、现代文化层、民俗文化层及道德伦理文化层。[①] 也有学者对国内外文化旅游的类型进行系统梳理,并将其分为两类:一类可直接归属文化旅游,如遗产、民族、博物馆、艺术、文字作品、民俗、历史等文化旅游;另一类属于文化旅游与其他专项旅游的交叉领域,如宗教、事件、乡村、城市、生态、饮食、体育等。[②]

文化旅游与旅游文化是两个既有联系又有区别的概念。旅游文化具有文化的本质属性,因此遵循一般文化的发展规律,其内涵大于文化旅游,或者说文化旅游是旅游文化所关注的一个领域。

2009 年 8 月 31 日,国家旅游局和文化部发布了《关于促进文化与旅游结合发

①杨时进,沈受君. 旅游学[M]. 北京:中国旅游出版社,1996:409-410.

②朱梅,魏向东. 国内外文化旅游研究比较与展望[J]. 地理科学进展,2014,33(9):1262-1278.

展的指导意见》，提出“利用非物质文化遗产资源优势，开发文化旅游产品”；2013年，中央全面深化改革领导小组成立，将旅游划入了文化体制改革的专项小组，标志着我国从观光游向文化深度游、休闲度假游转变。

2021年末，全国共有A级景区14196个，全年接待总人数35.4亿人次，国内旅游总人次32.46亿。相关网络报道显示，红色旅游开始成为国内旅游项目中的“黑马”，“五一”期间以红色旅游为目的的旅游消费均价猛增至1903元。

我国国内文旅市场规模巨大，通过文旅来进行终身学习将会成为居民进行非正式学习的重要方式和途径。

(二)整体分布

为了更加科学地构建符合江苏省特色的场馆学习体系，本书基于国家统计局官方平台(http://www.stats.gov.cn)提供的数据查询功能，对全国范围内近十年来场馆数量和规模进行系统梳理(查询地址：https://data.stats.gov.cn/easyquery.htm? cn=C01)，以供参考。由于受限于大类统计指标和范围，本书研究者仅对部分场馆，如图书馆、博物馆、文化机构(文化馆等)及社区服务中心(很多社区服务中心均设有图书站、图书屋、阅览室等)进行汇总。在中国国家统计局的官方网站可以实现对全国分地区或者分年份的相关数据进行统计，研究者可以根据需要对相关的数据进行筛选和查询，既可以生成统计图的形式，也可以生成统计表格的形式，具体的操作过程如图5-2所示。

图5-2　国家统计局统计数据的过程

1. 整体建设情况

本书基于国家统计局的数据，对相关的文化场馆等内容进行了分类统计，相关数据及具体年份分布如表 5-2 所示。

表 5-2　2012—2022 年中国公共文化场馆统计数据

类型及数量		2022年	2021年	2020年	2019年	2018年	2017年	2016年	2015年	2014年	2013年	2012年
文化文物机构数/个			312067	316619	287693	306252	326364	310641	299149	287356	292884	305927
博物馆机构数/座		6091	5772	5452	5132	4918	4721	4109	3852	3658	3473	3069
图书馆/座	全国	3303	3215	3212	3196	3176	3166	3153	3139	3117	3112	3076
	少儿		143	147	128	123	122	122	113	108	105	99
	中央				1	1	1	1	1	1	1	1
	省（区、市）		38	39	39	39	39	39	39	39	39	38
	地市		385	382	379	376	373	369	365	361	360	354
	县市		279	2790	2777	2760	2753	2744	2734	2716	2712	2683
	县		1548	1559	1570	1580	1580	1596	1988	1630	1632	1628
群众文化服务业机构数/个			43531	43687	44073	44464	44521	44497	44291	44423	44260	43876
文化机构数/个	省（区、市）		31	31	31	31	31	31	31	31	31	31
	地市		359	359	359	359	359	358	355	354	354	351
	县市	3099	2926	2931	2936	2936	2938	2933	2929	2928	2930	2919
县级文化馆数/座			1585	1595	1604	1613	1615	1630	2037	1666	1671	1668
文化站数/座	乡镇（街道）	42120	40215	40366	40747	41138	41193	41175	40976	41110	40945	40575
	乡镇		32524	32825	33530	33858	33997	34240	34239	34465	34343	34101
社区服务机构数/个		589313	553179	510510	527757	426524	407453	386186	360956	310652	251939	200162
社区服务中心数/个		29000	29000	29000	26000				24138	23088	19014	15497
社区服务站数/个		509000	472000	393000	167000				128083	120188	108377	87931

2. 应用情况

图书馆是全民阅读素养提升与发展的基本物质保障，也是评价居民进行终身学习的重要途径。基于此，本书分别选取图书藏书量、流通人次、书刊文献外借册数、外借人次、组织讲座次数、人均藏书量、参与讲座人次、参与展览人次及参与培训人次等关键指标分别对近十年来全国公共图书馆、少儿图书馆的相关数据进行统计汇总，进而从纵向上了解我国民众利用图书馆进行学习的情况。同时，为了更加清晰地反映不同地区的实际情况，本书又从省级、地市级、县市级及县级等多个维度进行了更加细致的数据整理，形成系列相关数据表格，如表 5-3 至表 5-8 所示。

表 5-3　2012—2021 年全国公共图书馆民众参与学习的统计数据

指标	2021 年	2020 年	2019 年	2018 年	2017 年	2016 年	2015 年	2014 年	2013 年	2012 年
公共图书馆业机构数/个	3215	3212	3196	3176	3166	3153	3139	3117	3112	3076
公共图书馆总藏量/万册	126178	117930	111181	103716	96953	90163	83844	79092	74896	78852
图书流通人次/万人次	74614	54146	90135	82032	74450	66037	58892	53036	49232	43437
书刊文献外借人次/万人次	23809	17467	26609	25814	25503	24892	23085	22737	20552	17402
书刊文献外借册次/万册次	58730	42087	61373	58010	55091	54725	50896	46734	40868	33191
组织各类讲座次数/次	83278	61660	85955	79274	74174	69308	59562	54939	49474	44564
人均藏量/（册/人）	0.89	0.84	0.79	0.74	0.7	0.65	0.61	0.58	0.55	0.58
每万人馆建筑面积/平方米	136	126	121	114	109	103	95	90	85	78
参加讲座人次/万人次	2148	2997	2159	1482	1254	1057	934	974	865	827
参观展览人次/万人次	9214	5791	9098	8743	7191	5783	4722	3821	3354	3051
参加培训人次/万人次	531	491	529	423	411	298	251	220	193	231

表 5-4　2012—2021 年少儿图书馆参与学习的统计数据

少儿图书馆指标	2021 年	2020 年	2019 年	2018 年	2017 年	2016 年	2015 年	2014 年	2013 年	2012 年
机构数/个	143	147	128	123	122	122	113	108	105	99
总藏量/万册	5491	9856	5000	4635	4369	4231	3698	3392	3165	3217
当年购买的报刊种类数/万种	4	6	5	4	4	4	4	3	3	4

续表

少儿图书馆指标	2021年	2020年	2019年	2018年	2017年	2016年	2015年	2014年	2013年	2012年
累计发放有效借书证数/万个	322	788	432	400	361	340	229	185	144	116
图书流通人次/万人次	3476	3115	3789	3697	3168	2816	2373	2137	2132	1938
书刊文献外借人次/万人次	1192	983	1195	1213	1280	1117	1054	982	977	943
书刊文献外借册次/万册次	3683	3023	4059	3823	3655	3347	2853	2324	2285	2087
组织各类讲座次数/次	6234	6194	9449	7972	6592	5933	3655	3217	2622	2383
举办展览数/场	2945	1437	1486	1396	1292	980	699	589	488	398
举办培训班数/个	3812	4402	6111	4602	4710	3242	3495	2788	1719	2990

表 5-5　2012—2021 年省(区、市)(级)图书馆民众参与学习的统计数据

公共图书馆指标	2021年	2020年	2019年	2018年	2017年	2016年	2015年	2014年	2013年	2012年
机构数/个	38	39	39	39	39	39	39	39	39	38
公共图书馆总藏量/万册	22635	22202	21729	21123	20448	20184	19375	18754	18105	19985
当年购买的报刊种类数/万种	14	15	15	15	15	15	17	16	17	19
累计发放有效借书证数/万个	1419	1289	981	885	806	746	595	525	459	457
图书流通人次/万人次	5936	4960	8681	9060	8436	9516	8830	8302	7755	6020
书刊文献外借人次/万人次	1142	748	1556	1675	1755	2868	3074	2905	2569	1415
书刊文献外借册次/万册次	3918	2658	4990	5208	5098	10944	10917	10173	8265	3853

续表

公共图书馆指标	2021年	2020年	2019年	2018年	2017年	2016年	2015年	2014年	2013年	2012年
组织各类讲座次数/次	2912	2235	5109	4817	5356	5610	4821	5093	4166	3543
举办展览数/场	2520	1461	1808	2116	4090	5294	2100	1804	1327	956
举办培训班数/个	2496	2163	6521	6195	5859	5978	3538	3125	2605	3328

表 5-6　2012—2021 年地市级公共图书馆民众参与学习的统计数据

地市级公共图书馆指标	2021年	2020年	2019年	2018年	2017年	2016年	2015年	2014年	2013年	2012年
机构数/个	385	382	379	376	373	369	365	361	360	354
总藏量/万册	32355	30660	29084	27359	25649	24106	22227	20736	19501	21121
当年购买的报刊种类数/万种	30	50	31	32	33	33	31	30	29	27
累计发放有效借书证数/万个	3942	3570	3132	2735	2425	2123	2643	1429	1010	860
流通人次/万人次	21180	15402	27527	25383	22982	20054	17425	15712	14615	13238
书刊文献外借人次/万人次	6119	4336	7905	8007	8059	7395	6811	7085	6054	5453
书刊外借册数/万册次	18013	12894	19044	17955	17554	16031	14545	13192	11878	10448
组织各类讲座次数/次	19962	15368	26791	23514	21495	19174	15970	14714	13280	12027
举办展览数/场	9724	8323	7827	7500	6471	5288	4536	3923	3371	2830
举办培训班数/个	20846	15044	19869	18649	14510	10707	9352	7988	6104	5671

表 5-7　2012—2021 年县市级公共图书馆民众参与学习的统计数据

县市级公共图书馆指标	2021年	2020年	2019年	2018年	2017年	2016年	2015年	2014年	2013年	2012年
机构数/个	2791	2790	2777	2760	2753	2744	2734	2716	2712	2683
总藏量/万册	66958	60960	56332	51333	47087	42238	38724	36224	34046	34272

续表

县市级公共图书馆指标	2021年	2020年	2019年	2018年	2017年	2016年	2015年	2014年	2013年	2012年
当年购买的报刊种类数/万种	55	56	63	64	62	62	60	61	62	53
累计发放有效借书证数/万个	4418	4899	4038	3202	3087	2404	2262	1791	1232	1015
流通人次/万人次	47333	33716	53350	47043	42448	36070	32249	28624	26443	23800
书刊文献外借人次/万人次	16529	12376	17114	16095	15649	14591	13156	12735	11929	10534
书刊外借册数/万册次	36766	26523	37277	34782	32371	27693	25368	23261	20725	18891
组织各类讲座次数/次	60356	44023	53760	50437	46755	43982	38428	34844	31791	28779
举办展览数/场	37588	26647	25376	23754	19862	15988	13819	12378	11097	8534
举办培训班数/个	44601	34616	45647	39783	30350	25446	21212	18928	17457	15878

表 5-8　2012—2021 年县级公共图书馆民众参与学习的统计数据

县图书馆指标	2021年	2020年	2019年	2018年	2017年	2016年	2015年	2014年	2013年	2012年
机构数/个	1548	1559	1570	1580	1580	1596	1988	1630	1632	1628
总藏量/万册	23436	21791	20264	18666	17363	16200	23027	14527	13735	13637
当年购买的报刊种类数/万种	21	22	25	25	26	27	36	26	27	22
累计发放有效借书证数/万个	1131	1058	1002	913	889	740	998	466	360	340
流通人次/万人次	16897	12007	17392	15250	13277	11608	18003	9619	8933	8026
书刊文献外借人次/万人次	6743	5056	7047	6525	5872	5499	8542	4962	4734	4376

续表

县图书馆指标	2021年	2020年	2019年	2018年	2017年	2016年	2015年	2014年	2013年	2012年
书刊外借册数/万册次	12468	9413	12817	11863	10390	9332	14198	7718	7153	6561
组织各类讲座次数/次	21830	16271	19856	18412	18320	16611	20869	15219	14264	12218
举办展览数/场	18407	11841	12057	11613	9816	7731	9229	6316	5795	4119
举办培训班数/个	15084	12473	16846	15524	11992	9677	12622	9492	9007	7662

(三)发展趋势

为了更加清晰地分析和掌握不同地域的场馆学习的发展趋势，本书在梳理整体分布数据的基础之上，对博物馆及图书馆数据进行分析。首先，分别将近十年来全国、省级、市级、县市级及县级公共图书馆的流通人次、书刊文献外借册数、民众参加讲座次数、培训次数及展览次数等数据进行横向对比，并形成发展趋势图，以显性化呈现各区域民众参与图书馆学习的趋势。具体趋势如图 5-3 至图 5-8 所示。

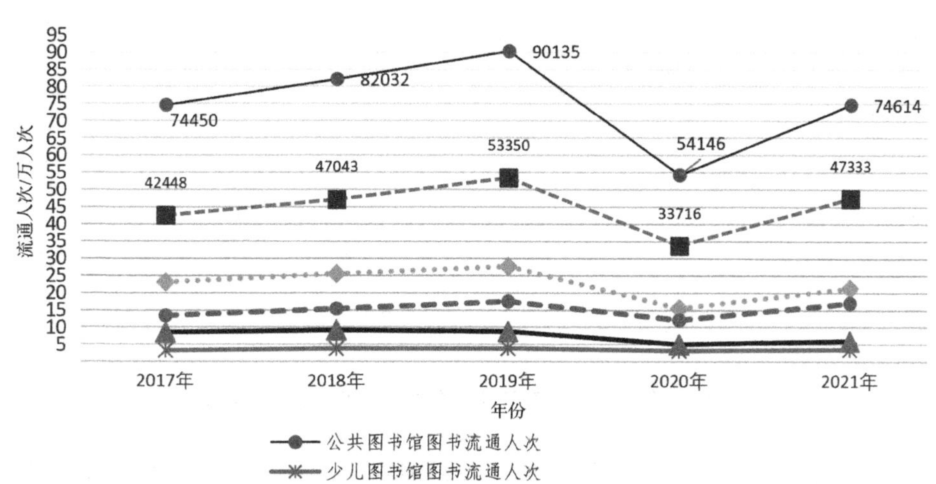

图 5-3　各级各类图书馆流通人次发展趋势

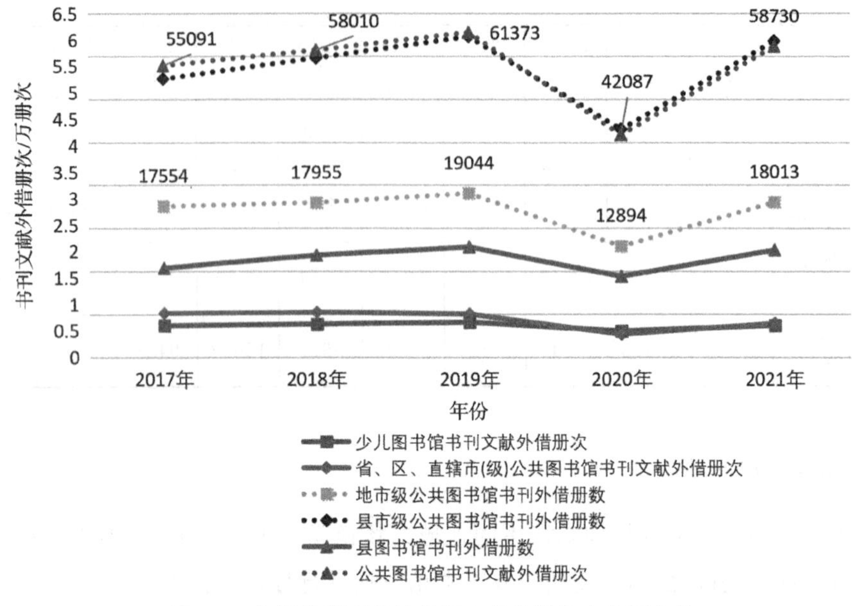

图 5-4　各级各类图书馆书刊文献外借频次发展趋势

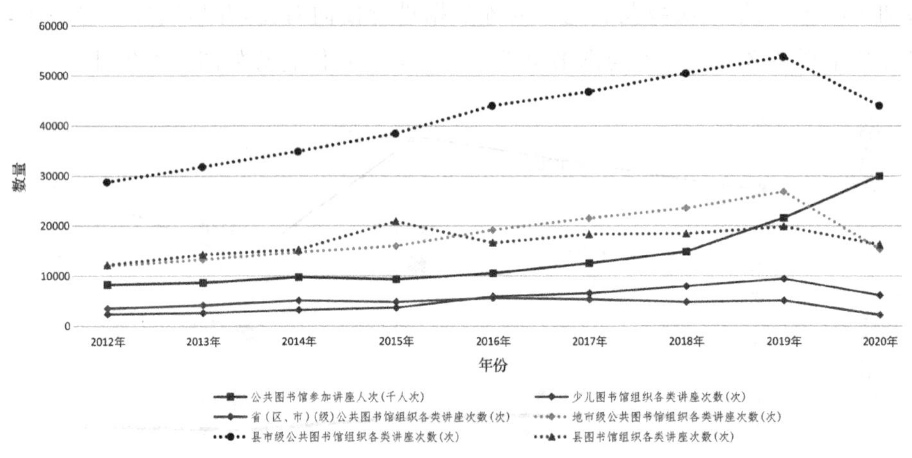

图 5-5　各区域民众参与公共图书馆讲座人次发展趋势

通过图 5-3 至图 5-7 中的数据可以看出，随着经济的发展，人们的物质生活水平提高，民众通过图书馆进行学习呈现明显上升趋势，其中县级市的增幅尤为明显。相比之下，儿童图书馆由于受读者群体数量及阅读内容的影响，其上升趋势缓慢，这也是后续推动场馆学习所要重视的。另外，由于新冠疫情，民众通过图书馆进行学习的人数及时间受到极大的影响，致使相关统计数据在 2019 年到 2020 年间下降趋势明显。

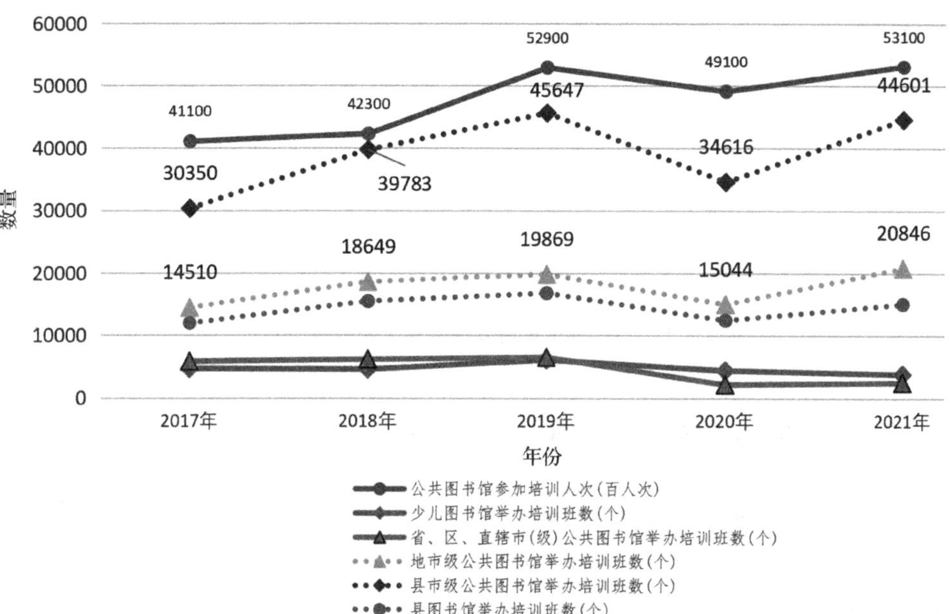

图 5-6　各区域民众参与公共图书馆培训班人次发展趋势

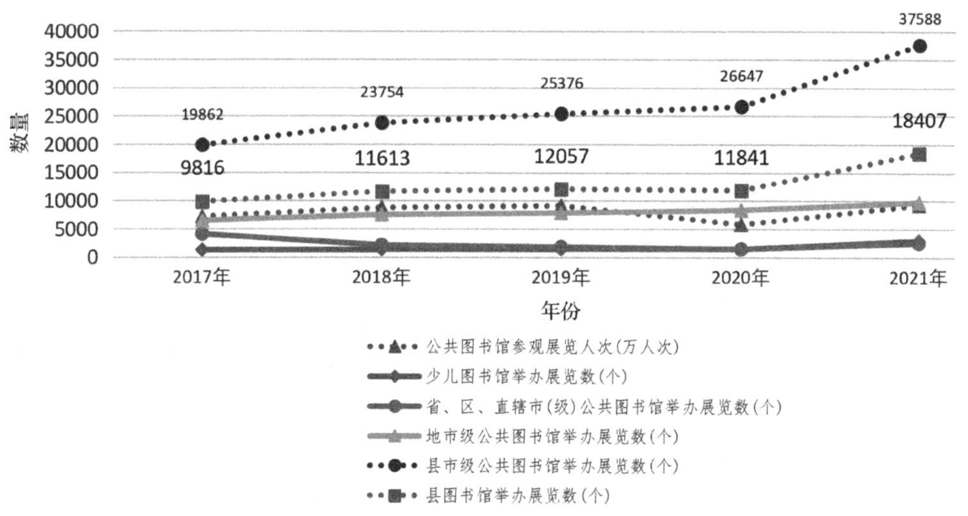

图 5-7　各区域民众参与公共图书馆展览人次发展趋势

其次，除了在图书馆学习以外，民众进入博物馆参观与学习的增长趋势尤为明显。同样由于疫情影响，民众 2020 年参观博物馆的人次呈断崖式下降，相关数据如图 5-8 所示。

图 5-8　近十年博物馆参观人次发展趋势

二、江苏省场馆学习现状

江苏省历来都是文人墨客的汇集之地，名人辈出，文化繁荣昌盛，江苏常熟瞿镛铁琴铜剑楼就是晚清知名的四大藏书楼（江苏常熟瞿镛铁琴铜剑楼、山东聊城杨以增海源阁、浙江钱塘丁申丁丙八千卷楼、浙江吴兴陆心源皕宋楼）之一。1907 年创办的江南图书馆是江苏省第一家公共图书馆，创馆之时就收购了八千卷楼的全部藏书，藏书的数量与质量都处于江南之首。

（一）图书馆

1. 公共图书馆

公共图书馆主要是指大型公共图书馆，以国家统计局统计的图书馆数量为依据（2020 年度数据），相关数据如表 5-9 所示。

表 5-9　公共图书馆数量

序号	省市	公共图书馆数量/个	人口数量/万人（常住人口）	万人人均公共图书馆/个
1	北京	23	2189	0.010507081
2	上海	23	2488	0.009244373
3	广东	148	12624	0.011723701
4	江苏	120	8070	0.014869888
5	浙江	104	5850	0.017777778
6	天津	27	1387	0.019466474

为了更加直观地对比经济发达省市的公共图书馆建设情况，本书将上述发达省市的相关数据绘制成对比图，如图 5-9 所示。

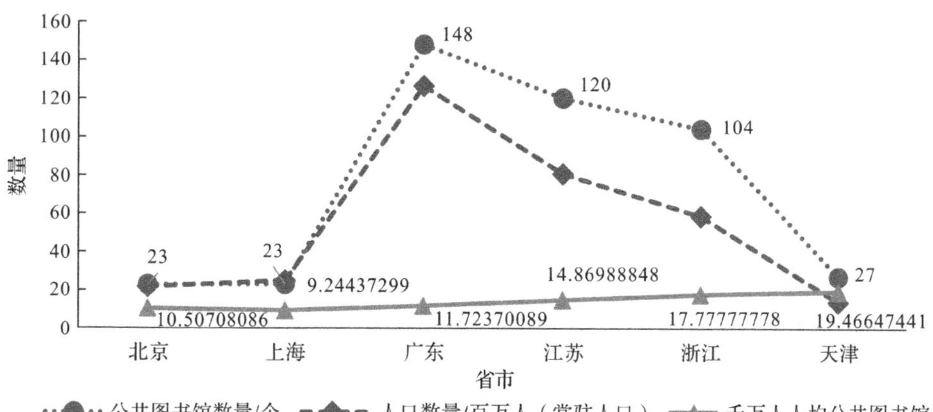

图 5-9　发达省市图书馆规模

2. 图书阅读点

虽然公共图书馆的规模、藏书数量及设施条件都比较好，但其投资建设及维护成本较高。因此，应该在建立大型图书馆的基础上，构建社区图书室、阅览室，鼓励引导居民走进阅览室，激发居民的阅读兴趣，为社区居民提供更多、更好的精神食粮，使社区阅览室成为居民的"文化自助餐"。社区图书馆是为一定地域内的所有居民服务的具有公益性、教育性、休闲性等特征的文献信息集散场所，其主要功能包括：培育社区文化、传递实用信息、开展社会教育、开发闲暇时间。为进一步提高社区居民的素质，促进居民文化生活的全面发展，提升社区文明程度，营造全民学习、终身学习的氛围。本书划分的图书阅读点主要是指街道、乡镇、村（社区）、小区的图书馆、阅览室、阅读屋及一些公益的小型阅览室、书吧等场所，甚至包括一些商业场所。同时这些场所基本上是以名字中带有"图书馆"进行场所命名（如南京悠贝亲子图书馆——马群孩子王馆等），而这些场所恰恰是开展终身教育所要建设的最基层的物化资源。因此，本书以百度地图大数据为依托（数据截至 2022 年 8 月 5 日），以"图书馆"为关键词进行泛化检索和数据统计，更具有一定的实践意义，更能反映基层图书馆的建设情况，如图 5-10 所示。

（1）江苏省内图书阅读点数据对比分析。为了更好地了解江苏省目前图书阅读点的建设情况，本书对江苏省内 13 个地市的图书馆（含居民阅读点、社区书屋等）进行横向对比，进而为探索持续提高江苏省全民终身教育的物化资源管理体系建设提供基础，相关数据如表 5-10 和图 5-11 所示。

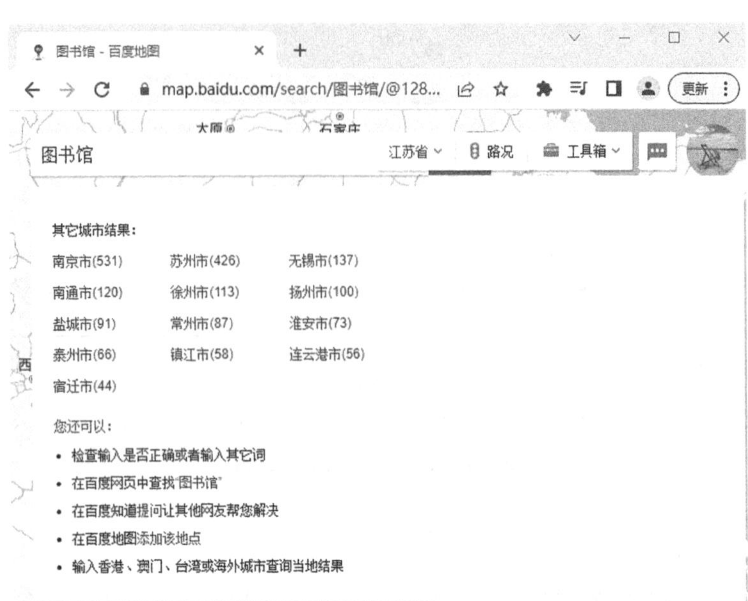

图 5-10 百度地图检索到的江苏省图书馆分布数据

表 5-10 江苏省各市图书馆数据统计(据百度地图)

序号	城市	图书馆数量/个	常住人口数量/万人	万人人均图书馆/个
1	南京市	531	928.16	0.572099638
2	无锡市	137	745.36	0.1838038
3	徐州市	113	906.28	0.124685528
4	常州市	87	527.25	0.165007112
5	苏州市	426	1270.75	0.335235097
6	南通市	120	772.44	0.155351872
7	连云港市	56	459.09	0.12198044
8	淮安市	73	464.09	0.157297076
9	盐城市	91	670.84	0.135650826
10	扬州市	100	454.9	0.219828534
11	镇江市	58	320.35	0.181051974
12	泰州市	66	452.3	0.145920849
13	宿迁市	44	497.28	0.088481338
14	合计	1902	8469.09	0.224581389

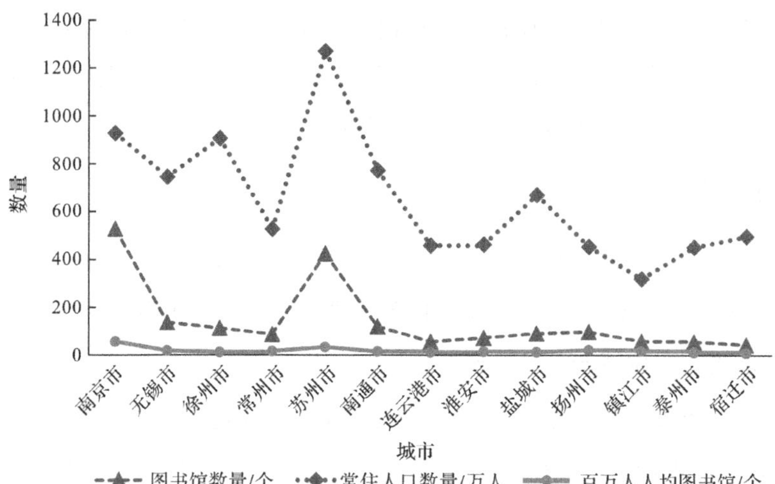

图 5-11　江苏 13 个城市基于百度地图的图书馆分布数据

(2)经济发达省市的图书阅读点建设情况如表 5-11 和图 5-12 所示。

表 5-11　各省市图书馆数量分布情况统计

序号	省市	图书馆数量/个	人口数量十万人(长住)	百万人人均图书馆/个
1	北京	1173	218.9	53.58611238
2	上海	935	248.8	37.58038585
3	广东	2867	1262.4	22.71070976
4	江苏	1902	807	23.56877323
5	浙江	1708	585	29.1965812
6	天津	397	138.7	28.62292718

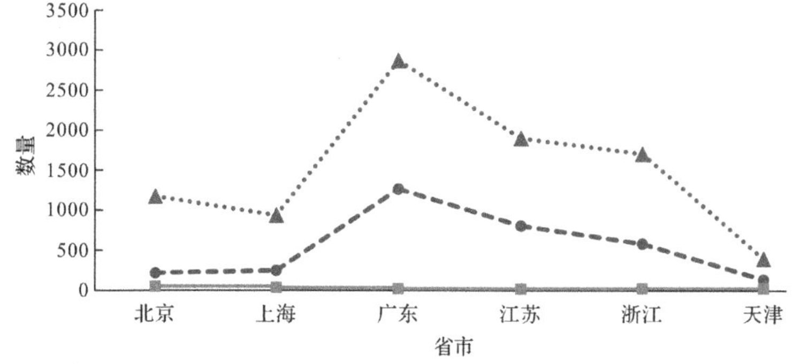

图 5-12　经济发达省市基于百度地图的图书馆分布数据

通过上述数据的分析，可以看出，从对比自身来说，江苏省内的图书阅读点建

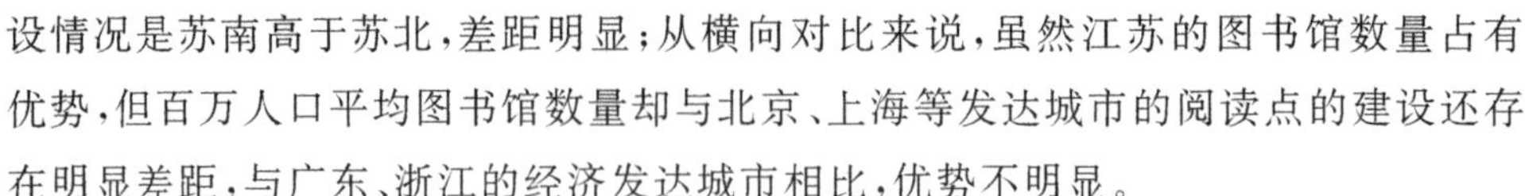

设情况是苏南高于苏北，差距明显；从横向对比来说，虽然江苏的图书馆数量占有优势，但百万人口平均图书馆数量却与北京、上海等发达城市的阅读点的建设还存在明显差距，与广东、浙江的经济发达城市相比，优势不明显。

(二)博物馆

博物馆作为一个传承文化、记录历史、提升全民素质的场所，也是开展终身教育的一种有效途径。中国第一个现代意义上的公共博物馆——南通博物苑，就地处江苏。

1. 经济发达省市博物馆数量统计

本书以国家统计局数据(2021 年)为依据，将江苏近十年来博物馆数量、发展规模与北京、天津、上海、广东及浙江等发达省市进行对比，相关数据如表 5-12 所示。

表 5-12　经济发达省市博物馆数量统计　　单位：个

省市	2012 年	2013 年	2014 年	2015 年	2016 年	2017 年	2018 年	2019 年	2020 年	2021 年
北京	41	41	41	40	41	71	82	81	80	79
天津	20	20	22	22	22	62	65	68	71	69
江苏	266	292	301	312	317	322	329	345	367	366
浙江	166	183	187	224	275	308	337	366	406	425
广东	168	175	176	177	177	184	184	241	296	339
上海	90	100	103	99	99	98	100	98	107	116

为了更加清晰地进行横向对比，本书将各省市每年博物馆数量、规模与参观人次等数据转换为发展趋势图，进而更加直观地进行对比，具体如图 5-13 所示。

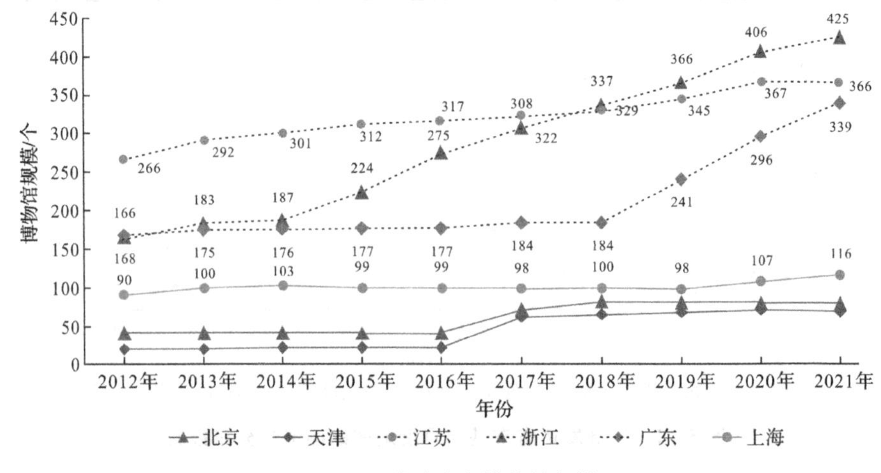

图 5-13　发达省市博物馆规模

通过图 5-13 可以明确看出，江苏省博物馆数量仅次于浙江省，但年度参观数量远高于浙江省，处于发达省市的前列，如图 5-14 所示。同样是受新冠疫情影响，2020 年各省市博物馆参观人流量大幅降低，但 2022 年江苏省最新的统计数据显示，2021 年江苏博物馆参观人群规模已经逐步回升。

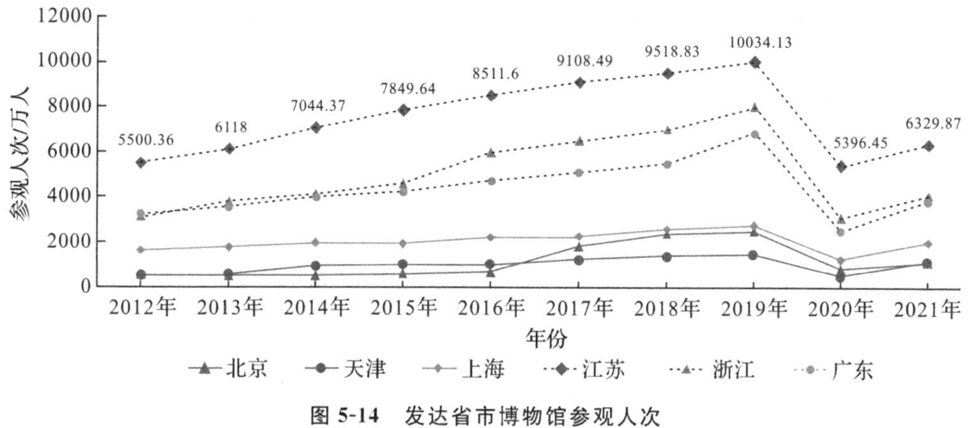

图 5-14　发达省市博物馆参观人次

2. 江苏省省内博物馆(纪念馆)数量

江苏全省现有国家等级博物馆 70 家，其中国家一级博物馆 13 家，国家二级博物馆 25 家，国家三级博物馆 32 家，国家一级博物馆数量居全国第二，如表 5-13 和图 5-15 所示。①

表 5-13　江苏省各市博物馆数量

序号	城市	博物馆数量/个	常住人口数量/万人	百万人均博物馆/个
1	南京	64	928.16	6.895362868
2	无锡	61	745.36	8.183964796
3	徐州	18	906.28	1.986141148
4	常州	25	527.25	4.741583689
5	苏州	43	1270.75	3.383828448
6	南通	29	772.44	3.754336906
7	连云港	12	459.09	2.613866562
8	淮安	11	464.09	2.370229912
9	盐城	14	670.84	2.086935782
10	扬州	16	454.9	3.51725654

①江苏博物馆年度报告数据. 腾讯新闻[EB/OL]. (2022-05-18)[2022-10-11]. https://view.inews.qq.com/k/20220518A08V1G00? web_channel=wap&openApp=false&autoopenapp=amptj&pgv_ref=amp.

续表

序号	城市	博物馆数量/个	常住人口数量/万人	百万人均博物馆/个
11	镇江	14	320.35	4.370220072
12	泰州	18	452.3	3.979659518
13	宿迁	10	497.28	2.010939511
14	合计	335	8469.09	

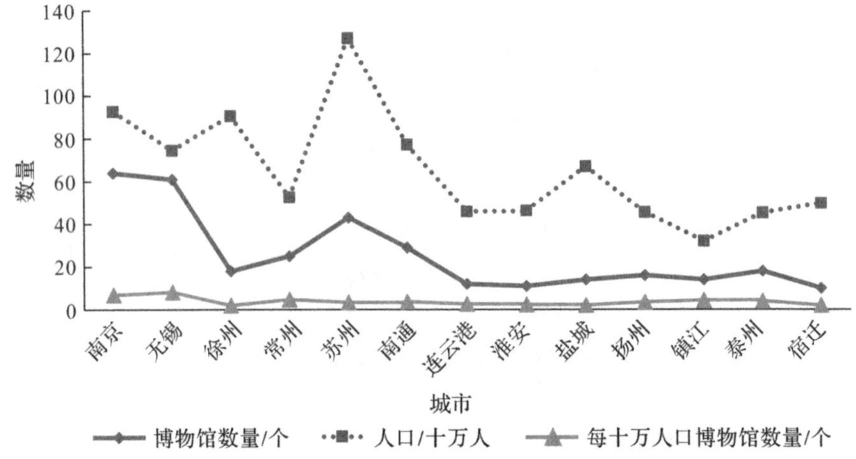

图 5-15　江苏省各地市博物馆备案数量

通过上述对比可以发现，江苏省内的博物馆建设在苏南与苏北依然差距明显，南京、苏州、无锡的博物馆数量明显高于宿迁、盐城等苏北地区。

(三)文化场所

1. 文化团体的建设

文化团体的建设与发展也是推动终身学习的重要举措，尤其是在改善民众精神生活品质、提升国民素质、弘扬经典文化等方面起着巨大的作用。为此，本书对江苏省的艺术事业及基层群众的文化服务行业的相关数据进行了梳理，具体如表5-14 所示。

表 5-14　江苏省内文化场所及团体发展情况

类别	2014 年	2015 年	2016 年	2017 年	2018 年	2019 年	2020 年	2021 年
艺术业	474	653	744	962	999	960	988	1127
＃艺术展览、创作机构	76	77	77	80	88	90	94	94
＃艺术表演团体	287	369	444	628	662	626	620	704

续表

类别	2014年	2015年	2016年	2017年	2018年	2019年	2020年	2021年
话剧、儿童剧、滑稽剧类	36	45	65	121	133	74	18	36
歌舞、音乐类	65	81	72	91	82	102	100	127
京剧、昆曲类	10	11	11	16	15	16	14	9
地方戏曲类	95	100	107	153	160	170	253	302
杂技、魔术、马戏类	8	29	37	52	45	55	36	33
曲艺类	14	19	27	25	25	28	48	36
综合性艺术表演团体	59	84	124	170	202	181	151	161
#艺术表演场馆	111	207	223	254	249	244	274	329
#剧场、影剧院	92	135	146	174	178	153	129	148
群众文化服务业	1395	1396	1395	1394	1379	1372	1371	1381
群众艺术馆、文化馆	115	115	113	115	115	115	116	116
文化站	1280	1281	1282	1279	1264	1257	1255	1265
#乡镇文化站	919	912	909	910	877	856	841	840

从表5-14中的数据可以看出，近些年来江苏省居民的文化生活水平得到了一定的提升，艺术表演类团体的数量也得到了很大增长。其中传统文化中的地方戏曲类团体发展速度较快，但相关的剧场、影剧院等承载文化表演的基础设施建设存在一定的滞后，需要进一步发展。除此之外，基层民众特别是乡村的文化站等场所发展数量不多，基本维持现状。这与农村人口减少、城镇化等因素有一定的关联。

2.红色旅游基地

红色旅游基地作为近年兴起的开展爱国主义教育的重要场所，逐步受到政府和普通民众的重视，也是开展终身教育、提升自身文化内涵、传承优良传统的重要形式和途径。《中华人民共和国文化和旅游部2019年文化和旅游发展统计公报》数据显示，从全国AAAAA级景区的发展数量来看，江苏省以24个蝉联榜首。江苏省13个省辖市，共分布着近300处红色旅游资源，据江苏省文化和旅游厅、江苏省文物局相关负责人介绍，截至2021年，江苏全省已登记各级不可移动革命文物1081处，备案革命类博物馆、纪念馆39家。其中经过江苏省文化和旅游厅、江苏省文物局等部门认定《江苏省革命文物名录(第一批)》(2021年4月22日)中不可移动文物447处，《江苏省革命文物名录(第二批)》(2022年7月1日)中不可移动革命文物43处。

3.终身学习体验基地

近些年来，市民终身学习体验基地作为开展社区教育和市民学习创新场所在各地逐步发展起来。其中上海在市民终身学习体验基地建设方面取得了丰硕的成果，其采用一个基地多个站点的“1＋N”模式有效地提升了市民的学习和体验热情，极大提升了市民学习动力。

2018 年 6 月 15 日，江苏省社会教育服务指导中心发布《关于开展江苏省社会教育学习体验基地创建工作的通知》（苏社教指〔2018〕18 号），组织建设学习体验基地。

2021 年 11 月 22 日，公布的《长三角市民终身学习体验基地认定结果的通知》（沪学指办〔2021〕10 号）中，江苏省共 17 个基地入选。

在终身学习体验基地方面，江苏省社会教育学习体验基地建设相对上海来说，还有很大的提升空间。

三、江苏省终身学习文化体系建设趋势

虽然江苏省作为教育与经济发达省份，在图书馆、博物馆、社区学校及文旅建设方面取得了一定的成绩，但仍有很大的提升空间。

（一）扩大社区老年学习场所供给

根据第七次全国人口普查数据显示，江苏省 65 岁老龄人口占比 16.20％，仅低于上海 0.08％，高于浙江、北京及广东等经济发达省市，这就使得江苏省内老年人进行学习的供需矛盾突出。根据全国代表性城市老年大学分布对比就可以看出，江苏省每万人的老年大学（学校）数量仅仅高于北京市（但北京高校众多，且人口文化素质相对较高，老年人通过其他形式学习的途径多），低于浙江与上海，与福建省存在较大差距。因此，需要进一步加大社区老年学校等场所的建设。

（二）提升场馆学习基地建设品质

场馆学习作为非正式学习的重要途径和方式，其建设和规划需要纳入终身学习系统建设。就目前江苏省来说，基于场馆学习的非正式学习资源建设还没有融入基于政府统一规划的正式学习系统，这是目前江苏省终身学习系统建设和完善的重要方向。江苏省作为文化大省，自古以来就是文人墨客的聚集之地，具有丰富的历史文化遗产。因此，应充分利用历史文化优势，加大文化旅游场所的投资建设，在旅游景点建设的基础上增加历史文化教育元素，而不是增加刺激性、休闲性的单纯娱乐设施。

（三）构建统一集成平台

本书在对江苏省的博物馆、图书馆及红色旅游基地、市民终身学习基地等相关

数据进行搜集与整理的过程中，发现江苏省13个地市区各自为政、不同的机构之间缺乏有效的沟通，对于一些资源数据缺乏相对规范的说明和统计。作为研究者尚难以进行清晰的梳理，作为普通民众更是一头雾水。造成上述现象的重要原因，在于缺少统一的管理平台与配套协调机制。虽然有所谓的图书馆联盟、博物馆联盟等松散的组织，但缺乏统一的平台，需要政府相关部门进行统一规划，投资建设统一的管理空间和设备，进而搭建统一的管理平台，绘制出全省的博物馆、图书馆、文旅景点及市民终身学习体验基地、社区学校、老年大学等空间场所的分布地图，为居民进行随时随地的学习提供支持。

（四）建立系统合作机制

终身学习系统涉及层面众多，从学习的方式上来看，主要分为正式学习与非正式学习。正式学习以学校学习为主，而非正式学习大部分以场馆学习为主。在行政职能划分层面上，对于正式学习的学校（含社区学校、文化馆、文化中心及校内图书馆等）规划与建设来说，大部分归属教育厅或者当地的教育局管辖；非正式学习的场馆（博物馆、公共图书馆）建设和规划大部分属于江苏省文化和旅游厅（江苏省文物局）管辖。就目前来说，两个行政部门之间在进行终身学习统一规划层面缺少沟通的桥梁，通常是通过联合发文进行政策的制定与实施等浅层沟通，缺乏系统性。鉴于此，政府相关职能部门应进一步完善机制建设，在文旅景点与场馆建设方面充分考虑学习元素，并统一规划、加以投资建设，同时要引导并加大社会资本的介入，在政府的监管下进行社会终身学习的基础设施建设、软件资源开发等公益性资助。

第二节　终身学习数字化资源建设

终身学习的数字化资源建设是一项系统工程，需要充分考虑不同受众群体在不同生命周期阶段及不同领域中的学习需求，还要结合已有的资源系统建设成果，才能建立起符合时代发展需求和特色的终身学习资源体系。国家层面的数字教育资源公共服务体系不断完善，社会优质教育资源加速汇聚，根据《数字中国发展报告（2021年）》[①]，已接入各级平台233个，累计上架176个教育服务应用，资源覆盖小学、初中、高中共85个学科，总数达5000余万条，累计上线慕课数量超过4.75

①国家互联网信息办公室.数字中国发展报告（2021年）[EB/OL].(2022-08-02)[2022-10-11].http://www.cac.gov.cn/2022-08/02/c_1661066515613920.htm.

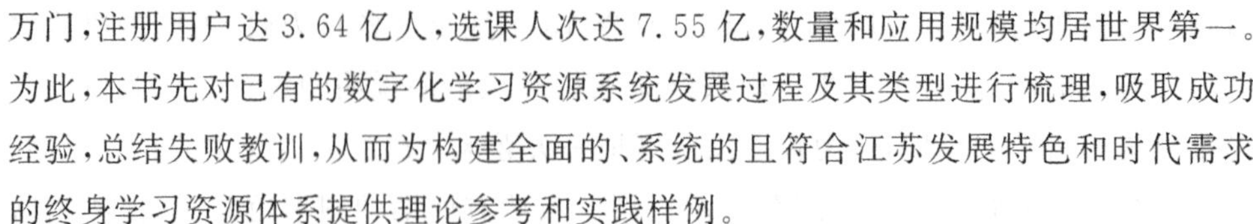

万门，注册用户达 3.64 亿人，选课人次达 7.55 亿，数量和应用规模均居世界第一。为此，本书先对已有的数字化学习资源系统发展过程及其类型进行梳理，吸取成功经验，总结失败教训，从而为构建全面的、系统的且符合江苏发展特色和时代需求的终身学习资源体系提供理论参考和实践样例。

一、数字化资源建设发展历程

江苏省的数字化资源建设起步较早，相关建设成果丰硕，经历了以高校学习资源建设为主、社区学习资源建设探究、职业学习资源建设完善及老年学习资源建设起步等几个不同的发展阶段。

（一）高校学习资源建设（2003—2010 年）

自 2003 年以后，教育部开始组织全国高校建立网络课程，后续又建设开放精品课程，逐步形成了数量庞大的高等教育学习资源。此阶段江苏省的网络高等教育资源开发与建设处于全国领先地位，通过分析 2003 年至 2007 年江苏省国家级精品课程的数量占比就可以充分说明这一点，如表 5-15 所示。

表 5-15　2003—2007 年江苏省国家级精品课程数量占比

类别		2003 年	2004 年	2005 年	2006 年	2007 年	总计
全国（总数）	本科/门	127	257	248	263	411	1306
	高职高专/门	24	43	66	111	221	465
江苏（总数）	本科/门	15	25	18	23	36	117
	高职高专/门	1	4	4	10	17	36
江苏（占比）	本科/%	11.81	9.73	7.26	8.75	8.76	8.96
	高职高专/%	4.17	9.30	6.06	9.01	7.69	7.74
	整体占比/%	10.60	9.67	7.01	8.82	8.39	8.64

（二）社区教育学习资源建设（2009—2014 年）

2009 年，江苏省教育厅发布《关于开展江苏省社区教育示范乡镇（街道）创建工作的通知》（苏教职〔2009〕7 号），开始组织开展江苏省社区教育示范乡镇（街道）创建工作。同年，国内第一家省级社区性学习资源网站江苏学习在线平台开通，开启了社区资源建设，并通过制定社区评选制度、“学习之星”等相关系列措施来激励居民学习。目前已形成以江苏学习在线平台为中心，地市资源为辅的江苏省社区学习网络体系。各地市已经建立起符合自身特色和需求的终身学习、社区学习网站，例如南京学习在线（http://www.njstudy.com）、常州终身学习在线（http://www.czcu.net）、无锡终身学习网（http://wxlll.wxou.cn/）、苏州线上教育中心（https://sjxs.suzhou.edu.cn/）等各具特色的终身学习网络资源体系。

2014年，江苏省发布《关于加强社区教育机构建设的意见》（苏教社教〔2014〕6号），制定了社区教育机构的建设标准，主要涉及基本设备设施及场所等，为社区教育资源的进一步配置提供坚实的基础。自此，社区教育资源体系建设基本完善。

（三）职业教育学习资源建设（2010年至今）

职业教育历来都是江苏省教育发展的重要组成部分及发展特色。随着网络信息技术的快速发展，传统的师徒制、订单式职业教育模式逐步转向了以计算机互联网为依托的网络化、个性化数字学习资源建设模式。

2010年6月25日，教育部发布了《关于确定高等职业教育专业教学资源库2010年度立项建设项目的通知》（教高函〔2010〕9号），无锡职业技术学院的数控技术专业教学资源库建设得以立项，自此掀开了江苏省职业教学资源库建设的热潮。同年，江苏职业教育公共服务平台（https://zjzx.zje.net.cn/jszjerc/）上线，该平台包括职业教育信息发布平台、职业教育优质资源库、职业教育资源汇聚平台、职业教育仿真实验平台、职业教育信息管理系统，服务对象为职业教育范围内各教育相关主体（学生、家长、教师、教育主管部门、学校）。

2011年6月，江苏省教育科学“十二五”规划课题将“江苏职业教育教学资源库建设的研究”列为重大课题进行相关研究，进一步加大对职业教育网络学习资源的建设力度。

2022年1月30日，江苏省委办公厅、省政府办公厅印发《关于推动现代职业教育高质量发展的实施意见》（苏办发〔2022〕5号），提出“推进优质课程资源共建共享，建设1000门省级在线开放课程和50个示范性虚拟仿真实训基地”。

2022年6月30日，江苏省教育厅启动了国家智慧教育平台江苏试点工作，同时，“江苏职业教育智慧教育平台”（https://www.jiangsu.smartedu.cn/）上线，标志着职业教育资源逐步系统化和完善。该平台直接将国家级精品课程等资源进行了融通，对江苏省现有的职业教育资源进行了有效整合。

（四）老年教育学习资源建设（2013年至今）

虽然江苏省的老年教育体系建设起步较早，相关机构及传统方式的教育体系较为完善，但由于老年群体的特殊性，即掌握现代信息技术的能力偏弱，致使相关的数字化在线资源建设相对滞后。2013 年，依托江苏学习在线平台的“夕阳红·江苏老年学习网”上线，开启了老年网络学习资源建设的开端——江苏省老年教育平台。

2018 年，江苏省教育厅印发《加快发展老年教育行动计划（2018—2020）》，提出“整合资源，补齐全省老年学习资源短板”。在此基础之上，2020 年 6 月，江苏省老年教育平台（http://www.jslnxx.cn/）正式上线，标志着江苏省老年学习资源的建设开始走向系统化，进而使得江苏省的终身学习资源体系建设得以完善。

(五)家庭教育学习资源建设(2022 年至今)

与高等教育、职业教育、社区成人教育及老年教育的学习资源建设相对而言，依托于家长学校的江苏省家庭教育学习资源的开发刚刚起步。目前有关家庭教育的资源主要集中在江苏省妇女联合会所建设的网络平台（http://www.jswomen.com.cn/）上，如“美好家庭”“慧创汇”等栏目。

2012 年 5 月 15 日，《江苏省家庭教育工作“十二五”规划（2011—2015 年）》及《江苏省家庭教育指导大纲》《江苏省家长学校工作规程》出台，对全省的家庭教育组织机构、工作机制进行了相关说明。

2019 年 3 月 29 日，《江苏省家庭教育促进条例》实施，对家庭教育的内容及家长的相关职责义务等进行了系统说明。

2020 年 6 月 1 日，江苏网上家长学校（手机端）正式上线。江苏省网上家长学校的领导机构为网校工作指导委员会，由江苏省文明办、江苏省妇女联合会、江苏省教育厅、中国移动通信集团江苏有限公司等单位有关领导和人员组成。2006 年其 PC 端上线，当时是全国第一所省级网上家长学校。

2022 年 7 月，江苏省发布《江苏省中小学幼儿园家长学校工作指导意见》（苏教基函〔2022〕18 号），提出“到 2025 年，网上家长学校覆盖率达到 100%”。以上政策的实施，势必将极大地推动江苏省家庭教育学习资源的建设与发展。

二、数字化资源建设类型

在线学习是学习者进行终身学习的重要资源，就国内现状来说，分为课程学习资源、公益性学习资源及各种平台与自媒体学习资源，其中课程学习资源中的高校课程资源发展最为完善，各部分学习资源类型及演变过程如图 5-16 所示。

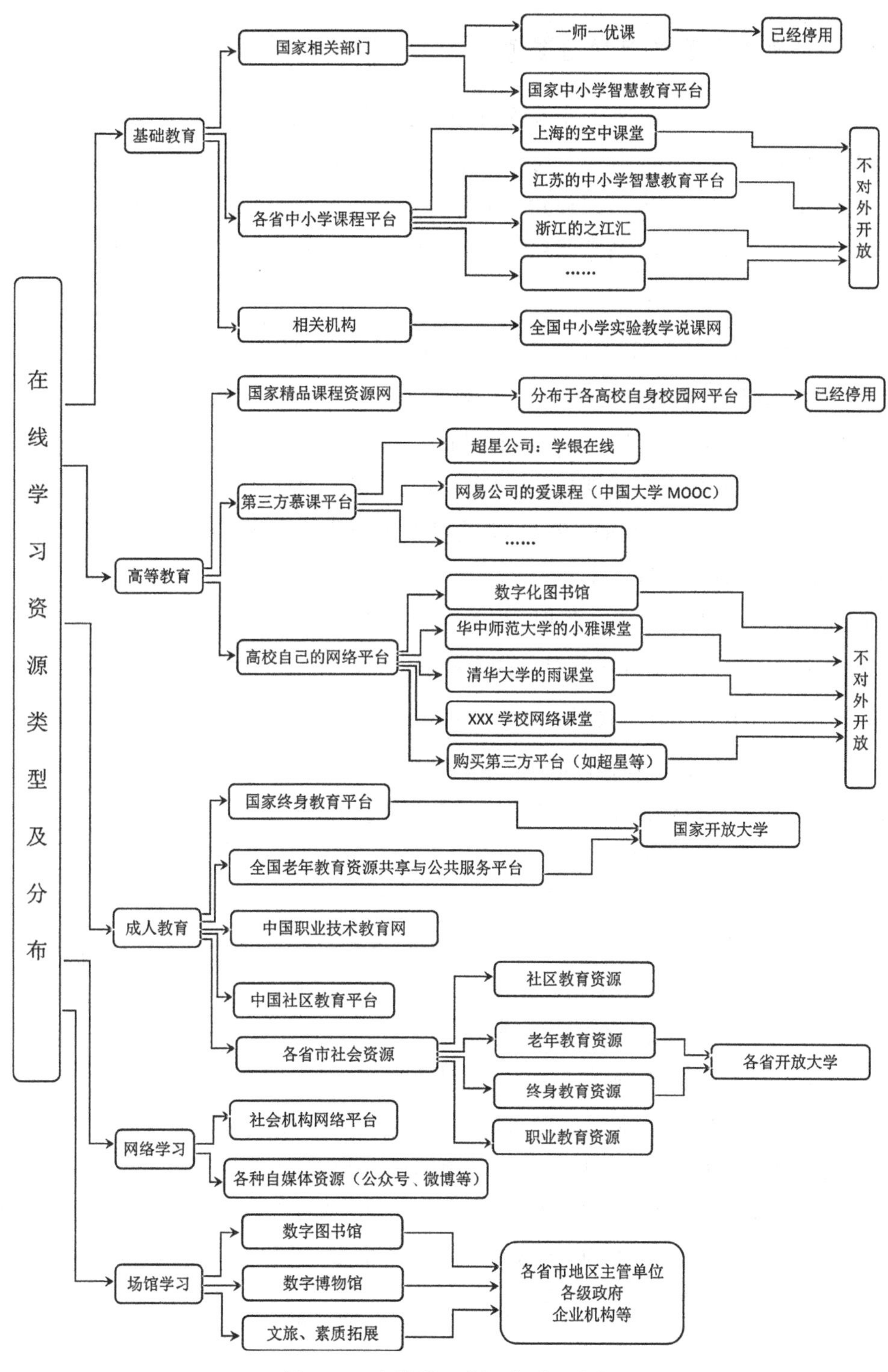

图 5-16　在线学习资源类型及分布

(一)普通高等教育学习资源

2001年,美国麻省理工学院发起开放课程活动(Open Courseware,简称OCW),向社会公布其从本科生到研究生教育的全部课程(约1800门),供全世界免费使用,自此拉开了网络课程建设的序幕。我国高等学校的在线学习资源建设起步于2003年,经历了"精品课程""精品开放课程""在线开放课程"等几个阶段。

1. 精品课程建设阶段

2003年4月,教育部发布了《教育部关于启动高等学校教学质量与教学改革工程精品课程建设工作的通知》(教高〔2003〕1号),在全国各高校推动网络课程的建设。

2003年5月,教育部颁布《国家精品课程建设工作实施办法》(教高厅〔2003〕3号),随后又发布《国家精品课程评审指标体系》(征求意见稿),强化精品课程建设。

自2003年到2010年的7年内,教育部共组织建设和评审了3910门国家精品课程,其中本科课程2515门,高职高专课程1043门,网络教育课程209门,军队(含武警)院校课程143门。当时,相关学习资源可以登录国家精品课程资源网(www.jingpinke.com)进行学习,目前该网站已经停止运行(域名已经注销)。

2. 精品开放课程建设阶段

2011年7月,教育部、财政部联合发布了《教育部财政部关于"十二五"期间实施"高等学校本科教学质量与教学改革工程"的意见》(教高〔2011〕6号),提出进行"国家精品开放课程建设与共享"建设。

2011年10月12日,教育部发布了《关于国家精品开放课程建设的实施意见》(教高〔2011〕8号),提出"十二五"期间建设精品视频公开课与精品资源共享课的目标,即建设1000门精品视频公开课,5000门国家级精品资源共享课。

2012年,国际上三大在线课程网络平台(Massive Open Online Course,简称MOOC,又称为慕课)分别成立;同年1月,以计算机及人工智能为主的在线课程Udacity创建;4月,斯坦福大学两名计算机教授发起创建Coursera;5月,麻省理工学院与哈佛大学联合发布edX大规模在线课堂平台。①

2013年,国内的清华大学、北京大学、复旦大学及上海交通大学等高校分别加入Coursera和edX等MOOC平台,并推出相应的课程,自此在国内掀起了在线课程大规模建设的浪潮。

---

①王蓉.国外慕课的发展与面临的挑战(上)[J].世界教育信息,2014,27(13):19-23.

2015 年 4 月，教育部发布了《教育部关于加强高等学校在线开放课程建设应用与管理的意见》（教高〔2015〕3 号），全面启动国家精品在线开放课程建设，提出“认定一批国家精品在线开放课程，2017 年前认定 1000 余门国家精品在线开放课程。到 2020 年，认定 3000 余门国家精品在线开放课程”。

2016 年 7 月 1 日，教育部办公厅发布《关于公布第一批“国家级精品资源共享课”名单的通知》（教高厅函〔2016〕54 号），共认定“国家级精品资源共享课”2686 门，其中本科高校 1766 门，高职高专学校 759 门，网络成人教育 160 门。江苏省有 265 门课程入选，处于全国领先。

3. 在线开放课程建设阶段

2017 年 12 月 26 日，教育部办公厅发布了《关于公布 2017 年国家精品在线开放课程认定结果的通知》（教高厅函〔2017〕80 号），正式推出首批 490 门国家精品在线开放课程，本科教育课程 468 门，专科高等职业教育课程 22 门，这是国内首批、国际首次推出的国家精品慕课。

2019 年 10 月，教育部发布了《教育部关于一流本科课程建设的实施意见》（教高〔2019〕8 号），提出“从 2019 年到 2021 年，完成 4000 门左右国家级线上一流课程（国家精品在线开放课程）、4000 门左右国家级线下一流课程、6000 门左右国家级线上线下混合式一流课程、1500 门左右国家级虚拟仿真实验教学一流课程、1000 门左右国家级社会实践一流课程认定工作”。

2020 年 11 月 25 日，教育部发布了《关于公布首批国家级一流本科课程认定结果的通知》（教高函〔2020〕8 号），认定 5118 门课程为首批国家级一流本科课程。其中，本科线上一流课程 1875 门，专科线上一流课程 133 门，线上线下混合式一流课程 868 门，虚拟仿真实验教学一流课程 728 门，线下一流课程 1463 门，社会实践一流课程 184 门。通过对这些课程性质的分析，我们可以发现无论是线上课程，还是虚拟仿真课程，抑或是线上线下混合课程，其实质都是数字化课程资源占整体，这些课程累计达到 3604 门，资源丰富而庞大。通过对线上一流课程建设平台的统计，可以发现大部分课程都是在爱课程（中国大学 MOOC）平台上，其他各平台分布的“双一流”课程数据较少，如表 5-16 所示。

表 5-16　首批认证的线上开放精品课程分布情况

平台名称	课程数量/门
爱课程（中国大学 MOOC）	1431
学堂在线	201

续表

平台名称	课程数量/门
智慧树	193
学银在线(超星集团)	34
超星尔雅(超星集团)	7
人卫慕课	30
优课联盟	15
好大学在线	13
华文慕课	12
军队网络平台	12
北京高校优质课程研究会	11
浙江省高等学校精品在线开放课程共享平台	10
edX	9
安徽省网络课程学习中心平台	8
中国高校外语慕课平台	7
网易云课堂	4
重庆高校在线开放课程平台	3
Coursera	2
融优学堂	2
高校邦	2
FutureLearn	1
EduCoder 开放在线实践教学平台	1
合计	2008

在首批国家级一流课程认定中,江苏省共有 347 门课程被认定为国家级一流本科课程,位居全国第二,部分省份国家级一流本科课程的数据如表 5-17 所示。

表 5-17 首批国家级一流课程地区分布数量

位次	省市	数量/门
1	北京	450
2	江苏	347
3	湖北	242
4	上海	225
6	陕西	192
7	广东	169

江苏省首批国家级一流本科课程中,线上一流课程 62 门、虚拟仿真实验教学一流课程 47 门、线下一流课程 115 门、线上线下混合式一流课程 104 门、社会实践一流课程 19 门,具有数字化线上学习资源的课程总数为 213 门(线上、混合及虚拟仿真)。

2021年4月8日，教育部办公厅发布了《关于开展第二批国家级一流本科课程认定工作的通知》（高教厅函〔2021〕13号），拟认定1000门左右的线上一流课程，3800门左右的线下、线上线下混合式和社会实践类一流课程，360门左右虚拟仿真实验教学（不包括军队院校申报课程）类一流课程。

2021年11月1日，江苏省教育厅发布了《关于公布首批省级一流本科课程认定结果的通知》（苏教高函〔2021〕9号），认定1485门一流本科课程为首批一流本科课程。其中，线上课程387门、虚拟仿真课程248门、线下课程425门、线上线下混合式课程347门、社会实践课程78门。

2023年4月11日，教育部公示了《第二批国家级一流本科课程》，拟认定5751门课程为第二批国家级一流本科课程，其中，线上课程1095门，虚拟仿真实验教学课程472门，线上线下混合式课程1801门，线下课程2076门，社会实践课程307门。课程数量位列前七名的省市如表5-18所示。

表5-18　第二批国家级一流课程地区分布数量

位次	地区	高校数量/所	课程数量/门
1	北京市	64	666
2	江苏省	51	464
3	上海市	31	368
4	山东省	43	339
5	广东省	37	316
6	陕西省	39	307
7	湖北省	45	303

线上课程中，江苏共有29所高校上榜，78门课程被认定为国家级一流课程；虚拟仿真实验教学课程中，江苏以27所高校、59门课程上榜；线上线下混合式课程中，江苏以43所高校、122门课程上榜；线下课程中，江苏以45所高校、174门课程上榜；社会实践课程中，江苏以25所高校的31门课程上榜。

教育部公示的第一批及第二批国家级一流本科课程共计认定10866门一流课程，五类课程的数量如表5-19所示，各部分所占比例如图5-17所示。

表5-19　两批一流课程的类型和数量分布

课程分类	首批数量	第二批数量	合计
线上课程	1873	1095	2968
虚拟仿真实验教学课程	728	472	1200
线上线下混合式课程	1463	1800	3263

续表

课程分类	首批数量	第二批数量	合计
线下课程	868	2076	2944
社会实践课程	184	307	491
合计	5116	5750	10866

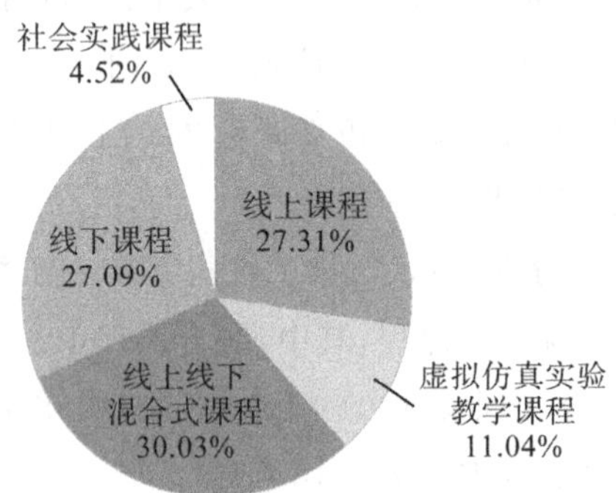

图 5-17　五类一流课程分布情况

通过上述梳理可以看出，高等教育资源仍然以在校生为主，面向社会开放的程度仍需要提升。如果将高校的一流在线课程资源（国家级及省级）全部向社会开放，容纳社会群众进入课程体系，将极大地提升部分成人学习的绩效。

（二）成人教育学习资源

成人学习资源的建设是随着成人教育及互联网技术发展而发展起来的，经历了电视广播视频资源、基于网络简单交互、基于在线实时互动及移动互联网等几个发展阶段。

电视广播阶段（1976—1998 年）。此阶段以广播电视大学采用传统的广播、电视授课为主，配合录音、录像的方式进行教学，同时部分经济发达地区开始基于计算机技术开发了光盘、多媒体课件等信息化教学资源。

网络传播阶段（1999—2011 年）。此阶段以互联网课程资源的开发和学习为主，各所高校通过开发相应的网络课程，极大地提升网络教育的时效性。这个时期各种学习资源开始广泛建立，课程内容多以录制视频及文字、图片展示为主，学习方式都是学习者个人基于网络资源的单独行为，学习交互都是通过发布帖子和课程消息的方式进行。

基于视频会议的实时互动阶段（2012 年至今）。此阶段随着慕课的快速发展，远程教育逐步通过在线实施的方式开展，师生可以随时进行网络互动；特别

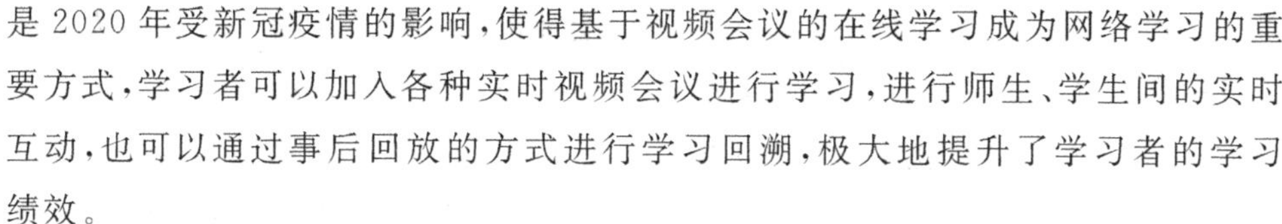

是 2020 年受新冠疫情的影响，使得基于视频会议的在线学习成为网络学习的重要方式，学习者可以加入各种实时视频会议进行学习，进行师生、学生间的实时互动，也可以通过事后回放的方式进行学习回溯，极大地提升了学习者的学习绩效。

除了普通高校的网络课程学习资源，成人网络学习资源主要以三种形式开展，分别为各地广播电视大学及职工大学开设的网络资源、老年学校开设的学习资源及社区提供的社区学习资源。

1. 成人高校开设的资源

此类资源与普通高校的网络课程资源类似，大多是由成人高校根据生源特点及教学需要自行开发与建设，如江苏开放大学的“点石”学习平台（http://dsw.jsou.cn/）、国家开放大学精品课程平台（http://www.ouchn.cn/）等。

2. 老年学习资源

此类资源在不同地区、不同省份提供的方式和来源不一。有的是老年大学自己开发设计的，有的是各地开放大学提供的，也有的是各地区专门设有的老年教育网络平台，供老年人进行学习。如由山东老年大学自行建设的远程教育网（http://www.sdlndxyj.com/），由国家开放大学与高校第三年龄大学联盟建设的“全国老年教育资源共享和公共服务平台”（http://www.lnjyw.org/），由江苏省教育厅语言文字与继续教育处委托江苏开放大学建设的江苏省老年教育平台，由浙江省老年活动中心（浙江老年电视大学、浙江省老龄文艺大学）开发的老年学习资源平台（http://www.zj-ln.cn/），以及上海老年大学开发的资源学习平台（http://www.shlndx.com/）等。

3. 社区学习资源

社区学习资源与老年学习资源类似，不同地区、不同省份的开展形式不一。如江苏省由江苏开放大学搭建的江苏学习在线平台，中国社区网（http://www.cncn.org.cn/）提供的精品课程，由上海市学习型社会建设与终身教育促进委员会主管、上海开放大学运营的上海微校（https://act.shlll.net/）等。

（三）基础教育学习资源

相对于高等教育及成人教育学习资源的建设来说，基础教育阶段的学习资源建设及开放相对迟缓，在 2020 年以前，各地区、各学校都是以校本资源或者校本课程的方式开展，统一的网络资源平台相对缺乏。

2014 年 3 月 30 日，教育部发布了《关于全面深化课程改革落实立德树人根本任务的意见》(教基二〔2014〕4 号)，提出“整合和利用优质教育教学资源。采取多种方式，构建利用信息化手段扩大优质教育资源覆盖面的有效机制”。

2014 年 7 月 1 日，教育部办公厅发布《关于开展 2014 年度“一师一优课、一课一名师”活动的通知》(教基二厅函〔2014〕13 号)，开启了全国范围内的基础教育资源共享的先河，但其内容也是以教师教学为主，面向的主体主要为中小学教师。

2019 年 6 月 28 日，江苏省教育厅组织建设的“名师空中课堂”网络端正式上线，统一整合全省基础教育的优质教师和教育资源。

2020 年 3 月 6 日，为了有效地解决新冠疫情给学校教学带来的困扰，教育部办公厅、工业和信息化部办公厅联合印发《关于中小学延期开学期间“停课不停学”有关工作安排的通知》(教基厅函〔2020〕3 号)，提出“开通国家中小学网络云平台”为中小学校提供在线资源。基于此，广大教师纷纷利用腾讯会议、钉钉群及 QQ 群等众多的网络会议平台展开教学。同时，各省市为了更加有效地开展符合地域特色需求的学习平台，相继开通了基础教育资源的网络学习平台，例如浙江的之江汇、上海的空中课堂、江苏的智慧教育云平台(https://www.jse.edu.cn)等，为广大师生提供在线学习资源。

2022 年 3 月 1 日，将“国家中小学网络云平台”升级为“国家中小学智慧教育平台”，开设了专题教育、课程教学、课后服务、教师研修、家庭教育和教改实践经验等多个板块，汇聚各类优质教育资源 4.4 万余条，其中课程教学资源 2.5 万课时，面向社会免费开放学习。“国家中小学智慧教育平台”的开放，标志着终身学习的数字化资源体系的进一步完善。

(四)场馆学习资源

2021 年 3 月 11 日，《中华人民共和国国民经济和社会发展第十四个五年规划和 2035 年远景目标纲要》提出“推进公共图书馆、文化馆、美术馆、博物馆等公共文化场馆免费开放和数字化发展”，以完善公共文化服务体系；“深入发展大众旅游、智慧旅游，创新旅游产品体系”，以推动文化和旅游融合发展。可见场馆与文旅数字化建设的重要性。

1. 虚拟博物馆

2020 年，受新冠疫情的影响，相关统计数据显示，全球约有 85000 家博物馆闭馆。这使得云上博物馆、博物馆直播成了公众与博物馆的交流方式之一，随之而来的是数字博物馆、虚拟博物馆的盛行。

虚拟博物馆(Virtual Museum)在英文中的表述有多种形式，如数字博物馆(Digital Museum)、线上博物馆(On-line Museum)、电子博物馆(Electronic Museum)、超媒体博物馆(Hypermedia Museum)、网页博物馆(Web Museum)等。所谓的虚拟博物馆或数字博物馆是以博物馆为主题，结合电脑多媒体技术或者基于虚拟现实的VR、AR等穿戴设备进行博物馆内容展示甚至是交互的平台。虚拟博物馆具有自由浏览与简易交互的优点，通过先进的多媒体技术，使得博物馆的展示与浏览更加真实，进而为参观者提供全新的展现方式与参观体验。虚拟博物馆的发展经历了早期的图文式数字博物馆、互动式数字博物馆及现阶段流行的VR博物馆等三种形式。

(1)图文式数字博物馆。图文式数字博物馆起源于20世纪90年代。1990年，美国国会图书馆启动"美国记忆"计划，这被学界认为是数字博物馆实践建设的源起；1992年，联合国教科文组织启动"世界记忆"计划，其目标是要将全世界所有有形的和无形的人类文化遗产进行永久性的数字化存储和记忆，并通过互联网实现资源共享；1993年，计算机艺术博物馆(MOCA)成立；1994年，巴黎网络博物馆创立；1995年，牛津科学史博物馆上线。1999年初，中国科学院计算机网络信息中心启动建设中国科普博览——基于网络的虚拟科学博物馆群，这是国内虚拟博物馆建设的开端，也是当时国内最大的科普网站之一。截至2009年，中国科普博览平台(http://www.kepu.net.cn)已经拥有70多个中英文虚拟博物馆。目前，该平台建设有生命奥秘、地球故事、星宇迷尘、科技之光、万物之理及文明星火等板块。此后，诸多的博物馆开始创建线上平台。但这些大多是将博物馆实物藏品以图形、图像、视频、声音及文本等形式进行简单展示。

2003年，中国博物馆学会数字化专业委员会成立，针对博物馆数字化开始进行专项研究。随后，众多的博物馆开始进行数字化开发，将博物馆资源通过网络进行展示。

(2)VRML博物馆。随着网络技术的发展，1994年2月，由托尼·帕里西(Tony Parisi)和马克·佩西(Mark Pesce)两人开发了三维浏览器(Labyrith)，开启了基于网络的在线三维浏览模式；1997年12月，VRML(Virtual Reality Modeling Language)作为国际标准正式发布。VRML作为一种用于建立真实世界的场景模型或人们虚构的三维世界的场景建模语言与平台，可以实现基于网络的简单交互，即能进行物体旋转、行走、滚动、改变颜色和大小。正是随着VRML的发展，一些机构，如大学校园、图书馆、博物馆及景区等开始利用VRML技术来实现基于网络交互的在线场景浏览。

1996 年，天津大学基于 VRML 标准，开发了国内最早的虚拟校园。

1999 年，古根海姆(Solomon R. Guggenheim)基金会发布了一个基于 VRML 技术的实验性的交互式虚拟博物馆，在各地巡回展示，取得了强烈的反响。

目前已有多家博物馆设置了基于 VRML 的虚拟博物馆，如中国国家博物馆数字展厅、全景故宫、南京博物院虚拟展厅等，均可以进行线上游览。

(3)VR 博物馆。早在 2000 年，故宫博物院就开始对 VR 技术进行探索，并与日本凸版印刷公司进行合作，以 VR 技术再现紫禁城，这是国内对实体博物馆进行虚拟化的开端；2002 年，故宫博物院建立了数字化资产应用研究所，开始了对故宫进行三维数字化建模开发。

2014 年，Google 公司发布了其 VR 体验版解决方案——CardBoard，降低了 VR 体验的费用，市场上基于 VR 的情景交互式的穿戴产品开发逐渐增多，使得基于 3D 建模的 VR、AR 等沉浸式博物馆技术逐步走入现实。

2015 年，大英博物馆与三星联手开发了一款 VR 应用，利用虚拟现实技术让游客探索青铜时代遗址；2017 年，故宫推出了“故宫 VR 体验馆”，使得游客可以体验故宫全景。

2021 年，被称为“元宇宙元年”，这是因为美国 Facebook 更名为 Meta(元)，即元宇宙(Metaverse)，在世界范围内引起广泛关注。Metaverse 是一个封闭的复合词，由两部分组成：meta(希腊语前缀，意为 post、after 或 beyond)和 universe。换句话说，元宇宙是一个后现实世界，一个永久和持久的多用户环境，融合了物理现实和数字虚拟。随即，国内外诸多学者开始对元宇宙进行探究，并纷纷给出了各自的定义。

Metaverse 是一个后现实世界，一个永久和持久的多用户环境，它是物理现实与数字虚拟相结合的产物，是基于能够与虚拟环境、数字对象和人(如虚拟现实—VR 和增强现实—AR)进行多传感器交互的技术的融合。因此，Metaverse 是持久多用户平台中社交、网络化、沉浸式环境的互联网络，它实现了与数字工件的实时动态交互中的无缝拼接和用户通信。[①]“元宇宙”作为新鲜事物，发展时间短，其内涵界定尚未在学术界达成共识，有学者认为“元宇宙是利用科技手段进行连接与创造的，与现实世界映射与交互的虚拟世界，具备新型社会体系的数字生活空间”[②]。

①Mystakidis S. Metaverse[J]. Encyclopedia, 2022, 2(1): 486-497.

②光明网. 北京大学学者发布元宇宙特征与属性 START 图谱[EB/OL]. (2021-11-19)[2022-10-11]. https://it.gmw.cn/2021-11/19/content_35323118.htm.

也有学者认为“元宇宙是整合多种新技术而产生的新型虚实相融的互联网应用和社会形态，它基于扩展现实技术提供沉浸式体验，以及数字孪生技术生成现实世界的镜像。通过区块链技术搭建经济体系，将虚拟世界与现实世界在经济系统、社交系统、身份系统上密切融合，并且允许每个用户进行内容生产和编辑”①。

2. 数字图书馆

现代意义上的数字图书馆发展过程与数字博物馆的发展过程是相互交织的，两者均源自美国国会图书馆 1990 年启动的“美国记忆”计划；同年，日本国立国会图书馆启动关西数字图书馆计划。

1993 年，美国国家科学基金会、国家宇航局及国防部联合发布“数字图书馆倡议”，开启数字图书馆建设工程（Digital I Library Initiative）。② 自此，世界范围内兴起了数字化图书馆建设的浪潮。1993 年，英国启动电子图书馆计划；1994 年和 1998 年，美国先后启动了数字图书馆先导研究一期和二期计划；2000 年，法国启动“文化精品数字化”项目；2005 年，欧盟启动欧洲数字图书馆计划。

2004 年 12 月 4 日，谷歌公司宣布将在几年内完成 1500 万册图书的数字化，这极大推动和影响了图书馆的数字化进程。

2009 年，联合国教科文组织正式开通世界数字图书馆网站；2010 年，中日韩三国国家图书馆共同启动了亚洲数字图书馆计划。

图书馆数字化是推进全民终身学习的重要举措，目前各地高校图书馆推进数字化进程相对较快，但是社会公共图书馆推进相对滞后。为此，2022 年 5 月 22 日，中共中央办公厅、国务院办公厅印发《关于推进实施国家文化数字化战略的意见》，指出“统筹推进国家文化大数据体系、全国智慧图书馆体系和公共文化云建设，增强公共文化数字内容的供给能力，提升公共文化服务数字化水平”。

3. 终身学习体验基地

近年来，随着人们物质生活水平的提升，对于精神生活的追求逐步提升，普通大众开展文旅及科普学习的社会需求日益高涨，市场上以红色文化、科普教育、文化艺术、海派文化、智慧生活、陶艺创作、服饰文化和创意手工为主题的市民终身学

---

①新华社. 什么是元宇宙？为何要关注它？[EB/OL]. (2021-11-20)[2022-10-11]. http://bj.news.cn/2021-11/20/c_1128082017.htm.

②杨向明. 21 世纪图书馆发展的方向——数字图书馆[J]. 图书馆，1997(1)：48-51；赵昆，潘琳. 关于欧洲虚拟博物馆与世界数字图书馆的调研报告[J]. 数字图书馆论坛，2010(1)：114-139.

习体验基地如雨后春笋破土而出。终身学习体验基地的理念源自体验式学习(experiential learning)理论,该理论认为体验是人最基本的学习形式,是学习者通过不自觉或自觉的内省积累来把握自己的行为情感、认识外在世界的过程。

20 世纪 80 年代,是体验式学习理论成熟时期。1986 年,国际精英商学院协会(The Association to Advance Collegiate School of Business,简称 AACSB)工作组使用了"应用体验式学习"(applied experiential learning)一词,将从"真实世界"情境中学习与将概念、想法和理论应用于互动环境的必要条件相结合,进行相关研究。此后不同学者给出了不同的定义:

它具有个人参与的性质,即整个人在学习中的感觉和认知方面都参与其中;

当个体积极参与以高度积极参与为特征的学习情境,在认知、情感和行为上处理知识、技能和/或态度时,体验式学习就存在了;

经验学习理论将学习定义为"通过经验的转化创造知识的过程,知识来自对经验的把握和转化";

学习者积极参与导致知识或技能积累的事件或活动。

1984 年,美国学者大卫·科尔布(David Kolb)在杜威的"经验中心学习模式"、皮亚杰"学习与认知发展模式"等理论基础上提出了"体验式学习模型",认为学习不是内容的获得与传递,而是通过经验的转换从而建构知识的过程。①

2013 年,上海市教委启动了市民终身学习体验基地建设工作,下设体验站点 104 个,终身学习体验项目 258 项。

2020 年,根据上海市民终身学习体验基地嘉年华开幕式上发布的数据,上海市市级基地下属的各站点或联盟单位已经达到 145 家。

截至 2022 年 8 月 10 日,上海市民终身学习体验基地官网数据显示,上海共有 251 个体验项目(线下 167 个,线上 84 个),涵盖创意手工、服饰文化、海派文化、红色文化、科普教育、陶艺创作、文化艺术、智慧生活、乒乓文化、南湖革命传统教育、巧克力文化、非遗传承等 12 个领域;根据江苏学习在线平台中的长三角市民终身学习 VR 体验基地栏目统计数据,江苏目前有 22 个较为成熟的 VR 体验基地;2021 年 11 月 22 日,由江浙沪皖相关部门联合发布的《关于公布 2021 年长三角市民终身学习体验基地认定结果的通知》(沪学指办〔2021〕10 号),共评出 53 处体验基地,其中江苏省 17 个;2021 年 12 月 17 日,浙江省教育厅发布了《浙江省教育厅

①Kolb D A. Experiential learning: experience as the source of learning and development[M]. Englewood Cliffs: Prentice-Hall, Inc. ,1984: 41.

办公室关于公布2021年浙江省老年教育优质(示范)学校和“在浙学”市民终身学习体验基地名单的通知》(浙教办职成〔2021〕62号)认定了69所市民终身学习体验基地。

(五)社会网络学习资源

随着互联网技术的发展,特别是Web 2.0技术的发展,网络用户既是网站内容的浏览者,也是网站内容的制造者,这极大地扩充了网络学习资源,即网络学习模式也由“读”向“写”及“共同建设”发展。社会网络学习资源由原来的专题网站逐步向各种论坛、微博平台及微信公众号等形式发展,学习资源的供给逐步去中心化。例如,目前主流的社会网络学习资源获取的平台有百度百科、维基、B站、知乎及中国专业IT社区CSDN(https://www.csdn.net/)等大型学习社区。

(六)职业教育资源

职业教育与普通教育是两种不同的教育类型,具有同等重要地位,职业教育为我国经济社会发展提供了有力的人才和智力支撑,2019年1月28日,国务院印发了《国家职业教育改革实施方案的通知》(国发〔2019〕4号),提出“到2022年,职业院校教学条件基本达标,一大批普通本科高等学校向应用型转变,建设50所高水平高等职业学校和150个骨干专业(群)。建成覆盖大部分行业领域、具有国际先进水平的中国职业教育标准体系”。

目前,国内的数字化职业教育学习平台较多,除了省市层面的职业教育资源公共平台、各个中等职业学校及高职学校的资源,国家层面上基于中国知网平台的国家职业教学资源库(https://cved.cnki.net/ProfessionalCategory/Detail/31201)及国家职业教育智慧教育平台(https://www.smartedu.cn/)均提供了大量的学习资源,这极大拓展了老年数字化学习的资源渠道。

2022年3月28日,国家职业教育智慧教育平台正式上线运行,为整合各级职业教育资源提供了依托。截至2023年8月26日,平台汇聚数字教育资源725万余条,提供在线课程20084门,在线精品课程10348门,视频公开课508个,虚拟仿真1777个,教师能力提升中心272个,教材资源12891套,企业资源21套,专业资源库1316个,专业资源库141个,素材7234009个,覆盖600个职业教育专业,初步形成了职业教育数字化“1+5”体系(即职业教育决策大脑系统和决策支持中心、专业教学资源中心、精品在线开放课程中心、虚拟仿真实习实训中心、职业学校治理能力提升中心)。

三、江苏省终身学习数字化资源体系构建

本书在对江苏省终身学习资源体系建设及其发展过程进行系统梳理和分析后发现,虽然目前江苏省的终身学习资源丰富,门类齐全,但缺乏统一的平台架构,相关资源分散,应用评价体系还有待完善。为了更加高效、系统地推进江苏省终身学习资源体系的建设,相关部门应该从建构服务体系、融合现有资源及探究评价机制等几个方面入手。

(一)构建完善的体系架构

由于信息技术的发展,普通民众的信息技术水平都得到了极大的提升,尤其是移动互联网技术及智能手机的普及。越来越多的人可以进行实时的、无处不在的碎片化学习和学习碎片化知识,这使得人们对于学习资源的需求不断提升,同时对于学习资源的质量要求也不断提升,加之政府的相关职能部门调整及政策更迭,原有的一些资源要么已经不适应现有的学习需求,要么就是缺乏后续持续投入,很多资源被荒废甚至被遗弃。为了更好地适应新形势下民众的需要,终身学习资源应该从不同人群的需求出发,充分考虑网络信息资源建设的系统性,全面构建以"人"的终身学习需求为根本的资源服务体系,充分体现资源体系建设各要素之间的逻辑关系。基于此,本书构建了终身学习服务体系(结构要素)框架,如图 5-18 所示。

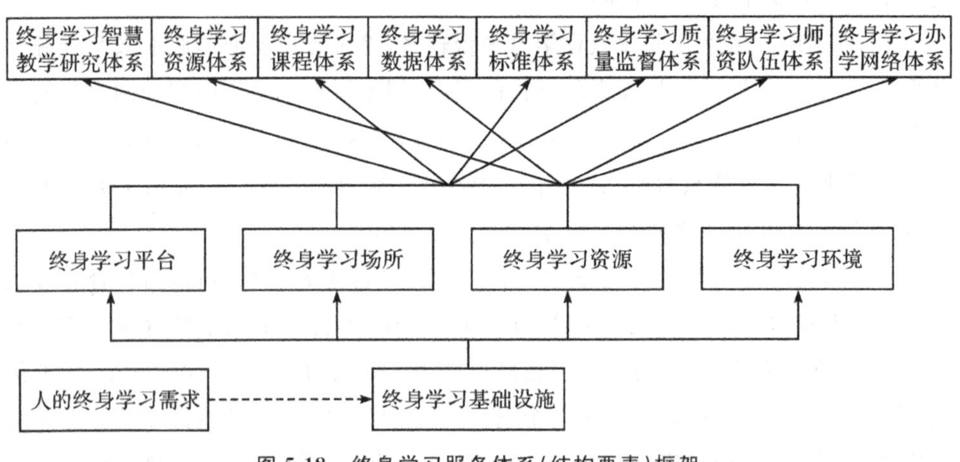

图 5-18　终身学习服务体系(结构要素)框架

图 5-18 中的最底部是基于人的终身学习需求的基础设施建设,基础设施主要是为全体学习者提供学习的共同条件和公共服务,如智能化设施、办学网络等,对

终身学习能起到基础调节作用；中间层是终身学习平台、终身学习场所、终身学习资源及终身学习环境。

终身学习平台既包括硬件平台，又包括软件服务平台，是一种资源整合式和综合式一站式平台。

终身学习场所侧重搭建、重组、整合各类学校、企业、行业、政府、养老机构、医院及各类培训学校等终身学习的公共服务场所，关注学习场所的智能化和标准化建设，从学习需求入手，提高学习场所设置和配备的比例及专业化程度。

终身学习资源主要是基于网络的优质学习资源，要能通过整合、购买、自建等方式建立终身学习资源库，建立资源服务体系和模式，注重资源建设的区域性和差异化发展。

终身学习环境主要指以学习者为中心，构建适合学习者终身学习的适应性支持环境，包括人文环境、社会环境、情感环境及心理环境等，这些环境包含认知情境、工具等多种要素。

最顶层是基于基础平台、场所和资源的各类体系标准的完善，诸如智慧教学研究体系、终身学习数据体系、终身学习标准体系、质量监督体系、师资队伍体系、课程体系、资源体系、办学网络体系（如四级办学网络）等。智慧教学研究体系要求能够建立终身学习科学发展、特色发展的教学理论和实践体系，通过将AI、大数据等技术运用到终身学习领域，为终身学习提供更多的学习机会和学习渠道，提供智慧化的终身学习教学供给和服务，该项工作可由终身学习体系建设智库/研究机构完成；终身学习数据体系主要是为大数据分析和决策提供基础数据，通过构建一定模式的数据体系，能够快速地实现数据的价值分析和高效应用，为研究机构开展深入研究提供数据支撑；终身学习标准体系主要是针对终身学习建立一定的标准，如学历教育有教师岗位资质认定、课程大纲、课程标准及实施指导意见等，终身学习也应该在实践基础上逐步建立符合区域发展的各类标准体系，为科学管理提供依据；终身学习质量监督体系，主要是通过科学定义各项观察指标，通过观察指标进一步评估终身学习质量和进展，实施有效监督提升终身学习质量；终身学习师资队伍体系，通过建立专职教师队伍、兼职教师队伍、志愿者服务队伍等方式构建专业、灵活、高效的师资库，师资库建设要与区域发展特色高度匹配，为满足终身学习需求提供较好的人才保障；终身学习课程体系中的课程是有效学习的核心要素，也是教学的基础细胞和单元，课程体系建设要着重在体系上，落脚于课程，要能为终身学习定制、开发特色化、本地化的高水平课程，并且形成高质量的课程群，进而形成课程体系；终身学习资源体系中的资源主要是指数字化学习资源，资源是支持个性化学习的基础，要能根据终身学习人群需求建设差异化资源，资源体系建设遵循标准化、本地化、特色化原则，构建系列化、系统化的学习资源体系，为终身学习提供便捷、“无界”的资源推送服务；终身学习办学网络体系，能为终身学习实施提供组织保障，该网络体系覆盖面广、涉及人群多，该网络体系能高效整合各类社会教育资源，提供终身学习体验基地和实践项目，终身学习办学网络体系的完善对于推动终身学习和社会发展具有较好的桥梁和纽带作用，因此要着重提升该网络体系的管理水平和服务能力。

（二）补足短板，充分融合

根据本书建构的终身学习服务体系的结构要素框架，要对江苏省终身学习资源现有体系结构进行完善的关键就是要补足短板，对已有资源进行充分融合。

1. 补足短板

（1）继续完善家庭教育的学习资源建设。首先，尽管江苏省政府出台了《江苏省中小学幼儿园家长学校工作指导意见》，但目前江苏省的网上家长学校依然依托江苏省妇女联合会，没有独立的平台入口，不能形成聚合效应。其次，家庭教育的大部分学习资源挂靠在江苏省妇女联合会的平台上，且其建设缺乏一定的系统性，资源的完整度及教育性都需要提升。如能将其纳入江苏在线学习体系，既能增加其关注度，也能提高其利用率。

（2）拓展老年教育学习资源。虽然老年教育网与江苏在线学习平台均为开放大学设计、建设并维护，但这两个平台却没有相同的入口。随着人均寿命的增加，老年人的年龄界限越来越模糊，这使得部分老年人的工作生命周期得以延长和拓展，有很多所谓的老年人可能需要学习新的职业、新的技能。因此，应该将社区学习与老年学习进行融合，对老年教育的学习资源进行拓展，增加职业技能学习资源，而不仅仅限于一些素质提升、生命健康及生活基本需求等学习资源。

2. 充分融合

（1）纳入高校课程资源。经过国家投资建设的高校开放精品课程及一流线上课程等优质资源（含省级和国家级）已经形成了庞大的资源体系，不应仅限于在校学生，应该进一步提升其社会应用效益，将其融入社区教育学习资源体系，使得社区学生也能方便、快捷地选择优质高校课程资源，提高学习质量。

（2）纳入场馆学习。在国际上，以场馆学习、文旅学习等为主的非正式学习已经逐步发展成为终身学习的重要拓展方式。但就江苏省的现状来说，以博物馆建设为例，其相关资源的建设仍以展示为主，其系统的文化传承学习与正式的课程学习之间缺乏有效的沟通机制。如果在课程文化学习中通过循证探究的方式将场馆学习加以引入（开设相应的课程、进行相关的讲座等），进而充分地发挥以场馆、文旅为主的非正式学习优势，为正式学习与非正式学习搭建桥梁。

（3）构建统一平台。首先，正式学习层面。目前的江苏终身学习资源体系平台较多，缺少统一的机构与机制。具体来说，义务教育的江苏中小学智慧教育平台与江苏智慧教育云平台、社区成人教育的江苏学习在线平台、农村教育的江苏省数字农家书屋（App）、老年教育的江苏老年教育网、高校系统一流线上课程、职业教育的职业教育资源库、江苏开放大学的成教资源及当下国家推出的国家智慧教育等平台，这些资源完全可以建立一个统一的平台架构。其次，非正式学习层面。一方面，在纳入非正式学习中的场馆学习后，需要在相关的正式学习资源中通过课程资源建立引导机制，如构建相应的专题集、通过询证学习的途径引入非正式学习资源，并接入相应的平台接口；另一方面，在场馆学习资源中加入相应的引导，将场馆展示内容引入正式学习中的课程资源学习。

目前国家推出的国家智慧教育平台就是一个很好的机会和案例，它为江苏省终身学习资源体系的建设和完善提供了平台和样板，如图 5-19 所示。

图 5-19　国家智慧教育平台架构

通过图5-19可以看出，该架构很好地将职业教育、高等教育、义务教育等学习资源进行了充分的整合。但上述平台中的资源均以学校正式学习为主，对于社区学习、家庭学习及老年学习等非学校、非正式学习资源并没有纳入体系。因此，江苏省的智慧教育平台完全可以进行适当地融合，进行积极拓展，从而建立起省级公共资源体系。这样既能防止资源的过度开发、重复开发，同时还能防止由于机构改制、政策变迁所造成的资源丢失、平台系统损毁等资源浪费现象的产生，进而极大地提高资源的利用率。

(三)探索应用，完善评价

终身学习资源作为一个系统的民生工程，其建设要具有系统性、持续性及前瞻性，同时还要有一定的评价机制和措施，既能推动相关职能部门进行持续投资建设和规划管理，也能提高普通民众的学习动机和学习效率。

1.建立统一固定的平台

虽然经过多年的系统建设，无论是政府部门，还是相关组织机构，都建立了大量的学习资源，但随着时代的发展和技术的更新，很多资源都已经被搁置甚至丢弃，例如国家出资建设的第一批国家级精品资源共享课(2686门)，当时还提供了“国家精品课程资源网”，供各校学生进行学习。该网由国家精品课程资源中心负责(中心常务机构设立在高等教育出版社)，但是由于相关的课程学习资源都分布在各个学校，加之相关政策变更，目前该网址已经打不开。同时，各高校的大部分精品课程资源要么打不开，要么已经被遗弃，造成了极大的资源浪费。

2.进行集群化管理

随着时间的推移，信息内容更新的速度加快，相对应的学习资源也是呈几何指数级增长，这势必需要海量的存储资源及充分的备份设施。因此，对于省级或者国家级的终身学习资源系统需要政府相关部门进行统一规划，采用集群化管理。既能实施资源的分布式存储，也能保证学习资源的安全性，进而避免了由于时代的更迭、政策的变更及相关机构的改制所造成的资源丢失、损坏、重复建设等严重资源浪费现象的产生。

3.建立长效的评估机制与激励措施

学习资源具有一定的时效性，尤其是随着科技的进步及产业结构的变更，很多学习资源会快速过时，难以满足学习者日益增长的学习需求。因此，需要建立长效的评价机制。一方面，要保持相关机构持续的投资建设，使得学习资源内容与学习者在生活、就业、身体健康等方面息息相关，并能持续更新；另一方面，要激励学习者，激发学习动机，建立将学习成果与就业、从业质量密切相关的职业技能考核、学历提升、荣誉获得等进行转换的机制。

第三节　学分银行建设探究

21 世纪以来，终身教育体系构建成为世界各国广泛关注的热点，许多国家希望借此提升国民综合素质，提升国家实力。学分银行作为终身学习体系的支撑力量之一，打破了校与校之间的壁垒，实现了不同学习成果的转化，各国都在积极探索构建自身的学分银行制度。如欧盟 1989 年在"伊拉斯谟计划"中启动的欧洲学分转换系统（ECTS）[①]，韩国 1995 年提出的学分累加制度（CBS）[②]，日本文部省自 1998 年起制定的将传统校园学习取得的学分同远程学习取得的学分组合的学分互相承认和转换的政策等[③]。我国在《国家中长期教育改革和发展规划纲要（2010—2020 年）》（简称《规划》）中也明确提出要"构建灵活开放的终身教育体系"，"建立继续教育学分积累与转换制度，实现不同类型学习成果的互认和衔接"。

国内的学分银行作为终身学习的"立交桥"备受各方关注。但根据在中国知网数据库中的论文搜索结果来看，许多学者对学分银行的研究集中在学分银行建设的模式、策略及存在的问题等上，对于理论基础的研究相对较少。在现有的理论研究中，许多学者倾向于将学分银行作为一个整体的对象来介绍其理论基础。如吴国中认为学分银行的理论基础包括终身教育、学分制、泛在学习及自我效能感；杨黎明在上海学分银行的建设研究中，认为学分银行的理论基础包括终身教育、人本主义及多元智能理论。[④] 但学分银行作为具有银行功能的终身学习体系重要支撑手段，是多种理论同时支持的新制度。不同理论的内涵是不

---

①杜社玲. 学分银行：欧洲 ECVET 系统的启示[J]. 成才与就业，2010(5)：50-51.

②黄欣，吴遵民，美丽开・吾买尔. 论超越技术局限的教育境界的创立[J]. 教师教育研究，2011，23(5)：11-16.

③李红亮，马宏建. 基于政策层面的"学分银行"学籍管理路径选择[J]. 中国成人教育，2016(1)：46-48.

④杨黎明. 关于创建上海市"学分银行"的理论与实践研究[J]. 职教论坛，2009(9)：4-9.

同的，在学分银行建设中发挥的作用也不同。因此，要辨清学分银行的理论基础，就应当用多维度的视角将学分银行进行剖析，探究各个理论在学分银行中的定位。

一、学分银行的本质与内涵

(一)学分银行的缘起

学分银行制度从创立之初，就以实现终身学习为目标。学分银行的思想起源于美国的社区学院，1906 年辛辛那提大学提出校外工作经验认可；1975 年美国纽约州立大学奥尔贝尼分校设有学分银行；1976 年成立经验学习推动委员会(1985 年更名为成人学习与教育认证中心)；1987 年加拿大的不列颠哥伦比亚开放大学明确提出学分银行概念。虽然欧美国家实施了学分银行，但正式确立学分银行制度并正式实施的是韩国。1995 年韩国正式提出了“建立学分银行制度”。① 韩国的学分银行制度主要是为了解决韩国终身学习体系的两个痼疾：一是在众多教育机构中获得学分的学生无法获得学位；二是因服兵役导致学习中断的学生学位认定困难。② 英国政府对全民终身教育给予了高度重视，1998 年，英国发表了《学习时代》(The Learning Age)绿皮书，提出建立个人学习账户、成立产业大学、提高基本技能、进行资格改革、开展工作场所学习及地区合作等新举措；1999 年，英国发表《学会成功》(Learning to Succeed)白皮书，计划建立一个全国、地区和地方的计划、组织和投资体制，设立一个投资 16 岁后教育与培训的全国学习和技能委员会，下辖 47 个地方学习和技能委员会；2000 年，政府颁布《学习与技能法》(Learning and Skills Act)，目的是积极推进终身学习，为提升国家竞争力，个人学习账户(individual learning accounts)在全国范围内推行，到 2001 年 10 月，已经有 250 万人在学习账户中心注册学习。

2001 年 8 月 17 日，我国《教育部办公厅关于在职业学校进行学分制试点工作的意见》(教职成厅〔2001〕3 号)发布，对“职业学校学分的确定和取得”做了详细规定。2004 年 8 月 16 日，首届“全国职业教育发展论坛”在南京召开，时任教育部职业教育与成人教育司副司长的刘占山同志，提出要逐步推广“学分银行”。2004 年

①王海东. 学分银行的概念溯源与模式划分[J]. 中国考试，2017(10)：41-48.

②谢浩. 服务全民终身学习的学分银行制度体系建设研究[J]. 中国职业技术教育，2020(24)：8-14.

8 月 27 日，北京市按照教育部《关于在职业学校逐步推行学分制的若干意见》(教职成〔2004〕10 号)，在职业学校推行弹性教学制度改革，建立“学分银行”制度和学习成果认证制度。

通过中国知网数据库根据关键词进行学术文献检索可以明显看出，我国对于学分银行的研究热度，从 2012 年开始逐步提高，如图 5-20 所示。

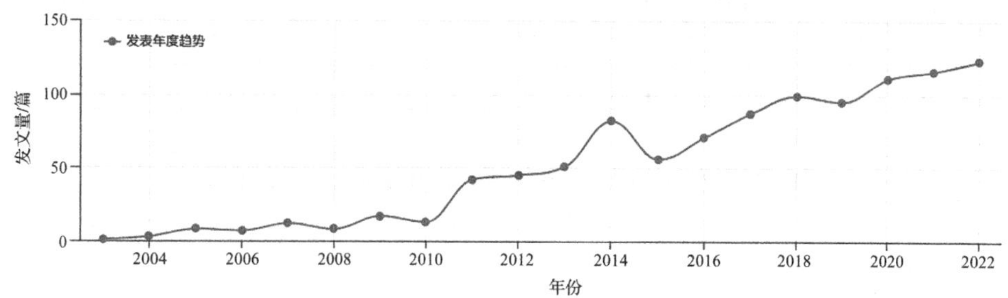

图 5-20　题目中有“学分银行”的学术论文在知网检索的趋势分布

除了中国知网，百度作为国内最大的中文搜索引擎，在其平台上的检索内容分布也在一定程度上反映了研究的热度和普通大众的焦点。为此，本书利用百度搜索指数(以网民在百度的搜索量为数据基础，以关键词为统计对象，科学分析并计算出各个关键词在百度网页搜索中搜索频次的加权平均值。根据数据来源的不同，搜索指数分为 PC 搜索指数和移动搜索指数)来对学分银行、终身教育及终身学习进行对比分析，同样可以看出，2012 年后学分银行的搜索热度逐步增加，远远高于终身学习及终身教育等内容的搜索热度，但到了 2018 年以后，学分银行的搜索热度逐步低于终身学习及终身教育。为了更加清晰地描述学分银行的检索热度，本书将图示分为两段，具体如图 5-21、图 5-22 所示。

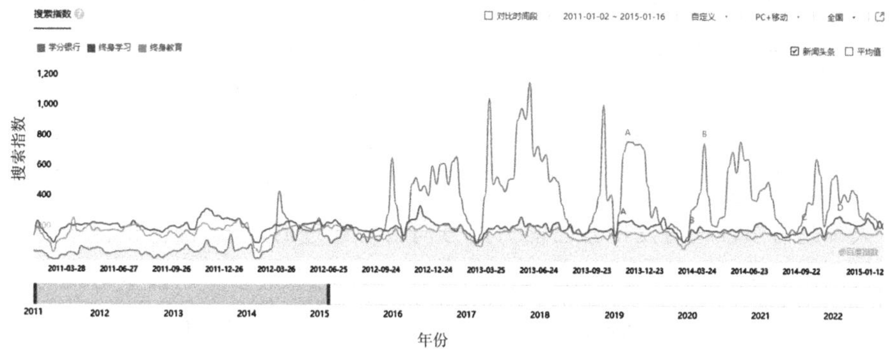

图 5-21　2011—2015 年学分银行百度搜索关键指数趋势

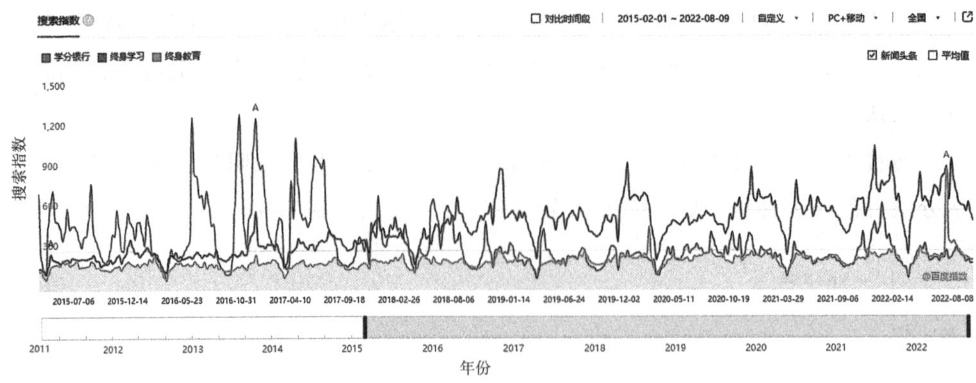

图 5-22　2015—2022 年学分银行百度搜索关键指数趋势

在国内，学分银行作为终身学习"立交桥"的有效实现路径，为社会成员提供多样化、灵活化的学习通道，并为各种各样的学习成果提供有效的衔接途径，能够有效支撑终身学习体系的构建，现已成为国家的基本国策。终身学习"立交桥"的构建重点在于学分、学习成果认证、学分转换与积累的标准和框架、质量保证四个关键问题，而学分银行一方面为学习者开放各级学习通道与学习资源；另一方面支持学生学习所取得的各类学习成果都能够按照一定的标准得到相应的认定。学分银行的关键在于学习通道的灵活性和开放性及打破学习的时间限制，将学习成果转换为统一的学分银行制度，打破传统专业设置限制，实现不同教育之间的相互转换，为终身学习的实现提供重要的支撑。

(二)学分银行的价值取向

人本主义心理学起源于 20 世纪 50 年代的美国，主要代表人物是马斯洛(Maslow)和罗杰斯(Rogers)。人本主义被称为现代心理学的第三种势力，从诞生之时，就与其他心理学派划清了界限。人本主义批判精神分析心理学为不正常人的心理学，讽刺行为主义心理学是研究动物的心理学。[①] 人本主义主张研究正常的人，强调人的高级心理状态，比如信念、满足、情感等。人本主义虽然内部也存在一些争论，但对于人的基本看法却保持一致的态度。首先，人本主义认为人性是积极的。人都是习惯性朝着发挥自己能力的方向自主前进的，人性是值得信赖的内部动力来源。其次，人本主义强调人的自主性。虽然也承认无意识力量对人的行为有影响，但人本主义始终强调人的行为都是有目的的，个人的自我意识对个人的行

①刘宣文.人本主义学习理论述评[J].浙江师范大学学报，2002(1)：90-93.

为与行为结果有非常重要的影响。最后，人本主义始终把人放在核心位置。人本主义重视人的自由与尊严，帮助人“自我实现”是人本主义的终极理想。人本主义在教育领域最经典的观点就是罗杰斯的“以学生为中心”的教育思想。人本主义视角下，教育是以人为核心的。首先，教育的起点是人的自我需要。这一点来自人本主义对人性的认识，教育是人发挥潜力的重要途径之一，人的自我需要会驱使人有教育的需要。其次，教学是学生占据主动地位的生命发展活动。学生的学习是带有自我发展的目的性的。同时，作为生命发展的活动，要充分注重学习过程中学生的主体性，注重学生高阶情感的需要。最后，教育的目的在于学生的自我实现。在传统教育下，教育的目的是让学生掌握更多的知识，适应社会发展的需要。这种观点下的学生被视为一块等待雕琢的原石，忽略了学生作为人的主观性。在人本主义下，教育是人自身的完善过程，其目的是马斯洛需求的最高一层，即自我实现。

学分银行制度的设立，是为了实现学生的学习成果相互转换，可以更好地衔接学历教育与非学历教育，从而帮助人们实现处处可学、时时可学的学习型社会。这顺应了人本主义下关注人的本义，以人为本成了学分银行的价值取向。从学分银行的缘起来说，学分银行的成立，就是因为学生的学习需要与成果认定之间存在矛盾，为了帮助学习者更好地完善自己，才有学分银行的出现。从学分银行的运行来说，学习者始终处于主体地位。人本主义下，学分银行为学习者提供了自由、开放的环境，学习者可以自己决定学习的内容。在学分银行的弹性学制下，学习者的学习节奏由自己控制。学生的自主性是学习过程的重要内驱力。最后，从学分银行的目的来说，学习者借助学分银行完成自我实现。学分银行打破了学历教育与非学历教育的壁垒，让全体社会成员都可以借助它实现自我。例如有些早早辍学的学生，想要再进行学习，再提升自己的学历水平，进而实现自己的价值。

（三）学分银行的哲学基础

波普尔在《客观的知识》一书中将宇宙划分为三个世界，包括世界 1、世界 2 及世界 3。世界 1 是物理客观的世界，包括了宇宙中的一切物质，如植物、动物、桌椅等。世界 1 的特点在于客观性，它的存在不以人类的意志为转移，可以被人直接感受到。世界 2 是主观精神的世界，包括了人的主观思维，如情感、思想、经验等。世界 2 的特点是主观性，它的存在依赖于人类的内心世界，是完全由人自身主导的。世界 3 是客观知识的世界，包括了人类的精神和物质文明，如语言、书籍、音乐等。世界 3 的特点是客观性与自主性，它是客观的，知识以语言、文字等形式客观呈现出来。它是自主的，当知识客观化之后，就有了自己的生长过程，从出生到消亡，有自己的独特规律。[①] 这样,世界就被划分成了三个层次:世界1即物质世界,是独立于人存在的外在客观世界。世界2即精神世界,是人脑中的所有思维和精神的集合。世界3即知识世界,是一切诉诸物质世界的精神世界的知识。波普尔认为三个世界之间不是独立存在的,而是存在因果关系的相互作用的整体。从世界1到世界2再到世界3是一个"上向因果关系",反向的作用是"下向因果关系"。波普尔认为世界3并不是随着人类世界发展渐渐发明的产物,而是随着人类一起诞生的真实世界,人类只是发现了它。[②] 如表5-20所示,世界1是实的,世界2是虚的,而世界3是虚实结合的。

表5-20 三个世界的划分

分类	名称	内涵	虚实	例子
世界1	物质世界	独立于人存在的外在客观世界	实	动物,植物
世界2	精神世界	人脑中的所有思维和精神的集合	虚	厌恶,喜爱
世界3	知识世界	一切诉诸物质世界的、精神世界的知识	虚实结合	图书,歌曲

学分银行的存在是为了解决学历教育与非学历教育之间的转换问题。在学分银行制度下,也存在三个世界。一个世界代表着学生在非学历条件下获得的学习成果,包括了机构颁发的学历证书和考试成绩单或结业证书等。这个世界中的学习成果分为两类,一部分学习成果是客观的,学习者已经过某些机构认证,颁发了相应的学历证书,虽然证书在认同程度及范围上还存在缺陷,无法被所有人统一接受,但它已经有了客观的评判标准。还有一部分学习成果是主观的。学习者在经过学习之后并未颁发任何的学历证书,只有结业证书或者考试成绩单,甚至什么材料都没有。这样的学习成果无法被别人认可,只能体现在学习者的自身能力上。这个世界对应世界3——知识世界,两种学习成果分别对应了知识世界中的实、虚两个部分。另一个世界是学生通过学分银行得到的学分转换成的学历证书的世界。这个世界中的学历证书是客观的,被社会所广泛承认,具有官方的权威性。相较于前一个世界中的学历证书,这个世界的学历证书同样具有客观性,由权威的学历或非学历教育机构认证的证书更让人认同。这个世界对应世界1——物理世界。但正如三个世界之间的相互作用需要世界2的存在,学分银行中的世界1和世界3之间也需要一个世界来实现两个世界的相互转化,这个世界就是学分的世

①闻凤兰.波普尔的客观理解法述评[J].学习与探索,2008(5):49-52.

②张义兵,孙俊梅,木塔里甫.基于知识建构的同伴互评教学实践研究[J].电化教育研究,2018,39(7):108-113.

界。学分的世界对应世界 2——精神世界。学分是人为构建的一个虚拟概念，它就像现实的“货币”一样，承担着价值尺度和流通工具的功能。通过设定好的标准和规则，世界 1 中的学习成果转化成标准的学分。这个过程类似于个体通过各种感官，将客观世界的物质反映在自身头脑中，并加工成自身的知识体系。在学习成果从世界 1 转化为世界 2 的学分后，再通过相应的规则转化为世界 3 中的学历证书。这个过程类似于个体将自身的知识体系通过语言、文字等形式表达出来，形成了客观知识。

(四)学分银行的实施原则

教育公平在我国的论述最早可以追溯到孔子的“有教无类”思想。西方教育家夸美纽斯的“泛智论”同样体现了教育公平的内涵。在现代社会中，教育公平是社会公平的基础。联合国教科文组织于 2015 年发布的《教育 2030 年行动框架》中，明确提出“确保全纳、公平的优质教育，使人人可以获得终身学习的教育机会”的总目标，同时确立了如何实现教育公平的七个指标。[①] 众多学者对教育公平作了不同的定义与论述。顾明远认为教育公平是为每个人提供平等的学习与发展的机会，包括入学机会的公平，教育资源的均衡，保证每个学习者的潜在能力都能充分发挥，都能获得事业的成功。[②] 瑞典教育家胡森提出教育公平包括教育起点公平、过程公平、结果公平。他认为在教育过程中，要适当地给予弱者更多的帮助。[③] 罗尔斯(John Bordley Rawls)提出了教育公平的三个原则：平等自由、机会公平、机会差别。他强调在平等的教育理念下，给予弱者更高的关注，在这点上，他和胡森的观点是相似的。但也有一些相反的观点，如吴德刚认为教育公平只是教育起点上的公平，消除种族、经济、性别、区域的差异，至于教育的结果不一定需要公平。

学分银行制度以教育公平理论为实践过程的原则。从教育的起点、过程、资源、结果四个维度来看。首先，在教育起点上，学分银行不是为学校教育准备的附庸，它面向的群体囊括整个社会成员。无论是辍学想要继续学习的学生、想要提升学历的在职人员，还是想要拓宽学习领域的在校学生乃至年老退休想要学习感兴趣的知识的老人，都可以从学分银行中获得收益。学分银行的相关网站是对全体社会成员的开放平台，不设置任何学习门槛。其次，在学习过程中，学分银行为所

---

①徐莉，王默，程换弟．全球教育向终身学习迈进的新里程——“教育 2030 行动框架”目标译解[J]．开放教育研究，2015，21(6)：16-25.

②顾明远．教育公平绝不是平均主义[J]．辽宁教育，2016(18)：1.

③吴德刚．关于构建教育公平机制的思考[J]．教育研究，2006(1)：38-41.

有学生提供了同样的学习课程。再次,在资源配置上,我国的学分银行一般是作为国家及各个区域开放大学的附属单位,学分银行常常会配套建设丰富的学习课程资源。学习者可以根据自己的需要选择。同时,学分银行的弹性学制可以使不同的学习者按照自身的水平个性化调整自身的学习进度与学习方式,学习能力弱的人不用焦虑跟不上进度,学习能力强的人不必烦恼被别人拖累,实现了公平理念下的差异性帮助。最后,在教育结果上,教育公平原则在学分银行的成果认证上的体现尤其突出。学习者在不同课程下学习得到的学分都可以在学分银行兑换成统一标准的学分。这种统一转换意味着学习者在所有学习机构得到的学习结果是平等的,在学分银行的兑换中,学习者得到的学分只有数量区别,没有本质上的优劣。教育公平不是一种刻板的平均主义,而是一种人人皆可学的社会状态,这种社会状态是我国教育改革的重要方向之一。我国从学分银行的入学起点到结果认证都以教育公平为指导原则。

(五)学分银行的存兑依据

20 世纪初,法国心理学家比奈(Binet Alfred)和西蒙(Theodore Simon)编制出了第一张以语言和数理逻辑能力为核心的传统单一智力量表。自此之后,单一智力理论成为学界对智力的主流看法。[①] 这种共识直到 1983 年,美国哈佛大学的心理学教授霍华德·加德纳(Howard Gardner)在《智力的结构:多元智力理论》一书中提出了“多元智力”学说才得以结束。他认为传统单一智力理论太过于狭窄,智力限于语言和数理逻辑能力是不符合人类发展本质的。加德纳在 1983 年出版的《智力的结构》(*Frames of Mind*)一书中提出了新的智力定义,即“智力是社会文化环境的具体价值标准,个体用以解决现实的问题或创造有效产品所需的能力”。他认为智力和社会文化环境是紧密相关的,随着社会文化环境的转变,智力的表现形式不尽相同。加德纳通过大量的心理实验与实例观测,结合新的智力定义提出了多元智能理论。加德纳的多元智能理论中包含了八种智力,这八种智力分别是:言语语言智能,数理逻辑智能,视觉空间智能,音乐韵律智能,身体运动智能,人际沟通智能,自我认识智能,自然观察智能。[②] 随着心理学等学科的发展,多元智能理论的智力类型也在不断拓展。根据多元智能理论,我们每个人身上都同时具有相对

---

①裴新宁,张桂春.“多元智力”:教育学的关注与理解——华东师范大学课程与教学研究所“多元智力”博士论坛综述[J].全球教育展望,2001(12):19-22.

②钟志贤.多元智能理论与教育技术[J].电化教育研究,2004(3):7-11.

独立的八种或者八种以上的智力。这些智力在生活上不是单独表现出来的，而是以一种有机组合的方式在发挥作用。每个个体身上的智力组合方式与表现方式使每个人的智力具有独有的特点。

加德纳的多元智能理论认为人的智力都是平等的，不存在某种智力优于某种智力的说法。多元智能理论的智力多元化视角、各种智力平等视角的理念及多元化的评价方法构成了学分银行的学分存兑的理论依据。首先，智力的多元化为学分存兑提出了现实的需求。人们的学习结果是多元化的，例如同样是学习 Python 编程，有些人是在学校中学习的，有些人是在学习机构中学习的，同样的学习内容出现不同的学习成果，导致他们的互认出现了问题。这时候就需要学分银行来将各种学习成果转换成同样的转换介质——学分。其次，智力的平等观为学分存兑提供了可能。学分银行的学分存兑可以将学习者的学习成果转换成相应的学分，但什么样的学习成果才能转换呢？学分银行作为学历教育与非学历教育间的连接通道，学习结果之间不应该存在某类学习结果优于某种学习结果的贵贱关系，例如非学历教育下的学习成果不应该劣于学校课程的学习成果。在不同学习机构中得到的学习结果在转换中应该一视同仁地被兑换为相应的学分。最后，智力评价的多元化为学分存兑提供了方法。多元智能理论认为智力具有不同的表现形式，因此需要多样化的评价方法。学习成果同样具有多种表现形式，有可能是某个培训课程的结业考试成绩，有可能是某个学校的课程学习证明，那学习成果应该怎样认定转换？这就涉及学习成果的多样化评价问题。在认定过程中，不应该只考虑学习者的学习成绩、出勤率等硬指标，还应该包括学习积极性、学习表现等软指标。成果认定必须和学生的活动相关联，走向基于情景化的过程评价。

（六）学分银行的运行动力

市场本来指的是有固定时段的交易地点。市场经济随着社会分工发展而产生。对于市场经济的定义，国内外学者有不同的理解。一种观点认为市场经济是出于社会化生产环境和市场国际化的客观需要，以市场作为资源配置的经济运行的形式和方法。还有观点认为“市场经济是通过市场供求的变化，由价格调节资源分配，引导经济运行的资源配置方式”。但市场经济的公认内涵是社会化商品经济所共有的一种经济运行方式或资源配置方式。市场经济有四种特征：一是主体驱动性，市场经济主张个人的主体需要是经济发展的内驱力，鼓励人们追求自身的需求；二是自由平等性，商品在市场上的等价交换，反映了市场上人的平等地位，人们可以自由进出市场，平等交易；三是开放性，随着世界市场逐渐形成，经济全球化趋势明显，人才、资金及技术跨国流通愈发频繁；四是规范性，市场经济下"人对物的依赖性"容易导致人的物化，使拜金主义、消费主义大行其道。因此经济主体必须具有良好的伦理道德观念，树立完善的制度规范，在不妨害他人的情况下追求个人利益。市场经济的根本属性是能按市场的需求，调动市场资源，在宽泛的时空条件下进行生产活动，并通过交易获取自己所需的生产资料。但市场经济永恒的难题在于难以打破周期性衰退的"魔咒"。市场经济的调节由"看不见的手"进行自我的调节，但它明显的滞后性一直为社会成员所诟病。因此在国内社会主义市场经济中，除了市场这个"看不见的手"，国家通过政策与法律对市场进行宏观调控，有效地控制了市场的秩序。

学分银行制度借用银行制度为依托，实现了银行中最基本的存兑功能。与银行的不同在于它存储与兑换的不是货币，而是"学分"。因此，学分银行虽然是一种教育制度，但它的运行和银行一样受市场经济理论的驱动。首先，学习者和学分银行间存在明确的供需关系。供需关系是市场经济的核心关系。学分银行提供的学分兑换服务及学习者的学习结果认证需求之间构成了学分银行的供需关系。这决定了学分银行制度的运行受市场经济理论的制约。其次，学分银行的运行中，学分银行与学习者供需双方受市场经济规律制约。学分银行的运行受到"看不见的手"的调控。一方面，学习者的学习结果认证需求影响学分银行提供的认证服务；另一方面，学分银行的学分存兑也会影响学习者的学习结果认证需求。这种相互影响完全出自市场的自由调控，供求双方的转变与改良完全是自发的。最后，学分银行不仅受市场这只"手"的控制，国家也可以通过宏观的调节来控制学分银行的运行。对于学分银行，国家可以通过颁布相关的政策来控制学分银行，来对学分银行的存兑规则与学习者进行管理。学分银行虽然是教育制度，但运行上依然是以银行为范式。在市场经济理论的驱动下，学习资源实现了自发的配置优化，学分银行与学习者的供需关系实现了自我调节。

(七)学分银行学习成果认证体系

学分银行的核心是进行学习成果的转换，即将不同的学习成果以学分的形式进行存储，进而实现了不同性质、不同形式的学习之间的转换。学分银行建立了学历教育与非学历教育之间连接的桥梁，提供正式学习和非正式学习之间的接口，有效地推动了终身学习体系的发展，使得职业技能认定、学习成果及学历教育之间形成一个闭环，三者之间的关系如图 5-23 所示。

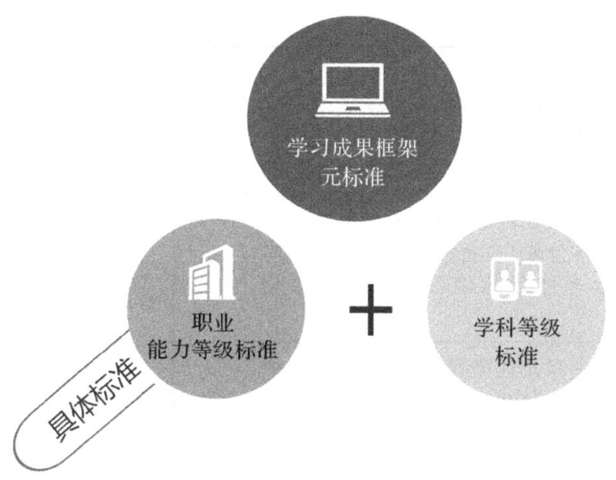

图 5-23　学习成果认证标准体系

二、学分银行的类型

学分银行作为非正式学习的重要推动机制，所涉及层面非常宽泛，不同的实施主体所代表的学分内涵是不同的，所起到的激励作用和范围也大相径庭。尤其是我国职业教育发展相对滞后，职业认同感偏低，民众又普遍认同正式学历教育的背景，学分银行的建设和实施还存在诸多的进步空间。就目前来说，根据实施主体和所涉及层面来划分，我国国内学分银行种类众多，如表 5-21 所示。

表 5-21　国内学分银行分类

类别	目标导向	层面	相关学分银行
终身教育学分银行	为学习者搭建终身学习"立交桥"，拓宽终身学习通道，推进全民学习和学习型社会的发展	区域	上海市终身教育学分银行 江苏省终身教育学分银行 浙江省终身教育学分银行
市民学分银行	建立市民终身学习账户，对市民终身学习进行记录和激励，进而推进终身学习和学习型社会建设	区域	慈溪市市民学分银行 北京西城区市民学分银行 杭州湖滨商圈市民学分银行
联盟学分银行	在联盟范围内实现学校间的学分互认、资源共享和课程互选	联盟	陕西高等继续教育学分银行
成人高校学分银行	学历教育学分、职业资格证书或非正规、非正式学习等认证标准认定、折算、替代专业体系内的课程学分，从而减少学习者重复学习的时间和精力，实现学习成果在不同类型教育之间的相互转换	学校	广西大学高等教育自学考试学分银行 广西师范大学高等教育自学考试学分银行 深圳电大学分银行

续表

类别	目标导向	层面	相关学分银行
职校学分银行	在弹性学分制的管理下，对学生学业采取多元化的评价方式，最大限度地调动学生学习积极性，促进学生个性化发展	学校	江苏技术师范学院学分银行 南京化工职业技术学院学分银行 广西商业学校学分银行
企业学分银行	柔性的培训管理制度，企业会为每位员工建立学分账户，允许员工在方便的时间采取多样化的学习方式参与培训学习	企业	安徽省马鞍山市烟草公司学分银行 浙江奥康集团学分银行
学分银行项目	整合校企双方优势教育资源，协商专业设置和课程体系，采取弹性学习制度、学分累积制度、学分替换制度，为企事业员工提供灵活多样的学习方式	企业	北京"学分银行计划" 浙江省第三监狱"学分银行项目"

(一)终身教育学分银行

2012 年 7 月 24 日，全国首家省市级学分银行——上海市终身教育学分银行正式挂牌成立。随后，云南省、江苏省、广东省、福建省、浙江省相继成立终身教育学分银行。终身教育学分银行一般定位为面向当地居民以终身教育学分认定、累积和转换为主要功能的学分管理服务机构。其目的是为学习者搭建终身学习"立交桥"，拓宽终身学习通道，推进全民学习和学习型社会的发展。因此，其主办单位一般为各地区教育主管部门，其组织机构和运作方式也基本相似，由所在地开放大学负责具体实施与运行，各类教育机构作为网点或合作单位加入学分银行，为学习者提供学习成果的认证、积累和转换。虽然不同地方终身教育学分银行在具体功能上略有差异，但基本功能较为一致，包括学习成果认证与积累、信息公告服务、成绩证明服务、转换平台服务等。

(二)市民学分银行

2009 年 11 月，全国首家市民学分银行——浙江慈溪市市民学分银行正式成立。市民学分银行不同于终身教育学分银行，它的主要目的不在于实现各级各类教育的衔接与融通，而是建立市民终身学习账户，对市民终身学习进行记录和激励，进而推动终身学习和学习型社会建设。市民学分银行一般由学习记录、学分积累、学分兑换三部分构成。首先，需要建立市民终身学习的记录系统，市民参与各种不同形式的终身学习活动，均可记录在本人的学习账户中；其次，还需建立学分标准体系，将各类学习活动按照一定的规则折算成统一的学分并累计在学习账户

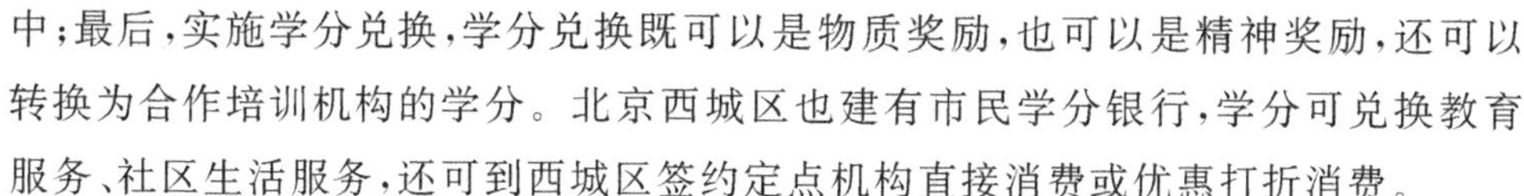

中；最后，实施学分兑换，学分兑换既可以是物质奖励，也可以是精神奖励，还可以转换为合作培训机构的学分。北京西城区也建有市民学分银行，学分可兑换教育服务、社区生活服务，还可到西城区签约定点机构直接消费或优惠打折消费。

（三）联盟学分银行

2012 年 5 月，西安交大、西工大、西电科大、陕西师大等 17 所高校签订《陕西高等继续教育学分银行院校公约》。成立高等继续教育学分银行，是为了扩大高等继续教育专业设置自主权，通过建立以学分银行为特色的学分互认制度，实现不同类型学习成果的互认、衔接及资源共享。陕西高等继续教育学分银行类似终身教育学分银行，不同的是学分互认仅限联盟范围之内，使联盟学校间的互认和合作更为深化。学分银行不仅仅提供联盟范围内的学分互认，还加深了各联盟学校的资源共享和课程互选。为此，陕西高等继续教育学分银行建设了全省高等继续教育资源共享平台，将各学校特色专业课程统一放到共享平台，实施优质课程的互选共享，并鼓励省外高水平大学和优势特色专业参与学分银行，共建资源共享课程。联盟学分银行的实质是高校学分互认、资源共享、课程互选的合作机制。

（四）成人高校学分银行

成人高校学分银行是指成人高校建立的学习成果认定和转换制度。成人学习者可将已有的学习成果（学历教育学分、职业资格证书或非正规、非正式学习成果等）按认证标准认定、折算、替代专业体系内的课程学分，从而减少重复学习的时间和精力，实现了学习成果在不同类型教育之间的相互转换。上海曾在 2008 年开展了“普通高等学校成人高等教育学分银行研究与实践”课题研究，建立了成人高等教育对非学历证书认证的标准和程序，形成了成人高等教育对非学历教育证书按学分（或课程）认定一览表，供相关成人高校开展非学历证书认定和转换工作。广西大学高等教育自学考试学分银行、广西师范大学高等教育自学考试学分银行也是类似的学分银行，普通高等教育学历学分、自学考试学分、职业培训证书及休闲文化教育学分都可按相关标准和转换系数认定为相应专业学分。

职校学分银行：2008 年，江苏技术师范学院（现更名为江苏理工学院）开始实施“学分银行”机制，鼓励学生发挥特长，获取拓展学分和创新学分。拓展学分包括教育教学、技术技能、学科发展、辅修专业、体育文化竞赛等模块学分；创新学分包括学科与科技竞赛、科研成果和科研活动、发表论文及作品、发明创造等项目学分。拓展学分、创新学分可“零存整取”，并用于替代教学计划内要求的选修课学分。南京化工职业技术学院、广西商业学校、上海震旦职业学院、江海职业技术学院同样也有类似的学分银行。此类学分银行的实质是在弹性学分制的管理下，对学生学业采取的多元化的评价方式，它改变以往单一、应试的考评方式，将社会实践、技能特长、科研成果等学习活动认定转化为选修课学分，最大限度地调动学生学习积极性，促进学生个性化发展。

(五)企业学分银行

随着学分银行理论研究及实践探索的深入，许多企业也尝试建立学分银行，作为企业现行培训管理制度的创新手段。企业学分银行一般指，企业统筹整合各类培训资源，将培训内容模块化，以供企业员工选择学习，将固定单一的企业培训模式转变为灵活自主的员工学习模式。企业会为每位员工建立学分账户，提供必修和选修的培训学习内容，允许员工在方便的时间里采取多样化的学习方式参与培训学习，并对员工参训学习的学时数、考核成绩等学习情况予以量化计分，使员工的学习情况得到比较精确的体现。企业根据不同层级员工的学分要求和标准，将学习情况与考核激励和职位晋升相挂钩。企业学分银行的实质是一种柔性的培训管理制度，安徽省马鞍山市烟草公司、浙江奥康集团等企业都建有企业学分银行。

(六)学分银行项目和计划

除了上述学分银行机构以外，学分银行还有一种实践方式，被称为“学分银行项目”或“学分银行计划”，一般是指教育机构与相关企事业单位共同合作的办学项目。学分银行整合双方优势教育资源，协商专业设置和课程体系，开发适合企业发展需求、适合职工岗位能力需求的相关课程，并采取弹性学习制度、学分累积制度与学分替换制度，为企事业员工提供灵活多样的学习方式。2006 年，北京市教委批准“学分银行计划”为北京市高等学校教育教学改革立项项目，并在北京燕山石化公司试点招生。学分银行采取“企业推荐＋基本技能综合测试＋全国统一成人高考”的考录模式，为企业一线职工提供宝贵的学习机会，并采取灵活的学习制度，将专业学习与岗位学习结合起来，缓解了职工的工学矛盾，收到了良好的效果，并进一步拓展到北汽福田汽车股份有限公司、北京市燃气集团有限责任公司等多家企业。同样的学分银行项目，还有浙江省第三监狱与衢州中等专业学校合作设立的学分银行——为服刑人员联合开办的成人“双证制”教育培训班。

三、中国学分银行发展现状调查

目前国内的学分银行建设正处于起步阶段，各地区的学分银行大部分是以当地的开放大学为依托（原为电视广播大学）开展。2020 年 4 月，《职业教育国家学分银行建设工作规程（试行）》（教职成司函〔2020〕9 号）发布并实施，标志着我国在国家层面开始着手建设学分银行。

（一）职业教育国家学分银行基本机制

职业教育国家学分银行建设工作在国务院职业教育工作部际联席会议领导下，由教育部职业教育与成人教育司负责统筹协调管理，接受国家职业教育指导咨询委员会的指导。

1. 基本内涵

职业教育国家学分银行是以学分为计量单位，按照统一的标准，对学历证书和职业技能等级证书等所体现的各类学习成果进行认定与核算，具有学习成果存储、积累和转换等功能的学习激励制度和教育管理制度。

2. 服务对象

学分银行的服务对象分为机构用户和个人用户。机构用户主要包括参与“1＋X”制度试点的职业院校、应用型本科高校、国家开放大学、职业教育培训评价组织及相关机构等。个人用户主要包括院校学生、社会学习者等。

3. 基本职责

学分银行提供个人学习账户和机构账户的建立与管理，个人学习成果的登记、认定、存储、积累、转换及终身学习档案的建立、学习信息记录和学习信誉查询、学习成果相关证明等服务。机构用户基于学分银行学分，具体制定学习成果转换办法，实施有关学习成果的转换。

4. 基本过程

（1）学习成果登记：将学习成果关联到学分银行账户的过程。无论是机构还是个人，均可将各自拥有的学习成果进行登记，分别存入机构账户和个人学习账户。

（2）学习成果认定：对职业教育培训评价组织及其开发的职业技能等级证书所体现的学习成果，按照统一的学时学分规则认定其具有学分银行学分的过程。学习成果认定是实现学习成果积累和转换的基础。

(3)学习成果存储：将被认定的机构和个人学习成果进行标注和分类码放，同时分别存入机构账户和个人学习账户的过程。

(4)学习成果积累：个人学习成果多次存储的过程。

(5)学习成果转换：指按照学分银行已发布的转换规则，学习者个人提出学习成果转换申请，培训评价组织和有关院校参照转换办法和转换规则为申请人办理学历专业学分替换或职业技能等级证书模块免考的过程。

5.学分银行转换平台

为了能够真正发挥学分银行的作用，在对不同类型学习成果进行登记和计算的基础之上，通过国家学分银行信息平台(https://www.ncb.edu.cn/)进行学分的存储和兑换，以实现非学历成果的转换。截至2022年8月，平台已经入驻院校6027所、非院校303所，发布转换规则4033条，发布认定成果273个。

(二)学分银行制度建设的发展历程

2004年3月，教育部发布《农村劳动力转移培训计划》，提出“大力推进学分制改革，探索和建立学分银行制度，形成学分互认机制，为学习者跨地域、转专业、分阶段参加学习或培训创造条件”，从政策层面首次提出学分银行的概念。

2004年8月，教育部《关于在职业学校逐步推行学分制的若干意见》提出“探索和建立职业学校学分累积与转换信息系统(学分银行)”。

2005年，教育部印发《关于加快发展中等职业教育的意见》提出“改革中等职业学校教学管理制度，逐步实行学分制，建立学分银行，允许学生半工半读，分阶段完成学业”。

2010年，《国家中长期教育改革和发展规划纲要(2010—2020年)》发布，提出“建立继续教育学分积累与转换制度，实现不同类型学习成果的互认和衔接，实施终身教育体制机制建设试点，建立学习成果认证体系，建立‘学分银行’制度等”。

2013—2015年，党的十八届三中、五中全会：试行普通高校、高职院校、成人高校之间学分转换，建立个人学习账号和学分累计制度；中央全面深化改革领导小组第四次会议提出“构建衔接沟通各级各类教育、认可多种学习成果的终身学习立交桥”。

2016年，《中华人民共和国国民经济和社会发展第十三个五年规划纲要》提出：建立个人学习账号和学分累计制度，畅通继续教育、终身学习通道。制定国家资历框架，推进非学历教育学习成果、职业技能等级学分转换互认。

2019年，《中国教育现代化2035》提出“建立健全国家学分银行制度和学习成果认证制度”。

2020 年 1 月 11 日，教育部职业教育与成人教育司发布《关于职业技能等级证书信息管理服务平台和职业教育国家学分银行信息平台试运行工作的通知》（教职成司函〔2020〕4 号），声明职业教育国家学分银行信息平台（简称学分银行）正式开通启用。

2020 年 4 月，《职业教育国家学分银行建设工作规程（试行）》发布，提出“围绕学习成果登记、认定、存储、积累、转换全流程及各环节，建立健全学分银行建设工作基本流程和制度框架，保障学分银行建设工作有序开展，逐步探索开展各类学习成果的认定、积累和转换，服务全民终身学习，为建立国家资历框架奠定基础”；10 月，《深化新时代教育评价改革总体方案》提出“探索建立学分银行制度，推动多种形式学习成果的认定、积累和转换，实现不同类型教育、学历教育与非学历教育、校内教育与校外教育之间互通衔接，畅通终身学习和人才成长渠道”。

2021 年 11 月，《职业教育国家学分银行信息平台》与《职业技能等级证书信息管理服务平台》上线，标志着职业教育国家学分银行的真正实施。

2022 年，《中华人民共和国职业教育法》修正版发布，规定“国家建立健全各级各类学校教育与职业培训学分、资历以及其他学习成果的认证、积累和转换机制，推进职业教育国家学分银行建设，促进职业教育与普通教育的学习成果融通、互认”。在法律层面上，为学分银行的实施和开展提供保证。

（三）学分银行制度的发展现状

为了更加全面地了解国内学分银行制度的建设情况，江苏开放大学学分银行课题组已连续两年（2020 年、2021 年）针对全国范围内的学分银行制度建设情况展开调研。课题组主要从基本信息、定位与功能、建设情况及运行状况等四个方面出发，系统地对国内 29 家学分银行执行主体单位的相关数据进行分析。

1. 实施主体逐步统一化

从调查的数据中可以看出，开放大学依然是学分银行执行的主体单位，本科高校和行业协会偏少。在学分认定和转换方面，学分银行制度建设逐步规范化，为提升学分银行的激励作用，学分等同认定与国家资格证书互认成为主流，相关数据如图 5-24、

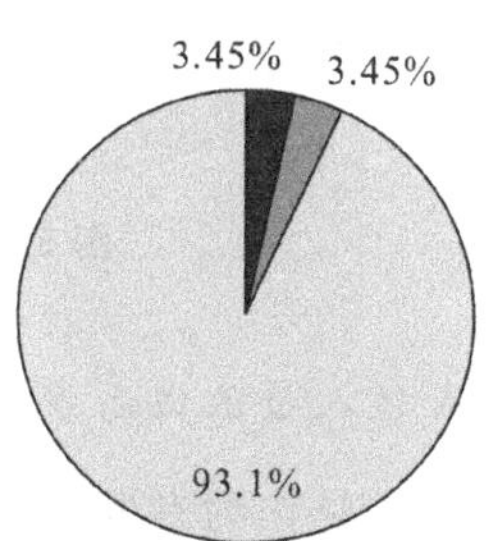

图 5-24　学分银行执行单位

图 5-25 所示。

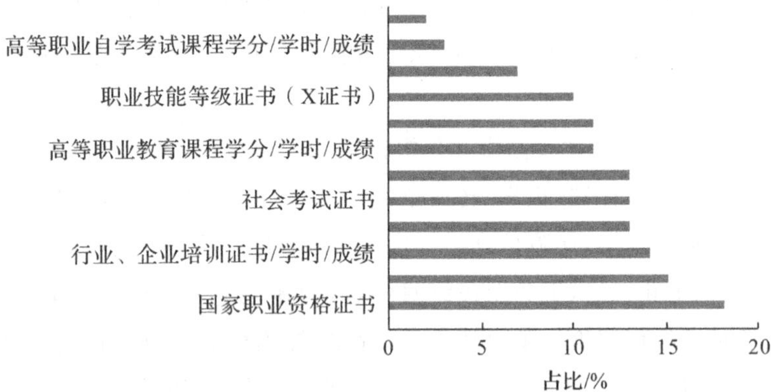

图 5-25　学分认定与转换形式

2.信息管理系统建设逐步完善

学分银行制度实施的关键是能够对学分进行记录和转换，并保证其有效性，这就要求学分银行的建设单位必须建立完善的信息管理系统，对相关学分认定进行系统化管理。在本次调查中，29 家调查对象中已经有 24 家建设了信息管理系统，且 22 家已经上线运营，如图 5-26 所示，这表明学分银行制度的标准化建设已经逐步走上正轨。

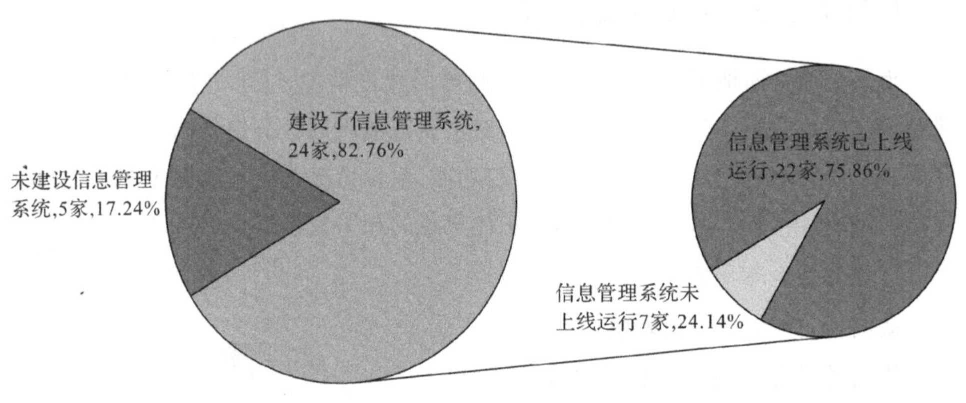

图 5-26　学分银行系统建设情况

3.专业管理人员队伍逐步增加

专业管理人员作为专职管理学分银行运行机制的关键，既是学分银行正常运行的保证，也是提高学分转换效率的根本。因此，配备专职管理人员比例的提升，表明学分银行的建设逐步受到相关政府部门的重视，其发展未来可期。学分银行调研数据显示，现在配有专职工作人员的单位占到了79.31%，如图5-27所示。

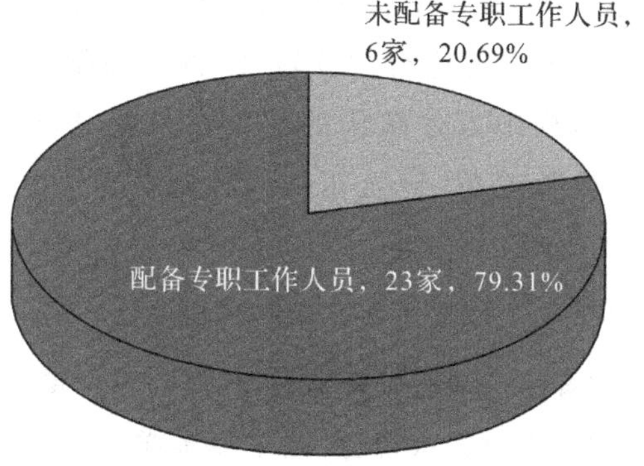

图5-27　调研样本中配有专职工作人员所占比例

（四）学分银行建设存在的问题

虽然我国的学分银行制度建设取得了一定的成绩，但通过调研也发现国内的学分银行制度的推行还处于尝试阶段，还不能真正将相关的社会学习、非正式学习与学校学习、学历学习及职业资格、职业技能认定等进行转换，其认证转换机制及相关的政策保证还需要进一步拓展，主要表现在如下几个层面。

1. 合作结构面窄，含金量有待提升

通过数据分析，发现与学分银行的联盟结构及合作单位中高质量的本科院校偏少，大部分是高职院校、中职院校及社会培训机构，如图5-28所示。

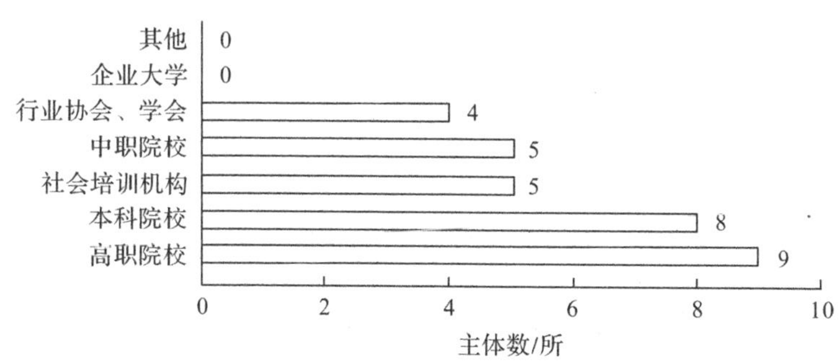

图5-28　学分银行联盟主体分布

就当下来说，高等本科院校中的课程学习仍然以理论研究为主，且在普通高考招生中大部分考生仍然选择高等本科学校，而对于职业类高校报考意愿偏低。但随着高等教育的普及与大众化，普通的本科院校招生数量大幅提升，其教育仍停留在传统的学科理论教学层面，使得其人才培养与社区需求脱节，这是普通高等本科教育的短板，也是难以实现学分转换的症结所在。为此，通过普通高校大规模拓展与社会非正式学习进行学分转换，推进与学历教育的互通互认，将非常有利于社会产业结构中人才队伍的科技水平提升，进而倒推普通高等本科院校的课程改革和教学改革，以至于从侧面提升普通民众对于职业教育的认可度。

2. 立法不完善，职业学习与学历学习匹配程度偏低

职业教育与普通教育是不同的教育类型，具有同等重要的地位，是国民教育体系和人力资源开发体系的重要组成部分，是培养多样化人才、传承技术技能、促进就业创业的重要途径，更是后续终身学习能力提升的重要途径，但目前学分银行建设还存在诸多问题，主要体现在法律制度不完善、政策投资力度不足等方面，具体如图5-29 所示。

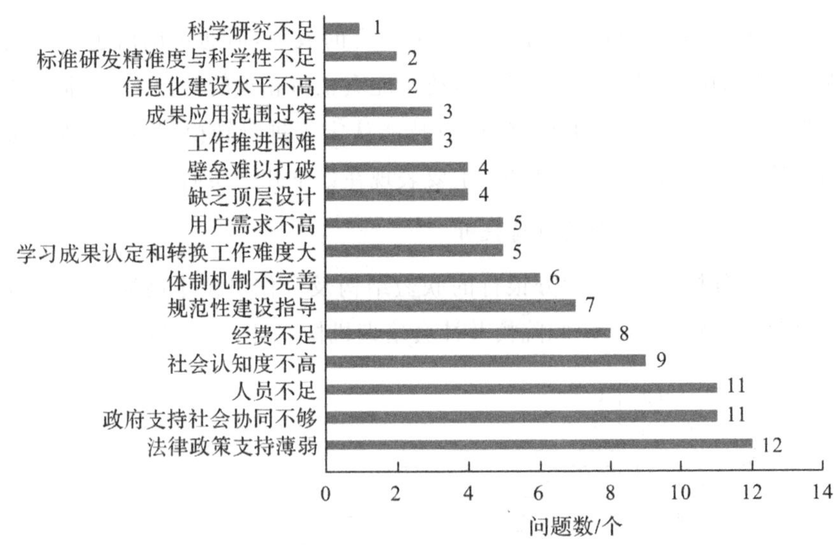

图 5-29　学分银行存在问题分布

因此，要积极有效地拓展职业学习与学历学习的匹配度，通过不断建立相关的法制规范来提升职业教育的地位，进而激发职业学习的动力。

3. 与政府部门对接程度低

学分银行只有与政府的相关部门进行对接，才能有充分的经费保障和强大的执行力，但这方面仍不乐观，相关数据如图 5-30 所示。

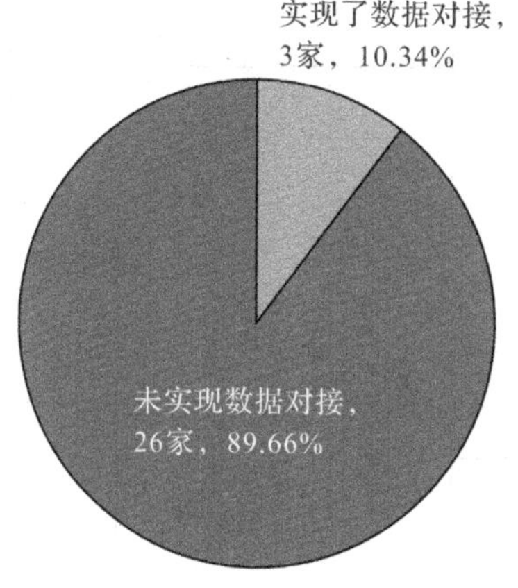

图 5-30　学分银行与政府部门对接建设情况

四、长三角地区学分银行建设模式

(一)上海学分银行

2011 年 1 月 5 日，上海颁布《上海市终身教育促进条例》，提出“逐步建立终身教育学分积累与转换制度，实现不同类型学习成果的互认和衔接”。2012 年 7 月 24 日，上海市教育委员会颁发了《上海市教育委员会关于成立上海市终身教育学分银行的通知》(沪教委终〔2012〕6 号)，上海市终身教育学分银行正式挂牌，成为国内首家学分银行，其管理中心设在上海开放大学。在长三角地区的省级终身教育学分银行体系中，上海市学分银行服务体系的覆盖面最广，职业培训课程的转换学分标准最多。

1. 组织架构

学分银行管理中心的领导机构为学分银行管理委员会，成员由市政府、市教委、人社局及高校负责人代表组成，中心下设 5 个部门，分别为学历教育认证部、职业培训认证部、文化休闲教育认证部、信息服务部、综合管理部等部门，相关机构的从属关系如图 5-31 所示。

2. 组织功能

上海市终身教育学分银行主要承担着两个功能：一是为上海市民提供教育学习成果的认证、查询及开具证明等服务；二是组织专家队伍制定学分转换标准，为各类成果提供转换服务。上海市教委每年拨付专门的费用，不仅对上海市终身教

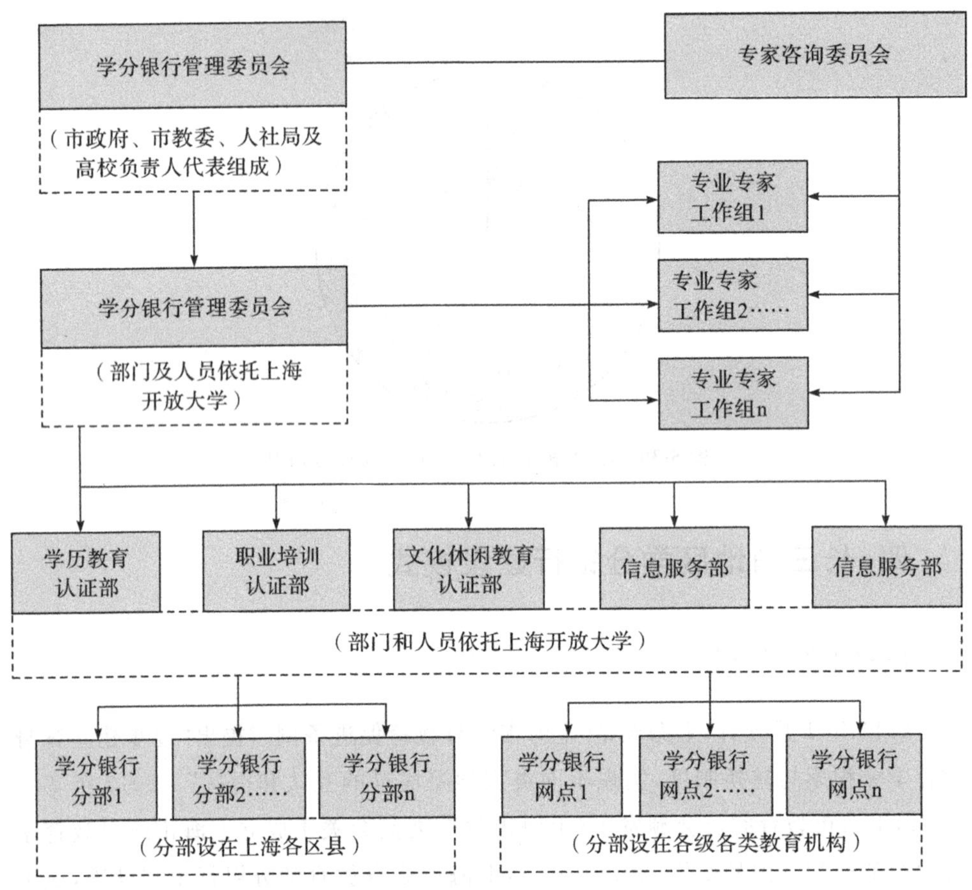

图 5-31　上海学分银行组织框架

育学分银行给予经费的支持，而且提供政策的支持，统筹推进学分银行的业务开展。

3. 政策支持

2012 年 6 月，上海市教育委员会主动筹划“双证融通”项目的试点，并发布《上海市中等职业教育“双证融通”专业改革试点实施方案》（沪教委职〔2012〕13 号），成立上海市中等职业教育“双证融通”改革试点领导小组（简称“领导小组”），确立了数控技术应用、电气运行与控制、汽车运用与维修、美发与形象设计及西餐烹饪等 5 个专业为首批上海市中等职业教育“双证融通”专业改革试点专业。

2013 年 9 月，发布《上海市终身教育学分银行学习成果认定、积累与转换办法（试行）》。

2015 年 9 月，与上海市人力资源和社会保障局共同出台《关于本市开展“双证

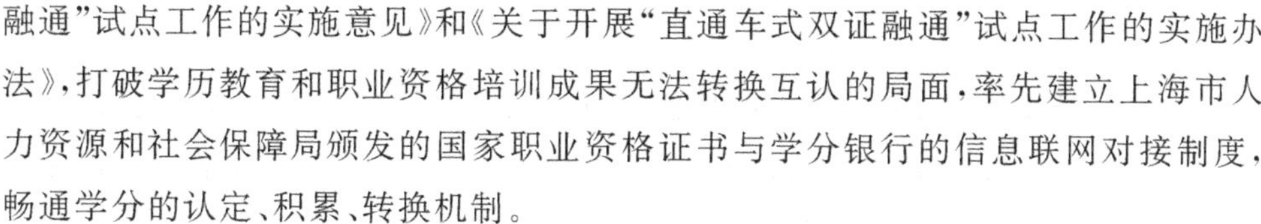

融通”试点工作的实施意见》和《关于开展“直通车式双证融通”试点工作的实施办法》，打破学历教育和职业资格培训成果无法转换互认的局面，率先建立上海市人力资源和社会保障局颁发的国家职业资格证书与学分银行的信息联网对接制度，畅通学分的认定、积累、转换机制。

2015 年 12 月，印发《关于开展“学分认可型双证融通”和“证书认可型双证融通”试点工作的实施办法》，将融通实施范围从成人高校扩展至高职高专院校。

2019 年 7 月，为贯彻《国家职业教育改革实施方案》关于“探索建立职业教育个人学习账号，实现学习成果可追溯、可查询、可转换”精神，上海市教育委员会发布了《关于做好本市企业教育学习成果信息集中存入上海市终身教育学分银行工作的通知》(沪教委终〔2019〕10 号)，全面推进实施企业教育学习成果信息集中存入学分银行，建设企业在岗人员“个人学习档案库”。

2021 年 12 月，上海市终身教育学分银行正式接入上海市“一网通办”平台。至此，“随申办”注册用户既可以直接登录上海学分银行网站(https://www.shcb.org.cn/)，也可以打开“随申办市民云”App，搜索“学分银行”，使用上海市终身教育学分银行的各项服务，查询个人终身学习账户中存储的各类学习成果和学分转换记录，并开具相关成绩证明，实现了终身学习与政府政务平台的打通，为提升市民终身学习的积极性和政策支撑提供了基础。

4. 应用现状

上海终身教育银行将学历教育、职业培训及社区老年教育完全结合起来，是目前学分银行体系中较为完整的案例。截至 2022 年 8 月，累计开户数达到 1182382 人次，学习成果数累计 92480912 件，已经开设 19 个分部、87 个高校网点，如表 5-22 所示。

表 5-22　上海终身教育学分银行高校网点分布

序号	类型	说明	数量/所
1	普通高校	上海南湖职业技术学院	1
2	普通高校继续(成人)教育学院	以普通高校下设的继续(成人)教育学院、网络教育学院等为主	63
3	独立设置成人高校	以理论干部学院、开放大学、业余大学及职工大学为主	14
4	高等教育自学考试	上海市自学考试办公室	1
5	中等学校	含有职业技术、商业、地产及电视等几所学校	8

5. 评价

上海终身教育学分银行最大的特色是将社区老年教育紧密地结合起来，并且将各大高校的成人继续教育学院纳入了学分银行体系，打通了成人学历教育和非正式学习之间的转换通道。但是其缺点也是非常明显的，即社会学习非正式的在线学习资源与社区学习没有充分融入学分银行之中。

(二)江苏学分银行

1. 简介

江苏终身教育学分银行(http://www.jslecb.cn/)以终身教育理念为指导，是学习成果积累、认定和转换的服务平台，是1+X证书制度试点工作的有效载体，以各类学习者为服务对象，以学分管理为服务内容，促进各类高等学历教育的互通，学历教育与非学历教育、职前教育与职后教育的衔接，为学习者提供个性化终身学习服务的学分管理服务机构，且学分银行可为其服务对象提供学分认定、记录和转换，以及学习咨询、学分查询、出具学分证明等服务。

根据《江苏省终身教育学分银行管理办法(试行)》规定，学分银行管理委员会(简称"管委会")是学分银行建设和管理的领导机构，由省教育厅及相关政府部门、有关高等学校的领导和专家组成，其主要职能是审定学分银行建设方案和发展规划，协调制定相关政策，对学分银行建设及日常工作进行宏观指导、管理监督。管委会委托江苏开放大学，利用现代网络技术构建江苏终身教育学分银行网络服务平台，并负责其日常运行、维护工作。学分银行的主要执行管理主体为江苏开放大学下设的江苏省终身教育学分银行管理中心(http://xfyh.jsou.edu.cn/main.psp)。

在学历教育过程中，学习者通过以下方式获得的学分可经学分银行认定并记录：

(1)学习者在取得国家认定的普通高校(含普通高校举办的网络教育学院)或成人高校学籍后，在校学习期间获得的课程学分；

(2)学习者通过高等教育自学考试获得的课程学分；

(3)学习者在其他高等学历教育机构获得的课程学分，如服役期间在军事院校取得学籍后，在校学习期间获得的课程学分。

在非学历教育学分中，学习者获得下列有效期内的证书和成绩证明，所涉及的课程学分可经专家委员会认定并转换为学分银行相关学习教育的课程学分：

(1)国家级和省级水平测试类有关职业资格证书、行业岗位证书；

(2)国家级和省级考试颁发的有关专业技能等级证书；

(3)与有关专业技术职务任职资格对应的国家级和省级考试科目合格证书；

(4)国家级和省级有关从业资格证书；

(5)国际通用的水平测试类有关考试的成绩证明；

(6)经学分银行专家委员会认定的其他非学历继续教育学习成果。

《关于印发江苏开放大学(江苏城市职业学院)学习成果认定和转换规定(试行)的通知》[苏开大(苏城院)〔2021〕58号]规定，这里的“学习成果”是指在校学习的各类学生，通过参加相应课程、培训、各类实践项目，学科、技能竞赛，文体活动，国(境)外研修，各类资格考试、技能等级考试、能力水平考试等取得的成果，以及工作业绩和发明创造、学术论文等具有一定创新意义的成果。

2.发展历程

2000年5月25日，江苏省教育厅发布《江苏省职业学校试行学分制的原则意见》(苏教职〔2000〕17号)，提出“普通中专、职业高中和普通高中的相同课程学分可以互相承认”；2005年，发布《关于在职业学校进一步推行学分制的若干意见》(苏教职〔2005〕2号)，提出“各地教育行政部门应积极探索建立职业学校学分累积和转换信息系统(学分银行)”；2013年，江苏省教育厅印发了《江苏省终身教育学分银行管理办法(试行)》(苏教规〔2013〕3号)，2014年1月9日起施行，这标志着“江苏省终身教育学分银行”正式建立；2018年初，江苏省终身教育学分银行正式推出了手机App客户端；2019年，《关于成立长三角地区开放教育学分银行的通知》(沪教委终〔2019〕12号)纳入长三角终身学习银行一体化认定；2020年，江苏省教育厅发布《关于做好1+X证书制度试点工作的通知》(苏教职函〔2020〕17号)，提出1+X证书试点与学分银行推进相结合，依托省终身教育学分银行建立1+X证书信息管理服务平台。

2021年12月29日修正为《江苏省终身教育学分银行管理暂行办法》(苏教规〔2021〕2号)，对学分银行的组织架构、账户注册、学分使用、学分管理等作出进一步完善。

2022年3月11日，发布了《关于开展2022年度全省高职院校学习成果信息集中存入江苏省终身教育学分银行工作的通知》(苏学银管〔2022〕1号)，提出“现决定组织全省高职院校将学生学习成果信息集中存入江苏省终身教育学分银行(以下简称学分银行)，包括为本校学生集中注册开户和集中存入学历教育学习成果”。

2021年10月，发布了《关于印发江苏开放大学(江苏城市职业学院)学习成果

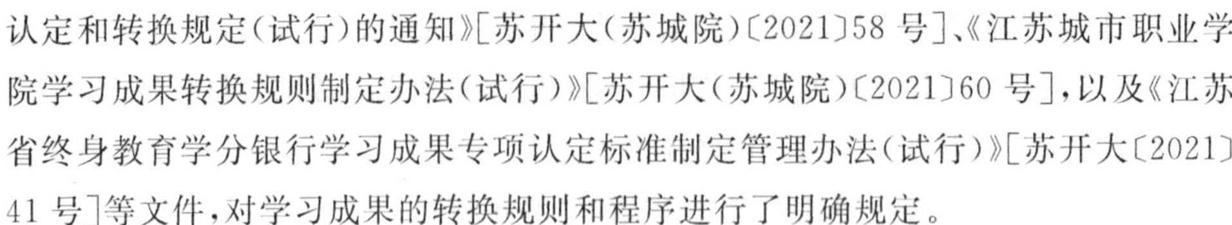

认定和转换规定(试行)的通知》[苏开大(苏城院)〔2021〕58 号]、《江苏城市职业学院学习成果转换规则制定办法(试行)》[苏开大(苏城院)〔2021〕60 号],以及《江苏省终身教育学分银行学习成果专项认定标准制定管理办法(试行)》[苏开大〔2021〕41 号]等文件,对学习成果的转换规则和程序进行了明确规定。

3. 实施现状

截至 2022 年 4 月底,学分银行已有用户总计 200 余万人,存入学习成果 1210 余万条,主要集中在职业教育和继续教育领域;江苏省终身学习银行网络平台数据显示,截至 2022 年 8 月,已经建立了 96 条学习成果转换规则,34 所职业学校发布了转换文件,已有成果认定类型如表 5-23 所示。

表 5-23　长三角学分银行应用现状统计

<table>
<tr><th>序号</th><th>成果类型</th><th colspan="2">包含内容</th><th>备注</th></tr>
<tr><td>1</td><td>学历教育</td><td colspan="2">从学前到博士</td><td>已有 47491 条成果认证类型</td></tr>
<tr><td rowspan="4">2</td><td rowspan="4">非学历教育</td><td rowspan="2">在线教育</td><td>江苏学习在线</td><td rowspan="2">缺少老年教育以及其他官方任课的教育培训</td></tr>
<tr><td>南京学习在线</td></tr>
<tr><td rowspan="2">线下教育</td><td>社区教育</td><td rowspan="2">缺少老年大学(社区学校)</td></tr>
<tr><td>其他</td></tr>
<tr><td rowspan="5">3</td><td rowspan="5">非正式学习</td><td rowspan="2">证书类</td><td>职业资格证书</td><td>共计 69 种,如监理工程师(国家级)、化学分析工(高级技师)(国家职业资格一级)等</td></tr>
<tr><td>通用能力水平证书</td><td>共计 26 种,如全国计算机等级考试、大学英语等级考试四六级合格证书等</td></tr>
<tr><td colspan="2">课程类</td><td rowspan="3">目前对于职业培训项目、开放课程等没有具体说明</td></tr>
<tr><td colspan="2">学习强国</td></tr>
<tr><td colspan="2">乡村振兴</td></tr>
</table>

4. 评价

相比较上海终身教育学分银行建设来说,江苏终身教育学分银行最大的特色就在于很好地将非正式的社区在线学习纳入了学分银行,且对职业教育和学习重视程度高,已经将高职在校的正式学习纳入学分银行,为职业学习、技能获得进行学分转换提供了通道;最大的缺陷在于江苏终身教育学分银行平台模块体系建设复杂,各类学习成果分类层次不清晰,对老年学习成果的认定与登记的模块建设存在不足。为了更加清晰地描述两地的差异,本书将上海与江苏各自的终身教育学分银行平台进行对比,如表 5-24 所示。

表 5-24 沪苏学分银行对比

地区	上海市终身教育学分银行	江苏省终身教育学分银行
界面	1. 新闻公告 2. 学分银行简介 3. 学分银行标准体系 4. 登录界面 5. 上海市学分银行分布地图	1. 最新动态 2. 登录界面 3. 资源信息 4. 最新受理通知 5. 通知公告 6. 常见问题
导航栏	1. 重要流程： 如何申请开户 如何认定学分 如何存入学分 如何使用学分 2. 标准体系： 学历教育标准体系 —学历教育课程目录 —学历教育专业目录 非学历教育标准体系 —职业培训证书目录 培训项目 社区老年教育 3. 院校网点： 普通高校 普通高校继续(成人)教育学院 独立设置成人高校 高等教育自学考试 中等学校 4. 新闻公告： 新闻信息 公告通知 媒体动态 5. 帮助支持： 学分银行分部一览表 常见问题 6. 文档下载	1. 关于我们： 简介 组织机构 —管理委员会 —专家委员会 —管委会办公室 管理中心 合作联盟 网点分布 联系我们 2. 重要流程： 如何申请认证 如何申请开户 如何申请转换 3. 成果名录： 学历成果 非学历成果 其他成果 4. 规则体系： 基本制度 —教育部制度 —教育厅制度 —学分银行文件 —其他 转换规则 5. 资源信息 6. 人才推荐 7. 常见问题
学历教育体系	按照不同层级的学校分为几个区域，已纳入学分银行中的各所学校都一目了然，这里以独立设置的成人高校中上海开放大学为例，又分为专科专业和本科专业，点击各个专业即可查看相应课程。	所有江苏省高校合在一起，较为混乱，有些课程尚不具备转换衔接条件，过半数量课程尚未开始纳入转换系统，开始和结束时间均未注明。
学历教育学分认证	目前有 612 门课程，24 个专业(专本各 12 个)，学习者可根据自己的课程学习需求，按照学分银行高校网点的学分转换规定，将存储在学分银行的课程学分，申请转换为该高校的学分，并在该高校继续学习，获得其学历证书。	所有专业学校都混在一起，成果认证类累计 47491 条。

续表

地区	上海市终身教育学分银行	江苏省终身教育学分银行
非学历教育体系	分为“职业培训证书目录”“培训项目”“社区老年教育”三部分。本页展示职业培训证书部分，每一个证书都有对应的学分银行课程和对应高校及其学校课程，非常清晰，证书种类也比较多，目前有490条，但后面部分证书没有对应的学分银行课程或者高校课程。	分类较多，但对老年教育和社区教育强调不足。
非学历教育类型	分类清晰，职业教育和老年教育相互结合，目前有8988条有关社区老年教育的学分认定，职业培训250条。	以职业教育学习认证为主，在线学习等均纳入平台，老年教育及职业培训等纳入较少。

(三)浙江学分银行

浙江省终身教育学分银行成立较晚，由省教育厅主管，以服务学习型社会建设、搭建终身学习“立交桥”为宗旨，面向全体社会成员开展学习成果认证和学分管理，管理中心设在浙江开放大学(原浙江广播电视大学)。

1. 体系架构

浙江省终身教育学分银行(https://www.zjcb.org.cn/)服务体系由省学分银行管理中心，高校分部、机构分部、地市分部，县(市、区)分中心，乡镇(街道、社区)受理点构成，依托全省高校、社会机构及地方教育机构等构建。目前，已在浙江省11个地市建立了学分银行分部，在37个县(市、区)建立了学分银行分中心，实现了市级分部100%和县级分中心50%覆盖率，具体服务体系架构如图5-32所示。

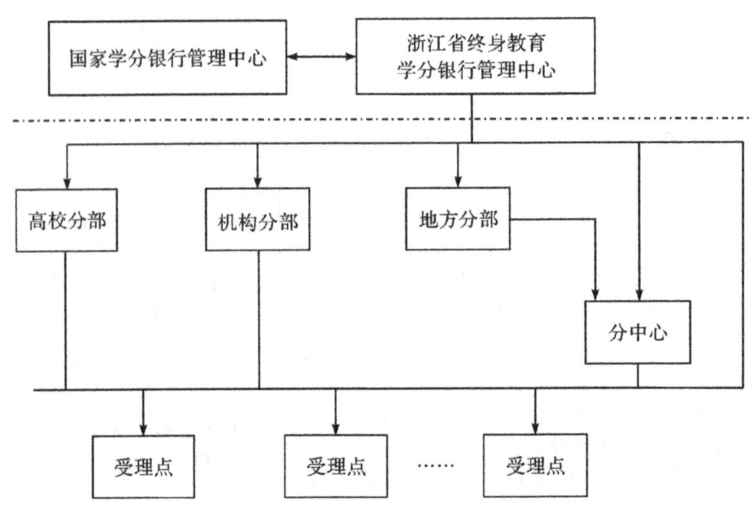

图5-32　浙江终身教育学分银行服务体系架构

2. 功能定位

构建面向全社会的学习成果认证体系，建立课程证书、资格证书、学历证书、学位证书等沟通衔接的制度，实现学历教育内部、学历教育与非学历教育之间的互通，以学习成果认定、积累与转换为主要功能。

3. 发展历程

2015 年，浙江省教育厅发布《关于成立浙江省终身教育学分银行的通知》(浙教高教〔2015〕5 号)，学分银行正式建立。

2018 年 5 月 4 日，浙江省终身教育学分银行管理中心发布《浙江省终身教育学分银行学习成果认定、积累与转换办法》，对学分转换进行明确规定。

2018 年 5 月 21 日，教育厅发布《关于进一步加强全省成人学校社会培训工作规范管理的通知》(浙教职成函〔2018〕11 号)，要求浙江省 2017 年起开展成人学校、社会培训成果信息存入“浙江省终身教育学分银行”。

2021 年 5 月 25 日，浙江省终身教育学分银行管理中心发布《浙江省终身教育学分银行管理中心学习成果转换规则管理办法》，制定各类机构对不同类型或相同类型之间的学习成果进行转换的规则。

2021 年 12 月 15 日，浙江省终身教育学分银行应用正式在“浙里办”App 上线运行。

2022 年 6 月 16 日，浙江省终身教育学分银行管理中心发布《浙江省社会人员学历提升行动计划(2022—2025 年)》，提出“建立统一的管理平台，管理入学注册、学习记录、课程考试、学分认定和成绩证明等，实现社会人员随时随学随认”。

4. 应用现状

截至 2022 年 8 月 6 日，浙江省终身教育学分银行注册用户 1512.8 万人，学历教育成果 1546.3 万条，职业培训成果 67.0 万条，非学历教育成果 5387.4 万条。其中，2022 年注册用户 36.7 万人，存入学历教育成果 1.1 万条，职业培训成果 9011 条，非学历教育成果 265.9 万条。平台已累计入驻学校 632 所，注册教师 2.3 万余人，学习者 291 万余人。平台已开设 MOOC 课程 4231 门，其中国家级课程 88 门，省级课程 955 门。

5. 评价

虽然浙江省终身教育学分银行建立较晚，但其发展势头很猛，后续建设和完善的速度、质量都很高，各个栏目分类清晰，实现了政府办公平台、高校在线学习平台及浙江省终身学习数字化等平台与学分银行的对接，有效地推动了学历教育与非学历教育的转换效率和认可度。

(四)安徽学分银行

安徽终身教育学分银行(http://www.ahlecb.cn/)成立较晚,相关的制度建设及运行机制完善还有一定的提升空间。

1. 发展过程

2017年11月8日,安徽省教育厅发布《安徽省教育厅关于推进高等学历继续教育学分认定和转换工作的实施意见》(皖教高〔2017〕9号),提出"到2020年,全省高校基本建立继续教育学分制教学管理制度,建成继续教育学分银行;建立健全高等学历继续教育学分认定和转换机制,优质继续教育资源显著增加,并实现共建共享;建立完善的继续教育人才培养质量保障体系"。

2020年12月1日,安徽省教育厅发布《成立安徽省终身教育学分银行的文件》(皖教高〔2020〕8号)。

2021年8月27日,安徽省教育厅发布《关于深入推进1+X证书制度试点工作的通知》(皖教秘职成〔2021〕41号),提出"依托安徽省终身教育学分银行,推动建立X证书学习成果存储、积累与学分转换机制,探索形成一批可复制、可借鉴的学分银行转换应用模式和典型案例"。

2021年12月5日,安徽省教育厅关于印发《安徽省终身教育学分银行服务体系建设方案》(皖教秘高〔2021〕159号),成立安徽省终身教育学分银行管理委员会(简称"管委会")和学分银行管理中心(简称"管理中心"),在全省设立学习成果认证服务中心(简称"认证中心")、学习成果认证服务分中心(简称"认证分中心")、学习成果认证服务受理点(简称"受理点")。成立学分银行建设专家委员会(简称"专委会")。

2022年5月6日,安徽省教育厅发布《关于开展2022年安徽省终身教育学分银行服务体系备案及建设工作的通知》(皖教秘高〔2022〕76号),推动全省终身教育学分银行服务体系的建设。

2. 阶段性目标

2021年开展试点建设,进一步优化平台建设,加强管委会和管理中心建设,制定学习成果存入、认定转化有关办法和标准;2022年底前在30所高校、8个设区的市设立认证中心并启动工作;2023年底前新增40所高校、8个设区的市设立认证中心并启动工作,指导各县、区设立认证分中心;2024年前实现高等院校、全省各市认证中心基本全覆盖,县区均有1个以上认证分中心,探索在中职、技工院校设立受理点。力争到2025年建设完备的学分银行服务体系,建立健全相关制度与规范，推进学习成果认证与转换，实现全省学分银行服务体系规范运转。

3. 应用现状

截至2022年8月，安徽省终身教育学分银行已经建立了学历教育体系与非学历教育体系的转换规则。其中学历教育课程共有124门，本专科专业5个，仅包含计算机和学前教育两类；职业证书类30个（如全国计算机等级考试、大学英语四六级考试证书等）、培训项目1个（安徽中小学教师教育培训），以及文化休闲教育课程4门。

4. 评价

相对于江浙沪来说，安徽终身学习银行无论是在制度建设方面还是资源拓展方面，都还存在很大的提升空间，其非学历认证资源的建设、非正式学习的资源融合都需要进一步完善。

（五）长三角一体化模式

长三角学分银行是面向一市三省（沪苏浙皖）学习者，以开放教育领域为重点，以学习成果认定、积累和转换为主要功能的学习成果认证管理中心和转换服务平台，苏浙皖沪学分银行作为其分行，通过跨地区服务平台，实现学分银行系统间的互联互通和资源共享，服务长三角地区终身学习区域联动机制和学习型社会建设。

1. 发展历程

2019年7月，沪苏浙皖教育行政部门联合发文，成立了长三角地区开放教育学分银行，目的是探索建立长三角开放教育学分银行共同平台，研究制定共同规则、运行方式和体制机制，不断完善以开放大学为主的学分银行功能，探索地区间学习成果互认机制，探索学生校际流动与培养互认机制，推进地区内课程互选和学分互认。

2019年12月1日，中共中央、国务院印发了《长江三角洲区域一体化发展规划纲要》，并拟制了《长三角地区开放教育学分银行章程》《管理办法》《服务体系管理办法》《学习成果认证办法》《学习成果转换工作指南》等规章制度。

2021年6月，相关机构对《长三角地区开放教育学分银行服务体系管理办法（征求意见）》《长三角地区开放教育学分银行学习成果认证办法（征求意见）》《长三角地区开放教育学分银行学习成果转换工作指南（征求意见）》等文件进行讨论，以明确学分银行学历标准落地实施工作与信息化服务平台业务模式，为进一步推进长三角地区开放教育学分银行建设发展提供政策服务。2021年12月22日，长三角地区开放教育学分银行管理委员会在上海开放大学成立，这也标志着长三角学分银行正式运行，并进入实施阶段。

2022 年 6 月,《长三角地区开放教育学分银行学习成果认定转换标准体系(学历教育)》正式印发并投入应用。目前主要涉及会计学本科、大数据与会计专科、行政管理本专科四个专业。

2. 平台架构

长三角学分银行由长三角学分银行信息化服务平台、长三角学分银行统一身份认证和单点登录门户网站、长三角学分银行公共数据库系统、长三角三省一市学分银行数据同步接口及长三角跨省数据交互统一管理服务系统等部分组成,从架构上较好地保证了学分银行的运行与实施。

五、江苏省学分银行的创新思考

终身教育学分银行作为提升终身学习效果的重要手段,通过将不同性质的学习过程及学习成果进行学分转换,既有效地节约了学习者的学习成本,又提升了学习者的学习动机,对于推动社会产业结构的发展及社会的进步起着重大作用。但通过对江苏数字化学习资源建设系统的分析及现有学分银行制度的考察,发现江苏省的终身教育学习银行在学分银行认定范围上亟须拓展,在资源建设上还有待进一步融通。

(一)资源的智能化整合

1. 学分银行缺乏系统化、智能化管理机制

目前江苏省终身学习数字化资源有江苏老年教育网、江苏学习在线、江苏智慧教育云、各高校的一流线上课程(含虚拟仿真实验、线上线下混合课程)及职业教育资源库等多个平台,各自为政,没有统一的入口,使得相关资源缺乏系统性,不能统一接入学分银行进行相关数据的智能化转换,极大地增加了学分银行审核工作人员的压力。例如,一些接入平台课程的过程性学习数据、学习结果及一些数字化证书完全可以根据规则进行智能分析,自动转化为相应的学分,并存入学分银行。

2. 需要建立统一的管理平台

目前江苏省终身教育学分银行运行平台、学分银行管理中心及江苏省社会教育服务指导中心等不在一个平台上,相关数据及文件等分布较为分散,这也是造成各种学习资源不能建立统一标准、不能纳入学分银行管理的重要原因。

(二)纳入社区学习资源

现有学分银行只能对有限的学习资源及相关证书进行转存学分。根据目前政

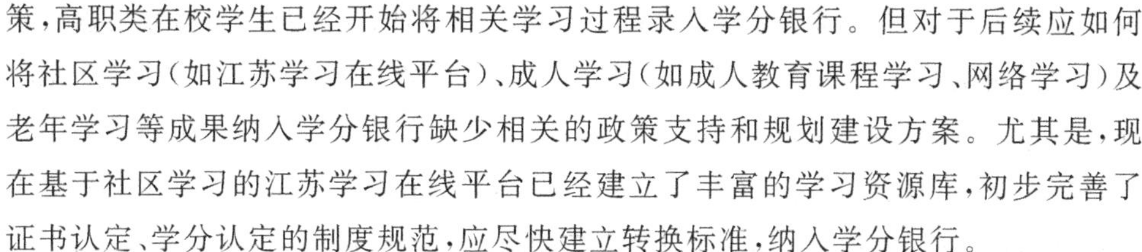

策，高职类在校学生已经开始将相关学习过程录入学分银行。但对于后续应如何将社区学习（如江苏学习在线平台）、成人学习（如成人教育课程学习、网络学习）及老年学习等成果纳入学分银行缺少相关的政策支持和规划建设方案。尤其是，现在基于社区学习的江苏学习在线平台已经建立了丰富的学习资源库，初步完善了证书认定、学分认定的制度规范，应尽快建立转换标准，纳入学分银行。

（三）整合高校课程资源

江苏省作为全国高校最多的省份，有着丰富的高等教育网络课程资源，其中第一批“国家级精品资源共享课”265 门，两批国家级一流本科课程 472 门（线上、混合及虚拟仿真），首批省级一流课程 982 门（线上、混合及虚拟仿真），这么多的优质网络学习资源应纳入学分银行，既能提升资源的利用率，又能拓展社会成人的非学校学习资源。

（四）拓展非正式学习

以场馆学习、文旅学习及文化团体演出为主的非正式学习对于传承历史、继承优秀文化传统、提升全体国民素质有着极其重要的地位，特别是随着数字化图书馆、虚拟博物馆资源的建设，经典文化景点的开发，非正式学习资源得以空前的繁荣。为了更加充分地利用这些资源，应建立相应的转换机制，并将其纳入终身学习系统，对非正式学习的过程进行记录，转存为相应的积分，以提升普通民众的学习热情。

（五）融入政务服务网络体系

虽然浙江省的终身学习资源体系建设起步较晚，但其发展速度较快，该省已经将终身学习银行与浙江省政府的政务服务体系进行了融合，通过浙江省的政务平台“浙里办”可直接登录终身教育学分银行；同样，上海也可以通过支付宝平台登录“申学码”直接登录上海终身教育学分银行。相比之下，江苏省的学分银行系统建设则相对滞后。目前，江苏省的“江苏政务服务”（https://www.jszwfw.gov.cn/）已经建立得较为完善，江苏省终身教育学分银行应尽快加入江苏政务服务网络体系，建立统一的学分银行身份，不但能提高学分银行的社会认可度，还能提升学分银行的管理效率。

第四节　资历框架建设研究

“资历框架”（qualifications framework，简称 QF）是一种资格认证体系，是用来反映能力水平(学习成果)的等级体系。不同组织、不同地区及不同国家根据自己的需要而制定不同层次的QF。国家层面的资历框架如澳大利亚资历框架(Australian qualifications framework,简称AQF),组织层面的资历框架如欧盟资历框架(European qualifications framework,简称EQF),地区层面的资历框架如香港资历框架(HongKong qualifications framework,简称HKQF)。

一、资历框架概述

(一)资历框架的缘起

QF的思想源于职业教育中提及的应具有的能力,后来经过学者杰瑟普(Jessup)及英格兰人加以拓展完善,形成了一套将所有资格都以学习结果来表述,而不需要规定任何特定的学习途径或课程的体系。[①]

众所周知,欧洲的教育系统起步较早且较为发达,具有多样性,不同的国家、不同的时期都有不同的认证体系。特别是随着欧洲国家人口老龄化的加剧、世界经济结构的转型及科技的飞速发展,这些都对欧洲国家的未来发展提出了严峻的挑战。因此,这些经济发达的国家亟需通过提升全体社会公民的终身学习能力的方法,来对普通民众的知识、技能和能力加以更新,以适应不断发展的社会需要。能力通常被理解为在特定专业背景下的潜在表现能力,早期被用于商业规划,以提高工作绩效[②],且在许多欧洲国家中,职业教育和培训已经以能力导向的方式组织起来[③]。为了更好地解决职业教育与培训之间的衔接关系,欧美等西方经济发达国家纷纷出台相应的制度以解决此类问题。

1985年7月16日,欧洲理事会出台368号决议,决定实施职业教育和培训资格可比性制度。在此次决议的基础上,对19个行业的219种职业教育和培训资格进行了比较,并将比较的结果公布在《欧盟政报》上[④],这为后来的资历框架建立奠定了基础。

①Young M F. National qualifications frameworks: an analytical overview[A]//Maclean R, Wilson D. International handbook of education for the changing world of work. Dordrecht: Springer,2009:2867-2880.

②McClelland D. A guide to job competency assessment[M]. Boston: McBer,1976:34.

③Winterton J, Deist F D, & Stringfellow E. Typology of knowledge, skills and competences: clarification of the concept and prototype[M]. Office for Official Publications of the European Communities,2005:29.

④李建忠.欧洲资格框架的建立及其意义[J].职教论坛,2008(1):55-58.

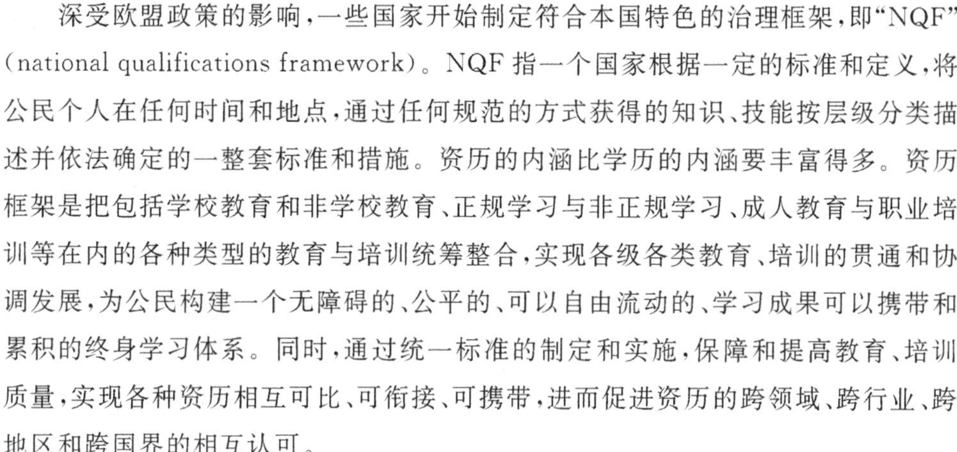

深受欧盟政策的影响，一些国家开始制定符合本国特色的治理框架，即“NQF”（national qualifications framework）。NQF指一个国家根据一定的标准和定义，将公民个人在任何时间和地点，通过任何规范的方式获得的知识、技能按层级分类描述并依法确定的一整套标准和措施。资历的内涵比学历的内涵要丰富得多。资历框架是把包括学校教育和非学校教育、正规学习与非正规学习、成人教育与职业培训等在内的各种类型的教育与培训统筹整合，实现各级各类教育、培训的贯通和协调发展，为公民构建一个无障碍的、公平的、可以自由流动的、学习成果可以携带和累积的终身学习体系。同时，通过统一标准的制定和实施，保障和提高教育、培训质量，实现各种资历相互可比、可衔接、可携带，进而促进资历的跨领域、跨行业、跨地区和跨国界的相互认可。

（二）与学分银行的关系

学分银行是NQF的基础，NQF是学分银行推进的规范和标准。QF可通过对学分的积累、转换和学习成果的认可，给各级各类学生成长成才畅通通道；可通过资历的跨行业、跨部门认可，填平就业过程中的种种鸿沟；可通过育人标准和用人标准的对接，大大提高国家人才培养和人力资源管理的效益；可通过国与国之间QF的对比互认，增加彼此信任，促进深度合作；可通过签订双边资历互认协议，为人员跨境流动提供切实的便利；可通过QF的建立，履行我国在《亚太地区国家高等教育资历互认公约》中所作的承诺；通过QF国际多边合作交流平台，参与、引导国际教育主流话语体系，发挥负责任大国作用；等等。NQF的核心要素是“以学习成果为本”“学分累积与转换系统的构建”，以及“对先前学习经历的认可”。

国际经验表明，QF对于融通各级各类教育，构建彼此衔接、整体统一的育人标准和质量保障体系，建设现代化国民教育体系；对于对接教育育人与行业用人标准，为学生就业成才搭建绿色通道；对于建设学习型社会和终身学习型社会；对于增加本国教育透明度，实现与别国资历互认；对于推动国家人力资源管理体系和能力的现代化，均具有十分重要的现实意义和国际意义。

（三）NQF内涵

1. 资格与资历

虽然NQF的思想源于欧洲的资格认证体系，但NQF中的“qualifications”又与传统意义上的“资格”有所区别。国外有学者认为传统意义上的“资格”一词指的是一种正式的奖励，表示持有人具有一定的知识或能力，或者他们在教育机构或培训机构完成了一些学习课程，且通常有范围限制，是经过各种形式的评估以后才获取的。相比之下，NQF中的“资格”通常是根据学习结果来确定，学习结果描述了个人在学习过程结束时预期拥有的知识、技能和能力。[①] 此外，NQF中包含的“qualifications”独立于教育和培训提供者，是基于等级、等级描述和学习成果的。[②] 在中文语境中的“资格”是指“(1)资是指地位、经历等；格，公令条例。后泛指人在社会上的地位、经历。(2)从事某种活动所应具备的条件、身份等。如：审查资格，取消资格等”[③]。

2. NQF的发展

1995年，澳大利亚第一代资格框架体系(AQF)通过，并在全国范围内分段实施。[④] 2007年，“澳大利亚资格框架实施手册2007版”(Australian Qualification Framework Implementation Handbook 2007)发布，进一步拓展了职业资格证书的认定种类，使得通过职业教育与培训的途径也可以获得研究生证书和研究生文凭。

2006年9月，欧洲委员会在由爱尔兰、法国和英国等国首创的NQF的基础之上，建立了欧洲资历框架(EQF)，于2008年才在欧盟国家执行。EQF作为国际上第一个跨国家的能力框架，它定义了从基础教育到高等教育的各级资格标准，包括三个类别，即知识、技能和能力，以及八个不同级别，它是所有欧洲国家特定资格以及非正规和非正规学习认证系统的共同参考。

NQF自20世纪90年代提出以来，联合国教科文组织及其他多边或区域性国际组织也都在引导、支持、鼓励、帮助成员国建立NQF。截至2018年，全世界有161个国家建立或采用了QF，占193个主权国家的83.4%。

3. NQF的定义

虽然NQF逐步被推广应用，但不同的国家、国际组织和独立研究人员所给出的NQF定义各不相同，同时在NQF定义中还存在特定术语、表述模糊及各种术语定义之间缺乏联系的现象，如表5-25所示。

---

①Allais S. What is a national qualifications framework? Considerations from a study of national qualifications frameworks from 16 countries[J]. Journal of contemporary educational studies/Sodobna Pedagogika, 2011,62(5):106-124.

②ILO. National qualifications framework: their feasibility for effective implementation in developing countries[M]. Geneva: ILO,2005:120.

③大辞海[M].上海:上海辞书出版社,2011:4762.

④Wheelahan L. From old to new: the Australian qualifications framework-ILO report[J]. Journal of education & work,2013,24(3-4):323-342.

表 5-25　不同国家的 NQF 定义

序号	提出者	类型	定义
1	巴林	国家	根据所达到的特定学习水平的一套标准对资格进行分类，它是整合和协调国家资格的子系统，是提高质量、透明度、准入和晋升的必要措施。
2	阿联酋	国家	根据一套标准对需要达到的特定学习成果水平进行资格分类的工具，从而能够描述和比较资格。一个新的资格框架旨在整合和协调阿联酋内部的认证子系统，并提高与就业部门和民间社会其他机构相关的此类资格的透明度、获取、进步、可转让性和质量。框架在承认外国资格方面具有特别的执行效率。
3	奥地利	国家	一种用于绘制奥地利教育系统资格图的工具。其目的是提供一个透明工具，以促进奥地利在教育系统内的定位，并支持奥地利学历在欧洲的可比性和可理解性。
4	欧洲职业培训和发展中心	组织	根据适用于特定学习成果水平的一套标准（例如，使用描述符），制定和分类资格（例如，国家或部门级别）的工具。通过建立 QF，可以形成各层次教育的知识、技能和能力的统一评价标准；可以保证各级各类教育的质量；可以促进个人的终身学习；可以进行学分的积累和互换。
5	欧盟	组织	NQF 根据一套特定学习水平标准对资格进行分类的机制，它旨在整合和协调国家资格子系统，提高劳动力市场和民间社会资格的透明度、准入、进步和质量，是以能力标准为本对全社会各类资历（包含各类学历文凭、证书和先前学习成果等）进行分类、分级、认定、衔接的一项新型资历制度。
6	罗恩·塔克（Ron Tuck）	学者	一种用来衔接和拓展业已认定水平的连续性发展、分类及承认技能、知识和能力的机制。这是一种构建现有和新资格的方式，由学习成果来确定。
7	亚太经济合作组织	组织	是由政府机构正式认可和颁布，根据建立的学习成效和能力标准评审个人达到的资历头衔，通常包括证书、文凭和学位等。
8	国际经济合作组织	组织	QF 是一种用以对各种资历进行开发和分类的工具，根据知识、技能和能力的要求（按照事先确定的一套标准），构建成一个连续的、可被认可的资历阶梯。它表明了资历的不同级别和不同资历的可比性。

4. EQF 与 NQF 的区别

EQF 作为元资历框架，为不同国家资格体系之间的转换提供了一种兑换机制，在 EQF 中，对知识、技能及能力作了具体界定①："知识"是指与工作或研究领域

①Isopahkala-Bouret U, Rantanen T, Raij K, et al. European qualifications framework and the comparison of academically-oriented and professionally-oriented master's degrees[J]. European journal of higher education, 2011, 1(1): 22-38.

相关的一系列理论和/或事实知识(即事实、原则、理论和实践)的同化结果;"技能"是指运用知识和诀窍完成任务和解决问题的能力,它包括逻辑、直觉和创造性思维的认知能力,以及使用方法、材料、工具的实践能力和灵活性;"能力"被定义为使用知识、技能及方法的个人的、社会的能力。

NQF 则是某个具体的国家根据自身的特点和需求所制定的符合本国终身学习发展需求的一种资历框架体系。

元框架(如 EQF)与 NQF 相比,有着的鲜明区别:EQF 能够在不同国家的资格等级之间建立关系。EQF 级别和 NQF 级别之间的主要差异取决于框架的功能、开发方法、对框架形式的影响、它们认可的资格级别、涉及的质量保证流程及用于确定级别的基准等,具体区别如表 5-26 所示。①

表 5-26　NQF 与 EQF 的区别

区别	NQF 水平	EQF 水平
主要功能	作为学习水平、数量和类型的基准	作为资格认证中认可或 NQF 中定义的任何学习水平的基准
推进主体	区域机构、国家机构和部门机构	成员国共同行动
影响因素	地方、区域和国家优先事项(如识字水平、劳动力市场需求等)	各国的集体优先事项(如贸易全球化)
认可个人学习的方式	评估/评估、验证和认证	不直接承认个人的学习
实施影响因素	国家范围内的因素	国际用户之间的信任程度
质量保证因素	国家机构和学习机构的做法	国家实践和联系,国家和 EQF 水平的过程的稳健性
级别定义参考标准	嵌入不同具体学习环境中的国家基准,例如学校教育	工作或高等教育是所有国家在所有背景下学习的总体进步

NQF 作为一种推进终身学习发展的资历框架体系,其制定过程和等级划分标准是由制定主体的需求所决定的。2019 年 2 月,联合国教育、科学及文化组织发布了《区域和国家资历框架全球名录(2019)》(The Global Inventory of Regional and National Qualifications Frameworks 2019 Volume Ⅰ),对一些具有代表性的国家和地区制定 NQF 的目标进行了分析,如表 5-27 所示。②

①Bjrnvold J, Coles M. Governing education and training; the case of qualifications frameworks[J]. European journal of vocational training,2007,42(3):203-235.

②郑炜君,王顶明,王立生.国家资历框架内涵研究——基于多个国家和地区资历框架文本的分析[J].中国远程教育,2020(9):1-7,15,76.

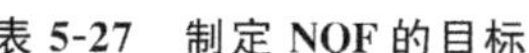

表 5-27　制定 NQF 的目标

国家和地区（年份）	构建资历框架的目标
澳大利亚（1995）	1. 适应当前和未来的澳大利亚教育和培训的各种不同目标； 2. 通过与时俱进的、相互关联的、全国一致的资历成果，建立对资历的信心，为国家经济绩效做出贡献； 3. 开发并维持能提供获得资历的途径，帮助人们在不同的教育和培训部门之间及这些部门与劳动力市场之间轻松、便捷地流动； 4. 支持个人终身学习目标，通过教育和培训及对先前学习和经历的认可，为他们提供晋升的基础； 5. 支持教育和培训的国家监管和质量保障； 6. 使澳大利亚资历框架与国际资历框架保持一致； 7. 通过提高对澳大利亚资历的价值和可比性的认识，支持和加强毕业生和劳动者在国家与国际层面的流动。
马来西亚（2007）	1. 设置资历标准并加强质量保障政策； 2. 促进资历术语表达的准确性和一致性； 3. 建立机制，衔接各种资历，包括学历和非学历教育中的资历； 4. 鼓励公立、私营部门中的高等教育提供者和技能培训提供者之间的合作； 5. 鼓励学术、专业、技术、职业和技能资历的平等； 6. 建立一个在马来西亚境内外均适用的学分系统以促进学分的累积和转换； 7. 提供关于高等教育教学或资历的明确的、可获取的公共信息； 8. 在适用情况下，促进以任何关键利益攸关方协助其评估的形式提交资料； 9. 在细节上与马来西亚境外资历进行连接。
中国（2017）	一、教育角度 1. 连接各个层次和形式的学习，建立衡量学习成果的方法； 2. 使在继续教育中获得的学分能够积累或转移，从而实现对不同类型学习成果的验证； 3. 确保学习成果的可比性和透明度； 4. 提高平等获得优质教育的机会。 二、社会角度 1. 提高社会及劳动力市场对资历的接纳； 2. 提高劳动力的素质和社会经济的发展； 3. 增强劳动力的国际竞争力以应对知识经济的挑战； 4. 推动全民终身学习。 三、个人角度 1. 提供更多的选择来满足个人和职业发展的学习需求； 2. 尊重来自不同学习环境（包括正式学习和非正式学习）学习者的学习成果； 3. 建立以自我为导向的学习途径； 4. 提高个人能力。
肯尼亚（2014）	1. 成立肯尼亚国家资历管理局； 2. 制定承认在肯尼亚境内外获得的资历的标准； 3. 制定能力、终身学习和取得国家资历的制度； 4. 使在肯尼亚获得的资历与全球基准保持一致，以促进劳动力的国内和跨国流动； 5. 加强国家资历的质量保证体系； 6. 支持公民在教育、培训和职业生涯中的流动与发展。

续表

国家和地区（年份）	构建资历框架的目标
比利时（法语区）（2015）	1. 促进学习的连续性和进展； 2. 在教育和培训系统的不同部门之间架起桥梁； 3. 加强正规教育和继续教育与培训之间的关系； 4. 支持对非正规和非正式学习的认可； 5. 提高资历的透明度，促进其跨区域和跨国境比较。

注：该报告总计列举了 99 个国家和地区，本表仅列部分国家。

二、中国资历框架现状

NQF 建设在我国国家层面尚处于课题研究阶段。近年来，国家相关部门逐步认识到建立 NQF 的必要性，陆续出台了一些政策性文件，相继提出"实现不同类型学习成果的互认和衔接""统筹职业教育和普通教育、继续教育发展，建立学分积累和转换制度"，以及"加快学位学历框架体系建设"等改革理念。

(一)国内资历框架理论研究

由于语言环境的不同，国内理论界在介绍与引入"qualifications framework"这一名词的时候，有些研究者将其中的单词"qualifications"翻译为资格证书，这在早期的文献研究中尤为明显，如"分析澳大利亚资格框架改革我国职业教育证书体系"①、"进入 21 世纪的英国学术资格框架"②，以及"欧洲资格框架的建立及其意义"③等；而另外一些学者则将其翻译为"资历"，如"香港教育资历框架及其质量保障机制"④、"教育资历框架的比较与思考"⑤，以及"国家资历框架建设：内涵 · 目的 · 要点"⑥等。其实，两者的内涵在国内理论界所指的研究内容一致，只是使用习惯不同而已。目前，在我国资历框架与资格框架是两个同步流行的、交叉混用的概念。

2016 年，国家颁布《中华人民共和国国民经济和社会发展第十三个五年规划纲要》，明确提出："建立个人学习账号和学分累计制度，畅通继续教育、终身学习通

①刘育锋. 分析澳大利亚资格框架改革我国职业教育证书体系[J]. 中国职业技术教育，2002(22)：53-54.

②毕家驹. 进入 21 世纪的英国学术资格框架[J]. 高教发展与评估，2005(3)：31-34.

③李建忠. 欧洲资格框架的建立及其意义[J]. 职教论坛，2008(1)：55-58.

④严芳. 香港资历框架及其质量保障机制[J]. 教育发展研究，2006(23)：24-27.

⑤董秀华. 教育资历框架的比较与思考[J]. 教育发展研究，2009，29(3)：46-49.

⑥王洪才，汤建. 国家资历框架建设：内涵 · 目的 · 要点[J]. 华中师范大学学报(人文社会科学版)，2019，58(4)：170-177.

道，制定国家资历框架，推进非学历教育学习成果、职业技能等级学分转换互认。"同时，国内也有学者对"qualifications"的中文释义进行了较为系统的论述，认为"将NQF统一译为国家资历框架更加妥当"。为此，本书也沿用国家政策中所使用的术语"国家资历框架"。通过中国知网数据库，以题名为关键词进行检索后，发现相对而言，资格框架在国内早期学术界中使用得更普遍一些，有关文献统计数据分布如图5-33所示。

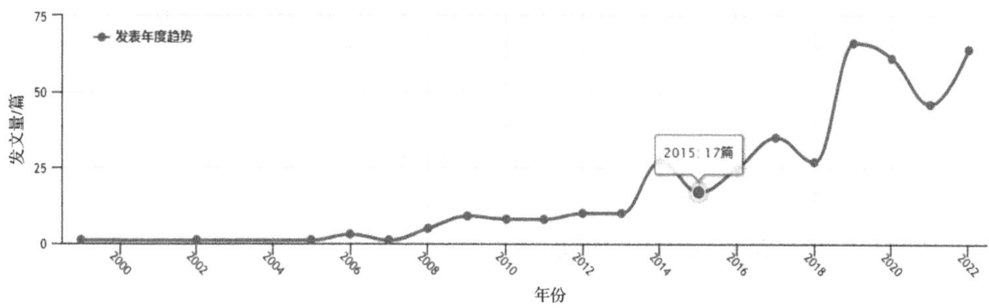

图5-33　国内资历框架研究时段分布情况

与资历框架理论研究相伴随的是学分银行、终身教育内容的相关研究。这是因为一方面，资历框架的基础是学分银行，只有建立了学分银行才能实现资历框架的目的，而资历框架又是为解决终身学习（教育）所提出来的策略；另一方面，资历框架又为学分银行的具体建设、规划和发展提供了方向与标准。因此，相关内容的研究往往是相辅相成、相互依托，通过文献数量分布也可以说明这一点。图5-34为主要主题词分布，图5-35为次要主题词分布。

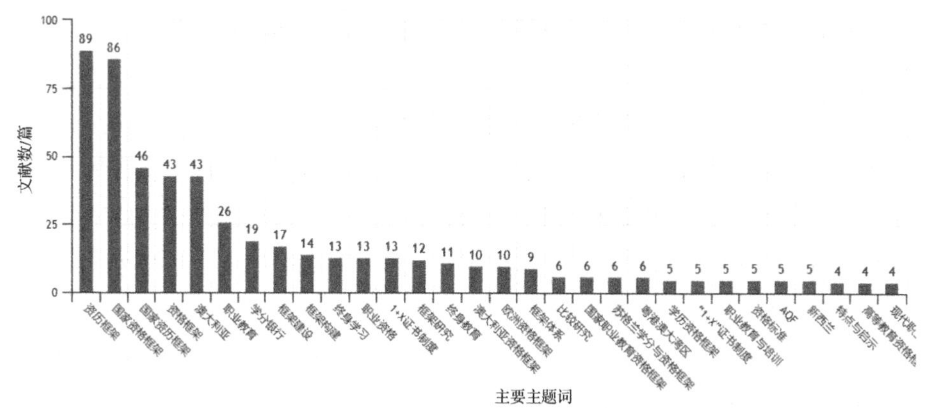

图5-34　资历框架相关研究文献主要主题词分布情况

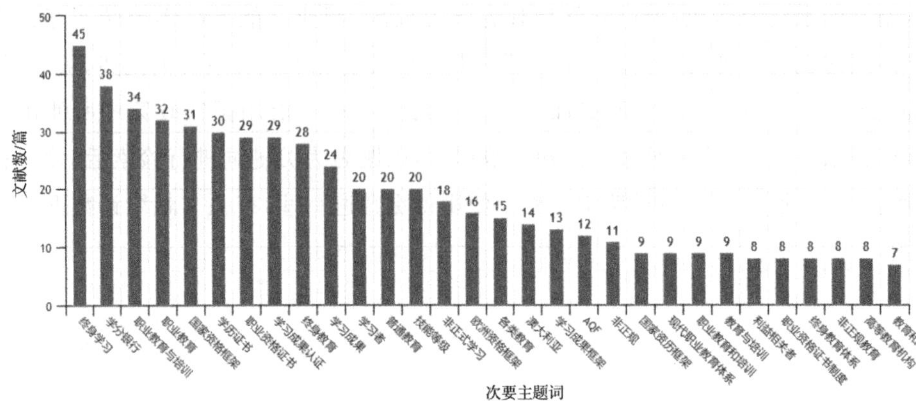

图 5-35　资历框架相关研究文献次要主题词分布情况

(二)国内资历框架应用现状

1. 国家层面

2013 年 4 月 2 日，时任教育部副部长鲁昕同志在全国行业职业教育教学指导委员会工作会议上作为官方机构代表，在其讲话稿《提高行业指导能力 深入推进产教融合 加快发展现代职业教育》中，首次提出了“建立健全职业教育学历、学位和职业资格衔接制度，推动形成国家资格框架，是积累技术技能，培养技术技能人才的重要举措”。

2016 年 3 月 17 日发布的《中华人民共和国国民经济和社会发展“十三五”规划纲要》，正式将“制定国家资历框架”列为国家“十三五”改革发展议题。

2016 年 7 月 13 日，教育部印发《推进共建“一带一路”教育行动》(教外〔2016〕46 号)，提出“加快推进本国教育资历框架开发，共商共建区域性职业教育资历框架”等要求。

2016 年 9 月 18 日，教育部印发《关于推进高等教育学分认定和转换的意见》(教改〔2016〕3 号)，提出“探索非学历学习成果学分认定和转换……将非学历学习成果，通过一定的标准和程序，经高等学校和自考机构认定后，可转换成相应课程学分”。

2016 年 10 月，全国教育科学规划领导小组办公室批准设立国家社科基金教育学重点课题“国家资历框架研究”。

2019 年 1 月 24 日，国务院印发《国家职业教育改革实施方案》(国发〔2019〕4 号)，提出“推进资历框架建设，探索实现学历证书和职业技能等级证书互通衔接；从 2019 年起，在有条件的地区和高校探索实施试点工作，制定符合国情的国家资历框架”。

2020 年 9 月 16 日，教育部等部门印发了《职业教育提质培优行动计划(2020—

2023年)》(教职成〔2020〕7号),提出"健全服务全民终身学习的职业教育制度:推进国家资历框架建设,建立各级各类教育培训学习成果认定、积累和转换机制"。

2021年6月10日,《学习成果框架等级标准》团体标准由中国标准化协会批准立项(中国标协2021〔168〕号),由国家开放大学提出,该标准由中国标准化协会牵头制定,初步形成了学习成果转换框架,如图5-36所示。

学习成果框架							LOF		
框架等级	普通教育		职业教育				继续教育		非正式教育
	基础教育	高等教育	职业学校教育	职业培训			学历继续教育	非学历继续教育	业绩与成绩
6		博士研究生毕业证书/学术/专业博士学位		职业技能等级证书	职业资格证书	其他职业培训证书……	博士学位	包括社区教育、老年教育、闲暇教育、职业继续教育培训等多种形式的非学历继续教育	工作经历 工作经验 工作技艺 技术成果 技术创新 技能竞赛 文化传承 文化休闲 作品奖励 ……
5		硕士研究生毕业证书/学术/专业硕士学位					硕士学位		
4		本科毕业证书学士学位	应用本科毕业证书/学士学位				本科毕业证书/学士学位		
3		专科毕业证书	高职毕业证书				专科毕业证书		
2	高中毕业证书		中职毕业证书						
1	初中毕业证书								
入门级									

图5-36　职业教育国家学分银行学习成果框架

对应的能力标准和详细指标描述如表5-28所示。

表5-28　框架通用指标

等级	知识	技能	能力
	知识被描述为具有事实性、基础性、技术性和理论性	技能被描述为基本技能、专门技能、特殊技能	能力被描述为在知识和技能应用过程中表现出来的自主性、判断力和责任感
1	具备进一步学习或初始工作需要的基础知识	具有能够完成一个学习或工作领域常规工作的基本技能	在高度结构化的环境下,在他人指导下,完成学习或工作任务,展示有限自主性

续表

等级	知识	技能	能力
等级	知识被描述为具有事实性、基础性、技术性和理论性	技能被描述为基本技能、专门技能、特殊技能	能力被描述为在知识和技能应用过程中表现出来的自主性、判断力和责任感
2	具备一个学习或工作领域必备的基础知识	具有能够完成一个学习或工作领域常规工作的基本技能；并在特定情况下能完成较为复杂的工作	在变化的但可预测的环境下，独立完成学习或工作任务；指导他人常规工作，承担评价和改进学习或工作的有限责任
3	具备一个学习或工作领域必备的基础理论和专门知识	具有一个学习或工作领域的基本技能和专门技能；并在特定情况下，能够运用专门技能完成较为复杂的工作	在不可预测的环境下，管理及指导他人工作；检查及提升自己和他人的工作表现
4	具备一个学习或工作领域全面的基础理论和专业知识，并对相关理论和原理进行批判性理解	具有一个学习或工作领域的专门技能和特殊技能；能够熟练运用基本技能和专门技能完成较为复杂的工作	在不可预测的环境下，管理复杂的技术或专业性活动/项目，并作出决策；能够管理自己及小组在专业方面的发展
5	具备一个学习或工作领域坚实的基础理论和系统的专门知识，并对一个领域和交叉领域的知识形成批判性认识	具有一个或多个学习或工作领域的专门技能和特殊技能；能够熟练运用基本技能和专门技能完成较为复杂的、非常规性的工作；在技术技能方面有所创新	在复杂多变、不可预测及需要新策略的环境下，管理和改变学习或工作环境；促进专业知识或实践的发展，并对团队整体工作表现负责
6	具备一个学习或工作领域坚实宽广的基础理论、系统深入的专门知识，了解交叉领域最先进、前沿的知识	具有一个或多个学习或工作领域的关键技能；能够熟练运用基本技能和特殊技能在本职业的各个领域完成高度复杂的、非常规性的工作；在技术攻关和工艺革新方面有创新	在崭新和不可预见的环境下，在学习或工作前沿，表现出高度的权威性、创新性、自主性、学术性和职业操守，并持续不断致力于新观念和新过程的发展

2021 年 10 月 12 日，中共中央办公厅、国务院办公厅印发了《关于推动现代职业教育高质量发展的意见》，文件明确提出“制定国家资历框架，建设职业教育国家学分银行，实现各类学习成果的认证、积累和转换，加快构建服务全民终身学习的教育体系”。

2022 年 4 月 12 日，“终身职业教育培训资历平台”（https://nqf.xinhuanet.com/）正式上线开通，为劳动者建立职业技能终身账号，记录学历教育、研学实践、职业培训和职业能力评价结果，并将教育培训成果纳入“终身职业教育培训资历平台”，形成数字化终身个人资历档案。

2. 省市层面

在国内，省级层面的资历框架制定与研究工作同样处于滞后阶段。目前，已公布方案的只有香港特别行政区与广东省，而其他省市还处于制定或准备制定状态。

2000 年，香港特区政府在《教育白皮书》中首次提出资历架构的概念，2002 年开始研制。

2007 年，香港颁布《学术及职业资历评审条例》（香港法例第 592 章），为设立资历架构及其相关质素保证机制提供了法律框架。2008 年 5 月 5 日，法例全面生效，同时资历架构亦正式推行。

2017 年 6 月 15 日，广东省质量技术监督局批准发布了《广东终身教育资历框架等级标准》（DB44/T 1988—2017），确定了广东省终身教育资历框架的基本结构及等级标准。

2018 年 3 月 14 日，上海市教育委员会发布《上海市终身教育工作要点》（沪教委终〔2018〕1 号），明确提出：“完善《上海终身教育资历框架（试行稿）》，开展行业试点，研究制定《上海终身教育资历框架试点行业能力标准》。”但相关文件至今仍未公布。

2020 年 9 月 28 日，重庆市终身学习学分银行管理中心成立，并发布了四级“职业教育和培训资历框架”，完成了职业教育和培训资历框架的一体化方案设计。

（1）香港资历框架。香港特别行政区在政府网站上设立资历架构模块（https://www.gov.hk/sc/residents/education/qf/index.htm），对相关内容及具体认证流程等进行了详细说明。香港资历框架分为七级，每个级别中包含知识及智能、过程、自主性及问责性，以及沟通、信息、通信科技与运算四部分。2012 年 10 月，香港特别行政区教育局局长宣布在资历架构下推出资历名衔计划及资历学分，资历名衔反映资历的性质及资历级别。资历学分则反映资历的学习量，资历名衔计划旨在规范资历架构认可的资历在名称方面的使用，并根据表 5-29 所示的级别及学分去区别不同课程及资历。

香港资历架构中的七个级别，每一个都是从“知识及智能”“过程”“自主性及问责性”以及“沟通、信息及通信科技及运算”四个维度进行说明，具体内容及相关描述如表 5-30 至表 5-33 所示。

表 5-29　香港特别行政区各级别可使用的资历名衔

<table>
<tr><th>级别</th><th colspan="7">各级别可使用的资历名衔</th></tr>
<tr><td>7</td><td colspan="7">博士(Doctor)</td></tr>
<tr><td>6</td><td>硕士
(Master)</td><td>深造文凭
(Postgraduate Diploma)
深造证书
(Postgraduate Certificate)</td><td rowspan="3">专业文凭
(Professional Diploma)
专业证书
(Professional Certificate)</td><td rowspan="3">高等文凭
(Advanced Diploma)
高等证书
(Advanced Certificate)</td><td rowspan="4">文凭
(Diploma)</td><td rowspan="6">证书
(Certificate)</td><td rowspan="4"></td></tr>
<tr><td>5</td><td colspan="2">学士(Bachelor)</td></tr>
<tr><td>4</td><td>副学士
(Associate)</td><td>高级文凭
(Higher Diploma)
高级证书
(Higher Certificate)</td></tr>
<tr><td>3</td><td colspan="4"></td></tr>
<tr><td>2</td><td colspan="5" rowspan="2"></td><td rowspan="2">基础证书
(Foundation Certificate)</td></tr>
<tr><td>1</td></tr>
</table>

表 5-30　知识及智能维度

资历级别	内容
1	展现并/或应用一般和基础知识于有限度范围之内的学习或工作领域中； 在熟悉、个人及/或日常环境下，运用基本智能； 凭借他人的构思，牢记并展现对事实的理解； 接收并传递信息。
2	展现并/或应用基础事实知识或实务知识于所选范围之学习或工作领域中； 在熟悉、个人及/或日常环境下，运用各种智能； 经初步考虑后作比较，并诠释现有信息。
3	展现并/或应用广泛的实务及理论知识于某学习或工作领域中； 在熟悉但偶然陌生的环境下，运用各类智能； 独立地取得、组织及评估信息，并作出合理的结论。
4	展现并/或应用广泛的知识根底及若干专门知识于某学习或工作领域中； 运用与某科目/学科/界别有关的各类智能，包括常用能力及若干专门能力； 呈报及评估信息，以作今后开展行动的有用依据。
5	展现并/或应用深层专门技术或理论知识于某学习或工作领域中； 运用各类专门智能，辅助某科目/学科/界别的既定工作； 根据广泛的信息来源，批判分析、评估及/或整合构思、概念、信息及议题。
6	展现对系统化及连贯的知识体系的驾驭能力，部分涉及某学习或专业实践领域之前沿； 在某研究领域，善用高度专门技术、研究或学术能力； 以批判角度，检讨、整合及扩展某科目/学科/界别的知识、技能、实践及思考方式。

续表

资历级别	内容
7	以批判角度,展现对某学习或专业实践领域之前沿知识体系及其相关理论和概念的整体理解,并明了及判断该体系与其他学科之间的广泛关系; 对某专门研究领域或跨学科的更广泛关系,做出重大而具原创性的贡献; 识别并提出具有原创性和创意的见解,将之概念化,并转化为崭新、复杂和抽象的构思及信息。

表 5-31　过程维度

资历级别	内容
1	在清楚界定和高度规范的环境下,从事有限度的常规及重复的工作; 在督导或提示下,使用基本工具和材料; 应用学习得来的应对能力解决问题; 在提示下,顾及已识别的工作后果。
2	在可预计及规范的环境下,从事各种工作; 应用基本的工具和材料,完成例行程序; 使用演习式的方法解决问题; 顾及可识别的工作后果。
3	在熟悉及若干陌生的环境下,运用已知范围内的技术性技能,从事各类工作; 对清楚界定但有时是不熟悉或未能预计的问题作出各类回应; 在熟悉的环境下,作概论和预测。
4	在不同的环境下,从事技术工作,当中涉及若干需酌情及创意处理的手法; 以逻辑推理和论证方法,进行常规的资料收集和数据分析,作为处理与专业水平有关的议题和问题的凭据; 在规划、筛选或呈报资讯、方法或资源等方面,作出恰当的判断。
5	将知识和技能应用于不同种类之技术、专业或管理工作; 识别及分析常规和抽象的技术/专业问题和议题,并制定有据可依的回应; 当执行与产品、服务、运作或流程相关的规划、设计、技术及/或管理等职能时,作出恰当的判断。
6	将知识及技能应用于广泛范围内专门的技术、专业或管理工作; 善用分析能力和创造力,执行与产品、服务、运营或流程有关的复杂规划、设计、技术及/或管理等赋能,当中包括资源配置和评估的工作; 设计并应用适当的方法,进行研究及/或参与高技术或专业工作; 从某范围的资料来源,审慎评估新的资讯、概念及证据,并在应对常规及抽象的专业问题和议题时,作出具有创意的回应; 在缺乏完整或一致的数据/资讯的情况下,处理复杂的议题,并作出有根据的判断。
7	将知识及技能应用于高度专门技术、专业或管理环境中广泛范围内复杂的工作; 展现对研究及运用方法策略的驾驭能力,并参与"批判性对话"; 在应对新情况下出现的问题及议题时,做出具有创意及原创性的回应; 在缺乏完整或一致的数据/资讯下,处理非常复杂及/或崭新的议题,并作出有根据的判断。

表 5-32　自主性及问责性维度

资历级别	内容
1	在紧密督导下，按指令工作； 工作成果的质量，由外部全面监控； 与他人互动沟通，以完成工作。
2	具备一定程度的自主，但仍需按指令工作； 对自己工作成果的质量负清楚界定的责任，并接受外部核查； 与他人协调，以达成共同目标。
3	在指导/评估下，从事自主工作； 对自己工作成果的质量负责，包括符合现行惯例之规定； 对他人工作成果的质量负清楚界定而有限的责任； 与他人合作时，调节自己的行为。
4	从事自主工作，若干为督导他人的工作； 根据广泛及通行的指引工作，并符合指定的素质标准； 对自己工作成果的质量负责； 督导他人，并对其工作成果的质量负若干责任，包括符合现行惯例之规定； 对团体的表现做出贡献。
5	在大概范畴下，承担责任及责任追究问题，并达至个人及/或小组的工作成效； 在合资格的资深从业员的指导下工作； 处理道德议题，并适时寻求指导。
6	行使重大的自主权，以决定并达至个人及/或团体的工作成果； 对取得有关成果的决策负责； 展现领导才能，并就变革、发展等方面，做出明显的贡献； 处理复杂的道德和专业议题。
7	高度自律，对自身的工作负全部责任，并对他人的工作负重大责任； 在应对崭新和不可预见的情况时，展现领导才能和原创性，并对有关决策负责； 处理非常复杂的道德和专业议题。

表 5-33　沟通、信息及通信科技、运算维度

资历级别	内容
1	在熟悉及惯常的环境和协助下，运用有限而简单的技能； 以有限而简单的书面及口头形式，作沟通响应，并就简单直接的话题，参与部分讨论； 执行有限范围的简单工序，处理数据及获取信息； 运用有限范围内简单而熟悉的数字及图像数据。
2	在熟悉及惯常的环境和协助下，运用各种常用技能； 从文件中指出重点及意思，并在其他情况下复述出来； 以指定的书面及口头形式，作沟通响应，并就已知课题主动参与讨论； 执行清楚界定的工序，处理数据及获取信息； 运用各种熟悉的数字及图像数据。
3	在熟悉及若干陌生的环境下，运用多类常用并操练纯熟的技能； 以详细和复杂的书面及口语形式，作沟通响应，并运用适当的表达方式及风格，向对象做出陈述； 运用各类标准信息及通信科技应用程序，获取、处理及整合信息； 运用各类数字和图像数据，支持工作或学习。

续表

资历级别	内容
4	在熟悉的若干新环境下，运用与某科目/学科/界别有关的常用技能和若干高阶技能； 以条理清晰的手法，组织、整合和呈报信息，并以结构严谨的模式，传达复杂的构思； 运用各类标准信息及通信科技应用程序，支持及提高工作效能； 运用及评估数字和图像数据，衡量工作进度，以达到目的及/或目标。
5	运用若干高阶及专门技能，辅助某科目/学科/界别的既定工作； 积极参与小组讨论，并向不同对象，就某科目/学科/界别的一般/主流课题，作正式及非正式的表述； 运用信息及通信科技应用程序的若干高级功能，支持及提高工作效能； 诠释、运用及评估数字和图像数据，以设定及达到目的/目标。
6	运用高阶技能和专门技能，辅助某科目/学科/界别的学术和专业工作； 运用适当的方法，与不同对象沟通，包括同辈、资深同僚及专家等； 运用信息及通信科技应用程序的高级功能，支持及提高工作效能，并识别优化方法及/或新的规格，从而提高效益； 从批判角度，评估数字和图像数据，以作决策之用。
7	运用高阶技能和专门技能，辅助某科目/学科/界别中前沿和重要的学术和专业工作； 以发表学术著作及/或参与“批判性对话”的标准，有策略性地运用沟通技巧，并根据不同对象和处境，调节内容和目的； 运用资讯及通信科技应用程序的高级功能，并就预期的需要，指明要求规格； 从批判角度，评估数字和图像数据，并广泛运用，以作开发新知识和创新做法之用。

(2)广东省。广东资历框架将各类教育与培训及业绩成果也划分为1—7级，各级具体内容如图5-37所示。

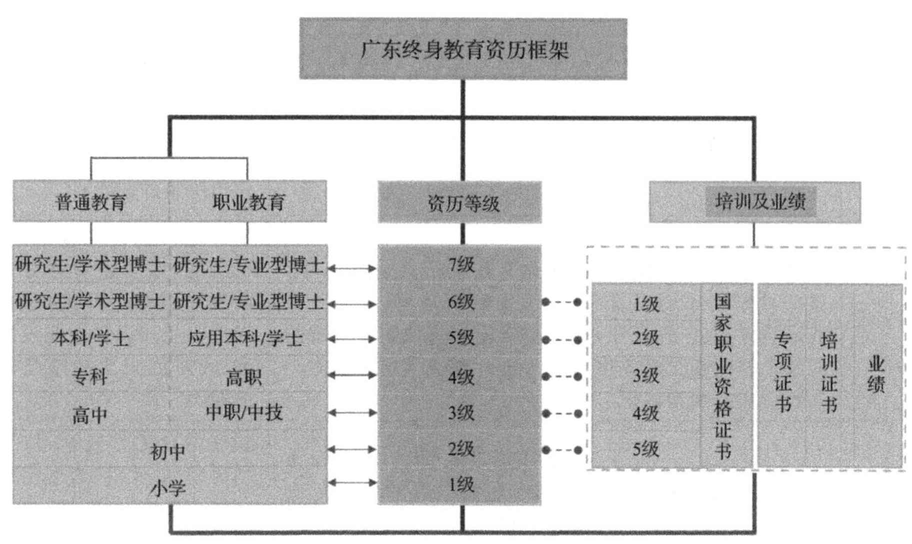

注：“/”表示或，如“本科/学士”表示本科或学士。

图5-37　广东省资历框架关系

广东资历框架的设计是参考欧盟等地方的资历框架结构设计，并从知识、技能、能力三个维度出发，对1—7级的各个等级的标准内涵进行了详细描述，如表5-34所示。

表5-34 广东终身教育资历框架等级标准

级别	知识	技能	能力
第1级	掌握工作或学习所需要的基本的常识性简单知识。	具有完成简单任务的基本技能。	能够在他人直接指导下完成简单的学习或工作任务。
第2级	掌握工作或学习所需要的基础知识。	具有应用相关信息和简单工具，完成常规任务的基本技能。	能够在他人的指导下在一定程度上自主地完成学习或工作任务。
第3级	掌握某个工作或学习领域所需要的事实性和理论性知识。	具有在某个工作或学习领域中选择和应用相应的信息、工具和方法，解决具体问题和完成相应任务所需要的技能。	能够在变化但可预测的环境中，基于工作或学习的指引进行自我管理，监督他人的常规工作，承担评价和改进工作或学习的有限职责。
第4级	掌握某个工作或学习领域所需要的综合、专业、理论的知识，并了解知识应用的范围。	具有创新性地解决抽象问题的综合性的认知和实践技能。	能够在不可预测的工作或学习环境中，履行管理和指导的职责，评估和改进自己和他人工作或学习的表现。
第5级	掌握某个工作或学习领域所需要的高层次知识，对理论和原理进行批判性理解。	具有在某个专业的工作或学习领域中，具有创新性地解决复杂和不可预测问题的高级技能。	能够在不可预测的工作或学习环境中，管理复杂的技术或专业项目，承担管理个人和团队专业发展及作出决策的职责
第6级	掌握某个工作或学习领域中高度专业化知识，包括某些可作为原创思维和/或研究基础的前沿知识；对某个领域和交叉领域的知识形成批判性认识。	具有在研究和/或创新中，为发展新知识、新工艺及整合不同领域知识所需的专业化解决问题的技能。	能够应对和改变复杂、不可预测、需要新策略方法的工作或学习环境，承担促进专业知识和实践发展和/或评估团队战略绩效的职责。
第7级	掌握某个工作或学习领域及交叉领域最先进的前沿知识。	具有最先进的技能和方法，包括综合和评价，解决在研究和/或创新中的关键问题，扩展和重新定义已有知识和专业化实践。	能够站在工作或学习（包括研究）的前沿，表现出高度的权威性、创新性、自主性、学术性和职业操守，能持续不断地形成新的理念和方法。

随着国家经济发展战略的调整，相关产业结构也迎来了大规模调整，广东省作为经济发达的沿海省份，与港澳相邻，尤其是在国家划定粤港澳大湾区之后，如何将现有的广东资历框架体系与港澳地区进行有机地融合，促进市民进行有效地职业学习，以适应粤港澳大湾区的产业结构需求，一度成为理论研究的空白。基于此，有学者在充分考虑港澳两地已有的资历框架基础之上，构建了香港、澳门和广东省都能对接的国家资历等级标准对接参照系①，如图 5-38 所示。

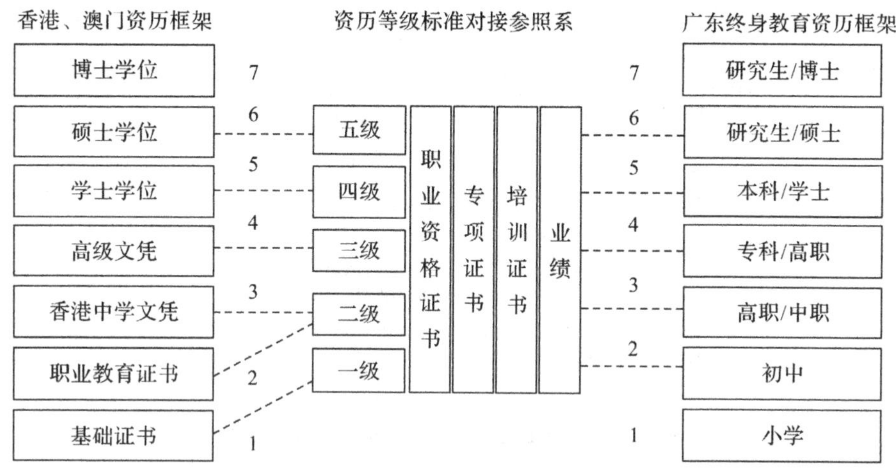

图 5-38　粤港澳大湾区资历框架构建

(3)重庆市。2018 年 10 月 14 日，重庆市发布了《关于加快建设终身学习学分银行及服务体系的意见》(渝文备〔2018〕1354 号)，提出“按照资历框架所规定的知识、技能和能力的层级标准，定期考核教学、学习情况，监督教学与学习过程；严格学习成果认定程序和标准、审核学分认定和转换结果，保障学分认定和转换的质量，提高学分银行信用等级，增强学分银行制度的权威性和公信力”。

2019 年 11 月 4 日，重庆市发布了《重庆市终身学习学分银行建设工作方案》(渝教高发〔2019〕16 号)，提出“制定资历框架，明确资历标准、等级、类型及其转换关系”。

2020 年，由重庆工商职业学院牵头制定了重庆职业教育和培训资历架构及等级标准。资历框架将所有学习成果的层次从低到高分别对应 1—4 级，同时在横向上从“知识、技能、能力、态度和价值观”四个维度进行考查，具体如图 5-39 所示。

---

①张志强，龙芸. 广东终身教育资历框架现状与展望[J]. 中国多媒体与网络教学学报(中旬刊)，2021(9)：227-229.

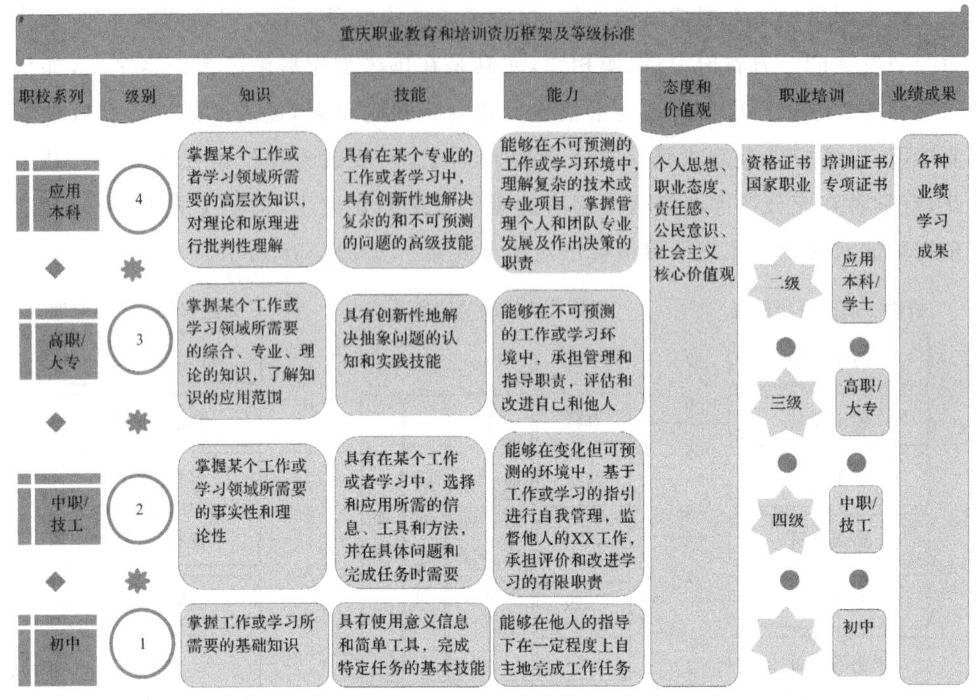

图 5-39　重庆职业教育和培训资历架构及等级标准

三、江苏省资历框架建构

江苏省的学分银行建设起步较早，且已经建立了相应的管理机制，但在资历框架建设方面的进度缓慢，目前仍然没有正式的文件出台。

（一）发展历程

2013 年 12 月 9 日，江苏省教育厅发布《江苏省终身教育学分银行管理办法（试行）》（苏教规〔2013〕3 号），拉开了江苏省资历框架体系建设的序幕。

2015 年 12 月 8 日，江苏省出台了《江苏省终身教育学分银行实施细则》（苏学银办〔2015〕1 号），对学分银行的建设及学习成果认定等做了具体说明。

2021 年 10 月 20 日，江苏省出台《关于印发江苏开放大学（江苏城市职业学院）学习成果认定和转换规定（试行）的通知》[苏开大（苏城院）〔2021〕58 号]，对学习成果认定作了进一步界定。学习成果是指在校学习的各类学生，通过参加相应课程、培训、各类实践项目，学科、技能竞赛，文体活动，国（境）外研修，各类资格、技能等级、能力水平考试等取得的成果，以及工作业绩和发明创造、学术论文等具有一

定创新意义的成果。

2022年1月4日，江苏省发布《终身教育学分银行管理暂行办法》(苏教规〔2021〕2号)，对职业资格、培训证书等非学历教育学习成果认定进行详细规定。

(二)学习成果认定框架

1.成果框架

为了更加具体地对学习成果进行定级、转换，江苏省对终身学习成果的类型及等级的详细标准进行了具体描述，建立了对应的相互转换标准。江苏省终身学习资历框架分为6级，将普通教育、职业教育及非学历教育进行对应，相关标准如表5-35所示。

表5-35　江苏省终身教育学习成果框架

框架等级	各级别包含的学习成果类型					其他
	学历教育(指组成学历的具体课程和教学环节)		非学历教育(指组成学历的具体课程和教学环节)			
	普通教育(含学历继续教育)	职业教育(含学历继续教育)	职业资格证书/职业技能评价	职业技能等级证书(X证书)	综合证书/专项证书(含非学历继续教育)	业绩
6级	研究生/学术博士					依据标准评估认证后确定等级
5级	研究生/学术硕士	研究生/专业硕士	一级		依据标准评估认证后确定等级	
4级	本科/学士学位	应用本科/学士学位	二级	高级		
3级	专科	高职	三级	中级		
2级	高中	中职	四级	初级		
1级	初中		五级			

2.拓展完善空间

通过对比广东、香港及重庆的资历架构建设情况，可以发现江苏省的学习成果认定类型还有完善的空间，具体如下。

(1)框架等级的评价标准需要进一步明确。既然是学习成果转换，涉及非学历学习及非正式学习，仅靠学位获得及学历经历来进行等级认定，在操作上还存在一定的提升空间，这方面可以学习香港资历框架的建设思路，加入具体的技能学习及能力提升等方面考核。

(2)出台制度,为操作实施提供依据。江苏省终身学习学分银行、在线学习等资源都建立得很完善,相关制度也对相关内容和操作规范进行了界定,很多学校业已提供相应的兑换标准,但是在省域层面的跨领域转换方面,缺乏统一架构,使得江苏省的学历教育、职业教育进行互认推进缓慢。

第五节 1+X证书制度建设

一、职业资格证书制度

职业资格是指对劳动者从事某一职业所必备的学识、技术和能力的基本要求,是反映劳动者具备某种职业所需要的特定技能、专门知识和工作经验的证明。不同于学历文凭证书,职业资格证书更直接、更准确地反映了职业的实际工作标准和操作规范的要求,反映了劳动者从事这种职业所达到的实际能力水平。

(一)国外职业资格证书制度简介

欧美等经济发达国家的职业资格证书制度发展较早,制度相对完善,其中英国职业资格证书制度与德国"双元制"职业教育模式和职业资格证书制度相对成熟。

1.英国

英国是最早开展职业教育的国家之一,其国家资格证书制度最早在1921年开始实施于机械工程领域。经历了20世纪70年代的欧洲经济危机后,英国逐步调整原有职业教育体系的发展目标,以期重构一套更符合现代社会需求的全新的职业教育体系。

1986年,英国教育科学部和就业部联合发表了题为《共同工作:教育和培训》(Working Together:Education and Training)的白皮书,确定了以"能力标准"作为国家就业行为目标,执行以"能力展示"(demonstration of competencies)形式获得职业资格的原则,注重学生操作能力的培养。同年10月,英国议会接受建议,成立了国家职业资格委员会(The National Council for Vocational Qualifications,简称NCVQ),在全国范围内推行以工作能力为基础的国家职业资格证书制度(national vocational qualifications,简称NVQ)。该制度的框架主要由学习、课程、支持与评估四个部分组成,职业资格证书全国范围内通用,并提出职业资格证书与学历文凭具有同等的效力。每个NVQ分为五个难度等级标准,从工作性质方面划分为重复性的熟练操作岗位标准、技术操作岗位标准、技术管理岗位标准、企业管理岗位标准和科学研究岗位标准等；从学历方面讲，五个等级涵盖了中等职业、高等职业、本科职业及硕士职业。

2001年，NCVQ和学校课程与评价委员会（School Curriculum and Assessment Authority，简称SCAA）合并成立国家资格与课程委员会（Qualifications and Curriculum Authority，简称QCA），统一管理教育考试和职业资格鉴定，并负责整个英国的国家职业资格证书（NVQ）和新开发的普通国家职业资格证书（general national vocational qualifications，简称GNVQ）的认证与推广。其中，GNVQ相当于NVQ的1—4级。

2. 德国

德国“双元制”是目前世界上比较成功的职教办学模式之一，起源于中世纪的手工业培训。在14—15世纪，德国主要城市中行会学徒制度已经较为发达（按照学徒—满师徒工—师傅这三个层次培养）。①

1810年，由于新兴的资本主义发展需要，德国实行营业自由，为资本主义的发展开拓空间，提供劳动力。

1869年，通过《北德意志工商条例》，取消行业准入及强制入籍制度，进一步扩大劳动力供给，使得大批学徒进入工厂，为资本主义工厂生产提供劳动力，但同时生产工人技能严重下滑，其生产制造水准严重下滑，在很大程度上影响了国家的工业竞争力。

1887年，发布《手工业保护法》（Handworker Schutzgesetz），让学徒制重回行会的集体管制，对学徒的技能标准进行监管（主要是技能的考核与认证权力），以提高工厂工人的生产技能。该法赋予手工业行会在学徒制培训事务中拥有更大的权力：一是带徒资格，规定只有通过手工业行会的技工考核且年满24周岁的工人或在手工业部门独立工作至少5年的人，才有带徒资格；二是考核资格，即手工业行会负责主持制度化的学徒技能考核体系；三是培训资格，即手工业行会有权评估手工业企业学徒培训的情况，并授予或取消其培训资格。②

1890年，由手工业协会向工匠师颁发“大资格证书”（Grosser Befaehigungsnachweis）的议案没有被联邦议院通过，而“小资格证书”（Kleine Befaehigung-

①关晶. 西方学徒制的历史演变及思考[J]. 华东师范大学学报（教育科学版），2010，28(1)：81-90.

②凯瑟琳·西伦. 制度是如何演化的：德国、英国、美国和日本的技能政治经济学[M]. 王星，译. 上海：上海人民出版社，2010：67.

snachweis)作为“大资格证书”的部分替代功能得到了通过，即只有获得证书的师傅才能被授予培训徒弟的权利。

1897年、1908年分别对《手工业保护法》再次修订，以充分维护手工业行会的权利，这为德国技能体系的形成打下了坚实的基础，也成为德国职业培训“双元制”——企业培训一元的基础。

18世纪，德国开始出现一种进修学校(Fortbildungsschulen)，既作为普通教育建立的基础，服务于“星期日学校”(Sonntagsschule)，毕业的青年，也作为商业学校，服务于手工业行会。

19世纪后半叶，德国的人口快速发展，大量男性青年待业。为了解决就业问题，凯兴斯坦纳(Georg Kerschensteiner)提出把进修学校转变为定向学生职业培训机构，建立中产阶级政策。后来进修学校逐渐演变成了所谓的“新职业学校”(Neue Berufsschule)。

1936年，德国手工业行会对资格考试的垄断被打破，其对职业培训领域的优势地位也被消解，工业行会也具有了与手工业同样的负责认证和管理技术工人培训的权力。

1937年，“职业学校”(Berufsschulen)这一标准的名字被使用，中央政府开始组织企业内培训，学校也被强制使用标准课程(皇家课程)。

1969年底，德国的第一部职业教育法(Berufsbildungsgesetz，简称BBiG)通过，标志着德国“双元制”的正式确立。

所谓“双元制”职业教育模式，是指教育机构和企业联合举办职业教育，企业和职业学校、教师和企业培训师共同来培养学生，最大限度地利用学校和企业资源优势，强调理论和实践相结合，从而培养出既具有专业理论知识，又具有专业技术和技能及解决职业实际问题能力的高素质技术人才的一种教育制度。参加“双元制”职业教育的年轻人要与企业签订职业教育合同，他们具有学员和学徒的双重身份，在学校进行理论学习，在企业接受实际操作技能培训。在企业的培训结束时，学徒参加行业协会组织的考试，通过结业考试者可获得相应的职业资格证书和学历证书。

(二)我国国内职业资格证书制度发展进程

1993年7月9日，劳动部颁发《职业技能鉴定规定》(劳部发〔1993〕134号)，以加强职业技能鉴定社会化管理。

1993年11月14日，党的十四届三中全会通过《中共中央关于建立社会主义市场经济体制的若干决定》，明确提出“要制订各种职业的资格标准和录用标准，实行学历

文凭和职业资格两种证书制度，逐步实行公开招聘，平等竞争，促进人才合理流动”。

1994 年 2 月 22 日，劳动部、人事部颁发《职业资格证书规定》(劳部发〔1994〕98 号)，提出“国家职业资格证书参照国际惯例，实行国际双边或多边互认”。

1994 年 6 月，劳动部成立职业技能鉴定中心（现为人力资源和社会保障部职业技能鉴定中心），负责全国职业技能鉴定技术指导和组织实施工作。

1995 年 1 月 17 日，人事部颁发了《职业资格证书制度暂行办法》(人职发〔1995〕6 号)，在全国范围内开展职业技能鉴定，推行职业资格证书制度。职业资格证书分为“从业资格证书”和“执业资格证书”。自此，拉开了国内职业资格证书认证和推广的序幕。

1999 年 6 月 13 日，中共中央、国务院发布《关于深化教育改革全面推进素质教育的决定》，提出“大力发展现代远程教育、职业资格证书教育和其他继续教育”。

2002 年 1 月 3 日，上海首次面向在校大学生开展“现代建筑智能化设施”职业资格鉴定考试。当时，上海首批推出的高校学生职业资格鉴定，包括现代建筑智能化设施、汽车、机械、电气自动化控制、国际贸易和计算机等六个大类专业，考试通过即可获得国家认可的高等学校学生职业资格证书。

2007 年 12 月 31 日，国务院办公厅印发了《关于清理规范各类职业资格相关活动的通知》(国办发〔2007〕73 号)，对职业资格考试加以完善。

2014 年 8 月 13 日，人社部发布《关于做好国务院取消部分准入类职业资格相关后续工作的通知》(人社部函〔2014〕144 号)，对相关的职业资质准入等内容进行规范。

2017 年 9 月 12 日，人力资源和社会保障部印发《关于公布国家职业资格目录的通知》(人社部发〔2017〕68 号)，对职业资格目录进行规范。

2019 年 1 月 17 日，人力资源和社会保障部在官方网站上发布了调整后的《国家职业资格目录》，会计从业资格因法律修改调出了《国家职业资格目录》。《国家职业资格目录》共计 139 项职业资格。其中，专业技术人员职业资格 58 项，含准入类 35 项，水平评价类 23 项；技能人员职业资格 81 项，含准入类 5 项，水平评价类 76 项。税务师职业资格列“专业技术人员职业资格”第 51 项。

2021 年 12 月 2 日，人力资源和社会保障部公布 2021 年版《国家职业资格目录》，国家职业资格目录共计 72 项职业资格。其中，专业技术人员职业资格 59 项，含准入类 33 项，水平评价类 26 项；技能人员职业资格 13 项。

(三)国内职业技能等级鉴定发展进程

职业资格证书属于行业从业标准，即劳动者具有从事某一职业所必备的学识和技能的证明，属于从业资格评价；而职业技能等级是劳动者在所从事职业领域所拥有的能力水平，属于职业能力评价，要通过相关的技能测试合格后颁发，往往与从业人员的薪酬挂钩，我国的职业技能等级制度在不同的历史发展时期有着不同的认定标准。

1. 八级工制度的源起

我国职业技能等级制度源于技能薪酬制。20 世纪 50 年代，正处于新中国成立初期，国内各项事业百废待兴，工业基础非常薄弱，很多工厂生产能力都有限。为此，为了更好提高工人对技术钻研的积极性，我国开始借鉴苏联的工资模式。自此，“八级工资制”登上了历史舞台。

1950 年 6 月 19 日，东北人民政府发布了《关于调整公营产业工人、技术人员工薪及改行八级工资制的指示》。1952 年开始，华北、华东、中南、西北、西南等行政区，也先后实行了各自适宜的八级工资制。1956 年，在国务院的领导下，正式建立并全国推行八级工资制。本书以当时第七机械工业部指数企业生产工人现行工资标准表为例，对八级工的工资水平进行对比，具体如表 5-36 所示。

表 5-36　第七机械工业部指数企业生产工人现行工资标准　　单位：元

工种	工资标准								适用地区
	一级	二级	三级	四级	五级	六级	七级	八级	
生产工人	32.00	37.70	44.42	53.32	61.63	72.61	85.54	100.80	桂林
	32.50	38.29	45.11	53.14	62.60	73.74	88.87	102.38	长治、泸州
	32.50	38.30	45.10	53.10	62.60	73.70	86.90	102.10	成都
	32.50	38.00	45.00	53.00	62.50	73.50	87.00	102.50	重庆
	33.00	38.87	45.80	53.96	63.56	74.88	88.21	103.95	哈尔滨
	33.50	39.46	46.50	54.77	64.50	76.01	89.00	105.90	南京
	35.50	41.71	49.06	57.62	67.70	79.56	93.47	110.50	北京
	35.50	41.93	49.52	58.47	69.05	81.54	96.31	113.60	沈阳、哈尔滨、大同
	35.0	42.41	49.97	58.88	69.34	81.68	96.23	116.40	西安
	35.0	42.522	50.00	59.29	70.02	82.69	97.69	115.20	西安
	37.0	43.48	51.10	60.05	70.56	82.92	97.42	114.70	北京、呼和浩特
	39.20	48.08	54.20	63.65	74.76	87.92	103.22	121.60	上海
	42.40	49.40	57.50	66.90	77.80	90.60	105.40	123.00	上海、北京

通过表 5-36 可以看出，八级工的工资可以是一级工的 3 倍以上，八级工数量占比低于 6%，有的八级工比厂长的工资还高，八级工的工资制度给当时的企业生

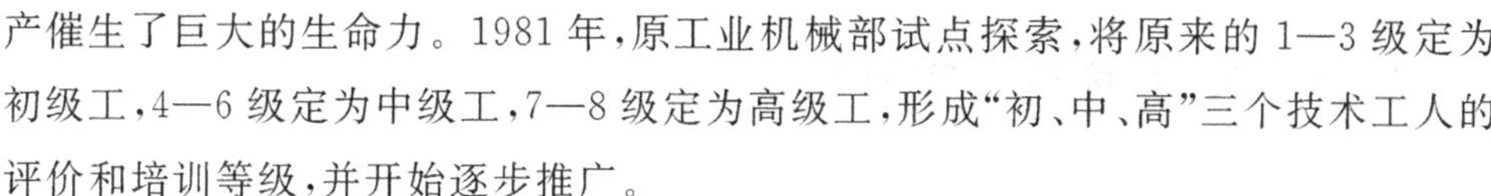

产催生了巨大的生命力。1981年,原工业机械部试点探索,将原来的1—3级定为初级工,4—6级定为中级工,7—8级定为高级工,形成"初、中、高"三个技术工人的评价和培训等级,并开始逐步推广。

1983年4月25日,劳动部发布《工人技术考核暂行条例》,规范技术考核标准。

1987年6月20日,劳动部发布《关于实行技师聘任制的暂行规定》(劳人培〔1987〕16号),规定"技师必须经过考核、评审。技师的考核、评审工作,县级以上(不含县级)的行业归口部门已成立工人技术考核委员会的,由该委员会负责;未成立工人技术考核委员会的,可成立技师考评组织,负责技师的考核、评审工作"。

1989年,劳动部发布《关于评聘高级技师试点工作的意见》(劳培字〔1989〕15号),规定高级技师考核办法。

1990年7月12日,劳动部发布《工人考核条例》(劳动部令第1号),标志着我国基本形成了技术工人考核制度,确立了初级、中级、高级、技师和高级技师等五个等级的技术工人考核体系,为实现职业技能鉴定社会化管理和推行国家职业资格证书制度奠定了坚实的基础。

2.新八级工制度

2022年4月27日,人社部发布《关于健全完善新时代技能人才职业技能等级制度的意见(试行)》(人社部发〔2022〕14号,简称《意见》)。该《意见》提出"健全职业技能等级制度体系。企业根据技术技能发展水平等情况,结合实际,在现有职业技能等级设置的基础上适当增加或调整职业技能等级。对设有高级技师的职业(工种),可在其上增设特级技师和首席技师等技术职务(岗位),在初级工之下补设学徒工,形成由学徒工、初级工、中级工、高级工、技师、高级技师、特级技师、首席技师构成的职业技能等级(岗位)序列。行业企业根据自身特点,考虑历史沿用、约定俗成等因素,对上述技能等级名称可使用不同称谓,并明确与其余相应技能等级的对应关系"。

另外,《意见》要求"促进职业技能等级认定结果与培养使用待遇相结合,建立与职业技能等级(岗位)序列相匹配的岗位绩效工资制"。

通过上述文件的引述,可见《意见》的实施,不但既系统化地健全、完善了职业技能等级制度,也为职业技能等级认证制度的实施提供了依据,还为职业从业人员的技能得到社会的认可提供了保障。

二、1+X 证书制度实施机制

(一)本质内涵

目前有关"1+X"的称谓有两种表述。一种为上海市在2002年左右推出的一种职业技能鉴定考核方式;另一种为2019年,教育部等部门推出的"学历证书+若干职业技能等级"证书制度,依据职业标准,社会培训评价职业技能等级分为初级、中级、高级、技师、高级技师。

1.1+X:鉴定培训与考核

2002年3月,上海市劳动保障局对已经具备条件的职业试行1+X鉴定、培训与考核,这是上海根据经济社会发展的需要,在职业培训领域中新推出的一种职业技能鉴定考核方式。"1"代表国家职业标准和鉴定题库,"X"是指在国家职业标准基础上对职业标准和鉴定题库进行提升,即对传统的职业知识和技能要求进行提高,增加新知识、新装备、新技术、新工艺及新材料等方面的内容,并制定详细的鉴定考核目录,以提高人才的技能。此后,中国劳动社会保障出版社出版了大量的1+X教材,以适应考核需求。

2.1+X:"学历证书+若干职业技能等级证书"制度

随着中国经济的快速发展,社会产业结构调整加快,企业所需的生产技术更新迅速,学校教育难以满足企业需求。为了更好地适应社会发展需求,提高人才培养质量,教育部在借鉴国外先进的和成熟的职业技能培训和职业资格证书制度经验的基础之上,开始在部分院校实施1+X证书制度试点。1+X证书制度是建立在我国传统的职业资格证书之上的制度改革,需要建立在职业资格证书体系运行经验的基础之上,将学历教育与非学历教育的职业技能评价体系结合起来,是学历教育和非学历教育之间沟通的桥梁,是终身学习体系建设的重要举措。"1"是指学历证书,是学生在现有的学校教育体系中,完成相应的学业学习和考核,所取得的证书;"X"是多种职业技能证书的统称。这些职业技能证书不是职业资格证书,也不是国外的资历证书,侧重的是职业技能的等级性,而不是职业技能的门槛准入标准。1+X是将学历教育("1")的基础性作用与社会化评价("X")进行结合的一种创新机制。

1+X制度遵循"三同两别"原则管理,"三同"是:院校外、院校内试点培训评价组织(含社会第三方机构,下同)对接同一职业标准和教学标准;两部门目录内职业技能等级证书具有同等效力和待遇；在学习成果认定、积累和转换等方面具有同一效能。“两别”是：人力资源和社会保障部、教育部分别负责管理、监督、考核院校外、院校内职业技能等级证书的实施（技工院校内由人力资源和社会保障行政部门负责）。

（二）发展过程

2019 年 1 月 24 日，国务院印发《国家职业教育改革实施方案》（国发〔2019〕4 号）（简称“职教 20 条”），提出“从 2019 年开始，在职业院校、应用型本科高校启动‘学历证书＋若干职业技能等级证书’制度试点（以下称 1＋X 证书制度试点）工作，构建职业教育国家标准”。

2019 年 4 月 4 日，教育部等部门联合印发《关于在院校实施“学历证书＋若干职业技能等级证书”制度试点方案》（教职成〔2019〕6 号），启动 1＋X 证书制度试点工作，提出“探索建设职业教育国家‘学分银行’，构建国家资历框架”。

2019 年 4 月 23 日，人力资源和社会保障部、教育部印发了《职业技能等级证书监督管理办法（试行）》（人社部发〔2019〕34 号），对相关职业技能资格证书做出具体规定，职业技能等级证书由参与试点的培训评价组织分别自行印发。

2019 年 10 月 16 日，教育部办公厅等十四部门印发《职业院校全面开展职业培训　促进就业创业行动计划》（教职成厅〔2019〕5 号），提出“加快推进 1＋X 证书制度试点工作，开展 1＋X 证书制度试点的院校要发挥示范引领作用”。

2019 年 11 月 6 日，来自全国 18 所职业院校的 702 名学生参加考核，其中 288 名学生通过考试，拿到了国家职业教育改革首批 1＋X 职业技能等级证书——建筑信息模型（BIM）国家职业技能等级证书。

2019 年 11 月 9 日，教育部办公厅、国家发展改革委办公厅及财政部办公厅联合印发了《关于推进 1＋X 证书制度试点工作的指导意见》（教职成厅函〔2019〕19 号），提出“2020 年起，将 1＋X 证书制度试点师资培训纳入职业院校教师相关培训规划中”。

2020 年 1 月 11 日，教育部职业教育与成人教育司发布《关于职业技能等级证书信息管理服务平台和职业教育国家学分银行信息平台试运行工作的通知》（教职成司函〔2020〕4 号），职业技能等级证书信息管理服务平台（简称 X 证书服务平台），正式开通启用，官网地址为：https://vslc.ncb.edu.cn/。

（三）建设现状

教育部先后于 2019 年 4 月（第一批，教职所〔2019〕67 号）、2019 年 9 月（第二批,教职所〔2018〕144号)和2020年1月(第三批,教职所〔2019〕101号)、2020年12月(第四批,教职所〔2020〕206号)累计公布了四批447个职业技能等级证书作为试点,涉及培训评价组织共计301家,各批次分布如表5-37所示。

表5-37 1+X证书各批次培训评价组织数量及开发证书情况

批次	发布时间	培训评价组织/家	证书数量/个
第一批	2019年4月	5	6
第二批	2019年9月	10	10
第三批	2020年1月	63	76
第四批	2020年12月	270	355
累计		301	447

根据培训评价组织的性质,从企业、行业协会、研究机构、事业单位、民办非企业等五大类别进行统计分析,可以看出培训评价组织的分类如表5-38所示。

表5-38 培训评价组织性质的类别情况

培训评价组织性质	培训评价组织数/家	占比/%	证书数/种	占比/%
企业	283	94.02	425	95.08
行业协会	8	2.66	10	2.24
研究结构	7	2.33	8	1.79
事业单位	2	0.66	2	0.45
民办非企业	1	0.33	2	0.45
累计	301	100	447	100

相关统计数据显示,全国前三批1+X证书制度试点,共确定了92个职业技能等级证书、22949个试点学校,前三批次涉及的学校数量分布如表5-39所示。

表5-39 1+X证书认定批次分布

批次	证书数量	试点项目数量			
		中职院校	高职院校	本科院校	总计
第一批	6	689	1155	144	1988
第二批	10	1047	1972	259	3278
第三批	76	6551	8555	2577	17683
第四批	355				
总计	447	8287	11682	2980	22949

截至2022年10月,对于已经公布的四批1+X证书试点机构,涉及301家培训评价组织,分布于24个省区市,平均每个省市约13家。其中,数量居于首位的

是北京市，共162家，涉及职业技能等级证书共251种；位居第二的是广东省，共28家，涉及证书44种；位居第三的是江苏省，共20家，涉及证书31种，各省区市具体数据如表5-40所示。

表5-40　培训评价组织及其开发证书的省区市分布

序号	所属省区市	培训评价组织数/家	证书数/种	序号	所属省区市	培训评价组织数/家	证书数/种
1	北京	162	251	13	安徽	3	4
2	广东	28	44	14	黑龙江	3	5
3	江苏	17	31	15	河北	2	3
4	浙江	16	28	16	河南	2	2
5	上海	9	18	17	天津	2	2
6	山东	6	14	18	甘肃	1	1
7	湖北	6	9	19	广西	1	1
8	福建	6	6	20	湖南	1	2
9	四川	6	6	21	吉林	1	1
10	湖南	4	6	22	山西	1	1
11	辽宁	4	6	23	新疆	1	1
12	陕西	4	4	24	重庆	1	1

（四）问题思考

随着1＋X证书制度的推广，试点单位和证书的种类逐步增加，各个省区市已成立相关的制度加以推进，但其效果和预期社会效果与期望仍有差距。

1. 社会认可度问题

本书从前四批1＋X评价组织的性质看出，大部分是相关企业，行业协会偏少，具有评价资格的行业占2.66％，证书种类占2.24％。行业协会作为一个行业的协调组织，具有对该行业的发展方向及未来趋势预测的职能，亦具有一定的权威性和系统性。因此，行业协会进行认定将会更加系统和具有社会认可度。另外，对于普通的企业来说，其发展受规模影响，如果不是行业的最前沿的代表，其所制定的相关技术标准及认定条件的社会认可度会有所降低。这也是近三年来1＋X证书制度在具体推行过程中所存在的问题。

2. 协调统一问题

1＋X证书制度实施过程中涉及评价企业、组织主管部门及试点学校的三种类型主体，三者协调还需要进一步完善。主管部门负责审核评价企业、管理试点学校，都属于行政直接主导，但是评价主体与实施单位之间确实有关联，这就使得很多评价标准及推行规划看似很完美，但在具体实施过程中，试点单位与评价单位之间不存在强关系，这使得评价结果处于不可监控状态。这一方面还是需要充分吸收德国的“双元制”经验，即企业培训的认定结果与从事就业（试点单位）之间需要建立强联系。

3. 法律支撑问题

由于 X 证书是能力等级问题，而不是资格问题，这就使得相关受训主体的参与意识不强。虽然国家出台了相关“职业教育法”及“劳动法”，但相关法制内容并没有对企业的认证等级与规范进行明确说明。

三、1+X 证书制度的江苏探索

由于 1+X 证书制度是一项新的促进职业教育发展的国策，尚在实验阶段，相关执行机制及实践经验都处在摸索的过程中，各个省区市均处在探索阶段，江苏省也不例外。

（一）应用现状

2019 年 3 月 29 日，江苏省第十三届人民代表大会常务委员会第八次会议通过了《江苏省职业教育校企合作促进条例》，对职业学校（依法设立的全日制职业院校，包括普通中等专业学校、成人中等专业学校、职业高中学校、高等职业学校、技工学校、高级技工学校、技师学院，以及开展职业教育的普通高等本科学校等）与企业之间的合作规范、合作形式及制度保障等方面做出了详细说明，为 1+X 证书制度的实施提供了基础。

2019 年 4 月 18 日，江苏省 1+X 证书制度试点工作研讨会在南京高等职业技术学校举行，标志着江苏省开始启动 1+X 证书制度试点。

2019 年 5 月 24 日，江苏省职业教育工作联席会议发布了江苏省《关于印发江苏省贯彻落实〈国家职业教育改革实施方案〉重点任务的通知》（苏教职联〔2019〕1 号），提出“积极开展 1+X 证书制度试点。按照国家有关要求，积极承接 1+X 证书制度试点工作，2019 年试点规模不少于 4.5 万人；2021 年底前建成 30 个开放共享的高职产教融合集成平台，300 个中职现代化实训基地，100 个校企联合实训中心。鼓励职业院校建设或校企共建一批校内实训基地”。

2019 年 7 月 26 日，江苏省教育厅发布《教育部办公厅关于全面推进现代学徒制工作的通知》(教职成厅函〔2019〕12号),提出要"全面推进现代学徒制,实现现代学徒制覆盖所有职业院校、覆盖所有主干专业、覆盖区域主要产业,建立健全参与现代学徒制企业的遴选标准",并要求实施现代学徒制的专业点率先推行1+X证书制度试点。

2020年7月14日,江苏省教育厅发布《关于做好1+X证书制度试点工作的通知》(苏教职函〔2020〕17号),提出"修订《江苏省终身教育学分银行建设管理办法》,结合1+X证书制度试点工作,完成试点院校和试点专业学生的账户开设工作,有序开展学历证书和职业技能等级证书所体现的学习成果的认定、积累和转换"。

2021年10月21日,江苏省教育厅印发《江苏省职业院校教材管理实施细则》(苏教职〔2021〕11号),对教材建设提出具体要求,组织有关行业企业、企业专家参与教材的制定,教材内容要听取行业企业专业人员的建议。

2022年1月31日,江苏省印发《关于推动现代职业教育高质量发展的实施意见》(苏办发〔2022〕5号),提出"推动更多职业院校参与1+X证书制度试点"。同时,进一步"推动校企合作开发与产业岗位群相适应的职业技能等级证书。深入实施职业院校产业教授选聘计划,每年从行业企业选聘200名左右的产业教授参与职业教育人才培养。全面推行现代学徒制和企业新型学徒制,支持国有企业按照岗位总量的5%设立学徒岗位并接收学生实习实训。到2025年,建成50个产教融合集成平台、20个公共实习实训中心(平台)、30个紧密型职教集团"。

2022年2月18日,江苏省教育厅、省财政厅联合印发《关于"十四五"深入实施职业院校教师素质提高计划的意见》(苏教师〔2022〕2号),提出要加强"双师型"教师团队建设项目,实施产业导师特聘,支持职业院校设立一批产业导师特聘岗;推行1+X证书种子教师能力提升研修措施。

(二)相关经验

江苏省在完善终身学习体系建设方面,通过强化相关政策的实施及加大投资力度,为有效地实施和推进1+X证书制度奠定了坚实的基础。主要表现在以下几个方面。

1. 建立职业实训资源服务平台

强化职业院校与相关企业建立有效的合作机制,推进"引企入校""办校进厂"等校企深度合作,江苏省财政累计投入6亿元,支持100个产教深度融合实训平台和 36 个产教融合集成平台建设(如江苏省职业教育信息技术类专业实训云平台等)。以南京为例,南京高职校与中兴通讯落实双主体办学,联合成立了 ICT 学院,与中兴通讯共建基于云计算技术的实训资源服务平台,包括云平台基础设施、云服务门户网站、大数据、网络安全、物联网及 5G 通信技术等相关专业实训基地,基于互联网的在线公开课、专业资源共享、大数据和网络安全竞赛、培训、顶岗实习等应用服务平台,为学校学生的职业技能提升创造了良好的条件。

2.成立行业指导委员会

行业指导委员会对整个行业发展、产业结构调整及人才培养需求有着至关重要的作用。截至 2021 年底,江苏省成立 11 个行业指导委员会,建成 29 个省级职教集团,为学校和企业实施 1+X 证书制度中的具体职业技能考核标准和认定标准制定提供了保障。

3.完善现代学徒制

2015 年 9 月,江苏省制定出台了《江苏省企业新型学徒制试点工作方案》。近年来,江苏把企业新型学徒制作为职业技能培训的重要组成部分,先后有 145 所院校与 843 家企业开展合作,共开展企业新型学徒制培训 6.5 万人,27 个单位入选教育部现代学徒制试点单位,国家、省、市三级试点网络基本形成,试点学校覆盖率超过 50%,这为江苏省后继续完善 X 证书认定标准和规范建立提供了实践经验。

4.探索基于城市群的职业教育综合发展实践

2020 年 9 月 28 日,教育部和江苏省省部共建的苏锡常都市圈职业教育改革项目在南京启动,实施以城市群为载体的职业教育综合改革项目。该项目设计了 5 个方面 24 项改革任务,细化了教育部 7 项支持政策、江苏省 18 项支持政策,以及苏锡常的 34 项工作任务。聚焦顶层设计,在强化职业院校党建引领、健全现代职业学校制度、建立基础教育阶段职业启蒙教育制度、推行 1+X 证书制度与学分银行建设、建立职业教育类型的考试招生制度等五项制度完善上寻求突破。这为进一步提升 1+X 证书制度认可度及完善相关的认证标准和实施机制提供了实践操作平台。

第六节　技能提升机制建构

2014 年 8 月 18 日,习近平总书记在《中央财经领导小组第七次会议上的讲话》

中指出:"当今全球科技革命发展的主要特征是从科学转化到技术转化,基本要求是重大基础研究成果产业化。"①科技成果转化的核心是人才,尤其是技能型人才在成果转化过程中发挥着关键性作用,他们是产业转型升级的中坚力量。培养更多优秀的高技能人才,实现高技能人才的可持续发展,已经成为世界各国促进经济发展的当务之急。

一、服务技能型社会已悄然来临

世界经济论坛新经济与社会中心发布的《未来工作岗位报告 2018》数据显示,有 85%的被调查公司已经采用大数据对实体和用户进行了分析,有 74%的公司将当地技能人才是否具备压倒性作为优先考虑的关键因素,另有 64%的公司将劳动力成本作为公司选择地点的主要因素。

虽然我国制造业体量巨大,但核心技术还存在很大缺口,长期处于产业链条的末端,在国际上缺乏竞争力,严重限制了国民经济的快速发展。2013 年 8 月,习近平总书记在辽宁考察时就曾指出:"要发展集战略性新兴产业和先进制造业于一身的高端装备制造业,培育新兴装备制造产业集群。要大力培育支撑中国制造、中国创造的高技能人才队伍。"②

(一)技能型社会

近年来,随着产业结构的不断升级和调整,技能型人才愈发重要。2017 年 10 月 16 日,人社部印发了《技能人才队伍建设实施方案(2018—2020 年)》,对技能型人才的培养及实施规划作出了明确说明。随后,在党的十九大报告中,技能型人才的作用得到进一步强化:"建设知识型、技能型、创新型劳动者大军。"此后,技能型人才培养的相关政策纷纷出台,如《关于深入推进技工院校与国有企业开展校企合作的若干意见》(人社部发〔2018〕62 号)、《国家职业教育改革实施方案》(国发〔2019〕4 号)、《关于改革完善技能人才评价制度的意见》(人社部发〔2019〕90 号)、《关于实施职业技能提升行动"互联网+职业技能培训计划"的通知》(人社部发〔2020〕10 号)、《关于全面推行中国特色企业新型学徒制 加强技能人才培养的指

---

①人民网.受权发布:《习近平关于科技创新论述摘编》(七)[EB/OL].(2016-03-04)[2022-11-03].http://scitech.people.com.cn/n1/2016/0304/c1007-28171623.html.

②习近平.深入实施创新驱动发展战略为振兴老工业基地增添原动力[EB/OL].(2013-09-02)[2022-10-03].http://jhsjk.people.cn/article/22768582.

导意见》(人社部发〔2021〕39 号),以及《"十四五"职业技能培训规划的通知》(人社部发〔2021〕102 号)等文件多方位、多层面地对技能型人才的培养规划作出了说明。

为了更好地营造技能型人才培养的社会氛围、机制及环境,2021 年 4 月,时任教育部部长陈宝生在全国职业教育大会上首次提出了建设"技能型社会"的理念和战略。① 技能型社会作为一个新兴理念,2020 年初,就有学者在学术期刊上加以引用,但并未对其进行较为深入的研究和论述。② 技能型人才是工作在生产和服务等领域岗位一线,掌握专门知识和技术,具备一定的操作技能等的人员,他们的技能水平直接决定了具体产业的生产与服务质量,尤其对大力发展先进制造业起到决定性作用,通过重塑技能和提升技能保持各经济体劳动力市场竞争力已经成为全球性趋势,这使得以技能开发的终身导向性、重视技能人才高效利用为主要特征的技能战略成为国际教育改革的重要趋势。③ 尤其是,自 2020 年新冠疫情防控以来,世界政治、经济格局及地缘政治都发生了巨大的改变,全球经济发展速度减缓,以先进制造业为依托的高科技生产力的竞争成为世界各国所关注的焦点,随之而来的就是世界范围内的高科技产品垄断及先进技术的壁垒愈加严重,这严重地限制了我国经济的发展水平和速度。为了突破现有困局,加快技能型人才培养,促进产业结构调整及产业升级成为国家当下发展的重要任务。

就目前中国的发展现状来说,技能人才是支撑中国制造、中国创造的重要力量,加强高级工以上的高技能人才队伍建设,对于增强国家核心竞争力和科技创新能力,缓解就业结构性矛盾,推动高质量发展具有重要的意义。因此,技能型社会的核心目标就是要通过相关社会组织与要素的改革提升全体公民的技能水平。为此,2021 年 10 月 12 日,国务院办公厅印发《关于推动现代职业教育高质量发展的意见》,进一步明确提出"到 2025 年,职业教育类型特色更加鲜明,现代职业教育体系基本建成,技能型社会建设全面推进;到 2035 年,职业教育整体水平进入世界前列,技能型社会基本建成"。

(二)技能型人才能力评测

长期以来,如何认定技能型人才已成为世界各国以及相关研究机构所关注的

①陈宝生. 办好新时代职业教育服务技能型社会建设[EB/OL]. (2021-05-01)[2022-11-03]. https://www.chinanews.com.cn/gn/2021/05-01/9468629.shtml.

②余宁玲,王福建. 技能型社会背景下高职商务英语专业实践教学体系研究[J]. 大学,2020(11):155-156.

③李玉静. 技能型社会:价值意涵与推进策略[J]. 职业技术教育,2021,42(16):1.

焦点。其中经合组织(OECD)所做的工作较为突出,该组织先后发布了国际成人能力评估(PIAAC)、国际学生评估计划测试(PISA)和高等教育学习成果评估(AHELO)等评估标准来调查监测成员国及项目参与国(地区)的成年人及学生技能发展水平,了解未来劳动力胜任力方面的准备状况,以掌握在国际竞争中的主动权。

其实通过分析OCED所发布的各种技能测试的内容来看,技能不是一个个孤立的、具体的技能,而是一个综合的、复杂的系统,涉及层面众多。为了更加清晰地阐释技能的内涵,学者袁益民从不同的文化视角出发,对英文单词"literacy"的源起、发展、丰富及关联概念等都进行了较为详尽的解析,并与"元能力"(meta competency)、"关键能力"(key competencies)及"核心技能"(core skills)等词汇进行了比较和探讨,进而提出"literacy可以理解为关键能力中重要的奠基性基本技能"的理念,并认为基本技能更多地将是可迁移、可移植、更耐受、更持久的能力与技能。该观点与日本学者寺田盛纪①所秉持的理念一致,即职业教育为经济发展培养人才的任务已经结束,职业教育和培训不仅应以知识、技能为中心,更应该将引领发展的可持续核心竞争力纳入培养目标和内容,通过打造"一个无论是职业教育还是学术教育,学生都可得到同样待遇的社会",赋予受教育者各种职业所需要的知识和技能②。

二、江苏省产业发展现状及需求

1935年,新西兰经济学家费歇尔在其著作《安全与进步的冲突》中提出了对产业进行划分的方法。此后,该分类方法逐渐被国际社会所接受,并不断加以完善,形成了目前所谓的"三次产业分类法"。2003年,国家统计局印发了《三次产业划分规定》(国统字〔2003〕14号)的通知,发布了《国民经济行业分类》(GB/T 4754—2002)[现已经修订为《国民经济行业分类》(GB/T 4754—2017)]标准。该标准对三次产业划分规定进行了明确界定:"第一产业是指农、林、牧、渔业;第二产业是指采矿业,制造业,电力、燃气及水的生产和供应业,建筑业;第三产业是指除第一、二产业以外的其他行业,包括交通运输、仓储和邮政业,信息传输、计算机服务和软件业,批发和零售业,住宿业和餐饮业,金融业,房地产业,租赁和商务服务业,科学研

①寺田盛纪,王晓华."成熟社会"的职业教育——对职业教育研究和政策的探讨[J].职业教育研究,2017(12):83-90.

②张学英.中国社科研究文库产业工人技能形成的国际比较与借鉴:来自日新韩印的观察[M].北京:新华出版社,2021:9.

究、技术服务和地质勘查业，水利、环境和公共设施管理业，居民服务和其他服务业，教育，卫生、社会保障和社会福利业，文化、体育和娱乐业，公共管理和社会组织，国际组织。”通过对上述三次产业界定的分析可以看出：第一产业是指以利用自然力为主，生产不必经过深度加工就可消费的产品或工业原料的部门，它是民生的最根本性保证；第二产业是为第一产业和本产业提供的产品原料进行加工的产业，以制造业为主，它是促进国民经济快速发展的核心，其发展情况直接决定了一个国家和地区的经济发展水平；第三产业以各类服务业或商业为主，它具有连接和协调生产者和消费者的功能，对第一、二产业的发展具有积极的促进作用，其发展程度是一个国家和地区经济现代化水平的必要特征。

(一)江苏省产业结构发展现状

1949 年新中国成立以来，江苏省的三次产业结构总体表现为：第一产业比重不断下降；第二产业经过快速发展后，占比逐渐下降；第三产业所占比重逐渐上升。

1952 年，江苏省的三次产业结构分布为“一三二”格局，其中第一产业占 GDP 的 52.7%。

1952—1972 年间，除了 1959 年、1960 年第二产业占比较高外，其他年份仍然是第一产业占比最高。

1972—1988 年，全省三次产业结构所占比重为“二一三”格局。

1989—2014 年，全省三次产业结构所占比重为“二三一”格局。

2015—2021 年，全省三次产业结构所占比重为“三二一”格局。

相关统计数据显示，2021 年度江苏省拥有 40 个工业门类，全省制造业增加值占全国的 13.3%，三次产业结构比例为 4.1∶44.5∶51.4[①]，第一产业增加值为 4722.4 亿元，增长 3.1%；第二产业增加值为 51775.4 亿元，增长 10.1%；第三产业增加值为 59866.4 亿元，增长 7.7%，规模与产值“相得益彰”。

(二)江苏省高技能型人才短缺

江苏省作为中国实体经济发展的排头兵，历来都是重视技能型人才的培养。2019 年，省政府发布《江苏省职业技能提升行动实施方案(2019—2021 年)》(苏政办发〔2019〕71 号)，提出：“到 2021 年底，全省技能劳动者占就业人员总量的比例

①江苏省统计局，国家统计局江苏调查总队. 2021 年江苏省国民经济和社会发展统计公报[EB/OL]. (2022-03-31)[2022-11-03]. http://www.jiangsu.gov.cn/art/2022/3/31/art_64797_10398993.html.

达到28%以上，高技能人才占技能劳动者的比例达到32%以上。"2022年10月7日，中共中央办公厅、国务院办公厅发布《关于加强新时代高技能人才队伍建设的意见》，明确提出："技能人才占就业人员的比例达到30%以上，高技能人才占技能人才的比例达到1/3，东部省份高技能人才占技能人才的比例达到35%。力争到2035年，技能人才规模持续壮大、素质大幅提高，高技能人才数量、结构与基本实现社会主义现代化的要求相适应。"而经济发达国家的经验表明，技能人才的培养是加强产业转型升级的核心，只有人才结构合理，才能有效地推动产业升级及产业结构调整。例如，日本高级技工占产业工人的40%，德国则达50%。①

2021年2月19日，江苏省发布了《江苏省国民经济和社会发展第十四个五年规划和二〇三五年远景目标纲要》(苏政发〔2021〕18号)，在第六章"激发人才创新创造活力"第一节"优化人才培养开发体系"中明确地将"培养高素质劳动者和技术技能人才培育工程"列为江苏省的重点人才工程。

截至2021年底，江苏技能人才总量超1400万人，其中高技能人才470万人，高技能人才占技能劳动者比例已超过32%②，与德日等制造业发达国家相比还存在很大的差距。

三、江苏技能型人才发展现状

为全面提升技能型人才的培养质量，切实增强政府补贴性职业技能培训的供给能力，江苏省出台了系列政策，以强化技能型人才培养。2021年10月23日，江苏省人力资源和社会保障厅同时发布《江苏省"十四五"技能人才发展规划》及《江苏省"十四五"技工教育发展规划》，这是江苏省第一个关于技工教育和发展就业的五年发展规划，也是国内第一个发布的省级"十四五"技工教育发展规划；2022年7月29日，又发布了《关于加强和改进政府补贴性职业技能培训的若干意见》(苏人社发〔2022〕102号)，以提升技能型人才的培养水平。

江苏省13个设区市中的9个市建有职教园区，每年向社会输送约50万名技术技能人才，新增高技能人才数量连续多年位居全国第一。目前，全省专业技术人才总量达到830余万人，位居全国第一。③ 虽然江苏省技能型人才的培养质量提升

---

①徐健. 江苏产业转型升级背景下的技能人才培养策略研究[J]. 江苏教育，2020(12)：26-32.

②江苏：培育"状元工匠" 建设高水平技能人才高地[EB/OL]. (2022-09-09)[2022-11-03]. http://www.js.xinhuanet.com/2022-09/09/c_1128990846.htm.

③江苏省教育厅. 江苏职业教育这十年[EB/OL]. (2022-09-30)[2022-11-04]. http://jyt.jiangsu.gov.cn/art/2022/9/30/art_58362_10620795.html.

和发展趋势态势良好，但从世界发展经验和趋势来看，高技能人才现状呈现总量不足、分布不均、质量不高等三个主要矛盾。

(一)高技能型人才总量不足

根据江苏省“十四五”技能人才队伍建设发展规划目标要求，到2025年，全省高技能人才总量将达到530万人，每万名劳动者中高技能人才数要达到1000人，江苏大工匠、江苏工匠要分别达到81人和807人。高技能人才总量发展目标与全省现有高技能人才总量470万人还有60万人的差距，要在3年内实现，具有一定的难度。另外，如果按照发达国家高技能人才占整体人才总量40%的标准来计算，江苏省高技能人才还存在约90万人的缺口，特别是随着江苏省产业转型升级步伐的不断加快，这一缺口亟须快速填补。

(二)高技能型人才分布不均

从地域上看，江苏省各地市的高技能型人才与人口数量不匹配。本书根据近几年来江苏省各地人力资源部门提供的数据进行分析，发现苏南明显高于苏北，且差异明显。

苏州：高技能人才数量82.36万人，技能人才总数达223万人(2021年度)。

南京：高技能人才总量51.09万人(2022年度)。

无锡：高技能人才总量47.6万人(2021年度)。

常州：高技能人才总量34.18万人(2019年度)。

徐州：高技能人才总量33.4万人，技能人才总量110万人(2020年度)。

泰州：高技能人才总量30万人(2018年度)。

扬州：高技能人才总量27.32万人(2021年度)。

盐城：高技能人才总量25.03万人，技能人才102.6万人(2018年度)。

宿迁：高技能人才总量23.3万人，专业技术人才总量36.2万人(2022年度)。

镇江：高技能人才总量20.6万人，技能人才总量54.1万人(2021年度)。

淮安：高技能人才总量17.99万人(2021年度)。

连云港：高技能人才总量15.8万人，技能人才总量50万人(2019年度)。

从区域上看，大量的青年才俊及高科技人才集中在大城市和发达经济圈中，县域中小型企业技能型生产工人严重不足，一线工人老龄化倾向严重。

(三)高技能型人才质量不高

我国技术工人是普遍短缺的，技能劳动者的求人倍率长期保持在2倍以上。

2022 年 5 月，人社部公布的一季度 100 个紧缺职业中，36 个属于生产制造及相关行业，预计到 2025 年，中国制造业十大重点领域人才需求缺口将近 3000 万人。据有关调查，目前国内 70%以上的制造业企业面临着不同程度的“用工荒”问题。不仅仅是一些中小型工厂没有招聘到足够的人手，甚至一些大型的制造业公司缺工现象也非常普遍。诸如江苏、湖南等部分地区制造业企业“招工难”“用工荒”问题再次凸显、制造业遭遇“用工荒”等报道层出不穷。

虽然江苏省高技能人才的储备和培养速度都稳居全国前列，但与推动制造业高质量发展的要求相比，江苏省高技能人才队伍还有较大差距。技能劳动者求人倍率超过 1.5∶1，高级技工这一比率更是超过 2∶1①，高端技术工人需求缺口一直居高不下，迫切需要加强高技能人才和大国工匠队伍建设。

与企业高技能人才短缺相对应的是，各高校大学毕业生就业压力逐步增大，根据智联招聘网络平台发布的《2021 大学生就业力调研报告》，42.5%的毕业生认为国有企业、机关事业单位等体制内工作是求职的首选，比 2020 年增加 6.6 个百分点。2022 年，全国应届高校毕业生 1076 万人，江苏应届高校毕业生超过 66 万人，大学生就业压力空前，诸如“毕业即失业”“硕士生跑外卖”及“博士快递员”等报道屡见不鲜。

因此，构建一个符合江苏省产业发展规划和行之有效的技能型人才的培养体系，成为江苏省终身学习体系完善和发展的重要研究方向。

四、江苏省技能型人才培养机制探究

江苏省为了更好促进产业结构转型和升级，近年来逐渐加大对技能型人才培养的投入力度，尤其是对高技能人才的选拔和奖励机制进行大胆创新，理论与实践并重。

(一)实践探索，创新模式

为了更加有效地提升高级技能型人才的培养，江苏省多措并举对省域内教育体系的文化和价值进行重构。

1. 创新技能人才培育方式

创立相应技能型人才培养基金。2022 年 1 月 12 日，无锡惠山区设立“惠山工匠”基金，鼓励全区企业支持“智惠蓝领”“智惠优师”“智惠良医”“社工能手”“乡土

---

①马永青. 弘扬工匠精神培育大国工匠推动江苏制造业高质量发展[J]. 中国工人，2022(5)：2.

能手”五大类惠山工匠的培养，极大地调动了企业的积极性。

(1)举办技能状元大赛。2012 年 8 月，第一届江苏技能状元大赛举办，至今已经举办六届。获奖者由省政府授予“江苏技能状元”荣誉称号，享受省劳动模范待遇，列入“省 333 工程”项目培养对象，直接认定为“江苏工匠”，颁发奖章、奖金和荣誉证书，极大地提升了一线技能型人才的参与热情。

(2)启动特级技师评聘试点。2021 年 11 月 26 日，印发《江苏省特级技师评聘试点工作方案》(苏人社厅发〔2021〕162 号)，充分放权给企业，由企业自主确定评审方式，进而打通高技能人才与专业技术人才贯通发展通道。

(3)实施江苏工匠培育工程。每两年评选表彰 200 名江苏工匠、20 名江苏大工匠，积极树立标杆效应。

2.改变职业院校的教育模式

加强长三角生态绿色一体化发展示范区职业教育一体化平台建设。2020 年 8 月 8 日，长三角生态绿色一体化发展示范区执行委员会发布《长三角生态绿色一体化发展示范区职业教育一体化平台建设方案》，着力推进农村劳动力培养和培训工作，促进职业教育服务城乡一体化发展，推进示范区内统一招生录取、统一教学标准、统一学籍管理的“三统一”工作。

实施“校企双制、工学一体”的办学模式。鼓励技工院校与企业开展多种形式的合作办学，共建培训中心、实训中心、产品研发中心、技能大师工作室等，实现骨干教师和企业高技能人才双向交流、互派互聘。

开启本科职业教育试点。2020 年 12 月，江苏省人民政府在全国范围内首次推出本科职业教育，并专门出台《省政府办公厅关于支持南京工业职业技术大学本科职业教育试点若干政策措施的通知》(苏政办发〔2020〕79 号)，支持全国首家推进南京工业职业技术大学加快建成在全国具有示范性、引领性的本科职业学校。

持续深化教材教法改革。2022 年 1 月 30 日，江苏省教育厅发布了《关于推动现代职业教育高质量发展的实施意见》(苏教职函〔2022〕5 号)，设立省职业教育教材建设奖，建设 10 个左右省级职业教育教材研究基地。全面实施弹性学习和学分制管理。推进优质课程资源共建共享，建设 1000 门省级在线开放课程和 50 个示范性虚拟仿真实训基地。

开展苏锡常都市圈中职统一招生试点。2022 年 6 月 22 日，江苏省教育厅印发了《苏锡常都市圈中等职业学校(五年制办学单位)2022 年试点统一招生方案的通知》(苏教职函〔2022〕26 号)，支持苏锡常都市圈试点中等职业学校统一招生录取，推动建设100所优秀中等职业学校和300个优质专业，注重为高等职业教育输送高质量生源。

（二）理论引领，体系构建

自技能型社会理念提出后，针对技能型社会的发展模式、实现路径、本质内涵及机制建设等的研究日渐丰富。其中袁益民的研究成果比较具有代表性，该学者在总结多年江苏省技能型人才培养实践经验的基础之上，结合江苏省现有的终身学习资源体系架构，从顶层设计、主体结构和建筑基础三个层面出发，构建了与技能型社会的构建相匹配的终身学习体系概念框架（UNESCO）①，如图5-40所示。

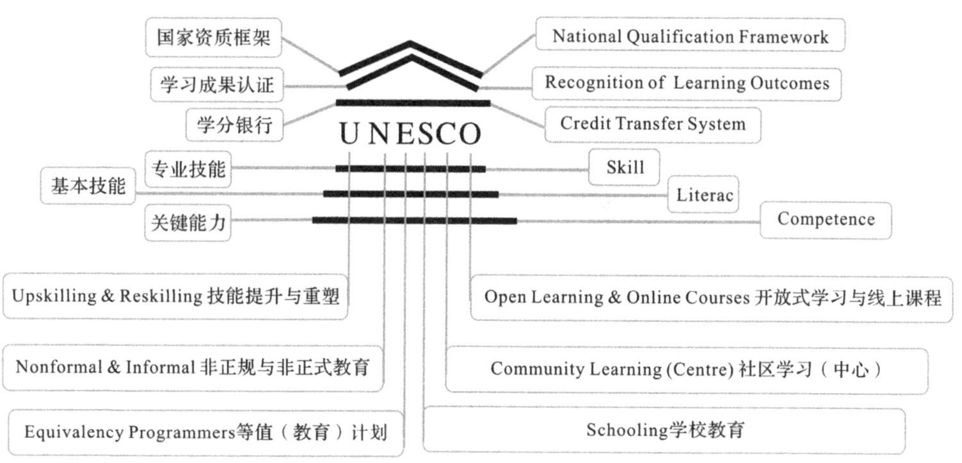

图5-40　对终身学习体系概念框架的新诠释

终身学习体系概念框架的顶层设计包含国家资质框架、学习成果认定及学分银行三大部分，这三大部分相互支撑、相互保证，是进行技能认证和技能转换的根本，也是推动技能型社会发展的保障。

终身学习体系概念框架的主体结构分别从学习形式、学习地点、学习阶段与学习内容等方面出发，构建了六种技能学习和提升的途径，这是技能型人才培养机制与资源建设的重点；终身学习体系概念框架的构建基础包含专门技能、基本技能和关键能力三部分，是技能型社会视域下终身学习体系大厦建设的基座和地基部分，也是以技能为核心的终身学习体系资源建设的出发点。

---

①袁益民.服务技能型社会的全民终生学习体系新诠释[J].高教发展与评估，2022，38(5)：1-12，119.

第六章　江苏终身学习的实践体系建构

终身学习是一个以时间(一生)为跨度的学习过程,不同的时间段所处的学习形式有所不同。就一个社会人来说,其终身学习阶段根据其成长的社会化阶段可分为家庭、学校、社会及工作场所几类,各个阶段如图 6-1 所示。

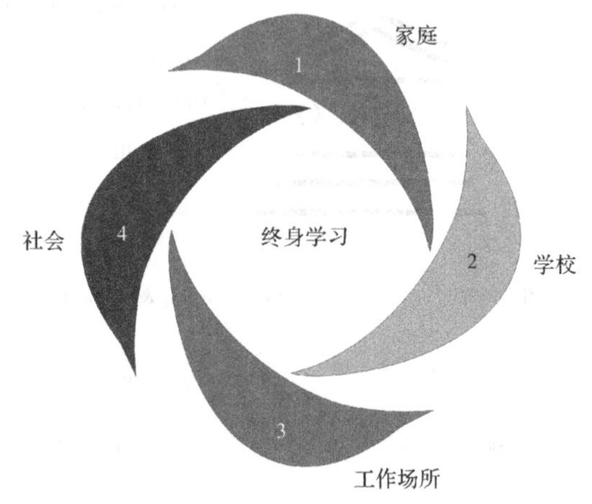

图 6-1　终身学习的场所

家庭:以义务教育和学前教育阶段的学习为主,侧重对儿童自我认识能力和职业生涯规划能力的培养,方式上以家庭对话、聊天、家庭会议、亲子讨论等非正式的学习方式为主(家长角色:协助者、观察者、指导者、发现者)。[①]

学校:幼儿园侧重对儿童职业认知的培养,可通过角色扮演游戏、职业调查活动等方式进行学习,以体验和感知学习为主;义务教育阶段,以学习基础知识为主,初步了解职业规划、对职业有所认知;中等教育(含高中及中等职业)仍以学习基础知识为主,高中侧重基础知识,职业学校侧重基础技能;高等教育(本科、高职高专)以专业知识与专业技能学习为主;研究生教育(硕士、博士)以科学研究为主,从事知识生产与应用创新。

工作场所:相对于社会环境来说属于更微观的环境,其学习更加注重的是工作

---

①薄晓丽.从英国职业指导计划论及我国儿童职业启蒙教育[J].职业教育研究,2012(11):79-80.

技能及工作能力和知识的提升。

社会:指学习者走出学校后,工作环境之外的所有进行的学习,这类学习多是以生存、经济生活及兴趣爱好为依托。既包含非正式学习,例如职业相关博物馆、文旅学习、职业体验游戏等;也包含正式的学习,如集中学习知识、技能培训及各企事业单位、社区学校、培训机构、继续教育机构等。

构建有效的终身学习实践体系是开展终身学习的保障,也是实现终身教育的载体,绝非易事,需要全社会共同做出努力。这是因为把终身学习体系作为一项系统工程,涉及全体社会成员及社会的各个阶层,需要从多个角度出发,协调社会的各种组织及机构才能建立起相对协调、相互衔接的实践体系。其中学校学习系统(从幼儿园到小学、初中、高中乃至大学)发展较早,已经形成了相对完善的体系结构,基本能满足学习者的学习需求;工作场所学习由于其涉及的群体相对固定,且不同的行业、不同的机构有各自的培训方式和策略,尤其是一些大型集团和跨国公司已经形成了相对固定的学习文化及完善的员工培训和学习机制。相对而言,家庭学习与社区学习则是终身学习系统中涉及层面最为广泛、成员差异最大、学习内容最为综合的系统。为此,本章将结合江苏省的发展需求及面临的主要问题,集中阐述家庭学习及社区学习实践体系的构建。但同时,由于老龄化是世界范围内所面临的问题,且老年学习又极具特殊性,本书为了更加系统地对老年学习进行研究,特将其从社区学习中独立出来,加以重点介绍和论述。

第一节　老年学习

随着经济的发展及社会生活水平的提升,人类的平均寿命大大增加,随之而来的是老年人口的增加,老龄化已成为世界各国所面临的迫切问题,尤其是江苏省的人口结构已达到深度老龄化社会的标准(根据第七次全国人口普查,江苏省 65 岁及以上人口占比为 16.2%)。因此,如何有效地提升老年人口的学习能力,以丰富老年人的物质文化生活,成了构建江苏省终身学习体系的重要研究方向。

一、人口老龄化已成为发展趋势

(一)老年人

年龄到底多大才算是老年人?这一概念一直是模糊不清的,其主要原因是人们的平均寿命在不同的历史发展阶段有所不同，这导致人们对于“老年人”的理解也有所不同。例如，中国唐朝诗人白居易就曾写过“人生七十古来稀”的诗句。但随着社会经济的进步，医疗水平有了长足的发展，人们的物质生活水平得到了有效的提升，人的平均年龄也大大提升。已有文献表明，1900 年，瑞典人口学家桑德巴格(Sundbarg)在其著作《人口类型和死亡率研究》中最早提出老年人年龄界限的概念，并以 50 岁为临界点，将人口分为 0—14 岁、15—49 岁、50 岁及以上三个年龄层次。在此基础上，桑德巴格对瑞典的人口结构数据进行分析，并驳斥了当时较为流行的两种说法：(1)15 岁以下人口的比例是由死亡率决定。(2)年龄分组是由于移民造成的，并认为 50 岁及以上人口的高比例可能是由于自然增长率较低，也可能是由于死亡率较低所造成的。1913 年，美国学者鲁宾诺(Rubinow)则将 65 岁设为步入老年的时间卡点，认为进入这一年龄段后，人的疾病率和死亡率开始比早年显著增加。①

1936 年，美国联邦政府表示，“一个人 65 岁后，身体能力、精神警觉性和合作能力往往会下降，这是一个司空见惯的事实”②。

美国老年人口普查局在报告《老龄化世界：2015》中规定，“老年人口”是指 65 岁及以上的人，“青年”是指 20 岁以下的人，“工作年龄人口”是指 20—64 岁的人。③

进入 21 世纪以来，无论是科学技术，还是医疗水平，相对于 1913 年的美国社会现实来说，都有了质的飞跃。根据《2021 年世界卫生统计报告》(World Health Statistics 2021 Report)显示，在新冠疫情之前，全球人口健康状况正在改善，全球平均出生时预期寿命已经从 2000 年的 66.8 岁增加到 2019 年的 73.3 岁，出生健康预期寿命从 2000 年的 58.3 岁增加到 63.7 岁；同时，60 岁后的预期寿命从 2000 年的 18.8 年提高到 2019 年的 21.1 年，健康预期寿命从 14.1 年提高到 15.8 年。④

(二)人口老龄化

从研究的领域来划分，老龄化表现在心理、社会和生物等三个维度。心理老化

---

①Rubinow I. Social insurance: with special reference to American conditions[M]. New York: H. Holt and Company, 1913:14.

②Costa D L. The evolution of retirement[C]//Costa D L. The evolution of retirement: an American economic history, 1880—1990. Chicago: University of Chicago Press, 1998:6-31.

③Wan H, Goodkind D, & Kowal P. An aging world: 2015[R]. New York: The Population Division of the U. S. Census Bureau, 2016:1.

④World Health Organization. World health statistics 2021[R]. Geneva: World Health Organization, 2021:16.

包括感知、认知、心理功能(记忆、学习、智力)、适应和个性的所有变化;社会老化可以从社会角色和与朋友或家人关系的变化来研究和诠释,而生物老化是指随着年龄的增长再生细胞的减少。本书中主要是从社会层面出发来对老龄化展开分析。

世界卫生组织将老龄化定义为“个人生物、心理和社会结构的渐进变化过程”①。

人口老龄化通俗来讲,就是一个国家人口结构中老年人口所占比重逐步增长的过程。不同的学者、不同的研究领域所采用的标准也不同,但较为常见的人口老龄化衡量标准有两个:一是“老年人口系数”,即达到退休年龄的老年人百分比;二是“年龄中位数”,即将全体人口按照年龄大小顺序排列,居于中间位置的那个年龄。

到目前为止,在大量的研究文献及相关政策中,以年龄为界限(≥60 岁或 65 岁)仍然是定义全球老年化、人口老龄化和健康老龄化的核心,这也是世界上大多数国家及相关组织所采用的标准。

1956 年,法国国立人口所所长皮撒(B. Pichat)代表联合国执笔撰写的《人口老龄化及其社会经济后果》(*The Aging of Populations and Its Economic and Social Implications*)一书中,对老龄化的社会影响作了较为深入的分析,并在书中将人口结构分为 0—14 岁、15—64 岁和 65 岁及以上三个阶段。

2002 年,联合国在《世界人口老龄化报告:1950—2050》中,将人口老龄化定义为“老年人在总人口中所占比例增加的过程”②。

2003 年,《人口百科全书》(*Encyclopedia of Population*)将人口老龄化定义为“人口年龄分布(即年龄结构)向老龄化转变的概括性术语”③。

老龄化社会是指老年人口占人口总数的比例达到或超过一定比例的人口结构模型。世界卫生组织及联合国均认为:“老龄化社会”是指 60 岁及以上人口占总人口比重≥10.00%或 65 岁及以上人口占总人口比重≥7%;“深度老龄化社会”是指 65 岁及以上人口占总人口比重≥14%;“超老年社会”是指 65 岁及以上人口占总人口比重≥21%。④

---

①Stein C, Moritz I. A life course perspective of maintaining independence in older age[R]. Geneva: World Health Organization,1999:4.

②United Nations. World population ageing,1950—2050[R]. New York: United Nations,2002.

③Gavrilov L A, Heuveline P. Aging of population[C]//Demeny P, McNicoll G. The encyclopedia of population. New York: Macmillan Reference,2003:32.

④Yoshio T. Cardiopulmonary resuscitation in a super-aging society—Is there an age limit for cardiopulmonary resuscitation? [J]. Circulation journal,2016(80):1102-1103.

(三)人口老龄化现状

随着发达国家和发展中国家的生育率下降和预期寿命增加,人口变化已成为一个全球性问题。

1.经济发达国家已经步入老龄化社会

根据联合国人口基金会(United Nations Population Fund)发布的年度报告《2021世界人口状况》(State of World Population 2021)显示,在世界人口年龄结构中,老年群体的变化最大,2020年65岁及以上老年人口占当年人口总数的9.3%,2021年这一比例达到了9.6%,世界老龄化趋势明显。预计到2050年,年龄在65岁及以上的老年人口占比将高达22%。根据国家统计局2022年1月17日发布的2021年中国经济数据显示,我国65岁及以上人口20056万人,占全国人口的14.2%,已超过世界平均水平,正式步入深度老龄化社会。根据相关预测,中国将于2033年左右进入超级老龄化社会(老年人口占比超过20%),之后会持续快速上升,2060年将达到35%。表6-1为全球主要经济体的老龄化情况。

表6-1 2021年主要世界经济体的老龄化人口占比

全球排名	国家	2021年65岁及以上人口占比/%
1	日本	28.7
2	意大利	23.6
3	葡萄牙	23.1
4	芬兰	23.0
5	希腊	22.6
6	德国	22.0
7	马耳他	21.8
8	保加利亚	21.7
9	克罗地亚	21.7
10	斯洛文尼亚	21.3
11	法国	21.1
12	爱沙尼亚	20.8
31	英国	18.8
39	美国	17.0
41	韩国	16.6
47	俄罗斯	16.0
56	新加坡	14.3

续表

全球排名	国家	2021 年 65 岁及以上人口占比/%
57	中国	14.2
110	印度	6.8

数据来源:《2021 世界人口状况》。

从《中国乡村振兴综合调查研究报告 2021》①的样本数据分析来看,中国农村人口老龄化现象尤为显著,农村人口中 60 岁及以上人口比重达 20.04%,65 岁及以上人口比重达 13.82%,已经和全国平均水平接近;常住人口中 60 岁及以上人口的比重达到了 23.99%,65 岁及以上人口的比重达到了 16.57%,距离"超老龄社会"的标准只差 3.43 个百分点。《中国大中城市健康老龄化指数报告(2019—2020)》②认为:2000 年以后,我国人口老龄化发展将经历快速发展阶段、急速发展阶段、深度发展阶段及均衡发展阶段等四个阶段。本书认为,我国 2000 年以前处于前老龄化阶段,其完整发展阶段如表 6-2 所示。

表 6-2　中国老龄化发展阶段

阶段	时间	特征	65 岁及以上老年人口占比情况
1	1999 年	前老龄化阶段	1990 年,第四次全国人口普查,占比为 5.57%。
2	2000—2021 年	快速发展阶段	2000 年,第五次全国人口普查,占比为 6.96%;2001 年占比为 7.1%(开始步入老龄化社会);2018 年底占比为 11.9%;2021 年,第七次全国人口普查,占比为 18.70%;2022 年占比为 14.2%(国家统计局),60 岁及以上占比为 18.9%。
3	2022—2036 年	急速发展阶段	60 岁及以上人口占比将从 18.9%提升到 29.1%。
4	2036—2053 年	深度发展阶段	60 岁及以上人口占比将从 29.1%提高到 34.8%。
5	2053—2100 年	均衡发展阶段	儿童人口数、青年人口数和老年人口数将共同减少,重度老龄化。

随着各省份 2022 年国民经济和社会发展统计公报相继发布,可以发现我国人口老龄化进一步加重。国家统计局 2023 年 2 月 28 日发布的《中华人民共和国 2022 年国民经济和社会发展统计公报》显示,全国 60 岁及以上人口占比为 19.8%,65 岁及以上人口占比为 14.2%,中国大陆各省、直辖市的老年人口分布情况如图 6-2 所示。

①魏后凯. 中国乡村振兴综合调查研究报告(2021)[M]. 北京:中国社会科学出版社,2022:12.

②杨一帆,张雪永,等. 中国大中城市健康老龄化指数报告(2019—2020)[M]. 北京:社会科学文献出版社,2020:2.

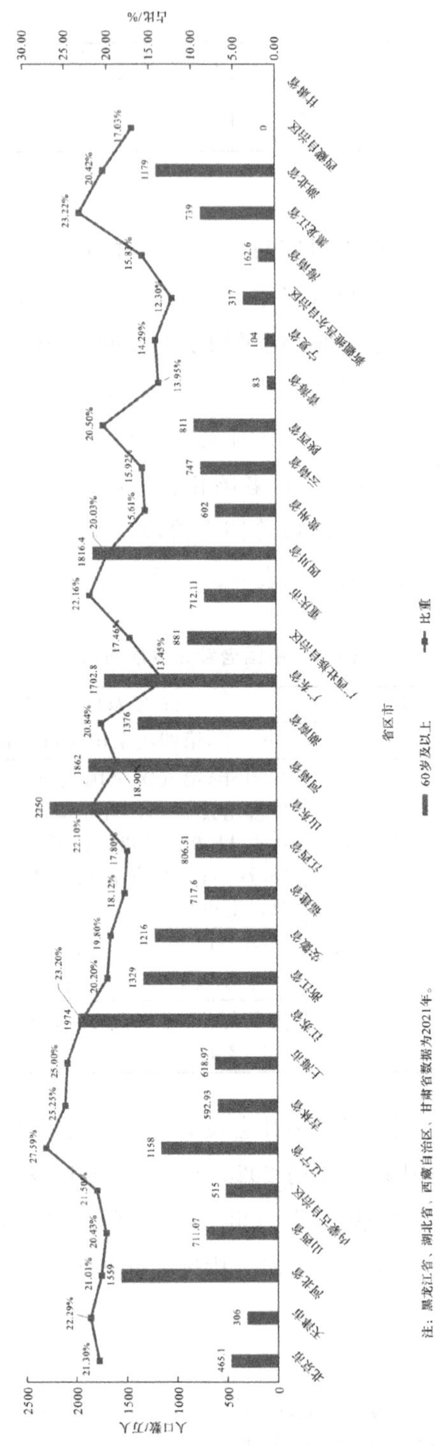

图 6-2　2022 年各省 60 岁及以上老年人口数及比重

2. 江苏省人口老龄化不容乐观

2020 年,江苏省 13 个地市的人口结构如表 6-3 所示。

表 6-3 江苏省各地区老年人口占比

地区	常住人口/人	全省人口占比/%		地区性别人口比重/%			人口年龄段所占比重/%			
		2020 年	2010 年	男	女	性别比	0—14 岁	15—59 岁	60 岁及以上	65 岁及以上
全省	84748016.00	100.00	100.00	50.78	49.22	103.15	15.21	62.95	21.84	16.20
苏州	12748262.00	15.04	13.30	52.22	47.78	109.29	13.55	69.49	16.96	12.44
南京	9314685.00	10.99	10.17	51.05	48.95	104.27	12.75	68.27	18.98	13.70
徐州	9083790.00	10.72	10.90	50.41	49.59	101.65	22.36	58.13	19.51	14.72
南通	7726635.00	9.12	9.26	49.25	50.75	97.05	10.90	59.09	30.01	22.67
无锡	7462135.00	8.81	8.10	51.58	48.42	106.52	12.96	67.29	19.75	14.65
盐城	6709629.00	7.92	9.23	50.37	49,63	101.50	15.03	57.64	27.32	19.88
常州	5278121.00	6.23	5.84	51.38	48.62	105.67	13.26	66.73	20.01	14.88
宿迁	4986192.00	5.88	6.00	50.47	49.53	101.92	23.48	57.94	18.58	13.56
连云港	4599360.00	5.43	5.59	50,77	49.23	103.14	21.40	58.20	20.40	14.63
扬州	4559797.00	5.38	5.67	49.80	50.20	99.20	11.57	62.42	26.01	19.99
淮安	4556230.00	5.38	6.10	50.01	49.99	100.05	17.70	59.50	22.79	16.42
泰州	4512762.00	5.32	5.87	50.11	49.89	100.46	12.36	59,39	28.25	22.01
镇江	3210418.00	3.79	3.96	50.82	49.18	103.35	11.89	64.55	23.56	17.51

数据来源:《江苏省老龄事业发展报告(2021 年)》。

《江苏省老龄事业发展报告(2022 年)》数据显示,截至 2022 年末,江苏省 60 岁及以上老年人口 1883.68 万人,占常住人口的 22.15%,高于全国(18.9%)3.25 个百分点,65 岁及以上老年人口 1449.60 万人,占比 17.04%,高于全国(14.2%)2.84 个百分点。江苏全省 13 个设区市中,65 岁及以上老年人口占比超过 14%的设区市 12 个,仅苏州为 13.06%,其中占比超过 21%的 3 个,分别是苏中地区的南通市 23.66%(60 岁及以上老年人口占比达到 30.10%)、泰州市 22.96%(60 岁及以上老年人口占比达到 28.44%)、扬州市 21.03%(60 岁及以上老年人口占比达到 26.19%),这三个城市已经进入重度老龄化社会。

二、国际视野下的老年学习研究

(一)教育老年学

在历史上,大多数人都曾认为中年人和老年人几乎没有进行再教育的需求。

直至进入20世纪以后，随着对老年人独特性特征的深入研究，这才使得老年教育研究成为理论界的一个重要焦点。许多研究表明，老年学习与成人教育有着重要的区别。其实早在1928年，桑代克等人在发表的成人学习(adult learning)实证研究中，就在一定程度上证明了年龄对学习有影响。1953年，学者提比茨(Tibbitts)和多纳休(Donahue)就曾经指出，“老年人的教育在某种程度上可以被视为成人教育的延伸，老龄化是一个从为人父母和为职业工作的责任逐渐转移扩大到提升兴趣、保护和改善文化、承担社区责任和表达创造性冲动的时期”，并从五个层面对老龄化教育进行了相关的界定[①]：

(1)让老年人了解其机体、心智能力、人格和社会状况发生的变化，以便他能够理解这些变化并做出适当的调整；

(2)提供新的知识和技能，为继续就业、志愿服务和有创造性表达奠定基础；

(3)为享受艺术、智慧公民和延缓精神退化而进行的教育；

(4)打破目前对老龄化的陈规定型观念，代之以建设性的观念和社会态度；

(5)提供与老年人一起工作的人所需的专业知识的教育。

老年学习的相关研究起源于“第三年龄”(third age)，这个词最早诞生于20世纪50年代，是研究者为了消除人们对晚年生活的刻板印象，即晚年生活是一个短暂的时期，饱受疾病、残疾及在大多数情况下受贫困的困扰。所谓的“第三年龄”是指人口老龄化中的特定社会人口趋势。它隐喻为人的寿命的延长和其他一些社会因素的结合，即从提前退休、改善健康状况、建立退休福利机构和养老金计划，到对老年人应该有更积极的价值观和信念的阶段。因此，第三年龄被描述为“生命阶段”，在这一阶段，不再有就业和育儿机会，这一阶段如何度过则成了研究的焦点。一种观点将第三年龄解释为认真参与学习项目后的“自我实现时代”，不仅仅是退休过渡，要通过参与教育项目来加深他们的文化意识，以度过他们的闲暇时期。在“完全成年”时期结束时，老年人不再在社会中发挥有价值的作用，但是在另外的时间段和文化氛围中，他们扮演一个不同但仍有价值的角色：作为一个拥有知识和智慧的老年人，为自己的社区做出贡献。[②]

随后，多纳休在其著作《晚熟教育》[③]中对老年人的教育需求率先进行了更为全

---

①Tibbitts C, Donahue W. Developments in education for later maturity[J]. Review of educational research, 1953, 23(3): 202-217.

②English L M. International encyclopedia of adult education[M]. New York: Palgrave Macmillan, 2005: 14.

③Donahue W S. Education for later maturity[J]. The American catholic sociological review, 1955, 16(2): 158.

面的介绍。然而，直到20世纪70年代初，麦克卢斯基(Howard McClusky)在密歇根大学建立了第一个教育老年学研究生课程，并为1971年白宫老龄问题会议撰写了一份重要的背景文件，人们才开始意识到应将老年人作为教育部门制订终身教育计划中生命周期的一部分。麦克卢斯基在这份文件中指出，教育是老年学中较为乐观的领域之一，“因为他相信老年人的学习能力，也因为他相信学习会带来进步”①。1976年《教育老年学》杂志创建，标志着老年教育研究的理论化开始。同年，皮尔逊(David A. Peterson)对教育老年学进行了界定：“因此，以下定义被提议作为今后讨论该主题的起点：教育老年学是针对老龄人和老龄化人群进行教育努力的研究和实践。它包含三个不同但相互关联的方面：(1)为中年和老年人设计的教育努力；(2)针对一般或特定公众的老龄化和老年人教育活动；(3)正在工作或打算受雇以专业或准专业身份为老年人服务的人员的教育准备。这三个方面包括对该领域最核心但最具描述性的工作。”②

对教育老年学的概念化标志着教育老年学的逐步形成，这进一步推进了人们将老年学习者作为一个独立的研究和实践领域的认识。1978年，皮尔逊又对教育老年学的概念进行了完善：教育老年学是指与老年人和老龄化教育努力有关的研究和实践，主要研究教育机构与人口老龄化知识教育过程及老年人需求(如防止过早衰退，促进有意义的角色，鼓励心理成长及改善社会态度等方面)之间的联系。③但是到了21世纪，虽然《教育老年学》杂志仍在蓬勃发展，但术语“教育老年学”和“老年学教育”已经失去了作为定义术语的势头。④ 通过对相关文件的回顾发现，研究者们开始通过其他更多的术语对老年人学习的经验和观点进行研究，包括“老年人学习”(elder learning 或 older people learning)、“晚年学习”(learning in later life)、“晚起学习”(learning later)、“晚生学习”(later life learning)、“教育与老龄化”(education and aging)、“老年学习者和成人教育”(older learners and adult education)等，尤其是在《成人和终身学习手册》(*Handbooks on Adult and Lifelong Learning*)中，“老年成人学习”(older adult learning)一直是其主要章节。另外，在

---

①McClusky H Y. Education. Towards a national policy on aging (Final report, Vol. 2, 1971 White House Conference on Aging)[M]. Washington D C: Government Printing Office, 1973: 10.

②Peterson D A. Educational gerontology: the state of the art[J]. Educational gerontology, 1976, 1(1): 61-73.

③Peterson D A. Who are the educational gerontologists? [J]. Educational gerontology, 1980, 5(1): 65-77.

④Findsen B, Formosa M. Lifelong learning in later life a handbook on older adult learning[M]. Rotterdam: Sense Publishers, 2011: 56.

欧盟委员会发表的一份题为《成人学习:学习永远不嫌晚》的终身学习通信中提到了老年学习。以往老年人学习没有被老年学研究界重视,是由于老年人的学习往往不会为大学带来资助,因此通常会被忽视,也不会受到任何关注。

相关学者在研究2000—2010年间有关老年教育发展趋势的相关论文后,认为改变美国人的态度和做法,主要体现在五个方面:(1)"婴儿潮一代"(1946年至1960年出生的美国人)的老龄化;(2)教育成就水平的提高;(3)老年人生活方式的改变;(4)老年工人的培训和再培训;(5)信息技术的进步。这使得传统的三项式生活概念——准备、工作和退休——将不再那么占主导地位,并对教育老年学产生影响。

(二)成功老年化

如何对老人晚年生活进行更加深入的研究,使得老年人能有一个健康快乐的晚年生活,是众多学者研究的焦点,也是老年学的一个重要研究方向。老年学的主要目标之一是为社会和个人提供关于退休政策、社会保障政策、住房、居住地点和对象、如何与家人联系、空闲时间做什么等社会和个人选择的建议。因此,为了提供好的建议,老年教育学必须有一个成功老年化理论体系进行指导。

"成功老年化"(successful aging)一词最初是在20世纪50年代,在生物医学文献和大众媒体中被用来代表健康人和晚年"健康老年人"的概念使用。后来被哈维赫斯特(Havighurst)、罗韦(Rowe)及卡赫(Kah)等学者加以系统化。21世纪初,该词在老年教育理论界开始被广泛使用。

哈维赫斯特认为成功老年化理论是指:"对个人和社会生活条件的陈述,在此条件下,个人获得最大的满足和幸福,社会在构成老年人、中年人、年轻人、男性和女性等不同群体的满足之间保持适当的平衡。"这一定义的后一部分旨在强调"最大数量的人获得最大利益"的原则,这是考虑社会任何阶层的成功问题时一项有用的原则。哈维赫斯特的这种思维转向,将成功老年化由单纯的生理问题转向了心理问题层面,同时他还系统地分析了活动理论(activity theory)(成功老年化意味着尽可能长地维持中年人的活动和态度)及分离理论(disengagement theory)(成功老年化意味着接受并渴望脱离活跃的生活)[①]的优势和不足,并在此基础之上,将"成功老年化"界定为"对现在和过去的生活有内在的幸福感和满足感"。[②]

---

①Cumming B E, Henry W E. Growing old: the process of disengagement[M]. New York: Basic Books, 1961:125-130.

②Havighurst R J. Successful aging[J]. The gerontologist, 1961, 1(1):8-13.

医学博士罗(John Rowe)和博士卡恩(Robert Kahn)将“成功老年化”描述为维持三种关键行为或特征的能力①:疾病和疾病相关残疾风险低、高认知和身体功能及积极参与生活(维持关系并开展富有成效的活动)这三个术语都是相对的,它们之间的关系在某种程度上是分层的。

随后,类似的术语开始大面积被使用,如积极老年化和健康老年化等概念也纷纷出现。里夫(Ryff)将成功老年化定义为在整个生命过程中与发育工作相关的积极或理想功能②;吉普森(Gibson)认为成功老年化是指“在老年时发挥自己的潜力,达到一种自己和他人都满意的身体、社会和心理健康水平”③;帕尔莫尔(Palmore)指出,成功老年化是个综合概念:“它将与生存(长寿)、健康(无残疾)和生活满意度(幸福)结合在一起。”④

上述所有这些术语都强调了老年人的独立性、健康和社会参与,即健康老年化范式逐步形成,并在组织老年人、制定政策和影响行为等方面有所体现。

1946 年,当时世卫组织成员国通过了一个新的健康定义:“健康是一种身体、精神和社会全面福祉的状态,而不仅仅是没有疾病或虚弱的状态。”⑤

1986 年,《渥太华健康促进宪章》以阿拉木图《初级卫生保健宣言》所取得的进展为基础,并进一步规定,健康促进是使人们能够更好地控制和改善健康的过程。为了达到身心健康和社会幸福的状态,个人或群体必须能够确定和实现愿望,满足需求,改变或应对环境。因此,健康被视为日常生活的一种资源,而不是生活的目标。健康是一个积极的概念,强调社会和个人资源及体能。因此,健康促进不仅是卫生部门的责任,而且超越了健康的生活方式,实现了幸福。⑥

2015 年,世卫组织将健康老年化定义为发展和维护老年健康生活所需的功能发挥的过程⑦,如图 6-3 所示。

---

①Rowe J W, Kahn R L. Human aging: usual and successful[J]. Science,1987,237(4811):143-149.

②Ryff C D. In the eye of the beholder: views of psychological well-being among middle-aged and older adults[J]. Psychology & aging,1989,4(2):195-210.

③Gibson R C. Promoting successful and productive aging in minority populations[C]//Bond L A, Cutler S J & Grams A. Promoting successful and productive aging. Thousand Oaks: Sage,1995:279-288.

④Palmore E B. Successful aging[M]. Maddox G L. Encyclopedia of aging: a comprehensive resource in gerontology and geriatrics. 2nd ed. New York: Springer,1995:914-915.

⑤International Health Conference. Constitution of the world health organization[R]. Geneva: WHO, 1946:1-2.

⑥World Health Organization. Ottawa charter for health promotion[R]. Geneva: WHO,1986.

⑦世界卫生组织. 关于老龄化与健康的全球报告(中文版)[R]. 日内瓦,2016:28.

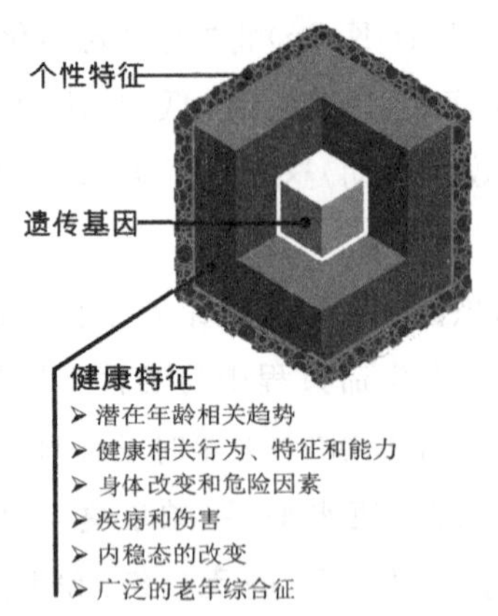

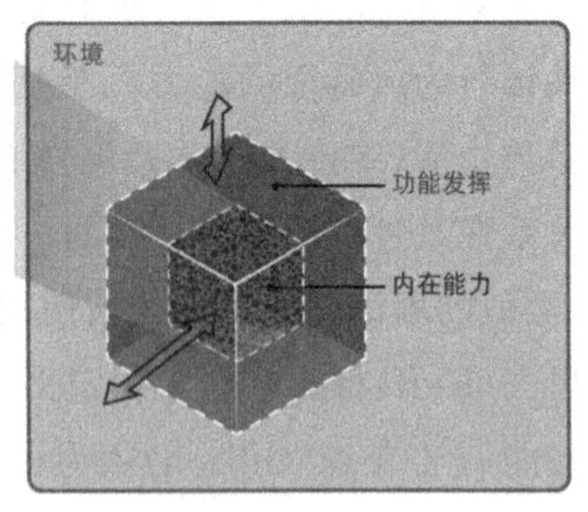

图 6-3　健康老年化的功能逻辑

其中，功能发挥是指使个体能够按照自身观念和偏好来生活和行动的健康相关因素，它由个人内在能力与相关环境特征及两者之间的相互作用构成；内在能力是指个体在任何时候都能动用的全部身体机能和脑力的组合；环境包括组成个体生活背景的所有外界因素，包括从微观到宏观层面，家庭、社区和广大社会。环境中有很多的因素，包括建筑环境、人际关系、态度和价值观、卫生和社会政策、支持系统及其提供的服务。

通过对从"成功老年化"到"健康老年化"文献的梳理，发现研究者们对老年教育学的研究逐步从"消极福利"转向"积极教育"。

(三)老年歧视

通过上述文献考古和对研究内容的梳理可以看出，针对老年学习者的特有特征进行的研究往往从三个层面开展，即围绕衰老所进行的学习、围绕需求(即表达型与工具型学习需求)进行的学习及进行生活重建过程的学习。1971 年，学者麦克卢斯基将老年人的教育需求分为五类：应对、表达、贡献、影响和超越，并认为其中的超越需求是老年人独有的。[①] 1989 年，学者凯勒(Keller)、列文塔尔(Leventhal)和拉尔森(Larson)对老年人(平均年龄为 68.4 岁)老龄化态度的调查表明，超过一半的受访者认为老龄化是"一个自然过程"，50.0%的人认为老龄化是"一个自由度增加的时期"；只有 6.3%的人表示，老龄化是一个有"许多损失"的时期。

①McClusky H. Education. Report for 1971 White House Conference on aging[R]. Washington D C: US Government Printing Office, 1971: 88-90.

1996 年，学者何里(Hori)又进行了类似的调查，与凯勒等人的结论基本一致。老年人可以学习，而且在 75 岁之前，他们的能力通常不会出现真正的下降，即使在 75 岁之后，也可以通过相关努力来补偿，如集中精力以弥补速度上的不足。[①] 但这些发现与许多研究形成了鲜明对比，即以往很多研究中，各个年龄段的人都对衰老持消极态度，消极态度如此普遍，以至于对老龄化的积极态度只代表了一种否认，进而形成了一种年龄歧视。[②]

这种年龄歧视的根源在于，早期老年教育研究主要秉持功能主义的理念，又被称为“衰落和损失”范式(“Decline and Loss” Paradigm)。该范式将衰老视为一系列的“减法”，认为老年人要在工作年限结束后，应通过重新扮演早期角色或承担新的责任，以在子女独立后找到新的角色。这一模式强调，老年人和社会都需要为此进行专门地调整，即老年人既有需要也有义务参与教育活动，以适应他们在角色转变过程中的各种需求，并满足他们的应对、表达、贡献影响和超越需要。这在无形中就形成了一种潜在的年龄歧视。所谓的年龄歧视，就是当人老了的时候，人们对他们所产生的墨守成规的观念和歧视。[③] 年龄歧视是一种最终的偏见和最残酷的拒绝形式，同其他“歧视”一样，贬低并影响其受害者的行为，同时还影响其他人对老年人的行为，但又与其他针对特定群体的“歧视”不同，年龄歧视有可能针对每个人。

年龄歧视是一种世界性的普遍现象，已成为一种无意识的偏见，一种在发生时甚至无法识别的无意识力量，它影响并改变着人们对老年人及老年人学习的态度，甚至老年人自己。同时，这种现象还阻碍了人们理解老年人在一生中有活动、幸福、健康和成就的潜力，其表现形式多种多样，《老年歧视百科全书》一书中就列举了 100 多种形式的老年歧视。[④]

学者利维(Levy)等人认为年龄歧视的态度从一代人传播到下一代，并通过各种媒体传播，使得社会知识、价值观和态度得以延续，甚至在流行的网络虚拟世界中依然存在，诸如脸书(Facebook)、推特(Twitter)等社交媒体上的年龄歧视也屡见不鲜。[⑤]

---

①Healy J. The benefits of an ageing population[R]. Canberra: Australian National University, 2004: 9.

②Koyano W, Inoue K, & Shibata H. Negative misconceptions about aging in Japanese adults[J]. Journal of cross-cultural gerontology, 1987, 2(2): 131-137.

③Butler R N. Age-Ism: another form of bigotry[J]. The gerontologist, 1969, 9(4): 243-246.

④Palmore E B, Branch L, & Harris D K. Encyclopedia of ageism[M]. Binghamton: Haworth Press, 2005: 25.

⑤Levy B R, Chung P H, Bedford T, et al. Facebook as a site for negative age stereotypes[J]. Gerontologist, 2013(54): 172-176.

研究表明，对老龄化持积极态度和看法的人比那些不持积极态度和看法的人活得更长、更健康，即对衰老的态度是影响人们衰老的一个重要因素。因此，需要对老龄化态度进行更全面的研究，以反映老年人的真实感受。其实，古人对老年人的看法一直是积极向上的。例如，中国的古籍《礼记》记载，夏代就有在庠序（古代的官办学校称谓）中供养老人担任职务（即“三老五更”）的制度，以供学生进行咨询；在公元前447年，西塞罗（Cicero，古罗马的哲学家）就在其著作《老年论》中对老年的概念进行了界定，当时他就写道：“老年不是一个衰落和丧失的阶段，而是如果处理得当，就有机会实现积极的变革和生产性运作。”①

西塞罗认为身体锻炼、饮食和智力活动可能会暂时抑制衰老过程，这种提倡晚年学习的主张，反映出对成人教育在老年人生活中的作用的思考，以及“功能年龄”的概念，它是比按时间顺序排列的年龄更有用的心理和身体能力衡量标准。

1993年，学者米切尔（Futrell Mitchell）等人从七个方面解释了老龄化的含义：在生活变迁中融入当下；感恩，保持惊奇意识；在不断变化的节奏中轻松地释放压力；以敏锐的洞察力预见新的可能性；通过活跃联系推动发现；通过利他主义承诺和自我肯定；在每一天中回顾思考。该观点较为系统和全面地对老年教育的实施进行了引领。②

有关老年教育及老龄化观点的研究非常丰富，不同的学者从不同的角度进行了深入研究，形成了不同的学术流派，如表6-4所示。

表6-4　老年教育相关理论

类型	特点	案例或代表
权力理论	给老年人赋权，以保障老年人的权益，多是通过制定法律和政策来实现。	美国制定了《高等教育法》和《美国老年人法》，规定老年人可以参加公立社区学院的学习，图书馆要对老年人开放等政策。
福利理论	将老年教育作为一项社会福利事业纳入社会经济发展中，利用各种组织来开展多样的老年活动以支持老年教育的开展。	英美等发达国家，老年人可以免费进入高等学校进行学习。20世纪70年代后，美国的社区学院为老年人提供教育，由政府提供经费补助，一些大学对老年人开放，并规定一些公立高等教育机构允许老年人参加课程学习，并减免费用。

①Logan J. Cato Major. His discourse of old age[M]. Philadelphia：Benjamin Franklin，1744：120.

②Futrell M，Wondolowski C，& Mitchell G J. Aging in the oldest living in Scotland：a phenomenological study[J]. Nursing science quarterly，1993(6)：189-194.

续表

类型	特点	案例或代表
终身教育理论	认为老年人应该积极地进行角色转变，社会应该为其提供接受教育和学习的机会，以使其适应社会。	20世纪70年代初，麦克卢斯基在密歇根大学建立了第一个老年教育学研究生课程；2021年1月24日，《中共中央、国务院关于加强新时代老龄工作的意见》提出"扩大老年教育资源供给，将老年教育纳入终身教育体系"。
社会参与理论	老年人参与所在社会的经济、社会、文化和政治生活，充分发挥其技能、经验和智慧，从而使"老龄化对社会经济的压力转化为促进可持续发展的动力"（世界卫生组织，2003）。	联合国大会于1991年12月16日通过《联合国老年人原则》（第46/91号决议），提出老年人具有参与原则：老年人应始终融汇于社会，积极参与制定和执行直接影响其福祉的政策，并将其知识和技能传给子孙后辈；2021年4月1日，日本对《老年人雇佣安定法》又做出了新的规定，将企业职员的退休年龄从65岁提高到70岁。
人文主义理论	教育是一项基本人权；老年教育的目的应该与其他年龄层的教育目的相同，都是在于追求自我的实现；关注老年人学习对自我实现及精神层面的需求；老年教育要与老年人的幸福、自由、尊严、终极价值联系起来；增强老年人的生活掌控、变化适应及社会参与等能力，使得老年人能够实现自我的价值。	欧盟推出"以教育协助转职计划"（PAWT：Pedagogy Assisting Workforce Transitions），目的在于解决中老年人口新职业和岗位需求的方案，特别将培训的重点集中在信息技术与新科技方面，以提升老年群体的职业信息化能力。"泛欧洲老年人学习暨就业网"计划（PEOPLE：Pan European Older People's Learning and Employment Network）则着重推广、分享及传播最佳实务与做法案例，并为老年就业人口提供职业培训课程。日本推出"中高龄者共同就业机会创造奖励金"。
终身学习理论	"学习"是一个更广泛的概念，它是终身的，也是全方位的，其主体是自己；而"教育"包括系统的和有目的的学习，通常是地方、国家和全球各级审议政策的结果，其主体是他人。	1976年，美国出台《终身学习法》；1990年，日本颁布并实施《终身学习振兴整备法》。

（四）欧美国家的老年学习

随着老年教育学的兴起，国外学者开始针对老年教育的基本模式、组织运作及作用和影响进行研究。

学者芬德森（Findsen）指出，就为老年学习者提供服务而言，至少有四种类型的成人教育组织：(1)由老年人控制的自助机构，以满足他们自己的需求，如第三年龄大学；(2)针对老年人制订计划的机构，如老年寄宿所（elder hostel）；(3)开发一些可能吸引老年人的课程的主流提供商,如由继续教育中心组织的退休计划;(4)其他社会组织,不对理论展开研究,只关注如何吸引老年人加入活动,提升互动的体验感。

20 世纪 70 年代以来,伴随老人学习权的推动,发达国家在开展老年教育方面,已有极为丰富的经验,例如美国的老人寄宿所、终身学习学会(Learning in Lifelong Institutes,简称 LLIs),英国的第三年龄大学(The University of Third Age,简称 U3A),日本的旅游俱乐部等组织。

1973 年,维勒斯(Pierre Villes)在法国图卢兹大学创办了世界上第一所第三年龄大学,之后世界各国纷纷建立老年大学。1992 年,学者舒勒尔(Tom Schuller)指出,世界范围内的第三年龄大学已经普及到 160 多个国家和地区。第三年龄大学的意义是重大的,它作为一种新的教育形式,是建立在三个前提之上的:首先,不同于现存的教育机构,第三年龄大学以满足大量老年人此前被低估的需求而建;其次,为老年人提供精神刺激和活动的重要性,作为延迟或避免老年人不受欢迎的依赖的一种方式(甚至可以认为,通过减少老年人对保健服务的使用,保持精神刺激和运动,对社区是有成本效益的);最后,将老年人视为未开发的知识和经验宝库的概念(教育本质上是知识和经验共享)。

1974 年,美国的社会学家诺尔顿(Marty Knowlton)和比安科(David Bianco)徒步旅游欧洲四年后,从欧洲的青年寄宿所(youth hostel)得到灵感,又观察到欧洲老年人参与小区活动非常踊跃,于是规划出老人寄宿所的教育活动,并于 1975 年推出了第一个"elder hostel"活动,秉承各种不同年龄的人都应有接受教育机会的理念,在新罕布什尔州五所学院同时展开。此类活动通常是由高等院校在暑期进行办理,活动时间多为一至三周。随后,该种方式迅速在美国流行起来。截至 1983 年,美国就有 700 所大学提供此类活动,参与人数达 55000 人。"elder hostel"活动在美国推广成功后,被引入法国、英国、德国、意大利及斯堪的纳维亚等地区。至 1986 年,全世界共有 40 个以上的国家、超过 1200 所大学提供了此教育活动,参与者达到 11200 人。

在瑞典,许多老年人通过大学开办的网上老年大学接受教育,老年大学生在高校中占有相当高的比例,仅在斯德哥尔摩大学,55 岁及以上的老年大学生就占全校学生总数的 20%,60 岁及以上的占 10%。

加拿大等国家则依托社区,组织建立了自我管理模式的老年教育,班里的学员自行承担大部分甚至全部课程的授课任务。

英国老年教育则是以提高老年人的生命意识为目标,各种办学力量形成多元化格局，教学方式灵活。

日本都道府县福利部门采取委托的方式开办老年教育。

老年学习很重要，不仅可以防止认知能力下降和促进个人发展，还可以提高可用于有偿就业、志愿工作或管理个人事务的知识和技能。欧洲老年教育在内容上，强调退休前即进入老年期的教育；在方式上，强调老年人充分享受大学的教育资源；在目标上，提倡提供技能学习和获得文化遗产知识等的学习。纵观老年（第三年龄）大学的发展历史，大致经历了四个阶段：

第一代U3A（20世纪60年代）：提供了一种教育服务模式，被设计为文化休闲，旨在吸引老年人并促进他们的社会互动，这种模式以文化类型的会议和老年旅馆计划为代表。

第二代U3A（20世纪70年代）：其教育活动的中心是老年人参与和发展生活经验的概念，以使他们做好干预社会问题的准备。这种关注始终存在，至今某些社会老年学家的研究仍然停留在表层，老年人的老师除了让他们成为社会变革的推动者之外，没有其他目的。

第三代U3A（20世纪80年代）：致力于为退休时间越来越早、受教育程度越来越高、要求学分课程的老年人开发课程，因为"他们不愿意为非学分课程支付高额学费"。

第四代U3A（21世纪）：转型阶段，致力于老年人学习技能的提升及生命健康、精神文化生活并重。

（五）中国老年学习的开展形式

我国学者主要从老年教育的发展阶段、基本形式、运作模式、作用和影响、面临的问题及发展趋势进行了研究。

沈红梅指出，目前中国政府对老年教育经费的投入尚没有列入财政预算之中，而是采用基金等其他变通的方式，使得老年教育难以快速发展，且办学方式以政府机关组织开展的老年大学为主要开展形式。①

蒋志学等人认为，发展老年教育事业应以《教育法》和《老年人权益保障法》为依据，制定《老年教育法》，使条文更具体、更充实、更具操作性，把老年教育纳入法制管理轨道，使老年教育尽早从无序走向有序。②

---

①沈红梅．老年教育和老年大学的发展思考[J]．山西成人教育，1998(11)：6-7．

②蒋志学，秦岭，武萍．老年教育产业现状与前景分析[J]．市场与人口分析，2001(4)：72-76．

司荫贞指出，中国老年教育应具有接受教育的非强迫性、教育机构的开放性与制度的灵活性、教育内容的多样性和趣味性、教育事业的福利性等特点。①

高志敏认为，老年教育课程对塑造老年文化和其他年龄群体的文化及整个社会文化都会产生潜移默化的影响。②

王志梅认为，目前中国老年教育的基本形式有：(1)由政府或企事业单位、部门主办老年大学，按课程分班，由专门教师实行面对面授课；(2)利用现代网络技术，面向城乡老年人举办老年电视大学；(3)通过互联网传播教育内容，组织网上老年大学；(4)由普通高校成人教育部门组织老年学历教育，专门给渴望获得正式文凭的老人提供学习机会。王志梅还指出，社区教育是教育的重要组成部分，老年教育的发展应走向社会化，向社区靠拢，这既是老年教育发展的方向，也是老年教育研究的趋势之一。③

洪娜指出，中国的老年教育发展到今天，还只是针对少数老年人的教育，与全部老年人口相比，参与老年教育活动的老年人的文化程度相对较高。④

李洁指出，在资源有限的情况下，可将信息技术应用和推广到老年教育改革中，满足更多老年人需求，让他们有效地、便捷地参与教育与学习活动，实现老年教育信息资源与知识共享，实现老年教育的现代化。⑤

王颖等人认为，老年教育具有经济功能，通过老年教育开发和利用老年人才资源，变消费人口为生产人口，使老年人从"包袱"变为"财富"，这样既为国家创造财富，也降低供养系数，提高了老年人的自养能力，有利于减轻社会负担，促进社会与经济发展。⑥

王英研究指出，我国的老年教育发展大致经历了这样的发展历程：老年教育的兴起(1980—1990年)、老年教育的推广(1990—1999年)、老年教育的多元推广(2000年至今)。⑦

吴遵民等人认为，不能一味地强调教育老年人，应该注意到老年教育，即让经历完整生命历程的老人通过其道德实践与经验智慧来弥补青年在认知层面的不

---

①司荫贞.开展老年教育建立终身教育体制[J].职业技术教育，2001，22(1)：42-44.

②高志敏.成人教育研究的反思与前瞻[J].教育研究，2006(9)：60-65.

③王志梅.我国老年教育研究的回顾与前瞻[J].成人教育，2007(9)：60-61.

④洪娜.浅析我国老年教育事业的发展[J].广西民族大学学报(哲学社会科学版)，2007(S2)：20-21，51.

⑤李洁.老年教育信息化探略[J].中国教育信息化，2007(11)：21-22.

⑥王颖，何国平，贺达仁.空巢老人的健康问题及对策思考[J].中国医学伦理学，2007(3)：106-107.

⑦王英.中国社区老年教育研究[D].天津：南开大学，2009：63-65.

足，亦能彰显老年教育的育人、善人及惠人之价值。[①]

纵观国内外研究现状，现有研究成果的贡献在于从劳动力供给、技术创新、储蓄、社会保障等方面分析了人口老龄化带来的负面影响，这将有助于我们更好地识别人口老龄化带来的社会风险，并有针对性地加以解决，为我国人口老龄化的社会风险管理提供有益的借鉴。但是，国内外对老年教育的研究仍存在以下问题：

(1)无论是在国外还是在国内，学界对社会风险的专题研究都不够深入。正如卢曼所说，即便是今天，风险一词依然含混不清。在许多社会学者那里风险与社会风险混用，广义的社会风险与狭义的社会风险不分。很少有人去深入探讨社会风险的内涵、社会风险的形成原因等问题。而现代社会的风险性特征和中国社会加速转型期的高风险性，迫切需要我们加强对风险尤其是社会风险的研究。

(2)没有直接针对人口老龄化社会风险的成因进行分析，没有给出人口老龄化社会风险的构成要素及评估方法。总体上讲，理论研究不够深入，没有建立较完整的人口老龄化社会风险理论体系。

(3)对人口老龄化社会风险管理的研究过于空泛，过分追求对风险管理机制的讨论和研究，提出的风险管理对策针对性不强、系统性不够；理论研究较多、实证研究偏少。

(4)缺乏对我国老年人口教育需求的分析。对我国老年人口现状、生活需求及教育需求的系统、全面、清晰的认识，是开展老年教育研究的前提和基础。对老年人教育需求分析的欠缺，是目前我国老年教育相关研究基本原理探讨较多、理论分析不够深入、实践研究不够系统的重要原因。

老年终身学习很重要，不仅可以防止认知能力下降和促进个人发展，还可以提高可用于有偿就业、志愿工作或管理个人事务的知识和技能。

三、人口老龄化带来的社会问题

(一)经济发达国家老人就业现状

随着经济的发展及科学技术的进步，人们的物质生活水平都得到了极大的提升，这使得世界人口结构发生了巨大的改变，尤其是在一些经济发达国家和地区，人口增速放缓，人口结构老龄化和少子化严重。为了推动社会经济的发

---

①吴遵民，姜宇辉，蒋贵友．论老年教育的本质——基于世界图景演变视角的分析[J]．现代远程教育研究，2022，34(1)：11-20，39.

展，很多国家的老年人都开始延长工作年限，参与社会生产活动。经合组织(OECD)作为一个研究全球化问题的组织，每年都对世界经济的情况及社会发展情况进行数据统计，该组织每年都会提供基于23个大类的统计数据，研究者可以根据需要选择不同形式的数据显示方式，如图或者表；该组织还提供多种格式的数据供相关人员下载应用，如Excel、Text file(CSV)、PC-axis、Developer API及SDMX(XML)等格式的数据文件。OECD提供的数据统计类别如表6-5所示。

表6-5 OECD提供的世界范围内的数据统计类型

序号	所有主题	统计指标
1	general statistics	一般统计
2	agriculture and fisheries	农业和渔业
3	environment	环境
4	development	发展
5	economic projections	经济预测
6	demography and population	人口学与人口
7	education and training	教育和培训
8	finance	资金
9	information and communication technology	信息和通信技术
10	health	健康
11	industry and services	工业和服务业
12	globalisation	全球化
13	international trade and balance of payments	国际贸易和国际收支
14	social protection and well-being	社会保障和福利
15	national accounts	国民经济
16	monthly economic indicators	月度经济指标
17	productivity	生产率
18	prices and purchasing power parities	价格和购买力平价
19	public sector, taxation and market regulation	公共部门、税收和市场监管
20	regions and cities	地区和城市
21	science, technology and patents	科学、技术和专利
22	transport	运输
23	labour	劳动

研究者可以根据自己的需要，选取不同的类别进行数据的检索，OECD检索数据的方式如图6-4所示。

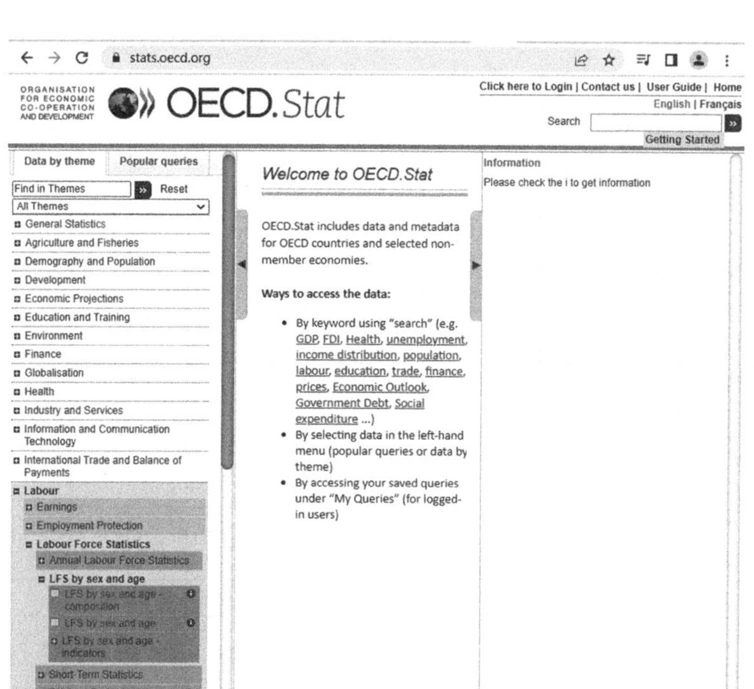

图 6-4 OECD 统计数据分类情况

“就业/人口比率”和“劳动力参与率”作为衡量一个国家就业情况的重要指标，被众多研究机构和组织所采用。其中，“就业/人口比率”是指该国 65 岁及以上就业人口占该国 65 岁及以上总人口的比例；“劳动力参与率”是指经济活动人口（含就业者和失业者）占劳动年龄人口比率，是衡量人们参与经济活动状况的指标。本书选取“就业/人口比率”和“劳动力参与率”两个指标对 OECD 提供的统计数据进行梳理，分析欧美亚等部分经济发达国家的 65 岁及以上的老年人口就业情况，相关数据如表 6-6 所示。

表 6-6 部分经济发达国家 65 岁及以上人口就业率和劳动参与率数据

国家	指标	2010年	2011年	2012年	2013年	2014年	2015年	2016年	2017年	2018年	2019年	2020年	2021年	2022年
澳大利亚	就业/人口比率	10.6	11.1	11.8	11.9	12.1	12.1	12.4	12.8	13.8	14.5	13.8	14.7	14.7
	劳动力参与率	10.8	11.2	12.0	12.1	12.4	12.3	12.6	13.0	14.0	14.7	14.2	15.0	15.0
	未就业率	1.6	1.2	1.7	1.5	2.2	1.5	1.6	1.4	1.6	1.9	2.5	2.2	2.0

续表

国家	指标	2010年	2011年	2012年	2013年	2014年	2015年	2016年	2017年	2018年	2019年	2020年	2021年	2022年
奥地利	就业/人口比率	5.1	4.9	4.9	5.1	5.2	5.3	5.0	4.8	4.9	4.6	4.5	4.5	5.0
	劳动力参与率	5.2	5.0	4.9	5.1	5.3	5.3	5.0	4.8	4.9	4.7	4.5	4.5	5.1
比利时	就业/人口比率	2.0	2.0	2.3	2.3	2.3	2.6	2.2	2.5	2.7	2.9	2.9	2.7	3.2
	劳动力参与率	2.1	2.0	2.3	2.3	2.3	2.6	2.2	2.5	2.8	3.0	2.9	2.8	3.2
加拿大	就业/人口比率	10.8	11.3	11.9	12.5	12.9	12.9	13.0	13.5	13.6	14.4	12.9	13.2	13.9
	劳动力参与率	11.3	11.8	12.5	13.1	13.4	13.5	13.6	14.2	14.1	15.0	14.0	14.3	14.6
	未就业率	4.5	4.2	4.6	4.2	4.0	4.4	4.6	4.9	4.1	4.1	7.7	7.9	4.7
智利	就业/人口比率	19.7	22.0	22.5	22.4	22.8	23.2	23.8	24.1	23.9	24.7	17.7	17.4	18.9
	劳动力参与率	20.2	22.6	23.0	22.9	23.5	23.8	24.4	24.8	24.5	25.3	18.4	18.2	19.6
	未就业率	2.7	2.6	2.3	2.0	2.9	2.6	2.4	2.5	2.3	2.4	4.1	4.0	3.5
哥伦比亚	就业/人口比率	26.8	27.0	27.2	26.9	26.6	26.6	26.5	26.3	25.2	24.0	19.5	20.1	22.5
	劳动力参与率	28.3	28.6	28.6	28.0	27.8	27.8	27.6	27.3	26.3	25.3	21.2	21.6	24.0
	未就业率	5.2	5.4	4.6	4.2	4.2	4.1	4.1	3.7	4.2	5.1	7.7	7.0	6.1
哥斯达黎加	就业/人口比率	16.6	13.1	17.3	17.2	16.1	16.2	12.6	13.9	15.5	17.1	13.8	13.5	12.7
	劳动力参与率	17.2	13.7	18.6	18.4	16.8	16.8	13.2	14.5	16.2	18.2	16.0	15.0	13.2
	未就业率	3.7	4.4	7.1	6.7	4.6	3.5	4.6	4.0	4.3	5.8	13.9	9.6	3.9
捷克	就业/人口比率	4.7	4.6	4.6	5.1	4.9	5.6	6.3	6.3	7.1	7.2	6.9	6.8	6.9
	劳动力参与率	4.8	4.6	4.7	5.2	5.0	5.7	6.3	6.4	7.2	7.3	6.9	6.8	6.9
	未就业率	1.5	1.4	2.9	1.5	1.3	1.1	0.8	0.9	0.9	0.5	0.2	0.3	0.9
丹麦	就业/人口比率	6.6	7.5	8.0	7.6	8.1	8.1	8.5	8.1	8.2	8.6	8.5	9.2	10.4
	劳动力参与率	6.6	7.5	8.0	7.6	8.1	8.1	8.5	8.1	8.2	8.6	8.5	9.2	10.4

续表

国家	指标	2010年	2011年	2012年	2013年	2014年	2015年	2016年	2017年	2018年	2019年	2020年	2021年	2022年
爱沙尼亚	就业/人口比率	15.3	9.3	10.2	10.4	10.5	11.3	12.9	12.9	13.4	14.2	13.7	14.5	16.7
	劳动力参与率	15.8	9.7	10.6	10.7	10.8	11.7	13.3	13.2	13.9	14.5	14.1	14.7	16.9
	未就业率	3.2	4.0	4.0	2.9	2.9	3.8	2.7	2.1	4.1	2.2	3.3	1.3	1.1
芬兰	就业/人口比率	7.8	4.7	5.1	5.2	5.7	6.2	6.0	6.1	6.3	6.5	6.3	12.1	13.3
	劳动力参与率	7.8	4.7	5.1	5.2	5.7	6.2	6.1	6.2	6.4	6.6	6.4	12.4	13.7
法国	就业/人口比率	1.5	2.0	2.3	2.2	2.3	2.6	2.9	3.0	3.0	3.3	3.3	3.4	3.9
	劳动力参与率	1.6	2.0	2.3	2.3	2.4	2.7	2.9	3.1	3.1	3.4	3.4	3.5	4.0
	未就业率	—	—	—	—	—	—	2.6	3.2	—	2.6	2.6	4.0	3.8
德国	就业/人口比率	4.0	4.6	4.9	5.4	5.8	6.0	6.6	7.0	7.4	7.8	7.4	7.5	8.4
	劳动力参与率	4.0	4.6	5.0	5.4	5.8	6.1	6.6	7.0	7.5	7.8	7.5	7.6	8.5
	未就业率	—	—	1.0	0.9	—	0.8	—	0.8	0.7	0.8	1.5	1.1	1.0
希腊	就业/人口比率	3.9	3.5	2.7	2.4	2.5	2.8	2.8	3.1	3.3	3.7	4.0	4.4	4.6
	劳动力参与率	4.0	3.6	2.8	2.7	2.8	3.1	3.2	3.5	3.7	4.1	4.4	4.8	5.0
	未就业率	—	—	—	9.1	10.8	10.0	12.8	11.7	10.6	9.8	8.6	7.8	7.8
匈牙利	就业/人口比率	3.3	2.2	2.1	2.0	1.8	2.0	2.4	2.7	3.2	4.1	4.4	8.6	9.4
	劳动力参与率	3.4	2.2	2.2	2.0	1.9	2.1	2.4	2.7	3.3	4.2	4.5	8.9	9.6
冰岛	就业/人口比率	33.4	31.4	31.1	33.0	35.4	37.2	38.7	36.3	35.7	33.0	31.0	32.5	32.3
	劳动力参与率	34.7	32.8	32.2	34.1	36.0	37.4	38.9	36.4	36.4	33.6	31.6	33.4	32.6
爱尔兰	就业/人口比率	8.3	8.4	8.5	8.7	9.0	9.9	10.1	9.8	10.6	11.2	11.5	12.8	12.4
	劳动力参与率	8.3	8.4	8.5	8.7	9.0	9.9	10.1	9.8	10.6	11.2	11.5	12.8	12.4

续表

国家	指标	2010年	2011年	2012年	2013年	2014年	2015年	2016年	2017年	2018年	2019年	2020年	2021年	2022年
以色列	就业/人口比率	12.7	13.7	16.0	17.3	17.9	18.5	20.4	20.6	21.9	21.7	21.0	20.2	20.9
	劳动力参与率	13.3	14.2	16.7	17.9	18.6	19.1	21.0	21.2	22.4	22.2	21.5	20.8	21.4
	未就业率	3.9	4.0	4.3	3.7	3.7	3.3	3.1	2.9	2.4	2.2	2.3	2.8	2.5
意大利	就业/人口比率	3.1	3.2	3.4	3.5	3.6	3.8	3.9	4.3	4.7	5.0	5.0	5.1	4.9
	劳动力参与率	3.2	3.2	3.4	3.5	3.7	3.8	4.0	4.4	4.8	5.1	5.1	5.2	5.1
	未就业率	—	—	1.8	1.7	—	1.8	1.9	1.8	2.2	2.2	1.9	2.6	2.6
日本	就业/人口比率	19.5	19.3	19.5	20.1	20.8	21.7	22.3	23.0	24.3	24.9	25.1	25.1	25.2
	劳动力参与率	19.9	19.7	19.9	20.5	21.3	22.1	22.8	23.5	24.7	25.3	25.5	25.6	25.6
	未就业率	2.2	2.2	2.3	2.3	2.3	2.0	2.0	1.8	1.6	1.7	1.6	1.9	1.5
韩国	就业/人口比率	29.0	29.1	30.0	30.7	31.1	30.4	30.6	30.6	31.3	32.9	34.1	34.9	36.2
	劳动力参与率	29.7	29.7	30.7	31.2	31.8	31.1	31.3	31.5	32.2	34.0	35.3	36.3	37.3
	未就业率	2.4	2.2	2.1	1.5	2.1	2.4	2.3	2.8	2.9	3.2	3.6	3.8	3.0
拉脱维亚	就业/人口比率	5.8	5.6	6.4	7.3	6.9	7.4	8.1	8.6	9.4	10.4	10.6	12.3	13.3
	劳动力参与率	6.1	5.7	6.6	7.6	7.0	7.6	8.3	8.9	9.7	10.6	10.7	12.4	13.5
	未就业率	4.7	2.3	2.9	3.5	1.8	3.1	1.8	3.3	2.8	1.9	0.9	1.0	1.9
立陶宛	就业/人口比率	4.3	5.1	5.7	5.2	5.7	6.3	7.9	8.9	9.2	9.8	10.8	10.6	11.7
	劳动力参与率	4.4	5.2	5.8	5.3	5.8	6.3	8.1	9.0	9.3	9.8	10.9	10.6	11.8
	未就业率	2.1	1.1	0.7	1.3	1.5	1.0	1.4	0.6	1.0	0.5	0.8	0.3	0.7
卢森堡	就业/人口比率	3.4	3.5	3.5	3.9	4.0	3.1	—	2.4	1.9	2.3	2.8	4.7	3.6
	劳动力参与率	3.4	3.6	3.5	3.9	4.1	3.2	—	2.6	1.9	2.3	2.8	4.8	3.8

续表

国家	指标	2010年	2011年	2012年	2013年	2014年	2015年	2016年	2017年	2018年	2019年	2020年	2021年	2022年
墨西哥	就业/人口比率	27.3	26.4	26.7	26.5	26.5	27.5	27.0	26.6	26.9	26.7	23.8	23.5	24.6
	劳动力参与率	27.7	26.9	27.1	26.9	26.9	27.8	27.2	26.8	27.2	27.0	24.1	23.9	24.9
	未就业率	1.6	1.6	1.5	1.6	1.4	1.2	1.0	1.0	0.9	0.9	1.3	1.4	1.0
荷兰	就业/人口比率	5.7	5.5	6.5	6.7	7.3	6.6	6.5	7.1	7.8	8.7	8.7	9.4	10.6
	劳动力参与率	5.9	5.7	6.7	7.1	7.7	7.1	6.9	7.6	8.2	9.2	9.1	9.7	11.0
	未就业率	—	—	—	5.7	5.9	6.3	5.5	5.9	5.4	5.5	4.1	3.6	4.1
新西兰	就业/人口比率	16.8	18.7	19.7	20.4	21.0	21.7	23.1	24.0	23.7	23.8	24.3	24.8	24.9
	劳动力参与率	17.1	19.0	20.0	20.7	21.3	22.0	23.4	24.3	24.1	24.1	24.8	25.1	25.2
	未就业率	2.0	1.7	1.7	1.6	1.5	1.6	1.2	1.2	1.6	1.4	1.9	1.1	1.1
挪威	就业/人口比率	18.1	18.6	18.6	18.2	10.9	11.4	10.8	10.7	11.0	10.9	10.3	14.5	13.5
	劳动力参与率	18.3	18.7	18.7	18.4	11.0	11.5	10.9	10.8	11.0	11.0	10.5	14.7	13.7
波兰	就业/人口比率	4.7	4.8	4.7	4.6	4.7	4.7	4.9	5.5	5.4	5.5	5.7	6.0	6.2
	劳动力参与率	4.8	4.9	4.8	4.7	4.8	4.7	4.9	5.5	5.4	5.5	5.7	6.0	6.2
葡萄牙	就业/人口比率	16.5	5.7	5.5	5.5	5.2	5.5	5.9	6.0	6.6	7.2	6.9	8.6	9.3
	劳动力参与率	16.6	5.9	5.8	5.6	5.4	5.8	6.1	6.3	6.8	7.5	7.1	8.8	9.5
斯洛伐克	就业/人口比率	1.7	1.8	1.7	1.6	1.9	2.5	2.6	3.5	4.0	4.6	4.5	4.3	4.8
	劳动力参与率	1.8	1.8	1.8	1.7	2.0	2.6	2.7	3.6	4.0	4.6	4.5	4.4	4.9
斯洛文尼亚	就业/人口比率	7.3	6.3	5.0	5.0	6.7	4.2	3.2	4.0	4.6	3.0	3.2	4.2	4.6
	劳动力参与率	7.3	6.3	5.0	5.0	6.7	4.2	3.2	4.0	4.6	3.0	3.2	4.3	4.9
	未就业率	—	—	—	—	—	—	—	—	—	—	—	2.6	4.8

续表

国家	指标	2010年	2011年	2012年	2013年	2014年	2015年	2016年	2017年	2018年	2019年	2020年	2021年	2022年
西班牙	就业/人口比率	2.0	1.9	2.0	1.7	1.6	1.8	1.9	2.0	2.2	2.4	2.7	3.1	3.3
	劳动力参与率	2.0	2.0	2.1	1.8	1.7	1.9	2.0	2.1	2.3	2.5	2.9	3.3	3.5
	未就业率	—	—	4.0	6.3	5.2	4.1	4.4	4.1	4.5	5.5	5.3	5.5	5.8
瑞典	就业/人口比率	13.3	13.4	14.9	14.6	16.5	16.4	15.8	17.0	16.9	17.5	18.6	19.2	19.2
	劳动力参与率	13.5	13.7	15.3	14.9	17.0	16.8	16.2	17.5	17.4	18.0	19.0	20.0	20.1
瑞士	就业/人口比率	9.2	9.6	9.9	10.4	11.2	11.4	12.0	11.9	11.9	11.2	11.0	10.9	10.2
	劳动力参与率	9.3	9.7	10.0	10.5	11.3	11.5	12.1	12.0	12.0	11.3	11.1	11.0	10.3
土耳其	就业/人口比率	11.8	12.6	12.3	12.3	11.2	11.6	11.5	11.9	12.1	11.6	9.7	10.9	11.7
	劳动力参与率	12.0	12.8	12.4	12.4	11.4	11.9	11.8	12.2	12.5	12.0	10.0	11.3	12.1
	未就业率	1.5	1.2	1.1	1.0	2.0	2.4	2.5	2.2	2.7	3.1	2.6	3.0	3.3
英国	就业/人口比率	8.1	8.4	8..9	9.6	10.0	10.3	10.4	10.2	10.5	10.7	10.6	10.2	10.9
	劳动力参与率	8.3	8.6	9.1	9.8	10.2	10.5	10.5	10.4	10.6	10.9	10.8	10.4	11.1
	未就业率	2.4	2.7	2.2	2.4	2.1	1.6	1.5	1.9	1.5	1.5	1.9	2.0	1.9
美国	就业/人口比率	16.2	16.7	17.3	17.7	17.7	18.2	18.6	18.6	18.9	19.6	18.0	18.0	18.6
	劳动力参与率	17.4	17.9	18.5	18.7	18.6	18.9	19.3	19.3	19.6	20.2	19.4	18.9	19.2
	未就业率	6.7	6.5	6.2	5.3	4.6	3.8	3.8	3.6	3.3	3.0	7.5	4.5	3.0
经合组织	就业/人口比率	12.3	12.3	12.8	13.1	13.4	13.8	14.1	14.5	14.9	15.4	14.7	15.0	15.5
	劳动力参与率	12.8	12.8	13.3	13.6	13.8	14.2	14.5	14.8	15.3	15.8	15.3	15.5	15.9
	未就业率	3.5	3.5	3.5	3.2	3.0	2.6	2.6	2.5	2.4	2.4	4.0	3.2	2.5

数据来源：https://stats.oecd.org/(截至2023年8月25日)。

1. 亚洲发达国家老年人口就业情况

韩国、日本作为亚洲经济发达国家，人口老龄化及出生率下降趋势明显。2022

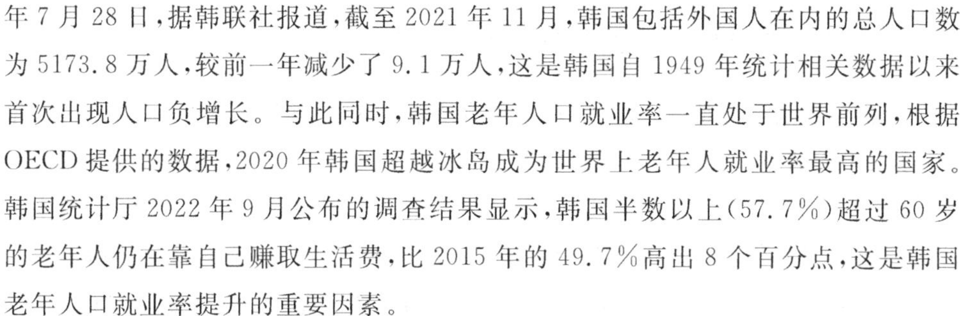

年 7 月 28 日，据韩联社报道，截至 2021 年 11 月，韩国包括外国人在内的总人口数为 5173.8 万人，较前一年减少了 9.1 万人，这是韩国自 1949 年统计相关数据以来首次出现人口负增长。与此同时，韩国老年人口就业率一直处于世界前列，根据 OECD 提供的数据，2020 年韩国超越冰岛成为世界上老年人就业率最高的国家。韩国统计厅 2022 年 9 月公布的调查结果显示，韩国半数以上(57.7%)超过 60 岁的老年人仍在靠自己赚取生活费，比 2015 年的 49.7%高出 8 个百分点，这是韩国老年人口就业率提升的重要因素。

日本作为世界上老龄化最为严重的国家，早已经步入了超级老龄化社会。OECD 统计数据显示，自 2010 年以来，老年人口就业率快速增长，截至 2022 年 8 月，已经成为世界第三位。日本老年人口就业率快速上升的重要原因是其不断修改法律延长老年人就业年龄所造成的。

2. 北欧老年人就业现状

北欧一向以高福利水平和经济发达广为人知，但同时其老年人口就业率也稳居世界前列。在北欧五国中，冰岛老年人就业率在 2010 年至 2019 年间一直居世界首位，远远超越其他四国，2020 年开始略有下降趋势。2021 年北欧五国(丹麦、瑞典、芬兰、挪威、冰岛)的老年人口就业率分别为 9.2%、19.2%、12.1%、15.2%及 32.5%。

3. 德国老年人就业现状

德国作为老牌的工业制造业发达国家，老年人口就业率也呈上升趋势，2021 年老年人口就业率为 7.4%，劳动参与率为 7.5%，远低于其他发达国家。

4. 美国老年人就业现状

美国在老年人就业政策与法律制定方面起步较早，出台了较为完备的保障老年人权益的相关法案，构建了多元化的老年教育体系。因此，美国老年人口的就业参与率一直处于世界前列。OECD 的统计数据显示，美国从 2010 年至 2020 年的十年中，老年人就业率稳中有升，涨幅不大。

5. OECD 国家

OECD 作为经济发达国家的联合体，其 36 个成员国的老年人口平均就业率也是逐年上升，2021 年该组织内各国平均老年人口就业率为 15.0%，属于中等水平。其主要原因是波兰、德国、荷兰、意大利、法国及丹麦等国的老年人口就业率均低于 10.0%。

(二)人口年龄结构与经济发展之间的关系

英国学者麦迪逊从收入增长、收入差距及国家排序等层面出发，针对1820年到1992年间的世界各国经济增长情况及其影响因素进行了详细梳理与系统研究，认为人均产出增长与四个要素密切相关[①]：(1)技术进步；(2)物力资本积累，技术进步通常需要具体化；(3)人的技能、教育、组织能力改进；(4)单个国家经济通过商品和劳务的贸易、投资知识分子和企业家相互作用。而美国经济学家索洛(Solow)以柯布-道格拉斯生产函数为基础，将经济增长的因素设定为资本、劳动和技术进步三大要素，并采用了资本和劳动可替代的新古典柯布-道格拉斯生产函数，修正了哈罗德-多马模型中的生产技术假设，构建了索洛模型，解决了经济增长率与人口增长率不能自发相等的问题，即产出的增长率受到劳动增长率的影响。

所谓的柯布-道格拉斯生产函数，是指20世纪30年代初美国经济学家道格拉斯(Paul H. Douglas)和柯布(C. W. Cobb)根据历史统计资料，研究20世纪以来美国的资本投入和劳动投入对产量的影响，而得出的一种生产函数，其基本形式为：

$$Y=A_t \cdot K\alpha L\beta \quad \text{(式 1)}$$

其中，α、β分别代表资本弹性和劳动弹性，A_t表示第t年的技术水平，这个参数在短期内是个常量，该公式的具体模型如图6-4所示。柯布-道格拉斯生产函数表明了在一定生产技术条件下资本投入量和劳动投入量与产出量之间的依存关系。资本投入量和劳动投入量作为函数的自变量，如果这两个自变量中有一项为零，那么产出量也等于零。索洛以此为依据，重新构建了产量增长函数公式：

$$y=F(k,l);\Delta k=sy-(\delta+n)k;y=c+i;c=(1-s)y \quad \text{(式 2)}$$

其中，y为产量；k为投入的资本；l为投入的劳动力；F为生产函数；Δk为资本存量变动；s为储蓄率；δ为折旧率；n为人口增长率；g为技术进步率；Δk为资本增长率；i为投资；c为消费，进而形成了索洛经济增长模型(Solow Growth Model)，如图6-5所示。

但随着经济的发展与进步，索洛模型无法很好地诠释经济增长的本质因素，以罗默(Paul Romer)和卢卡斯(Robert Lucas)为代表的一些学者(新增长理论学派)开始意识到技术外生性这一假设的缺陷。于是调整研究方向，并认为经济增长的本质并不是外部力量(外生技术变化)，而是经济体系的内部力量(内生技术变化)作用的产物，知识和人力资本是经济增长的“发动机”，并将“劳动力”的内涵扩展为

---

①麦迪森.世界经济二百年回顾[M].李德伟，盖建玲，译.北京：改革出版社，1997：12.

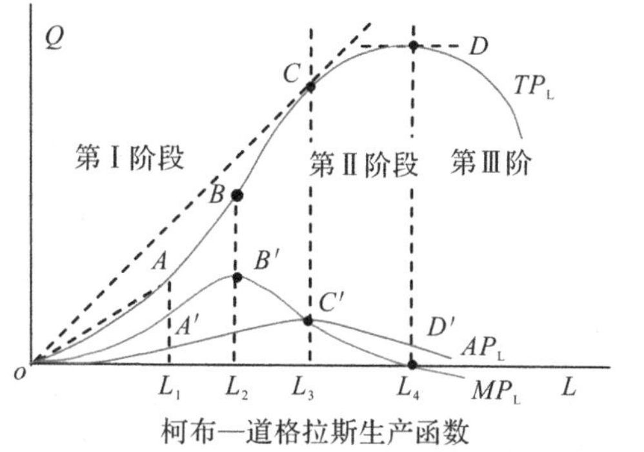

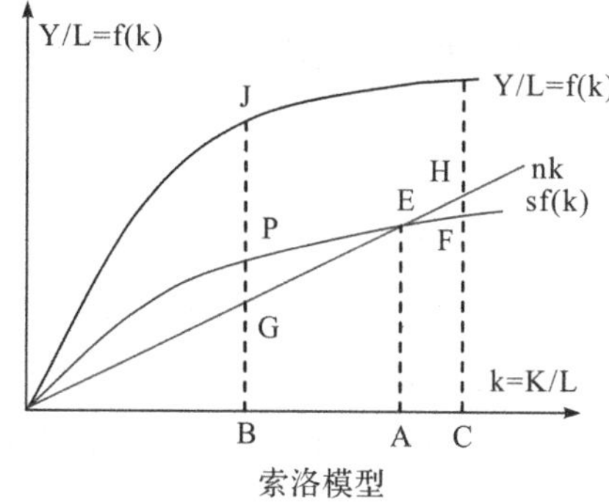

图 6-5　劳动投入与经济增长模型

人力资本投资，即人力资本不但包含劳动力的数量、技术水平，还应该包括劳动力的健康状况、教育水平、生产技能的训练及相互协作能力的培养等多个层面。

通过对上述经济模型的发展历史及内涵的梳理，可以发现人口因素对于经济增长有重要作用，尤其是人口老龄化对资本积累、劳动力数量、技术进步（劳动生产率）等方面产生了重要影响，进而会反作用于经济增长。学者弗伦希（Faruquee）就曾对日本 1970 年至 1997 年间的劳动者年龄与相对收入进行研究，结果显示，年龄与收入呈现出倒 U 型，即在 40—45 岁之间，相对收入达到峰值，如图 6-6 所示。

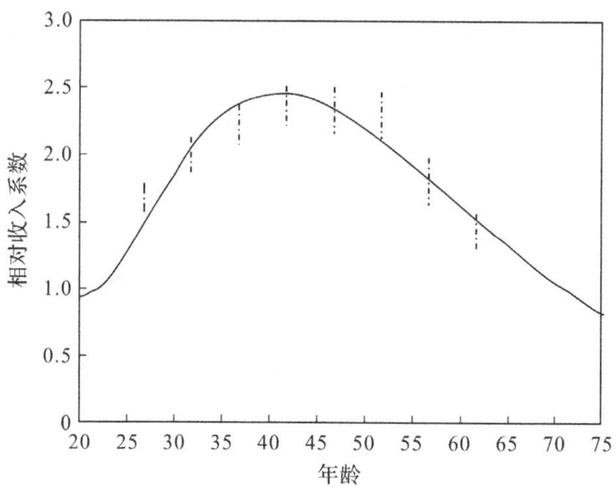

图 6-6　日本 1970—1997 年人口结构与收入之间的关系

通过梳理上述理论的研究成果，可以明显地发现人口结构对于经济增长有着重要的影响，世界各国都极为重视人口结构变化所带来的社会问题，并纷纷出台相关政策及改善机制来应对人口结构改变所带来的消极后果。

(三)世界各国老年政策的梳理

人口结构的改变主要体现在老年人口的占比增多,即人口结构老龄化。早在18世纪,欧美等经济发达国家就开始关注人口结构老龄化,进行了大量的理论研究与实践探索,并通过老年教育问题来解决和应对人口老龄化所带来的社会问题,出台并制定了若干政策,例如,美国在《职业教育法》《高等教育法》《成人教育法》和《终身教育法》等四部法律之中都明确地对老年教育进行了相关的说明与规定。[①]反观中国,目前《中华人民共和国教育法》《中华人民共和国学前教育法》《中华人民共和国义务教育法》《中华人民共和国高等教育法》《中华人民共和国职业教育法》《中华人民共和国家庭教育促进法》及《中华人民共和国高等教育法》等几部有关教育的法规中,都没有对老年教育进行明确的说明,只是在《中华人民共和国老年人权益保障法》中有所涉及。因此,本书对一些经济发达国家的老年教育及老年政策进行梳理,进而为老年学习的实践体系构建提供经验并总结教训。

1.日本

在延迟退休年龄上,日本一直采取循序渐进的方式。在第二次世界大战结束后的很长一段时间里,日本一直采取的是55岁退休制度,直到1986年迎来了经济高速增长时期,日本政府才制定了《老年人就业稳定法》,规定把退休年龄延长至60岁。2000年,日本修改《老年人就业稳定法》,规定企业有为60岁至65岁老人提供继续就业机会的"努力义务"。2004年,日本为了保持经济的稳定增长,缓解社会矛盾,修改了《老年人稳定就业法》(日文直译为《高年龄者雇佣安定法》),规定企业有雇用老年人的"义务",随后日本老年人就业率均呈现上升趋势。2012年,日本再次修改了《老年人就业稳定法》,将雇佣年龄提高至65岁,这使得日本老年人就业率再次迅速上升。2021年2月,日本国会又一次通过修订案,要求各企业自2021年4月起,将员工的退休年限延长至70岁或是废除退休年限。2021年4月1日,日本对《老年人稳定就业法》又作出了新的规定,将企业职员的退休年龄从65岁提高到70岁。

为了解决老年人就业问题,日本在20世纪50年代就开始了老年人的继续教育。二战后,日本的社会经济结构和生产方式改变了老年人所依赖的传统生活方式,解决老年人日益孤独的"老年人俱乐部"开始出现,通过俱乐部,老年人

---

①李洁.美国老年教育立法及其启示[J].河北师范大学学报(教育科学版),2015,17(1):79-84.

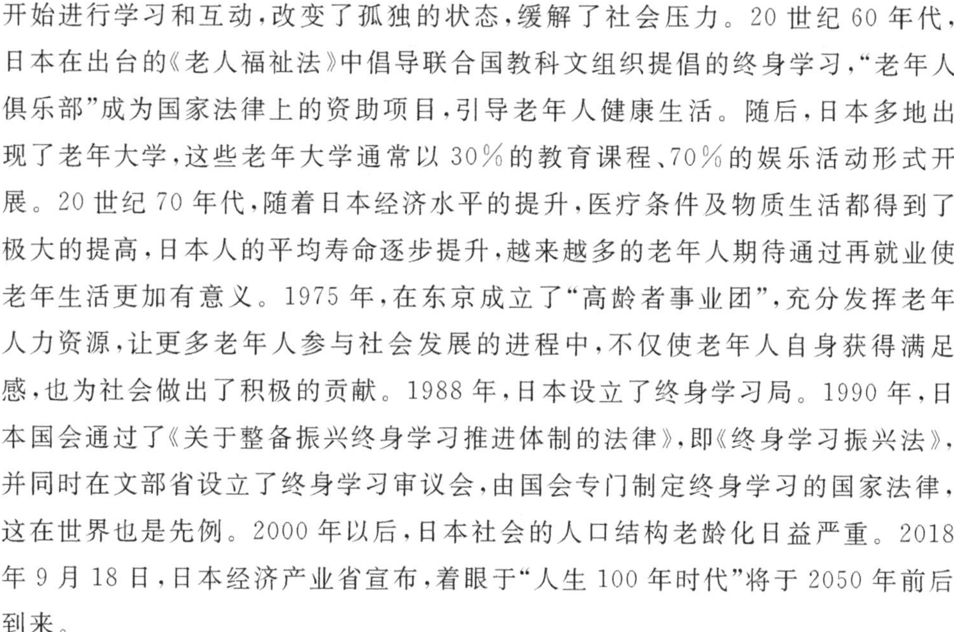

开始进行学习和互动，改变了孤独的状态，缓解了社会压力。20 世纪 60 年代，日本在出台的《老人福祉法》中倡导联合国教科文组织提倡的终身学习，“老年人俱乐部”成为国家法律上的资助项目，引导老年人健康生活。随后，日本多地出现了老年大学，这些老年大学通常以 30％的教育课程、70％的娱乐活动形式开展。20 世纪 70 年代，随着日本经济水平的提升，医疗条件及物质生活都得到了极大的提高，日本人的平均寿命逐步提升，越来越多的老年人期待通过再就业使老年生活更加有意义。1975 年，在东京成立了“高龄者事业团”，充分发挥老年人力资源，让更多老年人参与社会发展的进程中，不仅使老年人自身获得满足感，也为社会做出了积极的贡献。1988 年，日本设立了终身学习局。1990 年，日本国会通过了《关于整备振兴终身学习推进体制的法律》，即《终身学习振兴法》，并同时在文部省设立了终身学习审议会，由国会专门制定终身学习的国家法律，这在世界也是先例。2000 年以后，日本社会的人口结构老龄化日益严重。2018 年 9 月 18 日，日本经济产业省宣布，着眼于“人生 100 年时代”将于 2050 年前后到来。

2. 韩国

韩国以生产性老龄化(productive aging)理念为立法取向，非常关注老年人力资源的开发，并将发挥老年人的生产性潜能作为应对老龄化的有效策略。1981 年，韩国颁布了《老年人福利法》，强调老年人的知识和经验应当被延伸并发展，应为社会的发展做贡献，而不是被忽略或浪费；1982 年，韩国颁布了《成人及继续教育法》和《社会教育法》；1991 年，韩国劳动部颁布了《老年人就业促进法》，鼓励老年人参加就业培训和辅导，并参与社会活动；1999 年，韩国正式实施《终身教育法》及《终身教育法实施法案及规定》《促进终身教育的综合法案》等配套的实施细则，鼓励个人或利益团体开展老年教育项目。为了支持老年教育的发展，2003 年，韩国又推出了《老年教育专家培训计划》，资助 22 所大学的终身教育学院，为老年学校、老年教育中心、老年大学的教师、管理者和从事老年教育的志愿者提供专门的培训，培养老年教育专家。2008 年 2 月，韩国颁布《终身教育法实施细则》，明确了终身教育的概念，确立了国家、省及基层的三级推动机制。

3. 美国

美国老年教育立法发展较早，经历了草创期、茁壮期、蓬勃发展期及稳定扩张期，相关政策及主要内容，如表 6-7 所示。

表 6-7　美国老年教育立法发展历程

阶段	时期	典型事件
草创期	18 世纪—19 世纪	1870 年，波士顿成立了美国历史上第一所高龄者俱乐部，为老年人提供休闲娱乐。
茁壮期	20 世纪初—1969 年	1943 年，第一所高龄中心在纽约成立； 1949 年，老龄教育委员会成立； 1951 年，《老年教育手册》出版； 1964 年，《免费老年教育方案》发布； 1965 年，《联邦老年教育政策》发布； 1965 年，《老年人法》发布。
蓬勃发展期	1970—1990 年	1970 年，肯塔基大学首创老年人免费课程； 1975 年，《禁止歧视老人法案》； 1976 年，《终身学习法》； 1978 年，《就业年龄歧视法案》，为老年人的就业提供了保障。
稳定扩张期	1991 年以后	1992 年，修改《老年人法》，增加"弱势老年人权利活动"。 2000 年，修改《老年人法》，增加"家庭照顾项目"，特别强调将老年人的学习权落实在各州政府的社区政策上，并明确指出，应结合社区老年人的健康、照护、福利与教育需求，由社区及地方区域性建立的社区伙伴联盟共同提供服务，在社区学院规划的课程中给予学费优惠等政策。 2012 年，社区生活管理局成立，统一管理老年人事务。

在美国，美国白宫老龄问题会议（White House Conferences on Aging）是由美国国会提出法案并经总统批准召开的全国性讨论老龄问题的会议，1961 年召开首次，以后每 10 年召开一次，集中讨论老年教育、老年学习及老年人权益等诸多事项。

4. 英国

1930 年，英国就已进入老龄化社会，也是世界上最早步入老龄化社会的国家之一。1983 年，英国《老年人教育权力论坛宣言》发布，对老年教育提出了一些具体要求，如各地政府积极开设相应的老年教育课程，课程要适应老年人自身发展的需要，并且取消时间的限制；老年人的学习场所要多样化，考虑老年人的家庭距离等。

1987 年，英国教育与科学部发布了《老年教育工作手册》，提出老年人具有丰富的生活阅历和经验，通过推动老年教育，将老年人的这些经验、知识和阅历传授

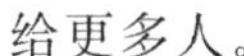

给更多人。

1992年,《进修及高等教育法》颁布,指出地区教育局在提供非第二附件成人教育(这些课程多与职业训练和就业资格获得有关)上扮演重要角色,它保证为不想就读正规课程或者其他职业训练课程的人士提供足够的教育进修机会负有法定责任。地区教育局提供的课程吸引了大量的老年人就读。据英国教育就业部透露,1997—1998年,就读地区教育局提供课程的人数为106万人,其中老年人约占2/3。①

1999年,莫西(Klaus Mosi)撰写的一份名为《新的开端》的报告表明,有多达700万的成年人严重缺乏读、写、算技能。2001年3月,英格兰政府还启动了"生活技能:提高成人识字和算术技能的国家战略"项目(Skills for Life: the National Strategy for Improving Adult Literacy and Numeracy Skills),通过各种形式开设课程,提升公民的基本素养,如在各个图书馆、社区中心和继续教育学院开设线上课程、集中上课。

此外,英国政府还制定了《史密斯报告》《成人教育章程》《1944年教育法案》《继续教育条例》《教育改革法案》及《扩充与高等教育法案》等成人教育与继续教育的政策法律,这些为英国老年教育相关政策法规的制定提供了法律依据与支撑。

5. 北欧

在欧洲的经济发达国家,老年教育大多起源于成人教育。欧洲的成人教育是在民主平等和公民参与需求的影响下发展起来的。因此,欧洲大陆对成人教育的理解,强调要基于与教育相关的兴趣、具有特定类型的社会关系,这致使欧洲人对成人个体学习的兴趣关注降低,也是至今欧洲成人学习不足的重要原因。1953年,总部设在布鲁塞尔的欧洲成人教育协会(The European Association for the Education of Adults,简称EAEA)(当时是欧洲成人教育局)开始运作。北欧国家作为老年人退休生活高福利的代表,其老年教育形式也相对丰富。

瑞典所有的大学都是国立的,凡是领取年金的老人都可以上大学;图书馆、博物馆向老人开放,且对于行动不便的老人,图书馆会派人送书上门,定期调查老年人期望的书目,整理成册后送到各家庭、老人之家及相关机构,还定期组织移动图

①岳瑛.英国的老年教育概况[J].中国老年学杂志,2009,29(15):1993-1995.

书馆到偏远地区，开展图书流动巡回服务。1982 年，瑞典出台《就业保护法》，完善了老年人就业的灵活用工机制。

1968 年，丹麦出台《成人教育法》；1969 年，出台《农村教育法》，提出要对老年人，特别是农村老年人进行关照；2006 年，丹麦为了提高全民的竞争力和社会融合的知识，制定了《进步、创新和融合——丹麦全球经济策略》，并在此基础之上制定了“终身学习——全民教育与技能提升战略”规划，提升全体社会成员的素质。

1965 年，挪威教会和教育部共同提出成人培训的《史特延 92 号案》，推出成人获取中学学习资格、兴趣爱好学习及谋生就业的职业训练课；1976 年，挪威《成人教育法案》(Norwegian Adult Education Act)通过，1977 年 8 月正式实施，这是西方成立较早的成人教育法案。

冰岛政府规定企业和工会有责任为老年员工树立终身学习的观念，并为老年员工接受老年教育提供专项资金。同时，在《成人教育法》中，提出为老年人提供职业培训，并期望老年人就业过程中的不公平现象有所改观，冰岛社会事务部于 2005—2009 年间开展了“50＋积极人生”计划，现行法律规定冰岛老年人领取养老金的年龄是 67 岁，这也在一定程度上促使老年人进行终身学习和继续就业。

波兰 2014 年开始实施《促进世代团结——加强 50 岁以上人士职业活动》及《2014—2020 年 60 岁以上老年人社会激活方案》，鼓励老年人激活，提倡老年人接受教育并保持积极性。

6. 德国

德国是世界最早以社会立法来实施社会保障制度的国家，1889 年就颁布了《养老金保险法》，对老年人退休生活补助进行规范。但是相对于其他发达国家来说，德国的老年教育研究及相关政策制定却起步较晚，其老年教育属于成人教育范畴。1972 年，德国《终身教育》颁布，1974 年第一所德国老年学院在多特蒙德市以社会团体的名义成立；2006 年 12 月，德国通过《退休体制改革决议》方案，规定从 2012 年到 2029 年间，将德国法定退休年龄由先前的 65 岁缓慢升高至 67 岁。

7. 中国

相对于欧美及日本、韩国等经济发达国家来说，我国老年教育起步较晚，相关研究及政策制定还存在很大的提升空间。

(1)国家层面。我国老年教育起步于20世纪80年代,主要以国家相关政策出台为标志。本书将老年教育发展的标志性政策加以整理,如图6-7所示。

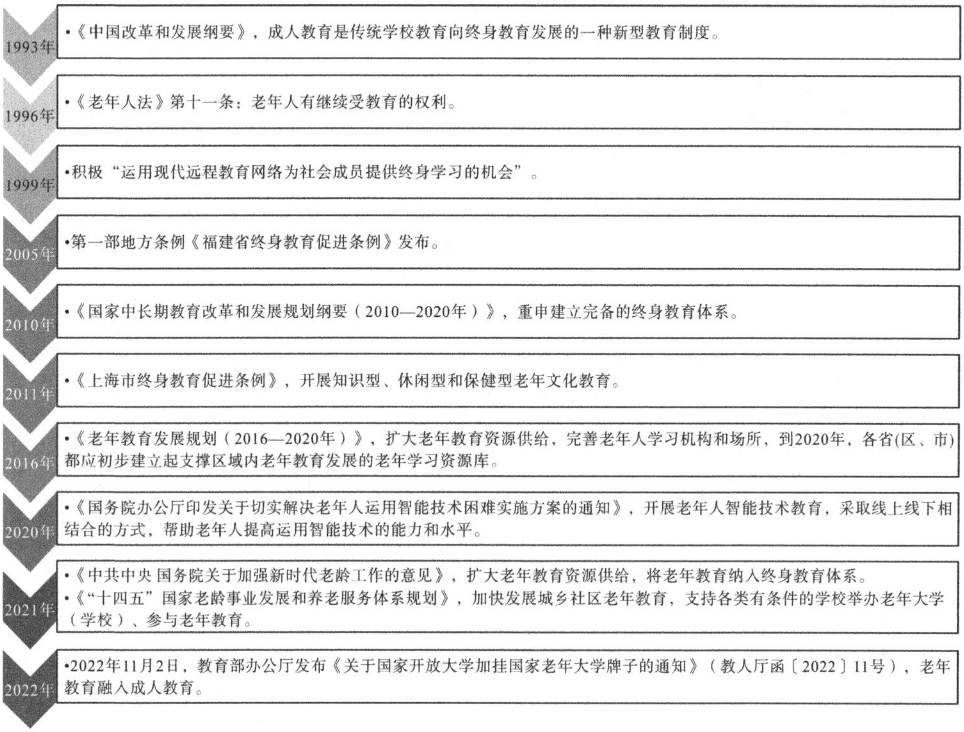

1993年 •《中国改革和发展纲要》，成人教育是传统学校教育向终身教育发展的一种新型教育制度。

1996年 •《老年人法》第十一条：老年人有继续受教育的权利。

1999年 •积极“运用现代远程教育网络为社会成员提供终身学习的机会”。

2005年 •第一部地方条例《福建省终身教育促进条例》发布。

2010年 •《国家中长期教育改革和发展规划纲要（2010—2020年）》，重申建立完备的终身教育体系。

2011年 •《上海市终身教育促进条例》，开展知识型、休闲型和保健型老年文化教育。

2016年 •《老年教育发展规划（2016—2020年）》，扩大老年教育资源供给，完善老年人学习机构和场所，到2020年，各省(区、市)都应初步建立起支撑区域内老年教育发展的老年学习资源库。

2020年 •《国务院办公厅印发关于切实解决老年人运用智能技术困难实施方案的通知》，开展老年人智能技术教育，采取线上线下相结合的方式，帮助老年人提高运用智能技术的能力和水平。

2021年 •《中共中央 国务院关于加强新时代老龄工作的意见》，扩大老年教育资源供给，将老年教育纳入终身教育体系。
•《“十四五”国家老龄事业发展和养老服务体系规划》，加快发展城乡社区老年教育，支持各类有条件的学校举办老年大学（学校）、参与老年教育。

2022年 •2022年11月2日，教育部办公厅发布《关于国家开放大学加挂国家老年大学牌子的通知》（教人厅函〔2022〕11号），老年教育融入成人教育。

图6-7　中国老年教育相关政策梳理

(2)地方性老年教育政策规划汇总。我国幅员辽阔,经济发展不平衡,东西部地区发展差距较大。由于经济水平的不同,各省市出台的有关老年教育的相关政策也不尽相同,本书对国内经济相对发达省市的老年教育的相关政策进行了梳理,如表6-8所示。

表6-8　中国地方老年政策梳理

地区	政策	要点
天津	天津市老年人教育条例	首部地方老年教育法规。
	天津市贯彻落实老年教育发展规划(2016—2020年)	提出到2020年,将基本形成覆盖广泛、灵活多样、特色鲜明、规范有序的老年教育新格局,以各种形式经常性参与教育活动的老年人占老年人口总数的比例达到40%以上。

续表

地区	政策	要点
上海	1. 上海市老年教育发展“十三五”规划 2. 上海市老年教育发展“十四五”规划	1. 提出到 2020 年，上海市基本形成覆盖广泛、社会参与、资源融通、灵活多样、优质均衡、充满活力的现代老年教育体系，实现参与老年教育的人口达到全市老年人口总数的 40%。 2. 到 2025 年，建成“政府主导、多元参与、优质均衡、泛在可选”的具有上海特色、充满活力的现代老年教育体系，参与各类老年教育的人数超过全市老年人口总数的 40%。持续扩大老年教育资源供给，新增老年教育社会学习点 326 个，每年在各级各类老年教育机构课堂学习的老年学员近 100 万人次。
四川	1. 四川省老年教育发展规划(2017—2020 年) 2. 四川省“十四五”规划和 2035 年远景目标纲要	1. 优先发展基层老年教育，提升老年大学(学校)的供给能力，鼓励社会力量参与老年教育，鼓励公共资源为老年教育服务，丰富老年教育内容和形式，提升老年教育信息化水平。 2. 广泛开展老年教育、文化、体育活动，丰富老年人精神文化生活，推动解决老年人智能技术应用困难，充分调动老年人社会参与积极性。
浙江	1. 关于扶持老年教育事业的若干意见 2. 浙江省老龄事业发展“十四五”规划	1. 以浙江广播电视大学和社区教育系统为主体，着力建设好浙江老年开放大学系统，加快发展完善基层老年教育服务体系，到 2020 年全面建成“县(市、区)—乡镇(街道)—村(居)”三级社区老年教育网络。 2. 扩大老年教育服务覆盖。鼓励高校和职业学校举办老年大学(学堂)，丰富老年教育资源，满足老年人就近入学需求。鼓励系统、部门、企业、高校等内部老年大学向社会开放，推进老年教育资源向基层延伸。到 2025 年，80%以上乡镇(街道)建有老年学校(含老年大学分校、老年电视大学辅导站等)，35%以上行政村(社区)建有老年教育学习点，以各种形式经常性参与教育活动的老年人占老年人口总数的 25%以上。
北京	1. 北京市关于加快发展老年教育的实施意见 2. 北京市“十四五”时期老龄事业发展规划	1. 力争 3—5 年内，建立多部门横向协同、纵向联动的工作机制，完善覆盖市、区、街(乡镇)、居(村)四级老年教育服务体系，加强老年教育办学机构基础能力建设，提升老年教育机构服务能力，以各种形式经常性参与教育活动的老年人占老年人口总数的比例达到 40%左右。 2. 完善覆盖市、区、街(乡镇)、居(村)四级老年教育服务体系。培育 100 个市级老年学习示范校(点)及一大批区级老年学习示范校(点)。完善“互联网＋老年教育”服务模式。探索“医、养、文、体、教”等场所与老年人学习场所共建共享模式。组建老年教育志愿者服务团队和老年学习共同体，各乡镇、街道至少组建一支老年教育志愿者服务团队，每个村委会、居委会培育 3—5 个老年学习共同体，以各种形式经常性参与教育活动的老年人占老年人口总数的比例达到 40%左右。

续表

地区	政策	要点
辽宁	辽宁省老年教育发展规划（2017—2020 年）	到 2020 年，基本形成覆盖广泛、灵活多样、特色鲜明、规范有序的老年教育新格局。以各种形式经常性参与教育活动的老年人占老年人口总数的比例达到 20%以上。
河南	河南省老年教育发展规划（2017—2020 年）	到 2020 年，基本形成覆盖城乡的远程老年学习支持服务体系，全省县级以上城市原则上至少应有一所老年大学，50%的乡镇（街道）建有老年学校，30%的行政村（居）委会建有老年学习点。
福建	1. 福建省老年教育发展规划（2017—2020 年） 2. 永安市国民经济和社会发展第十四个五年规划和二〇三五年远景目标纲要	1. 到 2020 年，老年教育协同推进机制更加健全，职责更加明确，基本形成覆盖广泛、多元参与、灵活便捷、特色鲜明的现代老年教育服务体系。以各种形式经常性参与教学活动的老年人占老年人口总数的比例达到 20%以上。 2. 持续构建终身教育制度，加快老年教育发展，提升老年大学办学质量，带动城乡基层办学，形成学校与社区合力的老年人终身教育。加大投入完善终身教育设施，整合资源健全终身教育网络体系，搭建平台营造浓厚的全民终身学习氛围，全力推进学习型城市建设。
广东	1. 广东省人民政府办公厅关于大力推动老年教育发展的实施意见 2. “十四五”广东省老龄事业发展和养老服务体系建设规划	到 2020 年，基本形成布局合理、机会均等、内涵丰富、灵活多样、服务完善，覆盖省、市、县、乡、村 5 级的现代老年教育体系。全省建成 10 所省级示范性老年大学、19 所市级示范性老年大学、19 所以上县级示范性老年大学，培育 500 所老年示范校和示范站（点）。全省以各种形式经常性参与教育活动的老年人占老年人口总数的比例达到 25%以上，其中珠三角地区达到 30%以上。
湖南	湖南省老年教育发展规划（2019—2022 年）	到 2022 年，老年教育协同推进机制更加完善，机构更加健全，职责更加明确，基本形成覆盖广泛、多元参与、灵活便捷、特色鲜明的现代老年教育服务体系。以各种形式经常性参与教育活动的老年人占老年人口总数的比例达到 30%以上。
山东	山东省老年教育条例	为保障老年人继续受教育的权利，促进老年教育事业发展及积极应对人口老龄化而制定。
陕西	陕西省“十四五”老龄事业发展规划和二〇三五远景目标	到 2025 年，落实积极应对人口老龄化国家战略的制度框架基本建立，老龄事业高质量发展的格局基本形成，和老年人相关的基本公共服务体系进一步健全，非基本公共服务供给更加多层次、多样化，全社会达成积极应对人口老龄化的基本共识，老年人获得感、幸福感和安全感显著提升。

续表

地区	政策	要点
江苏	2007 年《徐州市老年教育条例》(第二部地方老年教育法)、《关于进一步加强老年教育工作的意见》(苏老龄办〔2013〕27 号);2018 年《加快发展老年教育行动计划(2018—2020)》(苏教社教〔2018〕3 号);2019 年《江苏省政府关于进一步推进养老服务高质量发展的实施意见》(苏政发〔2019〕85 号);2021 年《关于促进养老托育服务高质量发展的实施意见》(苏政办发〔2021〕75 号)、《江苏省"十四五"教育发展规划的通知》(苏政办发〔2021〕115 号)	扩大老年教育资源供给,建设一批示范性老年大学(老年学校)。到 2025 年,全省每个设区市至少有 4 所老年大学,每个县(市)至少有 1 所老年大学,70%以上的乡镇(街道)建有老年大学分校(老年学校),50%以上的村(社区)建有老年大学(老年学校)学习点。

(四)我国老年教育所面临的问题

通过对国际老年教育研究理论的研究及世界上发达国家的老年政策的梳理和对比研究,可以发现,虽然我国无论是在国家层面还是在省市层面都出台了众多的文件,但是在老年人权益及老年教育等层面上仍有诸多理论问题和实践问题需要面对。

1.老年学习法制建设需要进一步完善

老年教育法制的建设是保障老年人权益及进行终身学习的重要保障,但通过中国法律库平台以"老年"为关键词进行法制题名检索,一共有 49 部有效法律及条例。其中在国家层面只有一部《中华人民共和国老年人权益保障法》,44 部为地方性老年人权益保障法、4 部为老年教育条例。因此,在国家层面亟须建立老年教育法、终身教育法,为推动老年学习体系的建设和完善提供法律依据,强化相关政府部门、机构及相关社会组织、企业的责任和义务。

2.智慧助老资源相对匮乏

目前多数老年学习资源都是以生命、健康及娱乐学习为主,亟需拓展新技术、新设备使用技能及信息化素养提升等培训类学习资源,以补齐老年学习赋能老有所为的短板。特别是随着信息科技的快速发展，人们生活方式的数字化进程加快，使得老年人难以适应高度信息化的社会生活，加速了老年人脱离社会实际的节奏，主要体现在如下几个层面。

(1)信息化身份识别困难。在疫情防控期间，老人不会使用智能手机，信息化身份识别困难，致使老年人不能适应网上买票、网络存钱、医院网上预约挂号等与生活密切相关的信息化应用。

(2)购物消费受限。老人对于网络数字化交易不适应，难以识别网络电信诈骗，不能进行网络支付，不能使用现金成为老年人日常生活消费购物的拦路虎。

(3)社会伦理问题突出，老年信息孤岛现象严重。生活节奏加快，年轻人外出，空巢老人增多。由于不会使用信息化设备进行沟通，老年人与家人、子女的沟通日益缩减，给老年人带来极大的失落感。

因此，国家出台了系列政策，鼓励提升老年人使用和掌握智能设备技能，以获取和应用信息技术，如《关于广泛开展老年人运用智能技术教育培训的通知》(教职成厅函〔2021〕15 号)提出“通过智慧助老积极地改善老年人所面临的困境”；《关于新时代进一步加强科学技术普及工作的意见》(中共中央办公厅、国务院办公厅，2022 年 9 月 4 日)提出“提升老年人信息获取、识别、应用等能力”。

3. 社区老年学习组织机制建设不完善

目前，社区所组织的老年活动大多是以通知、自愿及自主的方式参加，还没有建立起老年人档案。而北欧经济发达国家都给老年人建立了需求档案，并针对老年人的情况定期上门服务，引导和鼓励老年人积极参加老年学习等相关活动。

4. 老年学习体系建设投资力度需提升

目前我国的政府机关在进行老年学习资源的建设方面投入不足，尤其是在老年学校及社区助老等方面的资金存在缺口，致使很多老年人难以享受相关的学习资源。

5. 老年学习实践体系发展不均衡

中国人口众多、地域广阔且东西部经济发展不平衡，农村城镇差别大。尤其是农村老年人的学习资源匮乏，大多为文体娱乐活动，对于生命健康、文化素质等学习资源的供给仍有很大的提升空间。

如果不能妥善地处理好老龄化问题，不能积极有序地推进老年教育的发展，必将带来政治、经济、文化等一系列社会问题。因此，我们不能只停留在“未富先老”的哀怨中，必须积极应对，完善我们的体制机制，使老年人真正实现“老有所养，老有所乐，老有所为”。大力发展老年教育则是实现这一目标的最有效途径之一。通过老年教育的发展，老年人继续实现社会化，可以使老年人通过再学习达到再参与社会的目的，优化老年人被社会排斥与隔离的处境，并且可以提升老年人的生理、心理健康指数，提升其对退休后的家庭生活及社会生活的调适能力，从而正确看待老化现象。俗话说：“老人安，则天下安”。老年人的身心愉悦，必然带来家庭的和睦和社会的和谐发展。

四、江苏省老年学习实践模式探究

老年人作为极其重要的社会成员团体，在保持社会健康、持续发展方面起到了巨大的推动作用。尤其是，江苏省作为老龄化发展较快的大省，老年人的群体规模逐步增大，所带来的社会问题日益突出，为了充分发挥老年人的优势，传承老年人的生活经验及宝贵的精神财富，使老年人能够融入社会、积极参与社会的生产实践，江苏省需要从多个角度出发，为其构建一个良好的老年学习实践体系，使得其能够适应社会和融入社会。

（一）模式构建原则

1. 管理维度

要保证老年学习实践体系的建立和效能发挥，必须强化管理，主要体现在三个层面：一要注重发挥各级政府的主导作用。无论是从国外老年教育的发展经验来看，还是从江苏省老年教育的发展现实来看，各级党委政府在引导社会认识、强化服务管理、建立分层有效的老年教育投入机制等方面的主导作用都不可或缺。二要注重发挥相关部门的主导作用。教育、民政、财政、卫生、文化广播电视及老干部局、老龄办等涉及老年教育的相关部门，要加强协调配合，努力达成对加强老年教育工作领导和管理的共识，并形成工作合力。三要注重发挥社会组织的主导作用。要以扩大老年教育的社会基础为目标，大力普及乡镇、街道、社区的老年学校，注重调动社会各类组织、社会力量的办学积极性，有效突破老年教育参与人数受限的瓶颈。

20 世纪 80 年代初，江苏积极响应国家“老有所学”的号召，一批离开工作岗位的老同志积极兴办老年大学，成为江苏较早的老年教育的办学形式。1998 年，为理顺管理职责，江苏省教委专门向省政府发出《关于明确老年教育管理工作职责的请示》，建议省政府明确老年教育工作归口管理的部门，理顺各有关部门的管理权限和工作职责，做到分工明确、紧密配合。之后全省形成老年教育宏观上由各级党委和政府统一领导，各级老龄委和老干部局是行政主管部门，各级教育行政管理部门为业务主管的管理格局。

目前江苏省老年学习的方式主要有正规老年学习(老年大学)和非正规老年学习(社区老年学习)两种。正规的老年学校多为老年大学或老年学校。江苏老年大学(老年学校)大致有两类：第一类是相对规范的具有传统学校特点的老年大学；第二类是利用现代远程传媒为主要教学载体和手段，以分散学习为主要形式，以教学点辅导为辅助的空中老年大学。除了正规教育以外，江苏非正规老年教育主要是社区老年教育。江苏社区教育试验区和经济基础较好的城乡社区，走在全省社区老年教育的前列。这些地区老年教育的参与人数多、吸引力强，特别是国家级社区教育实验区，老年人参与社区教育的比例均超过 50%。在社区教育实验区的引领下，全省社区老年教育形式多样，内容丰富多彩。

早在 2013 年，江苏就已形成了省、市、县(市、区)、街道(乡镇)、社区(村)五级老年教育网络，并形成以各级正规老年大学为骨干、社区教育机构为依托、远程网络教育为重要形式的教育体系。

2. 经济维度

由于老年学习实践体系主体的特殊性，要从多方面入手，以充分保证资金供给，才能推动老年学习的推广和发展，即从单一渠道走向多元筹措的经费。在传统农业和工业社会，体力劳动占主导地位。成年人在年老体弱之后，便“丧失”了劳动力，只能安享晚年。但随着知识经济时代的到来，改变了人类长久以来对劳动力的认知。知识经济时代的一切竞争都是获取知识和运用知识能力的竞争。在现代社会，不断地学习新知识、接受新技术，是增强社会个体工作能力和社会组织竞争能力的重要因素，而构建终身教育体系，加速社会各类人才的培养，则已成为世界各国提高本国综合国力的重要途径。于是，终身教育体现了对人的不断完善，是对人的知识和技能的不断构建，也是对人的判断能力和行为能力的不断构建。

当今社会，老年教育的发展受到一些传统观念的制约。一部分人认为，人进入老年后，其社会活动和社会贡献已经停止，于是变成了社会的负担；还有一部分人认为，老年人是单纯的消费者和被赡养者。这些消极的观念不仅影响了社会对老年人的认识，也影响了老年人对自我的正确定位，并直接影响到老年教育的发展。为此，破除旧的老年教育观，树立新的科学的老年价值观乃当务之急。老年人可以享有也应当享有自己接受教育、完善自我的权利。在老龄化社会的时代背景下，老年教育要提高到完善老年人生命意义、唤醒其生命自觉的高度，唯有如此，老年教育才会富有价值。一是由各级党委老干部工作部门举办的老干部大学（老年大学），硬件设施建设好，经费有保障，入学的老年人主要是离、退休老干部；二是教育文化部门和老龄工作部门举办的老年大学，经费有一定的保障，学校面向社会老年人开放，并收取一定的费用；三是社区以老年文化活动中心为平台的社区老年学校，经费由社区自己筹集，社区老年人基本是免费（或只收取很少学费）参加学习；四是民办老年学校，主要依靠市场经济的方式运作，一般经营比较困难。此四类老年大学都需要以政府支持为基础条件而发展，但相比较而言，社区老年大学和民营老年大学是老年教育发展的方向。从目前来看，江苏老年教育中，老年大学和社区教育是老年教育最重要的办学形式。

3.教学维度

老年人群体不同于其他学习群体，所以在教育教学方式上应该讲究多样化。首先，在教学形式上，要关注老年群体需要的多样性，不能仅局限于传统的课堂教学，而应采取灵活多样的教学方式，让课堂教学成为第一课堂，社团活动成为第二课堂，社区活动成为第三课堂，充分发挥各种教学方式的作用。如在高等学校举办暑假老年进修班，推动老年寄宿教育；地方老年学校开办专业班级、短期课程，以及举办各类娱乐活动。其次，在教学内容的安排上，突出社会发展的时代性和老年人的需求性，把技艺学习、知识更新、文化熏陶有机地结合起来，使他们更多地“知”，更熟练地“会”，更有效地“为”。再次，在课程设置上，不仅要安排一些有共同性的、专门针对老人的大众课程，还要根据江苏各地的情况开展一些具有地方特色的老年教育课程。最后，在教学方法上，更多地运用现代化多媒体教学手段，丰富课堂教学形式，并把课堂教学与社会实践有效地结合起来，搭建参与社会活动的平台，使他们与社会紧密地联系在一起。

老年学习环境的建构需要办学主体多元化，例如可依托社区、高校、民间组织等，建立和拓展老年教育网络。总体来说，我国当前的老年教育发展状况无法适应老龄化社会老年人的学习需要，老年教育必须走多元化办学道路，要整合各种教育资源，开拓老年教育的渠道，保障老年人受教育和学习的机会。

第一，社区办学。我们应积极借鉴世界上老年教育的先进经验，以社区为中心发展我国的老年教育。充分整合社区教育资源，以社区为中心广泛开展社区教育。近年来，社区教育在我国许多省（区、市）得到了广泛开展，很多地方都已办起了社区学校（院），在目前老年教育资源严重不足的情况下，可以充分利用社区教育资源依托老年大学开办分校或分课堂，也可以办社区老年学校或老年课堂，使老年人能够实现就近入学。

在社区层面，应整合老年人附近的场地和设备资源，如街道办、社区的文化活动中心、老年活动中心、体育中心等，小区的文化活动室、老年活动室、党员活动室，以及各活动场所配备的设备，进行统筹安排，对老年教育开放，以解决办学场地和教学设备的短缺。要鼓励基于老年人自愿参加而结成的各种社区老年文体活动团体和民间组织，解决好学习场地和学习内容单一等问题，最大限度地发挥社区资源优势，使之成为老年人学习活动的主流。

将老年教育的功能融入社区的养老服务中，既可以由基层的居委会负责组织老年人的教育活动，由社会工作者帮助实施老年教育工作，也可以依托社区建立自我管理的老年教育组织，由老年人自发组织、自行安排教育活动。在一些老年协会开办较好的地区，老年教育的组织性更强，老年协会制订的退休老人学习计划可以帮助更多老年人接受教育。

第二，高等院校办学。高等院校参与老年教育可以充分发挥资源优势，推动老年教育拓展规模、提高层次，满足多样性的老年教育需求。高等院校积极参与老年教育，必将推进老年教育的迅速发展和规范化建设。发展以高等院校为主体的老年教育，既是高等院校在人口老龄化背景下服务社会的重要途径，也是配置与整合教学资源，提高社会效益的重要举措。在多元化的现代社会里，多样化办学成为世界各国高等教育改革与发展的重要趋势。高等院校在老龄化社会中举办老年教育，有利于积极的老龄化社会的构建，同时也有利于高等院校增加办学特色，提升自身的竞争力。高等院校经过较长时间的发展，具有优美的教学环境、先进的教学设施、现代化的教学手段、优越的教师资源、成熟的教学经验及浓郁的知识氛围。还有一大批年富力强的退休教师和管理人员，他们大多具有丰富的知识才能和严谨的治学态度，身体尚好，精力充沛，是保证教学质量的有力保障。高校可发挥其得天独厚的优势，利用日常教学的间隙，整合公共场所、设备、师资等富余资源创办老年大学，也可为周边社区开办分校。这不仅可以缓解政府压力，满足老年人求知求乐的需求，还能探索出一条社会化发展老年教育的路子。

4.资源维度

老年学习资源体系的构建要体现超前性，挖掘整合老年教育资源。现代教育的优势就是可以同时实现扩大教育机会、提高教育质量、降低教育成本的目标，这一独特优势决定了老年教育在促进全民学习、终身学习、建设学习型社会中发挥重要作用。如何将教育的资源优势转换为老年教育和国民终身学习的有效途径，是实现老年教育进一步发展和促进江苏省全民终身学习的重要内容。

一要注重规划引领。目前来看，江苏省在老年教育方面虽也出台了一些相关政策文件，如《关于加快我省老龄事业发展的意见》《江苏省老年人权益保障条例》《江苏省"十二五"老龄事业发展规划》《江苏省中长期教育改革和发展规划纲要(2010—2020)》《关于加快完善终身教育体系的实施意见》《关于加强老年精神关爱的指导意见》等。但要真正体现以法治教、发展老年教育工作，还应从更高的层面制定老年教育法和江苏老年教育事业发展规划，从而有效推进江苏老年教育事业健康、有序发展。

二要注重整合挖掘。要向社会开放各种教育资源，构建一个社会化的终身学习体系，最大限度地创造学习条件，充分保障老年人在不同阶段和不同层次的各种学习需求得以实现。从政府、企业、学校、家庭和社区等多个方面来拓展和完善老年人学习的渠道。例如，可以充分利用学校中的远程教育体系，运用其文字、音像、网络视频等多媒体教学形式，建设丰富的老年网络教育资源。除了学校，还可以充分利用社区的资源。通过挖掘和整合社会文化、教育和科研资源，借助政府、企业、民间组织等社会力量，深入社区，开展丰富多彩的学习活动，为老年人提供各种类型的开放教育资源。

(二)实践经验探索

通过对江苏省老年学习资源建设的发展历程的梳理，并参照上海、北京等政治经济发达地区的经验，本书从生活视角、生产视角及生命视角出发，初步提出了江苏省老年学习实践体系建设的后续发展思路。

生活视角：老年人应参与社会政治、经济、文化等方面的事务，以提升生活质量。

生产视角：老年人应掌握相关的职业技能，参与家庭社会的经济活动，发挥余热。

生命视角：老年人应提升自我认同感，能够积极参与自我的发展。

1.继续加大老年学校等老年学习基础设施及法制建设

首先，增加基础设施建设。从发达省市老年学校的分布数量可以明显看出，江苏省的老年学校(含大学、学院及老年社交中心等)数量远小于福建省，每万名老年人拥有的学校数量也小于浙江及上海。同时，省内老年大学(学院、学校、中心)分布不均衡，各地资金投入力度相差明显。

其次，加快省级老年教育立法。目前仅有安徽省、山东省颁布了老年教育条例，江苏省内仅徐州实施了《徐州市老年教育条例》。由于徐州地区无论是经济还是整体的居民文化素质（每10人中大专以上学历人数为12969人，全省平均值为18663人）及老龄化（65岁及以上人口占比14.72%，全省平均值为16.20%）发展情况都低于全省平均水平，其相关政策的代表性不足。但徐州的老年教育条例为全省老年教育条例的制定提供了宝贵的经验。

2. 拓展线下生活与职业技能学习，促进再就业

根据日韩及北欧等经济发达国家的经验，老年人就业率会随着老年人口的增加及经济增长速度的放缓而增加；另外，我国近年来经济与科技飞速发展，其速度远超欧美等国家，致使老年人在学习和掌握现代科技方面面临一定的困难，给老年人退休后融入社会生活及二次从事生产实践造成了严重阻碍。因此，社区机构应该建立老年人档案，构建定期提供线下学习机会和资源的学习机制。其一，智慧助老，即为老年人提供学习和使用数字化智能设备与应用系统的环境和机会，使老年人能够掌握出行身份识别、网络购物、进行在线学习及识别电信网络诈骗等基本信息化技能；其二，银发就业，即根据社区老年人的实际情况，为老年人提供职业技能学习条件，组织行业企业和机构定期为老年人提供职业技能学习团建活动，提高老年人的生存发展能力，激发“银发劳动力”活力，为老年人二次就业提供机会。因此，江苏作为老龄化严重且经济与教育都发达的人口大省理应积极应对，并进一步制定相应的政策，完善和建设相关的平台。在此方面，中国老龄协会老年人才信息中心已经做出了初步尝试，开发并上线了中国老年人才网络平台（https://www.zglnrc.org.cn），对老年人再就业进行探索。① 中国老年人才网设有大小栏目40余个，涵盖老年人关心的人才政策、调查研究、人才知识、招聘信息、志愿公益、老年教育等方面内容，为全国老年人才、涉老组织、养老服务机构及用人单位提供老年人才信息服务。

3. 完善在线学习平台体系建设，拓展学习资源

网络在线学习资源作为老年人学习的一种快捷资源，具有快捷高效的特点，但目前江苏省老年教育网络平台无论是在系统结构和布局上，还是在课程内容安排

---

①新华社.我国老年人才信息服务平台启动建设[EB/OL].(2022-08-24)[2022-10-10].http://www.gov.cn/xinwen/2022-08/24/content_5706661.htm.

上，都需要进一步提升。

（1）平台的构建原则。老年数字化资源鉴于老年人的生理特性及学习习惯，应该对平台架构进行梳理与优化，具体如下。

①快捷上课入口：官网首页显示正在直播的课程、一键点击进入课堂。

②主题类目简单：分类罗列、一周课程表直观清晰。

③在线直播课程：即时互动与反馈。

④无限制回看：提供直播课的录播回放供老年人多次观看、重复学习。

⑤时间灵活：全天候时段课程覆盖、更短的课时适应老年人精力特点。

⑥技术关怀：增强的音频和字幕、远程操控帮助等技术支持。

（2）拓展学习资源类型与内容。本书对目前江苏省老年人教育资源网（http://www.jslnxx.cn/courselist）进行梳理（截至 2022 年 8 月 20 日），发现平台所提供的资源以生命健康、文学素养等为主，具体资源类型如表 6-9 所示。

表 6-9　江苏省老年教育资源网课程资源类型数量分布

<table>
<tr><th>类型</th><th colspan="2">包含内容</th><th colspan="2">课程数量/门</th></tr>
<tr><td>德育与公民素质</td><td colspan="2">思想道德、时事政策、文化文明、法治教育、安全教育、环保节能、和谐家庭、和谐社区</td><td colspan="2">908</td></tr>
<tr><td rowspan="4">智育与职业技能</td><td>职业指导</td><td>职业生涯规划指导、就业与创业指导</td><td>224</td><td rowspan="4">737</td></tr>
<tr><td>实用技能</td><td>计算机应用、人工智能与应用</td><td>5</td></tr>
<tr><td colspan="2">摄影与摄像技术、乡村振兴技术、家政技能</td><td>192</td></tr>
<tr><td colspan="2">家庭理财、语言表达与沟通、文化素养</td><td>316</td></tr>
<tr><td>美育与艺术鉴赏</td><td colspan="2">艺术美赏析、生活美体验、艺术素养</td><td colspan="2">238</td></tr>
<tr><td>体育与健康养生</td><td colspan="2">心理健康、医疗保健、运动休闲</td><td colspan="2">706</td></tr>
<tr><td>地方特色与文化</td><td colspan="2">地方历史与文明、地方红色文化、地方特色建筑、地方饮食文化</td><td colspan="2">328</td></tr>
</table>

通过表 6-9 可以看出，对于信息化技能使用的课程类型与数量都是偏少的，仅 5 门。同样，设计具体的职业技能学习资源也偏少，仅有职业指导及家政技能，对具体职业技能培训则没有设置相关类别。

（3）融合职教、高教资源。随着经济水平的提升，人们的生活质量及身体素质都有了较大提升，尤其是人均健康寿命的延长、人口老龄化的加重，使得老年人就业问题逐步成为社会发展的重要影响因素。老年人退休后可能面临要学习新的职业技能的需求，而目前我国职业教育及高等教育都已经建成了规模庞大的资源库，相关政府部门应该提供相关的开放机制和路径，为老年人学习提供支撑。

4.课程内容建设要生活化

老年人的晚年生活主要融于家庭关系、邻里文化、社区人际等情境之中。随着社会的变化发展，老年人在家庭、邻里、社区生活情境中遇到了种种新情况、新问题(如核心家庭、独居、高层邻里、现代社区等)，致使老年人的晚年生活面临着种种危机和不适。然而，我们现在的老年学习，还未能真正有效地触及老年人特别是独居老年人的精神寄托领域、建立新型邻里关系的领域、适应并创造新型社区生活的领域。因此，在构建老年学习课程实践体系的过程中要充分结合老年人的基本特点和需求，认真听取老年人的意见，深入调研，收集老年人的兴趣爱好，继而制订出切合实际、科学合理的教学计划和灵活多变的课程内容。

要针对不同年龄阶段老年群体的需求开展不同的老年学习内容。为满足老年人退休前后的角色转换需求，开展更加贴近老年人生活境遇与心理境遇的教育。未来的老年教育应当更加贴近、切入老年人的生活境遇与心理境遇。建议进行和加强各种贴近老年人生活的教育：与子女分居后、丧偶之后的独居生活，自我生活料理技能、技巧；处理与多子女、独生子女、新型邻里关系的技能、技巧；社区参与意识与参与能力；摆脱孤独感、寂寞感的自我心理调适技能、技巧；提升自我学习能力，正确的人生观、死亡观教育等。由此切实改善老年人的生活境遇、心理境遇，提升老年人的生命意义与生活质量，并切实提高整个社会的和谐程度。①

5.建立老年档案，构建差别化老年学习实践体系

首先，授课形式多样。集中授课作为构建老年学习实践体系的重要方式，应根据老年群体的多层次性、老年教育的多学科性，灵活采用授课形式。目前我国老年大学和老年学校教育主要以授课方式为主，但是老年教育绝不是把学校教育中的教育延长到老年期。老年人群体不同于其他教学客体，所以在教学方式上也应该多样化。不仅局限于传统的课堂教学，而是采取灵活多样的教学方式，充分发挥各种教学方式的作用，针对老年人的需求和特点，为老年人教育提供便利，在授课时，加强正规教育方式(授课)与非正规教育方式(互相交流、讨论等)的有效结合会取得更好的学习效果。

其次，积极拓展学习途径。借鉴西方先进的老年教育方式，如在高等学校举办暑假老年进修班，推动老年寄宿教育；地方老年教育学校开办专业班级、短期课程，以及举办各类娱乐活动；民间组织以旅游等户外活动为载体开展老年教育，教学方

---

①高志敏，李洁.上海老年教育的现状与发展对策[J].老年教育(老年大学)，2007(3)：10-13.

式有实地考察和课外活动等形式。通过各种自主性活动,在教与学相互作用的背景下,培养老年学习者自主精神和自主能力的教育形式。在老年自主教育中,老年人是学习活动真正的主人,通过对自主教育的亲身实践,逐渐将自己培养成具有自主学习能力、自主创新能力的自主型人才。

6.提高老年人的生存发展能力

提高老年人的社会生存能力和发展能力,使其能应对当今社会正发生着变革的生活,提高生活质量和整体素质,是构建终身学习实践体系的重要方式。时代在发展,科学技术在进步。现今,人们已不可能在一个时期一劳永逸地获取可用一生的知识,需要终身学习才能建立一个不断演进的知识体系,而这个体系的构建,需要终身教育,自然包括老年教育。再者,人是要不断发展的,老年人也不例外,通过老年教育可使老年人老有所教、老有所学,可以使之提高素质,促进身心健康,继续参与社会,实现自我价值,成为具有适应社会发展能力的新时代长者,所以老年教育是老年人思想教育的阵地、更新知识的殿堂、大器晚成的摇篮、强身健体的场所、安度晚年的乐园,正是大多数老年人所期盼的。

提高老年人的社会生存能力和发展能力是从老年人所处的环境条件分析出发,体现"存在决定意识"的唯物论观点,不同社会层次的老年人,其生活的环境条件各不相同,他们的教育需求也不尽相同,接受老年教育能使他们更好地提升自身素质,改善他们的生活环境,满足他们的物质和精神方面的需求。

WTO 提出的"积极老龄化"政策框架中包括健康、参与和保障三个要素,因此,老年教育的首要目标在于提高老年人的生存和发展能力。在老年教育中增强老年人的生存发展能力是老年教育的根本定位。通过教育增强老年人的生存发展能力,提高生活质量,推动老年人、家庭、社区和社会的和谐发展。"生存"是一切的基础,没有"生存"何来"发展","发展"是一种更高层次的"生存",对"生存和发展"环境有困难的老年人,通过接受老年教育,提高生活技能水平,从而改善其"生存和发展"环境。"生存和发展"环境较好的老年人,通过接受老年教育,提高自身文化素质,满足其更高的物质和精神方面的需求,也有利于他们更好地"参与"社会。

老年教育使老年人的生存发展能力提升,只有把老年人作为具有潜能的社会个体或群体,以自主、自助和潜能开发为原则,培养其科学的思维方式,唤醒其权利意识与主体意识,为其提供生存发展能力的策略、理念和技巧学习机会,引导他们从自我处境出发,争取多元层面的介入和社会资源的协助,从而逐步获得或增强对生命的掌控能力。因此,提高老年人的生存发展能力是老年教育的首要目标。

7.培养老年人的自我认同

自我认同是一个心理学的概念，老年人的自我认同变化主要源于老年人社会经济活动和地位的变化。自我认同是个体依据个人的经历反思性地理解到的自我，人的自我认同有赖于自己的工作角色及自我支持的程度。自我认同是渐进性的演进过程。

进入老年后，老年人退出家庭的主角地位，退出社会的工作岗位，在这段急剧的角色变化期极容易产生自我认同的问题。尤其是离退休后的老年人往往因外在社会环境的变化而产生心理的变化，有相当一部分老年人由于短时间内难以适应离退休后的生活，心理上出现空虚、寂寞、焦虑、忧伤、抑郁等退休后综合征，一时难以接受自己退休的身份，此时的老年人应当告诉自己要尽快地认同自己的身份。

进入老年以后，身份和角色的变化带来的一系列认同的问题，是目前老年人问题中非常突出的现象，因此如何转变和适应身份和角色的变化，以及老年人自我认同感的重新树立，是老年教育的重要目标之一。

老年期是一个自我认同弱化的时期。由于社会保障制度在城市的广泛实施，绝大部分城市老年人在退休后就开始调整心态，主动进行社会角色转换。而部分老年人(特别是农村老年人)在没有明确的年龄标志提示的情况下，只能根据自身体力的下降判断自己老年期的来临。因此，老年人的自我认同是在不断地体力劳动中完成的，是消极被动的。老年人自我认同的渐进性严重影响到老年人的生活质量，并影响继续社会化的顺利进行。

通过强化老年人对晚年生活的积极态度，鼓励老年人积极参与各种社团活动，在组织化的生活与活动中，共同学习，促使老年人接触新观念、新思想；扩大老年人交际范围，丰富交往内容，促进老年人对老年生活的积极认同并完成自我认同过程，进而实现自我价值。

我国学者饶权等站在政府的角度和社会的宏观层面来探讨生活质量，将生活质量定义为："社会提高国民生活的充分程度和国民生活需求的满足程度，是建立在一定的物质条件基础上，社会全体对自身及其自身社会环境的认同感。""老有所养、老有所医、老有所为、老有所学、老有所乐"，反映了老年人对物质生活和精神文化生活的需求。老年人虽然已经退出劳动岗位，不再为社会创造财富，但他们过去已经为家庭和社会做出了不可磨灭的贡献。没有前人的创造性劳动，就没有今天的社会进步。老年人既是社会发展的参与者，也应该是社会发展的受益者。因此，了解和满足老年人对生活质量的要求，建立"以人为本，代际和谐，不分年龄，人人共享”的社会，是社会对老年人应该承担的责任，是我国今后10年老龄教育工作的战略目标。

老年学习是构建终身学习型社会的重要组成部分，是终身教育的最后环节，也是提高老年人生活质量的重要途径。老年教育是以老年人为根本，以满足老年人需求、提升老年人生活质量、让老年人共享社会发展成果。老年学习在帮助老年人陶冶情操、获得知识的同时，也提高了老年人晚年的生活质量，促进了老年人的全面发展。通过老年学习倡导科学、文明、健康的生活方式和行为方式，不断提高老年人的生命质量和生活质量。

第二节　家庭学习

构建有效的家庭学习体系，首先要有完善的家庭教育体系，使得家长的教育理念得到更新，逐步意识到家庭教育要以家庭学习成员的（主要是未成年人）身心健康发展需要为根本，在此基础之上才能实现由家庭教育逐步转向家庭学习；其次政府要提供完善的家校合作机制，为家长能够适应和了解学校学习体系提供交流平台和机会，使得家庭学习与学校学习有机的衔接。

一、家庭教育

（一）理论研究

有关家庭教育的系统研究，在西方有三大公认的经典著作《教育漫话》、《爱弥儿》（让-雅克·卢梭，写于1757年，第一版出版于1762年）及《童年的秘密》，它们都对儿童的早期家庭教育进行了较为系统的论述和研究。其中《教育漫话》从儿童的体育、德育及智育等方面进行了详尽的论述，对包括儿童的衣食住行及父母的行为、教育方法等都有独特的见解；《爱弥儿》从婴儿期、儿童期、少年期、青年期及婚姻期等不同阶段，对教育理念进行了深入分析；《童年的秘密》则是对六岁以下年龄的儿童的生理和心理发展及其特点进行分析，并对幼儿教育的原则及教师和父母的职责分别进行了论述。

如何将家庭教育理论有效地普及到每个家庭，使得家长能够掌握一定的教育理念，为儿童及青少年提供优质的学习资源和学习氛围，即建立完善的家庭学习实践体系是政府所需要关注的。

(二)家长学校

家庭教育作为学校学习的出发点和基础,也是良好家庭学习氛围及环境构造的核心。在传统的家庭教育或者家庭学习理论中,家庭学习资源的提供主体往往为家庭中的父母,而学习的主体则主要为未成年人子女,但随着科学技术的快速发展,尤其是人均寿命的增加及出生率的降低,这一现象有所转变。首先,学习的主体不仅仅包含未成年人,家庭中的老年人也正逐步成为家庭学习中的重要学员,主要表现形式是教授老年人学习先进的科技及提供相应的学习途径和资源。其次,家庭学习正在由"长者向幼者传递生活经验及相关技能"逐步转向"由长者学习先进教育理念而向幼者提供学习资源和学习途径"。就目前研究热点及结合我国社会发展现状来说,促进家长学习先进的教育理念,使得其能在家庭中提供符合未成年人成长规律和发展需求的学习资源,使其能更好地适应目前的学校学习体系,是构建家庭学习实践体系的有效方式。开展提升家长学习先进教育理念的途径很多,家校合作是目前较为常见的方式,也是本书的研究重点。

家校合作的形式多样,家长会及家长学校是较为常见的形式。其中家长学校起源于早期的19世纪60年代,苏联的教育家苏霍姆林斯基在多年的教学实践中对家长与学校之间的关系,以及家长如何进行家庭教育等内容进行了大量论述与研究,并出版了《家长教育学》及《给父母的建议》等有关家庭教育的著作。苏霍姆林斯基认为每位家长都要掌握最低限度的教育学知识,他在组织家长学校的听众时,将其分为五组,即学前组、一二年级组、三四年级组、五至七年级组、八至十年级组,每组每月活动两次,根据学生的年龄特点来安排课程,主要的活动形式是由校长、教导主任和最有经验的教师进行讲课或谈话,把心理学和教育学的理论知识跟家庭教育的实际紧密联系起来,进而有效地提升了家校合作水平。

与家长学校相类似的还有西方早期家庭学校,其中以约翰·霍尔特家庭学校教育思想最具典型性,该理念在20世纪60年代的美国兴起,80年代以来得到了蓬勃发展。家庭学校的快速发展从内外两个层面印证了家庭教育的重要性。1974年,美国《家庭教育权利和隐私法》即所谓的"巴克利修正案"发布,赋予家长检查学校保存的所有儿童记录的权利,并对他们认为不准确或误导的任何内容进行质疑。该法还要求,在将学校记录中的信息发布给特定教育类别以外的人之前,必须征得家长的同意。一旦学生年满18岁或进入专业教育机构,将代替父母享有这些权利。由此看出家庭对于学校教育的重要性。

在我国,所谓的家长学校是指"以婴幼儿、中小学生家长为主要对象,以传授家庭教育的科学知识和方法为主要内容的一种业余教育形式。任务是促进家庭教育观念的更新；配合学校教育的实施；帮助家长掌握家庭教育的现代科学知识和方法；为子女的成长造就一个适宜的家庭教育环境。一般多由中小学校、妇联、妇幼保健院(所)、家庭教育研究会等部门兼办”[①]。家长学校自 20 世纪 80 年代建立以来，在各省迅速发展起来。由于经济发展的不平衡，各地的家长学校发展过程和组织形式也有所不同。2016 年 11 月 24 日，根据新华社报道，依据全国妇联、教育部的联合统计数据，全国学校系统普遍建立家长学校并常态化开展活动，已建设有幼儿园、小学、普通中学和中等职业学校家长学校 33.8 万余所。

二、家庭教育实践体系发展进程

我国的家庭教育发展起步较晚，有学者作了较为详细的总结和分析[②]，本书在此基础之上，从实践实施的角度对我国家庭教育体系的建设与发展历程加以重新梳理，并将其分为三个阶段。

(一)探索实践阶段(1981—2003 年)

此阶段是探究阶段，相关政策也是以发展目标为主。尤其是，1981 年第一所家长学校建立以后，全国各地纷纷掀起家长学校建设的热潮，对家庭教育展开积极实践。

1992 年 2 月，国务院印发《九十年代中国儿童发展规划纲要》提出“使 90% 儿童(十四岁以下)的家长不同程度地掌握保育、教育儿童的知识；在城市，以社区为依托，举办新婚夫妇学校、孕妇学校和婴幼儿、小学生、中学生的家长学校，向不同年龄阶段儿童的家长提供较全面的家庭教育知识和方法；在农村，通过广播父母学校与县、乡、村的家长学校、家庭教育辅导站、辅导员相结合的方式，推广正确的保育、教育方法”。

1996 年 9 月，全国妇联、国家教委联合发布《全国家庭教育工作“九五”计划》，提出家庭教育工作的总目标(到 2000 年，使 90% 儿童的家长不同程度地掌握保育、教育儿童的知识)和分阶段目标(将全国分为三个片区，每个片区都有中期与终期目标)。

---

①顾明远.教育大辞典[M].上海：上海教育出版社，1998.

②王萍.改革开放以来中国家庭教育政策研究[J].中华家教，2021(6)：18-25；潘华云，孔凡哲.新中国成立以来家庭教育研究的回顾与展望[J].教育科学研究，2021(4)：12-17，43.

1998年，教育部发布《全国家长学校工作的指导意见（试行）》（妇字〔1998〕9号），提出“办好家长学校，提高家教水平”，并明确了家长学校的任务及面向对象。

2001年5月，国务院发布了《中国儿童发展纲要（2001—2010年）》，在“儿童与教育”部分中，提出“家庭教育的目标是提高家庭教育水平，建立多元化家长学校办学体制，增加各类家长学校数量”。

2002年5月，全国妇联和教育部制定了《全国家庭教育工作“十五”计划》，在机构建设方面，文件首次提出“要构建家庭教育工作指导体系，如在各省（区、市）建立示范家长学校20所以上，省级建立家庭教育工作示范区县6—10个，县级以上报刊应开设家庭教育专栏”。

（二）完善拓展阶段（2004—2020年）

这一阶段主要以具体的政策制定为主，主要目的是对实践实施过程加以规范，并根据时代发展对相关的实践内容加以拓展。

2004年10月25日，全国妇联及教育部联合发布了《关于全国家长学校工作的指导意见》（妇字〔2004〕41号），分别从家长学校的性质与任务、家长学校的指导与管理及家长学校的组织与领导三个层次出发，共提出15条具体实施意见。

2010年2月8日，全国妇联及教育部等九部门联合印发了《全国家庭教育指导大纲》（妇字〔2010〕6号），提出“教育部门加强幼儿园、中小学校和家长学校的指导与管理，文明办协调各部门力量共同构建学校、家庭、社会‘三结合’的教育网络”。

2011年，全国妇联、教育部、中央文明办发布《关于进一步加强家长学校工作的指导意见》（妇字〔2011〕2号），再次强调家长学校的任务、组织管理及具体实施方式等内容，进一步规范家长学校的建设和完善。

2011年7月，国务院发布了《中国儿童发展纲要（2011—2020年）》，文件提出将家庭教育指导服务纳入城乡公共服务体系，90%的城市社区和80%的行政村应建立家长学校或者家庭教育指导服务点。

2012年，教育部发布《关于建立中小学幼儿园家长委员会的指导意见》（教基一〔2012〕2号），进一步完善家校合作机制。

2012年3月，全国妇联、教育部等七部委联合发布了《关于指导推进家庭教育的五年规划（2011—2015年）》，提出服务社会、服务基层和服务家长儿童的宗旨，要以提升家长素质为核心，将社会主义核心价值体系融入家庭教育。

2015年10月，教育部发布了《教育部关于加强家庭教育工作的指导意见》，提出家长要依法履行家庭教育职责，不断提升家庭教育水平。

2019 年 5 月，全国妇联、教育部等九部门发布了《全国家庭教育指导大纲(修订)》，提出家长要“积极参与家校社协同教育，参与学校的家长委员会、家长学校、家长会活动以及亲子活动等，自觉接受家庭教育指导”。

(三)立法规范阶段(2021 年至今)

纵观发达国家的家庭教育发展历程，发现制定具体的法律和条例，才是实施和保证家庭教育的根本。为此，1974 年，美国就出台了《家庭教育权和隐私权法案》(Family Educational Rights and Privacy Act of 1974，简称 FERPA)。

2021 年 9 月，国务院印发《中国儿童发展纲要(2021—2030 年)》，对未来 10 年的家庭教育提出了规划建议：“坚持学校教育与家庭教育、社会教育相结合。加强家园、家校协作，推动教师家访制度化、常态化。加强中小学、幼儿园、社区家长学校、家长委员会建设，普及家庭教育知识，推广家庭教育经验。”

2021 年 10 月 23 日，十三届全国人大常委会第三十一次会议表决通过《中华人民共和国家庭教育促进法》，自 2022 年 1 月 1 日起正式施行；同时，规定每年 5 月 15 日“国际家庭日”所在周为全国家庭教育宣传周，加大家庭教育的普及力度。

自此，国家层面建立了家庭教育的法律基础，为家庭教育的实施与开展提供了依据。

三、江苏省家庭学习体系建构

江苏省家庭学习的组织机制隶属江苏省妇女联合会、江苏省教育厅、江苏省文明办，其资源平台建设及组织机构有待进一步完善。

(一)应用现状

1. 搭建数字家校平台

江苏省家庭学习初步构建了资源平台，将家庭、社区及学校进行有机结合，提供丰富的学习资源，平台架构如图 6-8 所示。

家庭板块：直接服务于家庭，为家长提供系统的课程，比如性教育课程、安全课程等内容，同时澄清了很多教育理念，通过与高校心理学家等专业力量的合作，将一些专业的教育理念传播给家长。

学校板块：从家校合作共育的角度出发，将全省优秀的家庭教育案例集中起来，为全省各个学校做好家庭教育合作、家庭教育指导提供示范，开发一些符合江

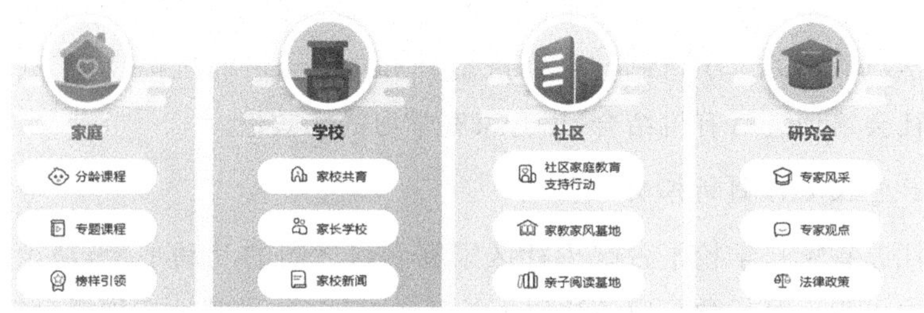

图 6-8 江苏省网上家长学校

苏省省情和各个学校校情，以及地域特色的家庭教育指导课程。

社区板块：也称环境课程，打通家庭学习的“最后一公里”，建立起“社区家庭教育指导”队伍，通过社区的网格成员或社区服务工作者及时掌握家庭学习需求及发展动态，并做出适当的干预与辅导。

2. 特色建设

首先，“三全”社区家庭教育行动效果显著。自 2020 年实施“三全”社区家庭教育行动以来，累计建立 639 个家庭教育指导服务示范社区，19170 人次志愿者，开展活动 31950 场，1600 多万人次和家庭参与各类直播活动。

其次，建立了“家长学校微信小程序”平台，充分利用移动互联网，拓展了家长学习通道，提升了学习效率。

最后，出台了管理机制，建立家长学习的评价机制。《江苏省中小学幼儿园家长学校工作指导意见》(苏教基函〔2022〕18 号)提出“制定学员上课考勤、考核、奖惩等管理办法，建立家长学校的学员家长结业制”，保证家长学校运行的持续性。

(二)存在问题

江苏省家庭学习实践体系的建设，相对于老年学习及社区学习还存在很大的进步空间，主要体现在如下几个方面。

1. 管理平台建设需要进一步拓展

首先，尽管已经建立了家长学校平台，但相关资源挂在江苏省妇女联合会管理平台之上，难以通过网络直接搜索，缺乏独立的检索入口，阻碍了受众获取资源的通道；其次，相关学习资源的建设相对匮乏，需要进一步拓展；最后，家庭学习资源的评价机制需要进一步完善，以增加家庭成员加入的积极性和动力。

2. 家庭学习评价机制需要系统化

目前的网上家长学校资源都是以学习为主，缺少典型家庭学习案例的展播及家庭亲子学习活动的组织机制与奖励机制。引入社会培训机构，将家庭学习与学校学习及社会培训进行有机结合，提升家庭学习的实效性。

3. 家长学校运行创新机制缺乏

目前江苏省家长学校平台缺少社区家庭学习之间的互动平台，缺少组织线下实践活动的机制。家长学校应该建立家长互动社区，通过基地拓展活动、家庭农场等亲子活动增加家庭学习等实践，平台应该与本区域内的大中小学劳动教育综合实践管理平台进行对接并记录学分，以提升家庭学习的社交性。

4. 亟须建立可持续、可拓展的网络平台管理机制

通过对实施家庭学习的主要载体即家长学校及网上家长学校的发展历程进行梳理，可以明显发现其管理组织及实践体系都以政策层面居多，缺乏一套长效的、具有可持续性的管理机制。无论是国家层面还是省级层面的网上家长学校的域名及内容都随着时代的发展而出现较大的变更，使得原有的资源平台停用、域名变更，缺少延续性。例如，国家层面上的全国网上家长学校、省级层面上的江苏省网上家长学校在当时具有很大的影响力，各级媒体纷纷报道，但现在域名和平台均已停用，既造成了资源的浪费，也对家庭学习体系的持续性构建造成了很大的伤害。因此，在家庭学习资源建设方面，应该出台一套长效机制，以保证网络家庭学习资源及管理体系的持续健康发展。

第三节　社区学习

社区学习与社区教育之间的关系，类似教育与学习之间的关系，其实质都是为了提升学习效果，只是研究的出发点和侧重点有所区别。社区学习是建立在社区教育的基础之上，在一定程度上可以说，只有开展了社区教育，社区学习才能发生。正是基于此，为了更好地讨论社区学习，仍然要从社区教育的探究开始。

一、社区教育

(一)社区教育的必要性

教育是一项终身活动,不是一项仅限于童年的活动,与所有其他社会活动一样,它最好在所有年龄段环境的“自然”环境中进行。[①] 社区教育作为全民教育的重要组成部分,也是终身学习开展的重要形式,在西方经济发达国家已经形成了一套成熟的体系。哈特(Joseph K. Hart)在其著作中表达了社区全面参与教育过程的必要性:教育不是脱离生活的……教育中的民主问题主要不是培训儿童的问题;在这个社区中,孩子们无法不成长为民主、聪明、有纪律、自由、尊重生活目标的儿童,并渴望分享时代的任务,学校不能产生这样的结果,只有社区才能做到。

克拉普(Elsie R. Clapp)将哈特的哲学更具体地应用于社区教育和社区学校,她认为:首先,社区学校最重要的功能就是它能满足人民的迫切需要,一切影响儿童及其家庭福利的都是社区教育所关注的问题;其次,学校和社区教育没有什么本质的区别。社区学校是一个自由和非正式地满足所有生活和学习需要的地方,它是生活和学习的交会点。在社区教育中,每个机构和每个人都是一个更大的整体的一部分,是多种相互作用力量的产物。换句话说,在社区教育中更能充分利用人力资源,尽管社区中的每个人都有需要,甚至有些人有特殊需要,但所有人都会做出贡献。社区教育者的作用是使个人和群体能够自己发现自己的特殊贡献,并在自己身上找到做出这种贡献的力量、创造力和成就感。

社区教育作为一种社会教育形式,必须从宏观而非微观的角度看待,如果相关个人或者机构忽视这一点,大多数的社区教育开展或者社区学校的举办往往会以失败告终。诸如,通过公立学校实施社区教育而不与提供相同或类似服务的其他机构协调规划,社区教育将流于形式。

(二)社区教育的特点

1. 区域性

社区教育通常是在一定地域范围内,根据当地的社会政治需要及人们的基本物质需求所开展的区域性教育,它受地域特色、人口结构、社会组织形式及人文环

---

①Poster C, Krüger A. Community education in the western world[M]. London and New York: Routledge,1990:1.

境、资源等因素的影响。因此，社区教育是对传统教育的有效补充，是构建终身学习和学习型社会的有效途径和具体形式。

2. 综合性

社区成员的多样性及需求的复杂性，决定了社区教育的综合性。社区教育发展包括学习型企业、学习型单位、学习型街道、学习型团体、学习型社区、学习型居委会、学习型楼院、学习型家庭等，使社区内学校、社会、家庭和社区、街道、居委会一体化，有利于综合利用社区内各类教育机构，充分发挥学校教育、社会教育、家庭教育、自我教育的作用，形成区域性、综合性的教育体系。社区教育是社区内各种教育因素的整合，把社区教育与社区建设紧密结合起来，有利于提高社区成员的素质和生活质量，促进社区经济建设。

3. 社会性

社区教育是一种全员式教学组织形式，使社区内人人是学员，人人也可以是教员，形成全社会处处、时时、事事、人人学习的氛围。因此，社区教育本质上来说是要构建终身教育体系和建立学习化社会，使教育向社会开放，使社会向教育开放，促进教育与社会的沟通、衔接和共同发展，是社区学习化与学习化社区、教育社会化与社会化教育、阶段性教育与终身教育辩证和谐的统一。

二、社区学习

社区教育的最终目标是实施和推动社区学习。社区学习是为社区成员提供在教育机构之外和非正式环境中的学习机会，旨在增强人们的能力，使他们能够应对和改变影响他们生活的因素，如基本的生活需求、就业技能，甚至是获得证书、学位等，并在特定社区发挥良好作用，社区学习为人们提供了改善就业前景的机会，使他们能够获得参与社区生活所需的技能和信息。

(一)社区学习的内涵

通过对一些文献的梳理发现，社区学习并无统一的定义，大部分学者是对社区教育进行研究。有学者认为所谓社区学习其实是一种教学方法，它采用各种方法、方案和服务来发展个人的知识、技能、信心和能力，从而实现终身学习和为社区提供持续服务[①]；也有学者认为，社区学习是指一个社区，在所有方面上，无论个人的

---

①Zhu E, Baylen D M. From learning community to community learning: pedagogy, technology and interactivity[J]. Educational media international, 2005, 42(3): 251-268.

还是集体的，都能持续提升其实现期望结果的能力。社区学习不仅仅指学习过程，同时还指学习结果，以支撑社区发展。[①]

与学习社区一样，社区学习也是以学习者为中心的，学习者决定他们想要学习的内容和方式。主要区别在于，社区学习与当地社区及其成员合作，而不是与学校、学院或大学等教育机构合作。换句话说，就是试图通过让学生、教师、大学工作人员和社区伙伴参与一个结合社区工作和学术学习的过程来促进公民参与和社区能力建设，从而推进学习过程和提高学习效率。

学习社区、实践社区和社区学习是常见的三种学习方式。每个人在个人与内容材料、其他学习者、专业人士和社会的互动中都扮演着独特的角色；每种学习方式都提供了一个独特的学习环境，比如正式学习、非正式学习和学科情境，并有助于培养一个受过教育的人，如图 6-9 所示。

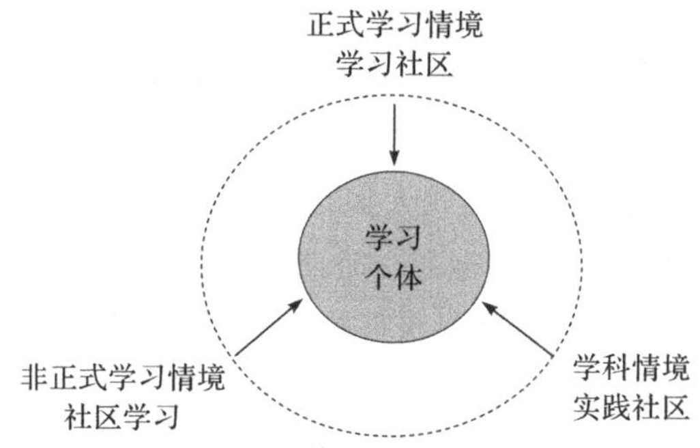

图 6-9　不同情境中的社区学习

这三种方法为我们提供了一个全面的学习环境，在这个环境中，受过教育的个人通过各种学习社区获得大量知识，通过参与实践社区了解职业身份和技能，为社会贡献自己的知识和技能，通过社区学习为自己注入活力。

国内有学者认为社区学习被界定为：指社区个体或群体在自然的社区情景中发生的，既包括传统的有组织、有计划、有明确目的、在正式场合中进行的学习活动，还包括在社区环境中发生的无意识的、偶然的、自我价值需要的非正式学习活动[②]；也有学者认为社区学习源于"社区学习共同体"。社区学习共同体是指"在社区内任何一个普通成员，基于共同兴趣爱好、学习需求，在平等、互助的原则下，通过社团形式

①Falk I, Harrison L. Community learning and social capital: just having a little chat[J]. Journal of vocational education & training, 1998, 50(50): 609-627.

②王永辉. 信息化时代的社区学习及模式探讨[D]. 南京：南京师范大学，2004：21-22.

进行学习的一种学习组织”，作为一种新型的成人学习方式，社区学习共同体超越了以书本课堂、电子媒介为中介的学习方式，具有平等、共享、开放、普及的特点。①

在对上述文献进行梳理的基础之上，结合终身学习的特色，本书认为社区学习就是社区成员借助社区资源在社区中开展全民学习的一种形式，是社会教育开展的重要补充。该种学习形式的资源类型和组织形式涵盖儿童、成人及老年人等多个群体，是由社区管理机构、相关学校及社会机构、个人等共同组织的一种参与式学习。

(二)社区学习的类型

我国的社区学习模式是以城市社区教育提供的环境为依托的，因此社区学习的学习模式要根据社区教育模式开展。目前我国城市社区教育模式主要有五种，分别为以街道办事处为中心进行的联动型社区学习模式、以中小学校为主体进行的活动型社区学习模式、以社交中心(涵盖社区学院、学校、居委会、街道等)为载体进行的综合型社区学习模式、以地域为边界进行的自治型社区学习模式，以及以社区小众传媒为平台的媒介型社区学习模式。

联动型社区学习模式：此种模式大多是以运动的方式开展，由街道办事处牵头，组织相关政府及社会机构，根据某个时期或者某个行动要求，有针对性地组织社区学习，学习内容及学习方式多是根据地域发展或者规划需求而组织的。

活动型社区学习模式：此种模式大多是以中小学校为主体，以寒暑假、周末组织宣传教育、进行家长学习、爱老助老学习及辅导课程学习等形式进行。

综合型社区学习模式：此种模式面对的群体较为广泛，以社区学院或者学校定期组织相关的学习活动为依托，根据社区的特色及已有资源，可开展职业素养学习、生产劳动技能学习、老年生命健康学习及家庭学习等学习活动，在北京、上海等大型城市的发展相对完善。

自制型社区学习模式：此模式大多是由社会各界共同组成的社区学习团体，针对本社区的实际，开展相关学习资源开发，组织特定的社区成员群体进行学习，具有一定的指向性，这需要社区成员具有一定的觉悟和素养，才能长久地维持和发展。

媒介型社区学习模式：此种模式大多是以宣传教育的形式组织开展学习，社区组织结构根据社区成员的需求、社区的现状及相关的政府发展规划，定期开展和组织学习，主要是提升社区成员的素质。

---

①汪国新.基于“社区学习共同体”的学习——一种新的成人学习方式[J].中国成人教育，2010(12):5-7.

相对于城市社区来说，农村开展社区学习通常是以学校为核心辐射的文化知识学习模式、以农业养殖种植为主的农科学习模式、以法制健康等宣传教育为主的宣讲学习模式，以及以娱乐文艺表演学习为主的文娱学习模式等几种类型。随着城镇化的推进及农业科技的进步，通过短视频、视频直播等移动互联网开展的农科学习及文娱学习模式逐步成为农村社区学习的主要实现路径。

三、社区学习体系建设之江苏模式

(一)取得成就

截至 2017 年，全国社区教育示范区及试验区共计 249 个，江苏省 28 个(其中示范区 12 个，社区试验区 16 个)，占比 11.25%，位居全国第一。另外，还建设了省级社区教育示范区 46 个，省级社区教育实验室区 25 个。全国社区教育建设分布情况如表 6-10 所示。

表 6-10　全国社区教育示范及试验区分布情况(截至 2017 年)

地区	全国社区教育示范区	全国社区教育试验区	合计	地区	全国社区教育示范区	全国社区教育试验区	合计
江苏	12	16	28	江西	1	4	5
浙江	14	11	25	重庆	4	1	5
上海	12	5	17	新疆	2	3	5
山东	11	5	16	山西	2	2	4
广东	5	11	16	河南	2	2	4
北京	9	5	14	广西		4	4
辽宁	9	5	14	吉林	1	1	2
四川	6	7	13	甘肃		2	2
湖南	4	8	12	内蒙古		1	1
安徽	5	6	11	青海		1	1
福建	6	5	11	西藏			0
天津	5	5	10	贵州			0
湖北	5	4	9	云南			0
陕西	3	5	8	宁夏			0
河北		7	7	海南			
黑龙江	2	3	5				

2021 年，江苏省 54 个社区入围全国示范性老年友好型社区名单，位居全国第一。

(二)发展模式

1. 构建了"145"管理机制

江苏省社会教育管理中心建立了基于网络平台的全省社区管理机制——"145"模式,即"一平台"+"四级政府"+"五级网络"社区教育网络结构,较好促进了全省社区学习资源的建设与发展,将线下机构组织与线上平台互动进行有机结合。

2. 建立社区学习评价机制

在个人层面,建立了完善的社区居民学习积分及"学习之星"的评选方法和实施机制,有效激发了社区居民的学习热情与动力;在社区建设方面,构建了社区绩效评估指标体系,并根据"传播力""学习力"及"研究力"指标进行省内各地区排名,使得社区工作人员更加积极、认真地开展社区学习资源的建设及社会学习活动的组织与开展。

3. 组建实时沟通机制

建立"江苏社教管理交流 QQ 群",及时发布相关信息与社区成员进行互动,为社区成员的学习提供了有效帮助,进而保持了学习的积极性与动力,如图 6-10 所示。

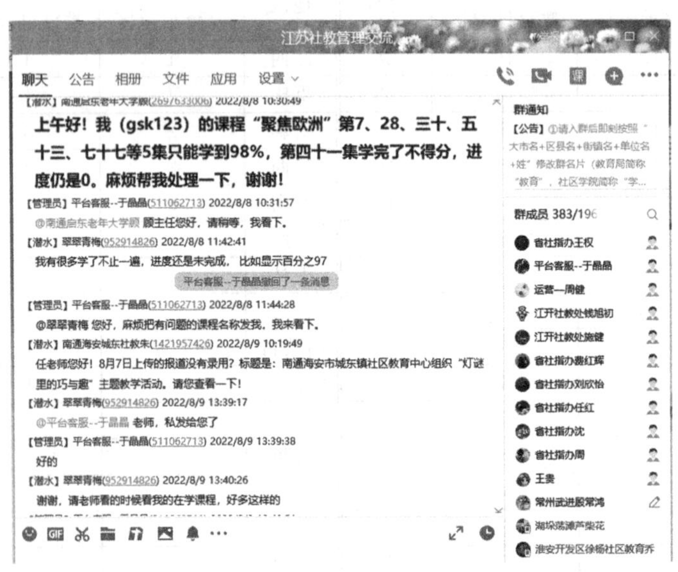

图 6-10 江苏省社交管理交流群互动

4. 建立了宣传报道机制

社区学习的内容与形式对于社区居民的实效性很关键,它是激发和组织社区居民进行学习的重要动力。因此，通过宣传各地不同的社区居民学习形式，既可以传播先进经验，也可以扩大宣传效果，保持了社区学习的资源开发及社区学习活动组织的创新性，相关宣传报道栏目如图 6-11 所示。

图 6-11　江苏省社区教育宣传报道内容

(三)存在的问题

1. 拓展社区线下技能型学习机制，建立社区档案

江苏省社区学习资源建设方面主要集中在线上素养、卫生健康及通识类学习资源，缺乏专业技能型学习资源组织机制，社区应该建立档案机制，对社区成员进行全面建档，根据各地特色及居民需求建立起社区行业联盟，为社区居民提供具体职业技能学习条件和资源，针对社区不同群体定期组织诸如服务行业(餐饮、理发、理疗等)、企业车间技能培训等学习活动，提升社区居民的就业技能。

2. 完善机构协调机制，进行平台整合

江苏学习在线平台、江苏省终身教育学分银行及江苏老年学习网均为江苏开放大学主管，但学分银行管理中心及江苏省社教中心又依托于开放大学官网平台，脱离资源品牌；江苏家庭学习平台(http://www.jswomen.com.cn/index)隶属江苏省妇女联合会，使得相关资源较为分散，具体如图 6-12 和图 6-13 所示。

图 6-12　江苏省老年学习网络资源平台

图 6-13　江苏省家庭学习平台

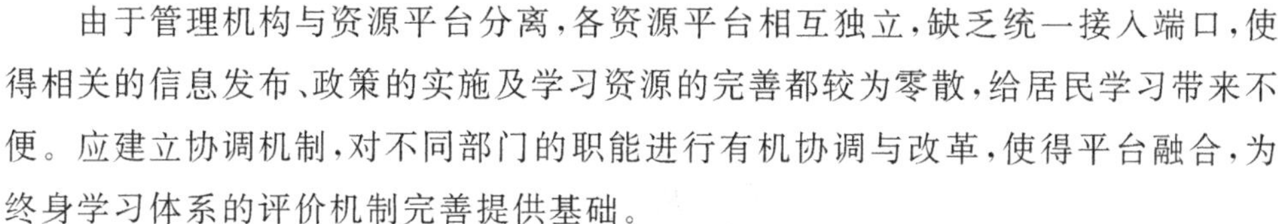

由于管理机构与资源平台分离，各资源平台相互独立，缺乏统一接入端口，使得相关的信息发布、政策的实施及学习资源的完善都较为零散，给居民学习带来不便。应建立协调机制，对不同部门的职能进行有机协调与改革，使得平台融合，为终身学习体系的评价机制完善提供基础。

3.提升终身学习社会认可度，建立学分银行学分转存机制

目前社区学习资源的积分仅供对社区学习成员学习效果的评价，未能将其学习课程的积分融入学分银行中。如果将家庭学习及老年学习的过程性学习成果纳入学分银行，将极大提升社区居民的学习积极性。

4.建立统一认证体系，融入政务平台体系

截至目前，我国终身学习资源平台建设已经逐步走向完善，已经建立了诸多网络平台，如国家智慧学习资源平台（https://www.smartedu.cn）、家庭教育公共服务平台（http://www.j-gov.cn）、国家职业学分银行（https://www.ncb.edu.cn）、中国社区网、终身教育平台（https://le.ouchn.cn）、中国终身学习周平台（http://www.llaw.org.cn）、中国大学慕课平台（https://www.icourse163.org）、全民终身学习公共服务平台（http://www.goschool.org.cn）、全国老年教育资源共享和公共服务平台、农村教育发展中心（https://www.ncfz.org）等，但这些平台分别隶属不同的管理部门，使得相关资源的整理力度及程度大大削弱。江苏省社区教育同样面临如此情境，应该在其经验基础之上，进行跨平台的融合，建立统一认证体系，将其终身学习资源体系与江苏省政务平台进行有机融合，提升居民学习的方便性与快捷性，为政府进行资源建设立法提供基础。

5.保证资源建设的持续性和有效性，加快终身学习资源建设体系法制化

通过对不同时期各种资源建设与发展过程的梳理，可以发现很多资源平台历经多次变更，致使以往资源没有得到有效的保存和延续，造成了资源的浪费和重复建设。为此，江苏省政府的相关职能管理部门应该加强资源建设立法，对资源建设标准、资源平台使用规范、维护规范及发展规划做出明确规定，建立专门的终身学习资源管理机制，提升各种平台的融合度，保证资源建设的持续性和有效性。

参考文献

【中文文献】

[1] 柏拉图. 柏拉图全集(第二卷)——泰阿泰德篇[M]. 王朝辉,译. 北京:人民出版社,2003:752.

[2] 薄晓丽. 从英国职业指导计划论及我国儿童职业启蒙教育[J]. 职业教育研究,2012(11):79-80.

[3] 毕家驹. 进入 21 世纪的英国学术资格框架[J]. 高教发展与评估,2005(3):31-34.

[4] 曹茂芹,冯大生. 积极稳步推进成人高校联合办学[J]. 江苏高教,1992(2):21-23.

[5] 曹松叶. 宋元明清书院概况[C]//中山大学语言历史学研究所周刊:第 10 辑,1929(111)—1930(115).

[6] 产业信息网. 2019 年中国农村成人文化技术培训学校发展现状[EB/OL]. (2020-11-09)[2022-10-11]. https://www.chyxx.com/industry/202011/907943.html.

[7] 陈乃林. 进一步推进社区教育发展为基本形成学习型社会夯实基础[J]. 职教论坛,2016(21):74-77.

[8] 陈乃林. 两重视域下全民终身学习体系建设的思考与建议[J]. 当代职业教育,2020(1):12-20.

[9] 成人教育科学研究所. 终身教育理论与成人教育实践[M]. 北京:首都师范大学出版社,1999:1-27.

[10] 辞海(第六版. 彩图本)[M]. 上海:上海辞书出版社,2009:3053.

[11] 崔惠民. 终身教育理念溯源:从孔子到郎格朗[J]. 职教论坛,2013(33):47-49.

[12] 大辞海[M]. 上海:上海辞书出版社,2011:4762.

[13] 刁海峰. 中国老年教育发展报告(2019—2020)[M]. 北京:中国商务出版社,2021:9.

[14] 董康.江苏教育大事记(1949—1956)[N].江苏教育报,2019-09-27(2).

[15] 董秀华.教育资历框架的比较与思考[J].教育发展研究,2009,29(3):46-49.

[16] 杜社玲.学分银行:欧洲 ECVET 系统的启示[J].成才与就业,2010(5):50-51.

[17] 高时良.中国近代教育史资料汇编·洋务运动时期教育[M].上海:上海教育出版社,1992:573.

[18] 高志敏,李洁.上海老年教育的现状与发展对策[J].老年教育(老年大学),2007(3):10-13.

[19] 高志敏.成人教育研究的反思与前瞻[J].教育研究,2006(9):60-65.

[20] 各地数据动态.江苏学习在线[EB/OL].(2019-11-21)[2022-10-11].http://www.js-study.cn/index.

[21] 共产党员网.中国共产党党内统计公报[EB/OL].(2021-06-30)[2022-10-11].https://www.12371.cn/2021/06/30/ARTI1625021390886720.shtml.

[22] 顾明远.教育大辞典[M].上海:上海教育出版社,1998:235.

[23] 顾明远.教育公平绝不是平均主义[J].辽宁教育,2016(18):1.

[24] 关晶.西方学徒制的历史演变及思考[J].华东师范大学学报(教育科学版),2010,28(1):81-90.

[25] 观研天下(北京)信息咨询有限公司.中国智慧社区行业发展现状分析与投资前景预测报告(2022—2029 年)[EB/OL].(2022-12-02)[2022-12-17].https://baijiahao.baidu.com/s?id=1751068390117344606&wfr=spider&for=pc.

[26] 光明网.北京大学学者发布元宇宙特征与属性 START 图谱[EB/OL].(2021-11-19)[2022-10-11].https://it.gmw.cn/2021-11/19/content_35323118.htm.

[27] 郭中华.全球成人学习和教育的现实挑战与行动策略——基于《成人学习和教育全球报告(四)》的探讨[J].继续教育研究,2021(5):34-39.

[28] 郭中华.质量提升视域下全球成人学习和教育的变革与发展[J].中国职业技术教育,2021(9):18-24.

[29] 国家互联网信息办公室.数字中国发展报告(2021 年)[EB/OL].(2022-08-02)[2022-10-11].http://www.cac.gov.cn/2022-08/02/c_1661066515613920.htm.

[30] 国家统计局.第七次全国人口普查公报(第二号)[EB/OL].(2021-05-11)

[2022-10-11]. http://www. stats. gov. cn/tjsj/tjgb/rkpcgb/qgrkpcgb/202106/t20210628_1818821. html.

[31] 洪娜. 浅析我国老年教育事业的发展[J]. 广西民族大学学报(哲学社会科学版),2007(S2):20-21,51.

[32] 侯定凯. 国际成人学习监测项目比较及启示[J]. 终身教育研究,2020,31(5):68-75.

[33] 胡锦涛. 高举中国特色社会主义伟大旗帜 为夺取全面建设小康社会新胜利而奋斗——在中国共产党第十七次全国代表大会上的报告[EB/OL]. (2007-10-15)[2022-05-04]. http://www. gov. cn/ldhd/2007-10/24/content_785431_8. htm.

[34] 胡双宝. "终生"与"终身"辨[J]. 秘书工作,2012(3):58.

[35] 胡泽文,武夷山,孙建军. 数字资源保存的研究进展、热点与前沿[J]. 数字图书馆论坛,2013(2):24-38.

[36] 黄兵. 终身学习与培训:通向未来的桥梁——浅议教育培训与 21 世纪公共图书馆[J]. 图书馆,2010(4):118-119.

[37] 黄欣,吴遵民,美丽开·吾买尔. 论超越技术局限的教育境界的创立[J]. 教师教育研究,2011,23(5):11-16.

[38] 黄欣,吴遵民. 中国终身教育法为何难以制定——论国家终身教育法的立法思想与框架[J]. 开放教育研究,2014,20(6):36-41.

[39] 建设学习型城市北京宣言——全民终身学习:城市的包容、繁荣与可持续发展[J]. 高等继续教育学报,2014,27(1):2-5.

[40] 江苏博物馆年度报告数据. 腾讯新闻[EB/OL]. (2022-05-18)[2022-10-11]. https://view. inews. qq. com/k/20220518A08V1G00? web_channel=wap&openApp=false&autoopenapp=amptj&pgv_ref=amp.

[41] 江苏教育. 2010 年江苏省教育事业发展统计公报. (2011-02-09)[2022-10-11]. http://www. ec. js. edu. cn/art/2011/2/9/art_4269_23433. html.

[42] 江苏开放大学. 市县开放大学[EB/OL]. (2016-11-21)[2022-10-11]. http://www. jsou. cn/2016/1121/c332a7818/page. htm.

[43] 江苏省方志馆. 江苏省教育发展历史[EB/OL]. (2020-09-07)[2022-05-04]. http://www. jssfzg. com/.

[44] 江苏省教育厅. 江苏省本科院校教师评价标准[EB/OL]. (2017-06-12)[2022-10-11]. http://jyt. jiangsu. gov. cn/art/2017/6/22/art_58375_7505430. html.

[45] 江苏省教育厅.江苏职业教育这十年[EB/OL].(2022-09-30)[2022-11-04]. http://jyt.jiangsu.gov.cn/art/2022/9/30/art_58362_10620795.html.

[46] 江苏省教育厅.中共江苏省委教育工作委员会主要职责、内设机构和人员编制规定[EB/OL].(2009-12-11)[2022-10-11]. http://www.jiangsu.gov.cn/art/2010/3/29/art_46851_2681121.html.

[47] 江苏省民政厅.江苏省社区统计数据[EB/OL].(2022-01-10)[2022-10-11]. http://mzt.jiangsu.gov.cn/col/col78570/index.html.

[48] 江苏省人民政府.教育事业[EB/OL].(2022-05-19)[2022-10-11]. http://www.jiangsu.gov.cn/col/col31384/index.html.

[49] 江苏省统计局,国家统计局江苏调查总队.2021 年江苏省国民经济和社会发展统计公报[EB/OL].(2022-03-31)[2022-11-03]. http://www.jiangsu.gov.cn/art/2022/3/31/art_64797_10398993.html.

[50] 江苏省新闻出版局(省版权局).江苏省数字农家书屋:以书为媒,用爱接力[EB/OL].(2021-08-30)[2022-10-11]. https://jssxwcbj.gov.cn/art/2021/8/30/art_3_71268.html.

[51] 江苏省终身教育学分银行官网.合作联盟统计[EB/OL].(2018-12-11)[2022-10-11]. http://www.jslecb.cn/gywm/lmcy/254045.shtml.

[52] 江苏学习在线总站.江苏社区教育绩效评估专栏[EB/OL].(2016-11-21)[2022-10-11]. https://www.js-study.cn/kpi/index.html.

[53] 姜安印,李秀芬."互联网+"区域属性视阈下西藏原生态产品产业发展探析[J].西藏大学学报(社会科学版),2017,32(2):115-121.

[54] 蒋志学,秦岭,武萍.老年教育产业现状与前景分析[J].市场与人口分析,2001(4):72-76.

[55] 教育部计划财务司.中国教育成就统计资料 1949—1983[M].北京:人民教育出版社,1985:24-48.

[56] 教育大辞典[M].上海:上海教育出版社,1998:234.

[57] 卡尔·波普尔.猜想与反驳:科学知识的增长[M].傅季重,等译.上海:上海译文出版社,1986:3,40.

[58] 卡尔·波普尔.科学发现的逻辑[M].查汝强,等译.北京:科学出版社,1986 年:x-xiii.

[59] 卡尔·波普尔.客观知识——一个进化论的研究[M].舒炜光,等译.上海:上海译文出版社,1987:2-5.

[60] 卡林·诺尔-塞蒂纳. 制造知识——建构主义与科学的与境性[M]. 王善博,等译. 北京:东方出版社,2001:2.

[61] 凯瑟琳·西伦. 制度是如何演化的:德国、英国、美国和日本的技能政治经济学[M]. 上海:上海人民出版社,2010:67.

[62] 夸美纽斯. 大教学论[M]. 2版. 傅任敢,译. 北京:人民教育出版社,1984:2-3.

[63] 李琛. 数字图书馆为终身学习提供学习支持服务研究[J]. 图书馆工作与研究,2011(1):28-31.

[64] 李红亮,马宏建. 基于政策层面的"学分银行"学籍管理路径选择[J]. 中国成人教育,2016(1):46-48.

[65] 李佳萍. 我国社区教育管理的问题与对策研究[D]. 长春:东北师范大学,2014:20.

[66] 李建忠. 欧洲资格框架的建立及其意义[J]. 职教论坛,2008(1):55-58.

[67] 李洁. 老年教育信息化探略[J]. 中国教育信息化,2007(11):21-22.

[68] 李洁. 美国老年教育立法及其启示[J]. 河北师范大学学报(教育科学版),2015,17(1):79-84.

[69] 李薇. 经合组织与全民终身学习发展[M]. 上海:上海教育出版社,2015:7-8.

[70] 李宜芯. 终身学习思想的嬗变与思考[J]. 中国成人教育,2014(15):9-14.

[71] 李玉静. 技能型社会:价值意涵与推进策略[J]. 职业技术教育,2021,42(16):1.

[72] 厉以贤. 社区教育的理念[J]. 教育研究,1999(3):20-24.

[73] 联合国教科文组织统计研究所. 国际教育标准分类法 2011(中文版本)[R]. 2013:71.

[74] 梁珺淇,石伟平. 欧洲国家和地区终身学习资格框架开发的逻辑起点、重点与运行难点[J]. 职业技术教育,2019,40(23):73-76.

[75] 梁忠义. 关于日本的终身教育问题[J]. 日本教育情况,1980(1):9-11.

[76] 刘波. 终身教育立法的理论与实践:现状、困境及对策[J]. 中国职业技术教育,2016(23):17-25.

[77] 刘红红,王国辉. 日本终身学习成果评价及认证机制初探[J]. 成人教育,2014,34(5):15-21.

[78] 刘宣文. 人本主义学习理论述评[J]. 浙江师范大学学报,2002(1):90-93.

[79] 刘育锋. 分析澳大利亚资格框架 改革我国职业教育证书体系[J]. 中国职业技术教育,2002(22):53-54.

[80] 马叔平. 建立终身教育体系:北京成人教育的实践与研究[M]. 北京:人民教

育出版社,1998:96-120.

[81] 马永青.弘扬工匠精神 培育大国工匠 推动江苏制造业高质量发展[J].中国工人,2022(5):2.

[82] 麦迪森.世界经济二百年回顾[M].李德伟,盖建玲,译.北京:改革出版社,1997:12.

[83] 莫利纽克斯,弗兰克,刘景平.终身学习:再教育中的策略和进展[J].北京成人教育,1989(6):16.

[84] 潘华云,孔凡哲.新中国成立以来家庭教育研究的回顾与展望[J].教育科学研究,2021(4):12-17,43.

[85] 裴新宁,张桂春."多元智力":教育学的关注与理解——华东师范大学课程与教学研究所"多元智力"博士论坛综述[J].全球教育展望,2001(12):19-22.

[86] 朴仁钟,刘音.终身学习型社会与韩国的学分银行制[J].开放教育研究,2012,18(1):16-20.

[87] 溥存富.社区教育概论[M].成都:西南交通大学出版社,2018:2.

[88] 祁占勇.国际视野下学习成果认定的保障机制及其启示[J].湖南师范大学教育科学学报,2021,20(4):83-92.

[89] 人民网.受权发布:《习近平关于科技创新论述摘编》(七)[EB/OL].(2016-03-04)[2022-11-03]. http://scitech. people. com. cn/n1/2016/0304/c1007-28171623. html.

[90] 任宝祥.终身教育[J].西南师范大学学报(人文社会科学版),1982(1):113-117.

[91] 阮智富,郭忠新.现代汉语大词典[Z].上海:上海辞书出版社,2009:1920.

[92] 沈光辉.我国终身教育立法的主要问题与对策建议——福建省的实践探索与启示[J].中国远程教育,2014(12):72-77.

[93] 沈红梅.老年教育和老年大学的发展思考[J].山西成人教育,1998(11):6-7.

[94] 沈欣忆,李梦如,徐亚楠,等.我国终身学习研究脉络与关键节点——基于1978—2019年国内学术期刊文献分析[J].职教论坛,2020,36(11):110-116.

[95] 盛冰.高等教育的治理:重构政府、高校、社会之间的关系[J].高等教育研究,2003(2):47-48.

[96] 史蒂芬·科尔.科学的制造——在自然界与社会之间[M].林建成,等译.上海:上海人民出版社,2001:2,3.

[97] 世界卫生组织.关于老龄化与健康的全球报告(中文版本)[R].日内瓦,2016:

28.

[98] 司荫贞.开展老年教育建立终身教育体制[J].职业技术教育,2001,22(1):42-44.

[99] 寺田盛纪,王晓华."成熟社会"的职业教育——对职业教育研究和政策的探讨[J].职业教育研究,2017(12):83-90.

[100] 宋娴,刘哲.西方科学场馆的教育理念及实证研究综述[J].外国中小学教育,2013(9):24-29.

[101] 苏胜强.我国终身教育发展指标体系的构建[J].继续教育研究,2017(11):7-8.

[102] 孙邦定.六十年来的中国教育[M].南京:正中书局,1971:484.

[103] 孙金楼.关于上海文化网络布局的设想[J].城市问题,1986(3):20-22.

[104] 孙思玉.欧洲终身学习资格框架与国家资格框架建设新进展[J].中国职业技术教育,2019(36):63-70.

[105] 陶英."终身"与"终生"语义选择序列[J].文学教育(上),2012(3):144-145.

[106] 外国教育丛书编辑组.业余教育的制度和措施[M].北京:人民教育出版社,1979:131-151.

[107] 汪国新.基于"社区学习共同体"的学习——一种新的成人学习方式[J].中国成人教育,2010(12):5-7.

[108] 王海东.欧洲国家和地区终身学习资格框架建设的新进展[J].全球教育展望,2016,45(10):86-94.

[109] 王海东.学分银行的概念溯源与模式划分[J].中国考试,2017(10):41-48.

[110] 王洪才,汤建.国家资历框架建设:内涵·目的·要点[J].华中师范大学学报(人文社会科学版),2019,58(4):170-177.

[111] 王萍.改革开放以来中国家庭教育政策研究[J].中华家教,2021(6):18-25.

[112] 王仁彧.实践理性:我国终身教育法规建设的路向探究——基于国内外终身教育立法的比较视野[J].教育理论与实践,2014,34(22):21-25.

[113] 王蓉.国外慕课的发展与面临的挑战(上)[J].世界教育信息,2014,27(13):19-23.

[114] 王树义,孙嘉.战后日本终身学习体系演进及启示[J].成人教育,2016,36(1):88-91.

[115] 王晓丹,侯怀银.科学哲学对教育学影响的回顾与反思[J].山西广播电视大学学报,2020,25(3):25-31.

[116] 王英.中国社区老年教育研究[D].天津:南开大学,2009:63-65.

[117] 王颖,何国平,贺达仁.空巢老人的健康问题及对策思考[J].中国医学伦理学,2007(3):106-107.

[118] 王永辉.信息化时代的社区学习及模式探讨[D].南京:南京师范大学,2004:21-22.

[119] 王志梅.我国老年教育研究的回顾与前瞻[J].成人教育,2007(9):60-61.

[120] 魏后凯.中国乡村振兴综合调查研究报告(2021)[M].北京:中国社会科学出版社,2022:12.

[121] 魏小安.旅游文化与文化旅游[J].旅游论丛,1987(2):18.

[122] 闻凤兰.波普尔的客观理解法述评[J].学习与探索,2008(5):49-52.

[123] 吴德刚.关于构建教育公平机制的思考[J].教育研究,2006(1):38-41.

[124] 吴遵民,国卉男,赵华.我国终身教育政策的回顾与分析[J].教育发展研究,2012,32(17):53-58.

[125] 吴遵民,姜宇辉,蒋贵友.论老年教育的本质——基于世界图景演变视角的分析[J].现代远程教育研究,2022,34(1):11-20,39.

[126] 吴遵民.现代终身教育体系论[M].上海:上海人民出版社,2019:191.

[127] 习近平.深入实施创新驱动发展战略为振兴老工业基地增添原动力[EB/OL].(2013-09-02)[2022-10-03].http://jhsjk.people.cn/article/22768582.

[128] 习近平.在全国党校工作会议上的讲话[EB/OL].(2015-12-11)[2022-10-11].http://www.qstheory.cn/dukan/2020-06/04/c_1126073316.htm.

[129] 夏峰.区域终身特殊教育服务体系构建——来自上海市长宁区的探索[J].现代特殊教育,2016(11):19-22.

[130] 夏征农,陈至立.大辞海(第六版彩色本)[Z].上海:上海辞书出版社,2009:2998.

[131] 现代汉语大辞典[Z].上海:上海辞书出版社,2003:2263.

[132] 向复庵.江苏省各级学校推行生计教育计划之商榷[J].江苏教育,1933,2(4):1.

[133] 谢浩.服务全民终身学习的学分银行制度体系建设研究[J].中国职业技术教育,2020(24):8-14.

[134] 新华社.什么是元宇宙?为何要关注它?[EB/OL].(2021-11-20)[2022-10-11].http://bj.news.cn/2021-11/20/c_1128082017.htm.

[135] 新华社. 我国老年人才信息服务平台启动建设[EB/OL]. (2022-08-24)[2022-10-10]. http://www.gov.cn/xinwen/2022-08/24/content_5706661.htm.

[136] 新华网. 江苏:培育"状元工匠"建设高水平技能人才高地[EB/OL]. (2022-09-09)[2022-11-03]. http://www.js.xinhuanet.com/2022-09/09/c_1128990846.htm.

[137] 熊绍高. 现代远程教育乃终身教育体系构建的推进器[J]. 当代教育论坛(综合版),2010(1):46-47.

[138] 徐健. 江苏产业转型升级背景下的技能人才培养策略研究[J]. 江苏教育,2020(12):26-32.

[139] 徐莉,王默,程换弟. 全球教育向终身学习迈进的新里程——"教育 2030 行动框架"目标译解[J]. 开放教育研究,2015,21(6):16-25.

[140] 徐莉. 首轮终身教育体系构建改革试点项目的成效及启示[J]. 国家教育行政学院学报,2019(12):26-33.

[141] 许竞,于明潇,郭巍. 我国成人高等学历教育七十年回溯与反思[J]. 终身教育研究,2019,30(4):28-37.

[142] 严芳. 香港资历框架及其质量保障机制[J]. 教育发展研究,2006(23):24-27.

[143] 阎珂珂. 学习型城市建设:理念、要素与构建途径——以《北京宣言》为依据[J]. 现代教育科学,2017(2):10-14,61.

[144] 杨德广. 老年教育学[M]. 北京:人民教育出版社,2016:58.

[145] 杨黎明. 关于创建上海市"学分银行"的理论与实践研究[J]. 职教论坛,2009(9):4-9.

[146] 杨林成. 词误百析[M]. 上海:上海教育出版社,2019:233-234.

[147] 杨平. 中美社区学院的比较与启示[J]. 成人教育,2011,31(3):122-124.

[148] 杨时进,沈受君. 旅游学[M]. 北京:中国旅游出版社,1996:409-410.

[149] 杨向明. 21 世纪图书馆发展的方向——数字图书馆[J]. 图书馆,1997(1):48-51.

[150] 杨一帆,张雪永,等. 中国大中城市健康老龄化指数报告(2019—2020)[M]. 北京:社会科学文献出版社,2020:2.

[151] 余宁玲,王福建. 技能型社会背景下高职商务英语专业实践教学体系研究[J]. 大学,2020(11):155-156.

[152] 鱼霞. 终身教育与终生学习的发展与展望[J]. 北京成人教育,1998(7):14-16.

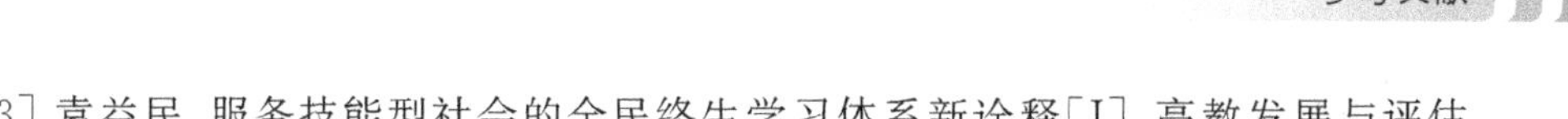

[153] 袁益民.服务技能型社会的全民终生学习体系新诠释[J].高教发展与评估,2022,38(5):1-12,119.

[154] 岳广洧,刘常涌.教育之光:青岛市城阳区仲村终身教育纪实[M].北京:国际文化出版公司,1998:1-10.

[155] 岳瑛.英国的老年教育概况[J].中国老年学杂志,2009,29(15):1993-1995.

[156] 张钧.新时代学习型社会与终身教育体系建设的省思[J].成人教育,2019,39(4):1-5.

[157] 张鲤鲤.终身教育发展与江苏的实践[J].江苏开放大学学报,2015,26(5):11-19.

[158] 张少刚,魏顺平.终身教育中远程教育的角色变换[J].现代远程教育研究,2010(5):43-49.

[159] 张伟远,傅璇卿.基于资历框架的终身教育体系:澳大利亚的模式[J].中国远程教育,2014(1):47-52,96.

[160] 张璇.地方《终身教育促进条例》的现实局限与立法建议[J].中国远程教育,2018(6):50-57,67,80.

[161] 张学英.产业工人技能形成的国际比较与借鉴——来自日新韩印的观察[M].北京:新华出版社,2021:9.

[162] 张燕农.社区教育发展模式的理论与实践研究[M].北京:首都师范大学出版社,2011:136-139.

[163] 张义兵,孙俊梅,木塔里甫.基于知识建构的同伴互评教学实践研究[J].电化教育研究,2018,39(7):108-113.

[164] 张志强,龙芸.广东终身教育资历框架现状与展望[J].中国多媒体与网络教学学报(中旬刊),2021(9):227-229.

[165] 赵昆,潘琳.关于欧洲虚拟博物馆与世界数字图书馆的调研报告[J].数字图书馆论坛,2010(1):114-139.

[166] 郑炜君,王顶明,王立生.国家资历框架内涵研究——基于多个国家和地区资历框架文本的分析[J].中国远程教育,2020(9):1-7,15,76.

[167] 郑先武.区域研究的新路径:"新区域主义方法"述评[J].国际观察,2004(4):65-73.

[168] 中国新闻网.陈宝生:办好新时代职业教育 服务技能型社会建设[EB/OL].(2021-05-01)[2022-11-03].https://www.chinanews.com.cn/gn/2021/05-01/9468629.shtml.

[169] 中华人民共和国教育部. 2020 教育统计数据[EB/OL]. (2021-08-25)[2022-10-15]. http://www.moe.gov.cn/jyb_sjzl/moe_560/2020/gedi/.

[170] 中华人民共和国教育部. 2020 年教育统计数据[EB/OL]. (2021-08-30)[2022-10-11]. http://www.moe.gov.cn/jyb_sjzl/moe_560/2020/.

[171] 中华人民共和国教育部. 关于开展纪念国务院批转《国家教育委员会关于改革和发展成人教育的决定》颁布 20 周年活动的通知[EB/OL]. (2007-03-30)[2022-05-04]. http://www.moe.gov.cn/srcsite/zsdwxxgk/200703/t20070330_62512.html.

[172] 中华人民共和国教育部. 关于政协十三届全国委员会第三次会议第 2496 号(教育类 238 号)提案答复的函[EB/OL]. (2020-09-07)[2022-05-04]. http://www.moe.gov.cn/jyb_xxgk/xxgk_jyta/jyta_zfs/202010/t20201009_493618.html.

[173] 中华人民共和国教育部. 全国高等学校名称[EB/OL]. (2022-05-31)[2022-10-11]. http://www.moe.gov.cn/jyb_xxgk/s5743/s5744/A03/202206/t20220617_638352.html.

[174] 中华人民共和国教育部. 全国高等学校名单. 截至 2022 年 5 月 31 日[EB/OL]. [2022-10-11]. http://www.moe.gov.cn/jyb_xxgk/s5743/s5744/A03/202206/t20220617_638352.html.

[175] 中华人民共和国中央人民政府. 第七次全国人口普查公报[EB/OL]. (2021-05-11)[2022-10-11]. http://www.gov.cn/guoqing/2021-05/13/content_5606149.htm.

[176] 中华人民共和国中央人民政府. 中共中央关于制定国民经济和社会发展第十四个五年规划和二〇三五年远景目标的建议[EB/OL]. (2020-11-03)[2022-10-11]. http://www.gov.cn/zhengce/2020-11/03/content_5556991.htm.

[177] 中央教育科学研究所. 陶行知教育文选[M]. 北京:教育科学出版社,1981:174.

[178] 钟志贤. 多元智能理论与教育技术[J]. 电化教育研究,2004(3):7-11.

[179] 朱梅,魏向东. 国内外文化旅游研究比较与展望[J]. 地理科学进展,2014,33(9):1262-1278.

[180] 朱敏,高志敏. 终身教育研究、终身学习与学习型社会的全球发展回溯与未来思考[J]. 开放教育研究,2014,20(1):50-66.

【外文文献】

[1] Allais S. What is a national qualifications framework? Considerations from a study of national qualifications frameworks from 16 countries[J]. Journal of Contemporary Educational Studies/Sodobna Pedagogika, 2011, 62(5): 106-124.

[2] Aspin D & Chapman J. Towards a philosophy of lifelong learning[C]//Aspin D, Chapman J, Hatton M, Sawano Y. International Handbook of Lifelong Learning, Part1. London: Kluwer Academic Pubishers,2001:3-33.

[3] Aspin D N. Second International Handbook of Lifelong Learning[M]. London: Springer,2012:12.

[4] Bagnall R. Locating lifelong learning and education in contemporary currents of thought and culture[C]//Aspin D, Chapman J, Hatton M, & Sawano Y. International Handbook of Lifelong Learning. Dordrecht: Springer,2001:35-52.

[5] Barros R. From lifelong education to lifelong learning discussion of some effects of today's neoliberal policies[J]. European Journal for Research on the Education & Learning of Adults,2012,3(2):119-134.

[6] Bjrnvold J, Coles M. Governing education and training: the case of qualifications frameworks[J]. European Journal of Vocational Training,2007,42(3): 203-235.

[7] Bloor D. Knowledge and Social Imagery[M]. London, Henley and Boston: Routledge & Kegan Paul,1976:5.

[8] Boshier R. Edgar Faure after 25 years: down but not out[C]//Holford J, Griffin C, & Jarvis P. International Perspectives on Lifelong Learning. London: Kogan,1998:3-20.

[9] Butler R N. Age-Ism: another form of bigotry[J]. The Gerontologist,1969,9(4):243-246.

[10] Chapman A. Second International Handbook of Lifelong Learning[M]. Dordrecht Heidelberg: Springer,2012:13.

[11] Coffield F. Differing Visions of a Learning Society (Research Findings Volume 1)[M]. Bristol: The Policy Press,2000:169.

[12] Coffield F. Research specification for the ESRC "Learning Society: Knowl-

edge and Skills for Employment" Programme[R]. Swindon: ESRC,1994:2.

[13] Commission of the European Communities (CEC). Growth, competitiveness and employment: the challenges and ways forward into the 21st century[M]. Brussels: Office des Publications Officielles des Communautés Européennes,1994:16-136.

[14] Communities C O. Making a European area of lifelong learning a reality [R]. European Commission,2001:3.

[15] Costa D L. The evolution of retirement[C]//Costa D L. The Evolution of Retirement: An American Economic History, 1880—1990. Chicago: University of Chicago Press,1998:6-31.

[16] Cumming B E, Henry W E. Growing Old: The Process of Disengagement [M]. New York: Basic Books,1961.

[17] Dave R H, Cropley A J. Foundations of Lifelong Education[M]. Oxford: Dergamon,1976:34,36,53.

[18] Dehmel A. Making a European area of lifelong learning a reality? Some critical reflections on the European Union's lifelong learning policies[J]. Comparative Education,2006,42(1):49-62.

[19] Donahue W S. Education for later maturity[J]. The American Catholic Sociological Review,1955,16(2):158.

[20] Dudaitė J, Rūta D. Lifelong learning in six central european countries[J]. The New Educational Review,2021(64):134-147.

[21] Edwards R. Changing Places? Flexibility, Lifelong Learning and a Learning Society[M]. London: Routledge,1997:175-177.

[22] Ernest T, Terenzini P T. How College Affects Students: A Third Decade of Research[M]San Francisco: Jossey-Bass Publisher,2005:37-45.

[23] Falk I, Harrison L. Community learning and social capital: just having a little chat[J]. Journal of Vocational Education & Training,1998,50(50):609-627.

[24] Fama E F, Jensen M C. Separation of ownership and control[J]. Journal of Law and Economics,1983(26):301-325.

[25] Field J. Lifelong learning and the new educational order[M]. 2nd ed. London: Trentham Books,2006:123.

[26] Finberg B D. Learning to be The World of Education Today and Tomorrow [M]. Paris: UNESCO,1972:182.

[27] Findsen B, Formosa M. Lifelong Learning in Later Life A Handbook on Older Adult Learning[M]. Rotterdam: Sense Publishers,2011:56.

[28] Futrell M, Wondolowski C, Mitchell G J. Aging in the oldest living in Scotland: a phenomenological study[J]. Nursing Science Quarterly, 1993 (6):189-194.

[29] Gadotti M. Adult education as a human right: the Latin American context and the ecopedagogic perspective[J]. International Review of Education, 2011,57(1):9-25.

[30] Gavrilov L A, Heuveline P. Aging of population[C]//Demeny, McNicoll G. The Encyclopedia of Population. New York: Macmillan Reference, 2003:32.

[31] Gettier E L. Is justified true belief knowledge? [J]. Analysis,1963,23(6): 121-123.

[32] Gibson R C. Promoting successful and productive aging in minority populations[C]//Bond L A, Cutler S J, & Grams A. Promoting Successful and Productive Aging. Thousand Oaks: Sage,1995:279-288.

[33] Greenough R. You can teach an old dog new tricks[R]. UNESCO Features, 1972:618.

[34] Grenier R S. Museums as sites of adult learning[C]. 3rd ed. Peterson P, Baker E, McGaw B. International Encyclopedia of Education. Amsterdam: Elsevier,2010:150-155.

[35] Hake B J. Lifelong learning policies in the European Union: developments and issues[J]. Compare: A Journal of Comparative and International Education,1999,29(1):53-69.

[36] Han S. Creating systems for lifelong learning in Asia[J]. Asia Pacific Education Review,2001,2(2):85-95.

[37] Hargreaves D. Learning takes place in many and varied contexts throughout the individual's life[C]//Ranson S & Tomlinson J. The Government of Education. London: Geore Allon Unwin Ltd. ,1985:125.

[38] Havighurst R J. Successful aging[J]. The Gerontologist,1961,1(1):8-13.

[39] Healy J, The benefits of an ageing population[R]. Canberra: Australian National University,2004:9.

[40] Hooper-Greenhill E. Museum education: past, present and future[C]. Milles R & Zavala L. Towards the Museum of the Future. London and New York: Routledge,1994:133-146.

[41] Houle C O. The Inquiring Mind: A Study of the Adults Who Continues to Learn[M]. Madison: The University of Wisconsin Press,1964:23.

[42] Hutchins R M. The Learning Society[M]. Harmondsworth: Penguin,1968:133.

[43] International Health Conference. Constitution of the world health organization[R]. Geneva: World Health Organization,1946:1-2.

[44] Isopahkala-Bouret U, Rantanen T, Raij K, et al. European Qualifications Framework and the comparison of academically oriented and professionally-oriented master's degrees[J]. European Journal of Higher Education,2011,1(1):22-38.

[45] Jarvis P. Adult Education and Lifelong Learning, Theory and Practice[M]. 3rd ed. London: Routledge Falmer,2004:63.

[46] Jarvis P. Adult Education and Lifelong Learning, Theory and Practice[M]. 3rd ed. London: Routledge Falmer,2004:63.

[47] Jarvis P. Adult Education and Lifelong Learning[M]. 3rd ed. London: Routledge Falmer,2004:298.

[48] Jarvis P. From adult education to lifelong learning and beyond[J]. Comparative Education,2014,50(1):45-57.

[49] Jarvis P. Towards A Comprehensive Theory of Human Learning[M]. London: Routledge,2006:136.

[50] Katsamunska P. The concept of governance and public governance theories[J]. Economic Alternatives,2016,2(1):133-141.

[51] Kjar A M. Governance[M]. London: Polity Press,2004:10-11.

[52] Knapper C, Cropley A. Lifelong Learning in Higher Education[M]. 3rd ed. London: Kogan Page,2000:11-12.

[53] Kolb D A. Experiential Learning: Experience as the Source of Learning and Development[M]. Englewood Cliffs: Prentice-Hall, Inc. ,1984:41.

[54] Koyano W, Inoue K, & Shibata H. Negative misconceptions about aging in Japanese adults[J]. Journal of Cross-Cultural Gerontology,1987,2(2):131-137.

[55] Lane R. The decline of politics and ideology in a knowledgeable society[J]. American Sociological Review,1966,31(5):649-662.

[56] Leona M. English. International Encyclopedia of Adult Education[M]. New York: Palgrave Macmillan,2005:14.

[57] Levy B R, Chung P H, Bedford T, et al. Facebook as a site for negative age stereotypes[J]. Gerontologist,2013(54):172-176.

[58] Lewelyn J E, Wittgenstein L, & Anscombe G E M. On Certainty[M]. Blackwell: Oxford University Press,1969:308.

[59] Liveright A A, Haygood N. The exeter papers: report of the first international conference on the comparative study of adult education[R]. Boston: Center For The Study of Liberal Education for Adults At Boston University,1968:8.

[60] Logan J. Cato Major. His Discourse of Old Age[M]. Philadelphia: Benjamin Franklin,1744:120.

[61] London M. The Oxford Handbook of Lifelong Learning[M]. 2nd ed. New York: OUP,2021.

[62] London M. The Oxford Handbook of Lifelong Learning[M]. Oxford: Oxford University Press,2021:14-15.

[63] Manuel L. The Oxford Handbook of Lifelong Learning[M]. 2nd ed. Oxford: Oxford University Press,2021:21.

[64] Matheson D, Matheson C. Lifelong learning and lifelong education: a critique[J]. Research in Post-Compulsory Education,1996,1(2):219-236.

[65] McClelland D. A Guide to Job Competency Assessment[M]. Boston: McBer,1976:34.

[66] McClusky H Y. Education. Towards a National Policy on Aging (Final Report, Vol. 2, 1971 White House Conference on Aging)[M]. Washington D C: Government Printing Office,1973:10.

[67] McClusky H. Education. Report for 1971 White House Conference on aging [R]. Washington D C: US Government Printing Office,1971:88-90.

[68] Mystakidis S. Metaverse[J]. Encyclopedia,2022,2(1):486-497.

[69] Palmore E B, Branch L, & Harris D K. Encyclopedia of Ageism[M]. Binghamton: Haworth Press,2005.

[70] Palmore E B. Successful aging[M]. 2nd ed. Maddox G L. Encyclopedia of Aging: A Comprehensive Resource in Gerontology and Geriatrics: New York: Springer,1995:914-915.

[71] Peterson D A. Educational gerontology: the state of the art[J]. Educational Gerontology,1976,1(1):61-73.

[72] Peterson D A. Who are the educational gerontologists? [J]. Educational Gerontology,1980,5(1):65-77.

[73] Pierre J. Debating Governance: Authority, Steering and Democracy[M]. Oxford: Oxford University Press,2000:14,18-19,24.

[74] Poster C, Krüger A. Community Education in the Western World[M]. London and New York: Routledge,1990:1.

[75] Rhodes R A W. Understanding governance: ten years on[J]. Organization Studies,2007,28(8):1243-1264.

[76] Richards G. Tourismand cultural synergies[R]. Madrid: UNWTO,2018.

[77] Richardson P L. Lifelong learning and public policy[R]. Office of the Assistant Secretary for education (DREW), Washington D C,1978:3.

[78] Rowe J W, Kahn R L. Human aging: usual and successful[J]. Science, 1987,237(4811):143-149.

[79] Rubinow I. Social Insurance: With Special Reference to American Conditions[M]. New York: H. Holt and Company,1913:14.

[80] Ryff C D. In the eye of the beholder: views of psychological well-being among middle-aged and older adults[J]. Psychology & Aging,1989,4(2): 195-210.

[81] Salvador S, Salvador E. Definitions committee on tourism and competitiveness[R]. Madrid: UNWTO,2017.

[82] Schuetze H G. International concepts and agendas of lifelong learning[J]. Compare,2006,36(3):289-306.

[83] Silver D L, Yang Q, Li L H. Lifelong machine learning systems: beyond learning algorithms [C]//AAAI Spring Symposium: Lifelong Machine

Learning. Palo Alto: AAAI Press,2013:49-55.

[84] Silver H. The Concept of Popular Education[M]. London: MacGibbon & Kee,1965:196.

[85] Stein C, Moritz I. A life course perspective of maintaining independence in older age[R]. Greneva: World Health Organization,1999:4.

[86] Tahara Y. Cardiopulmonary resuscitation in a super-aging society-is there an age limit for cardiopulmonary resuscitation? [J]. Circulation Journal, 2016(80):1102-1103.

[87] Tennant M, Pogson P. Learning and Change in the Adult Years: A Developmental Perspective[M]. San Francisco: Jossey-Bass,1995:134.

[88] Thorndike E. Adult Learning[M]. New York: Macmillan,1928:100-105.

[89] Tibbitts C, Donahue W. Developments in education for later maturity[J]. Review of Educational Research,1953,23(3):202-217.

[90] UNESCO. Collection of Lifelong Learning Policies and Strategies[EB/OL]. (2021-03-04)[2022-10-03]. https://uil. unesco. org/lifelong-learning/lifelong-learning-policies.

[91] UNESCO. Lifelong learning[R]. UNESCO Institute for Lifelong Learning Technical Note,2014:1.

[92] United Nations Educational, Scientific and Cultural Organization. Learning: The Treasure within[M]. Paris: Presses Universitaires de France, Vendôme,1966:21.

[93] United Nations. World population ageing, 1950—2050[R]. New York: United Nations Publications,2002:12.

[94] Wain K. Lifelong education: a Deweyan challenge[J]. Journal of Philosophy of Education,1984,18(2):257-263.

[95] Wain K. Philosophy of Lifelong Education[M]. London: Croom Helm, 1987:202-203.

[96] Wan H, Goodkind D, & Kowal P. An aging world: 2015[R]. Washington D C: U. S. Goverment Publishing Office,2016:1.

[97] Wheelahan L. From old to new: the Australian qualifications framework-ILO report[J]. Journal of Education & Work,2013,24(3-4):323-342.

[98] Winterton J, Deist F D, & Stringfellow E. Typology of Knowledge, Skills

and Competences: Clarification of the Concept and Prototype[M]. Brussels: Office for Official Publications of the European Communities,2005:29.

[99] Wordsworth O R. A New View of Society[M]. Montana: Kessinger Publishing,1817:8.

[100] World Health Organization. Ottawa Charter for health promotion[R]. Geneva: World Health Organization,1986.

[101] World Health Organization. World health statistics 2021[R]. Geneva: World Health Organization,2021:16.

[102] WTO. The States Role in Protecting and Promoting Culture as a Factor of Tourism Development and the Proper Use and Exploitation of the National Cultural Heritage of Sites and Monuments for Tourists[M]. Madrid: UNWTO,1985:23.

[103] Young M F. National qualifications frameworks: An analytical overview [C]//Maclean R, Wilson D. International Handbook of Education for the Changing World of Work. Dordrecht: Springer,2009:2867-2880.

[104] Young. National Qualifications Framework: Their Feasibility for Effective Implementation in Developing Countries[M]. Geneva: ILO,2005.

[105] Zhu E, Baylen D M. From learning community to community learning: pedagogy, technology and interactivity[J]. Educational Media International,2005,42(3):251-268.

附　录

附录1　江苏省省级乡镇(街道)社区教育中心评比标准

<table>
<tr><th>一级指标</th><th>二级指标</th><th>三级指标</th><th>分值</th><th>自评分</th><th>市评分</th></tr>
<tr><td rowspan="8">一、组织管理建设(16)</td><td rowspan="4">管理体制(8)</td><td>1. 开展社区教育工作指导思想明确，工作思路清晰，有符合本地实际和创新特色的社区教育理念。</td><td>2</td><td></td><td></td></tr>
<tr><td>2. 基本形成以“党政统筹领导、教育部门主管、有关部门配合、社会积极支持、社区自主活动、群众广泛参与”的社区教育管理体制和运行机制。</td><td>2</td><td></td><td></td></tr>
<tr><td>3. 制订了社区教育发展规划并列入当地社会与经济发展规划和教育发展规划。</td><td>2</td><td></td><td></td></tr>
<tr><td>4. 社区教育工作有年度计划、有方案、有布置、有落实。每年都有切实可行的工作创新举措。</td><td>2</td><td></td><td></td></tr>
<tr><td rowspan="4">运行机制(8)</td><td>5. 乡镇(街道)政府是社区教育的领导部门。</td><td>2</td><td></td><td></td></tr>
<tr><td>6. 成立了由部门参与协调的社区教育委员会，并下设社区教育管理办公室。</td><td>2</td><td></td><td></td></tr>
<tr><td>7. 在社区内建立了健全的社区教育管理网络，管理机构运行正常，指导有力。</td><td>2</td><td></td><td></td></tr>
<tr><td>8. 社区教育领导机构每年不少于两次研究部署工作。</td><td>2</td><td></td><td></td></tr>
<tr><td rowspan="7">二、基础能力建设(32)</td><td rowspan="3">载体建设(7)</td><td>9. 成人教育中心校在农村成人教育培训中占有主体地位。</td><td>2</td><td></td><td></td></tr>
<tr><td>10. 成人教育中心校基本实行“四独立”建设。</td><td>3</td><td></td><td></td></tr>
<tr><td>11. 地方政府对成人教育中心校发展有长远的建设规划。</td><td>2</td><td></td><td></td></tr>
<tr><td rowspan="4">资源整合(8)</td><td>12. 建立了以乡镇(街道)成人教育中心校为主体的社区教育培训网络。</td><td>2</td><td></td><td></td></tr>
<tr><td>13. 社区内的各类教育资源充分整合，并有序地向社区开放。开放率不低于90%。</td><td>2</td><td></td><td></td></tr>
<tr><td>14. 社区居民学习的教育活动场所相对稳定，80%以上的社区居委会(村)建立社区教育站(或市民学校、村民学校)，基本满足社区居民的学习要求。</td><td>2</td><td></td><td></td></tr>
<tr><td>15. 培育、建设了一批满足社区居民需要的、共享的广场文化、民俗文化、家庭文化等教育资源，取得了明显的社会效益。</td><td>2</td><td></td><td></td></tr>
</table>

续表

一级指标	二级指标	三级指标	分值	自评分	市评分
二、基础能力建设(32)	课程开发(2)	16. 开发和建设了一批满足社区居民学习、生活、工作需求的教育课程资源。	1		
		17. 组织编写了符合居民需要的，具有本土文化特色的社区教育知识读本或宣传资料，并对社区居民免费发放。	1		
	设施标准(10)	18. 社区教育中心建筑面积不少于 2500—3000 平方米。	3		
		19. 专用教室不少于 6 个。	3		
		20. 建有计算机教室，计算机不少于 30 台。	2		
		21. 建有社区图书馆、阅览室，图书不少于 8000 册(建有电子图书馆和阅览室的教育中心，图书不少于 5000 册)。	2		
	远程网络(5)	22. 建有社区教育信息服务网站(或农村教育致富信息网站)。	3		
		23. 信息传输网络中有较为丰富的、适合社区居民学习需求的学习资源，有比较高的居民点击量。	1		
		24. 已开设部分远程网络社区教育培训课程。	1		
三、管理队伍建设(13)	管理队伍(7)	25. 乡镇(街道)政府有专人负责社区教育工作。	2		
		26. 在城市，安排不少于 1 名专职人员从事社区教育工作。在农村，按乡镇总人口万分之 1.5 以上的比例重点配足乡镇社区教育中心的管理人员。	3		
		27. 社区教育中心对管理人员有培训进修制度。年人均累计培训不少于 48 课时。	2		
	师资队伍(6)	28. 有一支能满足为新农民、新市民培训服务的专兼职师资队伍。	2		
		29. 有一支素质较高、相对稳定的不少于社区人口 2%的社区教育志愿者队伍。	2		
		30. 建有微机管理的社区教育师资库和志愿者队伍资源库。基本建立社区人才资源网。	1		
		31. 有志愿者参加相应的社区教育活动的记录。	1		
四、制度保障建设(9)	经费投入(5)	32. 有多渠道筹措社区教育经费的机制，政府对社区教育的财政拨款能按照常住人口人均不低于 1 元的标准设立社区教育专项经费。	3		
		33. 社区内企事业单位的职工教育经费得到落实。	2		
	规章制度(4)	34. 有完善的社区教育工作章程、岗位职责制度、领导例会制度等。	2		
		35. 有比较完善的检查、考核、表彰、奖励制度等。	2		
五、实践能力建设(30)	培训成效(18)	36. 围绕新农村建设、和谐社会构建的要求开展社区教育培训。	2		
		37. 基本形成具有区域特点、特色鲜明的社区教育工作格局。	2		
		38. 农科教结合示范基地示范作用明显，辐射面广，致富能力强。	3		
		39. 社区居民全年参加各类教育培训活动的总人数达到常住人口的 50%以上。	3		
		40. 0—3 岁婴幼儿家长及看护人接受教育的比例达 50%以上。	2		
		41. 农民培训率和下岗(失业)职工培训率均在 50%以上。	2		
		42. 老年人、残疾人、外来流动人员接受教育的比例分别达到 60%。	2		
		43. 社会休闲娱乐教育活动形式多样，深受社会欢迎。	2		

 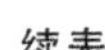

续表

一级指标	二级指标	三级指标	分值	自评分	市评分
五、实践能力建设(30)	学习组织(4)	44.积极开展创建学习型组织活动,学习型家庭、学习型企业、学习型单位(村组)等学习型组织的数量逐年增加,社区学习氛围浓厚,取得了明显进展与成效。	2		
		45.在各单位和居委会(村)等组织中学习型组织占30%。	1		
		46.有一批学习型家庭和学习型个人。	1		
	社会评价(8)	47.广泛宣传社区教育,居民的素质明显提高、生活质量明显改善。	2		
		48.社区教育在推进新农村建设和构建和谐社会发展中采取了切实有效的教育手段,并取得明显成效。	2		
		49.社区居民对本地区的社区教育的认同度、满意率达到70%以上。	2		
		50.农村劳动力实用技术培训和劳动力转移培训成绩显著,培训了一批致富骨干和创业带头人。	2		
合计			100		

附录 2　江苏省创建国家级社区教育示范区实施标准考评标准

一级指标	二级指标	三级指标	分值	自评分	市评分	省评分
一、领导管理（16）	政府重视（6）	工作指导思想明确，有符合本地实际和创新特色的社区教育理念。	2			
		制订了社区教育发展规划，并列入当地社会与经济发展规划和教育发展规划当中。	2			
		每年都有切实可行的年度工作计划和创新举措。	2			
	统筹协调（6）	教育行政部门是社区教育的主管部门。	2			
		成立了由部门参与协调的社区教育管理委员会，设立专门的社区教育管理办公室。	2			
		社区教育委员会每年研究部署工作不少于两次。	2			
	管理网络（4）	从区（县、市）到街道（乡镇）和居委会建立有健全的三级社区教育管理网络，管理机构运行正常，指导有力。	2			
		居（村）民委员会民主参与社区教育活动管理效果好。	2			
二、基地建设（18）	培训机构（7）	建立了区（县、市）社区培训学院、街道（乡镇）社区学校、居（村）民委员会教育学习点的三级培训、学习机构网络。	4			
		各级教育机构有相对稳定的、能满足社区居民学习的教育活动场所。	3			
	教育基地（5）	有一批面向社会各个阶层开放的社区教育基地，并发挥较好作用。	2			
		具有一定规模的优质社区教育基地不少于 10 个。	3			
	远程网络（6）	建有专门的社区教育互联网站。	2			
		信息传输网络中有较为丰富的、适合社区居民学习需求的学习资源，有一定的居民点击量。	2			
		已尝试开设远程网络社区教育培训课程。	2			
三、队伍建设（16）	管理队伍（8）	区（县、市）教育行政部门（社区教育办公室）有专人负责，配备 2 名社区教育工作人员。	4			
		街道（乡镇）至少配备 1 名社区教育工作人员，有一支专兼结合的社区教育工作队伍。	4			
	师资队伍（8）	每个街道（乡镇）有不少于 1 名教师。	4			
		有一支相对稳定的不少于社区人口 3%、能满足社区教育需要的素质较高的社区教育志愿者队伍。	2			
		建有微机管理的社区教育师资库和志愿者队伍资源库，志愿者有相应的参加社区教育活动的记录。	2			
四、资源利用（15）	双向开放（3）	社区内所有学校与社区建立了双向开放制度，积极开展了教育资源共享活动。	3			

续表

一级指标	二级指标	三级指标	分值	自评分	市评分	省评分
四、资源利用(15)	资源整合(6)	各类文化、科技、体育等资源得到有效整合，充分发挥其教育功能。	3			
		培育、建设了一批社区居民共享的广场文化、民俗文化、家庭文化等教育资源，取得了明显的社会效益。	3			
	课程开发(6)	已经开发和建设了一批满足社区居民学习需求的教育课程资源。	3			
		组织编写了一系列符合居民工作、生活需要的社区教育读本，并对社区居民免费发放。	3			
五、保障条件(10)	经费落实(5)	有多渠道筹措社区教育经费的机制，政府对社区教育的财政拨款能按照常住人口人均不低于1元的标准设立社区教育专项经费。	3			
		社区内企事业单位的职工教育经费得到落实。	2			
	制度保障(5)	建立有完善的社区教育各项规章制度，包括联席会议制度、目标责任制度、管理制度、居民终身学习制度、评估检查制度和专项督导制度、奖励表彰制度等。	2			
		政府教育督导部门每年对社区教育进行督导，督导力度大，效果好。	3			
六、工作绩效(25)	培训面广(14)	广泛开展在职人员培训、再就业培训、老年教育、青少年校外教育、特殊人群教育等各类教育培训活动，社区居民全年参加各类教育培训活动的总人数达到常住人口的50%以上。	4			
		0—3岁婴幼儿家长及看护人接受教育的比例达50%以上。	2			
		下岗(失业)职工培训率在90%以上。	2			
		老年人、残疾人、外来流动人员接受教育的比例分别达到60%。	2			
		外来流动人员的子女接受义务教育的比例达到95%以上。	2			
		发放社区居民终身学习卡，引导社区居民积极参与社区教育活动。	2			
	学习型组织(5)	积极开展创建学习型组织活动，学习型家庭、学习型企业、学习型单位和学习型街道等学习型组织的数量逐年增加，社区学习氛围浓厚，取得了明显进展与成效。	3			
		在各单位和街道、居委会等组织中学习型组织占30%。	2			
	理论研究(4)	参与了全国与省级社区教育课题研究，能够以科学的理念指导社区教育发展。	2			
		独立承担了全国或省级社区教育课题研究，并且取得了质量较好的科研成果。	2			
	成效明显(2)	社区居民对本地区的社区教育的认同度、满意率均达到70%以上。	2			
合计			100			

附录 3　教育部社区教育示范区评估标准(试行)

一级指标	二级指标	三级指标	分值
1 领导与管理 (16 分)	1.1 认知理念	1.1.1 区(县、市)、街道(乡镇)领导对社区教育内涵及其开展的指导思想、宗旨、原则有清晰的认识。(2 分)	2 分
	1.2 发展规划	1.2.1 区(县、市)、街道(乡镇)均制定社区教育发展规划和实施计划,并列入本地经济和社会发展规划、社区建设规划和教育事业规划之中,并加以认真落实。(2 分)	2 分
	1.3 管理体制	★1.3.1 区(县、市)、街道(乡镇)建立由党政领导牵头的社区教育委员会或领导小组,其办公室设在教育部门,并由专人负责。(2 分) 1.3.2 实行党政统筹领导、教育部门主管、有关部门共同参与的社区教育管理体制。(2 分)	4 分
	1.4 制度建设	★1.4.1 建立并实施社区各项规章制度,包括责任目标制度、会议制度、资源共享制度、机构和队伍建设制度、经费投入制度、评估检查制度、激励制度等,并纳入政府教育督导评估范围。(4 分) 1.4.2 注重档案建设,形成规范齐全的档案资料。(2 分)	6 分
	1.5 宣传动员	1.5.1 通过多渠道,采取多形式向社区成员宣传社区教育和终身教育思想。(2 分)	2 分
2 条件与保障 (24 分)	2.1 基地与网络建设	★2.1.1 已建成区(县、市)、街道(乡镇)、居(村)三级社区教育系统,区(县)建立社区学院或社区教育中心,街道(乡镇)建立社区学校、市民学校或未成年人活动站,居(村)建立社区教育机构、市民学校分校或儿童活动乐园。(5 分) 2.1.2 积极推进终身教育网络建设,建有网络学习平台,社区数字化学习取得明显效果。(2 分)	7 分
	2.2 资源开发和服务	2.2.1 社区内普通中小学、幼儿园、中等职业学校、成人教育培训机构、高等学校等积极向社区开放,为社区教育服务。(2 分) 2.2.2 社区非教育机构教育资源得到较好的开发,为社区教育服务。(1 分) 2.2.3 社区重视无形教育资源的总结、提炼,作为社区教育的宝贵资源。(1 分) 2.2.4 社区积极创造条件,建设学习资源服务圈。(1 分)	5 分
	2.3 经费保障	★2.3.1 区(县、市)财政一般按常住人口每年人均不低于 2 元的标准设立社区教育专项培训经费,并落实到位。经济发达地区,在此基础上进一步增加社区教育的经费投入。(3 分) 2.3.2 建立多渠道筹措经费的机制。(1 分)	4 分

续表

一级指标	二级指标	三级指标	分值
2 条件与保障 （24分）	2.4 队伍建设	2.4.1 已建立一支素质较高，懂得社区教育，专兼职结合的社区教育管理队伍，街道（乡镇）有1名专职管理人员。（3分） ★2.4.2 有一支相对稳定、适应社区教育需要的，专职、兼职和志愿者相结合的社区教育辅导员（师资）队伍，街道（乡镇）建立社区教育辅导员小组。（3分） 2.4.3 制定社区教育工作者队伍建设规划，开展社区专职教育人员转岗前的转岗培训和在岗的提高性培训，培训率达90%以上。（2分）	8分
3 教育培训与学习活动 （20分）	3.1 教育培训活动	3.1.1 东部地区，全年接受社区教育的社区成员达全体成员的50%以上；中西部地区达30%以上。（2分） 3.1.2 城市社区，登记在册的下岗待业失业人员培训率达70%以上；或农村社区，农民实用技术培训率达30%以上。（2分） 3.1.3 城市社区，登记在册的进城务工人员培训率达50%以上；或农村社区，农村劳动力外出转移培训率达50%。（2分） 3.1.4 注重对社区各类人员进行心理疏导和调适的教育培训。（2分） 3.1.5 注重向社区家长进行科学育儿和家庭教育的培训辅导。（2分） 3.1.6 注重向社区内儿童开展各种活动。（2分）	12分
	3.2 学习型组织的创建	3.2.1 各类学习型组织创建力度大、进展快、创建率较高。（3分） 3.2.2 学习型党政机关创建率达80%左右。（2分） 3.2.3 学习型社区创建率，东部地区达70%，中西部地区达50%。（3分）	8分
4 社区教育成效 （20分）	4.1 社区成员的认知和评价	★4.1.1 社区成员对社区教育的知晓率、认同率达80%以上。（5分） ★4.1.2 社区成员对接受社区教育服务的满意率达70%以上。（5分）	10分
	4.2 社区成员综合素质的提高	4.2.1 社区成员的社区归属感、遵守社会公德自觉性、扶贫帮困、参加公益活动等公民素质有较大的提高。（2分） 4.2.2 社区成员终身学习观念有明显增强，求知欲有明显提升。（2分） 4.2.3 社区成员的知识和技能含量明显提高。（1分）	5分
	4.3 社区发展和成员生活质量的提升	4.3.1 推进了“文明社区”“安全社区”“健康社区”“生态社区”“数字社区”等各类创建工作。社区文明程度有较大提高，获省（区、市）级及以上“文明社区”称号。（2分） 4.3.2 社区和谐稳定，各类案件发生率下降。（1分） 4.3.3 社区成员的精神生活质量和环境生活质量有了改善。（2分）	5分

续表

一级指标	二级指标	三级指标	分值
5 特色与创新 (20分)	5.1 特色	★5.1.1 注重社区教育课程和活动的研发，已形成具有社区特色的课程及活动资源。(5分) 5.1.2 注重社区教育特色建设，已打造出有关项目、载体、平台等方面特色品牌。(5分)	10分
	5.2 创新	5.2.1 注重社区教育问题研究和实验探索，已产出具有创新价值的实验研究成果，指导社区教育新发展。(5分) ★5.2.2 注重社区教育的管理体制、运行机制、教育教学、督导评估等方面改革创新，成效较为显著。(5分)	10分

说明：1. 本评价指标体系，由一级指标5个，二级指标16个，三级指标38个组成，其中有★号的三级指标为核心指标，共9个。2. 本评估指标总分为100分。若评估分值满90分，且核心指标优秀，则获得示范区的备选资格。3. "全年接受社区教育的社区成员达全体成员的50%以上"(3.1.1指标)，这是《国标》规定的时间范围内的基本要求。这里讲的"社区教育"，是指本社区所提供的社区教育服务，不包括社区成员未利用社区上述服务而进行的自我活动和自主学习。4. "社区成员对接受社区教育服务的满意率达到70%以上"(4.1.2指标)，这是《国标》规定的一项基本指标。这里讲的"70%以上"，是指"接受社区教育服务"的社区成员的百分比。

附录 4 江苏省社区教育示范区建设标准(试行)

为贯彻落实《江苏省中长期教育改革和发展规划纲要(2010—2020 年)》精神,深入推进全省城乡社区教育发展,加快完善终身教育体系、促进学习型社会建设,按照“深化内涵、创新发展、彰显特色、示范引领”的原则,在总结以往社区教育工作经验的基础上,结合江苏实际制定本标准。

一、县(市、区)党委、政府对开展社区教育工作指导思想明确、理念创新,制定了社区教育发展规划和工作计划,并纳入当地经济社会建设和教育发展规划之中,加以认真落实。

二、社区教育的运行机制完善,社区教育管理网络健全,管理机构运行正常,指导有力。

三、社区教育基地办学条件较好。县(市、区)、乡镇(街道)、村(居)的三级社区教育系统基本形成,并能有效开展多种形式的教育活动。

四、积极推进数字化学习型社区建设。县(市、区)建有服务社区居民终身学习的数字化学习网站,社区数字化学习成效明显。

五、社区教育资源开发和服务程度较高。学校与社区的教育资源共享度高、培训机构参与社区各类公益培训度高、社区内非教育机构教育资源得到较好的开发和利用。社区重视培育民间社团组织,形成政府主导、居民自主活动的社区教育发展格局。

六、具有一支素质较高、熟悉社区教育、专兼职结合的社区教育管理队伍和师资队伍,定期开展岗前的上岗培训和在岗的提高性培训。

七、保障社区教育经费的投入。县(市、区)政府对社区教育的财政拨款按常住人口测算,每年人均社区教育经费:苏南不低于 4 元、苏中不低于 3 元、苏北不低于 2 元,并逐年有所提高。建立多渠道筹措社区教育经费的保障机制。社区内企事业单位的职工教育经费得到落实。

八、建立完善的社区教育各项规章制度,政府教育督导部门有计划地对社区教育进行督导。

九、广泛开展各类教育培训活动。全年接受社区教育服务的社区成员占全体成员的比例,城市达 60%以上,农村达 40%以上。城市社区,登记在册的下岗待业人员和外来务工人员的培训率分别达到 70%和 50%以上。农村社区,农民实用技术培训率达 30%以上,农村劳动力转移培训率达到 50%,社区教育机构有专门服务未成年人的场所和主题教育,未成年人参与社区教育活动的比例不低于 50%。

老年人参与社区教育学习活动的比例达20%以上。

十、各类学习型组织创建力度大，建成率较高。学习型党政机关创建率达80%左右，学习型社区(村、居)创建率达70%以上。

十一、社区教育工作成效显著。社区居民参与终身学习的积极性高，对社区教育的认同度和满意度、对社区的归属感均有明显提高，社区和谐稳定，文明程度较高。

十二、重视社区教育理论与实践研究，独立承担或积极参与市级以上社区教育课题研究，形成了一批有实效、有影响的市民读本，理论指导实践成效显著。

十三、注重社区教育的特色建设。已形成具有区域特色的课程及活动资源；已打造出有关项目、载体、平台等方面的特色品牌。

十四、注重社区教育管理体制、运行机制、教育模式、评价体系等方面改革创新，起到示范引领作用。

附录5　江苏省省(市)级乡镇(街道)社区教育中心建设标准

一、市级乡镇(街道)社区教育中心必须具备以下条件

(一)以乡镇(街道)成人教育中心校为依托设立社区教育中心,社区教育中心主任原则上由成人教育中心校校长担任。成人教育中心校必须是县(市、区)合格成教中心。

(二)成立由乡镇(街道)党委、政府(办事处)领导挂帅,教育、人事、劳动、民政、宣传、文化等部门主要负责人参与的社区教育委员会,日常工作机构(办公室)设在社区教育中心,办公室主任由乡镇(街道)分管领导或社区教育中心主任担任。建立健全镇(乡、街)、村(居)工作网络。

(三)配备从事成人教育、社区教育的专职人员3人以上。

(四)乡镇政府(街道办事处)按政策规定落实成人教育、社区教育经费并及时拨付,学校规范使用。

(五)有相对独立的教育活动场所,建筑面积1500平方米以上,各类培训教室不少于5个。有相对稳定的社区学习点。

(六)建有社区图书馆、阅览室,纸质图书不少于6000册,报纸杂志不少于10种(建有电子图书馆的社区教育中心,纸质图书不少于4000册),配有符合教育教学需要的电教设备、电子图书、音像资料。

(七)建有计算机网络教室,计算机不少于20台。建有社区教育信息服务网站,基本形成社区教育信息传输网络,开设社区教育网络课程。

(八)基本实现社区内各级各类教育资源的综合利用,建有文化、体育活动设施。

(九)社区内所有村(居)委会均建立社区教育站(或市民学校、村民学校)。

(十)社区教育活动内容丰富、形式多样,村(居)民的参与率不低于30%。

未设立成教中心校的城市街道也应建立社区教育机构,其条件可适当放宽。

各地在建好县(市、区)级社区教育中心的基础上积极创建市级、省级社区教育中心。市级社区教育中心除具备以上条件外,还须具备以下条件:

(一)办学基础设施、装备水平、师资配备达到教育现代化建设基本要求。

(二)在县(市、区)成人教育、社区教育工作综合考评中获得优秀等级(一等奖)。

二、省级乡镇(街道)社区教育中心必须具备以下条件

(一)建有市级以上社区教育实验区或省重点乡镇成人教育中心校。

（二）成立由党委、政府领导挂帅，教育、人事、劳动、民政、宣传等政府部门主要负责人参与的社区教育委员会，常设管理机构设在社区教育中心，办公室主任由乡镇（街道）分管领导或社区教育中心主任担任。建立了完善的社区教育管理网络。

（三）有相对独立的教育场所，建筑面积2500—3000平方米以上。学习点相对稳定，社区教育中心专用教室不少于6个。

（四）建有计算机教室，计算机不少于30台。

（五）建有社区图书馆、阅览室，图书不少于8000册（建有电子图书馆和阅览室的教育中心，图书不少于5000册）。

（六）建有社区教育信息服务网站，基本形成社区教育信息传输网络，并开设远程社区教育培训网络课程。

（七）基本实现社区内各级各类教育资源的综合利用。

（八）社区内有80％以上的社区居委会建立社区教育站（或市民学校、村民学校）。

（九）社区居民参与社区教育活动的参与率不低于30％。

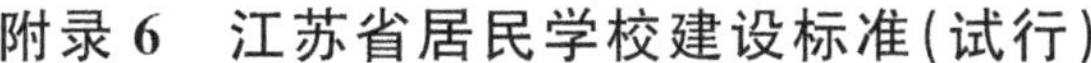

附录6 江苏省居民学校建设标准(试行)

一、组织管理建设

1. 领导高度重视。社区教育工作指导思想端正，办学目标明确，树立符合本地实际和创新特色的社区教育理念，社区教育纳入本地社会事业发展规划，有符合本村(居)工作实际的年度工作计划和创新举措等。

2. 组织机构健全。居民学校成立由村(居)分管社区教育领导、专任干部和居民代表组成的校务委员会，定期召开会议，研究社区教育工作；有专任或兼任校长，有专人负责学校日常工作；指导协调社区教育工作坚强有力，能认真完成乡镇(街道)下达的各项社区教育任务，接受县(市、区)社区学院、乡镇(街道)社区教育中心的指导与督查。

二、教学设施建设

1. 校舍设施良好。城区居民学校面积不少于200平方米，农村居民学校面积不少于250平方米；有多功能教室，配备投影设备；有图书阅览室，配备图书量不少于1000册；有数字化学习教室，配备专用电脑不少于10台，接入宽带。

2. 资源有效整合。建设满足居民需要的、共享的教育活动场所，各类教育资源有效整合，做到有序开放。

三、保障举措健全

1. 重视队伍建设。学校配备一名素质较好的专职管理人员；配备一支符合社区教育事业发展需求的专兼职师资队伍；建立一支不少于村(居)人口1.5%的社区教育志愿者队伍；能组织社区教育管理人员、教师、志愿者参加多形式、多渠道培训并富有成效。

2. 经费保障到位。有多渠道筹措社区教育经费的机制，每年用于社区教育的专项经费达到社区人口人均1元；能按社区教育事业发展需要，逐步改善办学条件，优化教学环境。

3. 加强制度建设。建立居民学校工作章程、工作例会、岗位职责、教学管理、档案管理、财务管理、表彰奖励等方面的制度，且执行情况良好。

四、实施成效明显

1. 教育培训有成效。围绕构建学习型社会要求积极开展形式多样的教育培训活动，培训内容贴近居民需求，社区教育年参与率达30%以上。

2.创建学习型组织。积极开展创建学习型组织活动。学习型家庭、学习型楼组、学习型个人的数量逐年增加,社区学习氛围浓厚,居民对社区教育归属感明显增强。

3.注重特色创新。社区教育工作注重研究与创新,成绩显著,形成鲜明的地方特色,有较好的借鉴作用。

附录7 苏州市示范性社区教育中心建设标准(试行)

一级指标	二级指标	建设要求	分值
体制机制(13)	管理体制(7)	1. 建立镇(街道)、村(居)两级管理体制,体现社区教育中心在区域内的龙头作用及在本镇(街道)成人教育(社区教育)培训中的主体地位。	2
		2. 形成以"党政统筹领导、教育部门主管、有关部门配合"的社区教育管理体制。	2
		3. 社区教育中心有先进的教育理念、成熟的内部管理体制。建立健全社区教育工作章程、岗位职责制度、领导例会制度等,相关制度上墙。	3
	运行机制(6)	4. 社区教育工作纳入政府年度工作计划,形成较灵活的"政府推动、部门协作、市场介入、社区自治、群众参与"的运行机制。	2
		5. 对村(居)市民学校指导服务到位,每年不少于2次研究部署工作,定期组织业务培训。会议记录、业务培训资料完整翔实,会议研讨事项得到落实。	2
		6. 组织辖区内相关企事业单位、社会组织、机构、居民代表等参与社区教育工作相关会议、项目承接、业务研讨活动等。	2
基础能力(32)	阵地建设(6)	7. 主阵地建设。社区教育中心挂牌于显著位置。学校注重人文环境营造,标识标牌清晰,文化气息浓厚。校风、学风、师风建设体现终身教育理念。	2
		8. 村(居)阵地建设。区域内100%的村(居)建有市民学校和老年学习点,配备能满足居民学习需求的基本设施设备,中心指导开展形式多样的社区教育活动。	2
		9. 拓展辅助性阵地。以"学习苑""项目基地""体验基地""工作室""学习圈""社区学习空间"等形式建立3—5个相对稳定的辅助性学习场所,形成完善的教育工作网络,管理机构运行正常,指导有力。	2
	资源整合(6)	10. 指导开放学校资源。引导辖区内各级各类学校利用场地设施、课程资源、师资、教学实训设备等积极筹办和开展社区教育,向市民提供适宜的教育服务,并形成常态。	2
		11. 充分利用社会资源。提高辖区内图书馆、科技馆、文化馆、博物馆和体育场馆等各类公共设施面向社区居民的开放水平。引导相关行业企业、社会培训机构参与社区教育。吸纳、孵化不少于5个社会组织服务居民终身学习。	2
		12. 统筹共享社区资源。加强与社区综合服务中心(站)、社区文化中心等机构的资源共享和服务联动,充分利用社区文化、科学普及、体育健身等各类资源,组织开展社区教育活动。	2
	课程开发(5)	13. 完善课程建设机制。开发和建设一批适应本社区居民学习、生活、工作、休闲需求的教育课程资源(含教师、教材、教具等)不少于10种。	2
		14. 印发知识读本。组织编写符合居民需要的,合乎政策法规要求的具有本土文化特色的社区教育知识读本不少于10种,每种发放不少于500册,有实物、有发放记录,且有相应的电子版用于传播。	3

续表

一级指标	二级指标	建设要求	分值
基础能力(32)	教学实施(4)	15. 完善教学实施过程。采用班级教学与团队学习、集中面授与线下自学、课程学习与游学体验相结合的教学教育方式,针对辖区内不同人群的需求,每学期开设面授教学班 15 个以上。课程有教学大纲、教学计划及教案,并配套教材(课本、讲义、电子课件等)。	2
		16. 加强学员管理工作。以学员为中心,加强管理,有学籍、学分档案。搭建平台,开展形式多样的教学成果分享与展示活动。	2
	设施设备(5)	17. 城区社区教育中心建筑面积不少于 2000 平方米,农村社区教育中心建筑面积不少于 2500 平方米。城区社区教育中心自有专用教室不少于 4 间,农村教室不少于 6 间。建有计算机教室,计算机不少于 30 台。	3
		18. 建有(或能共享的)社区图书室、阅览室,图书不少于 10000 册(建有电子图书馆或实现县域图书联网流通的教育中心,图书不少于 8000 册)。	2
	远程网络(6)	19. 建有社区教育信息服务网站(或微信公众号、农村教育致富信息网站等新媒体推介),网站信息更新及时。网站有较高的居民点击率,居民在线学习活跃度高、覆盖面广。	2
		20. 校园带宽不低于 100M,建有(含自建、引进、共享)网络学习资源不低于 1000 个学习单元。	2
		21. 开设内容丰富的社区教育网络课堂,有完善的教学管理和评价措施。	2
队伍建设(14)	管理队伍(4)	22. 政府有专人负责社区教育工作,并定期指导、协调社区教育工作。	1
		23. 学校配备 2 名以上的专职管理人员。	2
		24. 学校对管理人员和专职教师有培训进修制度。年人均累计培训不少于 50 课时,且有记录。	1
	师资队伍(10)	25. 优化专兼职师资队伍。建有一支能满足社区教育活动需求、年龄结构合理的专兼职师资队伍,其中专职教师达常住人口的万分之 1.5。村(居)市民学校配备 2 名以上专兼职管理人员。	2
		26. 加强专职人员能力建设。专职管理人员、专职教师达到本科以上文化程度,有较强的专业能力和协同管理能力。	2
		27. 持续扩大志愿者队伍。建有一支综合素质较高、专业覆盖面广、不少于社区人口 3%的社区教育志愿者队伍。	2
		28. 建立信息数据库。实现兼职教师和志愿者教学活动、志愿活动记录的信息化管理。兼职教师实际到位率达 90%,对兼职教师和志愿者开展培训,培训时长不少于 16 课时。	2
		29. 开展社区教育研究。近三年,承担过苏州市级以上社区教育类课题,或公开发表过社区教育研究论文,或受到市级以上(含市社指中心、学会)二等奖以上表彰论文或研究报告。	2

续表

一级指标	二级指标	建设要求	分值
保障措施(11)	经费投入(6)	30. 保障经费投入。政府按常住人口人均不低于4元的标准设立社区教育专项经费,纳入财政预算,并拨付到位、专款专用,提高使用绩效。建立社区教育经费多渠道筹措机制。	2
		31. 合理使用经费。坚持社区教育公益性原则,严格执行财务管理制度,有专人负责学校财、物的日常管理。	2
		32. 充分使用企业职工教育经费。社区内企事业单位的职工教育经费得到落实,开展有针对性的行业培训,且有翔实记录。	2
	制度保障(5)	33. 科学规划发展。社区教育发展规划列入当地社会与经济发展规划和教育发展规划,体现街镇特色,目标清晰(有正式的党政文件)。	1
		34. 健全中心内部管理。有完善的岗位职责,校长、管理干部、专兼职教师及其他人员的岗位要求、目标任务和考核办法明确。组织开展检查、考核、表彰、奖励等措施,且实施有效。	2
		35. 保障社区教育项目运作。有完善的社区教育项目管理措施和稳定的团队,正确引导社会力量参与,建立共建合作机制和项目运作长效机制。	2
实践效能(30)	教育成效(22)	36. 社区教育覆盖面广。城乡居民社区教育活动年参与率达70%以上;其中老年人参与比例达到40%以上。青少年参加校外教育率达95%以上。	4
		37. 社区学习氛围浓郁。每年开展2次以上全民学习成果展示、展演等社区教育活动。	4
		38. 开展"惠民、惠企、惠农"教育培训。广泛开展内容丰富、形式多样,深受社区居民欢迎的社区教育培训及活动。提升企业职工、新型农民教育成效。完善省级高水平"农科教"结合富民示范基地的师资、课程等资源建设。	6
		39. 开展创新创业培训。培训成效显著,培养了一批致富骨干和创业带头人,有相关典型的案例和数据。	4
		40. 开展学习型组织建设。建有一批具有一定社会影响力的学习型企事业单位、学习型家庭和学习型个人,有评比、有表彰及宣传成效。	4
	社会评价(8)	41. 社区教育参与度、知晓度高。居民对本地区的社区教育的认同度、满意率达到90%以上,有问卷调查、访谈个案等记录。	4
		42. 加强宣传推广。获得国家、省、市、县(市、区)有关学习型社会建设和社会教育方面表彰、宣传和推广。	4

指标说明:评价指标共42项,总分100分。申报单位应对照上述指标提交相应佐证材料,材料真实有效。

后　记

2020年7月，南京师范大学张义兵教授及其组建的研究团队在承接了江苏省教育改革发展战略性与政策性研究重大招标课题（苏教法函〔2020〕2号）“江苏终身学习体系建设的现实问题与对策研究”后，立即启动研究进程，追踪国际终身学习理论研究前沿动态，聚焦国内发展需求，在结合江苏省实践特色与应用模式的基础之上，对江苏省的终身学习体系的构建、发展、应用挑战及现实问题的应对策略等内容展开全面研究。本课题在立项、开题、中期检查及研究数据收集与最终成果整理的过程中得到了中国教育国际交流协会副会长，江苏省教育国际交流协会会长，原江苏省教育厅厅长、党组书记、江苏省委教育工委书记沈健，原江苏省教育厅政策法规处处长、一级调研员袁益民，原江苏省教育厅语言文字与继续教育处处长、江苏省老年大学协会第六届理事会副会长经贵宝，以及江苏开放大学的相关领导和专家的全程指导和大力支持，进而保证了课题研究过程的严谨性、理论架构的科学性、研究结论的理论性和实践性，本书系该课题研究的最终成果。

终身学习作为提升个人素质、推动国家发展，促进社会进步的重要途径，自1994年“首届世界终身学习会议”召开后，便逐步在世界范围内达成共识。其实欧美等诸多经济发达国家早已布局终身学习，纷纷制定出台了一系列的法规制度和发展规划，如美国《终身学习法》（也称《蒙代尔法案》，1976年颁布）、日本《终身学习振兴法》（1990年发布）、英国《学习的时代：一个新的不列颠的复兴时代》绿皮书（1998年颁布）、韩国《终身教育法》（1999年颁布）、法国《继续教育与终身教育法》（2004年颁布）等。在中国，建设全民终身学习的学习型社会、学习型大国，构建服务全民终身学习的教育体系，形成全民学习、终身学习的学习型社会，促进人的全面发展，是关系到中华民族能否持续发展、能否实现民族复兴大业的战略问题，已经成为国家治理体系与治理能力现代化的一项基本国策和长远目标。江苏省作为教育资源大省、经济强省，省政府虽然投入了大量人力、物力及资金开展终身学习系统的建设，然而由于顶层架构设计不健全，相关体系分类之间割裂现象严重，理论体系不完善，缺乏有效的融会贯通机制，难以引领和指导具体的实践，使得各类终身学习的资源建设自成体系，重复建设与信息孤岛并存，校内教育与校外教育、正式教育与非正式教育、职前教育与职后教育、家庭教育与社会教育、线上教育与线下教育，以及学前教育、义务教育、中等教育、高等教育、老年教育等各类教育之间交织冗杂，配备失调，相关资源分布不均，严重阻碍和制约了公民进行终身学习的意愿和动机。

鉴于上述原因，课题主持人张义兵教授高度重视课题研究的顶层设计、理论架构，全面把控课题的总体研究思路和进程，邀请多位省内外专家、相关政府教育主管部门领导和课题组成员一起研讨、论证，制订了详细而周密的研究计划：2020 年 8 月，课题正式立项后，研究团队便组织项目组全体成员共 35 人（含在读博士及硕士研究生）在南京师范大学教育科学学院田家炳楼北楼智慧教室召开项目实施筹备会议，分别从社区教育、家庭教育、老年教育、学校教育及场馆教育等维度进行探讨，明确分工及预调研的任务，为项目开题及实施规划做准备；2020 年 9 月，课题组一行 10 人在吴明龙校长、谷雨娥副校长等人的陪同下到南京市栖霞街道社区教育中心及南京市栖霞开放大学进行实地考察和走访，调研成人学习及老年学习的实际需求与发展现状、困境等研究焦点问题；2020 年 10 月，课题组成员调研栖霞街道社区，对全民终身学习进行实地走访调研；2020 年 11 月，课题组在前期调研的基础之上，确定了终身学习体系国际研究新进展、终身学习国内研究新进展、江苏终身学习的行政管理体系现状、江苏终身学习的资源体系建设现状、江苏终身学习的评价体系研究等 6 个纵向子课题，以及终身学习体系下的江苏家庭教育现状、终身学习视野下的江苏成人教育（含职业教育，企业教育，继续教育、职业技能培训）、社会教育（含非正式学习、场馆学习）、终身学习视野下的江苏社区教育与终身学习视野下的江苏老年教育等 5 个纵向子课题，共计 11 个子课题；2020 年 12 月，课题组约请得力益智产品公司总经理龚能能与其研发团队及南京师范大学泰州学院学前教育系骨干教师对学前学习的社区需求及市场发展现状进行研讨，为家庭学习及学前学习资源的开发与建设提供实践支撑。2021 年 1 月，张义兵教授在汇集各子课题负责人研究进展及相关研究成果的基础之上，邀请时任江苏省教育厅政策法规处处长袁益民、江苏省教育厅语言文字与继续教育处处长经贵宝、南京师范大学教育科学学院副院长柏宏权、南京栖霞老年大学副校长谷雨娥、江苏开放大学韩庆年及浙江开放大学余燕芳教授等 10 余人参与项目开题论证会，对项目的开展进行把脉巡诊，进一步凝练研究方向、研究内容，细化研究进度，尤其是对技能型社会与终身学习体系之间的逻辑关系进行了深入阐释；2021 年 10 月，课题组成员殷常鸿副教授在前期研究的基础上，进一步探究社区学习及老年学习的实际需求，组织相关研究生通过问卷星开展大规模的社区学习、老年学习进行问卷调研与数据分析；2021 年 11 月至 2022 年 2 月，张义兵教授协调各分项目组针对前期调研、文献整理的数据及相关资料，进行子课题理论体系的建构与撰写；2022 年 3 月，张义兵教授在南京师范大学附属邗江实验小学组织课题组全体成员及在读博士、硕士团队共计25人展开了课题中期自评工作，并将相关材料报送省教育厅政策法规处，课题通过了江苏省教育厅政策法规处组织的中期评估，获得了评估专家组的高度好评；2022年4月至2022年12月，张义兵教授组织协调11个子项目的成员，对研究成果进行系统梳理，组织撰写《多维度视角下学分银行建设理论基础探析》《终身教育立法的"政策之窗"何以开启——多源流理论视域下我国政策的走向》《我国近十年终身教育研究现状及展望——基于中国知网中文数据库的文献分析》《数字化转型背景下老年数字化课程建设现状、理念优化与发展路径》《数字化转型背景下的老年数字化学习力建构研究》，以及《数字化转型背景下老年学习空间设计的理论视角、框架模型及生成逻辑》等系列文章共15篇并公开发表，进一步推进了课题研究的深度与广度；2023年1月，张义兵教授在南京师范大学田家炳北楼402会议室召开课题成果汇集报告会，对11个子课题的研究成果进行汇总集中，为本书的撰写提供支撑；2023年5月，殷常鸿副教授根据课题已有的研究成果，在张义兵教授的指导下，协调项目成员开始组织撰写《江苏终身学习体系建设的现实问题与对策研究》一书，并与浙江大学出版社签订出版协议。

本书由殷常鸿副教授执笔，张义兵教授统筹，江苏开放大学教育学院副院长何康，南京市栖霞开放大学副校长谷雨娥，南京市栖霞街道社区教育中心吴明龙校长，江苏省社会教育服务指导中心主任、江苏开放大学社会教育处处长钱旭初，江苏省社会教育服务指导中心科长王权，江苏省成人教育协会梁蔚蔚，江苏第二师范学院王会霞教授，南京职教教研室科长张莉，上海跃潜企业管理咨询有限公司总经理兼苏宁大学顾问罗波，连云港港务局技校校长程亮，以及无锡开放大学的朱冠华等人协助完成了老年学习、职业学习及社区学习等数字化资源需求和应用现状的数据调研和分析工作，同时，新乡科技学院的蒋纪平博士，南京师范大学的博士研究生满其峰、高兴启、殷小翠，硕士研究生许馨予，湖州师范学院的硕士研究生刘悦、沈丽莹、沈怡伶、李金玲、李童、张蕾、吕文静等同学也在国际终身学习研究动态的资料整理、收集过程中做了大量的工作，在此一并表示感谢。

任何一项研究成果都是建立在前人已有的研究成果之上，本课题也不例外，对于借鉴并参考国内外诸多专家、学者的研究成果，文中已标注引用，在此不逐一致谢！

囿于时间、认知水平及现实条件，本书中的理论体系及所构建的应用模式尚有诸多不足，许多研究细节和方向还有待深入探究和完善，敬请相关专家、学者不吝赐教！

殷常鸿

2023年8月